www.ingramcontent.com/pod-product-compliance
Lightning Source LLC
Chambersburg PA
CBHW061122170426
43209CB00013B/1644

عقد الجواهر
بتراجم فضلاء وأعيان صعدة
بعد القرن العاشر

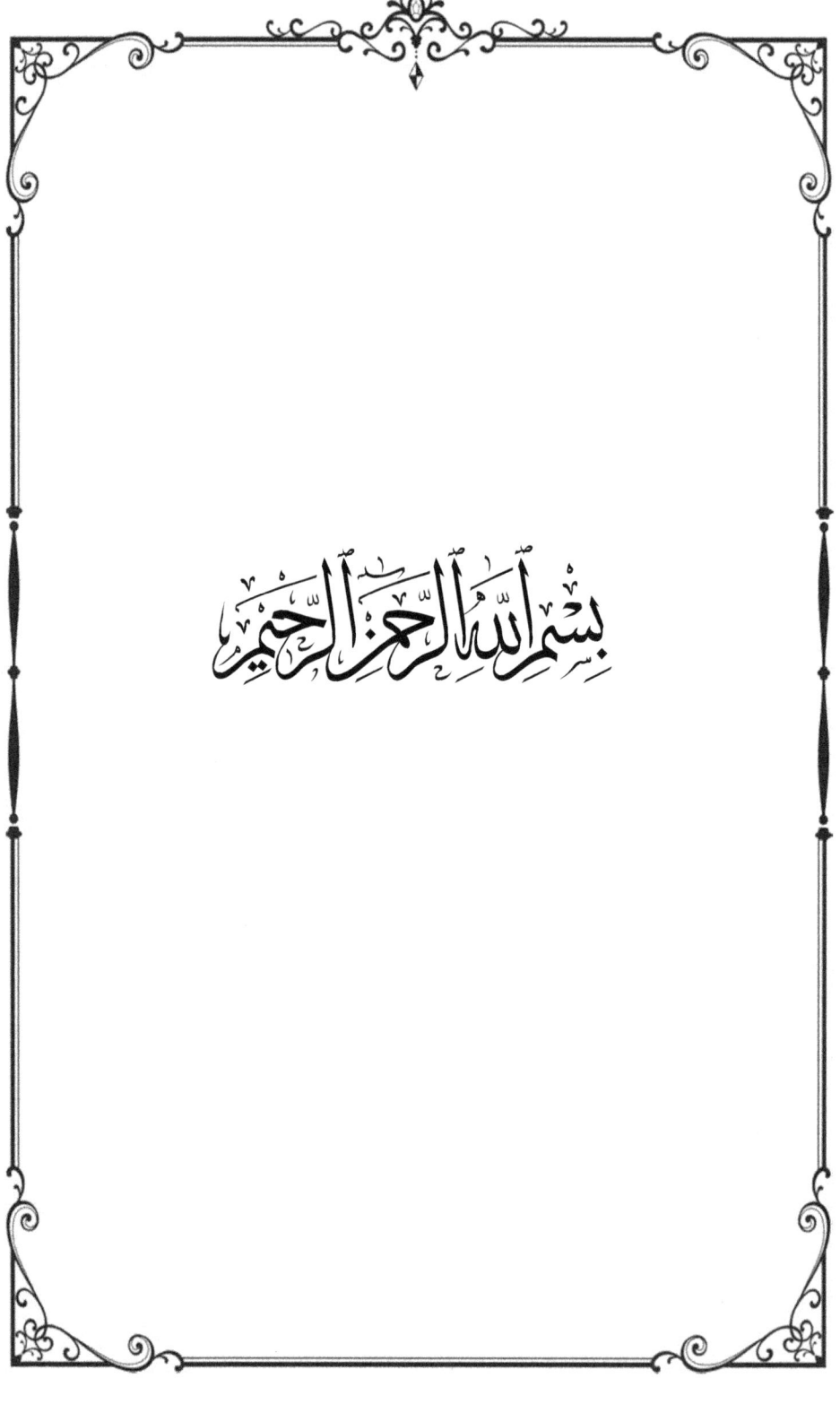

بسم الله الرحمن الرحيم

عقد الجواهر
بتراجم فضلاء وأعيان صعدة بعد القرن العاشر

المسمى أيضًا
نبلاء صعدة بعد الألف

المجلد الثاني

جمع وتأليف
عبد الرقيب بن مطهر بن محمد حجر

دار النضيري للدراسات والنشر
دار النضيري للدراسات والنشر
Dar Al-Nadhiri for Studies & Publications

مكتبة عبد الله بن نايف المطيري الخاصة

دار النضيري للدراسات والنشر
Dar Al-Nadhiri for Studies & Publications
المالك والمدير العام
أسامة بن أبو بكر النضيري باعلوي
الموقع الإلكتروني:
https://www.daralnadhiri.com
البريد الإلكتروني:
daralnadhiri@gmail.com
هاتف: 44 7961 911682+
لندن- المملكة المتحدة

مكتبة

عبد الله بن نايف المطيري الخاصة

عقد الجواهر مج2
عبد الرقيب حجر (مؤلف)

535 صفحة، (تأليفات 1)
24×17

ISBN: 978-1-7395228-1-0

«الآراء التي يتضمنها الكتاب لا تعبر بالضرورة عن وجهة نظر الدار».

حقوق الطبع محفوظة

لا يسمح بإعادة إصدار أو طبع أو نشر هذا الكتاب أو أي جزء منه أو تخزينه في نطاق استعادة المعلومات أو نقله بأي شكل من الأشكال دون إذن خطي سابق من **دار النضيري للدراسات والنشر**

الطبعة الأولى: 1445هـ-2023م

المحتويات

القسم الثالث 23
1- السيد إبراهيم بن أحمد الهاشمي 23
2- القاضي إبراهيم بن علي طشي 25
3- السيد أحمد بن إبراهيم الهاشمي 25
4- الفقيه أحمد بن إسماعيل بلابل 28
5- القاضي أحمد بن سالم حابس 29
(استطراد في إقامة العلامة الضمدي) 29
6- القاضي أحمد بن محمد مشحم 30
7- القاضي أحمد بن يحيى حابس الحفيد 32
8- القاضي إسحاق بن علي العبدي 32
9- الفقيه إسماعيل بن عبد الله الطل 33
10- القاضي إسماعيل بن محمد العبدي 37
11- القاضي الحسن بن محمد النحوي 38
12- القاضي الحسن بن يحيى النجم 38
13- الإمام الحسين بن علي المؤيدي 39
14- السيد الحسين بن علي بن القاسم 44
15- القاضي عبد الله بن محمد مشحم 46

16ـ العلامة عبد الوهاب بن صلاح الكستبان 47

17ـ السيد علي بن أحمد الهاشمي 54

(استطراد القاضي الفلكي عبدالله بن حمزة الدواري) 59

18ـ السيد محمد بن إبراهيم الهاشمي 61

19ـ القاضي محمد بن أحمد مشحم الحفيد 61

20ـ السيد محمد بن حسن حطبة 64

21ـ السيد محمد بن صلاح شرويد 64

22ـ السيد الرئيس محمد بن علي بن القاسم 64

(فائدة في استقرار الإمام إسماعيل المغلس الكبسي بصعدة) 68

23ـ السيد محمد الطالبي 70

(استطراد تاريخي عن الوافدين من علماء المخلاف) 70

24ـ السيد المطهر بن حسن الصعدي 72

25ـ القاضي يحيى بن إسماعيل النجم 80

القسم الرابع 85

1ـ السيد إبراهيم بن علي حوريه المؤيدي 85

2ـ المولى إبراهيم بن محمد الهاشمي 86

3ـ الفقيه أحمد بن إسماعيل المتميز 93

4ـ القاضي أحمد بن علي مشحم 94

5ـ السيد أحمد بن قاسم ياسين 96

6ـ الفقيه أحمد بن محسن سهيل 97

7ـ السيد أحمد بن يحيى حطبة 99

8ـ الفقيه إسماعيل بن إبراهيم سهيل 99

9ـ القاضي إسماعيل بن علي الفضلي 100

10ـ السيد حامد بن علي عدلان 101

11- السيد الحسين بن أحمد فايع	102
12- السيد الحسين بن عبد الله الطويل	103
13- السيد الحسين بن عبد الله الشهاري	104
14- السيد الحسين بن قاسم عامر	106
15- السيد الحسين بن محسن الحمزي	107
16- السيد الحسين بن محمد الحرجي	107
(الحرجة)	108
17- السيد الحسين بن هاشم حوريه	109
18- القاضي عبد الرحمن بن أحمد مشحم	109
19- المولى عبد الله بن أحمد مشكاع العنتري	110
(ضحيان)	115
20- السيد عبد الله بن إسماعيل القطابري	118
21- القاضي عبد الله بن علي الشاذلي	119
(استطراد عن دولة الإمام شرف الدين عشيش بصعدة)	123
22- القاضي شيخ الإسلام عبد الله بن علي الغالبي	126
23- السيد علي بن إسماعيل الحجازي	135
24- السيد علي بن الحسين الداعي	136
25- الشيخ علي بن حسين روكان الخولاني	139
26- السيد علي بن محسن الدولة	142
27- السيد علي بن يحيى العجري	142
28- الشيخ عمير بن عيضه عريج الطلحي	150
29- السيد قاسم بن علي الهاشمي	153
30- السيد محسن بن إبراهيم عامر	153
31- السيد المقام محسن بن عباس الدولة	154

32 - الفقيه محمد بن إبراهيم مشحم 156
33 - القاضي محمد بن صلاح مشحم 157
34 - السيد محمد بن قاسم أبو طالب 160
35 - الشريفة نور بنت علي القاسمي 161
36 - السيد يحيى بن أحمد العجري 162
37 - السيد يحيى بن أحمد شريف 163
38 - السيد يحيى بن الحسن طيب التهامي 164
39 - السيد يحيى بن علي القاسمي 168
40 - السيد يحيى بن محمد الداعي 169

القسم الخامس 173
1 - السيد إبراهيم بن أحمد حوريه المؤيدي 173
2 - القاضي إبراهيم بن عبد الله الغالبي 175
(القضاة آل الغالبي) 180
3 - الفقيه إبراهيم بن محمد سهيل 181
4 - السيد إبراهيم بن يحيى العجري 182
5 - العلامة الكبير إبراهيم بن يحيى سهيل 183
6 - المولى أحمد بن إبراهيم الهاشمي 187
7 - الفقيه أحمد بن إسماعيل شويل 193
8 - الشيخ أحمد بن جبران جعفر 194
(بني معاذ) 195
9 - السيد أحمد بن الحسن حوريه المؤيدي 195
10 - السيد أحمد بن عبد الكريم حجر 196
11 - السيد أحمد بن عبد الله العنثري 198
12 - الفقيه أحمد بن عبد الله الحشحوش 198

13- السيد أحمد بن عبد الله حوريه المؤيدي 199
14- السيد أحمد بن عبد الله الداعي 200
15- السيد أحمد بن علي فايع 201
(حادثة مقتل الحاج اليماني في تنومة) 202
16- السيد أحمد بن علي حوريه المؤيدي 204
17- السيد أحمد بن علي التجارة 204
18- القاضي أحمد بن علي السياغي 205
(فائدة في خروج الترك من اليمن) 206
19- القاضي أحمد بن عيضه المعاذي 207
20- القاضي أحمد بن محمد الغالبي 208
21- السيد أحمد بن محمد الشرفي 208
22- المولى أحمد بن يحيى العجري 208
(استطراد ترجمة العلامة محمد بن حيدر النعمي) 211
23- السيد أحمد بن يحيى القاسمي 217
24- السيد إسحاق بن علي الدولة 218
25- العلامة إسماعيل بن أحمد المتميز 219
26- الفقيه إسماعيل بن إسحاق المتميز 222
27- الفقيه إسماعيل بن حسن سهيل 222
28- السيد إسماعيل بن حسن حطبة 223
29- الفقيه إسماعيل بن حسين سهيل 224
30- السيد إسماعيل بن عبد الله الهاشمي 226
31- السيد تاج الدين بن الإمام الحسن القاسمي 234
32- السيد الحسن بن إبراهيم الهاشمي 235
33- الفقيه الحسن بن إبراهيم المتميز 236

34- السيد الحسن بن إسماعيل ثورة	236
35- السيد الحسن بن الحسن الهاشمي	237
36- السيد الحسن بن الحسين عدلان المؤيدي	238
37- الفقيه الحسن بن حسين المتميز	241
38- السيد الحسن بن عبد الله الضحياني	241
(وولد صاحب الترجمة)	245
39- السيد الحسن بن علي الحمران	246
40- السيد الحسن بن قاسم حوريه	247
41- الحاج حسن بن محمد جعمان	248
42- الإمام الهادي الحسن بن يحيى القاسمي	249
43- القاضي الحسين بن إبراهيم الغالبي	262
44- الفقيه الحسين بن إسماعيل سهيل	262
45- السيد الحسين بن علي الدولة	263
46- السيد الحسين بن قاسم الداعي	264
47- المولى الحسين بن محمد الحوثي	264
48- السيد الحسين بن يحيى شريف	271
49- القاضي سالم بن سالم القحطاني	272
50- القاضي سعيد بن سعيد اليازلي	273
51- السيد سليمان بن أحمد قطران الحمزي	274
52- السيد صالح بن محسن الصيلمي	275
(دماج)	283
53- السيد صلاح بن أحمد ستين	284
54- السيد صلاح بن الإمام الحسن القاسمي	284
55- القاضي ضيف الله بن حسن المراني	285

56- العلامة عبد الرحمن بن حسين سهيل	287
(حادثة الزلازل بصعدة ونواحيها عام 1359هـ)	289
58- الفقيه عبد الرحمن بن محمد مرغم	293
59- القاضي عبد العزيز بن أحمد الغالبي	294
60- الفقيه عبد الرحمن عاطف	294
61- السيد عبد الكريم بن عبد الله العنثري	294
62- الفقيه عبد الله بن إبراهيم سهيل	296
63- الفقيه عبد الله بن أحمد المتميز	297
64- السيد عبد الله بن أحمد حوريه المؤيدي	297
65- القاضي عبد الله بن أحمد مشحم	299
66- الفقيه عبد الله بن أحمد سهيل	300
67- الحاج عبد الله بن بختان الحباجري	300
68- السيد عبد الله بن الحسين الشهاري	301
69- السيد عبد الله بن درهم	302
70- الفقيه عبد الله بن سالم البجوة	302
71- السيد عبد الله بن عبد الله العنثري	303
72- السيد عبد الله بن عبد الله عوض الصعدي	304
73- السيد عبد الله بن علي الحجازي	305
74- القاضي عبد الله بن علي الحذيفي	305
75- الشيخ عبد الله بن علي مناع	306
76- الفقيه عبد الله بن محمد ديهان	308
77- السيد عبد الله بن يحيى العجري	308
78- الفقيه عبد الله بن يحيى سهيل	312
79- السيد عز الدين بن الحسن عدلان	313

80- السيد علي بن أحمد اللبلوب 315
81- العلامة علي بن جبران مزروع 316
82- السيد علي بن الحسن بن علي الحمران 316
83- السيد علي بن الحسن الحجازي 316
84- السيد علي بن حسين فايع 318
85- السيد علي بن الحسين جبالة الحوثي 320
86- السيد علي بن عباس المصطكا 322
87- السيد علي بن عبد الرحمن العثري 322
88- الفقيه علي بن عبد الله الخباط 322
89- السيد علي بن عبد الله شمس الدين 323
90- القاضي علي بن عبد الله مشحم 324
91- السيد علي بن قاسم شرويد 324
92- الشيخ علي بن مانع عريج الطلحي 326
93- القاضي علي بن محمد الغالبي 327
94- القاضي علي بن مصلح الحذيفي 327
95- السيد علي الديلمي 327
96- الفقيه علي بن يوسف المتميز 327
97- السيد القاسم بن أحمد ياسين 328
98- السيد القاسم بن الإمام الحسن القاسمي 328
99- الفقيه قاسم بن حسين المتميز 329
100- السيد القاسم بن عبد الله الهاشمي 330
101- السيد محسن بن إسحاق الدولة 331
102- السيد محسن بن حسين العوامي 332
103- السيد محمد بن إبراهيم المطهر 334

104- السيد محمد بن إبراهيم الهاشمي	340
(استطراد تاريخي عن إقامة سيف الإسلام بصعدة)	342
105- الفقيه محمد بن إبراهيم سهيل	353
106- السيد محمد بن أحمد القاسمي	354
107- السيد محمد بن أحمد شمس الدين	355
108- العلامة محمد بن أحمد الطاهري	356
109- السيد محمد بن إسماعيل حطبة	356
110- السيد محمد بن حسن شايم	356
111- السيد محمد بن حسن شخضم	357
112- السيد محمد بن الإمام الحسن القاسمي	357
113- الفقيه محمد بن حسين قشاقش	359
114- السيد محمد بن عبد الله الضحياني	360
115- القاضي الكبير محمد بن عبد الله الغالبي	361
116- القاضي محمد بن عبد الله الشاذلي	367
117- السيد محمد بن قاسم حوريه المؤيدي	369
118- السيد محمد بن مهدي شايم	370
119- السيد محمد بن منصور المؤيدي	371
120- السيد محمد بن يحيى العجري	375
121- السيد محمد بن يحيى شريف	375
122- السيد محمد بن يحيى الصعدي	377
123- السيد محمد بن يحيى عامر	378
124- القاضي مصلح بن معوض المجزي	379
125- القاضي مصلح نايل الحذيفي	380
126- السيد مهدي بن محمد شايم	381

127- السيد منصور بن أحمد السراجي	382
128- السيد هاشم حمران	382
129- القاضي هادي بن هادي الدرابة	382
130- الفقيه يحيى بن إبراهيم المتميز	383
131- السيد يحيى بن الحسين عدلان	384
132- الفقيه يحيى بن عبد الله مرغم	385
133- الفقيه يحيى بن صلاح المتميز	385
القسم السادس	**389**
1- السيد إبراهيم بن يحيى القاسمي	389
2- الفقيه احمد بن إسماعيل سهيل	389
3- الفقيه أحمد بن إسماعيل الضوء	390
4- السيد أحمد بن الحسن أبو طالب	391
(قصيدة الأديب الهبي)	392
5- المولى أحمد بن الإمام الحسن القاسمي	398
6- السيد أحمد بن الحسين الحاكم	404
7- السيد أحمد بن صلاح ستين	404
8- القاضي أحمد بن ضيف الله المراني	405
9- السيد أحمد بن عبد الرحمن العنشري	405
10- الفقيه أحمد بن علي جران	406
11- السيد أحمد بن علي الطالبي	407
12- السيد أحمد بن محمد القاسمي	408
13- السيد أحمد بن محمد ستين	410
14- الفقيه أحمد بن محمد مرق	410
15- القاضي إسماعيل بن إبراهيم الغالبي	411

16- الفقيه إسماعيل بن أحمد مشحم	412
17- السيد أمير الدين بن الحسين الحوثي	412
18- السيد الحسن بن الإمام الهادي القاسمي	416
19- المولى الحسن بن الحسين الحوثي	417
20- السيد الحسن بن الحسين مجلي الرغافي	422
21- السيد الحسن بن الحسين نور الدين	422
22- القاضي حسن بن حسين النهمي	423
23- الفقيه الحسن بن صلاح دباش	424
24- السيد الحسن بن علي الحجازي	425
25- السيد الحسن بن علي فايع	426
26- العلامة حسن بن قاسم الشامي	427
(بلاد خولان)	427
27- العلامة الحسن بن محمد سهيل	429
28- السيد الحسن بن محمد العجري	431
29- السيد الحسن بن يحيى غالب	432
30- القاضي الحسين بن عبد الله الشاذلي	432
31- السيد حسين بن عبد الله الحرجي	435
32- القاضي حسين بن علي حابس	435
33- السيد الحسين بن علي الهادي	437
34- السيد الحسين بن محمد شايم	438
35- القاضي حسين بن محمد الغبيري	439
36- السيد داعي بن زابن الداعي	440
37- السيد درهم بن عبد الله حوريه المؤيدي	440
38- القاضي سالم بن جبران القطابري	443

39- الفقيه سنين بن علي الشعبي	445
40- القاضي صلاح بن إبراهيم الغالبي	445
41- السيد صلاح بن يحيى عامر	445
42- القاضي عبد الرحمن بن إبراهيم الغالبي	447
43- السيد عبد العظيم بن الإمام الحسن القاسمي	447
44- الفقيه عبد الله بن أحمد فارع	449
45- السيد عبد الله بن إسماعيل الهاشمي	449
46- الفقيه عبد الله بن إسماعيل الحشحوش	450
47- المولى عبد الله بن الإمام الحسن القاسمي	451
48- الأمير عبد الله بن الحسن بن الإمام	456
(استطراد: الشيخ حامس العوجري)	459
49- السيد عبد الله بن الحسين شايم	460
50- السيد عبد الله بن سليمان العزي	461
51- السيد عبد الله بن عبد الله العنثري	461
52- الفقيه عبد الله بن محمد شويل	462
53- القاضي عبد الله بن مصلح المجزي	463
54- السيد عبد المجيد بن الحسن الحوثي	463
55- السيد عبد الولي الحسني	464
56- السيد علي بن أحمد الهاشمي	465
57- القاضي علي بن أحمد الشامي	466
58- السيد علي بن الإمام الحسن القاسمي	468
59- السيد علي بن الحسين المؤيد	468
60- السيد علي بن عبد الرحمن العنثري	469
61- السيد علي بن عبد الله الشهاري	470

المحتويات

62 - السيد علي بن علي الحوثي الرازحي 472
63 - السيد علي بن محسن أبو علامة 472
64 - المولى علي بن محمد العجري 472
65 - القاضي علي بن يحيى شيبان 478
66 - الشيخ فيصل بن عطية الفهد الصعدي 478
67 - القاضي قاسم بن إبراهيم الغالبي 479
68 - الفقيه قاسم بن علي القارح 479
69 - السيد قاسم بن محمد العزي 480
70 - السيد القاسم بن محمد جبالة الحوثي 481
71 - المولى محمد بن إبراهيم حوريه المؤيدي 483
72 - الحاج محمد بن أحمد عطيف 488
73 - السيد محمد بن أحمد الأمير 489
74 - السيد محمد بن أحمد الفيشي 490
75 - العلامة محمد بن الحسن المتميز 491
76 - السيد محمد بن الحسين الدولة 497
77 - السيد محمد بن حمود المنصور 498
78 - السيد محمد بن صلاح ستين 499
79 - الحاج محمد طارش السحاري 500
80 - السيد محمد بن عبد الرحمن العنشري 501
81 - السيد محمد بن عبد الله بن الإمام 501
82 - القاضي محمد بن قاسم الأكوع 502
83 - القاضي محمد بن هادي الدرابة 503
84 - القاضي محمد بن يحيى مرغم 504
85 - السيد محمد بن يحيى العزي 508

86- المولى مجد الدين بن محمد المؤيدي	509
87- السيد المؤيد بن عبد الكريم العنسي	521
88- السيد هاشم بن علي شرويد	521
89- السيد يحيى بن أحمد حجر	523
90- السيد يحيى بن أحمد القاسمي	525
91- العلامة يحيى بن الحسين سهيل	525
92- السيد يحيى بن الحسين الحوثي	527
93- السيد يحيى بن صلاح ستين	529
94- السيد يحيى بن عبد الرحمن العنسي	532
95- السيد يحيى بن عبد الله الضحياني الصعدي	532
96- القاضي يحيى بن محمد الشاذلي	534
97- السيد يحيى بن محمد الصعدي	535

عقد الجواهر

بتراجم فضلاء وأعيان صعدة بعد القرن العاشر

المسمّى أيضا

نبلاء صعدة بعد الألف

القسم الثالث

من سنة 1200 ـ 1265هـ

1. السيد إبراهيم بن أحمد الهاشمي

السيد العلامة صارم الدين إبراهيم بن أحمد بن إبراهيم بن علي بن أحمد بن الإمام الحسن بن علي بن داود الحسني المؤيدي الصعدي. وقد تقدم في أثناء القسم الثاني أن والده هو أول من تلقب بالهاشمي.

وصاحب الترجمة كان موصوفا بالعلم والفضل، وله قراءة بصعدة على والده وغيره من علمائها، وهو الجد الجامع لآل الهاشمي في أيامنا، وعقبه من ولديه أحمد بن إبراهيم، ومحمد بن إبراهيم الآتية ترجمتهما في هذا القسم.

ووالدهما المذكور هنا هو أول من تولى ولاية الأوقاف من أهل هذا البيت الهاشمي بمدينة صعدة، وخلفه أولاده من بعده على نيابة الوقف حتى أواخر الستين وثلاثمائة وألف، وتؤذن توقيعات المترجم رحمه الله وخطوطه في الوثائق المطلع عليها في أرشيف الوقف أن ولايته على الوقف دامت من شهور سنة خمس ومائتين وألف، وانقطعت في سنة 1240هـ، وهو حسبما تشير أوراق الوقف إنما خلف على تلك الولاية للوقف بعد السيد يحيى بن الحسين الجوهرتين المتوفى سنة 1206هـ المتقدمة ترجمته في أثناء القسم الثاني بحرف الياء، وسلف الجوهرتين على الوقف هو الفقيه العلامة علي بن إسماعيل العبدي الموجود سنة 1174هـ، وسلفه صنوه الفقيه العلامة الشهيد محمد بن إسماعيل ابن محمد بن قاسم العبدي الموجود سنة 1165هـ، وسلفه هو والده العلامة الأديب إسماعيل بن محمد العبدي المتوفى سنة 1150 تولى نائبا للوقف أخريات أيامه، وسلفه هو الفقيه يحيى بن سالم سكيك الذويد المتولي نيابة الوقف ما بين سنة 1131 إلى سنة 1144هـ، وسلفه هم نواب الوقف الثلاثة في أوائل القرن الثاني عشر، وهم: السيد محمد بن عبد الله الكربي، والسيد علي بن صلاح

الجلال، والفقيه الأجل علي بن أحمد شطيرانتهى.

وفي بغية الأماني والأمل للعلامة عبد الرحمن بن حسين سهيل ترجمة للسيد العلامة الفاضل التقي إبراهيم بن أحمد الهاشمي. هكذا جاء اسمه دون أن يرفع عمود نسبه، بل قال مترجما له:

كان رحمه الله من العلماء الأخيار، والكملاء الأبرار، ذا علم غزير، وفضل شهير، وعبادة ونسك وزهادة، وكان يسمى شيبة الحمد لخصاله الحميدة، وأفعاله السديدة، وله كرامات منها ما أخبرني مولانا العلامة إمام العباد وضياء الزهاد نور المتقين إسماعيل بن عبد الله الهاشمي رحمه الله أنه لما انخفض قبر صاحب الترجمة من مطر أو نحوه، فأخبر المولى العلامة محمد بن إبراهيم الهاشمي بذلك، فأمر من يصلحه، فلما وصلوا إلى فوقه نظروا فإذا هو قد انّهدم إلى القرار، فوجدوا صاحبه فيه شائباً يتلألئ نوره لم يتغير، والقضية وقعت قريبا منذ سنة أو سنتين، وللمذكور منذ توفي نحوا من تسعين سنة تقريبا. قال: وتوفي رحمه الله في شهر شوال سنة اثنتين وستين ومائتين وألف، ودفن بمشهدهم المشهور بأعلى القرضين بصعدة انتهى بلفظه.

***

قلت: والظاهر عندي أن المقصود بالترجمة المذكورة هو ولده السيد أحمد بن إبراهيم بن أحمد بن إبراهيم الهاشمي الآتية ترجمته قريبا، وإنما تحرف اسمه في نقل الناسخ لمسودة كتاب بغية الأماني والأمل، فقد نقل عن إحدى وثائق الوقف أن وفاة السيد أحمد المذكور كانت في شوال سنة 1262هـ، وكذلك ولده السيد علي بن أحمد الهاشمي المترجم له بحرف العين من هذا القسم توفي ذات السنة في رمضانها، والله أعلم.

2ـ القاضي إبراهيم بن علي طشي

القاضي العلامة إبراهيم بن علي بن عبد الله بن علي طشي الغرازي الصعدي اليمني، وقد تقدم التعريف بأهل هذا البيت في القسم الأول من هذا الكتاب. ترجم لصاحب الترجمة في بغية الأماني والأمل فقال:

كان رحمه الله عالماً محققاً مدرساً، أخذ عن علماء وقته، وأخذ عنه كثير، وللطلبة تقريرات عليه، وتولى القضاء بصعدة وكان حاكماً فيصلاً مرضياً عدلاً، وأصل أهل البيت من قبائل غراز من سحار، فمنحهم الله فضله، ووفقهم لطلب العلم واستيطان صعدة، توفي صاحب الترجمة شهر جمادى الآخرة سنة 1216 ست عشرة ومائتين وألف، وقبره بأعلى القرضين انتهى.

3- السيد أحمد بن إبراهيم الهاشمي

السيد العلامة شمس الدين أحمد بن إبراهيم بن أحمد بن إبراهيم بن علي بن أحمد بن الإمام الناصر لدين الله الحسن بن علي بن داود بن الحسن بن الإمام علي ابن المؤيد الحسني المؤيدي الصعدي.

قال العلامة القاضي عبد الرحمن بن حسين سهيل مترجما لصاحب الترجمة في كتابه بغية الأماني والأمل ما لفظه:

هو السيد العلامة التقي الطيب الطاهر الزكي أحمد بن إبراهيم بن علي بن أحمد بن الإمام الحسن بن علي بن داود بن الحسن رحمه الله. نشأ بمدينة صعدة المحمية، وأخذ العلم عن والده، وغيره من علماء صعدة، وكان هو الرئيس لأهل صعدة والمرجوع إليه، قال ابن عاكش الضمدي في أثناء ترجمته: كان من العلماء العاملين، والأتقياء الفاضلين، اتفقت به عام حجي لقضاء فريضة

الإسلام بمدينة أبي عريش، وجرت بيننا المذاكرة في كثير من المعارف العلمية، واستفدت منه كثيراً، ورأيت عليه من أثر العبادة والخشوع والتواضع ما لم أره فيمن يناظره من أهل زمانه، ثم لم يزل في بلده صعدة على نهج الاستقامة، والعكوف على ما يقر به من مولاه إلى أن أتاه الأجل المحتوم انتهى، قلت: وهو

5   من بيت لم يفارق العلم ولم يفارقوه، أبا عن أب إلى عصرنا هذا، فمنهم العلماء الأخيار، الأتقياء الأبرار، مع أنهم رؤساء البلاد في كل عصر من أعصارهم إلى الآن، وسيمر بك إن شاء الله في هذا المختصر من ذكرهم الطيب ما تعطر به المدارس، وتزهو به المحافل والمجالس، ومن جملة من أخذ عنه المترجم سيدنا العلامة زيد بن محمد القارح في البيان، وهو أخذه عن العلامة أحمد بن عبد الله

10 طشي، وهو عن سيدنا يحيى بن جار الله مشحم، وهو عن القاضي عبد الله بن يحيى الفهد، وعن السيد العلامة عبد الله الكبسي، ومعظم قراءة سيدنا عماد الدين على مولانا الإمام المتوكل على الله إسماعيل وعلى سيدنا يحيى بن سعيد الهبل، وتوفي المترجم له في سنة 1244 أربع وأربعين ومائتين وألف، انتهى كلام العلامة ابن سهيل في هذه الترجمة بلفظه وحروفه.

15   ✱✱✱

قلت: والعلامة ابن سهيل هو ناقل للترجمة المذكورة عن كتاب نيل الوطر للمؤرخ زبارة من أولها إلى قوله: إلى أن أتاه الأجل المحتوم، وباقي الترجمة من ألفاظه، وعلى ما جاء في الترجمة كاملة عدة ملاحظات:

الأولى: أن الصحيح في عمود نسب المترجم هو ما أوردناه صدر الترجمة،
20 فالسيد أحمد بن إبراهيم بن أحمد بن إبراهيم الهاشمي هو الذي اتفق به العلامة المؤرخ ابن عاكش الضمدي في سنة حجه بأبي عريش، وهي سنة 1240هـ،

أما جده السيد صفي الدين أحمد بن إبراهيم بن علي فقد تقدمت له ترجمة في القسم الثاني من كتابنا، وذكرنا أنه أول من تلقب بالهاشمي، وأنه كان موجودا سنة 1176 وأنه من أهل القرن الثاني عشر مولدا ووفاة، فلا يعقل اتفاقه بابن عاكش المولود سنة 1221هـ وهذا كافي في التعريف بصوابية ما أوردناه هنا من السقط الحاصل في نسبه.

الملاحظة الثانية: أن العلامة ابن سهيل في إضافته وتذييله على الترجمة خلط بين صاحب الترجمة وبين جده السابق الذكر السيد أحمد بن إبراهيم بن علي، فصاحب الترجمة لا يمكنه الأخذ عن الفقيه العلامة زيد بن محمد القارح الذي صح أن تاريخ وفاته في سنة 1166هـ، لأنه سيكون بين وفاته سنة 1244 وبين وفاة العلامة القارح نحو ثمان وسبعين عاما، أما على القول أن وفاة صاحب الترجمة سنة 1262 وهو الأصح فسيكون بينهما 96عاما، فتأمل ذلك موفقا، فالصحيح أن الآخذ على العلامة زيد القارح هو جده السيد أحمد الملقب بالهاشمي. الملاحظة الثالثة: أن العلامة ابن سهيل ذكر أن وفاة المترجم له سنة 1244على جهة القطع بينما عبارة ابن عاكش تقول: عام أربعة وأربعين بعد المائتين وألف فيما أحسب، والمتتبع لابن عاكش يدرك كثرة تخامينه في موضوع تواريخ وفيات من ترجم لهم في كتابه عقود الدرر، فمثلا يقول في ترجمة ولد صاحب الترجمة السيد علي بن أحمد الهاشمي: حتى بلغني خبر وفاته وذلك عام ستة وخمسين بعد المائتين والألف، وسيأتي أن وفاته على الأصح سنة 1262هـ، ويقول في ترجمة الإمام إسماعيل بن أحمد الكبسي المعروف بالمغلس: ولم يزل على ما هو عليه من نشر العلم والقيام بالأمر بالمعروف والنهي عن المنكر حتى وفد إليه أجله وكان ذلك في عام ثمانية وأربعين بعد المائتين والألف في مدينة صعدة، ولم يخلف بعده في تلك الجهة مثله وتعطلت بعده مدارس العلم، والصواب أن

الإمام المذكور أقام بصعدة نحو ثلاثة عشر عاما، وغادرها سنة 1230هـ إلى بلاد صنعاء إلى قريته هجرة الكبس، ثم رحل إلى ذمار، وبها كانت وفاته في صفر سنة 1250 فتأمل هذا الإيراد على سبيل المثال، ليتضح ما أشرنا إليه من الخبط الحاصل في بغية الأماني والأمل، لأجل ذلك النقل في الترجمة والله الموفق.

4- الفقيه أحمد بن إسماعيل بلابل

الفقيه العلامة أحمد بن إسماعيل بلابل الصعدي.

وصاحب الترجمة من العلماء المعدودين والفضلاء النابهين، والظاهر أنه رحل إلى مدينة صنعاء لطلب العلم هناك، فقد ذكره مؤلف نفحات العنبر السيد إبراهيم بن عبدالله الحوثي في موضعين، في جملة تلامذة شيخهما الذي تخرج على يديه الأعلام، وهو السيد علي بن عبد الله الجلال المتوفى سنة 1225هـ، وفي جملة مشايخ القاضي أحمد بن لطف الباري الورد خطيب صنعاء المتوفى سنة 1272هـ، أخذ عن صاحب الترجمة في الفقه، ولم أضبط تاريخ وفاته.

قلت: وبيت بلابل من بيوت صعدة في أيامنا الحالية، ويرجع في الأصل نسبهم إلى آل الطحم الذي تذكر مشجرة أنساب صعدة أنهم من أبناء فارس المعروفين بالأبناء، ولآل بلابل وصايا معروفة كسائر بيوت صعدة في علاف ورحبان وغيرهما، منها وصية الفقيه أحسن بن عطية بلابل مؤرخة شوال سنة 1089هـ، ومنها وصية ولده علي بن أحسن بن عطية بلابل، ومنها وصية الفقيه علي بن حسن بن علي بلابل مؤرخة ربيع الأول سنة 1174، ومنها وصية الفقيه إسماعيل بن أحسن بلابل مؤرخة شهر الحجة سنة 1232هـ، ومنها وصية الفقيه أحمد بن سالم بن محمد بن عطية بلابل مؤرخة شوال سنة 1272هـ، ومنها وصية الفقيه علي بن محمد بن هادي بلابل مؤرخة شهر جمادى الآخرة سنة

1172هـ، وهي مذكورة في مسودات الوقف.

5. القاضي أحمد بن سالم حابس

القاضي العلامة أحمد بن سالم حابس الدواري الصعدي. ترجم له القاضي المؤرخ الحسن بن أحمد عاكش الضمدي ضمن مشايخه في الكتاب الذي أفرده لهم المعروف بحدائق الزهر، وفي كتابه عقود الدرر فقال:

هو من بيت طويل الدعائم، ما في سلسلة نسبه إلا عالم يتلوه عالم، مولده ببلده مدينة صعدة، وأخذ في الفقه عن مشايخ عصره، ونال من المعارف السهم الوافر، ولازم الوالد رحمه الله وانتفع به وشارك في علم الحديث، والسبب أن الوالد لما أقام بالمدينة الصعدية أيام الفتن النجدية تزوج بكريمته، وبعد ذلك لم يزل يتردد إلينا بمدينة أبي عريش، وفي مدة إقامته لدينا أخذت عليه في الفقه، وكان من عباد الله الصالحين، ومن العلماء العاملين، سريع الدمعة، إذا صلى استغرق فكره في الإقبال عليها، ولم يزل محافظا على الطاعة والقيام بوظائف العبادات حتى توفي في سنة 1245 خمس وأربعين بعد المائتين والألف، في بلدته مدينة صعدة بل الله ثراه بوابل الرحمة وغفر له ولكافة المسلمين، انتهى.

(استطراد في إقامة العلامة الضمدي)

قلت: وقد أشار العلامة ابن عاكش في صلب الترجمة إلى إقامة والده بمدينة صعدة، وهو القاضي العلامة أحمد بن عبد الله بن عبد العزيز بن الحسن بن الحسين بن محمد بن يحيى بن محمد بن علي بن عمر الضمدي، فهو أحد أحفاد العلامة ابن عمر الضمدي الذي استطردنا ذكره في أثناء القسم الأول من هذا الكتاب، وكان عالما محققا مصنفا، مولده بضمد سنة 1174 وتوفي في بلدة أبي

عريش شهر جمادى الآخرة سنة 1222 رحمه الله تعالى، وقد تطرق ولده لهذه الإقامة بصعدة أثناء ترجمته فقال: نعم وارتحل المترجم له إلى مدينة صعدة، وأقام فيها مدة مع حضور الفتن في جهتنا من آثار الدعوة النجدية، وقد ذكرت تفصيل ذلك في التاريخ الذي سميته (الديباج الخسرواني في أخبار وأعيان المخلاف السليماني)، ولم يزل أفاضل صعدة مدة إقامته يأخذون عنه في فنون العلم، ويشربون من رحيق تحقيقه المختوم، قال: وبعد انفصاله من مدينة صعدة كانت إقامته بأبي عريش، ونقل فيها خاصته واتخذها دار وطن، وأحسب أن سكناه بها عام ثمانية عشر بعد المائتين والألف انتهى.

6ـ القاضي أحمد بن محمد مشحم

القاضي العلامة صفي الدين أحمد بن محمد بن أحمد بن يحيى بن جار الله مشحم الصعدي ثم الصنعاني.

مولده سنة 1155 خمس وخمسين ومائة وألف، وقرأ بصنعاء على القاضي الحسن بن إسماعيل المغربي في الفقه، وعلى غيره من علماء صنعاء في العربية وغيرها، وقد ترجمه الشوكاني في البدر الطالع فقال:

اشتغل بالحديث، وكتب بخطه الحسن كتباً، ولما مات والده وكان قاضياً ولاه الإمام المهدي العباس بن الحسين القضاء بصنعاء من جملة قضاتها، وجعل له مقرراً، فباشر ذلك مباشرة حسنة، بعفة ونزاهة، وديانة وأمانة وسكينة ووقار، فما زالت درجته ترتفع. ولما مات الإمام المهدي وقام مقامه الإمام المنصور عظمه، وركن عليه في أمور جليلة، وهو الآن من أعيان القضاة ونبلائهم، وكل ما تولاه وحكم به انشرحت الخواطر وطابت النفوس، وهو مستمر على حاله الجميل، مقبل على شأنه، وله ولد علامة هو محمد بن أحمد انتهى. وترجم له

معاصره العلامة أحمد بن محمد قاطن المتوفى سنة 1199 في دمية القصر استطرادا في ترجمة والده فقال:

وأما ولده القاضي العلامة الأوحد الفهامة صفي الدين أحمد بن محمد فهو الخليل الحبيب النجيب، واسطة عقد الفخار، وعمدة الفضلاء الأخيار، لبس من الديانة سربالا لا يبلى، ومن الأمانة بردا يذكر ويتلى، أخلاقه الرياض الباسمة بالأزهار، وكلماته الطيفة الباهية للأبرار، يبغض الأشرار ويميل إلى الأخيار، ويشتغل بما يعنيه، وينظر فيما ينتفع به، وسجية حاله في القضاء الحال الحسن فهو ممن يركن عليه فيه ويؤتمن، ولقد خبرته في قضايا متكررة يجيد فيها النظر ويقضي فيها بغاية ما يعجب من اختبر، لا يحابي في الحق أحدا، ولا يراعي مقصدا، فكم من حاكم يراعي المقاصد ويخاف المخلوق ويرجو عفو الإله الواحد، والحاكم المعتبر لا يحابي ولا يداري بل يقول الحق، وإن أتعبه وشق، قال: والمترجم له على حاله الجميل ثابت ولأقرانه فيه فائت، زاده الله مما أولاه، وعمر قلبه بحبه وتقواه انتهى كلامه. قلت: وقد ذهل عن ذكر تاريخ وفاته المؤرخ لطف الله جحاف في تاريخه درر نحور العين، وأرخ ذلك السيد المؤرخ محمد بن محمد زبارة أثناء ترجمته له في نيل الوطر سنة 1209 تسع ومائتين وألف، قال: وخلف دنيا عريضة، وفي أثناء ترجمته في بغية الأماني والأمل للقاضي عبد الرحمن بن حسين سهيل أن نشأته كانت بصعدة، وقد تقدمت ترجمة والده وجده في القسم الثاني.

وأهل هذا البيت المعروفين بآل مشحم، أهل فقه وتدين، ولهم ذكاء وفطنة، يصل بالبعض منهم إلى حد الجنون، وقد تفرعت منهم عدة من الأسر بصعدة حاملة ألقابا أخرى غير لقبها الأصلي، طرأت عليهم بعد المائة والألف من الأعوام، مثل آل الحشحوش، وآل الضوء، وآل طلحان، وآل القرعمي، والكل يرجعون في نسبهم إلى بيت مرغم البيت الشهير بصعدة فليعلم ذلك.

7. القاضي أحمد بن يحيى حابس الحفيد

القاضي العلامة أحمد بن يحيى بن أحمد بن يحيى حابس حفيد القاضي الكبير حاكم المسلمين السابق ترجمته في القسم الأول من هذا المعجم.

وصاحب الترجمة ترجمه المؤرخ عبد الرحمن سهيل في بغية الأماني والأمل فقال: كان عالماً فاضلاً، حاكماً بصعدة المحروسة، وتوفي في شهر جمادى الأولى سنة 1206 ست ومائتين وألف، وقبره بمشهدهم المعروف رحمه الله تعالى.

8. القاضي إسحاق بن علي العبدي

القاضي العلامة إسحاق بن علي العبدي اليمني الصعدي، وقد تقدم التعريف بأهل هذا البيت في القسم الأول من هذا المعجم.

وصاحب الترجمة ترجمه صاحب بغية الأماني والأمل فقال:

كان فقيهاً عارفاً فاضلاً كاملاً، وقل أن يخلو أهل هذا البيت عن العالم منهم، ولهم ذكاء وفطنة وفصاحة، ولعل ذلك ببركة محبة آل محمد وولائهم لهم، فإنهم كانوا من الشيعة الأخيار والفضلاء الأبرار، ومحلهم كان بصعدة بل هم أحد بيوتاتها المشهورة، والآن في القرن الرابع عشر قد انقطعوا، فلم يبق منهم أحد، فسبحان الحي الباقي، وتوفي صاحب الترجمة هذا في أوائل القرن الثالث عشر رحمه الله انتهى كلامه. قلت: وفي وثائق الوقف أن لآل العبدي بقية وهم آل قِرْبَة من بيوت قبيلة العبدين في أيامنا هذه والله أعلم. وقد وقفت بين أوراق الأجداد على خط المترجم له رحمه الله، بما يفيد أنه كان موجودا بصنعاء سنة 1211 إحدى عشر ومائتين وألف، وقد تقدم أثناء ترجمة السيد محمد بن حسن حطبة المتوفى بصنعاء سنة 1205 نقلا عن المؤرخ جحاف ذكر إسحاق بن محمد العبدي متولي أوقاف مساجد صعدة في أواخر القرن الثاني عشر الهجري، وما

كان من اتهام المترجم له بمقتل السيد صلاح بن عامر.

ويغلب في الظن أنه صاحب الترجمة وانما تحرف اسمه في كتاب درر النحور، أو يكون على أصله، وهو ابن عم المترجم له، فقد تقدمت ترجمة والديهما في القسم الثاني، والله أعلم.

9ـ الفقيه إسماعيل بن عبد الله الطل

الفقيه الأديب إسماعيل بن عبدالله الطل. ذكره المؤرخ الفقيه لطف الله بن أحمد جحاف في درر نحور العين أثناء ذكر حوادث ووفيات سنة 1224 أربع وعشرين ومائتين وألف فقال والعهدة عليه ما لفظه:

وفيها يوم الخميس عاشر ربيع الأول مات إسماعيل بن عبدالله بن محمد بن إسماعيل الطل الصعدي الأصل الحجي مولدا ومنشأ. مولده عام أربع وستين ومائة وألف، نسبه في آل بهران أهل صعدة أو في آل الدواري تردد في ذلك هو بنفسه، قرأ القرآن ولما خرج من الكتّاب اشتغل بالأصوات والنغم، فاستجود صوته رعاة الشاء والإبل، وتحدث الرعاة عن حسن صوته. ولما استحكم في النغم عرض له شيطان، فقوّله الشعر فبرع في جودة سبك النظام، فتناقل عنه الشعر كثير من الطغام والأعلام، فأخبرني بذلك عن نفسه، قال: وإن شيطان يهودي لا دين له بملة غير اليهودية، ولما برزت عنه القصائد الحسان شك في نسبتها إليه علماء البيان، وظنوا فيه الظنون، وكانوا يقولون لعله وقف على ديوان لم يقف عليه أحد قبله، فانتحل ما فيه ونسبه إلى نفسه، وليس ذلك بشيء، وسيأتي ذكر ما امتحنه به الأكابر. وكنت من قبل أظن به الظنون حتى كان عام سبع ومائتين وألف، واجتمعت به عند شيخنا الصارم إبراهيم بن عبدالقادر في موت أبيه (ربيع الأول سنة 1207) وبتنا ليلة في مكان فاستيقظت من نومي

فزعاً من هذرمته وزمرمته، ورأيته انتصب قائما ثم وقع على الأرض يهذرم ويزمزم، فازددت عجبا، فلما أصبحنا إذا به يدعو بداوة وقرطاس، فأنشأ مرثية بديعة للأستاذ عبدالقادر وألقاها بين يدي ولده الصارم.

ولزم موقف الضياء عبدالقادر بن محمد بن حسين متولي الديار الكوكبانية أياما، وانقطع إليه ونال منه ما أقامه، وامتدحه مرة بقصيدة فنزع عنه ملبوساً وألقاه على الطل، ونزع كل من حضر الموقف من ملبوسه شيئا وألقاه عليه، فقال له: أنا المعري حقيقة، وكان في تلك القصيدة قد عرض بمديحها بكل واحد من أولئك الحاضرين، ولازم حضرة إبراهيم بن محمد بن حسين وحضرة ولديه العباس ويحيى، وكان يدخل إلى صنعاء فيقف بها أياماً قليلة ويعود إلى السادات الأماجد بكوكبان إلى سنة 1219 فنزل بصنعاء واتخذها دار وطن، ورغب الأكابر في سماع إنشاده للشعر. ولزم سيف الإسلام أحمد بن المنصور علي وتردد إلى دوره بصنعاء والقصر، ولازم حضرة البدر الشوكاني والوزير الحسن بن علي حنش، وكان راوية لأشعار الشوكاني وأشعار القاضي عبدالرحمن بن يحيى الأنسي، وأشعار أحمد بن حسن الزهيري وأشعار الجاهلية ينتخب منها المحاسن. وما زالت تنتقل به الأحوال من محل إلى محل، وتقذفه الموامي من جبل إلى جبل، وكان إذا نزل محلاً واستطابه تزوج به واستقر فيه قدر ما يرتاح خاطره، ثم يروح إلى محل آخر، وإذا جاء له ولد سماه باسمين اسم يضعه شيطانه، واسم يضعه هو، وكان لا يسمع صوتاً إلا حكاه حكاية تامة.

وكان محفوظه من النوادر والغرائب والعجائب كثيراً، وكنت كثيرا ما اجتمع به في موقف الوزير الحسن بن علي حنش، وإنا قعدنا يوما كانت به مساجلة بحضرة الوزير بيني وبين عبد الله بن سعيد القرواني، في أبيات أدبية، فألزمه

الوزير أن يجيز بيتا من المتساجل فيها، فلم يستطع، وكتب إلى الوزير معتذراً:

أيـا شـمس لا تطلـب الطـل في ... مقامـك شـعراً دعـاه الشـجون
فـما اجتمـع الطـل بالشـمس في ... محـل وذا قـط مـا لا يكـون
إذا طلعـت لم يـر واضـعاً ... رواه بحيـث تـراه العيـون

وهذا كما تراه فيه حسن تعليل بديع، وأما شعره الذي نسبه الناس إلى انتحاله، فمنه ما أنشده بحضرة عبد القادر بن محمد ممتدحا له:

كم بـين أكنـاف العـذيب وحـاجر ... منـا صريـع نـواظر ومحـاجر
أنسـينه ذنـب الهـوى وشـغلنه ... بالوجـد عـن ذم الشباب الغـادر
أسهرت يـا وسَـنَ الجفـون جفونـه ... ورقدت عن ليـل الكئيـب السـاهر
قلبـي ملكـت فهـل لـه مـن معتـق ... ودمي سـفكت فهـل لـه مـن ثـائر
مـالي وللسـمر الـدقاق تركننـي ... بقـديم صـبوتها حـديث السـامري
مـن كـل مائسـة بليـت بقـدها ... وقوامهـا وعـدمت أجـر الصـابر
أسفي بذات الخـال لـيس بمـنقض ... هـو أول مـا إن لـه مـن آخـر
لـولا الأسـى لجنيـت وردة خـدها ... سحراً عـلى كـأس العتـاب الـدائر
ولقد رأيت ومـا رأيـت كسـر بهـا ... أقـمار تُـمٍّ في ظـلام غـدائر
وغصـون بـان أينعـت أظلافهـا ... فـبرزن في ورق الخضـاب النـاضر
يـا عـاذلي وأخـا الصـبابة ربـما ... يشـكو إلى غـير الشـفيق العـاذر
قد كنت ترحم لو مررت بخاطري ... فوقفـت في رسـم السـنو الـدائر
جهـلاً يلـوم عـلى السـقام ولم يـذق ... وجـد المشـوق ولا حنـين الـذاكر
يبكي على جسمي السقيم ولو درى ... كـان البكـاء عـلى الفـؤاد السـائر
دعنـي ومـا شـاء الزمـان فإنـه ... لا يرعـوى لمقـام نـاهٍ آمـر
ولقد نصـرت على الليـالي والنـدى ... بـأبي العُـلى والملـك عبـدالقادر
حـاز المـآثر قضـها بقضيضـها ... وغـدا يمـنّ عـلى الـورى بمـآثر

فأنكر جماعة نسبتها إلى المترجم له، وشك الممدوح في ذلك، فاقترح عليه تماماً للقصيدة يذكر فيه حديقة ظفران الساكن فيها، ووصف نهر الزجاجة الذي أيمن دائر ظفران، ويذكر لقبه فيها، ويعيد المديح آخرا، فذهب المترجم له وجاءه شيطانه فألقى عليه:

يا حبذا ظفران من مستنزه ... يزهو بزهر في رباه ناضر
روض تجمع فيه ما في غيره ... متفرقاً مما يروق لناظر
وإذا عراك الشك فيما قلته ... فاخل الرياض لناظريك وناظري
ما شعب بوّان يقاس به وكم ... من أول ينسى بحسن الآخر
روض يضوع المسك من أزهاره ... حتى يظن الأفق جون التاجر
ولذا جرت أنهاره في أثرها ... قد ضاع من أثر النسيم العاطر
روض حكى أخلاق من حاز العلى ... وسمى على بدر السماء الزاهر
أسد تحاذره الملوك وغابة ... مما عليه من القنا المتشاجر
أنى يرى فضل الغمام وجوده ... يغني الأنام عن السحاب الهامر
ما فات إلا الطل وابل فضله ... وهو الحقيق بجوده المتكاثر
وإليكها غرا يرق للطفها ... ماء الزجاجة عن يمين الدائر

فلما أكمل الأوصاف الصحاح على وفق الاقتراح، سلم له الأكثر، وحسد البعض غيظا واستكبر. ومن محاسن شعره وأفانين سحره وقد رثى طفلة ماتت عليه وبكاها وظهر من آخر أنه ما بكاها، وكان قد سماها هميلة:

تبكي المقامط والمثابت والثدي ... لهميلة الطل القرينة للندا
ما قاربت حملا لحتى قاربت ... نعشا، وحتى أوردوها الملحدا
ما واصلت أهلا حتى فارقت ... أحبابها مثل ابن داية والحدا
ما بين يوم وصالها وفراقها ... إلا كما شمت الوميض المبعدا

ولكم سقيط الطل في تحصيلها   عاما فعاما قبل أن يتولدا
كم ليلة ظلماء يطلب فجرها   متوكئا بعصاية متجددا
كم في تطلبها سعى في ليلة   ليثا بقائم رمحه متقلدا
ولكم طوى فيها البساط مغردا   ولكم لها راح البسيطة منشدا
ولكم على رمل الغدير تسابقت   أخفافه طورا وطورا منجدا
قد كنت أرجو خيرها مستبشرا   بثمارها فإذا بها ذهبت سدى
لم يجر كأس لبانها في حلقها   حتى جرى في أثره كأس الردى
من بطن أم قد بدت وتغيبت   بطن الثراء فما عدا مما بدا

انتهت الترجمة المنقولة من درر نحور العين.

قلت: وفي بعض السفن الأدبية اطلعت على ذكر الأديب مطهر بن إسماعيل الطل، لعله ولد صاحب الترجمة، ومن شعره:

يا أهل ودي ذا سؤال لكم   به أفيدونا بغير اعتذار
علام تحمر وجوه الظبا   وأوجه العشاق فيها اصفرار

فأجابه السيد أحمد القارة الشاعر الظريف بقوله:

نعم وجوه الغيد تلك التي   قد زانها بالحسن ذو الاقتدار
ينبت فيها الورد كثر الحيا   وصفرة العاشق قل اصطبار

5 10. القاضي إسماعيل بن محمد العبدي

القاضي العلامة إسماعيل بن محمد الشهيد بن إسماعيل بن محمد بن قاسم العبدي الصعدي، ترجم له صاحب بغية الأماني والأمل فقال:

كان أحد أعلام زمانه، ونبلاء أوانه علما وعملا وفضلا، وهو حفيد العالم الكبير إسماعيل بن محمد، ووالده الفقيه العلامة الشهيد المقتول ظلما بقبة مولانا

الإمام الهادي إلى الحق. أخذ المترجم له عن علماء وقته، منهم الفقيه العلامة وجيه الإسلام عبده بن يحيى العفيف الصعدي وغيره، فحقق ما شاء، وكان ذكياً فطناً ألمعياً، وله خط باهر قد رأيت من ذلك جملة واسعة انتهى.

ولم أضبط تاريخ وفاته وهي في هذا القرن الثالث عشر رحمه الله.

11. القاضي الحسن بن محمد النحوي

القاضي العلامة الحسن بن محمد بن إبراهيم النحوي الصعدي.

من علماء وقته المدرسين بصعدة، ومن تلامذته الآخذين عنه بها الفقيه العلامة إبراهيم بن محمد الضمدي المتوفى سنة 1276هـ قرأ عليه في الفقه والفرائض، ذكره استطرادا ابن عاكش في عقود الدرر في موضعين مرة باسم الحسن بن محمد، ومرة باسم الحسن بن إبراهيم النحوي، والصواب ما ذكرناه فهو في الأغلب حفيد العلامة إبراهيم بن أحمد النحوي المتوفى سنة 1192 المتقدمة ترجمته في القسم الثاني.

12. القاضي الحسن بن يحيى النجم

القاضي العلامة الحسن بن يحيى بن الحسن النجم اليمني الصعدي.

ترجمه صاحب بغية الأماني والأمل فقال:

كان أحد أعيان زمانه وعلماء أوانه، عالماً عاملاً كاملاً، أخذ عن والده العلامة يحيى بن حسن النجم، فحقق ودقق. وكان قاضياً بصعدة، وهو صنو إبراهيم بن يحيى المتقدم ترجمته، ولم يزل على القضاء والتدريس إلى أن توفي يوم الاثنين لعله سابع عشر شهر الحجة الحرام سنة 1227 سبع وعشرين ومائتين وألف، وقبره بأعلى القرضين بصعدة انتهى بلفظه.

13. الإمام الحسين بن علي المؤيدي

الإمام المؤيد بالله الحسين بن علي بن إسماعيل بن علي بن الحسين بن محمد بن صلاح بن الحسن بن بدر الدين بن داود بن الحسن بن الإمام الهادي علي بن المؤيد الحسني اليحيوي المؤيدي الصنعاني ثم الصعدي. هكذا نسبه في التحف شرح الزلف وفي ذروة المجد الاثيل.

ومولده تقريباً في سنة 1225 خمس وعشرين ومائتين وألف.

أخذ بصنعاء عن القاضي عبد الله بن علي بن علي الغالبي، والسيد محمد بن محمد بن عبد الله الكبسي، والقاضي عبد الرحمن بن عبد الله المجاهد، والإمام أحمد بن علي السراجي وغيرهم، وجد في الطلب، ونشأ في ثياب الطهارة والعفة، وكان له الذهن الصافي فمهر في جميع الفنون، وبرع في تحقيق الشروح والمتون، وأخذ عنه السيد عبد الكريم بن عبد الله أبو طالب صاحب العقد النضيد في الأسانيد وغيره من أهل وقته، وترجمه السيد المؤرخ محمد بن إسماعيل الكبسي في العناية التامة فقال: سيد الطلبة المحققين، بلغ درجة الاجتهاد وأربى عليها وزاد، ومهر في الفنون، وبرع في الشروح والمتون، وصار عيناً في الأعلام، وصدراً يرجع إليه في غوامض الأحكام، وكان مرافقاً في الطلب للإمام الناصر عبد الله بن الحسن الخ. وترجم له صاحب نيل الوطر فقال: السيد الإمام الزاهد التقي. ثم نقل ما سرده في العناية التامة ثم قال: وقد أثنى عليه شيخه القاضي عبد الله بن علي الغالبي في كتابه الدر المنظوم في أسانيد العلوم ثناء جزيلاً، وترجمه القاضي إسماعيل بن حسين جغمان ترجمة طويلة، ومن شعره ما كتبه إلي سيدي محسن بن عبد الكريم بن أحمد بن محمد بن إسحاق وهو:

| ماذا يقول شيخنا | وسلسبيل عصرنا |

وعــــين أعيـــان أولي	الفضـــــل ولي أمرنـــــا
حســـام ديـــن الله مـــن	بــــه زهـــت أيامنـــا
في شـــأن قـــول ربنـــا	خـــص بأشـــرف الثنـــا
في محكـــم الـــذكر الـــذي	جـــلا بـــه صـــدورنا
مـــن قولـــه ثـــم اســـتوى	إلى الســـما ثـــم دنـــا
وهكـــذا مـــا جـــآء مـــن	ذكـــر بـــه ومـــا عنـــى
بكشـــف ســـاق يـــوم لا	ينفـــع مـــال وجنـــى
هـــل تحمـــل الآي عـــلى الـــ	ـــمجاز أعطيـــت المنـــى
أو لا يجـــوز حملهـــا	عليـــه في ملتنـــا
بـــل نقـــف آثـــار الألى	جـــروا عـــلى الوصـــل البنـــا
وهـــو فهـــل يســـتلزم الـــ	ـــجسم لزومـــاً بيّنـــا
فأوضـــحوا لا زلـــتم	في طيـــب عـــيش وهنـــا

فأجابه سيدي محسن بن عبد الكريم بقوله :

أهـــلا بـــنظم قـــد أتـــى	نحـــوي بـــأنواع المنـــى
أهـــدى إلي روضـــة	منهـــا البـــديع يجتنـــى
أزهارهـــا دانيـــة	قطوفهـــا لمـــن جنـــى
وقـــد جـــرت أنهارهـــا	مـــن هاهنـــا وهاهنـــا
مـــن زينـــة العصـــر الـــذي	قـــد فـــاق كـــل القرنـــا
في العلـــم والزهـــد الـــذي	زاحـــم فيـــه الحســـنا
لا برحـــت أيامـــه	موســـم عيـــد وهنـــا
وخصـــه منـــا الســـلام	بالســـلام والثنـــا
وجهـــت لي مشـــاكلاً	قـــد حـــار فيهـــا الفطنـــا
علـــم أصـــول ديننـــا	لأجلهـــا قـــد دزنـــا

واختلفت أقوالهم   فيها اختلافاً بيّنا
وكل حزب منهم   يقصد قصداً حسنا
فالقائلون بالمجا   ز نزهوا خالقنا
والآخرون سكتوا   وآمنوا بما عنى
وخيرها اسلمها   والصمت خير مقتنى
فالله غيب كله   عن علمنا قد بطنا
ولكنه دل بما   نعرفه من الثنا
على عظيم شأنه   تعرفاً منه لنا
وهو تعالى شأنه   أكبر مما دلنا
فامش مع اللفظ الذي   قال به إلهنا
والنفس مهما طمحت   فقل لها إلى هنا
إنك إن أولته   زال البهاء والسنا
ولن تجده من بعده   لفظاً يكون حسنا
فهذه عقيدتي   واسلم بقيت الزمنا

وكان خروج المترجم له من صنعاء سنة 1247 مع الإمام الداعي أحمد بن علي السراجي، ثم عاد إلى صنعاء وبقي بها أياماً لم يصف له بها كدر ولا طاب له فيها المستقر فوصل إليه جماعة من أهل جهات صعدة يستدعونه إلى بلادهم للقيام بفريضة الأمر بالمعروف والنهي عن المنكر المخوف فأجابهم إلى ذلك.

وكان خروجه من صنعاء ثانياً في سنة 1251 وقيل في سنة تسع وأربعين وصحبه عدة من أكابر العلماء في صنعاء منهم القاضي عبد الله بن علي الغالبي والسيد عبد الكريم بن عبد الله أبو طالب وغيرهما وكانت قد حصلت المراجعة فيما بين المترجم له وبين الإمام الناصر للدين عبد الله بن الحسن رحمه الله بصنعاء على خروج المترجم له إلى جهات صعدة لتمهيد بلاد خولان الشام وما إليها

للإمام الناصر ولما وصل المترجم له إلى تلك البلاد طلب منه بعض من فيها الإعلان بالدعوة إلى الخلافة والإمامة العظمى فامتنع عن الإعلان بذلك ولم يزل آمراً بالمعروف ناهياً عن المنكر حتى توفي، انتهى كلام زبارة.

قلت: والذي في التحف شرح الزلف لمولانا العلامة مفتي اليمن الأكبر مجد الدين بن محمد المؤيدي أنه قام ودعا إلى الإمامة في محرم الحرام سنة 1251 وأشار إلى ذكر قيامه أيضاً السيد الحافظ المؤرخ محمد بن إسماعيل الكبسي في ذيله لذيول البسامة فقال:

وبعده قام يدعو الناس مرتحلاً ... عن مربع الظلم ذي التقوى على الأثر
زين الشباب خريت العلوم ومن ... حاز المعارف طراً وهو في الصغر
سمي سبط رسول الله وارث آ ... ثار الوصي سليل الأنجم الزهر
سرى إلى أرض حيدان فطهرها ... عن المآثم والطاغوت والغير
أعني الحسين سليل الغر من سمحت ... آل المؤيد زين الأعصر الأخر
فعاجلته المنايا بعد ما ظهرت ... آياته كظهور الشمس والقمر

ثم ذكر في شرحه لهذه الأبيات أخباراً عن دعوة صاحب الترجمة وتنقلاته، وقد اهتم أيضا بذلك الشأن القاضي إسماعيل بن حسين جغمان في كتابه الدر المنظوم في تراجم الثلاثة النجوم فقال ما خلاصته:

وكان ارتحاله إلى بلاد صعدة بعد أن كوتب وطلب للوصول من ولاتها ومشايخها في منتصف شهر محرم مفتاح سنة إحدى وخمسين 1251 وانتدب معه من السادة الأجلة والإخوان العلماء من انتدب للشخوص معه فلم يصل إلا وهم نحواً من أربعين عالماً، وكان أول وصوله ساقين فتلقاه أهلها تلقياً عظيماً فبقي هناك حتى انتقل إلا بلاد الشيخ المقام على بن حسين روكان واستولى على بلاد الظاهر وفي خامس شهر رجب الفرد من ذلك العام جهز لجهاد أهل غمر

من نواحي رازح لم يدخلوا تحت الوطأة فحط عليهم عساكره واشتدت المحاط فأذعنوا وعاهدوا على السمع والطاعة فبايعهم ومعهم بنو جماعة ورازح وبني منبه وغيرهم وذلك في منتصف شهر رمضان من تلك السنة. ووصلت إلى صاحب الترجمة قصيدة تهنئة من القاضي إسماعيل جغمان مطلعها:

هاك بشرى جاءت كمسك سحيق … أو كشهد مروق في عقيق

من إمامي من سيدي ووليي … من خديني من بغيتي من صديقي

من فخيم من سيدي من عظيم … من كريم من ماجد من شفيق

بشر المؤمنين بالنصر حمداً … للذي ساقه لتلك الطريق

مهيع قد مشاه آباؤه قُدْ … ماً وساروه سيرة التحقيق

إلى آخر الأبيات، وانتقل إلى ساقين فلما وصلها لم يلبث إلا قليلاً وارتحل إلى حيدان مشهد الإمام المتوكل على الله أحمد بن سليمان فثقل به المرض هو وأصحابه فتوفي هناك إحدى شهور سنة إحدى وخمسين ومائتين وألف. هكذا أرخ وفاته في سنة 1251 صاحب الدر المنظوم.

والذي في نيل الوطر وفي التحف شرح الزلف أن ذلك سنة 1252 اثنتين وخمسين، وأكد المولى مجد الدين المؤيدي بالقول أن وفاته يوم الأحد شهر ربيع الأخر وعمره سبع وعشرون سنة، ثم قال: ووجدت بخط الوالد العلامة صفي الإسلام أحمد بن يحيى العجرى المتوفى سنة 1347 ما مثاله: أخبرني والدي العلامة يحيى بن أحمد رحمه الله أن الإمام المؤيدي أي صاحب الترجمة وصل إلى هجرة فلله أيام دعوته في حال صغر الوالد وأنه صبيح الوجه لا يعلم أنه يوجد له شبيه في خلقه وكماله شاب لم ينبت الشعر في وجهه أبيض اللون كأن وجهه القمر إلى آخر ما ذكره رضي الله عنه انتهى.

14. السيد الحسين بن علي بن القاسم

السيد الرئيس الحسين بن علي بن القاسم بن علي بن أحمد بن الإمام المنصور بالله القاسم بن محمد الحسني القاسمي الصعدي.

نشأ في حجر والده متولي صعدة في أيامه السيد الرئيس جمال الإسلام علي بن القاسم المتوفى سنة 1175 المتقدمة ترجمته في القسم الثاني من هذا الكتاب، وذكرنا هناك أن لصاحب الترجمة ثلاثة أخوة، أحمد بن علي، ومحمد بن علي ستأتي ترجمته بحرف الميم في هذا القسم، وإسماعيل بن علي، والظاهر أن أخاهم صاحب الترجمة هو أكبر أولاد أبيه، وأن الرئاسة في صعدة انتقلت إليه بعد والده كما تفيده كتب التواريخ، منها سيرة الإمام المهدي عباس، وهي مفقودة في أيامنا ولم يتم الإطلاع عليها، يسر الله ذلك، ومن ذلك ما رأيته في هذا النقل عن كتاب درر نحور العين للفقيه المؤرخ لطف الله بن أحمد جحاف وموجزه:

وفي سنة 1192 اثنتين وتسعين ومائة وألف خرج السيد حسين بن علي بن قاسم صاحب صعدة بقبائل سحار منضماً إلى قبائل ذو محمد وقبائل أخرى إلى صنعاء قال: وكان الداعي لهذا السيد الطمع في الإمام والطلب للزيادة منه على المعتاد، بعد أن كاتب أياما إلى وزير الإمام يطلب منهم الإعانة له ولأهله في الشفاعة عند الإمام بتفويض المعتاد ويحتج عليهم بأن التغاضي سيجر إلى الفساد وجرت له مع الجنود الإمامية حرب ثم رجع بمن معه من سحار إلى بلادهم انتهى بتصرف.

ومما جاء في الكتاب المذكور أيضا عن الحوادث الصعدية ما لفظه:

وفي سنة 1190 خرجت قبائل يام من نجران، فمرت ببلاد سحار واعتدت على بداوتها، فنكفت سحار عند قومها، وكان القوم قد بلغوا إلى حدود تهامة،

فكمنت لها سحار بالطرق، فلما رجعوا لم تشعر طائفة يام إلا بالقتل والضرب والنهب، فاشتدت يام فلم ينفعها الشدة، وتمكنت سحار منهم فسلبوهم جميع ما جلبوا به من الأطماع وشرودهم ومزقوهم كل ممزق، حتى اشتهر أن كبيرا من يام رأى امرأة من سحار فقال لها: أنا في ذمتك فانزلته عن فرسه، وأدخلته بيتها وكان بين يديه مخلاة مملوءة ذهبا وفضة وحلي، وأنها دعت ولدا لها وأغرته بالمال فتقدم أولا فذبح الرجل اليامي وأخذ ماله وفرسه.

وفي سنة 1191 تجمعت قبائل يام أهل نجران وقصدوا صعدة لعلمهم باتحاد أمرهم مع قبائل سحار وقد قصصنا عليك في العام الأول ما كان من سحار إليهم، ولما حاصروا صعدة وقاربوا تسلمها جنح أهلها إلى مصالحتهم فاشترطوا عليهم ثمانية الآف قروشا فرانصة، ثم ألقى الله بينهم العدواة والبغضاء فتفاشلوا وافتتنوا ذات بينهم فعادوا بخفي حنين انتهى بلفظه وحروفه.

***

قلت: ومتولي الأمر بصنعاء في تلك السنوات هو المنصور علي بن المهدي العباس بن المنصور الحسين بن المتوكل القاسم بن الحسين بن المهدي أحمد بن الحسن بن الإمام القاسم بن محمد. وقد أخبرني أحد أحفاد صاحب الترجمة المعاصرين أن جده المذكور سكن قطابر من بلاد جماعة شمالي صعدة، وابتنى له هناك دارا واسعة، لا زالت معروفة إلى اليوم، ومثله سيأتي في ترجمة صنوه السيد الرئيس محمد بن علي بن القاسم، وأن وفاته في قطابر سنة 1229هـ، أما صاحب الترجمة فلم أضبط تاريخ وفاته إلا أن المؤرخ لطف الله جحاف ذكر في موضع من تاريخه درر نحور العين أن المترجم له كان موجودا إلى سنة 1220، فالظاهر أنها لم تطل أيامه بل توفي في نيف وعشرين ومائتين وألف والله أعلم، ومن ذرية صاحب الترجمة السادة آل الدولة بألت مجزب وعلاف غربي صعدة، من ولده

الوحيد فخر الإسلام عبد الله بن الحسين بن علي بن القاسم الموجود حيا شهر القعدة سنة 1245 خمس وأربعين ومائتين وألف كما وقفت على ذلك في أوراق الوقف رحمهما الله جميعا.

15. القاضي عبد الله بن محمد مشحم

القاضي العلامة عبد الله بن محمد بن أحمد بن يحيى بن جار الله مشحم الصعدي ثم الصنعاني. قال السيد محمد بن محمد زبارة مترجما له في كتابه نيل الوطر بتراجم علماء القرن الثالث عشر ما لفظه:

مولده تقريبا سنة 1165 خمس وستين ومائة وألف، وأخذ العلم عن العلامة القاسم بن يحيى الخولاني الصنعاني وغيره من علماء صنعاء، وبرع في النحو والصرف والمعاني والبيان والأصول، وشارك في غير ذلك، وقد ترجمه تلميذه جحاف فقال: تخرج به عدة من الأعلام وأخذت عنه في النحو والصرف والمعاني، وعنه رفيقنا يحيى بن مطهر في الحديث، فاستمع عليه صحيح البخاري بمسجد الأبهر في جماعة آخرين، وعنه محمد بن أحمد مشحم وخلق لا يحصون، وكان كثير الصمت بطيء الحركة، لا يجيب في المسألة حتى يراجع نفسه حينا ما، مخافة أن تزل قدمة في أمر شرعي انتهى.

وترجمه الشوكاني في البدر الطالع فقال:

كان كثير الصمت منجمعا عن الناس قليل المخالطة لهم، لا يتردد إلى بني الدنيا ولا يشتغل بما لا يعنيه، ولا يتظهر بالعلم ولا يكاد ينطق إلا جوابا، فضلا عن أن يماري أو يبدي ما لديه من العلم، وبالجملة فكان قليل النظير عديم المثيل انتهى ومات بصنعاء في رابع وعشرين شوال سنة 1223 ثلاث وعشرين ومائتين وألف، رحمه الله وإيانا والمؤمنين.

16. العلامة عبد الوهاب بن صلاح الكستبان

القاضي العلامة الأوحد الحافظ المتقن عبد الوهاب بن صلاح بن علي بن أحمد بن محمد بن أبي القاسم الحداد المشهور بالكستبان الملقب قبان.

وجده الأعلى أحمد بن محمد بن أبي القاسم الكستبان من نبلاء القرن الحادي عشر، وقد غفلت عنه ولم أترجم له في موضعه، ورأيت بخطه كتاب موازرة الإخوان للعلامة الشقيف، وهو خط في غاية الحسن فرغ من نساخته في سنة 1089 تسع وثمانين وألف. أما صاحب الترجمة فمولده كما وقفت عليه في بعض المجاميع بخط بعض أهله في غرة محرم سنة 1184 أربع وثمانين ومائة وألف، وهو من علماء صعدة الأماثل، وبها كانت نشأته وطلبه للعلم، وتوقف مدة بمدينة حوث لعدم إنتظام أمور صعدة وسطوة القبائل عليها، وكان بحوث سنة 1235 والسنة التي تليها، وممن أخذ عنه من علماء حوث السيد العلامة النسابة أحمد بن يحيى الأعضب مؤلف الدر المبثوث في أنساب السادة والشيعة بحوث المتوفى سنة 1267 وقال في الثناء عليه: الوالد العلامة النحرير الورع الزاهد، فارس جميع العلوم، ومنفق جميع أوقاته في رضا الحي القيوم.

وقال في موضع آخر في صفته: الأستاذ العلامة الحافظ البليغ.

قلت: والظاهر أن المترجم أخذ في مرحلة الطلب على العلماء الأكابر الوافدين إلى مدينة صعدة بداية القرن الثالث عشر ـ في العقد الأول والثاني، كأمثال الإمام المحقق إسماعيل بن أحمد المغلس الكبسي، والقاضي العلامة أحمد ابن عبد الله بن عبد العزيز الضمدي الماضي استطراد ذكره بحرف الألف، إذ كان المترجم له موجودا بصعدة كما وقفت عليه بخطه سنة 1224هـ، وأخبر الأخ المعاصر العلامة عبد الله بن حسين المتميز أنه وقف على إجازة له في كتب

الفقه المتداولة عند الزيدية كالبيان والتذكرة وغيرهما من السيد العلامة المحقق عبد الله بن الحسين الكبسي وتاريخ إجازته له سنة 1231هـ.

ونقل الأخ المذكور عن قلم القاضي العلامة المؤرخ عبد الرحمن بن حسين سهيل ترجمة حررها لصاحب الترجمة نصها:

سيدنا العلامة العلم، والطود الشامخ الأشم، وجيه الإسلام حافظ السنة عبد الوهاب بن صلاح بن علي بن أحمد بن محمد بن أبي القاسم الحداد المشهور بالكستبان الصعدي الملقب قبّان رحمه الله. كان في الفترة التي ذهب العلم وكتبه فيها، عاصر حقبة زمنية خالية من الحكم والنظام، لقي فيها أشد العناء من بعض أهلها، رأيت بخطه رحمه الله أن ولادته سنة 1184هـ، له في الحديث اليد الطولى، وله في أصعب أنواعه: إتحاف المهرة في متابعة النقلة، وله الذيل على ميزان الحافظ الذهبي وغير ذلك، وله تجريد غريب حديث الرسول من ضياء الحلوم، وله إتحاف النظار للكشف عن أسرار مرقاة الأنظار في أصول الدين، وسراج النظار على المنهاج للإمام المهدي في أصول الفقه، وله المنتخب من الطراز في علوم الإعجاز، وله القانون الفلسفي في علم المنطق، وكتاب الإصابة؛ وقد اطلعت عليها جميعا، وله رسائل وأجوبة لا زالت كتبه رهينة الخزائن لم يحقق وينشر منها أي كتاب، كانت وفاته رحمه الله بصعدة المحروسة شهر ربيع الأول سنة 1260هـ، ودفن بالقرضين، وقبره لم اطلع عليه حتى الآن وكنت أظن أنه توفي بغير صعدة حتى رأيت تاريخ ولادته بخطه، وتاريخ موته بخط الثقة الصدوق، هذا وكتبه محب العمل والعمل عبد الرحمن بن حسين سهيل.

قلت: والذي يظهر من سرد مصنفاته ما كان عليه من التحقيق في العلوم والتفنن في علومها، وخصوصا في فن الحديث ورجاله وعلومه، وهذا ما وقفت

عليه من أسماء مصنفاته في العلوم على أنواعها، أولها:

في فروع الفقه كتاب (الإصابة في الإشارة إلى الكشف عن أدلة الأزهار من أسفار علماء الأمصار والآثار)، ومنها كتاب (الإصابة في العمل بالدلائل القوية في إمامة خير البرية)، منه نسخة بخط المؤلف سنة 1248هـ، ومنها (إتحاف النظار للكشف عن أسرار مرقاة الأنظار) في أصول الدين)، ومنها (إتحاف الخاصة الأبرار بعيون الأخبار في رعاية حق الشريك والجار)، ومنها (إتحاف المهرة في متابعة النقلة)، ومنها (الذيل على ميزان الحافظ الذهبي)، ومنها (رسالة في حكم الجهر والسر في البسملة) أتمها وهو بهجرة حوث سنة 1236ست وثلاثين ومائتين وألف، ومنها (سراج النظار على المنهاج) في أصول الفقه، ومنها (القانون الفلسفي) في علم المنطق، ومنها (المنتخب من الطراز في علوم حقائق الإعجاز) في المعاني والبيان، ومنها (التحفة العلوية في مسند فقه الهادوية)، ومنها (عارضة الأحوذي في إمامة أمير المؤمنين علي)، ومنها (الكلام المهمل في العلم والعمل) في بعض المصطلحات، ومنها (تجريد غريب حديث الرسول من ضياء الحلوم) لمحمد بن نشوان الحميري في اللغة، وغير ذلك من الرسائل والجوابات مما لم نطلع عليه وغاب عن التحرير.

***

واطلعت بعد تحرير هذا لصاحب الترجمة على هذه الرسالة الفائقة يصف فيها أحوال عصره، ويبلو أخبارهم ويعرض أعمالهم وطبقاتهم، ويتأسف على ضياع العلم وعدم اهتمام ولاة الأمر به، وتكالب طبقات المجتمع بكل فئاته على الدنيا، وقد نقلتها عن خط يده رحمه الله قال فيها ما لفظه:

هذه صورة كتبتها إلى المنصور علي بن المهدي عباس بن الحسين المنصور بالله

ابن المتوكل وأولاده في سنة إحدى عشرة ومائتين وألف ولفظها بعد الترجمة: **أما بعد،** فإن حي الإمام المرحوم، العلم المرسوم، صاحب المشهد المقدس، والمآثر التي منها المكارم تؤسس، من أرعف بمجده المحابر، ونُوِّه بذكره على المنابر، المهدي لدين الله العباس بن الحسين[1] قدس الله روحه رحمة وسلاما، قد عانى الخلائق عدة أعوام، رغبة في إحياء العلم الشريف، الذي هو أصل كل خير وريف، وحرصا على نصرة مسالك الشريعة الغراء، وخوفا من إهمال عبور محجتها البيضاء، واشفاقا على تضعضع العلم الشريف، الذي هو قوام نصرة الدين الحنيف، فذكّر حين نسوا، ورغب حين قسوا:

وما كان ممن أدرك الملك بالمنى ... ولكن بأيام تشيبب النواصيا

حتى ظهرت محاسن الشيم، وتوقدت منارات الحكم، فقرئت المختصرات، ونشرت محاسن البسائط من الأمهات المعتمدات، والمصنفات المسندات، مع افتقاده لآثار الأذكياء من العلماء، والسادات النبلاء، فجرت الأمور على المنهاج السوي، وأضحت قناة الدين رافلة في حلى الإبريز البهي، فاهتدى العالمون بهداه، وصار أهل المجد تحت لواه، وهو مع ذلك يدبر الأمور، وينظر في حال الجمهور، حتى طهر مدن اليمن، من صنعاء إلى عدن، فنفع الله بجهاده، وأعز العلم الشريف باجتهاده. فلما أراد الله نقله إلى الفوز والنعيم، مقبولا بره، مشكورا سعيه، تحولت الأحوال، وحال الحال، وصار المرجوح عاليا، والراجح سافلا، أما العوام فأقبلوا إلى ما كانوا عليه عند دعوة الإمام المهدي من المكالبة على الحطام الفاني، واتباع كل منهم لهواه، ومخالفة مولاه، وأما المقلدون فاتفقوا

(1) بويع للإمام المهدي عباس بصنعاء عام 1161هـ وتوفي رحمه الله تعالى سنة 1189هـ وله ترجمة مستوفاة في كتاب نشر العرف، فليرجع إليها من أراد.

على ظلم الرعية، طلبا لمهر البغية، ويطلبون مزيدا، ولا يرقبون وعيدا، قد ضلوا ضلالا بعيدا، وأهل الأسباب[2] متواثبون على كنز الذهب والفضة، وصاروا كما قيل لا يخرجون من نصابها فرضة، والهمج متواصون بتأخير الصلاة، والتسهيل في أداء الحج والزكاة، وأما المنظور إليه من أعيان الزمن، ومفاخر قطر اليمن فتظافروا على تشيد البناء، واستحلال الرشاء، واتباع الهوى، واتخاذ الغي معلما، والصدقة مغرما، والكل مرتكبون كبيرا، واسال بهم خبيرا، إلا ما كان من أهل البلدان، التي وليها العيون السادة، والعلماء القادة، مثل ينبوع المعالم الفوار، وضياء الفلك الدوار، عنصر جل المبادي، ونتيجة طود الحكمة الراسي، روح الإسلام، وبهجة الليالي والأيام، الممجد بن الممجد عيسى بن محمد[3] رضوان الله عليه، فإنه أقام محدودب الدين الخافق، حتى تمهدت مسالك المعارف، وظهرت ليوث المواقف، صحبته عدة أعوام فوافقت الإصابة، وأجدت الإجابة. هذا وأهل العدل من العلماء في خلال هذه الأحوال، مرتقبون من يكونون إليه مائلين، وبأقواله قائلين، فلم يجدوا بدا حين رأوا جري الأمور على غير المنهاج، وصيرورة قناة الدين ذات اعوجاج، من مصالحة أهل الأهواء، وفي العين قذى وفي الحلق شجا، ولولا عدم وجود الناصر، لألقوا حبلها على غاربها، وسقوا أخرها بكأس أولها، وهم الآن على هذه النية غير مبيحين لمكنون الطوية، منتظرين من يحيي ما اندرس من أنظار العترة الزكية، وينشر ما خفي من

---

(2) يريد بأهل الأسباب أرباب التجارة.

(3) هو السيد عيسى بن محمد بن الحسين بن عبد القادر بن الناصر بن علي بن شمس الدين بن الإمام يحيى شرف الدين، وهو أمير كوكبان في أيامه، وكان عالما متقنا متفننا، ولي إمارة كوكبان سنة 1202 وتوفي سنة 1207 عن سبع وسبعين سنة، انظر ترجمته في نيل الوطر للمؤرخ زبارة 2/ 169 ـ 170.

علومهم المرضية، وقد طرق سمعي أن بالساحات الكريمة تذكارا من بقية غايصين في بحارها التيار، فحان في نفسي الاحتساب بالتحريض على فتح قفل هذا الباب. ولا ريب أن العلم بحر واسع عميق، لأن مدار الفرق عليه بين الحلال والحرام، والنقض والإبرام، وإمضاء القواعد والاحكام، من استهلاك الأموال والأجسام، وعليه تبنى قواعد الإمامة، وأحكام الرئاسة والزعامة، لكن نقول كما قال الشاعر:

وأول ما يكون الليث شبل ومبدأ طلعة القمر الهلالُ[4]

وقد اقتصرنا في الإيراد بقدر ما توصل إلى الغرض والمراد، مع أنا في هذه الأحوال أحوج إلى إمام فعّال، من إمام قوال، والله حسبنا وعليه الاتكال، كاتبه الراجي عفو ربه المنان عبد الوهاب بن صلاح بن علي بن أحمد بن محمد بن أبي القاسم الكتسبان أصلح الله له الشأن بحق سيد ولد عدنان. عام ثلاث وخمسين ومائتين وألف وفيها حذف تركت المحذوف للإختصار.

قلت: انتهت الرسالة المذكورة عن خطه بدون زيادة ولا نقصان.

***

ووفاته كما وقف عليه صاحب بغية الأماني والأمل عن خط بعض الثقاة بصعدة المحروسة شهر ربيع الأول سنة 1260 ستين ومائتين وألف، رحمه الله وإيانا والمؤمنين. و(**بيت الكتسبان**) من بيوت أهل صعدة، ولهم سلف كانت له وجاهة بصعدة يلقبون بآل الحداد، ويعرفون بالمشايخ، ولهم مشاهد في مقبرة القرضين معروفة، وضبط لقبهم كما هو المتناقل المسموع على الألسن، بالكاف المضمومة ثم سكون السين المهملة ثم فتح الفوقية المثناة والباء الموحدة وبعد

(4) في سقط الزند: ومبدأ طلعة البدر الهلال، والبيت لأبي العلا المعري.

الألف نون، ويرجع نسبهم إلى بيت الحداد.

وفي مشجر أنساب بيوت صعدة أن آل الحداد المذكورين من قبائل سفيان، وقيل غير ذلك، والله أعلم بالصواب، ويعجبني قول الأديب محمد بن دلامة:

أحبابنا قلبي مولع بكم — والحر لا يحتاج إلى ترجمان
لا تحرقوا قلبي بنار الهوى — فالقلب لا يصبر على الامتحان
والصب محتاج إلى وصلكم — كحاجة الخياط إلى الكستبان

والكستبان في اللغة: قمع صغير يغطي طرف إصبع الخياط ليقيه وخز الإبر، وقد وقفت في ظهر حامية كتاب تفسير البيان للعلامة المذاكر عطية بن محمد النجراني في المجلد الثاني بقلم أحد أهل هذا البيت على هذه الفوائد:

صنو صاحب الترجمة هو القاضي النبيل الوجيه عبدالرزاق بن صلاح بن علي الكستبان، مولده غرة شهر محرم سنة 1183 ولم أضبط تاريخ وفاته، وله أولاد نبلاء: محمد بن عبدالرزاق، وكان كاملا تقيا مكملا، رجل دنيا ودين، ولد في ثالث شهر رجب سنة 1210هـ، ووفاته ليلة الاثنين خامس شهر ربيع الأول سنة 1253 ثلاث وخمسين ومائتين وألف، وكان قد توفي له ولد غرة تلك السنة وهو أحمد بن محمد بن عبدالرزاق الكستبان، وكان شابا ناشئا في طاعة الحي المعبود وطلب العلم، ولحقه في الوفاة عمه الجمالي علي بن عبدالرزاق بن صلاح الكستبان في آخر شهر صفر سنة 1253 بينه وبين صنوه محمد خمسة أيام، ولم يعرف بوفاته، وكان من نبلاء أهل وقته، ومولده في أول شهر جماد أول سنة 1208هـ قال الناقل عنه هذه الفوائد: وفي هذه السنة أي سنة 1253 وقع حطم وفناء عظيم وأحوال غير مناسبة انتهى.

17. السيد علي بن أحمد الهاشمي

السيد العلامة جمال الدين علي بن أحمد بن إبراهيم بن أحمد بن إبراهيم بن علي بن أحمد بن الإمام الناصر لدين الله الحسن بن علي بن داود بن الحسن بن الإمام علي بن المؤيد الحسني المؤيدي الملقب الهاشمي. وهو جد السيد العلامة الولي إسماعيل بن عبد الله بن علي الهاشمي المتوفى سنة 1361 الآتية ترجمته في القسم الخامس من هذا الكتاب.

أخذ صاحب الترجمة بمدينة صعدة على علمائها، منهم والده وغيره، وعنه أخذ القاضي أحمد بن علي مشحم وابن أخيه السيد إبراهيم بن محمد الهاشمي وغيرهما، وقد ترجمه العلامة المؤرخ الحسن بن أحمد الضمدي في كتابه عقود الدرر بتراجم علماء القرن الثالث عشر فقال:

من سادة مدينة صعدة، نشأ في حجر والده السيد إبراهيم، وقرأ عليه وعلى علماء صعدة، وأدرك في الفقه والنحو، وارتحل إلى صنعاء وقرأ على شيخنا البدر محمد بن علي العمراني في الأصول الفقهية وعلى غيره من علماء ذلك العصر، وبرع في أغلب العلوم، لأنه كان ذا ذهن وقاد، وحافظية ساعدته على فهم المعارف العلمية، وقرأ في صحيح مسلم على شيخنا العمراني. وبعد رجوعه إلى مدينة صعدة تفرغ للتدريس، ونشر على طلبة العلم كل معنى نفيس، وكان ولم يزل يكاتبني برسائل من فوائده، ودارت بيننا مذاكرة في حكم صرف الزكاة إلى الهاشمي الفقير، وكان يجنح إلى الجواز نظرا إلى ما حققه السيد العلامة الجلال في رسالته، والخلاف في ذلك معروف قديماً وحديثا، والمسألة ألفت فيها رسائل من علماء صنعاء عصر السيد الإمام محمد بن إسماعيل الأمير، وقد تم له الحج على طريق الحجاز وزار قبر المصطفى صلى الله عليه وآله، ورجع من طريق البحر

ونزل في بيتي وأنا إذ ذاك غائب عن البلد، وصادف الأخ إسماعيل بن أحمد وقال: إنه لم يكن له غرض غير الإتفاق بي، ومكث ثلاثة أيام وارتحل إلى بلده، ولم يقدر الإتفاق به، وما شاء الله كان. وبعد رجوعه إلى وطنه ما زالت المكاتبة بيننا حتى بلغني خبر وفاته وذلك عام ستة وخمسين بعد المائتين والألف بل الله بوابل الرحمة ثراه انتهى.

قلت: وفي إحدى المراقيم الشرعية التابعة لارشيف الوقف بمدينة صعدة المحروسة جاء ذكر تحقيق وفاة المترجم له بما لفظه: بخط سيدنا محمد بن يحيى حنة قال فيه: نُقِل من مصحف ومضمون ذلك أن تاريخ موت سيدي علي بن أحمد بن إبراهيم بن أحمد بن إبراهيم الهاشمي في شهر رمضان سنة 1262 اثنتين وستين ومائتين وألف، وتاريخ وفاة والده سيدي أحمد بن إبراهيم في شوال من السنة المذكورة، وتاريخ موت أخيه سيدي محمد بن إبراهيم في ذي القعدة سنة 1262 اثنتين وستين ومائتين وألف انتهى بلفظه.وفي مجموع آخر ضم عددا من القصائد والأشعار وقفت على ما لفظه:

هذا مما قاله الفقيه العلامة عز الدين الأغر اللوذعي محمد بن أحمد سهيل الناشي بمدينة صنعاء الساكن بها، وآباؤه وأعمامه نقيلة من مدينة صعدة، إلى السيد العلم العلامة جمال الدين وزينة العلماء والمتعلمين علي بن أحمد بن إبراهيم الهاشمي في سنة 1250 وهي هذه:

بالثغر أقسم والدرر	وبحاجبيك وبالطرر
وبرقش نقش جبينك الـ	ـباهي الذي فاق القمر
وبما حوى الطرف الكحيـ	ـل من الملاحة والحور
وبلحظك الفتاك إذ	يرمي بنبل كالشرر

وبجفـــن ألحـــاظ مـــراض ... قـــد فـــترن كـــما فـــتر
وبخـــدك الـــوردي لـــو ... لا قـــد حكـــاك بـــما افتخـــر
وبعقـــرب الأصـــداغ والـــ ... ـــخال الـــذي فيهـــا ظهـــر
وبفرعـــك الـــداجي الأثيـــ ... ـــث ووجهـــك الآسي الأغـــر
وبشـــهد مبســـمك الشنيـــ ... ـــب ومـــا حـــواه مـــن السكـــر
وبجيـــدك الســـامي عـــلى ... ظبـــي الفـــلاة إذا انـــذعر
وبـــما عليـــه مـــن الـــلآلي ... والجـــواهر والـــدرر
وبلفتـــة للجيـــد حـــيّر ... ت العقـــول مـــع الفِكـــر
وبقرطـــك الصـــلف الـــذي ... لـــولاه مـــا الـــدمع انحـــدر
وبنغمـــة قـــد حـــيرت ... عقـــلي وســـمعي والبصـــر
وبمرفـــق مثـــل اللجيـــ ... ـــن وفيـــه أنـــواع الـــذخر
وبمعصـــم ينجـــاب مـــن ... فلـــق الصـــباح كـــما ســـفر
وبحســـن كـــف نـــاعم ... قـــد فـــاق أكفـــاف البشـــر
وبأنمـــل قـــد أحكمـــت ... ألطافـــه حســـن الـــوبر
وبصـــدرك الصـــافي وبـــا ... لِلـــيْم الـــذي فيـــه اســـتقر
وبلـــين خصـــرك والقـــوام ... وقلبـــك القـــاسي الحجـــر
وبـــما أرى أن لا أصـــر ... ح باســـمه لـــما اســـتتر
وبـــما حكـــاك تشـــبهاً ... غصـــن الســـلام فـــما اقتـــدر
وبخطـــرة القـــدم السعيـــ ... ـــدة إذا تخطـــر أو خطـــر
إن لم تـــرد عـــليّ قلـــ ... ـــبي قاضـــيا منـــك الـــوطر
وتمـــد طـــرفي بالمنـــام ... كـــما تكحـــل بالســـهر
وتقـــر عينـــي باللقـــاء ... وذاك أدنـــى أن يقـــر
وتســـر قلبـــي بـــاجتما ... ع، لـــيس يحلمـــه نفـــر

نتجـــاذب الألحـــان مـــن ... بعـد الشــروق إلى الســحر
وتزحـــزح الأحـــزان حتـــى ... ينقضـــي وقـــت الســمر
ونبيـــت في ثـــوب معـــاً ... متعـــانقين إلى البكـــر
متجـــانبين الفحـــش ليـــس ... ســـوى التعـــانق والنظـــر
فـــإذا ســـمحت بـــزورة ... فقـــد انقضـــى قسـمي وبـــر
وإذا شـــحت بهـــا فكـــن ... ممـــا أقـــول عـــلى حـــذر
لأقـــررن بـــأن صـــعدة ... بلـــــدة لم تشـــــتهر
وبأنهـــا مـــن أحقـــر البلـــ ... ـــدان في كتـــب الســـير
وبهـــا ســـويق خـــارب ... لم يشـــتهر فـــيما غـــبر
وبهـــا هنـــاك جويمـــع ... خـــال صـــغير مختصـــر
وبهـــا أنـــاس غـــير أن ... النصـــف مـــن أهـــل الـــوبر

هذا ما وقفت عليه من أبيات القصيدة وانقطع البياض، وهي فائقة وتدل على ما وراءها، ولعل الله ييسر بالإطلاع عليها كاملة في قادم الأيام. قلت: ثم إني حال تهيئة الكتاب وطابعته اطلعت على القصيدة كاملة في إحدى السفن الأدبية وفي التقديم بالقصيدة جاء ما لفظه:

للقاضي العلامة محمد بن أحمد سهيل رحمه الله تعالى إلى السيد العلامة علي بن أحمد بن إبراهيم الهاشمي الصعدي، على طريقة قصيدة الطرابلسي- التي إلى الشريف الرضي الموسوي لما قبض العبد مع الهدية، وهي شهيرة، وهذه على أسلوبها في البحر والروي، وجواب القسم بعد الغزل مداعبة، وكان التخلص بالإستغفار والدخول في مدحه، وذلك قوله، ولله دره. ثم أتى صاحب السفينة المذكورة على أبيات القصيدة المتقدمة حتى انتهى إلى قوله: (وبها أناس غير أن النصف) البيت. ويتابع أبيات القصيدة مشيرا ناظمها إلى نزهة وادي رحبان من

مرابع صاحب الترجمة السيد علي بن أحمد الهاشمي فيقول:

وبجنبها بالقرب منـ	ـها نزهة تهوى المطر
فيها مزارعهم وما	تأتي سوى بعض الثمر
وبها من الأعناب أنوا	ع كاجنــاح الــدرر
فيها بياض باسل	وبها خضير ذي ضرر
وبها نحوت خمسة	النحت فيها كالمدر
وأقول أن عيوبها	ما قط يحصرها بشر
لولا إمام الحق يحيى بـ	ـن الحسين بها استقر
وأبو المطهر حلها	ولسوحها أيضا عمر
واستغفر الله العظيـ	ـم لقد أسأت المدكر
أنسيت أن بصعدة	ذاك الــذكي المعتبر
الفاضل الفذ الأجـ	ـل الهاشمي المشتهر
أستاذ أهل العلم مَنْ	فاق الأوائل والأخر
بدر المدارس والمجا	لس في الحنادس والبكر
من حاز علما واسعا	وحوى الغريب وما ندر
وحوى علوم الإجتهاد	ومن عليه قد اقتدر
يا ليت إبراهيم مُدّ	بعمره حتى نظر
ما قد حواه حفيده	وطواه في سن الصغر
وليهن أحمد ما حباه	الله بالولــد الأبـــر
هذا هو الفخر العظيـ	ـم وما سواه فمغتفر
واسلم ودم في نعمة	محروسة من كل شر
ثم الصلاة مع السلام	على المكرم من مضر
والآل والأصحاب ثـم	التابعين على الأثر

وناظمها هو:

(الفقيه محمد بن أحمد سهيل الصنعاني)

قال السيد المؤرخ محمد بن محمد زبارة في كتابه نيل الوطر مترجما له:

القاضي العلامة محمد بن أحمد بن علي بن حسين بن محمد سهيل الصنعاني، أخذ عن علماء عصره بصنعاء وكان عالما فاضلا متفننا، وقد أخذ عنه عدة من أكابر العلماء كالشيخ الماس بن عبد الله الحبشي والقاضي العلامة علي بن حسين المغربي الصنعاني وغيرهما، وكان أديبا أريبا شاعرا ناثرا، نسخ بخطه الحسن عدة من كتب العلم النافعة، ورأيت بخطه الفائق تقييد حوادث سنة 1251 فما بعدها إلى سنة 1285 ثم أورد له أبيات في تقريظ كتاب القاضي إسماعيل بن حسين جغمان في رحلته للحج، ثم بيض لتاريخ وفاة المترجم له رحمه الله انتهى. وقد جاء في النقل المتقدم أن آباءه وأعمامه نقيلة من مدينة صعدة، فتأمل ذلك. وممن سكن في تلك المدة من الأسر الصعدية مدينة صنعاء:

(استطراد القاضي الفلكي عبدالله بن حمزة الدواري)

القاضي العلامة الفلكي عبد الله بن حمزة بن هادي بن يحيى بن محمد القاضي الدواري الصعدي الأصل الصنعاني الوفاة.

قال في ترجمته السيد محمد بن محمد زبارة: هو القاضي العالم الحكيم الماهر الفلكي الحاسب مؤلف كتاب بلغة المقتات في علم الأوقات، قال من ترجمه من علماء اليمن: كان فخر زمانه، وبطليموس أوانه، له مشاركة في أكثر العلوم، وبراعة في علمي الطب والنجوم، وأتقن قواعد علم الفلك وصار عمدة لطلابه، وحصل بخطه عدة مجلدات في علم الطب والحساب، وجمع كتاب بلغة المقتات

في معرفة الأوقات، قصره على ما تحسن معرفته من علم النجوم وما يجب على المجتهد تحصيله، وانتهى فيه إلى سنة 1300 هجرية، وله كتاب معدن الجواهر في اخراج الضمائر في كراستين، وملحمة ذكر فيها ما يكون في جميع البلدان، وهي دالة على ما له من اليد الطولى في علم الفلك، وهي إلى نحو مائتي بيت من الشعر برسم المهدي عبد الله بن المتوكل أحمد، وقال في آخرها ينزه نفسه عن اعتقاد التأثير للنجوم كما هي عقيدة البعض من المنجمين والطبعيين فقال:

وسميتها بالمهدوية كونها ... برسم إمام العصر دام له العلا
مع العلم والإقرار لله وحده ... بعلم علوم الغيب علما مفصلا
ولكنه ظن وعلم بحدسنا ... يدل على المظنون ظنا مخيلا
وإن اعتقادي أن ربي قادر ... على فعل ما يختار إن شاء وإن بلا

ومن شعره مفتخرا وموريا باسمه:

ولما اشرقت بالعلم كالشمس أنواري ... صعدت إلى الأفلاك قاضي ودواري
ولي قلم في العلم جل صفاته ... يدل على ما كان من حكمة الباري

ومات بصنعاء في 27 صفر سنة 1269 رحمه الله تعالى. (وولده هو الفقيه العالم عبد الله بن عبد الله بن حمزة): كان من المحققين لعلم الطب والحساب، قرأ على والده المذكور في الفنين نحو أربعين سنة حتى صار المرجع للطلاب، ومات بصنعاء في سلخ ذي القعدة سنة 1293 رحمه الله وإيانا والمؤمنين.

و(حفيد صاحب الترجمة) هو الفقيه العارف الحكيم الماهر الشهير لطف بن عبد الله بن عبد الله بن حمزة الدواري، نشأ بصنعاء، وحقق علم الفلك والنجوم، وأكمل جدول البلغة تأليف جده إلى سنة 1659 هجرية، استخرج ذلك من زيج المثنى، وصححه غاية التصحيح، وهذبه التهذيب الحسن بعد مطالعته جميع الجداول القديمة، وهذا الحفيد هو خاتمة علماء علم الأبدان بصنعاء اليمن في

القرن الرابع عشر قال السيد محمد زبارة الذي منه ما تقدم من النقل: وقد انتفع الناس بإرشاداته الطبية، وكان يداوي بالمفردات الطبية، ومات بصنعاء سنة 1354 عن أربع وسبعين سنة، وحفيده محمد بن محمد بن لطف من طلاب العلم، وكان والده محمد بن لطف من كتاب المحاسبة، وتوفي بعد والده لطف سنة 1377 وكان له إلمام بالطب.

18. السيد محمد بن إبراهيم الهاشمي

السيد العلامة محمد بن إبراهيم بن أحمد بن إبراهيم بن علي بن أحمد بن الإمام الحسن بن علي بن داود الحسني المؤيدي الصعدي الملقب الهاشمي.

كان سيدا جليلا، من فضلاء أهل هذا البيت الهاشمي بصعدة، وهو والد السيد العلامة الرئيس إبراهيم بن محمد الهاشمي المتوفى سنة 1308 الآتية ترجمته في القسم الرابع من هذا الكتاب، وليس له من الأولاد غيره، ويكفي في ترجمته ذلك فالولد من سعي أبيه، وقد تقدم النقل قريبا عن قلم القاضي العلامة محمد بن يحيى مرغم الملقب حنة أن تاريخ وفاة المترجم كانت في شهر القعدة سنة 1262 اثنتين وستين ومائتين وألف رحمه الله.

19. القاضي محمد بن أحمد مشحم الحفيد

القاضي العلامة الحافظ التقي محمد بن أحمد بن محمد بن أحمد بن يحيى بن جار الله مشحم الصعدي الصنعاني، وهو ابن مشحم الصغير تمييزا له عن جده الحافظ محمد بن أحمد مشحم المتوفى سنة 1182هـ.

مولده سنة 1186 ست وثمانين ومائتين وألف بصنعاء، وأخذ عن السيد الحسين بن يحيى الديلمي، والقاضي أحمد بن محمد الحرازي، والفقيه سعيد بن

إسماعيل الرشيدي في الفقه، وقرأ في سائر العلوم على عمه عبد الله بن محمد مشحم، والسيد علي بن عبد الله الجلال، والسيد إبراهيم بن عبد القادر بن أحمد، والفقيه عبد الله بن إسماعيل النهمي، وقرأ على القاضي محمد بن علي الشوكاني في الفرائض ومغني اللبيب وشرح الرضي للكافية وفي سنن أبي داود والترمذي وغير ذلك، وقد ترجمه الشوكاني في البدر الطالع فقال:

محمد بن أحمد بن محمد بن أحمد (بن يحيى) بن جار الله مشحم الصعدي الأصل الصنعاني المولد والنشأة، برع في النحو والصرف والمنطق والمعاني والبيان والأصول والفقه والحديث وشارك في سائر الفنون، وله ذهن قويم وفهم جيد، وذكاء متوقد وحسن تصور باهر، وقوة إدراك مفرط بحيث يرتقي بأدنى اشتغال إلى ما لا يرتقي إليه من هو أكثر منه اشتغالا، وهو ممن لا يعول على التقليد بل يعمل بما يرجحه من الأدلة، وولاه الإمام المنصور القضاء بصنعاء من جملة قضاتها فكان يقضي بين الناس بمكان والده وأثنى الناس عليه، ورغبوا فيه لما هو عليه من الصلابة في الدين وسرعة الفصل للقضايا المشكلة، ولعل توليته للقضاء في سنة 1210 ثم حج في سنة 1211 ثم ولاه الإمام في سنة 1212 قضاء بلاد ريمة ثم نقله إلى قضاء الحديدة.

وهو الآن هنالك مستمر على القضاء متأسف على فراق صنعاء متلهب على ما فاته من الطلب للعلوم على مشايخها، قال: ومما كتبه إلي من هنالك هذه القصيدة التي هي ذات قافيتين:

صب يؤرقه النسيم إذا سرى	من نحو صنعا	حاملا طيب الرسائل
ويثير لوعته الحمام إذا علت	في الدوح فرعا	والزهور له غلائل
وغدت تردد في الغصون هديرها	وتميد سجعا	تدعي شجو البلابل

أذكيت يا ورق الغرام وأنت لم   تدنيه قطعا   والغرام له دلائل
طوقت جيدك والخطاب أجدته   في الكف وضعا   لم يكن عنها بفاصل
ووقفت بين أرائك قد دبجت   زهرا وزرعا   وارتقصت على الخمائل
وجمعت شملك بالأليف موافقا   جنسا ونوعا   مشبها لك في الشمائل
لا در درك يا فراق قطعت حبل   الوصل قطعا   ثم بددت الوسائل
وتركتني أرعى السهى وأذيل في   الخدين دمعا   يخجل السحب الهواطل
يا ليت شعري هل يكون لنا من   الأيام رجعا   بين هاتيك المنازل
وأرى الفراق مصفدا متصدعا   بالوصل صدعا   لا تروعنا النوازل
وزمام دهري في يدي أجيله   في كل مسعى   لا يني ولا يخاذل
في ذلك الربع المنيع يا سـ   ـقاه الله ربعا   في الغدوة والأصائل
كم غازلتني فيه من تركت لها   العشاق صرعا   لا تجيب ولا تسائل
هيفا بعامل قدها رفعت منا   م العين رفعا   ليس من عمل العوامل
ولكم صبوت وكم هززت من العـ   ـلى والمجد جذعا   جانيا ثمر الفضائل
حتى أتيح لي النوى فغدوت في   المقدور أسعى   عن دياري ثم راحل

إلى آخر الأبيات، وجواب الشوكاني عليها، قال: ثم إن صاحب الترجمة رغب عن القضاء لأجل ما حصل من الفتن بتهامة، ووصل إلى صنعاء، وأخذ عني في فنون الحديث، ثم مرض مرضا طويلا وانتقل إلى رحمة الله في شهر رجب سنة 1223 ثلاث وعشرين ومائتين وألف.

وترجمه أيضا المؤرخ لطف الله بن محمد جحاف في درر نحور العين ترجمة مطولة، وأرخ وفاته في سادس شهر رجب من السنة المذكورة، فيكون بينه وبين وفاة عمه القاضي عبد الله بن محمد مشحم أربعة أشهر على التمام، رحمهما الله تعالى وإيانا والمؤمنين.

20. السيد محمد بن حسن حطبة

تقدمت ترجمته عند ذكر والده في القسم الثاني بحرف الحاء المهملة.

21. السيد محمد بن صلاح شرويد

السيد عزالدين محمد بن صلاح الملقب شرويد بن أحمد بن محمد بن أحمد بن حسن بن علي بن أحمد الملقب طالب الخير بن الحسن بن علي بن صلاح بن الحسن بن الإمام علي بن المؤيد بن جبريل الحسني المؤيدي. وقفت على أنه أحد علماء وقته، وكان موجودا على قيد الحياة سنة 1227 سبع وعشرين ومائتين وألف رحمه الله، وستأتي تراجم نبلاء هذا البيت في بقية أقسام المعجم.

22. السيد الرئيس محمد بن علي بن القاسم

السيد العلامة الرئيس عز الإسلام محمد بن علي بن القاسم بن علي بن أحمد ابن الإمام المنصور بالله القاسم بن محمد الحسني الصعدي.

وهو متولي صعدة في أيامه، وقد ترجم له الحسن بن أحمد عاكش الضمدي في عقود الدرر بتراجم القرن الثالث عشر وفي غيره، ولعله الإطلاع يتوفر على تلك الترجمة فيتم نقلها إن شاء الله، وقد ذكر من نقل عنها أن صاحب الترجمة ولد في صعدة، ونشأ بها، ونال حصة كبيرة من العلم، وأن الشريف حمود أمير تهامة استعان به في السعي لعقد صلح بينه وبين صاحب نجد سعود بن عبد العزيز، فاستجاب له صاحب الترجمة، وأسفرت مساعيه عن توقيع صلح بين الجانبين في سنة 1226 على أمور محكومة وقواعد مرسومة، وأنه وفاته بعدها في عام 1229 تسع وعشرين ومائتين وألف انتهى كلامه.

قلت: وكون صاحب الترجمة من العلماء فذلك ظاهر، وقد أضاف إلى توليه

الإمارة والعلم تمسكه بحصة نافعة من الأدب ونظم الشعر، وقد اطلعت له على مقطوعات عدة، منها ما رأيت بخطه من نظم هذين البيتين:

| قد مات من مات ومنا من بقي | وفي غد يوم الحساب نلتقي |
| فأسال الله بجاه المصطفى | أن لا يكن فينا ولا منا شقي |

ومن ذلك ما نقلته عن خطه أيضا رحمه الله ولفظه: لراقمها محمد بن علي بن القاسم بن علي بن أحمد عفا الله عنه رداً على تفضيل الثلاثة المشايخ على أمير المؤمنين علي بن أبي طالب عليه السلام حررتها في شهر الحجة سنة 1216هـ:

أقول لمن يرى تقديم قوم	على صنو النبي علام قل لي
أليس الله صيره ولياً	لهم وكذا النبي له مولي
أليس إمامهم في كل فضل	وأول قائم منهم يصلي
وأفقههم وأقضاهم كما قد	حكى لهم الرسول غداة يملي
وأورعهم وأزهدهم جميعاً	فدنياهم لديه كفرد نعل
وأقربهم إلى طه انتسابا	أبوه عم أحمد حين يدلي
وأكثرهم لخالقه قياماً	وصوما قد حكوه بكل نقل
وأضربهم بصارمه إذا ما	تقابلت القروم بكل نصل
فكم جلى عن المختار كرباً	أذا سكتوا أجاب ولم يول
فكيف أراكم ترضون جهلاً	بتقديم السكيت على المجلي

ومن نظمه أيضا في ذلك ما وقفت عليه بخطه:

| علي سيد البررة | علي قاتل الكفرة |
| رسول الله شمس الدين | والمولى علي قمره |

وله غير ذلك من المقاطيع والأشعار التي وقفت عليه بخطه.

ومما وقفت عليه في ترجمة صاحب هذه الترجمة أيضا أن له سؤالات للملك

النجدي في أيامه عبدالعزيز بن عبدالرحمن بن سعود، أجاب عليها بجوابات، فأوصل بعض الشيعة تلك الجوابات إلى مقام السيد العلامة أوحد الآل إسماعيل بن أحمد، هكذا دون استكمال باقي نسبه، فأجابها بكتابه الموسوم (سنام الإسلام في إعلام الأنام بعقائد أهل البيت الكرام)، وقد وقفت على نسخة الكتاب المذكور، ونقلت عن مقدمته ما ذكرته هنا، ومما جاء أيضا في طرة هذه النسخة هذه الأبيات للسيد العلامة علي بن أحمد بن محمد بن إسحاق في تقريظ كتاب سنام الإسلام المذكور، وهي:

هذا الجواب الذي صيغت بدائعه ... من عسجد فاقه سبكا وتخليصا
أبدى عقائد أهل البيت في نبذ ... من المسائل تخريجا وتنصيصا
هم السفينة منجا راكب وثوى ... قالٍ تخلّف لما كان حرقوصا
وأبطل الشبه اللاتي بها امتسكت ... أيدي المخالف تطويلا وتلخيصا
تأليف علامة العصر الذي حكمت ... له العناية بالتحليق تخصيصا
لا زال معتمدا في كل مسئلة ... مغربلا جيد الأقوال والشيصا
والله يبقي لعلم الآل غرته ... يحقق الفرع في التدريس والعيصا

وكان فراغ السيد إسماعيل بن أحمد المذكور من تأليفه هذا شهر ربيع الآخر من شهور سنة 1215 خمس عشرة ومائتين وألف.

قلت: والظاهر أن الكتاب المذكور هو من تأليف الإمام الزاهد الأواه إسماعيل بن أحمد بن عبدالله مغلس الكبسي المتوفى سنة 1250هـ، وأنه هو المقصود بما جاء في طرة النسخة، يؤكد ذلك أنه كان في سنة 1215 تاريخ فراغه من تأليفه مقيما بمدينة صعدة في ظل ولاية صاحب الترجمة، وسيأتي استطراد ذكر إقامته بالمدينة الصعدية آخر الترجمة. ومما يؤكد ما قلناه وأن الإمام المذكور ممن له تصانيف ما جاء في كتاب عقود الدرر أثناء ترجمة الفقيه أحمد بن محمد

الملقب أبو طالعة المتوفى سنة 1249هـ وذكر ما جرى بينه وبين معاصريه من الرسائل التي أوجبها ما فسره البعض في سورة والتين والزيتون، حتى قال العلامة ابن عاكش: وبلغت تلك الرسائل إلى علامة الآل المحقق المفضال السيد إسماعيل بن أحمد الملقب بالمغلس، وكان مستقره في مدينة صعدة تلك المدة، وإليه انتهت رئاسة التحقيق في تلك البلدة، فألف رسالة مطولة أبان فيها طريق الصواب على ما تقتضيه ظواهر الشريعة، حماية لها عن اعتقاد ما يوهم الإلحاد، وأورد فيها كلام من جزم بكفر من دان بالحلول والاتحاد انتهى كلامه.

***

قلت: وفي كتاب عقود الدرر للقاضي العلامة الحسن بن أحمد عاكش الضمدي المتوفى سنة 1290هـ اطلعت مؤخرا على ما كنت تطلبته من ترجمة صاحب الترجمة، فقد ترجم له هناك بحرف الميم فقال:

هو السيد العلام الرئيس القمقام، نجل الأئمة الأعلام، وبقية الأعيان من آل الإمام القاسم بن محمد، مجدد زمانه، قرأ على أعلام بلده صعدة، ونال حصة وافرة من العلوم، وكان له شيوع، وشهرة عند عامة الناس وخاصتهم في غالب اليمن والحجاز ونجد، وكاتبه أعيان أهل هذه الأقطار وراسلوه، وأمل كثير من الناس فيه القيام بالدعوة بالإمامة، ونشر الحق ودفع الظلامة، لما هو عليه من الكمال، وما اتصف به من محاسن الخلال، وهو يشهر بصاحب الجلالة لأنه مكتوب بين أضلاعه لفظ الله، هكذا خلقة من سائر جسده، أخبر العدول من الناس بمشاهدته، وكان بسببه وقوع الصلح بين الشريف حمود أمير تهامة وبين سعود صاحب نجد، وسعايته في الصلح مشهورة، وقد سيرتها في التاريخ المسمى الديباج الخسرواني في ذكر أعيان المخلاف السليماني. وما زال على القيام

بالأمر بالمعروف والنهي عن المنكر في جهته، وتحكيم الشرع المحمدي فيما شجر بين أهل بلدته حتى وفد إليه أجله المحتوم، وكان ذلك في شهر ربيع الأول سنة تسع وعشرين بعد المائتين والألف بهجرة قطابر، فالله يرحمه رحمة الأبرار وإيانا وكافة المسلمين آمين.

(فائدة في استقرار الإمام إسماعيل المغلس الكبسي بصعدة)

وفي أيام ولاية صاحب الترجمة وأخيه الحسين المتقدم بحرف الحاء، كان استقرار الإمام إسماعيل بن أحمد المغلس الكبسي بمدينة صعدة، وبقي بها نحو ثلاثة عشر سنة ناشرا للعلم، فاستفاد الطلبة منه واجتمعوا إليه قال العلامة الحسن بن أحمد عاكش الضمدي أثناء ترجمة الإمام المذكور في كتابه عقود الدرر بتراجم علماء القرن الثالث عشر ما لفظه:

وكان أيام إقامته بصنعاء يشار إليه بالبنان في التحقيق ومعدود في أكابر علمائها الموصوفين بالتدقيق حتى بدا له في أيام الإمام المنصور علي بن العباس الخروج إلى الظفير لدعوى الإمامة وكاتب سادة صعدة محمد بن علي وأخاه الحسين وتلقب بالمتوكل على الله وذلك بتمالي جماعة من أهل صنعاء ومن القبائل ولم تساعده الدخول إلى صنعاء وتوجه إلى مدينة صعدة واستقر بها وتلقاه أهلها بالقبول لما هو عليه من الفضل والعلم وأقاموا له من الأوقاف ما يرتفق به وعظم أمره وانتشر صيته وفرغ نفسه للتدريس في العلوم على إختلاف أنواعها واستفاد به عالم من أهل صعدة وارتحل إليه كثيرون من أهل جهاتنا لأخذ العلم منه منهم شيخنا أحمد بن إبراهيم النعمان الضمدي وشيخنا محمد بن أحمد النعمان وكانا يطيلان الثناء عليه بسعة دائرته في العلوم وما هو عليه من التقوى والمحافظة على ما يقربه من الحي القيوم انتهى بلفظه من كتابه العقود لابن

عاكش الضمدي. وقد ذكر تلميذه السيد العلامة الحافظ المؤرخ عز الإسلام محمد بن إسماعيل الكبسي في النفحات المسكية وغيرها:

أنه دعا في سنة 1221 بظفير حجة، وتكنى بالمتوكل على الله، وبقي مهاجرا هناك مدة ثلاث سنين، فاحتفل المعارض له وهو أحمد المكنى بالمتوكل وفوق سهام الحيلة للقبض عليه، والدولة في صنعاء تلك الأيام في قوة، فهيأ الله سبحانه له الخلوص، فخرج من الظفير بلا نصير ولا خفير، وتوجه مدينة صعدة، وبقي بها مدة ثلاث عشر سنة أو زيادة، وأخذ عنه أهلها وانثالت عليه الطلبة، من الجهة التهامية والشامية، ثم رجع إلى هجرة الكبس في سنة ثمان وثلاثين ومائتين وألف. وقال غيره أن رجوعه إلى بلدته هجرة الكبس من صعدة كانت سنة 1237هـ وأنه أثناء إقامته بصعدة كان يرحل إلى جبل برط لرجاء النصرة من أهل برط، ولما لم تتم له عاد إلى صعدة، وكان من بعض أهل قبيلة سحار قتل شقيقه السيد الزاهد التقي محمد بن أحمد الكبسي في تلك المدة.

قلت: وقد حاول المؤرخ لطف الله جحاف أن يدخل بين العود ولحاءه في أبيات قصيدته التي أرسلها إلى صاحب الترجمة وإلى أخيه شرف الإسلام الحسين بن علي بن القاسم بشأن هذا الإمام الجليل، وقد ذكرها في كتابه درر نحور العين في حوادث سنة 1222 وهذا أولها:

أعلى النصائح كلها في العالم ... نصحي الذي لسراة آل القاسم

أهل الذوابل والعواسل والعلى ... وحماة دين محمد من قادم

إلى أبيات طويناها لما فيها من التحريض على هذا الإمام الجليل، والجهبذ الحافظ الهادي إلى سواء السبيل، ومما جاء في آخرها قوله:

قل للحسين وأحسن الأقوال ما ... نصح الحبيب حبيبه في الناجم

إني بنصحي قد أفدت وكلما　أبديته فسواه غير ملائم
ونصيحتي لعمومكم وأخصها　لمحمد بن علي بن القاسم

قلت: وقد تقدم ترجمة صنوه السيد الرئيس الحسين بن علي بحرف الحاء قريبا، ولم أضبط وفاته إلا أنه حسبما ما جاء هنا فهي بعد سنة 1220هـ، ولهما من الإخوة أيضا أحمد بن علي بن القاسم، وإسماعيل بن علي، والكل له عقب وذرية في أيامنا هذه إلا صاحب الترجمة فانقطع نسله رحمه الله تعالى. وقد انتقلت الرئاسة بعد وفاة صاحب الترجمة بصعدة إلى ولد أخيه السيد المقام عباس بن إسماعيل بن علي بن القاسم إلى آخر النسب المتقدم، ولم تطل أيامه.

23. السيد محمد الطالبي

السيد العلامة محمد الطالبي الصعدي.

وهو أحد علماء صعدة في أيامه، ولم أقف على ما أفيده عن أحواله ومشايخه، إلا العلامة ابن عاكش الضمدي ذكر أنه من مشايخ الفقيه العلامة محمد بن أحمد ابن إبراهيم النعمان الضمدي المتوفى سنة 1241هـ قرأ عليه بصعدة، وهذا لفظه في كتابه عقود الدرر في أثناء ترجمة التلميذ المذكور: هاجر إلى مدينة صعدة وأخذ على مشايخ ذلك العصر كالسيد إبراهيم بن محمد الهاشمي، وحسن بن إبراهيم النحوي، والسيد محمد الطالبي انتهى.

(استطراد تاريخي عن الوافدين من علماء المخلاف)

قلت: ونورد في هذا الاستطراد التاريخي ذكر جملة من العلماء الذين وفدوا إلى مدينة صعدة لطلب العلم من أهل المخلاف السليماني في أواخر القرن الثاني عشر والقرن الذي يليه، ذكرهم القاضي العلامة الحسن بن أحمد عاكش

الضمدي في كتابه عقود الدرر، ليعرف المطلع من خلال ذلك مدى ما فاتنا من تراجم الكثير من علماء المدينة الصعدية في تلك الفترة، ومقروءاتهم وتلامذتهم وأحوالهم فالله المستعان.

قال العلامة ابن عاكش الضمدي في أثناء ترجمة (السيد إسماعيل بن علي الحازمي) المتوفى سنة 1207هـ: ارتحل إلى مدينة صعدة وأخذ عن مشايخها في ذلك الوقت، وفي ترجمة أخيه (السيد الحسين بن علي الحازمي) المتوفى سنة 1227هـ قال: ارتحل إلى مدينة صعدة فأخذ عن علمائها في الفقه وغيره، وفي ترجمة ابن عمهما (السيد الحسن بن محمد الحازمي) المتوفى سنة 1257هـ قال: هاجر إلى مدينة صعدة وقرأ في علم الفقه والفرائض على مشايخ صعدة، وفي ترجمة (العلامة عبدالفتاح بن محمد العواجي) المتوفى سنة 1212هـ قال: ارتحل إلى مدينة صعدة فطلب العلم، وفي ترجمة (الفقيه إسماعيل بن إبراهيم النعمان الضمدي) المتوفى 1225هـ قال: تفقه بصعدة، وفي ترجمة (الفقيه أحمد بن إبراهيم النعمان) المتوفى سنة 1251هـ قال: ارتحل إلى مدينة صعدة، وقرأ هناك في علم الفروع والأصول الدينية، وفي ترجمة (الفقيه إبراهيم بن محمد الضمدي) المتوفى سنة 1276هـ قال: هاجر إلى صعدة وأخذ عن علمائها كالسيد إبراهيم ابن محمد الهاشمي والفقيه حسن بن محمد النحوي في الفقه والفرائض، وأدرك في هذين الفنين إدراكا كليا، وفي ترجمة (الفقيه إبراهيم بن إسماعيل النعمان الضمدي) المتوفى سنة 1271هـ قال: ارتحل إلى مدينة صعدة وقرأ في علم الفروع، وأدرك فيه إدراكا كليا، وفي ترجمة (الفقيه حسين بن أحمد النعمان) المتوفى سنة 1246هـ قال: له رحلة إلى صعدة وأخذ عن مشايخها، وكذلك كرر ذات العبارات في ترجمة (الفقيه عبدالله بن محمد السبيعي) المتوفى سنة 1256هـ وفي ترجمة (الفقيه عبدالرحمن بن محمد بن أحمد الضمدي) المتوفى سنة 1271هـ وفي

ترجمة (محمد بن خليل العامري) و(الفقيه محمد بن يحيى بن عبدالله الضمدي) المتوفى سنة 1267هـ و(الفقيه محمد بن أبي القاسم الملقب الأساس) قال في تراجم المذكورين: انهم ارتحلوا إلى صعدة وأخذوا عن علمائها.

قلت: فهؤلاء كما سردناهم نحو عشرين عالما، وفي الإطلاع على إجازاتهم ومقروءاتهم يمكن التعرف على مزيد من علماء المدينة الصعدية في هذه الفترة، ممن لم يحظوا بالتعريف والترجمة في كتابنا هذا كما ينبغي لعدم الإطلاع على أخبارهم، والله الموفق.

24ـ السيد المطهر بن حسن الصعدي

السيد الأديب الذكي اللوذعي المطهر بن حسن بن مهدي بن محمد بن صلاح بن محمد بن صلاح بن محمد بن صلاح بن الحسن بن جبريل بن يحيى بن محمد بن سليمان بن أحمد بن الإمام يحيى بن المحسن بن محفوظ بن محمد بن يحيى ابن يحيى، وبقية النسب تقدمت، الحسني اليحيوي الصعدي ثم الصنعاني المعروف بأبي الطحاطح. قال السيد محمد بن محمد زبارة في كتابه نيل الوطر: مولده بمدينة صعدة في عاشر رجب سنة 1166 ونشأ بها وتخرج بأعلامها ونظم الشعر وهو بالمكتب لسبب اقتضى ذلك، وهو أن معلمه القرآن كان يقدم أولاد أهل الثروة والغنى ويؤخره، فكتب في لوحه الخشب إلى معلمه:

قـدمت أولاد الغنـا	وتركتنــي فـيهم أخــيرا
والله لا أفلحـت حيــ	ــن رأيتني فـيهم حقـيرا

فلما رآها المعلم خاف لسانه فقدمه عليهم، وما زال يتعلم حتى بلغ رشده وحفظ القرآن من المصحف، وانتقل إلى الجامع لتحصيل علم الفرائض، وقد ترجم له الفقيه العلامة المؤرخ لطف الله جحاف في كتابه درر نحور العين في

أعلام رجال دولة المنصور علي -والعهدة عليه- فقال:

الشاعر المفلق المعروف بأبي الطحاطح، سار عن صعدة سنة 1189 إلى صنعاء فطاب لها مسكنها واتخذها دار وطن، ثم مال إلى طريق السالكين فتروض وتخلى حتى فعلت به الرياضات وفعلت، وتبينت له الخفيات وظهرت، فتحدث بأنه المنتظر المشار إليه في أحاديث سيد البشر صلى الله عليه وآله وسلم في الآصال والبكر، واشتغل بعلم الملاحم، فحدث أنه وجد بها وصفه بالمنتظر القائم حتى كتب في الرسائل والخطب لقبه الهادي الداعي إلى دين الله تعالى. وحدث أن أباه الحسن رئى النبي صلى الله عليه وآله وسلم قبل ولادته بثلاثة أشهر وهو يقول له: إذا جاء لك ولد فماذا ستسميه فقال: باسمك محمد، فقال: لا بل هو المطهر بكسر الهاء. وإلى تلك الرؤيا أشار بقوله:

أنا المطهر من تعلو به الهمم ... ومن به يعرف الإكرام والكرم
أنا سلالة يحيى بن المحسن من ... سارت بأخباره الأعراب والعجم
فصرت أقفو القوافي اثرهم عجلا ... فيلتقي عندها الحافور والقدم
(أنا الذي نظر الأعمى إلى أدبي ... وأسمعت كلماتي من به صمم)
أنا المطهر سماني النبي أبي ... وفي السماية سموني وتلك سمو

ولما استطالت رياضته حدث أنه يأتيه جبريل عليه السلام وملك اسمه روفاييل تارة وروحانية آخرون، وأنه ينشق لهم حائط منزله فيدخلون فيراهم عياناً، وأكثر ما يأتونه وهو بين النوم واليقظة، وربما جاؤه في أقبح صورة فيقسم عليهم أن لا يعودوا إليه بها، فيأتون كأجمل ما يكون ويسمونه بالمهدي المنتظر. وقد أورد عليه بأن المهدي المنتظر اسمه محمد بن عبدالله، فيقول: نعم، وهو أنا كما أشار إلى ذلك علم الجفر، وفي ذلك قولي:

أسلطان عز الله قام بنا العزّ ... على رغم أنف الحاسدين ومن يعزُ

أنا الهادي الداعي المطهر من دعا ... إلى الله لما جاء في جفره الرمز
تطيع لي الأقطار شرقاً ومغرباً ... ونجداً وشاماً والتهائم والحجز
وأملك من في الأرض إنساً وجنة ... بأمر إلهي من له الملك والعز
وادعو إلى الدين الحنيف ونصره ... ونصر إمام لن يشاب به العجزُ
وانصره بالسمر والبيض والقنا ... فيكثر في أعدائه الضرب والوخز
أنا الهادي المهدي والملك الذي ... به الدين والملك المؤمل يعتز
أنا ناصر الإسلام بالله عاجلا ... سريعاً بإذن الله قد صدق الرجز

وفي هذا كما ترى علمه بأن الناس مستهزئون به، وسألته عن قوله: وأدعو إلى الدين الحنيف ونصره ونصر إمام والبيت الذي بعده إلى من يعود الضمير، فقال لي: هذا لسان العرب هكذا وقد سمعتهم يذكرون شيئاً مثل هذا يقولون له التجريد فهو مثل قول أبي الطيب: (لا خيل عندك تهديها ولا مال) البيت. وقال: فهو يعود الضمير إليّ وعليّ.

ولما قدم عام الدعوة المنصورية (سنة 1189) فعل قصيدة امتدح بها إمام العصر مهنئاً له بالخلافة، وأقام بصنعاء تسعة أشهر ثم عاد بلاده، فلم يطب له البقاء لأمور، منها عدم الإرتزاق الذي تهيأ له بصنعاء، ومنها أنه وجد والده يدعو الناس إليه، ويقول إنه هو المهدي المنتظر، فتنازعا تلك الدعوة، فلم يسعه إلا الإرتحال إلى صنعاء لعدم المعارض له بها. وقد كان أبوه يخرج على حمار صغير قصير، فيلتمس عسكراً يمر به ليتبع من خلفه على حماره، فيظن الرائي له أنه قائد ذلك العسكر. ولما نزل صاحب الترجمة بصنعاء لذّ له بها السكون فنزل بالبونية في بئر العزب، فنظم بها المستجاد من الأشعار، وافتض من خرائد معاني الأفكار الأبكار، واشتهر في الأدباء أي اشتهار، وطار ما بين أهل النظم صيته، سليقة صادقة، وفكرة سابقة، لا يدانيه في الإرتجال أحد من الرجال، ولا يتلعثم

عند الإقتراح عليه بحال، مع أنه لم يعرف العربية ولا شارف على شيء من معارفها الظاهرة والخفية، لذا تعثر النقاد على مجال في شعره للإنتقاد، مع قلة ذلك في شعره، ومع هذا فلا يكترث بمن لحنه، بل ينصت عند ذلك ويبدله بأجود وأجود. وحدث أنه لا يحسن النظم وإنما يأتيه روحاني يسمى أبو الطحاطح وبه كان يكنى. وكان بخيلاً جماعاً للمال، مبتذلاً في ملبوسه وعيشته، يأخذ من الغنم المذبوحة الرأس، ويقول: إنه كثير الفوائد، ولا يقدر أحد من الجزارين أن يخونك فيه، وبه العيون والآذان، والغلاصم واللسان، واللهات وما حول القرن، وفيه الدماغ وهو ألذ ما فيه، وبه العظام اللطيفة، المطبقة على اللحم الخفيف اللطيف، وكان لا يسلخ رأس الكبش، وإنما يلقيه في النار حتى يذهب الشعر، ثم يلقيه في القدر وينضجه. وكان قليل المبالاة بحفظ ناموس الأدب، فيقف مع الصبيان والعوام بقارعة الطريق، ويقوم على حلق المشعبذين واللاعبين بالقرود وغيرهم، وكان إذا رأى صبية جميلة مال إليها وسألها عن أهلها ثم يعشقها ويشبب بها وهذا دأبه. وكان يعتم بالعمامة فتبقى الدهر الطويل على حالها لا تنقض حتى تسود وتنقطع مما يلي رأسه، ويعلوها الوسخ وربما رمت الطيور عليها ذرقها، ويلبس القميص فيمر به العام متسخاً لا يحدث نفسه بغسله، ثم يتمخط في أكمامه فيزدريه رائيه. ولم يمل إلى الزواج أو التسري، وكان يجمع من كتب الكيميا والسيميا ويطالعها ويجزم بما فيها، وأنها بأيسر مباشرة تكون منفعلة.

وقد عد في فحول الشعراء ومجيديهم، وله ولع شديد بمن نظم ونثر. وله في فن الهوى والغرام أخبار حسان وفي طبعه رقة ولطافة، لولا ما أدركه من فرط الحدة. وقد قصد الأشراف آل شمس الدين إلى حصن كوكبان وحدث عنهم بماجريات يطول نقلها، ومدح السيد إبراهيم بن محمد وذم منهم جماعات بعد

مديحهم. وهو كثير التلون في القضايا، يمدح ويذم في حين واحـد، يقصر عنـد هجوه ابن حجاج، ويحجم عن معارضته الماهر في اللجـاج، لم أر في الأيـام مـن أدركته حرفة الأدب المحقق سواه، فإنه صفر اليدين، يسعى بجده فيرجع بخفي حنين، فراشه التراب، ومنزله مرتـاد الهـوام والـذباب، إذا وافى المجـالس كـان أنسها، يسترسل في الكلام، ويطيل من املاه محاسن النظام، يضـحك الجلـيس، ويروح الأنيس، له لسان طلق حلو الإملاء، يخرج مـن القصـة إلى أختهـا أو إلى نقيضها إلى مالا نهاية له، ما وقف على شيء إلا حفظه فأملاه، لا يكاد يخطيء في نسقه. وكان المنصور يبعث إليه بالهدايا والجوائز ويجود عليه بالنفائس. ورد عليّ زائراً مستنشداً لبعض أشعاري، فأمليتـه شـيئاً منهـا، فقـال لي: أنـت خطيـب الشعراء، ثم قال: قد قلت فيك قصيدة وأملاني قصيدة تامة أحفظ منها صدرها وهو:

أسـكتَّني يـا باشـة الشـعراء بفصـاحة فاقـت عـلى البلغـاء
يـامن حـوى ذات الكـمال بذاتـه وعـلا عـلى الكرمـاء والخطبـاء

ثم رمى نفسه بالعي والفهاهة وقال: من الآن لا أعد نفسي شيئاً وتضـاءل وتصاغر مع أني أمليته شعراً دون شعر. وكـان يحب المعارضـة للسـابقين في مخترعاتهم ويتتبع الغرائب من براعتهم أنشده بعض الناس ببيتي الأصمعي:

إذا بـــارك الله في ملـــبس فـــلا بـــارك الله في البُرقـــع
فمنـــه تريـــك عيـــون المهـــا ويكشـــف عـــن منظـــر أشـــنع

فاشتغل بهذا المعنى ولزم الطرقات أو يرى مبرقعة فوقعت عينه بعد شـهور على صبية من آل الأكوع مبرقعة فأنشد مرتجلاً:

أسـرت فـؤادي مقلـة مـن برقـع ومضت وما غمضت عيـون تـولعي
ودعتـه في بحـر الغـرام فقـال مـن قـالوا فتـاة مـن بنـات الأكـوع

24ـ السيد المطهر بن حسن الصعدي - 77 -

قال: وفي قولنا ومضت التورية أما من الوميض أو المضـي. وله في الغزل باع طويل، ومن محاسن شعره وأفانين سحره:

بـالأعين النجـل التـي لحظاتهـا ... كسـرت قلوباً في الهـوى كسـراتها
آليـت مـا بـيض الظبـاء بنجّـلٍ ... أبـداً ولم يـك للظبـا فتكاتهـا
ما خلت أعظم فتنـة لـذوي النهـى ... من مقلـة تصـمي القلـوب رماتهـا
تصـطاد ألبـاب القلـوب بفـاترٍ ... مـن فـاترٍ فـتهم بي مرضـاتها

وله مضمن للبيت الثالث:

هتـف القلـب يـا غزالـة جـودي ... فلقـد أتلـف الغـرام وجـودي
ذبت وجدا مـن الغـرام فـلا صبـ ... ـر عـلى حـر نـار ذات الوقـود
كـم قتيـل كـما قتلـتُ شـهيد ... لبيـاض الطـلى وورد الخـدود

وله مشيراً إلى نزاهته ونجابته من قصيدة غراء:

ولقـد أقـول لهـا وقـد خافـت مـرا ... ودتي أنـا السُـنّي لسـت برافضـي
لا أشـتهي المخصـوص منـك وإنـما ... أمـلي أقبّـل لؤلـؤاً في وامـض

وله من قصيدة لم ينسج على منوالها:

أقسـم الحـبّ وأكـد قسـمَهْ ... بحسـام اللحـظ لمـا قسـمَهْ
أنـه أورى غرامـا جـائراً ... في الحشـا قـد شـب نـار الحطمـه
وأعـاد القلـب خلـواً في الهـوى ... ودمـوع العـين مـن قلبـي دمـه
مـن غـزال فلـق نـوراً وسـنا ... كل من في الكـون مـن ذا جسّـمه
مـا محيـا البـدر والشـمس سـوى ... أوهمـا طيـف خيـال أوهمـه

ومن مديحه في السيد العباس بن إبراهيم بن محمد الكوكباني قوله:

هــذا الهـمام الماجـد العبـاس ... هــذا سـنام الـدين هـذا الـرأس
هذا ابن إبـراهيم أكـرم مـن نشـا ... هــذا بـه أعـلا الكـرام يقـاس

فتأخرت جائزته عن هذه القصيدة فعاد مناقضا لها بالهجو فما أحسن وقال:

عباس عينك بالتساهي غامضهْ   وسيوف هجوي ماضيات وامضهْ
أتظن أني عاجز عن هجوكم   وجيوش شعري رافعات خافضة
بارود طبعي في بنادق حدتي   ورصاص هجوي قاتلات قارضه
ما عرضكم إلا النشان لوقعها   فأنا إذا وقعت أعدت الخافضه
فأجز وأنجز واعط نفسي سؤلها   ما دام أسد الهجو عنكم رابضه
فشياه عرضك عند ذئب فصاحتي   لا يستطيع لها الجميع مداحضه
إلا بجود زاخرٍ متلاطم   ومكارم في طولها متعارضه

ولمكارم السيد العباس بن إبراهيم لم يلمه ولم يحرمه بل أعطاه فأنعم وزاده فيما به تكرم فاستحيى وأنشد قصيدة يمتدحه يقول فيها:

عباس أنت الجود والإخصاب   والآخرون وجودهم إجدابُ

وطعن عليه في الشعر جماعة من آل شمس الدين فقال مرتجلاً:

قوافي الشعر ترتدف ارتدافا   فلن تخشى عليَّ ولن تخافا
فأني أفصح الفصحا جميعا   وأغزرهم لمن شاء اغترافا
وإني ساءني تمجيد شخص   أرى إعظامه جيفا تجافى

قال: ثم زجرني أبو الطحاطح وغير القافية ليريهم قوة الساعد فقال:

بحور الشعر من كل القوافي   ترادف ظاهر منها وخافي
فيا نفس المطهر لا تخافي   فإني في الفصاحة بحر قاف

قال: وله يمتدح الوزير العلامة الحسن بن علي حنش من قصيدة مطلعها:

إلى غرة الأمجاد في غرَّة الزمان   إلى شرف الإسلام والماجد الحسن

وسأل الوزير الحسن يوماً أن يكسوه وشكا شدة في البرد فتأخر عنه جواب

الوزير فكتب إليه:

يا أحسن الناس اسما ... ومن إذا قال أعطى
أنت الذي لست ترضى ... ردي إذا جئت قطا
وما نسيت ولكن ... أبطا جوابك أبطا
وإن نسيت لشغلٍ ... فاعقد بكفك خيطا

وقال بعد هذا ولا يخفاكم أن النبي صلى الله عليه وآله وسلم كان يعقد الخيط في أصبعه لئلا ينسى، وصدق فهو مما رواه أبو يعلى عن عبدالله بن عمر أن النبي صلى الله عليه آله وسلم كان إذا خاف أن ينسى الحاجة ربط في اصبعه خيطاً ليذكرها. وكان ينزل إلى موقف سيف الإسلام أحمد ابن الإمام شهر رمضان كله، وكان يدنيه من منزله للتعجب على ظرفه. وله في المنصور علي قصائد عديدة، وفي التهجين على من أحب الدعة أشعار كثيرة من مستجادها قوله:

لا تحسبن المجد أكل عصيدةٍ ... وسماط فالوذٍ وفتّ ثريدة
أو نوبة تشدو بترجيع الغنا ... أو لعبة بصوافنٍ وجريدة
ما المجد إلا الصبر في يوم الوغى ... ونوال مالٍ والسنين شديدة
وبهمة تسمو على هام العلا ... بالعزم والإقدام وهي مفيدة
تتفاضل الأمجاد في حركاتها ... وإذا توفت في الجهاد شهيدة
بالعزم والإقدام تكسب رفعة ... حقاً وآراء الكرام رشيدة

وقد قدمنا أنه سلك طريقة السالكين فمن شعره المشير إلى ذلك قوله:

فؤادي في غرامك في نواحي ... وغيري في البكاء وفي النواح
إذا سكر الأنام بخمر حُبٍ ... لغير الله عنه بت صاحي
وأن هاموا بلوعة كل مجدٍ ... بجدّهمو عدلت إلى المزاح
فما وجدي ولوعاتي وشوقي ... وحبي في الصبابة للملاح

سـوى للـذكر ذكـر حبيـب قلبـي … إلهــي فهــو ريحــاني وراحــي
حبيـــب لا يقـــاس بـــه حبيـــب … يعــين عــلى الهدايــة والصــلاح
هـــو الحـــي الـــذي أحيـــا وحيّـــا … هـــو القيـــوم قـــام بـــه ارتيـــاحي
بـــه أدعـــوه يغفـــر ليّ ذنـــوبي … فـــأظفر بـــالمنى قبـــل الصـــباح

وله في الشعر الملحون يدٌ طولى، وقد تركنا للإختصار كثيراً من أخباره وأشعاره، ومات بصنعاء في شهر رمضان سنة 1223 ثلاث وعشرين ومائتين وألف رحمه الله تعالى وإيانا والمؤمنين آمين.

25ـ القاضي يحيى بن إسماعيل النجم

القاضي العلامة يحيى بن إسماعيل النجم الصعدي ثم الخولاني. ترجم له تلميذه العلامة الحسن بن أحمد عاكش الضمدي في حدائق الزهر فقال:

هو من العلماء الأفاضل، ومن بيت رفيع المنازل، أخذ عن علماء بلدة صعدة في الفقه والنحو، ووفد إلى الشريف حمود بن محمد، وصار بمحل رفيع لديه، وفرغ نفسه مدة للتدريس في جامع أبي عريش، واستفاد منه الطلبة كثيرا، وكان من أهل الصلاح والتقوى، حسن الأخلاق، طيب المحاضرة للرفاق، قرأت عليه في ملحة الأعراب في النحو، وحال رقم هذه الترجمة وهو في بلاد خولان وصعدة يهديهم إلى معرفة الحلال والحرام، ويدلهم على ما يقربهم من الملك العلام، وقد أظهر منار الشرع الشريف في تلك الجهات، وانتفع به عالم من الناس وتركوا بإرشاده المنكرات، عمر الله الكون بوجوده آمين اللهم آمين.

وترجمه أيضا في كتاب عقود الدرر فقال ما نصه:

هو من القضاة المعتبرين، ومن العلماء المبرزين. نشأ في بلده مدينة صعدة، وأخذ عن علمائها في الفقه والفرائض والنحو، ووفد إلى الشريف حمود بن محمد

إلى مدينة أبي عريش، ولما رآه بمحل من العلم قام له بما يحتاج من الكفاية، وصار بمحل رفيع لديه، ولما طاب له المقام فرغ نفسه للتدريس في العلم في جامع الشريف المذكور، وانثال إليه الطلبة من كل جهة، واستفادوا منه كثيرا لأنه كان من أهل التقوى والصلاح، وكان حسن الأخلاق لطيف المحاضرة للرفاق، واسع الصدر للمذاكرة، يصبر على بليد الفهم من الطلبة حتى تستقر المسألة في ذهنه، ولا يتضجر من ذلك، وقد لازم دروس السيد الإمام الحسن بن خالد في الجامع المذكور في الحديث والتفسير، وقد قرأت عليه في ملحة الإعراب وأنا قبل سن البلوغ، وبعد وفاة الشريف حمود كان مستمرا على حالة في أيام والده أحمد وكان يستصحبه في سفره لأجل أن يكون إماما في الصلاة، وللتذكير للناس وبعد انقضاء أيامه رجع إلى بلده صعدة، وبعد مدة انتقل إلى بلاد خولان فتلقوه بالقبول، وما زال يهديهم إلى معرفة الحلال والحرام، ويدلهم على ما يقربهم من الملك العلام، وقد أظهر هناك منار الشرع الشريف في تلك الجهات، وانتفع به عالم من الناس وتركوا بإرشاده المنكرات، وهجروا أحكام الطواغيت، وتقيدوا بالأحكام الشرعية، وما زال على هذه الحال حتى توفاه الله تعالى إلى دار كرامته في عام تسعة وسبعين بعد المائتين والألف رحمه الله تعالى وكافة المسلمين، وكان يعاني الأدب، ومن شعره:

ألا أيها المرء الذي صار همه بدنياه فازهد كي تكون مثابا
فقد وعظ العلامة البحر واعظٌ كفى الناس مدفونا بها وغيابا

قال العلامة الضمدي: ولهذا المصراع قصة وهي أن السيد العلامة الحسن بن خالد الحازمي لما كان ذات ليلة في بيت من بيوت الله يتلو كتاب الله وهو بين اليقظة والنوم، إذ سمع قائلا يقول: كفى الناس مدفونا بها وغيابا. قال: وقد كثرت التضامين لهذا المصراع من الفضلاء والأعيان وأدباء الزمان مما دوّن في

كراس، ولكن لم أر من أصاب موضع التضمين غير السيد العلامة محمد بن حسن بن موسى الحازمي وقوله:

أرى كل من فوق البسيطة غافلا   فيا ليت شعري هل يكون متابا

وفي الأرض آيات وفيها مواعظ   كفى الناس مدفوناً بها وغيابا

لأن مرتب ذلك على الأرض وهي التي يدفن الناس فيها ويغيبون، فأصاب المحز، وأما غيره وإن أجاد بما فيه موعظة لكنه لم يطابق ذلك المصراع، هذا ما ظهر لي والله أعلم وأحكم انتهى بلفظه. قلت: ولعل صاحب الترجمة هو جد المعروفين بآل النجم ببلاد خولان عامر مغارب صعدة إلى أيامنا هذه والله أعلم.

وبهذا نفرغ من جمع هذا القسم الثالث من أقسام كتاب (عقد الجواهر في تراجم فضلاء وأعيان صعدة بعد القرن العاشر) من مجاميع الفقير إلى ربه الراجي عفوه ومغفرته عبد الرقيب بن مطهر بن محمد بن محمد بن إبراهيم بن الحسين بن يحيى بن المطهر بن إسماعيل بن يحيى بن المولى سلطان العلوم الحسين بن الإمام القاسم بن محمد الحسني الصعدي، ويليه القسم الرابع من سنة 1262 إلى سنة 1322هـ، وكان الفراغ من جمعه وتهذيبه ونقله عن أمه شوال سنة 1434 أربع وثلاثين وأربعمائة وألف، وصلى الله على محمد وآله وسلم تسليما كثيرا

عقد الجواهر

بتراجم فضلاء وأعيان صعدة بعد القرن العاشر

المسمّى أيضًا

نبلاء صعدة بعد الألف

القسم الرابع
من سنة 1262ـ 1322هـ

1. السيد إبراهيم بن علي حوريه المؤيدي

السيد العلامة الصارم إبراهيم بن علي بن الحسين بن الحسن الملقب درهم بن يحيى بن علي بن أحمد بن يحيى بن الإمام إبراهيم بن محمد بن أحمد بن عز الدين ابن علي بن الحسين بن الإمام عز الدين بن الحسن بن الإمام علي بن المؤيد الحسني المؤيدي الفللي الملقب بابن حوريه، وقد تقدم في القسم الأول من هذا المعجم ذكر أصل تلقبهم بهذا اللقب، والتعريف بهجرة فلله.

وصاحب الترجمة ترجم له العلامة عبد الرحمن بن حسين سهيل في تاريخه **بغية الأماني والأمل** فقال ما لفظه:

كان أحد العلماء العاملين، والفضلاء الزاهدين. نشأ على ما نشأ عليه سلفه الصالح من اكتساب المتجر الربيح، وأخذ عن المولى العلامة شيخ آل محمد **عبد الله بن أحمد العنثري** وغيره، وحصّل كتباً كثيرة بخطه، وهو والد شيخنا بل شيخ أهل قطرنا السيد الإمام العلامة الشهير والبدر السامي المنير ترجمان الأدلة **محمد بن إبراهيم المؤيدي الملقب بابن حورية**، وكونه نجله عن تعداد محاسنه يكفيه، ألا وإن الولد من سعي أبيه، توفي رحمه الله سنة 1300 ثلاثمائة وألف، وقبره بفلله هجرة سلفه في مقبرة ربيعة انتهى كلامه.

قلت: وله ترجمة في كتاب **نزهة النظر في تراجم أهل القرن الرابع عشر** للمؤرخ العلامة محمد بن محمد زبارة رحمه الله نقل فيها ملخص ما جاء هنا، وذكر فيها على جهة التقريب أن مولده سنة ستين ومائتين بعد الألف تقريبا رحمه الله وإيانا والمؤمنين، وستأتي ترجمة ولده السيد محمد بن إبراهيم حوريه المتوفى سنة 1381هـ وتراجم بقية أعلام هذا البيت المؤيدي في أثناء الأقسام المتبقية من

هذا المعجم إن شاء الله.

2. المولى إبراهيم بن محمد الهاشمي

السيد الرئيس العالم النحرير والبدر السامي المنير صارم الدين إبراهيم بن محمد بن إبراهيم بن أحمد بن إبراهيم بن علي بن أحمد بن الإمام الناصر الحسن بن علي بن داود بن الحسن بن الإمام علي بن المؤيد الحسني المؤيدي الصعدي **الملقب كسلفه الهاشمي**، وهو الذي قيلت في حقه هذه الأبيات:

الهاشمي شهير الصيت شيخ بني الز ... هـرا في صعدة ذو القول والعمل
وكان عالمها المسؤول سيدها الـ ... ـمأمول حاكمها الحلال للجلل
وناظر الوقف فيها والخطيب على ... أعواد منبرها الناهي عن الزلل

وستأتي تفاصيل ما أجملته هذه الأبيات أثناء ترجمته. وجده السيد **أحمد بن إبراهيم الهاشمي** المتوفى نحو سنة 1190هـ هو الجد الجامع لكل من تلقب بهذا اللقب في أيامنا، وقد تقدمت له ترجمة في القسم الثاني، وكذلك ترجمة في القسم الثالث لجده السيد العلامة إبراهيم بن أحمد الهاشمي المتوفى نحو سنة 1240هـ ولوالده السيد إبراهيم بن محمد الهاشمي المتوفى سنة 1262هـ.

وصاحب الترجمة يعد من أشهر رجال هذا البيت، بل هو في الحقيقة من أعلام البيت المؤيدي اليحيوي في أيامه، وطلبه للعلوم كان بمدينة صعدة على والده وعمه وعلى غيرهما من علمائها، ولما وصل المدينة الصعدية حي القاضي العلامة شيخ الإسلام **عبد الله بن علي الغالبي** أخذ عنه وأجازه بما حواه مؤلفه العقد المنظوم في أسانيد العلوم، والظاهر أنه قرأ أيضا على السيد الحافظ رئيس العلماء **أحمد بن محمد بن محمد الكبسي** إبان إقامته بمدينة صعدة في سنة 1273 ثلاث وسبعين ومائتين وألف، وعن صاحب الترجمة أخذ عدة من أهل العلم،

منهم ولده السيد **أحمد بن إبراهيم الهاشمي**. وقد ترجم له السيد العلامة **محمد بن محمد زبارة** في كتبه، وذكره أيضاً في قصيدته الألفية الأولى من **لامية النبلاء**، والتي جاء منها الأبيات الآنفة في ذكر المترجم له صدر الترجمة، وترجمه أيضا العلامة **عبد الرحمن بن حسين سهيل** صاحب **بغية الأماني والأمل** فقال:

السيد العلامة النحرير والبدر السامي المنير بقية شيوخ الآل، والمرجع عند تراكم الأهوال، فيصل القضايا، وقدوة العباد الأولياء، وتذكرة الحفاظ الأذكياء، وتبصرة أولي الأمر والنهي، البحر الخضم الفهامة، والشامة في أهل البيت والعلامة، حاوي العلوم الزاخرة، والكمالات الباهرة، والأخلاق الطاهرة، حليف المساجد والمنابر، وأليف سواد الدفاتر وأقلامه والمحابر، تاج العلماء الفضلاء، واسطة عقد القضاة الحكماء. كان رحمه الله من أكابر العلماء وله الرياسة العظمى في صعدة ونواحيها، وإليه ولاية القضاء والأوقاف، وهكذا جميع أهل هذا البيت الرفيع خلفا عن سلف، وهو والد السيد العلامة **أحمد بن إبراهيم الهاشمي** الآتية ترجمته قال: وكان مع رئاسته وارتفاع صيته في منزلة من التواضع قل من يشابهه، ذا نسك وعبادة وخشوع، يرحم الضعيف ويغيث اللهيف، صاحب كلمة مسموعة عند الدني والشريف:

ما زال يسبق حتى قال حاسده   له طريق إلى العليا مختصر

لم يعترض في حكم أو فتيا مع أن في وقته العلماء والأولياء، وما ذلك إلا لتحقيقه وشدة بحثه وتدقيقه، وكان من الورع الشحيح والتقشف الصحيح بمكان، وعلى الجملة فخلائقه غرر وحجول، وطرائقه مما يعرض شرح محاسنها ويطول، توفي رحمه الله ليلة الخميس بعد صلاة العشاء الآخرة 26 شهر جمادى الآخرة سنة ثمان وثلاثمائة وألف، ورثاه الأجلاء من أهل زمانه انتهى كلامه.

قلت: ورأيت في كتاب **النفحات المسكية في السيرة المتوكلية المحسنية**، وهي سيرة الإمام المتوكل على الله **المحسن بن أحمد** لكاتبها المولى العلامة المؤرخ الكبير **محمد بن إسماعيل الكبسي** رحمه الله عند ذكره للعلماء من السادة والشيعة المناصرين والمتابعين للإمام المحسن بن أحمد فقال:

ومن هذه الطبقة التي هي على الإمامة متفقة، السيد العلامة الفاضل، زينة الأماثل، وواسطة عقد أهل الفضائل، صارم الدين: إبراهيم بن أحمد بن إبراهيم الهاشمي، الساكن بمدينة صعدة، وثمال أهلها، وعميد عقدها وحلها، له تمسك بإمام الزمان يقصد الإمام **المحسن بن أحمد**، ومبالغة في هذا الشأن، ولا يزال ترد مكاتباته وفيها صريح القول بالإمامة، والتزامه الطاعة، وإرجاع مهمات الأمور إلى من جعلها الله إليه، وأناط حبلها بيديه، وذلك شأن أهل العلم والسيادة، وعمل أهل العقول والنقادة، وهو يتولى أوقاف هذه المدينة، وكان سلفه وأهله أهل علم وعبادة، ورئاسة وسيادة، إليهم المرجع في هذه البلدة، والتفريج لكل شدة، وجرى هذا السيد على هذه الوتيرة، وحسنت منه السيرة كما قال الشاعر:

وينشأ ناشئ الفتيان منا ... على ما كان عوده أبوه

ثبته الله على الحق القويم، وسدده على الصراط المستقيم انتهى كلامه بلفظه.

قلت: والظاهر أن المترجم له بهذه الألفاظ في النفحات هو صاحب الترجمة هنا السيد العالم الرئيس إبراهيم بن محمد بن إبراهيم الهاشمي، وإنما جاء الغلط في اسم والده والله أعلم. ورأيت أيضا معاصره القاضي العلامة **الحسن بن أحمد بن عبد الله عاكش الضمدي** المتوفى سنة 1290هـ قد ترجم له في كتابه **عقود الدرر في تراجم رجال القرن الثلاث عشر** فقال:

هو اليوم العين الناظرة في مدينة صعدة، إليه منتهى رئاستها والقيام بصلاح

إيالتها، مع ما تحلى به من العلوم، وامتاز به على أبناء جنسه من معرفة المنطوق والمفهوم، جدّ في الطلب من صغره على مشايخ بلده ومصره، وإليه ولاية أوقاف صعدة والتصرف فيها على حسب مصارفها، وهو إمام جامع الهادي وخطيبه، والمتولي لأمور الطلبة من أهل العلم، ويصرف للمحتاجين منهم، مع عدم خلو الطلبة في البلد، هذا مع ما رزق من الجلالة العظمى والأبهة التي بلغ بها هام السماء، وعيشه عيش الملوك، وهو مع هذا في غاية من التواضع، وإعطاء كل ذي حقه من التعظيم والكرامة، وإليه تولي فصل الشجار بين قبائل تلك البلاد، وعلى ما يقوله معولهم والإعتماد، ولا يخالفون له أمرا، ولا يكاد يرد قوله في النهي عن الباطل والزجر، أوقاته مستغرقة بالطاعات، والمحافظة على الجمعة والجماعات، ولا يترك المواساة للفقراء والشفقة على الأرامل والأيتام، وإعطائهم ما تيسر من الطعام والنقد، وله بنا كمال الاتصال محافظة على ما سلف بين آبائنا وآبائه من الصداقة، ولا يهمل المكاتبة لنا في كل وقت، جعلنا الله وإياه من المتحابين فيه الساعين في مراضيه، وهو الآن حي يرزق، كثر الله من أمثاله وبارك في عمله وعمره آمين انتهى بلفظه.

قلت: وقد تقدم ذكر تاريخ وفاته، وقد رثاه الأجلاء من أهل زمانه، وقفت في ذلك على عدة قصائد مجموعة في كراس قال فيه: وأبيات التعزية التي أرسل بها ولده صفي الدين إلى الأئمة والأخوان في اليمن وسائر البلدان هي هذه:

مصاب دهانا كادت الشمس عنده ... تكّور والشم الطوال تزول
وصعدة يحيى بن الحسين بن قاسم ... أظل بها بعد السرور عويل
وأظلمت الآفاق من كل بلدة ... عليه وهذي النيرات أفول
وذاك لموت الصارم العالم الذي ... يحق عليه الصبر فهو جميل
لقد مات إبراهيم نجل محمد ... رضيع لثدي المكرمات نبيل

كبير بني الزهراء درة تاجهم	حوى المجد قدماً فهو فيه أصيل
هنيئاً له جنات عدن ونزلها	وحور حسان في الجنان حلول
لقد هدنا وقع المصاب وساءنا	فليس سواء عالم وجهول
فقد كان غوثاً للأنام جميعهم	وأحكامه نهج الصواب سبيل
حليم عليم أريحي مهذب	قطوع لأسباب العناد وصول
فصبراً بني الزهراء على ما أتى	وأشياعنا إن العزاء قليل

ومن المراثي التي قيلت فيه مرثية لعلماء ضحيان طالعها:

كفا واعظاً موت العلا والمكارم	ودفن إمام المكرمات الغمائم
كفى زاجراً بل موحشاً بل مقلقلاً	ذهاب هلال من سلالة هاشم

ومنها:

فيا صعدة قد كان قاعك مزهراً	بمن فضله فيه كجود الغمائم
وقد كان عوناً للمدينة راعياً	بعفة زهد بل برأفة راحم

ومن تلك القصائد مرثاة لسيدي العلامة المولى سيف الإسلام أحمد بن قاسم حميد الدين رحمه الله تعالى أولها:

لعمرك ما الأعمار إلا رواحل	وفيها مرور الحادثات مناهل
وفي أهله الإنسان كالضيف إنما	يقيم قليلاً عندهم وهو راحل
وأجسامنا كالدر أصدافها الثرى	تروض أشكال الورى وتحايل
لنا برسول الله في الموت أسوة	وإن كان حياً مثل ما قال قائل
ألا كل شيء ما خلا الله باطل	وكل نعيم لا محالة زايل
وكل ابن أنثى لو تطاول عمره	إلى الغاية القصوى وللقبر آهل
وكل أناس سوف تدخل بينهم	دويهية تصفر منها الأنامل
إذا جن ليلاً لم نؤمل صبحه	فما اغتر بالدنيا فتى وهو عاقل

وكـل امـرء يومـاً سـيعرف سـعيه إذا حصـلت عنـد الإلـه الحصـائل

قلت: وكان سيدي المولى سيف الإسلام **أحمد بن قاسم حميد الدين** ناظم هذه الأبيات قد أقام مدة بمدينة صعدة في أواخر أيام الإمـام **شرف الـدين عشـيش** وكان بها سنة 1307هـ، ومما كتبه في جواب التعزية التي وصلت إليه من ولـده سيدي صفي الدين أحمد بن إبراهيم الهاشمي يصف المترجم له بقوله:

هو بقية شيوخ الآل، والمرجع عند تراكم الأهوال، فيصـل القضـايا وقـدوة العباد الأولياء وتذكرة الحفاظ الأذكياء وتبصـرة أولي الأمـر والنهـي، ومـدبر الحيران عند المدلهمات، ومغيـث اللهفـان عنـد الضرـ والأزمـات، ومستفصـل الضعيف عند الخصومات، ذلك الذي يعجز اللبيب عن تعداد محاسـنه، ويكـل الذهن عن تفكر أوصافه، وعلـو مكانـه، فهـو السـيد العلامـة البحـر الخضـم الفهامة. كان زينة الوجود، وأجل مفقود، حـوى العلـوم الـوافرة، والكـمالات الباهرة، والأخلاق الطاهرة، لم يجد له مثال، ولم يوجد له شبيه في الرجال، فلقد كان كهفا لذوي العلوم، ومقرا لمن هو بالخير موسوم، لم نجده متكبرا ولا ناكسا وجهه متجبر، ولا ماشيا متبخترا ولا لابساً مستهزءا، ولا معطيا مسـتكثرا، ولا مانعا حقا فقيرا، ولا مداريا متسترا، وعلى الجملة فقد عـاش في عيشـة رغيـدة، وسار بسيرة جميلة حميدة، ومن أنكر فعله فليسأل الجوامع والمسـاجد، وليتطلـع لدرجات المنابر وسود الدفاتر وأقلامه والمحابر:

إن آثارنـــا تـــدل علينـــا فـــانظروا بعـــدنا إلى الآثـــار

***

قلت: ورحم الله صاحب الترجمة فقد أجمع معاصـروه على كلمـة واحـدة في الثناء عليه، وهذه عباراتهم شاهدة بذلك، ناطقة بها هنالك، وسوف آتي بقلمـي

وحسب إطلاعي على تفصيل بعض ما أجملوه في سائر ما تقدم من الترجمة، من ذلك تعرضهم لذكر ولايته للأوقاف بمدينة صعدة سلفا عن خلف. فإني اطلعت في وثائق الوقف أن أول من تولى الوقف من سلفه هو جده السيد العلامة **إبراهيم بن أحمد الملقب الهاشمي** بن إبراهيم بن علي بن أحمد بن الإمام الحسن بن علي بن داود، وذلك من سنة 1191هـ إلى تاريخ سنة أربعين ومائتين وألف، ثم تولى بعده ولده السيد العلامة **أحمد بن إبراهيم الهاشمي** من التاريخ المتقدم إلى سنة تاريخ وفاته عام 1262هـ، ثم تولى بعده ابن أخيه صاحب الترجمة هنا السيد العلامة إبراهيم بن محمد بن إبراهيم الهاشمي من التاريخ المتقدم إلى تاريخ وفاته سنة 1308هـ فتكون مدة ولاية المترجم على نيابة الأوقاف الصعدية خمسة وأربعون عاما، وقد قرأت في بعض الرسائل النقل عن خطه رحمه الله أن ولايته كانت سابقة ومتجددة عن الأئمة في تولي الوصايا والأوقاف وعلى الحكومة أيضا والخطبة بجامع الإمام الهادي عليه السلام، وقد ذكروا في تلك الولايات ما يجب عليه من التفقد للمساجد العامرة والدامرة، والقيام بإصلاحها وما تحتاج إليه، وتفقد أحوال طلبة العلم والمدرسين الذين تعمر بهم المساجد، ويقوم بهم الدين، والمواساة لهم بما هو لهم ومما يستحقونه على قدر حاجاتهم ومنازلهم في الاستحقاق. **وحسبما اطلعت عليه أيضاً** في وثائق الوقف وتحققته أن الأمر في صاحب الترجمة يصادقه ما ذكره مترجموه، آثار إصلاحاته ومساعيه أيام ولايته على الوقف جلية زاكية، مع ركة زمانه وعدم وجود دولة قائمة بصعدة ونواحيها، إلا أن جهوده ومساعيه الحثيث، وحسن إدراته للوقف، ووجاهته في المجتمع أثمرت دخلا فائضا وعائدات كثيرة للوقف من المستغلات والغلول في عموم النواحي، والتي كان تحصيلها لعموم المصارف المتنوعة للأوقاق والوصايا، فأصلح بها المساجد والمناهل، وساق إلى

الفقراء والمساكين والقراء والعلماء والمتعلمين وغيرهم من أهل المصارف ما يستحقونه منها، وما فاض وفضُل من عائدات مصرف معين، كان منه جمعه وتوفيره ثم الاكتساب به مالاً يضاف إلى أعيان وقف ذلك المصرف بعينه، وبالأخص ما اكتسبه لوقف الجامع المقدس جامع الإمام **الهادي** عليه السلام فهو الكثير الجم، وهذا ما تشهد به بصائر الشراء التابعة للوقف والموجودة في أرشيفه إلى يومنا هذا، وقد اطلعت عليها اطلاع الخبير، وتفحصت ما جاء فيها من صغير ومن كبير، ومن عاداته رضوان الله عليه أنه كان لا يقوم بتأجير مال الوقف لأي شريك أو أجير إلا بضمانة شيخ من مشايخ البلاد، في الوفاء وعدم الخيانة وتمام السياق وعدم صلب مال الوقف، وله في ذلك قواعد محررة مع مشايخ البلاد الصعدية، وبالأخص سحار، ولذلك اعتز الوقف في أيامه، وفاضت مخازنه ودواوينه، وأسند غالبية أهل المدينة وصايا أسرهم التي تداولوها عن آبائهم وأجدادهم إلى المترجم له للمحافظة عليها، وثوقاً منهم بأمانته وعدالته، وقدرته على استخراج حقوقها من المبطلين والمغتصبين لها، وقد رأيت في ذلك بيانا جامعا بخطه لعموم ما هو داخل تحت ولايته من تلك الوصايا، حرره بتاريخ شهر رمضان سنة 1271 إحدى وسبعين ومائتين وألف.

3ـ الفقيه أحمد بن إسماعيل المتميز

الفقيه العلامة أحمد بن إسماعيل بن محمد بن عبد الله بن أحمد بن إسماعيل بن محمد بن إبراهيم بن يحيى المتميز الصعدي. ترجمه صاحب **بغية الأماني والأمل** القاضي العلامة عبد الرحمن بن حسين سهيل فقال:

الفقيه العارف المقري كان حليف التنزيل في كل بكرة وأصيل، أسمع القرآن بالقراءات السبعة لدى السيد العلامة يحيى بن محمد **الداعي**، وحقق فيها ودقق،

حتى فاق على مشايخه وأقرانه، وصار الحجة والمرجع في زمانه، وأجازه شيخه المذكور إجازة حافلة، والمتولي لتصديرها القاضي العلامة نجم الشيعة **عبد الله بن علي الغالبي** عن أمر السيد المذكور لأنه كان بصيراً. وأخذ عن صاحب الترجمة العلماء الأخيار، منهم ولده العلامة الأفضل **إسماعيل بن أحمد** الآتية ترجمته، وصنوه **علي بن أحمد** وغيرهما. وتوفي المترجم له شهر رجب سنة 1308 ثمان وثلاثمائة وألف، وقبره بالقرضين رحمه الله وإيانا والمؤمنين.

4. القاضي أحمد بن علي مشحم

القاضي العلامة الفاضل آخر حكام المدينة الصعدية الذين لقبوا بحاكم المسلمين فيها صفي الدين أحمد بن علي بن يحيى بن علي بن صلاح بن إبراهيم بن محمد بن قاسم مشحم بالفتح ثم السكون اليمني الصعدي.

أخذ عن علماء صعدة، وتخرج بهم في الفقه والفرائض وغيرهما، وأخذ عن القاضي العلامة الكبير **عبد الله بن علي الغالبي**، وأجازه في جملة مَن أجاز في **العسجد المنظوم في أسانيد العلوم**، وعنه أخذ كثير من أهل وقته، منهم الفقيه **محمد بن صلاح بن علي مشحم** الآتية ترجمته في هذا المعجم، ومما قرأ عليه **المجموع الفقهي** للإمام **زيد بن علي** وغيره. ورأيت في بعض المجاميع أن صاحب الترجمة ممن كان يقري العلوم ويدرسها في مسجد العرِز أحد مساجد صعدة القديمة بحارب الدرب.

وقد ترجمه صاحب **بغية الأماني والأمل** فقال:

القاضي العلامة الأكمل. كان رحمه الله عالماً كاملاً، فاضلاً عابداً زاهداً، تولى القضاء لإمام زمانه **المنصور بالله أحمد بن هاشم** والإمام **المتوكل المحسن بن أحمد الشهاري**، وكان عدلاً فيصلاً مرضياً، أخذ عن القاضي العلامة شيخ الإسلام

عبد الله بن علي الغالبي، وأجازه من جملة من أجاز في **العسجد المنظوم**، وعنه أخذ كثير من أهل وقته، وكانت له وجاهه وقبول في صدور العامة والخاصة، وكان يحي أكثر الليل عبادة، أخبرني بذلك ولده القاضي العلامة الفخري **عبد الله بن أحمد**، وكان متواضعاً وصولاً صليباً في الدين آمراً بالمعروف ناهياً عن المنكر، مع أن زمانه كان في فترة الغلبة فيه للقبائل، وكان يمضي أحكام الله لا يخاف من ظالم، وقد شهد له بالكمال إمام زمانه المتوكل على الله، ومن شهد له خزيمة فهو حسبه، وتوفي رحمه الله شهر شوال سنة 1292 اثنتين وتسعين ومائتين وألف انتهى كلامه بلفظه.

قلت: ورثاه عدة من الفضلاء أجلهم السيد تاج العترة **أحمد بن محمد بن محمد الكبسي** ومما جاء في ترثيته له قوله:

خطب ألم بنا فضاق بنا الفضا ... والأفق أظلم والنجوم بمرصد

من للرواية والدراية بعده ... من للمدارس والمنابر أوحد

يا قبر أحمد كم ضممت فضائلا ... وشمائلا ومكارما لا تجحد

ثم رأيت له ترجمة بقلم السيد المؤرخ العلامة الكبير **محمد بن إسماعيل الكبسي** في كتابه **النفحات المسكية في السيرة المتوكلية المحسنية** عند ذكره العلماء المتابعين للإمام **المحسن بن أحمد** من السادة والشيعة، فقال:

ومن بدور هذه السماء والراقين إلى الرفيع الأسمى القاضي العلامة الزاهد الورع الألمعي المحقق صفي الإسلام **أحمد بن علي بن مشحم**، الساكن بمدينة صعدة المقدسة بالمشاهد التي هي على على التقوى مؤسسة، وهذا القاضي من أهل الوقار التام، والتمسك بمذهب العترة الكرام، والعقيدة الصحيحة بمتابعة مولانا الإمام، ترِد مكاتباته، ويستنشق عرف عاطر نكاته، فكأنها مسك فتيق، أو عنبر سحيق، مع قوة خط كأنه جناح طاووس، يود **ابن مقلة** لو علقت به نبانه،

وابن **البواب** لو رزق إحسانه، لعله كان يستنيب القاضي العلامة **محمد بن صلاح مشحم**، فإنه انكشف أن هذا الخط الممدوح خطه، وفد هذا الكاتب أعني محمد بن صلاح إلى حضرة مولانا أيده الله إلى بلدة حزيز، وهو من أهل الموالاة والالتزام للإمام، أحمد الله مساعيه، وجعله مباركا فيه. وكان القاضي الصفي صاحب الترجمة ممن ارتحل إلى مدينة صنعاء، ووصل إلى مولانا الإمام أيده الله في جماعة من السادة والتلامذة والأعيان، وجماعة من رجال سحار، قصدا لأخذ العهد وإجابة الواعية، والتحلي بالأخلاق السنية، والتبرك بالحضرة الشريفة المتوكلية، في شهر ربيع آخر سنة ثلاث وثمانين ومائتين وألف، وعاد إلى وطنه وقر في مسكنه، وشيخه الذي أخذ عليه العلم السيد **علي بن أحمد الهاشمي** أكثر قراءته عليه، وعلى سيدنا العلامة **عبد الله بن علي الغالبي**، وهو مع خلو الزمان أحسن من بقي في هذه المدينة، التي هي معتادة لحلول الجهابذة البحور، ومنازل مطالع البدور، وفي هذه الأعصار تقلص فيها حال أهل المجد والفخار، وأفلت نجوم المعارف في دار القرار، وذهب الناس وبقي النسناس، واندرست الفروع والأساس، وهذا العالم صاحب الترجمة ممن حفظ الله به حجة الله التي أقام لعباده، حتى يأذن الله بحياة بلاده، فلن تخلو الأرض من الحجة، ولا تنقطع من سبل الهداية المحجة، أبقاه الله زينة لمصره، وحلية لعصره انتهى كلامه.

5. السيد أحمد بن قاسم ياسين

السيد العلامة أحمد بن قاسم ياسين الحسني اليحيوي من ذرية الأمير الحسين بن بدر الدين صاحب شفاء الأوام المتوفى في سنة 663. ترجمه في **بغية الأماني والأمل** المؤرخ العلامة **عبد الرحمن بن حسين سهيل** فقال:

كان سيداً عالماً فاضلاً سرياً، ذا وجاهه وقبول، وله في العلم قدم راسخ لا

سيما علم الفروع، وهو من أعوان الإمام **الهادي شرف الدين**، وكان صاحب حلم وافر، وعقل باهر، وأظنه كان حاكماً بصعدة، وبيض لتاريخ وفاته، وهي في الأغلب بعد الثلاثمائة وألف، وقبره بالقرضين رحمه الله.

6. الفقيه أحمد بن محسن سهيل

الفقيه العلامة الأديب أحمد بن محسن بن أحمد بن محسن سهيل الصعدي النزاري اليمني. ترجمه له القاضي العلامة **عبد الرحمن بن حسين سهيل في بغية الأماني والأمل** فقال:

كان رحمه الله من العلماء الكملاء البلغاء المجيدين في الشعر، والمحققين في أكثر الفنون، أخذ عن القاضي العلامة شيخ الإسلام **عبد الله بن علي الغالبي** رحمه الله وأجازه فيمن أجاز في **العسجد المنظوم**، وأخذ عن السيد العلامة إمام العلماء ونبراس الحكماء **أحمد بن محمد بن محمد الكبسي**، وهو ممن رحل من صعدة معه إلى برط لطلب العلم لما سار إلى هنالك، لأمور جرت في ذلك الزمان، وقد كان مكث في صعدة للتدريس فأخذ عنه بهجرة العنان، وعنه أعني صاحب الترجمة أخذ كثير منهم فيما أحسب الوالد العلامة **إبراهيم بن يحيى سهيل** في ابتداء قراءته، ومنهم ولده **عبد الله بن أحمد** وغيرهما. وكان ذا نسك وعبادة، وورع وزهادة، ولم يتول شيئاً من الأمور إنما كان همه العلم والعبادة، وله شعر رائق فصيح وملحون، وهو أحد المجيبين على **محمد إسماعيل المكرمي** في شعره الركيك الذي وجهه إلى الإمام **المتوكل على الله المحسن بن أحمد الشهاري** الذي طالعه:

ظلت عقول يمنة وشمالا وتبدلت بعد الرجال رجالا

مع ركاكة ألفاظه ولحن إعرابه، فأجابه أكثر علماء ذلك الوقت، وكان المترجم له من جملة من أجاب وطالع جوابه قوله رحمه الله:

مـا أنـت أول مـن يسـب الآلا ... مـن فرقـة كفريـة ضـلالا

قـد سـب غـيرك ربـه جهـلاً بـه ... جعلـوا شـريكاً للإلـه تعـالى

إلى أن قال:

ياسـائلا عـن كفـرهم وضـلالهم ... اسـمع مقـالاً واضـحاً دلاّلا

إجمـاع آل محمـد ووقـائع الآ ... ل الكـرام بهـم سـنين طـوالا

من كـان ينفـي الكفـر عـنهم إنـه ... غطى من الشـمس المضـيئة حـالا

وله قصيدة يحث فيها على متابعة واتباع الإمام **شـرف الدين بن محمد عشيش** عليه السلام ومناصـرته وهي:

تغـيرت الأحـوال وانقلـب الـدهر ... وبـدلت الأحكـام وانعكـس الأمـر

وصار شـرار القـوم يعلـو خيـارهم ... وأربـاب ديـن الله لـيس لهـم أمـر

تخاذل أهل الدين عـن نصـر دينهم ... وأعيـانهم قـد صـار دأبهـم الغـدر

وقبلـتهم رامـوا خرابـاً لأصـلها ... عنـاداً وبغيـاً شـأنه الجهـل والكـبر

هـو الـذروة العليـا مـن آل أحمـد ... هو الفرد في العلم العزيز هـو البحـر

هو الفاضل المشهور في الدين والتقى ... هو العقد في المجد الأثيـل هـو البـدر

هو الهادَوي في الدين يا طالب النجـا ... ومذهب يحيى بن الحسـين لـه صـدر

إمـام عظـيم بـات يـدعو إلى الهـدى ... وللحفـظ للإسـلام أن يهتـك السـتر

ويـأمر بـالمعروف ينهـى عـن الخنـا ... ويمحي رسوم البغي قد وضح الأمر

ويـدعو لـدين الله دعـوة صـادق ... بجـد وجهـد زانـه المجـد والفخـر

هلمـوا عبـاد الله نحيـي معالمـاً ... ودينـاً قـويماً عنـده يبطـل الكفـر

نجاهـد أعـداء الشـريعة بالقنـا ... وبالسـمهري اللـدن يعلـوهم القهـر

ومنها:

ألا ياحمـاة الـدين مـن نسـل حاشـد ... ونسـل بكيـل أنـتم المسـك والعطـر

وهمـدان بـن زيـد وخـولان عـامر   هم الذروة العليا والـرأس والصـدر
أقيمـوا عمـود الـدين لا تهملونـه   وكونـوا حمـاة مـا لكـم دونـه عـذر

إلى آخر الأبيات. وكانت وفاة صاحب الترجمة صبح يوم الجمعة خامس شهر شعبان سنة 1317 سبع عشرة وثلاثمائة وألف، ودفن بمشهد أهله بصعدة أسفل مقبرة القرضين.

7. السيد أحمد بن يحيى حطبة

السيد صفي الدين أحمد بن يحيى بن علي بن أحمد بن الهادي بن عبد النبي بن داود الملقب حطبة الحسني اليحيوي الصعدي، وباقي النسب تقدم في ترجمة جده أحمد بن الهادي حطبة في القسم الثاني من الكتاب.

كان من علماء وقته الجلة، وكملاء السادة بصعدة، وبها توفي يوم الخميس ثامن عشر شهر شعبان سنة 1285 خمس وثمانين ومائتين وألف، وقبره عند أهله غربي مشهد آل الهاشمي بمقبرة القرضين .

8. الفقيه إسماعيل بن إبراهيم سهيل

الفقيه العلامة الضياء إسماعيل بن إبراهيم بن إسماعيل بن حسن بن إسماعيل ابن حسن بن محمد سهيل اليمني الصعدي النشأة والوفاة.

وقد تقدم التعريف بأهل هذا البيت. أخذ صاحب الترجمة عن القاضي العلامة **أحمد بن علي بن يحيى مشحم** وغيره من علماء صعدة، وهو جد العلامة المؤرخ **عبد الرحمن بن حسين سهيل**، وقد ترجم له حفيده المذكور في **بغية الأماني والأمل** فقال:

كان رحمه الله فقيهاً عارفاً كاملاً عاملاً بما علم، وكان أحد مشايخ الكتاب

العزيز، وله علم ومعرفة في فنون من العلم، وكان شيخه القاضي العلامة **أحمد بن علي مشحم** رحمه الله، فأما في علم الفرائض فكان فريد زمانه وفلكي أوانه، وكان حليف القرآن كامل الإيمان، ذا عقل رصين، وحلم مكين وورع شحيح، وفعل ربيح. أخبرني والدي رحمه الله أنه عرض له مال شهرته لآل سهيل ولكن التبس هل هو ملك أو وقف أو وصايا لهم، وكان زرعته والقائمون به لا يكرهون في بعضهم الآخر إنزال ضرر وأذية صاحبه بما كان، وكان الدولة في ذلك الوقت ضعيفة والسطوة للقبائل، وكان يأتي أحدهم ويقول له: خذ المال لنفسك وأنا أسوق ما حصل منه إليك، ومن امتنع اجبرته ويكون لك خاصة من دون كل أحد، ويوعده باستخراج أموال غيرها قد صارت أرضا صفصفاً، فكان رحمه الله لا يجيبه إلا بتسفيه وركاكة رأيه وقوله، وغير ذلك مما يعد في وقتنا تركه محال، وكان له خط يبهر العقول كأنه سلاسل الذهب، وقد نسخ بخطه ما لم أظن أن غيره في وقته نسخ مثله من المصاحف وكتب الهداية، وهو خط أعطاه الله تعالى وأولاده من بعده، فهم أهل الخطوط الحسنة والحظوظ المستحسنة، وكان في نساخنه للقرآن لا يحتاج إلى مصحف يستملي منه، بل كان ينسخه غيباً لشدة حفظه واتقانه له، وملازمة تلاوته، وإن نسخ غير ذلك استملى كثيراً وتوفي رحمه الله شهر رجب سنة 1308 ثمان وثلاثمائة وألف، وقبره بمشهد أهله بالقرضين.

9ـ القاضي إسماعيل بن علي الفضلي

القاضي العلامة الفاضل التقي إسماعيل بن علي الفضلي الآنسي ـ الأصل الرازحي الوفاة، والفضلي نسبة إلى بني فضل من نواحي آنس.

ترجمه السيد المؤرخ محمد بن محمد زبارة الحسني الصنعاني فقال: أخذ العلم بذمار عن القاضي عبد الله بن أحمد المجاهد الشماحي وغيره،

وأخذ بصنعاء عن بعض العلماء فيها، ثم هاجر إلى الإمام **الهادي شرف الدين محمد** إلى بلاد صعدة وترجمه في **ذيل مطلع الأقمار** فقال:

الشاب التقي العلامة الفاضل، البدر التام الكامل، واحد زمانه، وزينة معاصريه وأقرانه، أتقن الفوائد، وأحرز الفرائد، وأتى على الغاية من المقاصد، له مشايخ ومقروءات وإسناد وإجازات، وهاجر إلى الإمام **شرف الدين**، وتفنن في العلوم الدينية والعربية والأدب، وتولى القضاء للإمام الهادي ببلاد خولان الشام بجهات صعدة، ثم للإمام المنصور القضاء في جبل رازح وتلك البلاد، وكان عفيفاً زاهداً قانعاً، وموته في صفر سنة 1308 ثمان وثلاثمائة وألف رحمه الله تعالى انتهى كلامه.

والرازحي نسبة إلى جبل رازح بفتح الراء المهملة بعدها ألف ثم زاي مكسورة فحاء الجبل المشهور يقع بالغرب الشمالي من مدينة صعدة بمسافة 120 كيلومتر تقريباً وهو نواحي متسعة ويتبعه إدارياً وادي غمر والضيعة. ومن أهم بلدانه: النضير بالضاد وهي من النضارة، والقلعة، والشوارق، وبنلقم، وبركان بالكسر ثم السكون وبني الصياح، والضيعه، وجبل الأزد وغيرها الكثير، وتشتهر رازح بزارعة البن والقات واستخراج الحرض من جبالها الذي تصنع منه المقالي من أوعية الطعام.

10. السيد حامد بن علي عدلان

السيد العلامة حامد بن علي بن يحيى بن حسين الملقب عدلان بن يحيى بن محمد بن يحيى بن عز الدين بن الحسن بن صلاح بن علي بن الحسين بن الإمام عز الدين بن الحسن المؤيدي الحسني الفللي. وهو أحد علماء وقته، ولم أجد ما أفيده في ترجمته إلا أنه كان عالما فالله المستعان. وقد نقل سيدي **الحسين بن محمد**

حورية عن شاهد قبر المترجم له أن وفاته بهجرة فلله في شهر ربيع سنة 1296 ست وتسعين ومائتين وألف. وستأتي تراجم علماء ونبلاء هذا البيت في القسم الخامس من هذا المعجم.

11- السيد الحسين بن أحمد فايع

السيد العلامة الزاهد شرف الإسلام الحسين بن أحمد بن علي بن أحمد بن محمد الملقب فايع بن صلاح بن أحمد بن صلاح بن يحيى بن أحمد بن الهادي بن صلاح بن الحسن بن الإمام علي بن المؤيد بن جبريل الحسني المؤيدي الضحياني الملقب فايع، وقد يقال في لقبه الصعدي كون والده كان يلقب بذلك. ترجمه في **ذروة المجد الأثيل** المولى **أحمد بن يحيى العجري** فقال:

ومن علماء هجرة ضحيان الوالد العلامة الورع الزاهد شرف الإسلام الحسين بن أحمد لقبه الصعدي بن علي بن أحمد بن محمد بن صلاح بن أحمد بن صلاح إلى آخر النسب المتقدم. قال: وكان من أعيان أهل زمانه زهداً وورعاً وصمتاً وعبادة وشجاعة، توفي رضوان الله عليه في وطنه، وله ولدان من أهل العلم والرئاسة، ولولد أخيه السيد الفاضل كهف الضعفاء **يحيى بن أحمد بن علي** ولد نشأ في العلم والزهد، ولزم علم الطريقة الذي هو علم الحقيقة، وهو من تلامذة سيدي العلامة **الحسين بن محمد الحوثي**، وهو **محمد بن يحيى** انتهى بلفظه. قلت: وولد أخيه هو السيد العلامة **محمد بن يحيى الصعدي** المتوفى سنة 1351هـ، أما ولداه فهما السيد **علي بن حسين فايع**، و**محمد بن حسين فايع**، أما الأخير محمد فقتل في تنومة مع قافلة الحاج اليمني سنة 1340 وستأتي للجميع تراجم في القسم الخامس من هذا المعجم، رحمهم الله جميعاً انتهى. وفي **المشكاة النورانية** في بيان ما حوته غربي المقبرة الضحيانية ما لفظه:

فصل نذكر فيه بيان العلماء والفضلاء من السادة الكملاء والشيعة الأتقياء، فأولهم القاضي العلامة شيخ الإسلام شيعي الآل الكرام فخر الدين وكعبة المسترشدين من الأنام عبد الله بن علي بن علي بن قاسم بن علي الغالبي توفي شهر جمادى الأولى سنة 1279 وولده العلامة العزي محمد بن عبد الله الغالبي الأصغر توفي سنة 1307 وحفيده الشاب التقي العلامة فخر الملة عبد الله بن محمد الأكبر توفي شهر شوال سنة 1303هـ ويلي قبره السيدان الفاضلان الزاهدان قطبا الدين الوالد الصفي أحمد بن صلاح ستين وصنوه العماد يحيى بن صلاح توفيا شهر صفر سنة 1281هـ. ثم الثلاثة العلماء الفضلاء الكملاء الوالد العلامة حسين بن أحمد الملقب فايع توفي سنة 1304هـ والوالد العلامة التقي عماد الإسلام يحيى بن علي القاسمي توفي سنة 1305هـ والوالد العلامة الزاهد عماد الإسلام يحيى بن أحمد العجري توفي سنة 1313هـ هؤلاء الثلاثة في موضع واحد، وقبورهم متصلة ليس بينهم إلا محل للزائر ثم المشهد المحروس والموضع المأنوس فيه قبر والدنا شيخ العترة الكرام من أحيا العلوم ونشر منطوقها والمفهوم الزاهد الولي عبد الله بن أحمد العنثري توفي شهر رمضان سنة 1315هـ ثم أخذ في سرد ذلك حسبما سيأتي النقل في كتابنا هذا عن الكتاب المذكور بخط مؤلفه سيدي الصفي أحمد بن يحيى العجري لبقية المقبورين في هذا المشهد المبارك.

12. السيد الحسين بن عبد الله الطويل

السيد العلامة الحسين بن عبد الله بن محمد بن يحيى بن أحمد بن محمد بن أحمد بن محمد بن علي بن أحمد الملقب بطالب الخير بن الحسن بن علي بن صلاح بن الحسن بن الإمام علي بن المؤيد الحسني اليحيوي المؤيدي الملقب الطويل.

أخذ صاحب الترجمة بضحيان عن شيخ العترة المولى **عبد الله بن أحمد العنثري**، وعن المولى العلامة **الحسين بن محمد الحوثي** من ذلك قراءة شرح الأساس في أصول الدين، ونقلت ترجمته عن قلم بعض العلماء الأفاضل قال فيها: كان سيداً فاضلاً، من العباد النساك، أهل الزهد والعفاف، توفي حال الطلب بضحيان ودفن فيها شهر شوال سنة 1318 ثماني عشرة وثلاثمائة وألف.

13. السيد الحسين بن عبد الله الشهاري

السيد العالم الكبير الشهير المحقق شرف الإسلام الحسين بن عبد الله بن يحيى بن أحمد بن الحسن بن أحمد بن علي بن يحيى بن عبد الله بن أحمد بن يحيى بن علي بن الهادي بن علي بن سليمان بن أحمد بن سليمان بن أحمد بن الحسن بن علي بن عبد الله بن أحمد بن يحيى بن القاسم بن الإمام يوسف الداعي بن الإمام المنصور بالله يحيى بن الإمام الناصر أحمد بن الإمام الهادي إلى الحق الحسني الهادوي اليوسفي الملقب الشهاري.

هو السيد الإمام، نجم الأعلام، عالم الآل الكرام، العابد الزاهد الولي، هكذا عرف به وأثنى عليه المولى مجد الدين بن محمد المؤيدي في التحف وفي لوامع الأنوار، وذكره أيضا ضمن العلماء الأجلاء الآخذين عن الإمام المهدي **محمد بن القاسم الحسيني الحوثي**، فإنه هاجر إليه إلى جبل برط مع جملة العلماء الواصلين من أهل صعدة في أيام الإمام للقراءة والسماع.

قلت: والظاهر أن صاحب الترجمة أول من سكن صعدة من أهل هذا البيت، وصل إليها من المدان ولقب بالشهاري نسبة إلى شهارة لقدومهم من تلك الجهة، إذ هي مساكن آبائهم الملقبين قديما **ببيت المحرابي نسبة إلى المحراب** من بلاد الأهنوم، فالجد العاشر في نسب المترجم وهو يحيى بن علي بن الهادي، هو

عم السيد العلامة الشهيد أحمد بن محمد بن علي بن الهادي المحرابي قتيل الأتراك سنة 1007 سبع وألف وأحد أعوان الإمام المنصور بالله القاسم بن محمد أثناء دعوته، وله ترجمة في مطلع البدور حافلة. ومما اطلعت عليه في إحدى رسائل القاضي عبد الله بن علي الشاذلي الآتية ترجمته في هذا القسم التي كتبها إلى الإمام المتوكل على الله المحسن بن أحمد أنه أرسل صاحب الترجمة لتولي القضاء في صعدة أو بلاد خولان، فات عني تحقيق ذلك، فلعل هذا أول دخول المترجم إلى صعدة، وحسبما أطلعت عليه في وثائق الوقف فقد كان موجودا بها منذ العام 1288 ثمان وثمانين ومائتين وألف.

وبالجملة فالذي وقفت عليه في ترجمة مولانا صاحب الترجمة أنه كان عين العترة الكرام في زمانه، وبقية الشيوخ من آل محمد عليهم الصلاة والسلام، متصدراً للتدريس والإفادة بصعدة، وكانت وفاته يوم الجمعة سابع شهر رمضان سنة 1318 ثماني عشرة وثلاثمائة وألف، وقبره بمشهد آل الهاشمي بمقبرة القرضين. ولتلميذه المولى العلامة **أحمد بن إبراهيم الهاشمي** في رثائه قصيدة جاء منها:

اليوم مات بقية الزهاد ... ورئيس أهل العلم والعباد
العالم الحبر الذي ما مثله ... في الفضل والتدريس والإرشاد
زين المحافل شيخ آل محمد ... وسليل آل المصطفى الأمجاد
شمس العلوم وبدر صعدة قد غدا ... تحت الجنادل ما له من فادي
علم تواري في الحفيرة فاعجبوا ... من غيبة الأعلام في الأنجاد
يا قبر كيف سترت طودا شامخا ... عهدي به يعلو على الأطواد
فسقى الإله ضريحه بسحائب الـ ... ـرضوان والإحسان والإسعاد

وستأتي ترجمة ولده المولى فخر الإسلام عبد الله بن الحسين الشهاري المتوفى

سنة 1362 وابنه السيد العلامة جمال الدين علي بن عبد الله الشهاري المتوفى بصعدة سنة 1376 في القسم الخامس والسادس من هذا المعجم رحمهم الله جميعاً، وترجمة لحفيده سيدي العلامة الولي إبراهيم بن علي الشهاري في القسم الأخير من أقسام هذا الكتاب.

14. السيد الحسين بن قاسم عامر

السيد العلامة الحسين بن قاسم بن علي بن إسماعيل بن محمد بن إبراهيم بن أحمد بن عامر الشهيد بن علي بن محمد بن علي بن الرشيد بن أحمد بن الأمير الحسين الأملحي الحسني الهادوي الأهنومي ثم الصعدي.

أخذ بجبل الأهنوم عن علمائه، وذكره القاضي العلامة **أحمد بن عبد الله الجنداري** فقال: كان عالماً بالفقه مشاركاً في علم الكلام والنحو حاد المزاج. وذكره القاضي علي بن عبد الله الأرياني في منظومته في ذكر العلماء الذين كانت وفياتهم في الربع الأول من القرن الرابع عشر للهجرة باليمن فقال:

وكذا حسين نجل قاسم عامر   حبر همام لا يراع سميدع

وذكره صاحب ذروة المجد الأثيل فقال: تولى مع الإمام المنصور بالله محمد بن يحيى حميد الدين على ضحيان، وبقي لدينا مدة، قرأ وأقرأ، وتأمل أفعال الإخوان في ضحيان، وعكوفهم على القراءة وزهدهم في الدنيا الفانية، فقال: إن هؤلاء كأصحاب محمد صلى الله عليه وآله وسلم، ومات في سنة 1320 عشرين وثلاثمائة وألف، وقبره بضحيان. قال المولى أحمد بن يحيى العجري: وعلماء ضحيان كما قال المذكور، ولقد كنا في سعادة في أيامهم وعشية هنية في جميع أعوامهم، ولقد كنا تلك الأيام نقدم حاجة الأخ في الله على حاجتنا، ثم تغيرت القلوب، وحلت بفنائنا الهموم والكروب، ووقع من الافتراق

والاختلاف ما قد علمه الخاص والعام انتهى.

15. السيد الحسين بن محسن الحمزي

السيد العلامة حسين بن محسن بن علي بن محمد بن حسن بن صالح بن سالم ابن علي بن عبد الله بن داود بن منصور بن ناصر بن صالح بن الأمير محمد بن عبد الله بن الأمير الحسين بن علي بن قاسم بن الهادي بن عزالدين محمد بن أحمد ابن الإمام الشهير المنصور بالله عبد الله بن حمزة بن سليمان الحسني الحمزي. هكذا نقلت نسبه عن خط المولى العلامة أحمد بن يحيى العجري.

وقال مترجما له بها موجزه: رحل لطلب العلم بمدينة ضحيان، وكان عالماً زاهداً تقياً، وتوفي أيام هجرته في ذي القعدة سنة 1318 ثماني عشرة وثلاثمائة وألف، ودفن بها وقبره بجنب السيد العلامة حسين بن عبد الله الطويل رحمهما الله تعالى.

16. السيد الحسين بن محمد الحرجي

السيد العلامة الحسين بن محمد بن محسن بن أحمد بن محمد بن أحمد بن يحيى ابن حسن بن شمس الدين بن الإمام مجد الدين بن الحسن بن الإمام عز الدين ابن الحسن بن الإمام علي بن المؤيد الحسني المؤيدي، **الملقب بالحرجي لانتقاله من بلدة الحرجة** إلى مدينة ضحيان لطلب العلم.

ومولده هناك بمحل أسلافه آل الحرجي في وادي محلاه من مخلاف الحرجة، وانتقل مهاجراً إلى مدينة ضحيان لطلب العلم، فأخذ عن شيخ العترة المولى **عبدالله بن أحمد مشكاع العنثري**، وعن القاضي الشهير **محمد بن عبد الله الغالبي** وغيرهما، وقد ترجم له في عقد الجمان، وترجمه أيضا المولى العلامة أحمد بن يحيى العجري في ذروة المجد الأثيل فقال: وممن سكن في هذه الهجرة الضحيانية

المباركة السيد العلامة شرف الإسلام الحسين بن محمد الملقب الحرجي، من أولاد الإمام عز الدين، فإنه ارتحل من وطنه وسكن والده وإخوانه من وادي محلاة مخلاف الحرجة، فرحل لطلب العلم الشريف إلى هذه الهجرة هجرة آبائه وأجداده، وسكن بها وتزوج من أهلها، وبنى له في يماني ضحيان بيتا سكن فيه، وتوفي وقد أحرز من العلوم منطوقها والمفهوم، وجمع من الكتب شيئا نافعا، وله ولدان صالحان أحدهما قد بلغ والآخر صغيرا، نرجو الله أن يكونا من حملة العلم الشريف بحق محمد وآله انتهى بلفظه. وأرخ وفاته في المشكاة النورانية شهر القعدة سنة 1318 ثماني عشرة وثلاثمائة وألف، وستأتي بقية تراجم أهل هذا البيت في مواضعها.

(الحرجة)

والحرجي نسبة إلى الحرجة بلدة عامرة في بلاد شريف بضم الشين المعجمة من سنحان من أرض قحطان وهي ما بين صعدة والحجاز داخلة في هذه الأيام في حدود الدولة السعودية تبعد عن صعدة ناحية القبلة بنحو 290 كيلومتر تقريباً، ولها ذكر في كتب التواريخ. وممن سكنها في القرن العاشر الهجري الإمام مجد الدين بن الحسن جامع نسب السادة آل الحرجي وآل شمس الدين وغيرهم، وصل إليها لما دخل **الإمام شرف الدين** إلى صعدة في أثناء عام 940 فخرج إلى الحرجة واستوطنها إلى أن توفي بها في ذي القعدة سنة 942 اثنتين وأربعين وتسعمائة، وله بها عقب من ولده شمس الدين. ومما وقفت عليه في بعض المجاميع نسبة هذه الأبيات إلى الإمام مجد الدين قال: وجد للإمام مجد الدين عليه السلام بخطه:

وفي الغيد من ترعاك غيبا ومشهدا ... وصفرا وذا وفر وحيا وفي اللحد
ومنهن من ترعاك تحت إزارها ... وتنساك عند الموت والفقر والبعد

وفي شهر ربيع الأول سنة 1330 وصل إلى الحرجة الإمام الهادي الحسن بن يحيى القاسمي، وبقاؤه بها إلى شعبان سنة 1332 وسيأتي إن شاء الله مزيد بيان لذلك في أثناء ترجمته في القسم الخامس من هذا المعجم.

17. السيد الحسين بن هاشم حوريه

السيد العلامة شرف الإسلام الحسين بن هاشم بن قاسم بن محمد بن يحيى بن محمد بن الإمام إبراهيم بن محمد الملقب بابن حوريه الحسني المؤيدي.

سمع مجموع الإمام زيد بن علي الفقهي والحديثي جميعه على القاضي حواري آل البيت شيخ الإسلام عبد الله بن علي الغالبي، وشاركه في تلك القراءة السيد محمد بن القاسم بن المطهر، والقاضي محمد بن صلاح بن علي مشحم، والقاضي الوجيه عبد الرحمن بن أحمد بن علي مشحم، وولده القاضي محمد بن عبد الله الغالبي، وكان سماع الجميع في عدة مجالس آخرها في الثلث الأخير من ليلة الجمعة المسفر عن اليوم المبارك يوم التروية ثامن شهر الحجة سنة سبعين ومائتين وألف بهجرة ضحيان، وكان السماع سماع دراية ورواية وبحث وتحقيق، وبعد السماع طلبوا من شيخهم المذكور الإجازة لذلك المسموع وطريق الرواية، فأسعفهم إلى ذلك المطلب انتهى.

قلت: ولم أقف على من ضبط تاريخ وفاة صاحب الترجمة رحمه الله.

18. القاضي عبد الرحمن بن أحمد مشحم

القاضي العلامة عبد الرحمن بن أحمد بن علي بن يحيى بن علي بن صلاح بن إبراهيم بن محمد بن قاسم مشحم الصعدي.

وكان صاحب الترجمة هو وصنوه عبد الله بن أحمد ممن أخذا عن والدهما

القاضي أحمد بن علي مشحم المتقدمة ترجمته قريبا، وأخذ المترجم أيضا عن شيخ الإسلام القاضي عبد الله بن علي الغالبي. وقد وقفت على ترجمته بخط بعض الأفاضل، وفيها أنه كان بقية العلماء العاملين. ومما رأيته في ترجمته أيضا أبيات هذه القصيدة للعلامة **محمد بن موسى بن هادي عدادي التهامي** أيام هجرته في صنعاء اليمن أرسلها إلى صاحب الترجمة أو إلى ابن عمه الفقيه العلامة محمد بن صلاح مشحم في تاريخ شهر شعبان سنة سبعين ومائتين وألف، وقد فات عني نقل أبياتها لتباعد المدة، مع حرصي على ذلك فالله المستعان، ومطلعها:

هــب النسيــم بنشــر مــن أهــواه   لــيلا فــآنس وحشــتي ريـــاه

ورأيت في أوراق الوقف أنه كان موجودا على قيد الحياة عام ست وثلاثمائة بعد الألف، فتكون وفاته بعد هذا التاريخ رحمه الله.

19- المولى عبد الله بن أحمد مشكاع العنثري

السيد العلامة المولى فخر الآل الكرام عبد الله بن أحمد الملقب العنثري بالعين المهملة والثاء المثلثة والراء المهملة والياء ابن محمد بن حسن بن يحيى لقبه مشكاع ابن محمد بن حسن بن علي بن حسن بن علي بن أحمد بن حسن بن علي بن صلاح بن الحسن بن الإمام علي بن المؤيد بن جبريل إلى آخر النسب المعروف، الحسني اليحيوي المؤيدي الضحياني.

مولده ببلده ضحيان سنة 1234 أربع وثلاثين ومائتين وألف، ونشأ بها النشأة الطاهرة، وأصابه الجدري فكف بصره وهو في السادسة من عمره، وبدأ في طلب العلم مهاجرا إلى مدينة صعدة، فأتقن فيها وتغيب القرآن وبعض المتون في مدة يسيرة، ثم **هاجر وارتحل إلى مدينة صنعاء للقراءة وطلب العلوم**، فأخذ بها عن القاضي العلامة أحمد بن عبد الرحمن المجاهد، والفقيه العلامة الحسين بن

محمد الأكوع، والقاضي العلامة أحمد بن إسماعيل العلفي وغيرهم، وأخذ عن القاضي العلامة الشهير عبد الله بن علي الغالبي الصنعاني ثم الضحياني، ولازمه أكثر مدة إقامته بصنعاء، وهي نحوا من اثني عشر سنة، وقرأ عليه في سائر العلوم في الأصولين والعلوم الآلية، وأسمع عليه في مسندات أهل البيت، في أمالي أبي طالب، وأمالي الإمام أحمد بن عيسى، وأمالي المرشد بالله، وفي جامع الأحكام وشمس الأخبار للقرشي، وفي شفاء الأوام وأصول الأحكام وشرح التجريد للمؤيد بالله، والبحر وتخاريجه، وفي التفسير والإعتصام للإمام القاسم وأنوار التمام للسيد صفي الدين أحمد بن يوسف زبارة، وفي مجموع الإمام زيد بن علي الحديثي، وشرح غاية السؤل وفي الشرح الصغير والمناهل وغيرها، وله منه إجازة عامة شاملة لما حواه كتابه العقد المنظوم في إجازات العلوم، **وارتحل إلى أبي عريش بعد عودته من صنعاء** لسماع الأمهات الست، فلم يتيسر له ذلك، وارتحل إلى الأماكن المقدسة للحج إلى بيت الله ماشيا مع كفوف بصره، وصحبه جماعة من السادة العلماء والشيعة الكرام، منهم السيد يحيى بن أحمد العجري، والسيد يحيى بن علي القاسمي والد الإمام الهادي، والسيد الحسين بن أحمد فايع، وعاد إلى ضحيان متوفرا على العلوم وتصدر للتدريس.

وأخذ عنه العلماء الأعلام، واغترف من بحره طلبة العلوم ممن هاجر إلى المدينة الضحيانية في تلك المدة. ومن أجل الآخذين عنه القاضي محمد بن عبدالله الغالبي، وصنوه إبراهيم بن عبد الله الغالبي، والسيد الحسين بن محمد الحوثي، والسيد يحيى بن حسن طيب، والإمام الهادي الحسن بن يحيى القاسمي، والسيد علي بن يحيى العجري، وصنوه أحمد بن يحيى العجري، وصنوهما عبد الله بن يحيى العجري، والسيد محمد بن منصور المؤيدي، وأولاده العلماء عبد الله وعبد الرحمن وعبد الكريم وغيرهم الكثير فقد بلغ ما أحصيتهم عدة تلامذته رحمه الله

فبلغوا نحوا من ثلاثة وخمسين عالما، وقد أتى على ذكر أغلبهم ولده السيد عبد الكريم بن عبد الله العنثري في كتابه عقد الجمان. وبالجملة فصاحب الترجمة من العلماء الأكابر، وهداة العترة النبوية الأطاهر، وممن يعتذر في حقه عن عدم حصول العبارة، فإنه كان آية في أبناء عصره، حافظا متقنا وعلامة كبيرا محققا، رابط الجأش مجاهرا بكلمة الحق، شديد العزيمة، قوي الهمة، أحيا مدينة ضحيان بالعلم، وأضحت في أيامه من كبريات المدن والهجر العلمية، ولم يشتغل كثيرا بالتصنيف، ولو وجه همته إليه لجاء بالغرائب، على أنه قد ذُكِر له من المختصرات كتاب **(الإعمال الكبير والصغير)** في علم النحو، وله **رسائل وأجوبة وتعليقات على المناهل والبدر الساري** وغيرها.

وقد ترجمه السيد المؤرخ محمد بن محمد زبارة في نزهة النظر وفي كتاب أئمة اليمن بالقرن الرابع عشر، وترجم له القاضي أحمد بن عبد الله الجنداري في الجامع الوجيز، وترجم له ولده السيد عبد الكريم العنثري ترجمة حافلة في عقد الجمان في تراجم علماء ضحيان وما تفرع عن علمائها إلى سائر البلدان. وترجمه المولى أحمد بن يحيى العجري في ذروة المجد الأثيل فقال:

وممن أحيا العلوم ونشر منطوقها والمفهوم في ضحيان الهجرة المباركة المذكورة، وهو من أهلها، مولانا المقدم، ووالدنا المعظم المكرم، شيخنا العلامة نقطة البيكار في البيت المؤيدي والعلامة، شيخ الشيوخ، وأستاذ أهل الرسوخ، حافظ الشريعة، وحائط علوم الأئمة والشيعة عبد الله بن أحمد ثم ذكر النسب إلى آخره فقال: فإنه رضوان الله عليه طلب العلم في أيام حداثته في صنعاء اليمن، ثم رحل إلى وطنه، فأحياه العلوم، وكان من الزهد والعبادة بالمحل الأعلى، والموضع الأسنى وله عبادات كثيرة، وكان لطلبة العلم كالأب الشفيق، وإليه

يرجع الحكام فيما أشكل عليهم من حوادث الأيام، وكان مكفوف البصر من أيام صغره عظيم البصيرة، وله كرامات ظاهرة إلخ. وترجم له المولى عبد الله بن الإمام في الجواهر المضيئة فقال:

مفخر الآل الكرام، وسلطان العلماء الأعلام، وواسطة عقد النظام، ودرة تاج المحققين من الأنام، ذو فطنةٍ وقادة، وقريحة منقادة، وزهادة وعبادة، وتطلع وتفتيش وتمكين، وتنقير ورسوخ في كل فن بلا نكير، أجاز والدنا إجازةً عامة، وكذا أجاز القاضي العلامة **أحمد بن محمد السياغي**، وغيرهما من علماء العصابة والإفادة والإستفادة، أثنى عليه العلماء، وقام بحقه العظماء، وروى فضائله وكراماته العلماء الأثبات، اشتهر اشتهار الثواقب السيارات انتهى كلامه. وفي ترجمته في عقد الجمان لولده السيد عبد الكريم ما لفظه:

علامة الزيدية، وبدر هالتهم المضيئة، الحافظ لعلوم العترة، والمحي لآثارهم في الفترة، درة الأصداف، وشريف الأوصاف، تعجز الألسن والأقلام عن حصر محامده، أو تبين فوائده وعوائده، فقد أحيا بعلومه وتخرج على يديه الجم الغفير من جهابذة ومجتهدين وأئمة مقتصدين، وكان حريصا على نشر ما قرره أهل المذهب وتدريسه والعمل به، كثيرا ما يقول: إنا نهاب نصوص يحيى، وله مختارات في الفروع مخالفة لأهل المذهب لاجتهاده المطلق، وكان شديد الخضوع والخشوع يتضور ويصفر لونه عند سماع آيات الوعد والوعيد، مشهورا بإجابة الدعوة، مائلا عن الدنيا وأهل الأهواء أقام بحميد سعيه أعمدة الهجرة الضحيانية، فكان فيهم كالأب الشفيق يرشد الضال ويرد الزال ويصلح ذات البين:

لم تله بهجة الدنيا وزخرفها ... ولا التفاخر بالأتباع والخدم
أكرم به ماجدا أوصاف سؤدده ... إن أمليت أعذبت بالذكر كل فم

إلخ تلك الترجمة. ومما رأيت في أخبار صاحب الترجمة ما كان عليه من الهمة العالية والسعي الحثيث في مناصرة الأئمة السابقين القائمين بما افترض الله على عباده من إجابة داعي الله، وإقامة حججه، والجهاد في سبيل الله والمصابرة على ما نالهم في ذات الله، فإنه لما خرج الإمام المنصور بالله يحيى بن محمد حميد الدين من صنعاء سنة سبع وثلاثمائة وألف، فوصل إلى جهات صعدة، فاجتمع إليه الأعلام وفي مقدمتهم عالم العترة صاحب الترجمة، والقاضي محمد بن عبد الله الغالبي، والسيد الحسين بن محمد الحوثي، والمولى أحمد بن إبراهيم الهاشمي، وجرت مذاكرة، وقالوا للإمام المنصور بالله: إن في أعناقنا بيعة للإمام المهدي، وكانت قد نالتهم مشاق، شرحها يطول، فأجابهم الإمام المنصور بالله: إنا نعلم بسبق ذلكم الإمام وفضله وعلمه، وليس لنا مرام إلا القيام بما فيه الصلاح للمسلمين والإسلام، ولا نورد ولا نصدر إلا بمؤاذنته، فأرسلوا السيد العلامة الحافظ أحمد بن يحيى العجري والقاضي العلامة صارم الإسلام وحسام الأعلام إبراهيم بن عبد الله الغالبي إلى مقام الإمام المهدي، فأذن للإمام المنصور للجهاد في سبيل الله، على شرائط ومواثيق قد عيناها ورسمناها، انتهى ما أردنا إفادته من التحف شرح الزلف للمولى مجد الدين قدس الله روحه.

قال ولده السيد عبد الكريم في عقد الجمان:

ولم يزل المولى العنثري رضوان الله عليه بمدينة ضحيان متوفرا على العلوم، مدرسا لها، منقطعا إلى طاعة الحي القيوم، إلى أن توفي بعد أن استطال به المرض نحو سبعة أشهر وقد بلغ من العمر تسع وسبعين سنة، وذلك سابع شهر رمضان المعظم سنة 1315 خمس عشرة وثلاثمائة وألف:

سل المنازل من ضحيان من فقدت   تخبرك عن بدره الوهاج إذ أفلا

أما تراه بها الآفاق مظلمة	ما اختصها ذاك لا والله بل شملا

وقد رثاه الأئمة الأعلام والسادة والشيعة الكرام بمراثي عديدة، منهم **الإمام المهدي محمد بن القاسم الحوثي**، وكان المترجم له ممن قام بدعوته ودعا إلى مناصرته، وأقبل عليه، ومنهم **الإمام المنصور بالله محمد بن يحيى حميد الدين**، وغيرهما الكثير، ونورد منها ما جاء في قصيدة الرثاء التي نظمها السيد العلامة الحسن بن عبد الله الضحياني الساكن بروحان ومنها قوله:

ليهن الضريح الصم إن صار واقفا	على جدث طابت ثراه مظللا
إماماً مجيدا لا يشق غباره	سعيدا حميدا زاهدا متبتلا
فخار بني الزهراء إليه تحولت	ونعم الذي أضحى لها متحولا
وفي قلبه ما كان من نور ربه	لعينيه مغن إذ إليه تنزلا
فسل عنه محرابا وروضة حلقة	لتدريس علم كم بها حل مشكلا
وسل عنه ليلا قام لله قانتاً	يرجع آي الذكر فيه مرتلا
بصوت حزين يصدع القلب وقعه	وقلب خشوع صار بالذكر مصقلا
وسل عنه أقوام البلاد وأهلها	تجد عندهم شرح الكلام مطولا

(ضحيان)

والضحياني نسبة إلى ضحيان بفتح الضاد المعجمة والياء المثناة التحتية بينهما حاء مهملة ساكنة وآخرها نون، بلدة عامرة في الشمال الغربي من مدينة صعدة بمسافة 30 كيلومترا. وهي داخلة في حدود بني حذيفة ناحية جماعة، وهي مذكورة في كتب التواريخ منذ القرن الرابع الهجري حيث ذكرت بهذا الاسم في كتاب صفة جزيرة العرب للهمداني المتوفى بعد سنة 360هـ، وكانت إلى القرن العاشر وهي مزارع خالية من السكان، وأول التوطن بها وبداية السكنى كانت

في القرن الحادي عشر الهجري، حيث سكنها بعض ذرية الإمام علي بن المؤيد، وبالأخص من عقب حفيده صلاح بن الحسن، وتم تهجيرها على غرار القواعد المبنية عليها سائر هجر بني المؤيد في البلاد الجماعية. وفي أواخر القرن الثالث عشر الهجري بعد أن سكنها القاضي شيخ الإسلام عبد الله بن علي الغالبي سنة 1266 الذي كان له ولتلميذه المولى عبد الله بن أحمد العنثري صاحب الترجمة فضل إحيائها بالعلم توافد إلى ضحيان من سائر بيوت السادة بني المؤيد، من هجرة قطابر ورغافة وغمر ويسنم وهجرة فلله وغيرها من الهجر في البلاد الجماعية، فسكنوها واستوطنوها إلى أيامنا هذه، وقد خصهما بهذه المنقبة العظيمة في إحياء المدينة الضحيانية السيد المؤرخ عبد الكريم بن عبد الله العنثري بكتابه (عقد الجمان في تراجم علماء ضحيان وما تفرع منها إلى البلدان). ويقول المولى العلامة أحمد بن يحيى العجري المتوفى سنة 1347هـ في كتابه ذروة المجد الأثيل فيمن قام من الأئمة من أولاد الإمام علي بن المؤيد بن جبريل يصف نشأة هذه الهجرة ويذكر الوافدين إليها ما لفظه:

ومن هجر بني المؤيد الهجرة الكبيرة التي صارت بالعلم قوية شهيرة، وهي هجرة ضحيان، فإنها صارت من أقوى الهجر وفيها من بيوت آل الإمام علي بن المؤيد الثلاثة والساكنون بها من أهلها من أولاد الإمام عز الدين وهم: من أولاد صلاح بن علي بن الحسين بن الإمام عز الدين عليه السلام، ومن أولاد السيد المجاهد صلاح بن الحسن بن الإمام علي بن المؤيد، ومن السيد العالم الرباني الهمام زيد بن محمد بن أبو القاسم بن علي بن المؤيد وفي الجميع علماء وفضلاء وطلبة علم لا يزالوا في جهد واجتهاد كثر الله فيهم العلماء انتهى. قلت: ولا زال الوافد يفد إليها للسكنى والعمارة بعد ذلك حتى أضحت في أيامنا من المدن الكبيرة، ولعل عدد من يسكنها هذه الأيام يبلغ إلى نحو 15 ألف نسمة. قال في

كتاب تعداد هجر آل يحيى بن يحيى في الناحية الجماعية: الهجرة الخامسة هجرة ضحيان، وهي لنبي المؤيد خاصة، وهم ثلاثة بطون: آل علي بن الحسين بن عز الدين بن الحسن، وآل صلاح بن الحسن بن علي بن المؤيد، وآل زيد بن محمد بن أبي القاسم بن علي بن المؤيد.

قلت: وتفصيل ذلك **فالبطن الأول** وهم آل علي بن الحسين بن الإمام عز الدين بن الحسن، وكان علي بن الحسين هذا عالما، توفي سنة 939 وقبره بيسنم، وله من الولد: صلاح استشهد بجبل العر يوم السبت رابع شهر رمضان سنة 988 وقبر بجنب مسجده هناك، ثم نقل إلى الهجرة بعد مدة فوجد على حاله لم يتغير، وعبد الله وهو الإمام عبدالله بن علي المؤيدي المتوفي سنة 1017هـ، ومحمد، وعز الدين، والحسين. هؤلاء الخمسة أولاده يرجع إليهم نسبة بيوت بني المؤيد من هذا البطن، وهم: آل العجري، وآل أبي علامة، وآل حوريه، وآل برغم، وآل المؤيدي، وآل الداودي، وآل عدلان، وآل طاووس، وآل الشهاري، وآل زيد، وآل غالب. **والبطن الثاني وهم** آل صلاح بن الحسن بن الإمام علي بن المؤيد، وكان صلاح المذكور من وجوه أبناء أبيه وأكابرهم، ولد سنة 836هـ واشتغل مدة بالدرس في أصول الدين والفقه، ولما قام أخوه الإمام عز الدين بن الحسن اشتغل بالجهاد معه وصار له عضدا وساعدا، وله من الولد: أحمد وعلي والهادي والحسن وعز الدين انتهى ملخصا من ذيل مشجر الجلال.

والبيوت التي ترجع بنسبها إلى هذا البطن من بني المؤيد، هم: آل العنشري، وآل فايع، وآل الصعدي، وآل عوض، وآل شرويد، وآل الضحياني، وآل الطويل، وآل الحاكم، وآل إسماعيل، وآل المفتي بصنعاء، وآل السراجي بفلله. **والبطن الثالث**: وهم آل زيد بن محمد بن أبي القاسم بن الإمام علي بن المؤيد،

وكانت وفاة زيد المذكور في محرم سنة 941هـ، وقبره بهجرة فلله، والبيوت التي ترجع إلى هذا البطن من بني المؤيد هم: آل الحمران، وآل ستين، وآل هاشم، وآل الصغير، وآل اللبلوب، وآل القاسمي، ومنهم تفرع آل الهادي أولاد وذرية الإمام الحسن بن يحيى القاسمي والله الموفق.

20. السيد عبد الله بن إسماعيل القطابري

السيد العلامة عبد الله بن إسماعيل بن علي بن ناصر بن الحسن بن محمد بن صلاح بن عبد الله بن محمد بن صلاح بن يحيى بن محمد بن يحيى بن القاسم بن الأمير محمد بن الهادي بن إبراهيم بن الأمير المؤيد بن أحمد بن الأمير شمس الدين يحيى بن أحمد بن يحيى بن يحيى الحسني اليحيوي الملقب كسلفه بالقطابري نسبة إلى بلدة قطابر وقد سبق التعريف بها في القسم الأول من هذا الكتاب.

ترجم لصاحب الترجمة السيد عبد الكريم العنثري في عقد الجمان في تراجم علماء ضحيان فقال: كان رحمه الله من ذوي العلم والعبادة والنسك والزهادة والفضل والشهامة والرئاسة والفخامة، هاجر بأهله من بلده قطابر إلى ضحيان، وأقام به، وقرأ على المولى عبد الله بن أحمد العنثري وعلى غيره بطريق ترجع إليه، وظهر منه من التجلد في الدين والصبر ما لا يكاد يوصف، وتوفي بضحيان انتهى كلامه، ولم يؤرخ لتاريخ وفاته.

وفي كتاب المشكاة النورانية في بيان بعض ما حوته المقبرة الضحيانية للمولى العلامة أحمد بن يحيى العجري جاء ما لفظه: وإلى جهة اليمن من قبر المولى شيخ العترة الزكية عبد الله بن أحمد العنثري وولده العلامة صفي الدين أحمد بن عبد الله: قبر السيد العلامة الزاهد من ترك وطنه وهاجر بأهله، ابتغاء لما عند الله، الرئيس المقدام، الخاشع لله الخاضع له فخر الإسلام عبد الله بن إسماعيل

القطابري، وأورد نسبه كما قدمناه ثم قال: توفي في شهر شوال سنة 1313 ثلاث عشرة وثلاثمائة وألف انتهى بلفظه.

21ـ القاضي عبد الله بن علي الشاذلي

القاضي العلامة فخر الدين عبد الله بن علي بن أحمد بن علوي بن محمد بن أبي بكر بن الصديق بن محمد بن المحبوب أبي القاسم الشاذلي لقبا الأنصاري الخزرجي نسبا التهامي بلدا ثم الصعدي مسكنا ووفاة.

وهو جد القضاة الأمائل بيت الشاذلي بضحيان والهجرة ونحوهما، وقد رفع السيد العلامة عز الدين بن الحسن عدلان نسبهم في إحدى نسخ مشجر أبي علامة إلى قيس بن سعد الصحابي الجليل والله أعلم. وقد رأيت ترجمته بقلم شيخه القاضي العلامة الحسن بن أحمد عاكش الضمدي المتوفى سنة 1290 في كتابه عقود الدرر بتراجم علماء القرن الثالث عشر قال فيها:

مولده بمدينة صبيا وانتقل في عام ثلاث وأربعين ومائتين وألف مع أبيه، وحفظ القرآن وهو قبل سن التكليف، وجد في طلب العلم فأدرك في الفقه والفرائض والنحو، وهاجر إلى مدينة صنعاء وقرأ على أشياخها، وازداد في المعارف العلمية، ولازمنا مدة في القراءة في النحو والأصول، وأكبر شيخ له في صنعاء القاضي عبد الرحمن بن محمد العمراني، وبعد رجوعه إلى الوطن لم يطب له المقام، وارتحل إلى الجبال، وتلقاه السادة سكان قرية فلله من أعمال مدينة صعدة، وأجلوه غاية الإجلال، وجعلوه حاكماً فيما شجر بينهم يأتمرون بأمره وينتهون لنهيه، واتخذها دار وطن وتزوج هناك وأولد، وهو الآن حي يرزق كثر الله من أمثاله انتهى بلفظه.

قلت: ومن مشايخه أيضا السيد العلامة الجليل شرف الإسلام الحسن بن عبد

الوهاب الديلمي، فإنه لازمه وقرأ عليه الكثير الطيب، من ذلك كتاب جامع في أصول الدين للإمامين الأعظمين القاسم والهادي عليهما السلام، المشتمل على مسائل التوحيد، وكتاب أمالي السيد الإمام أبي طالب الهاروني، وأصول الأحكام للإمام أحمد بن سليمان، وشفاء الأوام للأمير الحسين بن بدر الدين، وكذلك المجموعين الحديثي والفقهي للإمام الأعظم زيد بن علي عليه السلام، وأجازه إجازة عامة، ورأيت في نزهة النظر للمؤرخ زبارة أثناء ترجمة السيد أحمد بن يحيى عامر أن المذكور أخذ عن صاحب الترجمة في جامع الإمام الهادي عليه السلام بصعدة. ومن جملة الآخذين عنه أيضا ولده القاضي محمد بن عبد الله الشاذلي، والسيد الحسن بن قاسم حوريه المؤيدي، والفقيه علي بن عبد الله الخباط الصعدي وغيرهم.

وقد أطلعني أحد أحفاده حماه الله على رسائل ومكاتبات لجده صاحب الترجمة جرت مع الإمام المتوكل على الله المحسن بن أحمد، وكذلك قصائد، وجوابات الإمام على ذلك، وهي في بابها ذات فوائد، من ذلك أبيات هذه القصيدة التي طالعها:

أقيموا بني الزهرا سلالة هاشم	وسلوا لنصر الدين بيض الصوارم
فما قام دين الله إلا بفتية	أباحوا لنعش الدين ضرب الجماجم
فحتى متى لا يعرف الحق مبصر	وسحقا لمن أضحى أسير المآثم
افيقوا عباد الله من سكرة الهوى	وقوموا لنهي المنكرات العظائم
فمن سيم خسفا بعد ما قام قائم	وداع إلى مولاه رب العوالم
فقد باء بالعصيان واتخذ العمى	دليلا إلى هتك الحجا والمحارم
ألا فانهضوا بالصدق والله ربكم	رقيب عليكم بالسرائر عالم

ومنها قوله:

فيــا آل يحيى بــن يحيــى وســادتي عمومــا ومــن ينمــى إلى آل قاســم
وشــيعة تعــزى إلى زيــد الــذي أذاق العدى كاس الـردى بـالملاحم
أعــدوا لأعــداء الإلــه جحــافلا كأمثـال مـوج الزاخـر المـتلاطم
فلا العزم يدني الموت من كـل مقـدم ولا الجـبن مـنج للـذليل المسـالم

ولما وصلت أبيات القصيدة إلى مقام الإمام المحسن بـن أحمـد أجـاب عنهـا السيد العلامة المـؤرخ محمـد بـن إسـماعيل الكبسي- بقصـيدة مماثلـة في الـوزن والقافية، قال في أولها:

دعا مـن دعـا للـدين أهـل العـزائم وأنشــد حتــى لاح نــور المعــالم
وأهـدى نظامـا طـاب معنـى ورقـة وأحســن في إرشــاده للعــوالم
وأبلـــغ في تحريضـــه ودعائـــه وحث الكرام الصيد مـن آل فـاطم
على نصرة الـدين الشريـف ونعشـه بصـم القنـا والمرهفـات الصـوارم

إلى أن يقول على لسان الإمام المحسن بن أحمد:

فيا علماء الـدين هـل حـل عنـدكم تقاعدكم عـن سـعي أهـل المكـارم
وإني ألاقــي المعضــلات بأسرهــا فريــدا وأنــتم في لذيــد المطــاعم
وهل كان هـذا واجبـا صـح أصـله خصصتم به في الشرـع بـين العـوالم
أبينــوا بــما تتلونــه مــن علــومكم فــما جعــل الــرحمن عــذرا لكــاتم
ولا تكتمــوا مــا أوجــب الله نشرــه ومـا نقـل الحفـاظ عـن خـير خـاتم
فــإن عقــاب الله لا شــك واقــع ومـا لكـم عـن أمـره جـد عاصـم
فبــين يديــه موقــف وصــحيفة يحاســب فيــه كــل غمــر وعــالم
وإني خصــيم للبريــة عــن يــد لدى من أقمنـا شرعـه خـير حـاكم
وعنــد رســول الله أحمــد جــدنا نخاصــم مــن في شرعنــا قــائم
فقوموا بهذا الشأن إن كان قصـدكم قيام الهدى واسعوا له سـعي حـازم

ولا تجعلـوا للجاهلين ذريعــة	بقـولكم هـذا لنـا غــير لازم
فـإن صراط الله في الـدين واضـح	وبنيانــه ركنــا رفيــع الـدعائم
فقد قام دين الله واستوضح الهدى	ولم يبـق في الـدنيا مجـال لظـالم
ونسـأله إتمــام نعمتــه التــي	أفـاض علينـا في الـذرى والمناسم

وكان القاضي عبد الله الشاذلي بعد ذلك من أقوى أعضاد الإمام الهادي شرف الدين بن محمد، وأحد العلماء الفضلاء القائمين بدعوته في صعدة وبلادها، وله فيه قصائد مطولة يمدحه فيها ويحثه على أمور الجهاد. وكان عهد إليه قبض الأعشار، وثبت على ذلك، وجرت لـه في ذلك أحداث ومجريات طويناها مراعاة للاختصار، وتوفي رحمه الله في أيامه كما سيأتي.

وكان الذين قاموا بدعوة الإمام شرف الدين عليه السلام هم جملة من العلماء الأكابر، هاجروا إليه إلى صعدة: منهم القاضي العلامة فقيه عصره عبد الله بن علي بن عبد الرحيم العنسي المتوفى سنة 1301 والمولى سيف الإسلام أحمد بن قاسم حميد الدين كان من أقوى أعضاده هو والسيد العلامة الرئيس المجاهد يحيى بن قاسم عامر والد تلميذ صاحب الترجمة، وقال السيد العلامة محمد بن محمد زبارة في كتابه أئمة اليمن أثناء حوادث سنة 1305 خمس وثلاثمائة وألف ما لفظه: وفيها دخل الناس أفواجا في طاعة الإمام الهادي شرف الدين رضي الله عنه، واستقرت وطأته في بلاد صعدة وجهاتها إلى ناحية خمر ونواحيها وهاجر عن أمره من ذمار إلى صعدة في هذا العام أو الذي يليه القاضي العلامة إمام فروع الهادوية عبد الله بن أحمد المجاهد الشماحي الـذماري، وابن أخيه مفتي العصر علامة الزيدية عبد الوهاب بن محمد المجاهد، ودرّس القاضي عبد الله في جامع الإمام الهادي يحيى بن الحسين عليه السلام بمدينة صعدة انتهى بلفظه وحروفه. قلت: وفي هذا العام المذكور كانت وفاة صاحب الترجمة رحمه الله، فقد

نقل عن شاهد قبره بهجرة فلله أنه توفي صفر عام 1305 خمس وثلاثمائة وألف رحمه الله وإيانا والمؤمنين.

(استطراد عن دولة الإمام شرف الدين عشيش بصعدة)

وهذا الإمام الهادي شرف الدين بن محمد الملقب بابن عشيش، هو من ذرية الإمام يحيى بن حمزة، وهو من أئمة الآل الكرام الذين قاموا بفريضة الجهاد وإقامة دعائم الإسلام، وقد انبسطت دولته على صعدة وبلادها منذ أن فتح مدينة صعدة بعد أن تمنعت عليه ببعض القبائل السحارية، فدخلها شهر الحجة سنة 1298 واستقام الأمر بالمعروف والنهي عن المنكر بأمر ولاته في جميع الجهات الصعدية، وطاف بنفسه أغلبها، وأقيمت الشريعة على قواعدها، وهدم ما جرى في الفترة بصعدة من الاحتكام للطاغوت والعرف، ولم يوجد له ولعماله وقضاته وقبّاضه وولاته أي مخالف، إلى أن توفي عليه السلام في قلعة السنارة يوم السبت 19 شهر شوال سنة 1307 سبع وثلاثمائة وألف، ونقل إلى المدان بالأهنوم لدفنه هناك. وكانت له رضوان الله عليه محاسن في المدينة الصعدية مذكورة، وقواعد حسنة معروفة، منها عمارة قلعة السنارة جنوبي صعدة بنحو ميلين مطلة على وادي العبدين جنوبي صعدة وذلك سنة 1302 اثنتين وثلاثمائة وألف، وقد حصلت بعض معارضة من قبائل سحار في بدء عمارتها، فأتم البناء لها وأخضع كل القبائل الصعدية تحت يده وبالأخص السحارية منها، وقد لاقى في ذلك أشد العنت لأنهم كانوا قد ألفوا خلو البلاد من الدول، والتسلط على أهل المدينة، فكانت دولته عليه السلام التي دامت بصعدة نحو ثمان سنين هي الممهد لما حصل من النظام للمدينة بعدها، وقد ابتنى أيضا قلعة القشلة داخل المدينة، وكذلك قام بصيانة وترميم قصر المنصورة المشهور منذ عمارته أيام

الإمام المهدي علي بن محمد عليه السلام منتصف القرن الثامن الهجري، وهو غرب المدينة، وإليه أيضا قصر مطهر وغيره من المباني التي كانت هناك، وقد اندرست آثارها جميعا في أيامنا، وصارت كأمس الدابر، أما قلعة السنارة والقشلة فلا زالا على بنائهما إلى اليوم، وله غير ذلك من المحاسن التي هي مذكورة في سيرته. قال السيد العلامة المؤرخ محمد بن محمد زبارة الحسني الصنعاني في بسامة أئمة اليمن بالقرن الرابع عشر يذكر حوادث ما جرى في أيام الإمام شرف الدين بن محمد ودخوله صعدة:

وأم صعدة فانقادت لدعوته ورازح الشامخ النائي عن النظر
ودام في صعدة ينهي العباد عن الـ ـفساد والظلم والطاغوت والغير
وقد بنى القلعة العظمى بساحتها رغم المعاطس حتى ذل كل جري
ومات في صعدة في غيهب وثوى الأهنوم في حفرة من خيرة الخير

قلت: ويكفيه بعد ذلك ولده الأكبر السيد العلامة المجاهد محمد بن الإمام الهادي شرف الدين عشيش الملقب بأبي نيب: فهو من حسنات الأيام، ومن السادة القادة الأعلام العظام، وهو صاحب اليد البيضاء في تمهيد البلاد الصعدية في أيام الإمام المنصور بالله محمد بن يحيى حميد الدين وولده الإمام المتوكل على الله يحيى بن محمد حميد الدين، إذ كان في تلك الدولة القاضي الصفي أحمد بن علي السياغي ناظرة السنارة، والسيد العلامة محمد بن حسن الوادعي ناظرة ساقين، والسيد الحسام محسن بن حسين العوامي ناظر رازح، والسيد محمد بن يحيى العزي ناظر بلاد جماعة، والجميع مربوطون بنظر وإشراف المولى سيف الإسلام محمد بن الإمام الهادي أبو نيب المذكور فهو نائب الإمام في عموم بلاد الشام إلى سنة 1338 ثم إنه اعتذر عن الولاية ورجع إلى الأهنوم، وأقام بداره في المدان، ولما كثر الإرجاف بغزو النجديين طائفة ابن سعود

لأطراف بلاد الشام في سنة 1339 دارت مراجعات بين علماء صعدة وجهاتها وبين رؤساء قبائلها، وأجمع رأيهم على الاستعداد للمدافعة إن قصدوا بأقوامهم، وأجمع رأيهم على أنهم لا يحتاجون إلى مدد من غيرهم، وإنما يحتاجون إليه هو المدد بالسلاح والمؤنة، ووجود رئيس يجمع كلمتهم، وحصروا آمالهم في التعويل على المولى سيف الإسلام محمد بن الإمام الهادي، فأرسلوا إليه عددا منهم من السادة والعقال ولم يسعدهم إلى ما راموا واعتذر بأعذار، ولما تداعت الأمور ورأى الإمام الأخذ بالحزم ترجح لديه إرسال المولى سيف الإسلام أحمد بن قاسم حميد الدين والسيد العلامة قاسم بن حسين أبو طالب، والقاضي شيخ الإسلام علي بن علي اليماني إلى السيد المذكور للمراجعة في هذا الشأن، وإلزامه الحجة بدخوله إلى بلاد صعدة، وقيامه بما عولوا عليه فيه، إذ ظهر من النجدي العدوان، فما كان منه إلا امتثال ما جاءوا له وما أمر به الإمام، وصرف الله شر أولئك النجود فلم يكن منهم أقل تعرض على بلاد الشام أو إلمام، ذكر هذه الجملة القاضي العلامة علي بن عبد الله الإرياني في سيرة الإمام المتوكل على الله يحيى بن محمد حميد الدين المسمى كتيبة الحكمة في سيرة إمام الأمة.

ولعلي أفرده بالترجمة إن شاء الله في هذا المعجم فإنه من ولاة صعدة الأفذاذ، ولا زالت له شهرة على الألسن إلى أيامنا هذه، وولايته في بلاد صعدة كانت نحو أربعين عاما. ومما يذكر من مناقب السيد المعروف بأبي نبيب وورعه وزهده الذي اشتهر به، أنه لما توفي والده الإمام الهادي في التاريخ المتقدم ووصل الإمام المنصور بالله محمد بن يحيى حميد الدين إلى قلعة السنارة لمبايعته بالأمر كان منه تسليم كل ما كان في عهدة والده وراجعا إلى بيت مال المسلمين بأنواعه، وأقام الإمام المنصور بالله بعد مبايعة العلماء له مدة قصيرة دون الثلاثة أشهر، وفي غرة السنة التي تليها 1308 الخامس والعشرين من شهر محرم انتقل من مدينة صعدة

إلى جبل الأهنوم مستخلفا على بلاد صعدة المولى المذكور، وقد طال المجرى بهذا الاستطراد لكنه عرض ولي فيه غرض.

22. القاضي شيخ الإسلام عبد الله بن علي الغالبي

القاضي العالم الفاضل حواري آل محمد الزاهد التقي شيخ الإسلام وعالم الشيعة الزيدية في أيامه عبد الله بن علي بن علي بن قاسم بن لطف الله الغالبي الصنعاني ثم الصعدي الضحياني.

مولده بصنعاء في نحو نيف ومائتين وألف، ونشأ في حجر والده وكان من أهل النسك والورع، وأمه فهي من البيت المشهور بالتشيع أمة الله بنت القاضي عبد الله الهبل، وكانت من الفاضلات قرأت القرآن غيبا، وأسمعته على الشيخ ياقوت بن أحمد الحبشي الصنعاني، ولها في الفقه ما تحتاج إليه من أمر الدين، وكانت لا تزال أكثر زمانها ملازمة لأمالي المرشد بالله الأثنينية ناظرة إليه، قال ولده القاضي إبراهيم بن عبد الله الغالبي: وتوفي والده ووالدته المذكورين وهو في أوان التكليف، فلازم الجامع الكبير بصنعاء، وكان بليدا إلى الغاية لولا فتح الله عليه، أخبر عن نفسه أنه قرأ شرح بحرق شرفين فقيل له: الواو كلمة أو كلام، فلم يدر ما يجيب. ثم لم يزل طالبا راغبا عازفا نفسه عن الدنيا ليس مقصده أيام طلبه إلا تحصيل العلم وتتبع المشايخ حتى فتح الله عليه، واشتهر وظهر علمه وما استتر، وعكف عليه الطلبة ولم يتأهل إلا بعد تمام أربع وعشرون سنة. وأما مشايخه في كتاب الله فقرأ على السيد علي الكبسي الضرير، وعلى الفقيه شيخ المشايخ بصنعاء يحيى بن هادي الشرقي الضرير، وأسمع عليه الختمة كاملة بقراءة قالون، وأما طريقه في تلقين الذكر المعروفة عند البقية من أهل البيت فقال: لقني سيدي صفي الإسلام أحمد بن عبد الله لقمان، وهو تلقن

من سيدي أحمد بن يوسف زبارة، وهو من أخيه الحسين بن يوسف زبارة يبلغ به أمير المؤمنين، انتهى ما نقلناه عن ولده المذكور.

قلت: أما مشايخه في العلوم فإنه أخذ عن نجوم زاهرة وأعلام زاخرة، أخذ عن رئيس علماء وقته السيد أحمد بن زيد الكبسي، وعن السيد الإمام أحمد بن يوسف متتم كتاب الاعتصام، وعن السيد الإمام محمد بن عبد الرب بن محمد بن زيد بن المتوكل على الله، فهؤلاء هم أجل مشايخه وأجازوه إجازة عامة وعنهم يروي كتب الزيدية وغيرها من كتب أهل الإسلام كما هو ثابت في إجازاته الموسومة بـ (العقد المنظوم في أسانيد العلوم)، ويقال في تسميتها (العسجد المنظوم)، ولها تسمية ثالثة (الإجازات في أسانيد الروايات)، وتسمية رابعة (الإحازة بالحاء المهملة في طرق الإجازة) بالجيم سماها عنه الإمام المهدي محمد بن القاسم الحوثي أفاد ذلك المولى مجد الدين في لوامع الأنوار. ومن مشايخه أيضا السيد العلامة إبراهيم بن محمد زبيبه، والسيد العلامة قاسم بن محمد الأمير، والسيد العلامة المحقق عبد الله بن علي الجلال، والسيد العالم الفاضل محمد بن محمد بن عبد الله الكبسي، والسيد العلامة عبد الله بن عباس خطيب شبام كوكبان، والسيد العلامة محمد بن يحيى الأخفش، والسيد العلامة علي بن إسماعيل من ذرية الإمام القاسم بن محمد، والقاضي العلامة الكبير محمد بن صالح السماوي المعروف بابن حريوه، والفقيه محمد بن علي بن سعد الحداد، والفقيه محمد بن مهدي الضمدي، والفقيه علي بن محمد الحيمي، والقاضي عبد الرحمن بن عبد الله المجاهد، والقاضي محمد بن علي العمراني وغيرهم من علماء عصره. ومن مشايخه أيضا الإمام الهادي أحمد بن علي السراجي، وقد ذكر بعض المؤرخين أن صاحب الترجمة خرج مع شيخه الإمام السراجي من صنعاء في سنة 1249 ولما استشهد الإمام رضوان الله عليه صفر سنة 1250 رجع

القاضي إلى صنعاء، وبقي بها إلى وقت خروج تلميذه الإمام الحسين بن علي المؤيدي إلى صعدة في محرم سنة 1251 فكان أحد المهاجرين معه، وتوفي الإمام الحسين آخر تلك السنة، فرجع القاضي إلى صنعاء، ولعل توليه القضاء بعد هذه المدة، فقد ذكر السيد عبد الكريم بن عبد الله العنثري في كتابه عقد الجمان أنه تولى القضاء ببندر الحديدة بولاية الشريف أبو طالب بن محمد الحسني (5)، فحصل ممن لا معرفة له بالمعارف العلمية شغلة واعتراض عليه، فطلب من الشريف المذكور أن يخرجه عن عهدة القضاء، فأذن له، ثم إنه حج إلى بيت الله الحرام، وتملى بتلك المشاعر العظام قال: ورجع بعد بلوغ الأرب، واستقر بهجرة ضحيان، واستخرج أهله من مدينة صنعاء وأحيا الهجرة الضحيانية انتهى كلامه. وخلاف ما يذكره المؤرخون عن تاريخ وصوله صعدة، فقد نقلت عن قلم صاحب الترجمة القاضي شيخ الإسلام عبد الله بن علي الغالبي ما نصه:

كان خروجنا من صنعاء شهر شوال لعله في العشرين منه سنة 1264 أربع وستين ومائتين وألف ووصلنا الطلح أول شهر القعدة يوم وصول العصبة ضحيان، ثم كان خروج الإمام أحمد بن هاشم مدينة صعدة يوم الاثنين من شهر جماد، كان خروجنا من صعدة والإمام ثالث عشر شهر شعبان من سنة 1265 ثم خرج الإمام عنا إلى اليمن في آخر شهر القعدة الحرام لعله 29 منه في تلك السنة فكان الوصول إلى هجرة ضحيان حرسها الله يوم الاثنين لعله عاشر أو تاسع محرم سنة 1266 انتهى بلفظه دون زيادة ولا نقصان.

قلت: وممن ذكر توليه القضاء ببندر الحديدة معاصره وزميله أيام القراءة بصنعاء العلامة الحسن بن أحمد عاكش الضمدي أثناء ترجمته له في عقود الدرر

---

(5) كذا في عقد الجمان، والصواب الشريف حسين بن علي كما سيأتي.

بتراجم علماء القرن الثالث عشر التي جاء فيها:

عبد الله بن علي الغالبي الصنعاني، هو من العلماء المحققين، شاركنا في القراءة بصنعاء على شيخنا السيد الإمام أحمد بن زيد الكبسي في قراءة شرح الرضي على الكافية، وفي المطول وفي شرح غاية ابن الإمام المسمى هداية العقول، وقد برع في الفقه والنحو والأصول، وفيه الصبر على البحث والدرس، لا يكاد يمل حتى أدرك من فنون العلم ما لم يبلغه أحد من أبناء عصره، وله اليد الطولى في علم الكلام، وإذا بحث فيه أنصف، وراعى القواعد من غير ميل إلى تعصب لمذهب، وكان بيني وبينه كمال الألفة، وجرت بيني وبينه مراجعات في فنون علمية، قال: وقد تفرغ في مدينة صنعاء مدة للتدريس، وانتفع به جماعة من الطلبة، وقد استدعاه أمير زمانه الشريف الحسين بن علي(6) أيام استيلائه على اليمن ونصبه للقضاء في بندر الحديدة، وأقام فيها تولاه العدل في القضاء، وحمدت سيرته في الناس، قال: ومكث مدة في الحديدة، وبعد ذلك عارضه بعض عمالها، ولم يزل يعانده في بعض الأمور الشرعية لا عن معرفة، لكن لمساعدة بعض أهلها، وهو لم يصغ لذلك سمعا، بل يجري على الوجه الشرعي قبل أو لم يقبل، وبعد ذلك وصل منه إلى الشريف الحسين خط يقتضي الاعتذار من وظيفة القضاء، وكنت إذ ذاك في بيت الفقيه بحضرة الشريف المذكور(7)، وأنا على عزم رجوع إلى الوطن، فأصحبني إليه خطا، وأرسلني شفاها بما فيه طيب خاطره، ولما وصلت إليه بيّن وجوه شكواه، وأشعرني أن المساعدة حاصلة ممن ولاه، وحاولته بكل

---

(6) هو الشريف حسين بن علي بن حيدر، من آل أبي نمي، كان ابتداء دولته على التهايم من شوال سنة 1255 وتوفي سنة 1273 راجع نيل الوطر 1/ 389.

(7) كان استقرار العلامة ابن عاكش الضمدي في حضرة الشريف المذكور من سنة 1261 إلى سنة 1263هـ، فلعل حج القاضي عبد الله الغالبي في أحد الأعوام الثلاثة والله أعلم.

ممكن وما رضي بالإقامة، وكان تلك الأيام والسواعي في البندر المذكور متوجهة إلى الحج، وعرفني أن مراده الحج، ومن هناك يسير إلى بلده، وأخذ علي أن أكتم أمره، وأعطاني الجواب للكتاب الذي أرسلني به الشريف، وأمرني أن لا أرسله إلا بعد نفوذه للحج، فأرسلت الجواب إلى الشريف، وشرحت له الواقع، وترك الولاية مع ما أبداه لي من الشكاية:

وقد تعوض عنها فضل راحته   من الهموم وعن أخذٍ على التبع

وبعد ذلك رجع إلى مدينة صعدة، وتلقاه أهلها بالإجلال والتكريم.

واستقر في هجرة ضحيان من جهات صعدة واستدعى أهله الذين بصنعاء، واتخذها دار وطن، وأكب عليه أهل تلك الجهات، وبذل نفسه للتدريس وقصده الطلبة من كل ناحية، وأقام في تلك الجهة الشريعة المحمدية، وأرشدهم إلى ترك الأحكام الطاغوتية، وأقام بإرشاده في تلك الجهة شعائر الإسلام، وصارت تلك الأوقات مواسم وأعياد في الأيام، حتى نقله الله تعالى إلى جواره، وأرخ وفاته في شهر ربيع الأول سنة 1276 ست وسبعين ومائتين وألف، والصواب ما سيأتي نقلا عن الجواهر المضيئة في جمادى الأولى من ذات العام.

وممن ترجم له أيضا تلميذه السيد العلامة المؤرخ محمد بن إسماعيل الكبسي- في النفحات المسكية في سيرة الإمام المحسن بن أحمد فقال ما لفظه:

حي شيخنا العلامة المفيد الولي المهاجر المجاهد الصابر الواعظ البليغ الفهامة شيخ الإسلام ونصير الأئمة الكرام، وحجة الإسلام عبد الله بن علي الغالبي بل الله ثراه بوابل الرضوان وجزاه عني بالإحسان، قرأت عليه في شرح الغاية قراءة تشد إليها الرحال، حضرها فحول تلامذة ذلك الوقت، منهم الإمام الناصر عبد الله بن الحسن، والإمام العلامة الحسين بن علي المؤيدي، والقاضي

العلامة المحقق أحمد بن عبد الرحمن المجاهد، والفقيه العلامة محقق العلوم محمد بن حسين الطويل، وقرأت عليه حاشية المحقق اليزدي على تهذيب الكمال المنطقي للتفتازاني مرافقا لحي الإمام الحسين بن علي المؤيدي، وقرأت عليه شرح رسالة الوضع المعروفة للسمرقندي، وقرأت عليه أيضا شفاء الأوام، ولهذا العالم رحمه الله تعالى من المآثر الصالحة والمتاجر الرابحة، فإنه هاجر إلى هجرة ضحيان وهي حينئذ عاطلة من جيد المعارف، قد اعتور أهلها الجهل والغباوة، وهم أشراف من آل يحيى بن يحيى، لسلفهم السبق إلى كل فضيلة، أعلام زمانهم وأئمة عصرهم، فاندرست تلك المعالم حتى حلها هذا العالم، فأخضرت رياض العلوم، وتدلت أثمار منطوقها والمفهوم، وأعاد إليها نضرتها السابقة، وبهجتها الفائقة، وانثال إليه الطلبة من كل فج، وجعلوا حضرته غاية كل معرج، وانقاد له قبائل تلك الجهة، فأبطل أحكام الطاغوت، وأقبلوا على فعل الواجبات، وانتهوا عن المقبحات، حتى قيل أن المساجد المعمورة ببركته قدر ثلاثمائة مسجد والله أعلم انتهى كلامه في هذه الترجمة.

يقول المؤلف جامع هذه التراجم غفر الله له:

والمترجم رحمه الله هو بحق مؤسس مدينة ضحيان ومحييها بالعلم والتدريس والإرشاد في أواخر القرن الثالث عشر، وقد تخرج على يديه بضحيان وصنعاء جملة وافرة من العلماء، ومن أكابر الآخذين عنه: الإمام أحمد بن هاشم، والإمام محمد بن عبد الله الوزير، والإمام محمد بن القاسم الحوثي الحسيني، والسيد شيخ آل الرسول عبد الله بن أحمد العنثري، والسيد يحيى بن علي القاسمي، والسيد العالم عبد الكريم بن عبد الله أبو طالب، والقاضي أحمد بن إسماعيل العلفي، والقاضي أحمد بن علي مشحم، والسيد حسين بن علي غمضان، والفقيه محسن بن محمد الرقيحي، وولده محمد بن عبد الله الغالبي، وغيرهم مما سيأتي ذكرهم

في هذا القسم والذي يليه. وقد ترجمه غير من تقدم من المؤرخين، منهم السيد العلامة المؤرخ محمد بن محمد زبارة الحسني الصنعاني في نيل الوطر، والمولى عبد الله بن الإمام الهادي القاسمي في الجواهر المضيئة وغيرهما، وأثنى عليه ولده القاضي إبراهيم في ترجمة حافلة حررها بقلمه، قال فيها: ومن لم يعرفه يقول هذا إطراء أوجبته الرحامة. وممن تعرض لذكر صاحب الترجمة أيضا الفقيه العارف الأديب محمد بن لطف الباري القاضي الحيمي في كتابه (الروض البسام فيما شاع في قطر اليمن من الوقائع والأعلام) في أثناء حوادث سنة 1274هـ وذكر فيها أنه في هذا التاريخ قد ذهب العلماء ولم يبق في قطر اليمن إلا خمسة علماء راقيين رتبة الاجتهاد، وعد منهم صاحب الترجمة فقال:

ومنهم القاضي العلامة الباذل نفسه في صلاح الجاهل من هذه الأمة عبد الله بن علي الغالبي، وقد كان ارتحل عن مدينة صنعاء منذ عزم الإمام المنصور أحمد بن هاشم من مدينة صنعاء إلى صعدة، فلما وصل هنالك رغب إلى سكون تلك الأرض، ولم يزل يعلم الناس الشرائع حتى أنه لم تزل الأخبار الآن متواترة أن قد هدى الله سبحانه وتعالى على يديه بلاد خولان الشام وسحار، وكثير من أهل تلك الجهات، ولم يزل يعلم العلم الشريف، ويأمر بالمعروف وينهى عن المنكر والناس لم يزالوا يأتمرون بأمره، ويتبعون رأيه، ويولوه صرف زكاتهم وجزء من واجباتهم، ولم يزل يتعلم على يده أناس كثير من أهل تلك الجهات، وكان مستقره ضحيان إلى آخر كلامه.

وفي الجواهر مختصر الطبقات قال في صفته وترجمته:

كان فخر الشيعة الأكرمين، وحواري آل ياسين، وسلمان أهل البيت المطهرين، المحقق للعلوم المنطوق منها والمفهوم، مرجع علماء زمانه، ومجدد ما اندرس من العلوم في أوانه، المهاجر إلى الله، والباذل نفسه فيما يرضي الله والآمر

بالمعروف، والناهي عن المنكر محيي مآثر الإسلام، ومظهر شريعة سيد الأنام، ومجاهد الجبابرة الطغام رحمه الله رحمة واسعة، وأنزله منزلة عالية، توفي مهاجراً بهجرة ضحيان لمضي عشرين من جماد أول سنة 1276 ست وسبعين ومائتين وألف انتهى.

قلت: ومما يحسن أن نختم به ترجمة هذا العالم الجليل، هو نقل ألفاظ وعبارات تلميذه الإمام محمد بن عبد الله الوزير في تعزيته إلى أولاده، حيث يقول بعد كلام جزل فخيم، ما لفظه:

فإنه وصل الخبر الفادح، والشجو البارح، في أوائل شهر جمادى الآخرة من رجل وافى إلينا من حوث، فاعظم به من فاقرة:

وافى ففتت أعضادا وأكبادا ... وأنزل الموت بالحوباء أو كادا
جاءت به الناس أفواجا فكنت له ... لولا مخافة رد الحق ردّادا
فكل حي فإن الموت غايته ... إلا الذي جعل الأجبال أوتادا

فبت في ليلة كأني قد سقيت سم جرائح الملسوع، متجافي الجنب عن الهجوع، مشتعل النار بين الضلوع، أعلل النفس تارة بالتكذيب للخبر، وأخرى بأن لو كان لقد شاع واشتهر، إذ مثله لا يغمر، ولا تخفى ليلة القدر، بيد أني لعظم ما نزل بي من الرزية والأسى، قد وجف الفؤاد وفرغ حتى كان أفرغ من فؤاد أم موسى، وفي ليلتي تلك كثرت البلابل والتذكار، فإن غفوت فأنا في منامات طائرة بي أي مطار، حتى لقد رأيت شخصين يخبرانني بصدق الخبر، وقد سبق لي منام لعله يوم أفول البدر الأنور، ثم لم أزل في الترجي والتعسي حتى ورود كتاب الولد باكورة المجد الأثيل، وثمرة دوحة الشرف الأصيل، عز الإسلام محمد بن عبد الله بن علي الغالبي، يخبرنا بأفول البدر الساطع الأنور، بل الشمس المشرقة على جميع الأقطار الذي انهدت لموته أركان الإسلام، ورزي به كل الأنام،

واظلمت له الفجاج، ومادت من الإستواء إلى الإعوجاج، وعمت المصيبة وخصت، فكم خصيص لها خص وبها غص، كمثلي وأمثالي:

فقد كان لي عضدا في كل نائبة فأفردتني به الأيام عن عضدي
هذا وإني على ما قد بليت به من الحوادث ذو صبر وذو جلد

الأخ في الله حقا والحب الحبيب صدقا، المجلي في الفنون، والمتحلي بكل مكنون، أربى على نحارير الأواخر والأوائل تحقيقا، يقال للمتطاول أين الثريا من يد المتناول، جامع أشتات المحامد، والممتاز بما لم يبلغ إليه سابق وزاهد، لم تستمله الدنيا ببجهتها، ولا راقته بزبرجها، وأنى لنا لسان يفصح عن فضائله أو قلم ينسخ غلالة أوصافه وشمائله:

لم يلق إلا قارئا أو مقريا أو كاتبا أو ساجدا في المسجد

إن وعظ ألان القلوب القاسية وأرّق، وأبكى العيون اليابسة وأهرق، وإن أفاد في أي العلوم حل المشكلات وأوضح المبهمات، بعبارة قريبة إلى الأفهام، وبركة للخاص والعام، عطية إلاهية، ومنحة سماوية، وخصيصة ربانية، والله يختص برحمته من يشاء والله ذو الفضل العظيم:

شيخ المعارف نحوها وأصولها وكذا الفروع وترجمان المسند
ومترجم الذكر الحكيم دراية وتهجدا في المدلهم الأسود

ذاك نادرة العصر واحد الدهر درة التقصار نقطة البيكار:

وليس على الله بمستنكر أن يجمع العالم في واحد

فخر الإسلام شحاك الملحدين والمعاندين، بقية أعلام الأعلام الراسخين، ومتقدم الجهابذة العاملين، مراعي أمور الدين، الداعي إلى سبيل رب العالمين، من أصلح الله به أحوال تلك الجهات، حتى استنارت بالنجوم النيرات، وعادت

إلى خير ما كانت عليه، ورسخت أطناب الدين المعول والملتفت إليه عبد الله بن علي بن علي الغالبي تغمده الله بواسع رحمته ورضي عنه وأرضاه وأنشد:

عليـــه ســلام الله تـــترا وروحــه	على شخصه الزاكي وأخلاقـه الغـر
لقد كنت أرجو أن أعـيش معمـرا	وكيف يـرد الأمـر مـن نافـذ الأمـر
ألا في سـبيل الله وجـدي ولـوعتي	وما حل في قلبي وضمنه صدري
لنـا أسـوة بالمصطفى البـر أحمـد	وسبطيه والزهرا وحيدرة الطهر

إلى آخر كتاب التعزية المذكور الذي اختصرنا منه هذه العبارات المتقدمة، وهو ضمن مجموع رسائل ومكاتبات الإمام المنصور محمد بن عبد الله الوزير عليه السلام. ومن مؤلفات المترجم له كتاب الإجازات وقد تقدم ذكره في أول الترجمة، وله أيضا (الرسالة الحاكمة بالأدلة العالمة)، وهي فيما جرى بين أتباع الإمامين الإمام المحسن بن أحمد والإمام محمد بن عبد الله الوزير من خصومة وتنازع، وكانت رسالته هي القول الفصل، ألفها وقد أقام بضحيان، فسلام الله على الجميع ورضوانه ورحماته.

23ـ السيد علي بن إسماعيل الحجازي

السيد العلامة علي بن إسماعيل بن صالح الحجازي الحسني الصعدي.

رأيت له نقولات في الفوائد بخطه تدل على نبل ومعرفة، وكان يتـولى قبـض الأوقاف بوادي علاف أيام نيابـة السيد العلامـة الرئـيس إبـراهيم بـن محمـد الهاشمي على الوقف، ويظهر من وثائق الوقف التي اطلعت عليها أنها حصلت وحشة بين الرجلين والله أعلم. وكان موجودا صاحب الترجمة رحمه الله على قيد الحياة سنة 1268 ثمان وستين ومائتين وألف، وله أخ اسمه محمد بـن إسماعيل الحجازي انقطع نسله، أما صاحب الترجمة فهو: جد السيد العلامة حاكم صعدة

في أيامه علي بن الحسن بن علي بن إسماعيل بن صالح بن إسماعيل بن أحمد بن موسى بن أحمد بن حسن بن جابر بن داود بن صالح بن أحمد بن يوسف بن يحيى بن عبد اللطيف بن سليمان بن حسن بن يوسف بن يحيى بن القاسم بن يحيى بن علي بن حسن بن عبد الله بن إسماعيل بن عبد الله بن عيسى المكنى بالعباس بن عبد الله بن محمد بن القاسم الرسي المتوفى بصعدة سنة 1363 ثلاث وستين وثلاثمائة وألف عن سن عالية، وستأتي له ترجمة في هذا المعجم أثناء القسم الخامس.

24ـ السيد علي بن الحسين الداعي

السيد العلامة جمال الدين علي بن الحسين الداعي وفي بعض المواضع علي بن الحسن والصواب ما تقدم ابن أحمد بن صلاح الملقب التجارة بن محمد، ومحمد هذا هو أخو مؤلف الدامغة الكبرى الحسن بن صلاح بن محمد بن صلاح بن محمد بن صلاح بن الحسن بن جبريل بن يحيى بن محمد بن سليمان بن أحمد بن الإمام الداعي يحيى بن المحسن الحسني الهادوي اليحيوي.

أخذ عن المولى العلامة الحافظ عبد الله بن أحمد العنثري، من ذلك قراءة أمالي أحمد بن عيسى في سنة 1276هـ، ورأيت بخطه في حامية إحدى نسخ كتاب أصول الأحكام ما لفظه: صحت لنا قراءته بطريق الإجازة عن حي سيدنا العلامة عبد الله بن علي الغالبي بسنده المتصل إلى المؤلف كما ذلك الإجازة لنا في مسموعاتنا بالقراءة على شيخنا المذكور وغيره، وقد أجزتها لولدي أحمد بن علي انتهى بلفظه، وقد أثنى على صاحب الترجمة أحد العلماء الأفاضل، ونعته بالعالم النحرير، وله جملة من المؤلفات، وقفت على ذكر أغلبها بخطه، منها (الرسالة الناصحة) لمن بلغته من السادة الكرام من آل يحيى بن يحيى، وله شرح (العقيدة

الزيدية بالنصوص القطعية) ألفه بقرية عسيلة بالقرب من وادي نشور، وله أيضا كتاب (الكفاءة في النكاح)، وله (كتاب مختصر في الصلاة) فرغ منه شهر جمادى الآخرة سنة 1298هـ. وله كما وقفت على نقل بخطه كتاب ألفه جامع لسير الأئمة من لدن الإمام علي كرم الله وجهه إلى إمام عصره الإمام المتوكل على الله المحسن بن أحمد الناهض بأمر الإمامة في سنة 1271 والمتوفى سنة 1295 خمس وتسعين ومائتين وألف، وله قصيدة يرثيه بها مطلعها:

| لمصرع مولانا الإمام ابن أحمد | أرى وحشة خصت بنا آل أحمد |

وقد اطلعت في عدة من المجاميع على نظم له مقبول، يلحق بنظم العلماء، منها يرثي ويستبكي معالم العلم بهجرة قطابر في أيامه بهذه الأبيات:

| عين العلوم على قطابر باكية | قد كان ينبوع العلوم الشافية |
| يا عين جودي بالدموع هواطلا | لا تبرحي في كل حين باكية |

ومنها هذه الأبيات متوجعا من الزمان وأهله:

إلى الله فانظر إن منعت من الأرض	وقم بالذي حملت لله من فرض
ولا ترج غير الله ربك رازقاً	فلله ميراث السموات والأرض
خزائنه مملوءة وهو قادر	على المنع والاعطاء والرفع والخفض
وثق بالذي قد عود الخير دائما	فباليسر بعد العسر في ساعة يقضي
ففي الشرح وعد الله جل جلاله	بيسرين بعد العسر ضاف بلا نقض

هذا جملة ما اطلعت عليه في ترجمته. وولده هو السيد أحمد بن علي التجارة المذكور في سيرة الإمام الحسن بن يحيى القاسمي، وستأتي له ترجمة في القسم الخامس من هذا المعجم.

ثم إني اطلعت بعد ذلك على ترجمته بقلم السيد العلامة المؤرخ محمد بن

إسماعيل الكبسي في (النفحات المسكية في السيرة المتوكلية المحسنية) عند ذكره لجماعة من العلماء القائلين بإمامة الإمام المتوكل على الله المحسن بن أحمد عليه السلام قال فيها:

ومن هذه العصابة المجبولين على التقوى والتمسك بالسبب الأقوى السيد العلامة المجاهد الداعي إلى الله المجاهد في سبيل الله عماد الحق المبين وداعي أمير المؤمنين علي بن حسن(8) الداعي من جهة بلاد خولان الشام ببلاد صعدة وهذا السيد ممن له كمال العرفان، والتمسك بالسنة والقرآن، أعلن الدعوة المتوكلية في الجهة الصعدية، ودعا على سبيل الجنة، وأقام الفرض والسنة، وصلح بحميد سعيه خلقا في تلك الأصقاع، ونصب لهم السيد الأمير الكبير علي بن محسن بن عباس أميرا، بعد أن أخذ عليه البيعة والعهود، ومواثيق العقود في التوقف على رأي الإمام وتشييد أركان الإسلام، وإقامة الشريعة والأحكام، وصلحت به عصابة نافعة، وألف الأجناد، وصدع بالحق في البلاد، وهذا السيد الجليل ملازم حضرته لتعريفه ما جهل من الشرائع، ولا تزال ترد مكتوباتهما إلى مولانا الإمام، وهما في قيد اللزام والتعاون في رضاء الملك العلام أدام الله عليهما الإنعام وسددهما في الحل والإبرام انتهى بلفظه.

قلت: ولم أضبط تاريخ وفاته، ولعل ذلك في نحو عشر العشرين وثلاثمائة وألف، ونقلت في دفاتري عن حامية الجزء الأول من شرح التجريد أنه قرأ على السيد عبد الله بن عبد الله العنثري ذلك الجزء في تاريخ عام 1319 فيحقق ذلك أكثر، فلعله ولده السيد أحمد بن علي التجارة.

---

(8) كذا، والصواب ما تقدم علي بن الحسين.

25ـ الشيخ علي بن حسين روكان الخولاني

الشيخ المقام المجاهد الجمالي علي بن حسين روكان بضم الراء المهملة وسكون الواو وفتح الكاف الخولاني القضاعي اليمني.

وهو أحد المشايخ العارفين المحبين القائمين بما وجب من نصرة الأئمة، وهو كبير مشايخ الأحلاف من خولان بن عامر، قام صاحب الترجمة بنصرة الإمام المؤيد الحسين بن علي المؤيدي المتقدمة ترجمته في القسم الثالث، وقد ذكر المترجم وأشاد بقيامه ونصرته وإعانته لهذا الإمام الفقيه العلامة إسماعيل بن حسين جغمان، وذلك في قصيدته المطولة التي أوردها في كتابه (الدر المنظوم في تراجم الثلاثة النجوم) والتي نظمها مهنئا للإمام المذكور بعد مبايعة أهل غمر له ومعهم بنو جماعة ورازح وبني منبه وغيرهم، ومعتذرا عن عدم لحوقه به والجهاد بين يديه، وذلك منتصف شهر رمضان المعظم سنة 1251 إحدى وخمسين ومائتين وألف، وأولها:

هاك بشرى جاءت كمسك سحيق ... أو كشهد مروق في عقيق
من إمامي من سيدي ووليي ... من خديني من بغيتي من صديقي
من فخيم من سيدي من عظيم ... من كريم من ماجد من شفيق
بشر المؤمنين بالنصر حمداً ... للذي ساقه لتلك الطريق
مهيع قد مشاه آباؤه قُدْ ... ماً وساروه سيرة التحقيق
يا ابن بنت النبي يا شرف الـ ... ـدين لقلبي عليك خفق البروق
لم يزل نحوكم يحن فؤادي ... وتشن العيون بالتوديق
مدمعي سائل وفي القلب نار ... إن ضننتم علي بالتحقيق
في اعتذاري أقول أقعدني حظـ ... ـي وشغلي وهمتي عن لحوقي
وعيالي أخشى عليهم ضياعاً ... فاشركوني في سعيكم لحقوقي

لي عليكم حق المشيخ مع الـ ... ـحب الذي لا يشاب بالتمحيق
فلئن قال قائل فيّ: قد غا ... ب فإني كالحاضر الموثوق
مع أني بالبعد ألقيت نفسي ... في عذاب وقلت: يا نفسي ذوقي

وهي بكمالها في كتابه الدر المنظوم في تراجم الثلاثة النجوم، ومنها هذه الأبيات في ذكر صاحب الترجمة الشيخ علي بن الحسين:

وهنيئا لسيفك الباتر المسلو ... ل من صار منك خير رفيق
الذي فاق الناصرين المحبيـ ... ـن وصار الشيعي في التحقيق
أنفق المال جهز الجيش أو ... ف العهد بالمكرمات أي خليق
يا علي يا بن الحسين لك الـ ... ـله لقد فقت كل فَدْم مروق
يدعي الإنتساب منه إلى طـ ... ـه ويأتي بفعل أهل العقوق
يا ابن روكان قد أحبك قلبي ... ولطرفي إليك أي مشوق
قد بذلت الدنيا التي ليس تبقى ... (وارتضيت الأخرى بكل وثوق)

ثم كان من المترجم له المناصرة للإمام أحمد بن هاشم، وكان بعد ذلك من أعوان الإمام محمد بن عبد الله الوزير، وللإمام الوزير فيه ثناء عاطر، ولعل وفاته في سنة 1273 ثلاث وسبعين ومائتين وألف أو بعدها بقليل.

***

(**ومن آل روكان الذين لهم حق الذكر**): الشيخ المقدام محب الآل الكرام ضيف الله بن صالح روكان، استشهد مع الإمام المنصور بالله محمد بن يحيى حميد الدين في شهر رمضان سنة عشرين وثلاثمائة وألف، هو والشيخ المقدام أحمد بن يحيى بن جار الله روكان، وحادثة استشهادهما هو ما وقفت عليه بقلم السيد العلامة الولي عبد الله بن يحيى العجري رحمه الله تعالى ولفظه:

ولما كان في شهر القعدة سنة 1319 وقع الفوت بين سيدي محمد بن الهادي

شرف الدين بن محمد وبين ولد عامر من غمر، وسيدي محمد أبقاه الله متولي لإمام زماننا المنصور بالله على بلاد خولان بن عامر، وذلك في شأن الرهائن، فاستدعى ذلك أن فعل مقدم علي ولد عامر لطلب السداد أو فتح الحرب، فلم تقع المساعدة، فكلفوا وصوله الجرشة بنفسه بعد أن فتح الحرب واستطال الأمر في ذلك، ولم يزل مرابطا هناك إلى شهر رمضان من السنة الثانية سنة عشرين، وطلب المعاونة من خولان، وخص شعب حي لكونهم أنصار الحق، فانتدب لذلك الشيخ المقدام محب الآل الكرام ضيف الله بن صالح روكان، وكان عزمه بجماعة من قبيلته شعب حي ومعهم غيرهم من سائر قبائل خولان، فوصلوا إلى ابن الإمام، ودبروا الرأي على أن يقتسموا في ثلاثة مواضع، ثلاث فرق، وعزموا على أن لا ينتقلوا منها إلا بعد النصرة، فصار الشيخ وجماعته من شعب حي في أدخل المواضع (يسمى كاداه) وأشدها بلاء وبعدا عن المركز، وبعده راز متان في موضعين ما بين الجرشة وبين الموضع الذي حط به الشيخ في وسط بلاد ولد عامر، وذلك يوم الاثنين أظنه سابع شهر رمضان، فافتتح الحرب من صبح الاثنين إلى آخره، ثم غلب ولد عامر على المحط الأوسط وكان من فيه من الكرب ومن أهل اليمن، فانكسروا، ودخل ولد عامر ذلك الموضع، فحالوا بين الشيخ وأصحابه وبين محمد بن الإمام، واحتربوا وبقي الشيخ ومن معه منفردين محربين ولا يصلهم من المجاهدين نفع، لبعدهم عنهم، ثم تقارب الليل وأبلوا بلاء عظيما، مع أنهم صائمون لم يفطروا، فلما اشتد عليهم الأمر دعا الشيخ علي ولد عامر فأجابوا، وعرض عليهم الخروج بالأمان فأمنوهم، وعزموا للخروج من ذلك الموضع بالأمان ومعهم أثقال من المؤنة والفراش، فلما وصلوا شعبة ضيقة المنافذ قبيل المغرب، فأحاط بهم أعداء الله من جميع النواحي ورموهم بالحجارة والمروت، وتواردوا عليهم وغدروا بهم فقتلوا وجرحوا،

لكون المجاهدين على غرة بالأمان، فبعضهم قاتل وقتل، وبعضهم قتل لم يمكنه فعل شيء، وبعضهم فر ونجا، فانجلت المعركة عن ثلاثة عشر رجلا من المجاهدين قتلى، وعن رجلين من ولد عامر أقماهم الله، فمن قُتِل الشيخ الفاضل ضيف الله بن صالح روكان، والشيخ المقدام أحمد بن يحيى بن جار الله روكان، والحاج محمد بن أحمد بن زياد، والحاج التقي أحمد بن علي زياد، وغيرهم رحمهم الله، ووصلت تعزيتهم إلينا يوم الجمعة، وكانت القتلة يوم الاثنين مع دخول ليلة الثلوث، فأجبنا في التعزية انتهى كلامه بلفظه وحروفه.

26ـ السيد علي بن محسن الدولة

السيد المقام الرئيس الجمالي علي بن محسن بن عباس بن إسماعيل بن علي بن القاسم بن علي بن أحمد أبو طالب بن الإمام القاسم بن محمد الملقب كسلفه بالدولة، وستأتي ترجمته بحرف الميم قريبا أثناء ذكر والده بهذا القسم.

27ـ السيد علي بن يحيى العجري

السيد العلامة الجهبذ الولي جمال الدين علي بن يحيى بن بن أحمد بن الحسين بن محمد بن يحيى بن محمد بن يحيى بن محمد بن صلاح بن علي بن الحسين بن الإمام عز الدين بن الحسن بن الإمام علي بن المؤيد بن جبريل الحسني اليحيوي المؤيدي الملقب العجري كسلفه.

مولده رضي الله عنه يوم ثامن عشر شهر ذي الحجة سنة ثمان وثمانين ومائتين وألف، ونشأ في حجر والده الآتية ترجمته بحرف الياء، وأخذ عنه في الفرائض وفي الأزهار وشرحه وأحكام الإمام الهادي من فاتحته إلى خاتمته، وأخذ عن شيخ العترة الأكبر المولى عبد الله بن أحمد العنثري المؤيدي قال: قرأت عليه في

فنون كثيرة من العلوم في أمالي أحمد بن عيسى والاعتصام وتتمته المسماه بأنوار التمام، وفي شرح التجريد، وتوفي رحمه الله ونحن في أثناء باب الطلاق، وفي سلوة العارفين وكنز الرشاد للإمام علي بن الحسين الشامي، وفي كتب غيرها غفل عني ذكرها، وأجازني إجازة خاصة في كتب مخصوصة، ثم إجازة عامة، ومن مشايخه أيضا صنوه السيد المولى صفي الدين أحمد بن يحيى العجري قال: قرأت عليه شرح الناظري في الفرائض قراءة بحث وتحصيل، وفي أصول الفقه شرح الغاية وشطرا من كافل ابن لقمان، وفي أصول الدين قرأت عليه شرح الثلاثين المسألة لابن حابس والتتمة، وشرح الأساس للشرفي، والبراهين الصريحة شرح العقيدة الصحيحة، والحكمة الدرية للإمام أحمد بن سليمان وإيقاظ الفكرة وغير ذلك مما لم أذكره، فقد أخذت عنه ما ذكرته قراءة وسماعا، وأجازني فيما لم أسمع مما صح له سماعه أو إجازته من مشايخه، قال: ومن مشايخي سماعا وإجازة أخي وشقيقي ذو الفطنة الوقادة، والقريحة الطرية المنقادة بقية العلماء ونبراس الحكماء وحافظ الإسناد ومن هو غوث وعون للعباد العلامة البدر المضي الفهامة عز الإسلام محمد بن عبد الله بن علي الغالبي، فإني قرأت عليه شرح الأزهار وشرح الناظري في الفرائض ومجموع الإمام زيد بن علي والشفاء وفي البحر الزخار ولم يكمل بل إلى البيع، وأمالي أبي طالب وأمالي أحمد بن عيسى، وأمالي المرشد بالله وغيرها من كتب الحديث، وفي النحو البحرق والفاكهي والخبيصي والشرح الصغير، وفي التفسير الخمسائة للنجري وغير ذلك، وفي أصول الفقه كافل ابن لقمان وبعض من شرح الغاية، قال: وممن أجاز لي إجازة عامة مولانا أمير المؤمنين المنصور بالله محمد بن عبد الله الوزير، وكذلك أجازني سيدي المولى أمير المؤمنين المهدي لدين رب العالمين محمد بن القاسم إجازة عامة. **قلت**: وقد ترجم له صنوه السيد العلامة عبد الله

بن يحيى العجري ترجمة حافلة قال فيها بعد الديباجة:

لما جاوز الست السنين أدخل المكتب لتعليم القرآن الكريم، فلما أحرزه وأتقنه شرع في طلب العلم الشريف، فكان ابتداؤه تغيب المختصرات كالأزهار وجوهرة الفرائض وملحة الأعراب وقواعد الأعراب وشرحها للأزهري، والكافية والشافية والغاية والتلخيص في المعاني والبيان والبديع وغيرها من كتب أصول الدين وغيره، ثم أسمع شروحها في الفروع وأصول الدين كشروح الكافية وملحة الإعراب وغيرهما من كتب النحو حتى استوفى مراده، ثم شمر وعض النواجذ وسهر الليالي في طلب المعالي قراءة على مشايخه الأعلام واقراء لتلامذته الكرام في الصرف وسائر كتب اللغة والأصول وعلم الكتاب والسنة وغيرها من فنون العلم النافعة، مع حدة مفرطة وذكاء عظيم وهمة عالية، فلم يبلغ عمره ثلاثا وعشرين سنة إلا وقد حاز علوم الاجتهاد، ورقى إلى مرتبة أهل الرشاد، وعاضل وناضل أهل الفساد والعناد، واستنبط الأحكام الشرعية من الكتاب العزيز والسنة النبوية، وكان طلبه العلم بهجرة ضحيان حرسها الله وعمرها بالإيمان على مشايخه الكرام السادة الأعلام والشيعة الفخام، منهم والدنا العلامة الولي يحيى بن أحمد العجري، والصنو العلامة شمس الدين الولي أحمد بن يحيى العجري، والوالد العلامة محي علوم الزيدية ومرجع الأمة المحمدية عبد الله بن أحمد العنثري المؤيدي رحمه الله، وسيدي العلامة تاج العترة الحسن بن يحيى القاسمي وطالت المجالسة له، وسيدي العلامة فخر الزيدية الحسين بن محمد أمير الدين الحوثي، وسيدي العلامة وحيد زمانه وأويس أقرانه يحيى بن الحسن طيب الحسني، وسيدنا العلامة النحرير محب الآل محمد بن عبد الله الغالبي، وله إجازات منهم خاصة وعامة. ولم يمضي رحمه الله إلى مدينة العلم إلا من سفينة النجاة حتى نال مناه مستمسكا بالثقلين كتاب رب العالمين وعترة خاتم النبيين ودينه دين آبائه

المطهرين، وكان مشغوفا بعلوم آل الرسول معقولها والمنقول، مائلا عن طريقة القوم في الفروع والأصول، لم يقبل الرواية إلا من طريقة الآل الأخيار والشيعة الأبرار، قال رحمه الله في وصيته: أوصيت إخواني وذريتي بالعض على طلب العلم بالنواجذ ولا يتقاصروا فيه فإن فيه شرف الدنيا والراحة في الدنيا والآخرة ويكون لله ويكون اتكالهم على علم أهل البيت تفسيرا وحديثا ومتونا وفروعا، فإنها أعني كتب العترة لا يفنى الغرائب منها ولا ينفد انتهى.

ثم رحل رحمه الله إلى جبل برط لطلب العلم لدى إمام الزمان وحجة الأوان المهدي لدين الله محمد بن القاسم الحوثي سلام الله عليه، فأسمع عليه في التفسير والحديث وغيرهما، وأجازه في الرواية عنه إجازة عامة، ثم لم يزل ينتقل من موضع إلى موضع لا إرادة له إلا إحياء العلم والأمر بالمعروف والنهي عن المنكر والإصلاح بين الناس على ما يوافق مراد الله، عملا بما أعطاه الله من الحكمة، مع ملازمة سائر الطاعات المقربة له إلى رب السماوات، محافظا على المشروع من الفرائض والمسنونات، مكثرا من النوافل في الخلوات، وله أوراد من الكتاب العزيز والأدعية المأثورة والأذكار لا يغفل عنها آناء الليل وأطراف النهار لا يفتر لسانه من التسبيح والتحميد والتهليل والاستغفار، عاملا بعلم الظاهر والباطن، شديد الحراسة لأعماله من المحبطات، فظا غليظا على الظالمين، محبا لنكاية المعاندين لا تأخذه في الله لومة لائم، شفيقا رؤوفا بالمسلمين سليم القلب للمؤمنين، قد جمع بين العلم والعبادة، والورع والزهادة، يتورع من اللفظة واللفظتين في قوله، والحبة والحبتين في رزقه، محتاطا حتى يكون من حل رزقه على يقين، ولقد كان رحمه الله كامل العقل وافر العلم، عظيم الهمة، عالي الرأي، لا يرضى بحالة دنية من نفسه، متواضعا لله وللمؤمنين إلى أن يقول: فهو رحمه الله من محاسن الزمان ومفاخر الأوان منقطع القرين في كل فضيلة، يعده المنصف من معجزات النبوة فإنه قدس

الله سره كان محارة لذوي الألباب في فصاحة منطقه وسعة حفظه وعلو همته وكرم طبعه وسعادة جده أناف على الشيوخ طفلا فكيف لو مد عمره إلى أن يصير كهلا إلا أن الله تعالى أعلم بمصالح عباده بنعمة أو بلاء.

فمولده رضي الله عنه يوم ثامن عشر شهر ذي الحجة سنة ثمان وثمانين ومائتين وألف، ووفاته يوم الثلاثاء سابع شهر ربيع الآخر سنة 1319 تسع عشرة وثلاثمائة وألف، فعمره من مولده إلى أن قبض ثلاثون سنة وثلاثة أشهر وأحد وعشرون يوما، أحيا فيها من العلوم ما أشرق المبطل بريقه، وسقى كل ضمان برحيقه، ودوخ العلوم، وحقق ودقق منطوقها والمفهوم، وقرر وناضل وهو في ذلك سابق لا يجارى، وناطق لا يمارى. وهذا العمر القصير الذي هو من أطول الأعمار نفعا اشتمل على قراءة وإقراء وآمر بمعروف ونهي عن منكر وعبادة وتصنيف وتأليف، فمما وضعه قدس الله روحه مختصرا مفيدا في أصول الفقه سماه (الكافي بالمهم من مسائل الأصول وافي) وشرحه شرحا عظيما، ومنها (حاشية على الكافية) و(حاشية على الشافية) في النحو والتصريف مفيدتان، ومنها موضوع عظيم مفيدا جدا سماه (الإنصاف في توضيح الحق من مهم مسائل الاختلاف) وهو كاسمه اشتمل على مقدمة في التقليد وثلاثة أبواب. ومنها (الاختيارات في الفروع) ما صح له وأختاره من أول الطهارة إلى آخر السير قال في وصيته قدس الله روحه: نعم ولي اختيارات في الفروع شيء في كراريس وشيء في ظهر تعريف أو قرطاس وشيء في هامش البحر علامتي في آخره، فيروى عني كذلك، فإني لم أخترها مشهبا وإنما هو تعبدا محضاً بعد نظر صحيح انتهى. ومن موضوعاته (شرح على الأزهار) باختصار تقريبا للمبتدي من أول مقدمته، وانتهى إلى قول الإمام المهدي (فصل: ويطهر النجس والمتنجس به) فعاق عن تمام المرام هجوم الحمام. وقد أوصاني بإتمامه لأجل إفادة الأولاد فأسال الله سبحانه أن ييسر تحصيل ذلك بحوله وطوله. قال:

وقد تقدم أن له إجازات من مشايخه، وقد أجازني أجازه الله بالحسنى، وله جوابات كثيرة في أسئلة وردت ومسائل مختصرة ومبسوطة. قال: وله رسائل إلى الإمام المنصور بالله محمد بن يحيى حميد الدين فيها نصائح وتنبيهات نظما ونثرا، اشتملت على علوم غزيرة، وأجاب فيها الإمام كلها بما سكنت به الخواطر وقبل النصيحة امتثالا منه لأمر الملك الفاطر، منها قصيدة أنشأها في شهر ربيع سنة 1317هـ من أبياتها قوله:

عليـك سـلام الله منصور هاشـم	ووافاك لطف النصر من حيث لا تدري
وليس على مولاي فيما يرومـه	سوى الجهد والإبلاء في طلب الأمر
نعم سيدي قد فات ما فات وانقضى	ومـن وقتنـا نبغـي الإعانـة بالنصـر
فنلحق بالفضل العميم بمن مضى	وإن كان للسباق فضـل لـدى النشـر
ونكتـب فيمـن قـد أطـال عنـاءه	جهادا وإحياء وقمعـا لـذي نكـر
ولا تـنس مولانا الحجـاز وأهلـه	وصـعدة ثـم العرب في البر والبحر
كحـي سحار ثـم حـي جماعـة	وفيفـا وهمـدان ويـام إلى بـدر
بنـي مالـك أيضـا ونجـل منبـه	وقحطان مـن سنحان ثم بنـي شهر
ونحن لـك الأعوان في سد ثغرها	وإرجاعها للحـق طوعـا وبالقسـر
وأنت علـى مـا أنـت تحمي ذمارها	وتـورد أتـراك الغـوى مـورد القهر
فيا ابن علي المرتضى الطهر حيدر	أتاك الـذي تبغيه مـن صـادق الـوفر
ولا تسمع الواشين إن مـرامهم	ضياع الذي ترجوه إن كنت لا تدري
فإنـا بنـو الأجـواد نحـذو بحـذوهم	بمجد وجـود لا نميل إلى الغـدر
فلو لم ندن بالشرع والدين والهدى	لـما كـان منـا في البريـة مـن مكر

فعاد جواب الإمام المنصور بالله عليها بقصيدة طويلة، مطلعها:

شـريف تحيـات معطـرة النشـر	وأفضـل تسليم يجـل عـن الحصر

يعـود عـلى فـرع السـيادة والتقـى ... علي بن يحيى السيد السند العجري
هـو الولـد العلامـة البحـر مـن غـدا ... بأفكـاره يسـتخرج الـدر في البحـر
لـه همـة تعلـو عـلى كـل شـامخ ... يطـول بهـا فخـرا عـلى هامـة النسـر
وبعـد فقـد وافى نظامـك حاكيـا ... عيـون المهـا بـين الرصـافة والجسـر
فللـه أبيـات عقـود لآلي ... جلـبن الهـوى مـن أدري ولا أدري
يحـث عـلى فـرض الجهـاد وإنـه ... هو المنهل الصافي لمـن كـان يسـتمري
سـألت خبـيرا بالجهـاد وأهلـه ... وبالعمـل المـبرور مـن طالـب الأجـر
ومـن لا لـه هـمٌ سـوى الله وحـده ... وأمـر بمعـروف ونهـي ذوي النكـر
وإنقـاذ شـرع الله في كـل مـوطن ... وهـدم طواغيـت وقمـع ذوي الفجـر
وسل زمر الأتراك عن سوء مـا لقـوا ... تخـبرك الركبـان في الـبر والبحـر
لعمـري لقـد لاقـوا أمـورا مهولـة ... من القتل والتشـريد والنهب والأسـر
نعـم وذكـرتم مـا الحجـاز وأهلـه ... لعمـركم مـا زال منـي عـلى ذكـر
ولكـن تقـديم المهـم هـو الـذي ... يثـبط عنـه مـا سـوى ذاك مـن عـذر
وقـد آن أن نلـوي العنـان إلى الـذي ... ذكرتم فـنعم الـرأي رأي بني الطهـر
فـماذا تـرى هـل ينجـع الـوعظ فـيهم ... لإبـلاغ أمـر الواحـد الصمد الـوتر
أم القـوم يحتـاجون جيشـا عرمرمـا ... بصـولته أحكـام خالقنـا تجـري
ويـا حبـذا التـذكير رأيـا فإنـه ... لعمـرك أبقـى للمـودة والأجـر
فبـين لنـا مـاذا الـذي ينبغـي لهـم ... وكيف صفاة الأمر عنـد ذوي الحجـر
وإيـاك والأمـر الـذي إن توسـعت ... مـوارده ضـاقت مصـادره فـادري
وأنـت تشـيم الأمـر قبـل وقوعـه ... ومـا أنـت عـن أمـر العواقـب بـالغِر
وقد كان خير الخلق يضـرب مـن عصـا ... بـإخوانهم أهـل الديانـة والصـبر
فرفعـا لمـا يقضـي بـه النصـح إنـه ... على كـل حـال أنـت مستودع السـر
ولست لدينا يا أخا الفضـل والحجـى ... بمـتهم حاشـاك مـن صـفقة الخسـر

ولا نسمع الواشين فيك وإنما نقابلهم بالنهي والحصر والقصر

وقد ترجم له أيضا المولى عبد الله بن الإمام في الجواهر المضيئة فقال:

أخذ عن مشائخ عدة، حتى برع وفاق، وأخذ من كل فن بنصيب، فأجل مشائخه الإمام الهادي الحسن بن يحيى، وسمع من الإمام محمد بن القاسم وغيرهما، وعنه جماعة من طلبة العصر. كان عالماً، ناسكاً، ورعاً مفوهاً عض على العلم بناجذ، حتى أدرك علوم الإجتهاد في مدة يسيرة، كريم الطبع، رحب الصبر، قوياً في دينه صلباً في ذات الله، له مسائل في الفروع اختارها، وله تأليف في الأصول، وقد شرحه، وبلغ فيه إلى الإجماع، ثم عاقه عن تمامه الحُمام، وكذا الإنصاف في إمامة الوصي، تدل على تبحره وجودة معرفته، فإن من عرف نظمه وبهاء مسلك عبارته، وحسن ترتيبه حكم بذلك له، وتوفي رحمه الله في غض الشباب بهجرة ضحيان في شهر ربيع الآخر سنة 1319 انتهى كلامه.

قلت: وقد رثاه جماعة من إخوانه وأصحابه بمراث كثيرة، وغيرهم من الأئمة والعلماء، منها ما قاله الإمام المهدي لدين الله محمد بن القاسم الحوثي البرطي:

خليلي ما للأرض تسعى رواسيها كأن عوادي البعث نادى مناديها
فيا أيها اللاهي أفِقْ إن هذه الـ ـخطوب لها في الأفضلين أمانيها
أفق إن شمس الفضل زحزح نورها فيا عظم ما أهدى لنا صوت ناعيها
أما إن هذا الدهر لو أنصف الورى لما مات ناهيها وأغفل لاهيها
ولا غاب مصباح المعارف في الثرى وقد كان فيها بدر ليل دياجيها
وذاك جمال الدين ذو العلم من له فضائل خافيها كأضعاف باديها
إمام علوم عم في الخلق نفعه وقام به داني البلاد وقاصيها

إلى آخر الأبيات ومن ذلك مرثاة جاءت من مقام الإمام المنصور بالله محمد

بن يحيى حميد الدين جاء فيها:

الأجـر بالصـبر مقـرون ومتصـل ... والصبر ملجأ من ضاقت بـه الحيـل
صـبرا عـلى مـا قضـاه الله خالقنـا ... فـما قضـاه ففيـه الخـير مشـتمل
وإنـــما هـــذه الـــدنيا بأجمعهـــا ... ظل يـزول وضيف سوف يرتحل
فـــلا تغرنـــك الـــدنيا وبهجتهـــا ... فأنـت عـن كـل مـا فيهـا ستنتقل
لا در در بنـات الـدهر إذ فجعـت ... بسـيد مـا عـلاه رتبـة زحـل
وحـق للعـين أن تهمـي بعبرتهـا ... على الـذي كـان كالمصباح يشتعل
العالم الفاضل النحرير مـن شـهدت ... لـه المـدارس حقـاً أنـه الرجـل
مـن سـار سـيرة آبـاء لـه درجـوا ... فليس يومـاً عـلى الأنسـاب يتكـل
عـلى عـلي بـن يحيـى الأرض باكيـة ... كـذا السـماء ومـن فيهـا لهـا زجـل
فيـا لـه مـن مصـاب جـل موقعـه ... وهكـذا يـرفعن العلـم والعمـل
وأعظـم الله رب النـاس أجـركم ... ورحمـــة الله تغشـــاه وتنهمـــل

28ـ الشيخ عمير بن عيضه عريج الطلحي

الشيخ الفاضل المجاهد عمير بن عيضه عريج الطلحي السحاري نسبة إلى بلدة وقبيلة الطلح جهة الشمال من مدينة صعدة بنحو 15كم، وهي تابعة لقبيلة سحار، وآل عريج من بيوت مشايخ الطلح ولهم بقية إلى اليوم.

ذكر صاحب الترجمة القاضي شيخ الإسلام عبد الله بن علي الغالبي في الرسالة الحاكمة، وأفاد أنه أحد الثلاثة الأمناء العدول الذين لا يخافون في الله لومة لائم ولا ينخدعون، وهم: السيد يحيى بن علي القاسمي والد الإمام الهادي القاسمي، والسيد يحيى بن أحمد العجري، وصاحب الترجمة المذكور. وكان إرسالهم من قبل القاضي شيخ الإسلام الغالبي لما جرى التنازع بين علماء صنعاء كبيرهم القاضي

العلامة أحمد بن إسماعيل وبين الإمام محمد بن عبد الله الوزير، والمطالبة لهم في الرجوع إلى كتاب الله وسنة رسول الله صلى الله عليه وآله وسلم إلخ الكلام في هذا الشأن. وإلى صاحب الترجمة ينسب المسجدين أحدهما مسجد عمير بقرية الطلح، والآخر بمدينة العنان بجبل برط، ولم أضبط تاريخ وفاته رحمه الله. وفي الجامع الوجيز للعلامة أحمد بن عبد الله الجنداري في حوادث عام 1263 ثلاث وستين ومائتين وألف ما لفظه: وفيها وصل صنعاء رجل يقال له الحاج عمير بن عيضة من أهل القبلة، وقرأ على القاضي العلامة عبد الله بن علي الغالبي، ثم دعاه إلى الخروج إلى جهة القبلة، وأخبره بأن الطاغوت فشى فيها، وقل العلم وكثرت المنكرات، فأجابه وخرج معه بعض الطلبة في غرة شهر القعدة، فسر لخروجه أهل البلاد على العموم، وأقبل عليهم بالوعي والتدريس، فانقاد لهم أهل قرية الطلح، وعزموا على ترك الطاغوت والتزام أحكام الدين، ثم سائر البلاد، ولما استقام الأمر للقاضي كتب إلى الإمام أحمد بن هاشم وغيره من العلماء بالوصول لنصب إمام انتهى.

قلت: وكان المترجم موجودا كما في أوراق الوقف سنة 1283 ثم إني اطلعت على كلام للسيد المؤرخ محمد بن إسماعيل الكبسي في كتابه النفحات المسكية ما يفيد باستشهاد صاحب الترجمة في العام 1286 لعله في شهر رجب أو الذي قبله، ومما حكاه في حادثة استشهاده رضوان الله عليه أنه لما كان خروج طائفة الباطنية من يام نجران مظاهرين لداعيهم اللعين إلى حراز في السنة المذكورة قال: بعث مولانا يقصد الإمام المحسن بن أحمد الكتب التي فعلت فعل الكتائب، وكانت على الأعداء سهم صائب، إلى كل جيل من رجال حاشد وبكيل، في قطع مادة يام الطغام، والقعود لهم بالمرصاد، وأخذ الشارد والوارد، ونفذت الرسائل إلى البلاد الصعدية والجهات القصية، فأجاب كل من وصل

إليه كتاب أو قاصد بأنه على هذا المرام مساعد، ووضعوا على ذلك القواعد والمشاهد، فبلغ خروج طائفة منهم إلى أولئك الأقوام، فحشد جموع (قبيلة) دهم الوالد العلامة البقية في الأعلام، والغرة الشادخة في العترة الكرام، خريت العلوم وفارس منطوقها والمفهوم، صفي الإسلام أحمد بن محمد بن محمد بن عبد الله الكبسي الساكن في هذه المدة بجبل برط، وحشد قبائل سحار ومن إليهم القاضي العلامة المخلص الزاهد أحمد بن علي مشحم الصعدي، والقاضي العلامة محمد بن صلاح بن علي مشحم، والحاج العلامة المجاهد عمير بن عيضة عريج، والحاج الفاضل مصلح بن علي العلابي من جبل بني عوير، واجتمعت القبائل إلى محل يقال له السرير يقرب من نجران، وحين بلغهم اجتماع القبائل عليهم رجعوا إلى البراطيل وتمسكوا بالأباطيل، وأرسلوا شفاعة الأكياس إلى كل وسواس خناس، فأثرت تلك الشفاعات عند أهل الأطماع، فأظهر الذين في قلوبهم مرض والمكدوس إليهم ذلك الغرض، أن قد رجع طائفة يام إلى بلادهم وانقطع فسادهم، وخدعوا تلك الجموع وفرقوهم إلى الربوع، وبعد ذلك انسلوا إلى اليمن بمن صحبهم من أهل قبض النبل، فبلغ خبرهم إلى الحاج العلامة عمير بن عيضة بعد رجوعه إلى مدينة صعدة، فاستفز من بقي من قبائله أهل محل الطلح والعلابي وطائفة قليلة قدر مائتين، ولحقوهم إلى العمشية، ولزموا عليهم الطريق فوصلت طائفة يام ومن انخرط في سلكهم من المسيرين، فوقع هنالك حرب فانخدع من لحقهم من سحار لما رأوا أنهم لا يكملون باللقاء، وضعفت نفوسهم ولاذوا بالفرار، وبقي الحاجان الفاضلان في طائفة يسيرة قدر ثلاثين نفرا رغبوا في الشهادة، وطلب الحسنى وزيادة، فجدوا في الصدام حتى أكرم الله الحاج عمير والحاج مصلح بالشهادة التي أملوا، والكرامة التي إليها أرقلوا، فازوا بها بأيدي الكفرة الملحدين في قدر سبعة أنفار ممن ثبت معهم في

ذلك المقام، ورغب في مثوى دار السلام، وطلب الزلفى وحسن الختام. وقد قتل من الملاحدة الكفرة الجاحدة كبيرهم صالح بن قبول ونفر معه لم يتحقق قدرهم مضوا إلى أم الهاوية، وما أدراك ماهية نار حامية انتهى بلفظه وحروفه.

29ـ السيد قاسم بن علي الهاشمي

السيد العلامة علم الدين قاسم بن علي بن أحمد بن إبراهيم بن أحمد بن إبراهيم بن علي بن أحمد بن الإمام الناصر لدين الله الحسن بن علي بن داود بن الحسن الملقب كسلفه بالهاشمي وقد تقدمت ترجمة والده قريبا.

وصاحب الترجمة أحد الذين أجازهم القاضي شيخ الإسلام عبد الله بن علي الغالبي في إجازاته الكبرى، وكان موجودا على قيد الحياة شهر جمادى الآخرة سنة 1282 اثنتين وثمانين ومائتين وألف كما وقفت على ذلك بخطه، وله ولد اسمه يحيى كان سيدا عارفا، وهو ناسخ كتاب الايضاح شرح المصباح لابن حابس، وهي النسخة المطبوعة المتداولة نقلها عن نسخة المؤلف، وكان موجوداً سنة 1325هـ، وقد أعقب يحيى هذا ولدا اسمه الحسن وبوفاته انقطع عقب جده صاحب الترجمة رحمهم الله تعالى جميعا. وصنو المترجم له هو السيد الفخري عبد الله بن علي بن أحمد الهاشمي قال من ترجم له: هو السيد الماجد العلامة، بقية أهل الفضل والدين والاستقامة، فخر الإسلام، توفي رحمه الله في شهر مضان سنة 1316 ست عشرة وثلاثمائة وألف انتهى.

30ـ السيد محسن بن إبراهيم عامر

السيد حسام الدين محسن بن إبراهيم عامر الحسني الهادوي.

كان صاحب الترجمة من حكام أهل وقته بمدينة صعدة، كما وقفت عليه في

أوراق الوقف وغيرها، وكان موصوفا بالعلم، وقد نقلت عن شاهد ضريحه ما لفظه: هذا ضريح السيد الأكرم العلامة حسام الإسلام محسن بن إبراهيم بن صلاح بن أحسن بن صلاح بن أحمد بن صلاح بن عبد الله بن عامر بن علي بن الرشيد بن الأمير الحسين الأملحي إلى آخر النسب المعروف، قال: كانت وفاته يوم الخميس سابع وعشرين من جماد أول سنة 1308 ثمان وثلاثمائة وألف، وفي شاهد ضريح والده جاء ما لفظه: هذا ضريح السيد العلامة حاكم المسلمين ذو الأخلاق الرضية، والشمائل المرضية صارم الدين إبراهيم بن صلاح إلى آخر النسب المتقدم، قال: وكانت وفاته رحمه الله ليلة الجمعة لصباح السبت 16 شهر ربيع الآخر سنة تسع وثمانين ومائتين وألف انتهى. قلت: وجدهما في النسب المتقدم وهو السيد صلاح بن أحمد بن صلاح هو المقبور في صرحة مسجد صبيح من مساجد صعدة، وفي صخرة مكتوب علي القبر المذكور أن تاريخ وفاته في سلخ ربيع أول سنة 1218هـ، وإلى جانبه قبر ولده قال في شاهد الضريح ما لفظه: العلامة حاكم المسلمين شرف الدين الحسن بن صلاح بن أحمد بن صلاح بن عبد الله بن عامر الهدوي اليحيوي، توفي رحمه الله فجر يوم (مطموس) سنة ثمان وأربعين ومائتين وألف انتهى.

31. السيد المقام محسن بن عباس الدولة

السيد المقام الرئيس محسن بن عباس بن إسماعيل بن علي بن القاسم بن المولى جمال الدين علي بن أحمد أبو طالب بن الإمام المنصور بالله القاسم بن محمد الحسني القاسمي الصعدي الملقب كوالده بالدولة.

كان صاحب الترجمة من أعيان أهل وقته الرؤساء الأمراء، وهو المعروف بدولة صعدة إذ كانت رئاستها إليه، قام بها بعد آبائه، حسبما تقدم ذلك في القسم

الثاني في التعريف بأصل دولة هذا البيت في البلاد الصعدية أثناء ترجمة جده السيد الرئيس علم الدين القاسم بن علي بن أحمد بن الإمام القاسم بن محمد، وفيما يظهر من الوثائق التي اطلعت عليها أن نفوذ صاحب الترجمة في أمارته بصعدة كان ممتدا إلى جبل رازح وإلى المغارب ساقين وفوط ومران وتلك النواحي من بلاد خولان، وإليه كانت تأتي زكواتهم والتي يقبضها أهل بيته من السادة آل القاسم بن علي بن أحمد على تقسيم جاري بينهم، وكان ناصره وساعده في أمره ونهيه القبائل السحارية بصعيد صعدة، ولهم معهم محررات ومقررات، وفي أيام رئاسته خرج إلى صعدة الإمام الحسين بن علي المؤيدي، ثم الإمام أحمد بن هاشم الويسي وما صفا له الأمر معهما بل كان في الطرف المعارض لدعوتهما، بسبب الزكوات التي يتقاضها، وفي كتاب حوليات يمانية في حوادث عام 1262 أن المترجم له وصل في هذه السنة إلى صنعاء ومعه جماعة من قبائل سحار، وأن المتوكل محمد بن يحيى أرسله يصلح بين السادة أهل كوكبان فيما وقع بينهم من الخلاف، فصلح شأنهما، وفي الوثائق أيضا التي اطلعت عليها وهي بيد أسرته أنه كان موجودا على قيد الحياة في سنة 1274هـ، فلعل وفاته في أواخر عشر السبعين ومائتين وألف والله أعلم، وله من الأولاد: علي ومحسن. وأخواه هما المدفونان في قبة جدهم أحمد بن القاسم بجامع الإمام الهادي بصعدة، وهما السيد علي بن عباس بن إسماعيل توفي في جمادى أول سنة 1282هـ، له من الأولاد: حسين وإسحاق، وصنوه السيد إسحاق بن عباس بن إسماعيل توفي في جمادى الآخرة سنة 1299هـ، له من الأولاد عباس وإسماعيل، وللجميع عقب إلى أيامنا، يلقبون بآل الدولة، ويسكنون في رحبان وساقين وآل عمار ووادي علاف ونحوها.

***

وولد صاحب الترجمة الذي وعدنا بترجمته في هذا الموضع:

هو السيد المقام الرئيس علي بن محسن بن عباس إلى آخر النسب المتقدم، وهو القائم بأمر الرئاسة بعد وفاة والده في البلاد الصعدية، ونازع من حاول إخراجها من يده بكل ممكن، وحصلت بينه وبين قبائل صعدة قواعد مقررة في الأمان والضمان على سوق صعدة وغيره، وكان يعرف أيضا بدولة صعدة كوالده، وفي سنة 1285 وصل إلى مقام الإمام المحسن بن أحمد وكان في ذلك الأوان بحزيز جنوبي صنعاء حكى ذلك في النفحات المسكية وذكر أنه واثقه وعاهده في القيام والالتزام بالأوامر الإمامية، وعهد إلى السيد العلامة علي بن حسين الداعي المتقدمة ترجمته أن يكون إلى جانبه في إنفاذ الشريعة والأحكام، بيد أنه توفي عن قريب في أيامه مقتولا بيد أحد أقاربه وذلك في أواخر شهور سنة 1290 تسعين ومائتين وألف، حكى ذلك في وثيقة بيد السادة آل القاسم أطلعوني عليها، وفيها تنصيب لأخيه عبد الله بن محسن بعده. ثم قام عنه بدولة صعدة ولد صاحب الترجمة السيد محسن بن علي بن محسن، والسيد حمود بن عبد الله الدولة كالظهير له، وكانا على ذلك إلى سنة 1319هـ لكن دولة هذا البيت كانت قد انتهت فعليا وتلاشت بدعوة الإمام شرف الدين بن محمد عشيش ودخوله مدينة صعدة سنة 1298 حسبما قدمناه في ترجمة القاضي عبد الله الشاذلي بحرف العين.

32. الفقيه محمد بن إبراهيم مشحم

الفقيه العلامة محمد بن إبراهيم مشحم الملقب الضوء

وهو أحد العلماء الذين أجازهم القاضي شيخ الإسلام عبد الله بن علي الغالبي في إجازته الكبرى. وكان من أعيان علماء مدينة صعدة في وقته، والذي

يظهر أنه من أهل التحقيق والتدقيق، وقد تأخرت وفاته إلى بعد عام الثلاثمائة وألف رحمه الله تعالى، ولصاحب الترجمة ترجمة فات عني موضع نقلها من دفاتري لتباعد المدة، فالله المستعان.

33. القاضي محمد بن صلاح مشحم

الفقيه العلامة الفاضل محمد بن صلاح بن علي بن يحيى بن علي بن صلاح بن إبراهيم بن محمد بن قاسم مشحم الصعدي اليمني.

مولده في نحو سنة 1240 تقريبا، ونشأ بصعدة وبها قرأ على شيخه وعمه القاضي حاكم المسلمين أحمد بن علي مشحم المتقدم ترجمته، ومن مقروءاته عليه مجموع الإمام زيد بن علي، وكان بداية السماع شهر رجب سنة 1277هـ، وأخذ أيضا عن القاضي شيخ الإسلام عبد الله بن علي الغالبي وله منه إجازة. وقرأ أيضا على السيد الكبير رئيس العلماء أحمد بن محمد بن محمد الكبسي ـ لما وقف بصعدة، وهاجر معه المترجم له إلى برط، وأخذ عنه هناك بهجرة العنان، وحصلت للمترجم محنة أثناء مهاجرته إلى برط مع شيخه، وقد ذكر جملة ذلك في بعض الرسائل والمكاتبات التي اطلعت عليها وهي معروفة، وقد ذكر أيضا في تلك الرسائل أسباب انتقال العلامة الكبسي عن مدينة صعدة، ثم ما حصل بعد ذلك من الوحشة التي جرت بين القاضي العلامة أحمد بن علي مشحم، والسيد العلامة الرئيس إبراهيم بن محمد الهاشمي، فإنهما كانا قطبا الشريعة في البلاد الصعدية في أيامهما، ومع علو مكانهما وتسليم دولة صعدة لهما في جميع الأمور، إلا أنها حصلت بينهما وبين اتباعهما كل المواحشة التي أدت إلى المنافرة وإلى بعض السباب والإقذاع، ولم أحبذ نقل شيء منها على جاري عادتي في هذا الكتاب، فقد جنبته إلا من ذكر المحاسن والمفاخر، وهذه هي صنعة أهل

التواريخ لا كما يفعل الجهلة الأغمار فالله المستعان.

يقول جامع هذه التراجم: وقد تطلبت كثيرا الحصول على ترجمة الفقيه محمد بن صلاح مشحم صاحب الترجمة بدون طائل، إلا أنني وجدت في بعض النقولات أنه كان رحمه الله عالما فاضلا، من أهل المثابرة على طلب العلوم وتقييدها، واكتساب المعارف وتحريرها وإفادتها، وفد على الإمام المحسن بن أحمد إلى حزيز جنوبي صنعاء في العام 1285 مع جماعة من علماء صعدة، وقد أثنى عليه مؤلف السيرة المتوكلية سيدي محمد بن إسماعيل الكبسي بحسن الخط، وجودته، وهو حسبما قال، وقد وقفت على نسخة بخطه من مجموع الإمام زيد الفقهي، فرغ من نساختها يوم الخميس لعله إحدى وعشرون شهر شعبان سنة 1273 بمسجد العرز من مساجد صعدة، وهي نسخة غاية في الحسن، وعليها حاشية للسيد المولى عماد الدين يحيى بن الحسين بن المؤيد بالله محمد بن الإمام القاسم بن محمد المتوفى سنة 1090هـ وحواشي أخرى مفيدة جدا في بابها، ونسخة الكتاب برواية وترتيب أبي القاسم عبد العزيز بن إسحاق بن جعفر البغدادي المعروف بابن البقال وهي في ستة أجزاء، وألحق في آخره منسك الحج للإمام الأعظم زيد بن علي، وما بأيدينا من مجموع الإمام زيد المطبوع بخلاف هذه النسخة رواية وترتيبا، وقد أكثر القعقعة حول هذه النسخة من المجموع صاحب بهجة الزمن بما لا طائل تحته، وأجدني قريبا من قول القاضي أمير شعراء اليمن الحسن بن علي بن جابر الهبل في أبياته التي ذيل بها البيتين الأولين من القصيدة وهما للسيد أحمد بن محمد الآنسي على لسان مجموع الإمام زيد عليه السلام:

أنا غيظ كل مناصب ... وأنا السبيل لي الجنان
وأنا الصحيح عن النبي ... المبعوث بالسبع المثاني

أنــا عــن عــلي ذي العــلى	لا عــن فــلان أو فــلان
أنــا ديــن آل محمــد	سـفن النجـا شـهب الأمـان
وأنــا القــرين بــرغم آ	نــاف النواصــب للقــران
أنــا غــرة التــاج المكـــ	ــلل درة العقــد الجــماني
هــل مــن مجــار أو مبــار	أو مســام أو مــداني
هيهــات كــل قاصــر	عــن غلــوتي يــوم الرهــان
بي يهتــدى بي يقتــدى الثـــ	ــقلان مــن إنــس وجــان
أيقــاس بي ظلــما مــن الكتـــ	ــب الجديــدة مــا عــداني
كــلا وآيــات المثــاني	لــيس لي في الكتــب ثــاني
وكفــى بمــن هــو جــامعي	فخــرا لمــن عنــه رواني
زيــد إمــام الحــق خيـــ	ــر الخلــق مــن قــاص وداني
يــا مــن تنكــب جــاهلا	ســبل الهدايــة والبيــان
أقبــل عــلي مشــمرا	ودع التكاســل والتــواني
وذر اتباعــك للهــوى	إن الهــوى شــرك الهــوان
لتفــوز في يــوم القيــا	مــة بالأمــان وبالأمــاني
وتخــص في جنــات عــد	نٍ بالمكانــة والمكــان
إيــاك تعــرض شــانئا	لي جــاهلا لرفيــع شــاني
مــن راح عنــي معرضــا	مــا راح رائحــة الجنــان

ولم أضبط تاريخ وفاته رحمه الله وكان موجودا على قيد الحياة سنة 1307هـ ورأيت في حامية إحدى النسخ المخطوطة هذه الترثية كأنها من نظم أحد علماء صنعاء قال: في حي سيدنا العلامة محمد بن صلاح مشحم وولده:

لقــد أظلمــت بي أفــق صــنعا كــأنما	دجا الليل واسودت وجوه الغياهب
بمــوت صــلاح وابنــه مــن تســنما	من الفضل والإحسان أعلى المراتب

ولا سيما عز الهدى العالم الذي مضى عمره كالشمس بين الكواكب
فقد كان للأيتام كهفا وموئلاً وقد كان للإيمان أكبر صاحب
وكان يحب الصالحين ويحمهم وكان لأهل النصب شر مناصب
سقى جدثا واراه من وابل الحيا وحياه ربي بالسلام المناسب

وهو شعر من نظم العلماء وقد انقطع البياض عن بقيته، وهو ملحق بكتاب في تعزية أهله، رحم الله الجميع بواسع الرحمة والمغفرة.

34. السيد محمد بن قاسم أبو طالب

السيد العلامة الرئيس عز الدين محمد بن قاسم بن المطهر بن محمد بن الحسين بن المولى علي بن أحمد أبو طالب بن الإمام المنصور بالله القاسم بن محمد الحسني القاسمي الرازحي. وهو أحد أعيان السادة في وقته، جمع بين العلم والرئاسة، إذ كان متوليا بعد أهله وآبائه في جبل رازح حسبما أسلفنا ذكره في أثناء تراجم أجداده بالقسم الثاني والثالث من هذا الكتاب، وأول ظهور رئاسته في كتب التواريخ كانت أيام دعوة الإمام الحسين بن علي المؤيدي سنة 1251هـ، وهو الذي عناه الفقيه العلامة إسماعيل بن حسين جغمان في قصيدته المتقدم إيراد بعض أبياتها قريبا في ترجمة الشيخ علي روكان، إذ أخذ يعدد المناصرين للإمام من البلاد الصعدية فقال:

فسلام السلام يغشاك مع إخـ ـوانك الأكرمين ذوي التصديق
من بني هاشم الأماجد أهل الـ ـفضل والسبق بل هداة الطريق
منهم السادة الأكارم من ضحـ ـيان من للإمام أي صديق
والشويع الذي هو السيدالجـ ـحجاح من خاض كل بحر عميق
وكذا عز الدين من صار سيفا فاتكا في رؤوس أهل الفسوق
فهنيئا لهم بما بك قد نا لوه ما لا ينال من مخلوق

فقصد بعز الدين في البيت قبل الأخير صاحب الترجمة.

وقد اطلعت على وثيقة مؤرخة بتاريخ سنة 1274 تفيد أن مناط ولايته في جبل رازح في التاريخ المذكور كان تبعا لدولة صعدة السيد المقام محسن بن عباس المتقدمة ترجمته قريبا، وتنقطع أخبار المترجم له في هذه السنة، فلعل وفاته بعد هذا التاريخ بعام أو عامين والله أعلم.

وإنما قلت في صدر الترجمة أنه من أهل العلم والرئاسة، لأني وقفت على أنه أخذ عن القاضي شيخ الإسلام عبد الله بن علي الغالبي عند وصوله للهجرة إلى ضحيان، من ذلك سماع عليه المجموع الفقهي والحديثي للإمام زيد بن علي من فاتحته إلى خاتمته، وشاركه في ذلك السماع عدة من العلماء، منهم الفقيه العلامة محمد بن صلاح مشحم، والعلامة عبد الرحمن بن أحمد مشحم، والقاضي محمد بن عبد الله الغالبي، والسيد حسين بن هاشم بن قاسم بن محمد بن يحيى بن محمد بن إبراهيم بن محمد بن أحمد بن عز الدين بن علي بن الحسين بن الإمام عز الدين بن الحسن، قال شيخهم المذكور بعد نقل ما تقدم عن خطه: وكان سماع الجميع في مجالس آخرها في الثلث الأخير من ليلة الجمعة المسفرة عن اليوم المبارك يوم التروية ثامن شهر الحجة الحرام سنة 1270 بهجرة ضحيان، وكان السماع سماع دراية ورواية وبحث وتحقيق إلخ وحرر لهم إجازة في ذلك، وستأتي ترجمة حفيده السيد العلامة الأديب أحمد بن الحسن بن محمد بن قاسم صاحب كتاب (المدد الوهبي في شرح قصيدة الهبي) المتوفى ببلده النضير سنة 1380 في أثناء القسم السادس إن شاء الله.

35ـ الشريفة نور بنت علي القاسمي

الشريفة الطاهرة العالمة نور بنت علي بن الحسن بن محمد بن الحسن بن محمد ابن صلاح بن أحمد بن محمد بن صلاح بن يحيى بن أحمد بن الهادي بن صلاح بن

الحسن بن الإمام علي بن المؤيد الحسنية المؤيدية.

وهي والدة الإمام الهادي الحسن بن يحيى القاسمي الآتية ترجمته في القسم الخامس من هذا المعجم. وقد ترجم لها حفيدها المولى عبد الله بن الإمام الهادي القاسمي في الجواهر المضيئة فقال: قرأت القرآن على والدها، وقرأت شرح الأزهار وحواشيه قراءة تحقيق على زوجها السيد العلامة يحيى بن علي القاسمي، وأحسب أن سماعها للشهاب وأمالي أحمد بن عيسى وأمالي أبي طالب والإرشاد عليه، وكذا في السير الحدائق الوردية. وعنها ولدها الإمام الهادي لدين الله الحسن بن يحيى رضوان الله عليه في حال صغره، وكانت عالمة، متقنة في فروع المذهب محققة، عاملة متألهة، ملازمة للإرشاد وكتب الطريقة، متخلقة بأخلاق الشرع الشريف، كان يجتمع عندها في مسجدها الذي بفناء دارها عالم من النساء لمعالم الدين ولجماعة الصلاة قال: ولم تزل على تلك الطريقة إلى آخر عمرها، وتمرضت فلم تخل بشيء من الشرعيات، حتى توفيت رحمها الله سنة 1276 ست وسبعين ومائتين وألف، وقبرت بمقبرة ضحيان، وقبرها مشهور مزور انتهى. قلت: ووالدها السيد علي بن الحسن الضحياني. كان سيدا عالما، شجاعا ناسكا، عابدا قويا في الأمر بالمعروف والنهي عن المنكر، هكذا ترجم له السيد الحسين بن القاسم في تراجم بني المؤيد ثم قال: وتوفي بضحيان في تاريخ غير معروف انتهى.

36_ السيد يحيى بن أحمد العجري

السيد العلامة عماد الدين يحيى بن أحمد بن الحسين الملقب العجري وهو الحسين بن محمد بن يحيى بن محمد بن يحيى الشهيد بن محمد بن صلاح بن علي بن الحسين بن الإمام عز الدين بن الحسن المؤيدي الضحياني.

والعجري في لقبه بكسر العين المهملة وسكون الجيم ثم راء مكسورة نسبة إلى موضع قرب هجرة فلة، والملقب بذلك هو جد صاحب الترجمة، وقيل بل جده الخامس في النسب السيد يحيى بن محمد بن يحيى الشهيد، وصاحب الترجمة مولده نحو سنة 1240 تقريبا، وهو المنتقل من وطنه هجرة فلله إلى مدينة ضحيان لطلب العلم الشريف، فأخذ بها عن القاضي عبد الله بن علي الغالبي وغيره، وأقام بها حتى وفاته بها حميدا سعيدا سنة 1313 ثلاثة عشر وثلاثمائة وألف، وأولاده: أحمد وعلي وعبد الله هم نجوم أهل زمانهم، وله أولاد غيرهم لكن هؤلاء الذين اشتهروا بالتحقيق، وسيأتي تراجمهم وتراجم أولادهم في بقية أقسام هذا الكتاب. ومن جملة الآخذين عن صاحب الترجمة أولاده المذكورين العلماء الأعلام صفي الدين أحمد بن يحيى، وجمال المسلمين علي بن يحيى، وفخر الإسلام عبد الله بن يحيى قال ولده السيد العلامة الجهبذ علي بن يحيى العجري عند تعداد مسموعاته على مشايخه ما لفظه:

ومن مشايخي الكرام مولاي ووالدي العلامة البر المنور عماد الدين يحيى بن أحمد بن الحسين بن محمد بن يحيى بن محمد بن يحيى بن محمد بن صلاح المؤيدي، قرأت عليه في الفرائض، ومنه حصلت فائدتي في ذلك العلم وفي الأزهار وشرحه وأحكام الإمام الهادي من فاتحته إلى خاتمته، وأجازني إجازة عامة، وهي يروي رحمه الله بالسماع والإجازة عن شيخه القاضي العلامة عبد الله بن علي الغالبي ثم بطرقه المذكورة في إجازته المتصلة بمصنف كل كتاب.

37. السيد يحيى بن أحمد شريف

السيد العلامة عماد الدين يحيى بن أحمد لقبه شريف بن عبد الله بن أحمد بن إبراهيم بن محمد بن الإمام إبراهيم بن محمد الملقب بابن حوريه الحسني المؤيدي

اليحيوي الصعدي.

أحد العلماء الأماثل، والسادة الأفاضل، كان متزوجا بابنة السيد العالم إبراهيم بن محمد الهاشمي المتوفى سنة 1308 وكان كثير الملازمة له، وكان يقوم بنساخة المراقيم الشرعية وأوراق التأجير لأموال لوقف لعمه المذكور نائب الوقف رحمه الله، هذا هو كل ما وقفت عليه في ترجمته، وهو بعد ذلك أحد الذين أجازهم القاضي شيخ الإسلام عبد الله بن علي الغالبي في إجازته الكبرى. ولم أضبط تاريخ وفاته رحمه الله تعالى. وولداه هما السيدان الأخوان العالمان الحسين بن يحيى شريف المتوفى شهيدا بتنومة سنة 1341 وصنوه محمد بن يحيى شريف المتوفى سنة 1340 وستأتي لكل منهما ترجمة في القسم الخامس من هذا المعجم.

38. السيد يحيى بن الحسن طيب التهامي

السيد العلامة العابد الولي المحقق عماد الدين يحيى بن الحسن بن الطيب بن محمد بن علي بن الطاهر بن جيلان بن مساوى بن الطاهر بن العطيفة بن أبكر بن مساوى بن العطيفة بن المساوى بن يحيى بن زكريا بن حسن بن ذروة بن حسن بن يحيى بن داود بن عبد الرحمن بن عبد الله بن داود بن موسى بن عبد الله بن موسى بن عبد الله بن سليمان بن عبد الله بن موسى الجون بن عبد الله الكامل المحض بن الحسن بن الحسن بن علي بن أبي طالب.

وهو التهامي ثم الضحياني الملقب الطيب، أخذ في العلم عن المولى الجهبذ فخر الإسلام عبد الله بن أحمد العنثري، وعن القاضي العلامة محمد بن عبد الله الغالبي وله منهما إجازة عامة، وأخذ أيضا عن الإمام المهدي محمد بن القاسم الحوثي، واستجاز منه مع جماعة من العلماء، وعنه أخذ جملة من الأعلام، منهم السيد العلامة الولي عبد الله بن يحيى العجري، وله منه إجازة مؤرخة سلخ ربيع الثاني سنة 1316 ومنهم المولى العلامة محمد بن إبراهيم حوريه المؤيدي. وقد

ذكره تلميذه المذكور في إحدى إجازاته المطولة فقال:

ومنهم حي شيخي العلامة المتأله المتعبد الزاهد الولي الخاشع المطلق للدنيا أويس زمانه وإبراهيم أوانه الفائق أقرانه علما وزهدا وعبادة، فإني لازمته سنوات متعددة لم أره إلا في تلاوة أو بحث أو ذكر، وكان لا يذكر أحد في مجلسه، وكان شبيهاً بجده الكامل صلوات الله عليهم، وهو يحيى بن الحسن طيب طيب الله ثراه من أولاد الإمام المسمى الكامل، قرأ رضي الله عنه أول مقروءاته بأبي عريش على يد بعض العلماء من بني الضمدي في علوم الآلة، ثم هاجر إلى ضحيان، وجذب عمه وبني عمه إلى هنالك، وتركوا أموالهم ببلاد تهامة وأحوازها، وكانوا من ذوي الثروة البالغة، وكان عمه يتجر وله سواعي وعمال ببنادر تهامة إلى جده، وكان يحج أكثر الأعوام، وجلب لشيخنا هذا ولد أخيه الكتب النفيسة من مكة وغيرها، حتى أحرز خزانة حافلة من كتب الآلة وكتب الآل، وكان على مذهب قدماء أهل البيت عليهم السلام، وكان مستجاب الدعوة بالمعاينة، وكثير الصدقات والتحنن على طلبة العلم، فإنه ربانا تربية الأب الشفيق لولده، وقرأت عليه كتب النحو المتداولة، وكان يعقد لها مجلسا لتحصيل القواعد غيباً، مقدار ست سنين وإملاء شواهد النحو وإعمالها، وقرأت عليه في المنطق ايساغوجي مع حاشية اليزدي، والرسالة الشمسية، وشرح الكافل والهداية شرح الغاية للحسين بن القاسم مع حاشية الحسن بن يحيى سيلان الصعدي، وحضور بعض الأمهات كالحاوي للإمام يحيى بن حمزة عليه السلام والمعتمد لأبي الحسين البصري، وقرأت عليه الاعتصام للإمام القاسم بن محمد وتتمته لابن زبارة، وشرح التجريد للإمام المؤيد بالله عليه السلام، وهو يروي جميع مقروءاته رحمه الله تعالى عن شيخنا شيخ الإسلام محمد بن عبد الله الغالبي، وعن شيخنا الإمام الهادي الحسن بن يحيى القاسمي، وعن مرجع العلماء في عصره وفريد دهره الوالد العلامة عبد الله بن أحمد مشكاع الضرير،

وهو يروي عن القاضي العلامة أحمد بن علي المجاهد بواسطة أو بغير واسطة لأنه قرأ في صنعاء وتعمر عمرا طويلا، وكان يروي المسائل بظهر الغيب وينبه على مواضعها في المسندات والمؤلفات، حتى لقد سمعته أنا مرارا، ومشايخي المذكورون وغيرهم يملون عليه في الاعتصام والأمهات، فيروي لهم الحديث وما يؤيده من سائر الكتب، وسنده رحمه الله أرفع الأسانيد في العصر، وكنت أحضر أنا كثيرا مع أولئك الأعلام للتعجب وأنا في أوائل الطلب انتهى.

ومن جملة تلامذة المترجم له السيد العلامة المؤرخ محمد بن حيدر النعمي وقد ذكره في كتابه الجواهر اللطاف فقال ما لفظه:

ومن أولاد ذروة الفرع المشهور عند النسابين بنو المساوى سكان حرض، ومنهم السادة آل طيب انتقلوا إلى الرباط وهجرة ضحيان قال: ولنبدأ بسلسلة شيخنا السيد العلامة المجتهد ولي الله بلا نزاع، الذي وقع على كماله الاجماع، عماد الإسلام يحيى بن الحسن طيب التهامي الذروي الساكن بهجرة ضحيان والمتوفي بها فهو يحيى بن حسن بن طيب بن محمد بن علي بن الطاهر بن جيلان بن المساوى بن الطاهر بن العطيفة بن المساوى بن يحيى بن زكريا بن حسن بن ذروة بن يحيى بن داود إلى آخر النسب المتقدم في صدر الترجمة المنقول عن السيد أحمد بن يحيى العجري.

وترجمه في عقد الجمان في تراجم علماء ضحيان فقال:

نشأ ببلده الرباط من أعمال الظاهر وابتلي بطول بلاء عظيم، ثم هاجر هو وأهله وعشيرته إلى مدينة ضحيان، وأقام بها واستفاد في جميع العلوم، وقمر سهمه على جميع السهوم، ولاحظه بها طوالع التوفيق وشرب منها من مختوم الرحيق، واكتسب الآداب الفاخرة، ودرس بها الدروس الوافرة على المولى عبد الله بن أحمد العنتري المؤيدي وعلى غيره، وحصل له من التلاميذ جملة، وسلك

مسلك شيخه في العبـادة والفضـل والزهـادة والأوراد والأدعيـة والوظـائف الحسنة، ومع ذلك كان مكفي من أمر المعاش في كفل عمه السيد يحيى بن يحيى طيب لأنه ذو ثروة من المال، وله من الولد حسن وأمه الحرة الشريفة فاطمـة بنت عمه يحيى طيب انتهى. وفي كتاب ذروة المجد الأثيل وفي المشكاة النورانية أيضا، والجميع للمولى العلامة أحمد بن يحيى العجري جاء ما لفظه:

وممن سكن في هذه الهجرة يعني هجرة ضحيان واتخذها وطناً السادة الكرام النبلاء الفخام آل طيب رحلوا للهجرة إلى محروس ضحيان من وطنهم المعروف بأسفل جبال خولان وهو الرباط، وله به وبتهامة أموال جزيلة، وهم أهل ثروة ودين وعفاف وكرم، فانتقلوا بأهلهم وأولادهم وبقوا في الهجرة المذكورة، وصاروا من أجلاء السادة وفضلائهم، ونشأ فيه علماء فضلاء، منهم السيد العلامة الجهبذ الورع التقي صاحب الأنظار الحميـدة والآراء السـديدة عمـاد الإسلام وزينة بني الأيام يحيى بن حسن بن طيب، والولد التقي البار طيب بن محمد، والولد العزي محمد بن حسن طيب، والولد العمـاد يحيى بن أحمـد طيـب، هؤلاء ممن كد في طلب العلوم، لكن اخترمتهم المنون، وقدموا على الحي القيوم في موضع السعادة، فقد أعطاهم الله الحسنى وزيادة، أما الصنو يحيى بن حسن فله في العلوم منزلة سنية ومرتبة علية. ومنهم السيد الهمام التقي الوالـد العمـاد يحيى بن محمد طيب (توفي في شهر صفر سنة 1318)، وولد أخيه السيد التقي الأمجد ذو الكرم والسؤدد علي بن القاسم طيب (كذلك توفي شهر صفر سنة 1318) رحمهم الله، ولهم خلف يرجى الله صلاحهم إذ أكثرهم أطفـال أيتـام والمتولي عليهم الجميع السيد يحيى بن يحيى طيب انتهى بلفظه.

ثم قال مؤرخا لتاريخ وفاة صاحب الترجمة بما لفظه: توفي شهر الحجـة سـنة 1319 ووصفه ببركة الخـاص والعـام ذي الـورع الشـحيح والـدين الخـالص

الصريح المهاجر ابتغاء لما عند الله والمفني عمره في طاعة الله انتهى. وفي التحف شرح الزلف أن وفاته عام ثمانية عشر وثلاثمائة وألف.

39. السيد يحيى بن علي القاسمي

السيد العلامة يحيى بن علي بن أحمد بن علي بن قاسم بن حسن بن محمد بن أحمد بن حسن بن زيد بن محمد بن أبي القاسم بن الإمام علي بن المؤيد الحسني اليحيوي المؤيدي الضحياني. وهو والد الإمام الهادي الحسن بن يحيى القاسمي الداعي سنة 1322. وهو من سادات العترة في أيامه، ترجمه المولى أحمد بن يحيى العجري في ذروة المجد الأثيل فقال:

الوالد العلامة الولي، مرجع الأحكام، وتاج العلماء الأعلام. كان من العلماء الأخيار، وله معرفة جليلة في مدارك الأحكام الشرعية، صاحب ورع وتحري، عاش حميدا عظيما كريما رضوان الله عليه، وله ولدان من الأخيار العلماء الأبرار انتهى.

وترجمه حفيده المولى عبد الله بن الإمام في الجواهر المضيئة فقال:

هاجر إلى صنعاء، وأخذ في علوم آل رسول الله على شيوخها الراسخين، ونجومها المضيئين، ثم عاد إلى وطنه هجرة ضحيان، فأخذ على شيخ آل الرسول عبد الله بن أحمد العنثري، وعلى حواري الآل عبد الله بن علي الغالبي. وعنه ولده أحمد بن يحيى، والإمام الهادي، والفقيه إبراهيم بن عبد الله الغالبي وغيرهم. وكان عالماً محققاً، سيما في فروع المذهب، سيداً وجيهاً، آمراً بالمعروف ناهياً عن المنكر، مناصباً للظلمة وأهل الطاغوت، مقيماً للشريعة الإسلامية، ورعاً زاهداً عابداً، ملازماً للأمر بالمعروف ونشر العلم، مع العفة العظيمة، والتحرز عن المأثم والمحرمات إلى آخر عمره، ولما اجتمع بعض رؤساء القبلة وساعدهم

بعض علماء الزيدية كالوالد العلامة أحمد بن محمد الكبسي- والقاضي عمير وغيرهم من علماء صعدة على أن يمكن ابن عائض العسيري من جهات القبلة على أن يكون أميرها من الزيدية، والأحكام والأوامر إليه ولابن عائض نصف خراجها، ورأوا تلك مصلحة لفساد البلاد وكثر فتنها وإشادة الطاغوت أبى المترجم له أن يتولاها أحد من غير آل رسول الله، وكان إذا حزب الإسلام أمر خرج إلى القبائل فيحشد ويجمع فآيس ابن عائض، وبطل ما أزمع عليه المجتمعون، وله من المآثر الدينية ما يستغرق كراريس رحمه الله ورضي عنه، وتمرض قدر ثلاث سنين، وكان يلقى من قراءة الفاتحة وثلاث آيات في صلاة الفريضة أمراً لا يصبر عليه غيره، لأنه قد كان استرخى لسانه وسائر أعضائه، فإذا لم يكن له إمام مكث على الفريضة مقدار ساعتين أو ثلاث، وصبر على ذلك إلى آخر أيامه، وأسكت ولم ينطق بحرف إلى أن استحضر فنطق بكلمة التوحيد، ثم توفي رحمه الله في شهر محرم الحرام مفتاح سنة خمس وثلاثمائة وألف، وقبر بمقبرة هجرة ضحيان وقبره مشهور مزور.

***

قلت: وقد بارك الله في ذريته وبالأخص ذرية ولده الإمام الهادي الحسن بن يحيى القاسمي، وقد تلقب المتأخرون من أحفاده بآل الهادي نسبة إلى كنية ولده أثناء دعوته وإلا فلقبهم الأصلي بيت القاسمي، وستأتي تراجم أعلام هذا البيت في بقية أقسام هذا المعجم.

40- السيد يحيى بن محمد الداعي

السيد العلامة المقري يحيى بن محمد الداعي، ينتهي نسبه إلى الإمام الداعي يحيى بن المحسن بن محفوظ الحسني اليحيوي، استطرد ذكره في بغية الأماني والأمل أثناء ترجمة الفقيه أحمد بن إسماعيل المتميز فقال:

أسمع القرآن بالقراءات السبعة لدى السيد العلامة يحيى بن محمد الداعي وحقق فيها ودقق حتى فاق على مشايخه وأقرانه، وصار الحجة والمرجع في زمانه، وأجازه شيخه المذكور إجازة حافلة، والمتولي لتصديرها القاضي العلامة نجم الشيعة عبد الله بن علي الغالبي عن أمر السيد المذكور، لأنه كان بصيراً انتهى كلامه، ولم أقف في ترجمته على أكثر من هذا النقل، يسر الله ذلك.

وبهذا نفرغ من جمع هذا القسم الرابع من أقسام كتاب
(عقد الجواهر في تراجم فضلاء وأعيان صعده بعد القرن العاشر)
من مجاميع الفقير إلى ربه الراجي عفوه ومغفرته عبد الرقيب بن مطهر بن محمد بن محمد بن إبراهيم بن الحسين بن يحيى بن المطهر بن إسماعيل بن يحيى بن المولى سلطان العلوم الحسين بن الإمام القاسم بن محمد الحسني الصعدي، ويليه القسم الخامس من سنة 1322 إلى سنة 1367 سبع وستين وثلاثمائة وألف، يسر الله ذلك بعونه وطوله، وصلى الله على سيدنا محمد وآله وسلم تسليما كثيرا

عقد الجواهر

بتراجم فضلاء وأعيان صعدة بعد القرن العاشر

المسمّى أيضًا

نبـلاء صعـدة بعد الألف

القسم الخامس

من سنة 1322ـ 1367هـ

1. السيد إبراهيم بن أحمد حوريه المؤيدي

السيد العلامة الأجل صارم الدين إبراهيم بن أحمد بن علي بن الحسين بن الحسن بن يحيى بن علي بن أحمد بن يحيى بن الإمام إبراهيم بن محمد الملقب بابن حوريه بن أحمد بن عز الدين بن علي بن الحسين بن الإمام عز الدين بن الحسن اليحيوي المؤيدي الفللي.

مولده بهجرة فللہ ليلة السبت ثالث شهر رمضان سنة 1313 ثلاثة عشر وثلاثمائة وألف، ونشأ في حجر والده وقرأ علومه الأولية بالهجرة، ثم طلب العلوم على أخيه المولى فخر الدين عبد الله بن أحمد المؤيدي، وتخرج به وهاجر معه إلى صعدة، فأخذ عن السيد العلامة محمد بن إبراهيم حوريه المؤيدي. وكان لصاحب الترجمة فيما يذكر ذكاء مفرط، وفطنة وقادة، استوعب من خلالها ما فاق به الأقران، فهو أحد العلماء البارعين، وقد ترجم له معاصره صاحب بغية الأماني والأمل القاضي عبد الرحمن بن حسين سهيل فقال:

هو أحد أعيان الزمان وعلماء الأوان، عالم عامل فاضل كامل، أخذ عن أخيه المولى العلامة المحقق عبد الله بن أحمد الآتية ترجمته، واستفاد عليه وتخرج به، فحقق ودقق في كثير من الفنون، وجد في اكتساب ذلك وتعب وسهر ونصب، فقد كنت أراه يومئذ وهو ملازم كتبه لا يفارقهم إلا فيما لا يمكن من الأوقات وذلك بصعدة المحمية عند مهاجرته إليها هو وأخوه المولى فخر الإسلام، وهو إلى الآن قرين العلم قد استوطن عَرْو من مغارب صعدة، فهو به ناعم البال ملازم طاعة ذي الجلال انتهى. وترجمه السيد الحسين بن القاسم في تراجم علماء بني المؤيد فقال في أثناء ترجمته: أنه تولى في بلاد بني سويد وما إليها القضاء والإصلاح بين الناس، واستوطن أسفل معبار من بلاد جماعة، وتوفي ودفن هناك، ولم يؤرخ لوفاته، ولا زلت أتطلب ذلك. حتى وقفت في تاريخ مولده على

خط صنوه المولى عبد الله بن أحمد المتوفى سنة 1361 الآتي بحرف العين ولفظ ما وجدت: كان وجود الصنو إبراهيم ليلة السبت ثالث شهر رمضان سنة 1313 انتهى. ثم أفادني أحد أحفاده المعاصرين أن وفاته ثالث عشر شهر ربيع الأول سنة 1371 إحدى وسبعين وثلاثمائة وألف رحمه الله تعالى.

(ووالده)

هو السيد العلامة العابد الزاهد التقي أحمد بن علي بن الحسين حوريه المؤيدي الحسني الفللي. مولده ثامن عشر شوال سنة 1278 ثمان وسبعين ومائتين وألف بهجرة فلله من الناحية الجماعية.

فنشأ النشأة الصالحة، وقرأ على مشايخ من أهل بيته، وانتفع بهم في الفقه وأصول الدين، وأخذ عن القاضي شيخ الإسلام محمد بن عبد الله الغالبي في بعض الكتب السماعية، وأخذ عليه السيد العلامة محمد بن إبراهيم حوريه المؤيدي في أوائل الطلب في متن الأزهار بهجرة فلله. وقد ترجم له القاضي العلامة عبد الرحمن بن حسين سهيل في بغية الأماني والأمل فقال:

كان رحمه الله من أخيار وقته عبادة وزهدا، وله في العلم حظ وافر، سكن محله ومحل سلفه الصالح هجرة فلله، وهو والد سيدي وشيخي العلامة النحرير عبد الله بن أحمد المؤيدي وصنوه إبراهيم بن أحمد، ولم يزل دأبه المواظبة على الطاعات حتى توفاه الله سعيدا حميدا في شهر القعدة سنة 1304 أربع وثلاثمائة وألف، وقبره بهجرة فلله انتهى، ونقل ألفاظ هذه الترجمة السيد الحسين بن القاسم في تراجم علماء بني المؤيد إلا أنه قال في آخرها: حتى توفاه الله بفلله سعيدا حميدا في 22 القعدة من عام 1334 رحمه الله. **قلت**: ولم أقف في هذين القولين على تحقيق يسر الله ذلك. ثم إني وقفت على خط ولده المولى فخر الإسلام عبد الله بن أحمد

في حامية بعض كتبه، ولفظ ما وجدت: رأيت ما لفظه وجد الوالد أحمد بن علي ثامن شهر شوال سنة 1278 وتوفي إلى رحمة الله شهر شعبان سنة 1334 انتهى بلفظه وحروفه.

2ـ القاضي إبراهيم بن عبد الله الغالبي

القاضي العلامة الرباني الحافظ خاتمة المحققين وواحد أساطين الشريعة صارم الدين إبراهيم بن عبد الله بن علي بن علي بن قاسم بن لطف الله الغالبي اليمني الصعدي الضحياني.

مولده يوم الخميس ثاني عشر شهر صفر سنة 1266 ست وستين ومائتين وألف بعد تمام شهر من وصول والده القاضي الحافظ الكبير الشهير عبد الله بن علي الغالبي إلى مدينة ضحيان واتخاذها دار هجرته وإقامته، فنشأ صاحب الترجمة بها النشأة الصالحة في حجر أبيه، وأخذ في التلقي وطلب العلوم على أكابر علماء عصره بضحيان قال رحمه الله: ولي بحمد الله مشايخ فضلاء نجوم للأنام كرام نبلاء، فمنهم سيدي العلامة الزكي شيخ الشيوخ وإستاذ أهل التدقيق والرسوخ فخر الإسلام عبد الله بن أحمد المؤيدي الضحياني الملقب العنثري رحمه الله، فإني لازمته في القراءة عليه في علوم الآلات وإملاء الحديث وغيرها من العلوم فوق العشرين سنة، فمما قرأت عليه في أصول الدين شرح الثلاثين المسألة لابن حابس واليتيمة، وشرح الأساس للشرفي والبراهين الصريحة ومجموع الإمام القاسم بن إبراهيم، والحكمة الدرية وإيقاظ الفكرة لمحمد بن إسماعيل الأمير، وفي أصول الفقه شطرا من شرح الكافل لابن لقمان وشرح غاية السؤل للحسين بن القاسم جميعها، وفي علم الحديث مجموع الإمام زيد بن علي عليه السلام، وأمالي أبي طالب، وأمالي المرشد بالله الخميسية، وأمالي

أحمد بن عيسى، وتفريج الكروب، وموازرة الإخوان، وشمس الأخبار، وأنوار اليقين، وتحفة الأخبار للرقيمي، وإرشاد العنسي وشرح الأربعين السيلقية ونهج الرشاد وهو أربعة أجزاء لعلي بن الحسين الشامي، وسلوة العارفين وصحيفة علي بن موسى الرضا، وخطبة الوداع، وسلسلة الإبريز والسفينة للإمام أحمد بن هاشم والأسانيد اليحيوية، وشواهد التنزيل، وتنبيه الغافلين في فضائل الطالبيين وشفاء الأوام، والإعتصام وتتمته أنوار التمام، وشرح التجريد للمؤيد بالله إلى كتاب النكاح، والبحر الزخار وشرح التكملة للمفتي وشرحها لابن حابس، وفي التفسير شرح الخمس المائة الآية للنجري، والثمرات والإتقان في علوم القرآن، وفي الكشاف سورة البقرة وفي علوم الآلة حاشية السيد المفتي والخبيصي وشرح الجامي على كافية ابن الحاجب ولم يكمل، وبعضا من شرح الرضي، وقرأت عليه مغني اللبيب لابن هشام قراءة بحث وتحقيق مع إحضار حواشيه للدماميني والشمني، ولم تتيسر تلك الحوامي إلا في النصف الآخر، ولسيدي الفخري يقصد شيخه المذكور حواشي وقت القراءة وأنظار حسنة، وكذلك قرأت عليه المناهل الصافية والشرح الصغير لسعد الدين مع حواشيه للشيخ لطف الله، والشريف وبعضا من الشرح الكبير المسمى بالمطول، وفي السير الحدائق الوردية، واللآلي المضيئة، وسيرة الإمام المتوكل على الله أحمد بن سليمان عليه السلام، وأخذت عنه سماعا الفرائض فهذه المذكورة أخذتها عن سيدي فخر الإسلام سماعا وإجازة منه لما بقي من العلوم.

ومن مشايخي أخي وشقيقي بقية العلماء ونبراس الحكماء المتحلي بالأخلاق الحسنة والمتردي بالصفات المستحسنة العلامة الزكي شيعي أهل البيت المطهرين محمد بن عبد الله الغالبي، فإني قرأت عليه شطرا وافرا من العلوم أصولا وفروعا وحديثا ونحوا وصرفا وغير ذلك، وأجازني فيما لم يتم لي

سماعه، وقد سمعت عليه كثيرا مما سمعته على سيدي العلامة فخر الإسلام، وممن أخذت عنه الإجازة العامة في جميع العلوم سيدي العلامة الإمام المنصور بالله محمد بن عبد الله الوزير رحمه الله، فإنه شاركني في الإجازة للصنو العلامة عز الإسلام محمد بن عبد الله الغالبي حسبما ذكر فيها إجازة لنا عامة بجميع ألفاظ الرواية، وممن أجاز لي إجازة عامة مولانا أمير المؤمنين المهدي لدين الله محمد بن القاسم رحمه الله انتهى.

قلت: وصاحب الترجمة رحمه الله هو خاتمة المحققين، وإليه انتهت رئاسة علم العربية والأصولين في أيامه، وقد أخذ عنه جلة من العلماء الأعلام، منهم السيد محمد بن إبراهيم حوريه المؤيدي، والسيد علي بن يحيى العجري، وصنوه عبد الله ابن يحيى العجري، والسيد محمد بن منصور المؤيدي والد المولى مجد الدين، والفقيهان العالمان إبراهيم بن يحيى سهيل وقرينه إسماعيل بن أحمد المتميز وغيرهم، ومنهم أولاده إسماعيل وعبد الرحمن وغيرهم الكثير ممن سنذكره في شتيت التراجم. والإجماع منعقد على أن صاحب الترجمة كان من العلماء المحققين المدققين، أهل الفضل والورع والتحري، أثنى عليه بذلك مترجموه وأفاضوا. وهو صاحب المسائل المشهورة التي أجابها الإمام المهدي محمد بن القاسم الحوثي الحسيني المسماه بـ(البدور المضيئة جوابات المسائل الضحيانية)، وهي مشتملة على مسائل في فنون العلم، ذكر بعض العلماء أن المترجم له وجه تلك المسائل المشار إليها إلى الإمامين المهدي محمد بن القاسم الحوثي والإمام شرف الدين بن محمد عشيش على سبيل الإختبار،. وكان تحريره لتلك السؤالات في سنة 1299 تسع وتسعين ومائتين وألف، ووافق فراغ الإمام المهدي من تحرير جواباته عليها ليلة الجمعة لعشر بقين من جمادى الأولى من تلك السنة.

قال المولى مجد الدين بن محمد المؤيدي رضوان الله عليه:

وبعد أن اطلع السائل، وهو القاضي العلامة المنتقد، والحافظ المجتهد، صارم الإسلام وخاتم المحققين الأعلام، إمام الشيعة، وواحد أساطين الشريعة الولي ابن الولي إبراهيم بن عبد اللّه الغالبي على جوابات الإمام المهدي عليه السلام قال: وبعد، فلما وصلت إلينا هذه الجوابات الفريدة، والحكم البديعة المفيدة، التي بها تنشرح الصدور، وبالتملي فيها يحصل الفرح والسرور، قد كشفت عنا غياهب الظلم، وأهدت إلينا بدائع الحكم، وأذهبت عنا الهموم ورفعت الهمم، فقد اشتملت على معان سطع صباحها مستنيرا، وظهر شعاعها مستطيرا، حتى صارت مشرقة الجو، مغدقة النو، مونقة الضوء، تضعف الخواطر عن إدراك معانيها، وتصغر القرائح عن اقتراح ما يساويها. إلى قوله: فلا يبرح الناظر مستخرجاً للدرر الحسان، إلى أن ينتهي إلى ما لا يخطر على الأسماع والأذهان، ونظمَ بعد وصفٍ أنيق ونثر قويم هذه الأبيات مقرظا للجوابات المذكورة:

هذي الرياض التي قد راقت البصرا ... فسرح الطرف فيها تبلغ الوطرا
كانت مسائلنا ليلاً فلاح لها ... نور يضئ كضوء الشمس إذ ظهرا
كانت مسائلنا بكراً مختمة ... ففضها من لبيت المجد قد عمرا
قد أطفأت نار كربي إذ رأيت بها ... سؤلي وشاهدت ما للعقل قد بهرا
سلت على جيش همي سيف نصرتها ... فانسل همي لواذاً خائفاً حذرا
وذقت منها جنياً من فواكهها ... لو ذاقه من براه سقمه لبرا
وكيف لا وهي ممن طاب عنصره ... لولا سناه لبدر التم ما ظهرا
العالم الكامل المشهورمن ظهرت ... له الفضائل حتى فاق واشتهرا
بأمره قد أقام اللّه عثرتنا ... مذ قام فهو لدين الله قد نصرا
حاوي المفاخر لا تخفي فضائله ... إلا على أبله لا يعرف القمرا

نَمت بـه دوحـة زيتونـة ظهـرت مشكاة مصباحها قد ضـاهت الـدررا
يملي العلـوم التـي أمواجهـا زخـرت فالبحر مـن أجلـه قـد صـار مستترا
فـالله ينصـر رايـات لـه نشـرت على العـدو الـذي بـالكفر قـد شـهرا
والله يبقيـه للإسـلام ملتجـأ غوثـا مغيثـا كمثـل النـو إذ مطـرا
فالحمـد لله زال الهـم وانفرجـت عنا مهـمات مـا في الصـدر قـد سـترا
ثم الصـلاة عـلى المختـار مـا ظهـرت شمس ومـا دارت الأفـلاك والقمـرا
وآلـه السـادة الأطهـار مـا نطقـت أفواه من جحـد البـاري ومـن ذكـرا

وقد ترجمه لصاحب الترجمة القـاضي عبـد الـرحمن سـهيل في بغيـة الأمـاني والأمل، والسيد العلامة محمد بن محمد زبارة فقال في ترجمته:

كان إماماً متبحراً في علوم العربيـة، مشـاركاً مشـاركة قويـة في سـائر أنـواع العلوم الإسلامية، ورعاً زاهداً آمراً بالمعروف ناهياً عـن المنكـر، وسـماه بعـض علماء صعدة المحب الطبري. وممن استجاز منه إمام العصـر المتوكـل عـلى الله يحيى بن محمد حميد الدين، والسيد الشهير محمد بـن عـلي الإدريسي التهـامي، والسيد محمد بن حيدر النعمي وغيرهم، واطلعت على إجازة منه تاريخها ربيـع الأول سـنة 1327 فيهـا تقريـر مقروءاتـه عـلى مشـايخه ومسـتجازاته عمومـاً وخصوصاً انتهى كلامه. ومن مناقب المترجم له التي ذكرها مؤلف بغية الأماني والأمل وغيره انتقاله إلى بني مالك وبلاد فيفا وتلك الجهات للإرشـاد وتعلـيم الفرائض والشـرائع، ومكث هناك على ذلك شهور وسنين حتى عم بسعيه النفع العميم والصلاح، وعُبِد الله في تلك المناطق كما ينبغي بعد أن كان الإسلام غريبا لديهم، ووفاه الأجل هنـاك فتـوفي رحمـه الله تعـالى في شـهر سـنة 1327 سـبع وعشـرين وثلاثمائة وألف في منطقة خاشـر بالخاء والشين المعجمتين بينهما ألف ثم راء مهملة من بلاد بني مالك، وله أولاد علماء نبلاء، وهم: إسماعيل وحسين

وصلاح وعبد الرحمن، وستأتي تراجمهم في مواضعها من هذا المعجم.

(القضاة آل الغالبي)

القضاة بيت الغالبي من البيوت المعمورة بالعلم والمعرفة وبالأخص في القرنين الثالث والرابع عشر الهجري، ونسبهم يرجع إلى همدان. وكان مسكنهم على ما يذكر في ظفير حجة، ثم انتقل أحد أجدادهم إلى صنعاء. وممن اشتهر من أهل هذا البيت الفقيه العلامة الأصولي عبد الله بن أحمد الملقب الوردسان الغالبي وهو من أعلام القرن العاشر. ومما نقلته عن قلم صاحب الترجمة القاضي إبراهيم بن عبد الله الغالبي فيما يخص ترجمة جد والده الفقيه علي بن قاسم بن لطف الله الغالبي ما خلاصته: كان من العلماء المبرزين المتجلدين في محبة أهل الآل الكرام، الممتحنين بالتشيع، عابداً ناسكاً فاضلاً، صاحب كرامات وأحوال عجيبة، أخبرني والدي عبد الله بن علي أن جده هذا كان يقرر كل يوم ختمة، واتفق له مع المنصور علي قصة عجيبة تدل على صدق تشيعه، وولده علي كان من أهل النسك والورع انتهى.

وأول من سكن واستوطن منهم مدينة ضحيان والد صاحب الترجمة القاضي العلامة واسطة عقد الشيعة الزيدية عبد الله بن علي بن علي الغالبي المتقدمة ترجمته في القسم الرابع، وبها كانت وفاته شهر جمادى الأولى سنة 1276 ست وسبعين ومائتين وألف. وخلف من الأولاد: محمد الأكبر وله ترجمة ستأتي، وإبراهيم المذكور، ومحمد الأصغر ولا زال في ضحيان من أولادهم وأحفادهم العلماء والمتفقهين والطلبة، كثرهم الله وأعلى شأنهم، وستأتي تراجم العلماء منهم حسب حروف المعجم. وكان سبب خروج القاضي العلامة الغالبي من صنعاء سنة 1264 إلى بلاد صعده لقيامه بواجب نصرة الإمام أحمد بن هاشم ومبايعته

كما تقدم تفاصيل ذلك في ترجمته، وإلى ذلك أشار صاحب تحفة الإخوان فقال:

ورابع الستين سار الغالبي … مهاجراً وقال هل من راغب

يا أيها السادة هل تغير … فخرج الأعلام والوزير

ونصبوا الإمام أعني أحمدا … من كان في آل النبي المفردا

وقصد بالوزير في البيت الثاني حي الإمام محمد بن عبد الله الوزير، وكان من جملة الأعلام المبايعين للإمام أحمد بن هاشم في مسجد شيبان من مساجد صعده في العام المذكور.

3ـ الفقيه إبراهيم بن محمد سهيل

الفقيه العلامة الفاضل إبراهيم بن محمد بن إبراهيم بن يحيى بن علي بن أحمد ابن حسن بن إسماعيل سهيل الشاطبي النزاري الصعدي اليمني.

وهو صاحب نظم مفردات مغني اللبيب في النحو نسبه إليه كما في نزهة النظر السيد المؤرخ محمد زبارة، قال قرينه ومعاصره العلامة عبد الرحمن بن حسين سهيل في بغية الأماني والأمل مترجما له:

هو أحد أعلام الزمان وناظورة الإخوان الكرام، نشأ النشاة الحسنة، وسار السيرة المستحسنة، قرأ القرآن وأتقنه غيبا، ثم طلب العلم الشريف طلب الضمآن للماء القراح، فغدا في اكتسابه وراح، وأخذه عن والده وعن عمه العلامة عبد الله بن إبراهيم، وأخذ عن راقم هذه الترجمة قرأ عليه في شرح الفاكهي على الملحة وشرحه على القطر مع حصول حاشية السيد والبحث منها عند الحاجة، وفي شرح القواعد للأزهري وكثير من الخبيصي، وأخذ عن شيخنا أخي وشقيقي العلامة المحقق عماد الدين يحيى بن الحسين سهيل. وهو الآن في طلب ذلك الشان والمصلي في ذلك الميدان بالمدرسة العلمية بجامع الإمام الهادي، وقد

حصّل فيها الخير الكثير على مشايخها العلماء الأعلام انتهى كلامه.

قلت: وكانت وفاة صاحب الترجمة قبيل الظهر يوم الجمعة رابع صفر أحد شهور سنة 1359 تسع وخمسين وثلاثمائة وألف، وقبره بالقرضين في مشهدهم المعروف، واتفق قبله بيوم وفاة مترجمه بتلك العبارات المتقدمة ابن عمه العلامة عبد الرحمن بن حسين سهيل، رحمهما الله تعالى جميعا.

4. السيد إبراهيم بن يحيى العجري

السيد العلامة صارم الدين إبراهيم بن يحيى بن أحمد بن الحسين بن محمد بن يحيى بن محمد بن يحيى بن محمد بن صلاح بن علي بن الحسين بن الإمام الهادي عز الدين بن الحسن المؤيدي اليحيوي الحسني الملقب العجري كسلفه.

نشأ بضحيان، وأخذ عن أخيه المولى العلامة صفي الإسلام أحمد بن يحيى العجري صاحب ذروة المجد الاثيل، وله منه إجازة عامة بتاريخ جماد أول سنة 1316هـ، وأخذ عن غيره. وترجمه معاصره القاضي العلامة عبد الرحمن بن حسين سهيل صاحب بغية الأماني والأمل فقال:

هو أحد علماء العصر الأجلاء الأخيار، وعين السادة الكملاء الأبرار، نشأ على ما نشأ عليه سلفه الكرام، وطلب العلم الشريف بهمة سنية ونهمة ونفس أبية، فحصل منه المرام، وصار علماً في العلماء الأعلام، وأخذه العلم عن أخيه العلامة شمس الدين أحمد بن يحيى العجري وأجازه إجازة عامة وعن غيره من العلماء، وهو حال الرقم خدين العلوم، غايص في بحار منطوقها والمفهوم، آمرا بالمعروف ناهيا عن المنكر لا يصده عن ذلك تغير الزمان وتبدل الإخوان انتهى.

ورأيت في ترجمته في غير بغية الأماني والأمل أنه انتقل للسكنى بوادي صارة من البلاد الجماعية، وتولى أمر أوقافها وواجباتها، بولاية من الإمام المهدي محمد بن

القاسم الحوثي، ثم انتقل بعدها إلى فوط من بلاد خولان. ولم أضبط سنة موته ولعل ذلك بعد سنة 1345 خمس وأربعين وثلاثمائة وألف، وله من الأولاد: القاسم وعبد الله وأحمد ومحمد ويحيى وعبد الرحيم، رحم الله الجميع. وسيأتي ترجمة صنو صاحب الترجمة المولى صفي الدين أحمد بن يحيى العجري المتوفى سنة 1347 قريباً في حرف الهمزة، وترجمة صنوهما المولى الجهبذ علي بن يحيى العجري المتوفى سنة 1319 تسع عشرة وثلاثمائة وألف قد تقدمت في القسم الرابع، وترجمة صنوهم المولى القدوة عبد الله بن يحيى العجري المتوفى سنة 1340 أربعين وثلاثمائة وألف ستأتي في هذا القسم بحرف العين المهملة، وترجمة أخيهم السيد العلامة محمد بن يحيى العجري المتوفى سنة 1328 في حرف الميم من هذا القسم. وهؤلاء الخمسة هم ما هم، ويلحق بهم في القسم السادس ترجمة علامة العصر الأخير المولى علي بن محمد بن يحيى العجري المتوفى في ضحيان سنة 1407 ووالد الجميع هو السيد العلامة التقي الولي يحيى بن أحمد العجري المتوفى سنة 1313 وقد تقدمت له ترجمة في القسم الرابع من هذا المعجم رحمهم الله وإيانا والمؤمنين.

5. العلامة الكبير إبراهيم بن يحيى سهيل

الفقيه العلامة الجهبذ المتضلع المذاكر العابد الزاهد التقي صارم الدين إبراهيم بن يحيى بن علي بن أحمد بن حسن بن إسماعيل بن حسن بن محمد بن علي سهيل الشباطي النزاري الصعدي اليمني.

مولده في نحو سنة 1280 ثمانين ومائتين بعد الألف تقريباً. ونشأ النشأة الصالحة، وحفظ القرآن وأتقنه غيباً، ثم طلب العلم على المشايخ بصعدة، وأخذ في بداية الطلب على القاضي العلامة أحمد بن محسن سهيل، وهاجر إلى مدينة ضحيان، وأخذ بها عن المولى شيخ العترة عبد الله بن أحمد العنثري، والقاضي

شيخ الإسلام محمد بن عبد الله الغالبي، وصنوه العلامة خاتمة المحققين إبراهيم بن عبد الله الغالبي وعن غيرهم. وعنه أخذ جملة من طلبة العلم، منهم ولداه محمد وعبد الله الآتية ترجمتيهما.

وكان صاحب الترجمة أحد أفراد العلماء العاملين الفضلاء، قال العلامة عبد الرحمن بن حسين سهيل في ترجمته ببغية الأماني والأمل ما لفظه:

كان رحمه الله من أساطين العلماء الأخيار، وخاتمة العلماء المحققين، أوقاته مشغولة بالطاعات منذ ترعرع إلى أن مات، حسن الأخلاق، لطيف الطباع، عازلاً نفسه عن الدنيا في جميع الأحوال، مراقباً لمولاه ذي الجلال، لم يكن همه إلا الدرس والتدريس، وفيهما أذهب نفسه والنفيس، مع ورع صادق، والتفات إلى ما يقربه إلى الله في جميع الطرائق، لباسه لباس الزهاد، وطباعه طباع الأوتاد، مؤثرا طريقة السلف الصالح لا يشتغل بغاد ولا رائح، ناظرا إلى عمارة آخرته، مرشدا للخلق مدة أيام دنياه، مرجعاً لحل المشكلات، موئلا إذا نابت المعضلات، كان الحكام في وقته قلّ أن يصدروا حكماً لم يراجعوه فيه لعلمهم بثبات يده وقوة ساعده، وإنه إمام العلوم ونبراس منطوقها والمفهوم. وكان فيه من الرحمة والشفقة ما لا يقدر كنهه، يعده اليتيم أبا وجميع الضعفاء ملاذا وموئلا، كان لا يخاطب الصبي باسمه إنما يدعوه بيا ولدي أو نحوها، ليأنسه بذلك ويدنيه، نشأ رحمه الله النشأة الطاهرة، فحفظ القرآن وأتقنه غيبا، ثم طلب العلم الشريف وهاجر إلى ضحيان فأخذ عن القاضي العلامة شيخ الإسلام محمد بن عبد الله الغالبي رحمه الله، وعن أخيه وأكثر قراءته عليه وله منه إجازة عامة شهر محرم سنة تسعة عشر وثلاثمائة وألف، وارتحل إلى صنعاء فأخذ عن الإمام المنصور بالله محمد بن يحيى حميد الدين عليه السلام، وكان إمام العلوم

الزاخرة وإمام العترة الطاهرة، فلما وصل إلى صنعاء هو وسيدنا الضياء[1] الآتي ذكره كان الإمام يومئذ يقري في شرح الأزهار غيباً، وجلسا في حلقته وأرادا القراءة، وكانا يذكران الإمام مذاكرة من قد غاص في بحار العلم، فمضوا في القراءة تلك والإمام متعجباً منهما، ومما أورداه من المشكلات والمذاكرات، فلم يخرج في اليوم الثاني إلا وكتبه بصحبته، فربما أنه دخل في نفوس الطلبة بعض الاستنكار من حضور الكتب قال ما لفظه أو معناه: إن هؤلاء أهل القراءة الصدق. وكان والد المترجم له يرسل بنفقته من صعدة إلى صنعاء وجميع ما يحتاجه هو وزميله المذكور. هكذا أخبرني بذلك ولده سيدنا العلامة محمد بن إبراهيم، فأخذا عن الإمام أخذ تحقيق وتدقيق، وأدركتهما عين التنوير والتوفيق حتى صارا عيبتا علم وظرفا حكم وحلم، فرجعا إلى بلدهما بطينيين من العلوم، فأكب سيدنا صارم الدين على الدرس والتدريس، ودعاء الخلق إلى الحقيق بالتنزيه والتقديس، وله الرسائل الفائقة والمباحث الرائقة في أكثر الفنون. وتوفي رحمه الله مع شروق شمس يوم الثلاثاء رابع عشر شهر الحجة الحرام أحد شهور سنة 1329 تسع وعشرين وثلاثمائة وألف، وكان ابتداء الألم من شهر جمادى الآخرة من هذه السنة، وكان ألمه الاستسقاء، فمكث هذه المدة صابرا محتسبا راضيا، إن دخل إليه الزائر لم يكن همه إلا الوعظ والتذكير، والحمد والثناء على اللطيف الخبير. وكان هذا ديدنه مدة أيامه لأنه ابتلي بألم في إحدى عينيه من صغره حتى أنها ذهبت، وقد سمعت من يروي عنه أنه قال: لم يعرف من صغره إلى حال إخباره أنه مضى عليه يوم لم يحس بألم فيه، ولم يشغله ذلك عن الدرس والتدريس والعبادة ووظائفه الطيبة، وكان لا يترك تلاوة شيء من القرآن كل يوم، أخبرني بذلك أخي العلامة عماد الإسلام يحيى بن حسين سهيل، وكان قد ابتدأ قراءته

---

(1) يقصد الفقيه إسماعيل بن أحمد بن إسماعيل المتميز وسيأتي.

عليه أعني غيب المختصرات ونحوها قال: إنه كان إذا تم القراءة قبل الظهر أخذ مصحفا وتلا جزءا نظرا، مع أنه متقن له غيباً لتكون العبادة بجميع تلك الأعضاء هذا حسبان مني، فإذا تم تلاوة ذلك الورد أخذ بيده أعني أخي العماد وهو يومئذ لم يكلف، وسار هو وإياه إلى أن يصلا مسجد بركات[1]، فيدخل جامعه ويدور فيه وهو ملازم للذكر إلى أن يقرب وقت الآذان، ويرجع إلى محله. وكان يُعْرَف أنه من العلماء للذي لم يعرفه قبل ذلك متى رآه، فإن سيماء العلم في وجهه ظاهر، وقد عرفته رحمة الله عليه معرفة ذات لا معرفة اختبار لأني كنت يومئذ صبيا صغيرا، توفي رحمه الله وأنا ابن سبع سنين، ولا أنسى يوم موته ودهشة الناس على فراقه، وما تبع جنازته من العالم الكثير، وكان موته ثلمة لا تسد لأنه لم يكن مدرسا غيره، وإن كان يومئذ علماء غيره إلا أنه لم يبذل بذله أحد، ولم يشبه بغيره من الأعمال رحمه الله، ورثته العلماء الأعلام بمراثي كثيرة ذكرها يخرجنا إلى التطويل إلا أني أذكر منها ما حضرني، وهو وما رثاه به علماء ضحيان وهي:

صبراً على مر القضا فلقد رمى	وأصاب سهم الغم كل فؤاد
وأسال من صوب المدامع صيباً	فوق الخدود على محل صاد
جاء الكتاب بنعي أورع ماجد	طود الكرام الشيعة الأمجاد
جل المصاب وضاق صدري للذي	ينعي لنا طوداً من الأطواد
علم تسامى في المعالي شأوه	وعلت مراتبه على الأفراد
شمس الفضائل صارم الدين الذي	فاق الأنام بنيل كل مراد
ورقا إلى يافوخ كل فضيلة	ومن المكارم خطة الأمجاد
صحب النجابة والديانة والتقى	بتحرز وتورع وجهاد
وتبصر وتصبر وتجلد	في العلم والتعليم والإرشاد

---

(1) لا زال معموراً، وهو قرب وادي رحبان.

بدر توارى بين أطباق الثرى أكذا البدور تغيب في الألحاد
ذاك الذي ما زال إلا راكعاً أو ساجداً أو عاكفاً لرشاد

انتهت ألفاظ الترجمة باختصار غير مخل إن شاء الله.

وقول العلامة ابن سهيل فيها أن أخذ صاحب الترجمة وزميله العلامة إسماعيل المتميز عن الإمام المنصور بالله محمد بن يحيى كان بصنعاء، أقول لعل ذلك كان في غير صنعاء أو تكون تلك القراءة بصنعاء لكن قبل دعوة الإمام عليه السلام وتوقفه في حبس الأتراك، وفي ذلك نظر. أما بعد دعوته عليه السلام فلم تصل سيطرته على صنعاء ولم يدخلها البتة بل توفي بمدينة حوث وبها دفن سنة 1322 رضوان الله عليه وسلامه، فتأمل ذلك موفقا.

6ـ المولى أحمد بن إبراهيم الهاشمي

المولى العلامة الرئيس المحقق الشهير الأكمل شمس الدين أحمد بن إبراهيم بن محمد بن إبراهيم بن أحمد الملقب الهاشمي بن إبراهيم بن علي بن أحمد بن الإمام الناصر الحسن بن علي بن داود الحسني اليمني المؤيدي الصعدي.

مولده كما أفاد في نزهة النظر بوادي رحبان من الضواحي الجنوبية لمدينة صعدة في سنة 1260 ستين ومائتين وألف، ونشأ في حجر والده وقرأ عليه وعلى غيره من علماء صعدة ورحبان، ثم ارتحل إلى هجرة ضحيان فأخذ بها عن شيخ العترة المولى الحافظ عبد الله بن أحمد العنثري، والقاضي شيخ الإسلام محمد بن عبد الله الغالبي واستجاز منه فأجازه إجازة عامة، والسيد العلامة الحسين بن عبد الله الشهاري وغيرهم، فحقق ودقق حتى صار جوهرة الفضل والمشار إليه من العلماء في أيامه، وعنه أخذ جملة من العلماء منهم أخواه محمد بن إبراهيم والحسن بن إبراهيم وابن أخته السيد محمد بن يحيى شريف، وسيف الإسلام محمد بن الهادي شرف

الدين وغيرهم، واستجاز منه السيد العلامة القاسم بن الحسين العزي أبو طالب وإجازته له سنة 1339 تسع وثلاثين وثلاثمائة وألف، ترجم له في بغية الأماني والأمل المؤرخ الصعدي العلامة عبد الرحمن بن حسين سهيل فقال:

السيد الإمام شيخ العترة وعالمهم، ومفتي الطوائف وحاكمهم، بل شيخ شيوخ الإسلام، وبركة الخاص والعام، نبراس المدارس في اليمن، محي الشرائع والسنن، طبق فضله الآفاق، وانتشر علمه وفاق، ومضت أقضيته وأحكامه في الخافقين، وتنزه عن كل نقص وشين. فهو صاحب الرياسة العظمى في البلاد الصعدية ونواحيها، وتولي القضاء وناهيك من حاكم، كان لفصل الخصومات أهلاً، يمضي أحكامه على وفق مراد الله، فمن حكم عليه فكأنه من الرضى بقوله وفعله حكم له، والمحكوم له والمحكوم عليه يعترفان بفضله شاهدان بعدله، وذلك ظاهر مشهور، وناهيك بها من كرامة تروى وآية تتلى، وإليه تفد الفتوى من كل الجهات، وكان له من التواضع وحسن الأخلاق ما هو بمكان الشفيق على الأمة جميعاً، أباً للضعفاء والأيتام، كهفاً حصيناً لبني الأيام، يسمع شكوى الضعيف والصبي والمرأة بنفسه، شديداً على المعاندين، آمراً بالمعروف وناهياً عن المنكر، مع ورع شحيح، وتقشف صحيح، لا يأخذ على الحكم أجرة مع حصوله في بعض الخصومات على أعظم المشقة من مثل انتقاله إلى أحد البلدان، فكان كل همه إصلاح ذات البين، فكم من فتن بحميد سعيه أطفى نارها وأذهب شعارها، وكانت إليه خطبة الجمعة في جامع الإمام الهادي وإمامة الصلاة، وهو المتولي أوقاف صعدة ونواحيها والقائم على عمارة المساجد والمناهل. وعلى الجملة فإن المترجم له من مفاخر الزيدية، ومن أعلام العترة الزكية، وأي عبارة توفي حقه، فقد كان غريب وقته، مع كثرة العلماء الأعلام أهل الحل والإبرام انتهى.

وترجم له السيد عبد الكريم العنثري في عقد الجمان فقال:

نقطة البيكار المقدم في كل الفضائل والفواضل، ملحق الأواخر بالأوائل، وبحر الجود الذي ليس له ساحل، سلك مسلك والده، ومسلك شيخه شيخ العترة المحمدية المولى عبد الله بن أحمد العنثري، وهاجر من بلده رحبان إلى ضحيان، وقرأ فيه العلوم ولاحظه طالع الإسعاد، ورجع إلى بلده وتولى ما كان والده متول من وظيفة القضاء وتولي الأوقاف بصعدة وما إليها.

قلت: ووفاة والده كما تقدم في ترجمته سنة ثمان وثلاثمائة وألف.

وفي نزهة النظر أثناء ترجمته ما لفظه: ولما كانت دعوة الإمام الهادي شرف الدين بن محمد (عشيش) في صفر سنة 1296 بجبل الأهنوم وصل صاحب الترجمة لاختباره إلى الأهنوم، ثم بايعه وألزم الناس بمبايعته، وكان من أكابر أعوانه إلى حين وفاته، ثم كان من العلماء الذين بايعوا الإمام المنصور بالله محمد بن يحيى حميد الدين، كما بايع الإمام المتوكل يحيى بن محمد بعد وفاة أبيه المنصور انتهى. **قلت:** ولما اتفق التعارض بين الإمامين الإمام المتوكل على الله يحيى والإمام الهادي الحسن بن يحيى القاسمي الضحياني، واتفاق دعوتهما في سنة 1322 بعد وفاة الإمام المنصور، كان من صاحب الترجمة الحلم والأناة والمثابرة على جمع الكلمة وتلاحم الصف، فإنه لما تفاقم الأمر حول الاستيلاء على صعدة بعد دخول الإمام الهادي القاسمي إليها في أحداث سنة الدعوة المذكورة، والخطبة له على منبر جامع الإمام الهادي، وإقبال قبائل سحار إليه بالطاعة والامتثال، كان من صاحب الترجمة الوصول إلى الإمام الهادي أيام مكوثه فيها بصحبة السيد سيف الإسلام أحمد بن قاسم حميد الدين، والمفاوضة معه على التهدئة واجتماع الكلمة بعقد المناظرة، فتمت المقاولة بينهم على أن يدخل الإمام

الهادي إلى حوث ويصحبه مائة وخمسون من أصحابه، وعلى الآخر أمانه هو وأصحابه ومؤنتهم إلى أن يرجعوا، فيكون الاجتماع بحضور جميع العلماء المعتبرين أهل الحل والعقد، فلم يتم إنفاذ تلك المقاولة لأحداث حصلت وأمور عرضت، فأفضى الأمر إلى المواجهة وتفاقمت الأمور بين الطرفين.

وفي سنة 1326 لما اشتدت المنازعة بين الطرفين والحرب للاستيلاء على مدينة صعدة ضاق أهلها وخافوا على معايشهم وأرزاقهم من سطوة القبائل الطامعة في النهب والتخريب دون مرعاة لذمة أو عهد، فكان من السيد العلامة الأوحد عبد الله بن الحسين الشهاري والسيد إبراهيم المغربي وغيرهما الوصول إلى الإمام الهادي، وألحوا عليه أن يترك أمر المدينة بنظر صاحب الترجمة السيد المولى أحمد بن إبراهيم الهاشمي رعاية بالمدينة ومصالح أهلها، فساعدهم إلى ذلك، فعين السيد صاحب الترجمة عسكراً من قبائل سحار للحافظ على الأمن، وترك الخطبة للداعيين في تلك الجمعة، وأغلق أبواب الجامع وفي جمعة الأسبوع الثاني خطب للإمام المتوكل يحيى بن محمد حميد الدين أفاد ما ذكرناه آنفا المولى عبد الله بن الإمام الهادي في السيرة التي كتبها لحي والده، وسيأتي تفاصيل أوفى عن ذلك في تراجم لاحقة.

ومن شعر صاحب الترجمة ما كتبه بعد أن اطلع على أبيات شيخه القاضي محمد بن عبد الله الغالبي في وصف عمارة (حصن علمه) بعرو، و(حصن الجوه) ببلاد الكرب، وكان قد قام بعمارتهما الإمام المنصور محمد بن يحيى حميد الدين في الناحية الخولانية وأولها:

يا حصن (علمة) قل بقول صادق   وافخر وحلّق فوق جو سماء

فأجاب عنها الإمام المنصور بقصيدة على نفس الروي والقافية، فلما اطلع

صاحب الترجمة على القصيدتين قال متابعاً:

ما أحسن الشكوى يتم جوابها	عن مورد صاف من الأسواء
من نظم من فاق الورى بسماحة	وفصاحة وبلاغة ووفاء
أحيا شريعة جده حتى غدت	موصولة بالرحم والأبناء
ببيارق وصوارم وعزائم	وبنادق ومدافع حراء
وجحافل وذوابل وصواهل	تحكي رياح النصر في الهيجاء
حتى غدت شم الجبال أوانساً	يعتل منها مركب الأعداء
عزماته مثل النجوم ثواقب	لولا الثواقب آذنت بخفاء

وله جواب على أبيات وتهاني وصلت من شيخه القاضي شيخ الإسلام محمد بن عبد الله الغالبي إليه وإلى ابن اخته السيد العلامة محمد بن يحيى شريف الآتية ترجمته، فأجاب المترجم له بقوله:

نظم أتانا معجزا في شكله	قد صاغه من فاق أهل زمانه
أسمع به أبصر به أحسن به	وبناظم قد زان في ميزانه
العالم الحبر الذي ما مثله	في فضله وعلومه ولسانه
طوبى له قد حاز فخرا سامياً	قد زاد في العليا على كيوانه

وستأتي بقية أبيات القصيدة في ترجمة شيخه المذكور إن شاء الله بحرف الميم. ولما عزم صاحب الترجمة لأداء مناسك الحج وتم له ذلك أراد زيارة جده المصطفى بالمدينة المنورة من طريق البحر، فتعذر وصوله للزيارة لاضطراب البحر وتغيره، فعاد إلى بلده وأرسل إليه القاضي العلامة الضياء إسماعيل بن الحسن بن أحمد عاكش الضمدي بهذه الأبيات:

سرتني نسمة السحر	إذ سرت سراً على جهر
سلسلت إسنادها وروت	خبراً ناهيك من خبر

بــــردت قلبـــي بشـــــارتها   وأتـــت لـــيلاً عـــلى قـــدر
قلــت أهـــلاً مرحبـــاً وعـــلى   صـــفحات الخـــد والبصـــر
هــــاك بشـــــراي مخــبرة   عـــن فتـــى مـــن خـــيرة الخـــير
عـــن صـــفي الـــدين سـيدنا   وأخيـــه الســـادة الغـــرر
بـــاجتماع الأهــــل في دعــــة   منتهـــى ســـؤلي وذا وطـــري
يـــا صـــفي الـــدين تهنئـــة   عـــن أدا فـــرض وعـــن ســـفر

إلى أن قال:

كيـــف أنـــتم ســـيدي وســـقى   عهـــدكم مغـــدودق المطـــر
أنســـيتم طيـــب مجمعنـــا   فأنـــا بـــاق عـــلى الـــذكر
إن يومــــاً لا أراك بـــــه   لـــيس معـــدوداً مـــن العمـــر
دمــت فينــا الــدهر مــا قرئــت   ســـور الآيـــات في الســـحر

وكانت وفاة صاحب الترجمة بصعدة ثالث صفر سنة 1342 اثنتين وأربعين وثلاثمائة وألف عن نيف وثمانين، وقبر بالقرضين وشيّع جنازته الجمع الغفير الذي لا يعد، أما أهل صعدة فأكتعين أجمعين. وبكته الأعلام ورثاه إمام عصره الإمام المتوكل على الله يحيى بن محمد حميد الدين بقصيدة مطلعها:

ســـيف المنيـــة للأمـــاني يقطـــع   قطعـاً وتخفـض مـا الليـالي ترفـع
مـــا هـــذه الـــدنيا تـــدوم لأهلهـــا   عـــرض يـــزول وذاهـــب لا يرجـــع
والمـــوت حكـــم لا يـــرد وإنـــما   كـــل البرايـــا راحـــل ومـــودع
والمـــوت ليـــث في البريـــة صـــائل   أبـــداً وديدنـــه يهـــد ويفظـــع
كـاس إذا شـرب الصـداء بكاسـه   يظمـــي وموصـــول بـــه يتقطـــع
مـــتكلماً إن قـــال يـــوم قولـــه   ســـكتت بغابغـــة الـــورى وتعتعـــوا
طِـــرْفٌ إذا مـــا جـــال في ميدانـــه   تقـــف الســـوابق واللواحـــق أجمـــع

داع إذا نـادى يُجـاب بسـرعة ... ضـيف إذا مـا زار قومـاً يفجـع
عـدل تسـاوى في البريـة حكمـه ... مـا فاتـه شـيخ ولا مسترضـع
مـا فاتـه حـر ولا عبـد ولا ... ملـك ولا علامـة متطلـع
مـا فاتـه مثـر ولا ذو فاقـة ... كـلا ولا بطـل يصـول ويصـرع
مـا إن يهـاب مقـاتلاً أو صـائلاً ... أبـداً ولا بالمـال عنـا يـدفع
لـو كـان يفـدى مِـنْ منيتـه فتـى ... كنـا فـدينا مَـنْ حـواه البلقـع
العـالم العلامـة الفـذ الـذي ... بعلومـه كـم قـد تشـنف مسمع
شيخ العلوم وشيبة الحمـد الـذي ... قـد كـان نـور هـداه فينـا يسطع
وصفي دين الله نجل الصـارم الـ ... ـندب الهـمام الزاهـد المتـورع
الهاشـمي الفـاطمي الألمعـي ... الأريحـي اللـوذعي المصـقع
قصت جناحـك يـا بريـد أهكـذا ... أحزنتنا كم قد جـرى بـك مـدمع
رحـم الإلـه صـفينا وولينـا ... وأثابـه يـوم الخلائـق تجمـع
أبنـي أبينـا لازمـوا بمصـابكم ... صبر المكـارم كلكـم واسـترجعوا
ولكـم بجـدكم المكـرم أسـوة ... وبآلـه إيـاكم أن تجزعـوا
صـلى الإلـه علـيهم وسـلامه ... يغشـاهم مـا انهـل غيـث ممـرع

رحمهم الله تعالى جميعاً وإيانا والمؤمنين.

7ـ الفقيه أحمد بن إسماعيل شويل

الفقيه العلامة الفاضل أحمد بن إسماعيل بن رزق بـن إسـماعيل بـن مهـدي شويل بضم الشين المعجمة وفتح الواو ثم الياء الساكنة اليمني الصعدي.

من فقهاء صعدة ونبلائها، ومما وقفت عليه في بعض الحوامي أن الفقيه أحمد بن إسماعيل الضوء ممن أخذ عليه، فعرفت أنه من العلماء المدرسين. ولم أقـف على كثير من أحواله ومشايخه، وفيما رأيت لصاحب الترجمة من الهمة العاليـة في

نساخة الكتب العلمية والفقيهة ما يدل على جوهر الفضل والنبل، ولو لم يأخذ عن المشايخ لكانت كافية في الطلب، فقد أحاط في كل فن بأمهات كتبه نساخةً وتحشية وتصحيحا، وأغلبها لخزانة السادة آل الهاشمي، وخطه مقروء واضح الحروف. وهو ناسخ كتاب البيان الشافي في الفقه لابن مظفر المطبوع المتداول في أيامنا، ورأيت له نساخة لشرح الأزهار للعلامة ابن مفتاح بعناية السيد عز الإسلام محمد بن إبراهيم الهاشمي الآتية ترجمته في حرف الميم في غاية الإتقان والتحشية، أغلب حواشيه منقولة عن نسخة العلامة الحسن بن أحمد الشبيبي، وفراغه من نساختها في سنة 1348 ثمان وأربعين وثلاثمائة وألف، فتكون وفاته بعد هذا التاريخ رحمه الله تعالى وإيانا والمؤمنين.

8. الشيخ أحمد بن جبران جعفر

الشيخ العارف أحمد بن جبران بن جعفر المعاذي السحاري.

ذكره صاحب الترجمة المولى عبد الله بن الإمام الحسن بن يحيى القاسمي في جملة أهل العلم والمعرفة المبايعين لوالده الإمام الهادي وذلك في السيرة التي كتبها لأيام دعوة والده، وتعرض لذكره أيضاً السيد الحسين بن القاسم فقال ما معناه: كان متفقهاً صادعاً بالحق منابذاً لحكم الأعراف القبلية منافساً لأهله وكان من أعوان الإمام الهادي الحسن بن يحيى القاسمي الضحياني إبان دعوته الحاصلة في سنة 1322 اثنتين وعشرين وثلاثمائة وألف، ثم مال في آخر أمره إلى مشايعة المتوكل يحيى بن محمد حميد الدين. قلت: ولم يؤرخ سنة موته وهي نحو سنة 1340 أو قبلها بسنوات. وولده عبد الله بن أحمد بن جبران له قراءة حسنة ومعرفة، هاجر من وطنه بني معاذ إلى هجرة ضحيان، فقرأ على العلماء هناك، وكان له محبة لأولي القربى وزهد وعبادة؛ وصفه بذلك السيد الحسين بن القاسم

في كتابه ثم قال: واستفاد في هجرته ورجع إلى وطنه ومات فيه ولعله دفن بضحيان انتهى.

(بني معاذ)

والمعاذي نسبة إلى منطقة بني معاذ في جهة الغرب من قاع صعدة وهي إحدى قبائل سحار، وتشتهر منطقتهم بزراعة القات فالنسبة إليهم معاذي، وفي ذلك يقول جامع هذه التراجم سامحه الله تعالى مورياً:

حبذا أغصان قات … هي من همي ملاذي
لا أفي الدنيا هروباً … إلا والقات (معاذي)

وآل جعفر من بيوت المشايخ بها، وقد نقلت عن قلم القاضي يحيى بن محمد بن جبران جعفر المتوفى بصعدة سنة 1406 الآتية ترجمته في آخر أقسام هذا الكتاب أن نسب بيتهم يرجع إلى بيت الرصاص والله أعلم. ومن مشاهير هذا البيت الشيخ علي بن محمد جعفر، كان له وجاهة في أهل وقته، وله ذكر في سيرة الإمام شرف الدين عشيش، والإمام المنصور بالله محمد بن يحيى حميد الدين، وكذلك في سيرة الإمام الحسن بن يحيى القاسمي المتوفى سنة 1343هـ ولعل وفاته في تلك الأيام، قيل: تردى من على سطح بيته والله أعلم.

9. السيد أحمد بن الحسن حوريه المؤيدي

السيد العلامة الفاضل أحمد بن الحسن بن قاسم بن حسين بن حسن بن يحيى ابن علي بن أحمد بن يحيى بن الإمام إبراهيم بن محمد الملقب حوريه.

مولده تقريباً في سنة 1295 خمس وتسعين ومائتين وألف. ونشأ في حجر والده بهجرة فلله، وأخذ عنه وعن الإمام الهادي الحسن بن يحيى القاسمي

وغيرهما. وكان صاحب الترجمة من جملة العلماء الحاضرين لبيعة الإمام الهادي الحسن بن يحيى القاسمي بمسجد المزار، وله بعد ذلك أخبار مذكورة في السيرة وفي غيرها من البسائط، ولم أضبط تاريخ وفاته رحمه الله.

10. السيد أحمد بن عبد الكريم حجر

السيد العلامة الفاضل النبراس صفي الإسلام أحمد بن عبد الكريم بن حسن ابن يحيى بن أحمد بن إسماعيل بن عبد الله بن محمد بن المولى سلطان العلوم الحسين بن الإمام المنصور بالله القاسم بن محمد الحسني القاسمي الصنعاني مولداً ونشأة الصعدي الوفاة، الملقب كسلفه حجر.

مولده بصنعاء سنة 1288 ثمان وثمانين ومائتين وألف تقريباً، وأخذ بها وبالروضة، ومن مشايخه السيد العلامة قاسم بن حسين العزي. وهاجر مع والده السيد عبد الكريم بن حسن حجر المتوفى سنة 1329 إلى بلاد أرحب وتوليا هناك للإمام قبض بعض الزكوات، ثم انتقل صاحب الترجمة إلى بلاد صعدة، وأقام وكيلاً بها لبيت المال وغير ذلك من الأعمال مدة من الأعوام، وصحب سيف الإسلام محمد بن الهادي شرف الدين أيام دعوة الإمام الهادي الحسن بن يحيى القاسمي الضحياني المتعارضة دعوته مع الإمام المتوكل على الله يحيى بن محمد حميد الدين، ودامت الحروب والمنازعة بينهما نحو سبع أعوام. وفي سنة 1330 أنيط بصاحب الترجمة أمر التقدم إلى جهة جبل أم ليلى ببلاد جماعة لمحاصرة الإمام الهادي القاسمي، فتوجه وطوقت عساكره الحصن وهو من الحصون الجاهلية، ولما أظلمت ليلة الموافقة وأراد الإمام الهادي النفوذ إلى بلاد الحرجة وافقه صاحب الترجمة أسفل جبل أم ليلى، وبعد اتفاقهم تكلم صاحب الترجمة بما معناه: أن ليس مقصدنا إلا سلامتك وما وصولنا إلا لمطاردة فلول

أصحاب الإدريسي، وخلى الطريق أمامه دون أي تعرض. وعدت هذه من مناقب صاحب الترجمة رغم صدور الأمر بإيصاله موثقاً كما أشار إليه المولى عبد الله بن الإمام في السيرة. ولما مات الناظرة على البلاد الصعدية القاضي أحمد بن علي السياغي في سنة 1338 ثمان وثلاثين وثلاثمائة وألف تعين صاحب الترجمة من ذلك العام لنظارة بلاد صعدة ومقره بحصن السنارة، فحسنت سيرته وذاع صيته، وترجمه في تلك الأيام القاضي العلامة عبد الرحمن بن حسين سهيل الصعدي فقال:

السيد العلامة عامل إمام الزمان في أيامنا حال رقم هذه الأحرف بمركز السنارة، وله معرفة حسنة، وديانة بالغة، وورع شحيح وتواضع، وقبول للحق أينما ورد، وله رباطة جأش، وثبات قلب مشهورة، وسوابق في الجهاد وعنايات غير منكورة، انتهى. وقال السيد المؤرخ محمد بن محمد زبارة الصنعاني المنقول عنه أغلب ألفاظ هذه الترجمة في كتابه نزهة النظر: وكان لصاحب الترجمة مكانة عالية من الفضل والتقوى والعفة والنزاهة والصلاح، وندبه الإمام المتوكل مع الجيش البرطي النافذ في سنة 1328 بقيادة السيد عبد الله بن إبراهيم والسيد محمد بن يوسف الكبسي وغيرهم إلى حدود يريم، وكان المترجم له وكيل بيت المال والصرف على الجنود الإمامية ونحوهم.

وحج في سنة 1357 سبع وخمسين وثلاثمائة وألف وتلازم هو ومترجمه السيد المؤرخ محمد بن محمد زبارة في مكة والمدينة.

وكانت وفاة صاحب الترجمة بحصن السنارة مقر عمله فجر يوم الجمعة ثاني شوال سنة 1362 اثنتين وستين وثلاثمائة وألف عن نحو أربع وسبعين سنة، وقبره في مقبرة القرضين غربي مشهد آل الهاشمي، وهو جد جدي أبو والدي

من أمه الشريفة الفاضلة المعروفة بأم المساكين مريم بنت أحمد بن عبد الكريم حجر المتوفاة شهر صفر سنة 1370هـ وهي مدفونة بجنب والدها، رحمهم الله وإيانا والمؤمنين.

11. السيد أحمد بن عبد الله العنثري

السيد العلامة أحمد بن عبد الله بن أحمد العنثري المؤيدي الضحياني.

نشأ صاحب الترجمة في حجر والده المولى العلامة الكبير عبد الله بن أحمد العنثري المتوفى بضحيان سنة 1315 خمس عشرة وثلاثمائة وألف، وقرأ عليه. وقد ترجم له صنوه السيد عبد الكريم العنثري في عقد الجمان فقال:

السيد العلامة السالك سبيل والده في العلم والزهادة والفضل والعبادة، وهو أكبر أولاد أبيه، وتوفي ولا عقب له، وترجم له في تراجم علماء بني المؤيد وأثنى عليه ثم قال: حفظ القرآن وأتقنه، وكان حليفاً له يتلوه غيباً في ليله ونهاره، وتوفي في حياة والده، ولم يذكر سنة الوفاة، وقبره كما في المشكاة النورانية إلى جهة اليمن من قبر والده بمقبرة ضحيان رحمه الله تعالى.

12. الفقيه أحمد بن عبد الله الحشحوش

الفقيه العلامة أحمد بن عبد الله بن عبد الرازق بن إبراهيم بن محمد الحشحوش بالحاء المهملة المضمومة ثم الشين المعجمة الساكنة ثم الواو مضمومة ثم معجمة الصعدي اليمني. وأهل هذا البيت من بيوت الفقه بصعدة في القرن الرابع عشر، ويرجع أصلهم إلى آل مشحم، وستأتي تراجم النبلاء منهم في مواضعها. ونشأة صاحب الترجمة كانت بصعدة على طلب العلم، وأخذ عن علماء وقته، فأخذ عن الفقيه العلامة يحيى بن إبراهيم المتميز قرأ عليه في الفرائض،

وغيره. وكان نساخاً للكتب، فاضلاً ورعاً، سالكا مسلك أهله، وتوفي بصعدة سنة 1346 أو السنة التي تليها، ورثاه زميله الفقيه حسن بن قاسم فاضل العياشي الآتية ترجمته بأبيات جاء منها قوله:

موت الجليل ولي الله من شهدت	له الفضائل بالتغليس والبكر
من كان لله عبداً صالحاً وجلاً	وللمكارم سعيا أي مصطبر
من طلق المال والدنيا بأجمعها	وعانق البر والتقوى مع الفكر
طود الكرام محب الآل فاضلنا	زاكٍ محاسنه في الناس كالقمر
فرحمة الله تغشى روحه أبدا	ما أورق العود في فرع من الشجر

13. السيد أحمد بن عبد الله حوريه المؤيدي

السيد العلامة المحقق أحمد بن عبد الله بن قاسم بن حسين بن حسن بن يحيى ابن علي بن أحمد بن يحيى بن الإمام إبراهيم بن محمد الملقب حوريه الحسني المؤيدي الفللي.

أفادني ترجمته أحد أحفاده وله ترجمة أيضا في بغية الأماني والأمل فمما أخبرني حفيده أن مولد جده صاحب الترجمة بهجرة فلله شهر جمادى الآخرة سنة 1307 سبع وثلاثمائة وألف، وأن أكثر مقروءاته كانت على الإمام الحسن بن يحيى القاسمي، وعلى السيد الإمام الحسين بن محمد الحوثي، وعلى السيد علي بن يحيى العجري وغيرهم. ثم انتقل إلى صعدة فأخذ في بعض المقروءات على المولى العلامة محمد بن إبراهيم حوريه المؤيدي، وهاجر إلى حوث لطلب العلم ومكث بها مدة سبع سنوات، ثم رجع وتولى القضاء للإمام المتوكل يحيى بن محمد حميد الدين في جماعة آلت الربيع، ثم انتقل إلى رازح لبذل العلوم وتدريسها، ومن تلامذته الآخذين عنه هناك السيد أحمد بن الحسن أبو طالب، وصنوه الحسين بن الحسن أبو طالب، والسيد محمد بن عبد الله نجم الدين

والسيد علي بن علي الحوثي الحسيني، والقاضي أحمد بن علي الجذينة. قال: وله مؤلفات، منها في أصول الفقه، ومؤلف في النحو. ومن أجل تلامذته علامة العصر الأخير المولى العلامة المجتهد علي بن محمد بن يحيى العجري المتوفى سنة 1407 والظاهر أنه يروي عنه، لأنه قال في بعض إجازاته: ومن مشايخي السيد العلامة أحمد بن عبد الله بن قاسم حوريه، وطرقه متصلة بعلماء حوث انتهى. وقد ترجم له في بغية الأماني والأمل فقال ما لفظه:

السيد العلامة. كان من كملة الزمان عالماً عاملاً، أخذ عن علماء عصره، ولازم الدفاتر، ونظر في أقوال الأوائل والأواخر، وجد واجتهد، حتى برع وفاق على أقرانه، وجلا في ميدان السباق على أهل أوانه، وكان سيداً كريماً متواضعاً حسن الأخلاق، ناسكاً زاهداً، توفي في بلاد يقال لها القد قريب من النضير برازح شهر رمضان سنة 1351 واحد وخمسين وثلاثمائة وألف انتهى. وعقّب بعض السادة الساكنين في الجهة الرازحية على الكلام السابق، أن موضع قبر المترجم له في الفَرْق بتشديد الفاء وسكون الراء المهملة، وهي أسفل رازح تبعد بعداً شاسعاً عن النضير. ورأيت للمترجم إجازة عامة من شيخه السيد العلامة محمد بن إبراهيم حوريه حررها له في شهر محرم مفتاح سنة 1343هـ.

14. السيد أحمد بن عبد الله الداعي

السيد العلامة شيبة الحمد الزكي التقي أحمد بن عبد الله الداعي، ينتهي نسبه إلى الإمام الداعي يحيى بن المحسن بن محفوظ اليحيوي الحسني الضحياني. ترجمه السيد الحسين بن قاسم صاحب تراجم علماء بني المؤيد فقال:

نشأ بضحيان وحفظ القرآن وأتقنه، وكان عابداً ناسكاً، حليفاً للقرآن، وولده السيد العلامة عبد الله بن أحمد الداعي كان متفقهاً نساخاً للكتب العلمية، ومات بالنضير قبل والده بمدة طائلة وانقطع بوفاته نسل والده انتهى. ولم يؤرخ

سنة وفاتهما، وهي في القرن الرابع عشر رحمهما الله. وفي عقد الجمان في تراجم علماء ضحيان ترجمة للسيد العلامة عبد الله بن يحيى الداعي، ولعله والد صاحب الترجمة قال فيها: السيد العلامة العابد الناسك عبد الله بن يحيى الداعي، من تلامذة المولى الجهبذ عبد الله بن أحمد العنثري وأصحابه، وهو ممن يسكن صعدة، وهاجر لطلب العلم إلى ضحيان فاستفاد، ورجع إلى بلده، وله من الأولاد أحمد انتهى كلامه.

وفي بغية الأماني والأمل استطرد ذكر السيد العلامة المقري يحيى بن محمد الداعي، ولعله والد المترجم في عقد الجمان السابق ذكره آنفاً فقال عند ترجمة الفقيه أحمد بن إسماعيل المتميز ما لفظه: أسمع القرآن بالقراءات السبعة لدى السيد العلامة يحيى بن محمد الداعي، وحقق فيها ودقق، حتى فاق على مشايخه وأقرانه وصار الحجة والمرجع في زمانه وأجازه شيخه المذكور إجازة حافلة، والمتولي لتصديرها القاضي العلامة نجم الشيعة عبد الله بن علي الغالبي عن أمر السيد المذكور لأنه كان بصيراً.

15. السيد أحمد بن علي فايع

السيد العلامة أحمد بن علي بن الحسين بن أحمد بن علي بن أحمد بن محمد الملقب فايع بن صلاح بن أحمد بن صلاح بن يحيى بن أحمد بن الهادي بن صلاح ابن الحسن بن الإمام علي بن المؤيد بن جبريل الحسني المؤيدي الضحياني.

نشأ بضحيان وقرأ على علمائها، منهم السيد العلامة الولي عبد الله بن عبد الله العنثري، ومن مقروءاته عليه شرح الأساس للشرفي وقرأ على غيره، وترجمه صاحب تراجم علماء بني المؤيد فقال: كان سيداً مطلعاً له بعض مكاشفة على العلوم شجاعاً تقياً، وهو من جملة من قتل في حادثة الحجاج في تنومة وذلك بأن

تلقتهم الأيدي الظالمة الغاشمة الآثمة، وهجمت عليهم بموضع سدوان رمياً بالرصاص، اعتداء منهم على حجاج بيت الله الحرام، فيا لها من جريمة نكراء، وفضيحة بين العرب العرباء، وكان عدد الحاج إلى نحو من ثلاث ألف وخمسمائة، وبلغ عدد القتلى زيادة على ألفي قتيل، ولم ينج منهم إلا القليل، ومن نجى تعرض للنهب والسلب. وكان المترجم له قد قاوم عند علمه بالهجوم هو والسيد العلامة علي بن الحسين المؤيدي، وعمه محمد بن حسين فايع وغيرهم ممن كان لديه سلاح يحمله ويتقي به، فقاتلوا وقتلوا رحمهم الله جميعاً، وكانت تلك الفادحة مؤرخة في شهر شعبان سنة 1341 واحد وأربعين وثلاثمائة وألف انتهى كلامه قلت: والصواب في تاريخ الحادثة ما سيأتي لاحقا.

(حادثة مقتل الحاج اليماني في تنومة)

وهي من الحوادث الشنيعة على مر الليالي والأيام، واستنكرها كل من سمع بها، وخصوصاً اليمانيون، فقد تألموا من ذلك كثيراً إماماً وشعباً وعلماء وأدباء، وقد أورد أخبار هذه الحادثة المؤلمة وتناقلتها أغلب الصحف العربية الصادرة حينها، وذكرها الشيخ عبد الواسع بن يحيى الواسعي في كتابه تاريخ اليمن المسمى فرجة الهموم فقال في حوادث سنة 1340 ما لفظه:

وفي هذه السنة وقعة الرزية العظيمة والمحنة الفخيمة لحجاج اليمن حين سفرهم للحجاز، فلما وصلوا إلى تنومة اعترضهم أصحاب الملك ابن سعود فقتلوهم وهم آمنون، وليس معهم سلاح ولا مستعدين للقتال، وكان حجاج اليمن الذين أتوا من هذا الطريق طريق البر ثلاث الآف رجل، وأخذوا دوابهم وأمتعتهم، ولم يسلم من هذا العدد إلا خمسة أشخاص فقط، كانوا في طريق القافلة، نجوا بأنفسهم هرباً انتهى بلفظه. والنص المنقول عن كتاب الواسعي

نقله بالنص مؤلف كتاب (تاريخ اليمن السياسي) للكاتب المصري أمين سعيد، إلا أنه حذف في الطبعة الثانية من تاريخ الواسعي، وإنما ذكرت ذلك لينظر الناظر كيف تلعب السياسية ويزيف التاريخ مراعاة لأرباب الدول فالله المستعان. ونقل عن قلم السيد العلامة قاسم بن حسين أبو طالب أن وقوع الحادثة المذكورة يوم الأحد سابع عشر ذي القعدة في الساعة الخامسة بالتوقيت الغروبي بين سدوان إلى تنومة من بلاد بني شهر، وكان الحجاج ثلاث فرق، فرقة تقدمت إلى تنومة، وفرقة في سدوان الأعلى، وفرقة في سدوان الأسفل. وكان أمير الحج اليماني في ذلك العام: السيد محمد بن عبد الله شرف الدين انتهى. ومما قيل في هذا الحادثة قول القاضي يحيى بن محمد بن عبد الله الأرياني المتوفى سنة 1362 من قصيدة طويلة يستنكر على ابن سعود فعلته الشنيعة:

جنيت على الإسلام يا ابن سعود	جناية ذي كفر به وجحود
جناية من لم يدر ما شرع أحمد	ولا فاز من عذب الهدى بورود

ومما قاله السيد العلامة الأديب البليغ يحيى بن علي الذاري المتوفى سنة 1364 يرثي أحد المقتولين في هذه الحادثة:

ألا من لطرف فاض بالهملان	بدمع على الخدين أحمر قان
ومن لحشاشات تلظى سعيرها	ومن لفؤاد جاش بالغليان
لخطب تخر الشامخات لهوله	أناخ بقاص في البلاد وداني
بما كان في وادي تنومة ضحوة	وما حل بالحجاج في سدوان
من المارقين الناكثين عن الهدى	وعن سنة مأثورة وقران
عن البيت ذي الأستار صدوا وفوده	وباتوا بطرق الغي في جولان
ولم يرقبوا إلاً ولا ذمة لهم	ولا واجباً من حرمة وأمان
أحلوهم قتلاً وسلباً وغادروا	جسومهم صرعى ترى بعيان

تنوشهم وحش الفلاة وطيرها … لعمرك لم تسمع بذا أذنان
لذا لبس الإسلام ثوب حداده … وناخ ونادت حاله بلسان
ليبكهم البيت العتيق وطيبة … وزمزم والتعريف والعلمان
وتبكيهم تلك المشاعر عن يد … وتبكيهم الأملاك والثقلان
لقد أحرز الحجاج خير شهادة … وفازوا بحور في الجنان حسان

وقد غلبت هذه الحادثة المذكورة على السنة الواقعة فيها فيقال: في سنة قتلة تنومة، ويعنون بها سنة 1341 إحدى وأربعين وثلاثمائة وألف.

16. السيد أحمد بن علي حوريه المؤيدي

تقدمت ترجمته سابقا أثناء ترجمة ولده إبراهيم بن أحمد.

17. السيد أحمد بن علي التجارة

السيد العلامة أحمد بن علي بن الحسين الداعي، من السادة الساكنين بهجرة مدران، اليحيوي الحسني الملقب التجارة، وهو لقب طرأ على أحد أجداده وإلا فلقب بيتهم الداعي، وبقية النسب تقدمت أثناء ترجمة والده في القسم الرابع من هذا المعجم.

وصاحب الترجمة أخذ عن والده السيد العلامة الحسين بن علي الداعي وأجازه في أصول الأحكام وشفاء الأوام عن طريق القاضي العلامة الكبير عبد الله بن علي الغالبي بسنده المتصل في إجازاته. وقد ترجمه صاحب بغية الأماني والأمل فقال: كان سيداً عالماً عارفاً، قائماً بوظيفة القضاء والإصلاح بين الناس، وهو من ذرية السيد الإمام العلامة الحسن بن صلاح الداعي صاحب الدامغة، ووالده علي بن الحسين عالم نحرير ستأتي ترجمته في حرف العين، وتوفي في سنة 1357 سبع وخمسين وثلاثمائة وألف انتهى. وقد وهِمَ القاضي عبد الرحمن بن

حسين سهيل في قوله أنه من ذرية السيد الحسن بن صلاح الداعي صاحب الدامغة، بل من ذرية صنوه السيد محمد بن صلاح فليعلم ذلك.

و(**هجرة مدران**) بالميم ثم الدال والراء المهملتين المفتوحتين من الهجرة العلمية القديمة في ناحية جماعة غربي آلت الربيع في الشمال من صعدة بمسافة 60 كيلومتر تقريباً، وهي من مساكن السادة آل يحيى بن يحيى، وقد تقدم التعريف بها في القسم الأول من هذا الكتاب.

18. القاضي أحمد بن علي السياغي

القاضي العلامة ناظرة السنارة أحمد بن علي بن عبد الكريم بن أحمد السياغي نسبة إلى بني سياغ من بلاد الحيمة الداخلية اليمني الصنعاني ثم الصعدي. ترجمه صاحب بغية الأماني والأمل فقال:

القاضي العلامة السياغي. كان فقيهاً عارفاً، عاملاً لإمام الزمان المتوكل على الله يحيى بن محمد حميد الدين على صعدة ونواحيها، وكانت سيرته حسنة، وله معرفة بالطب، وكان ساكناً بالسنارة، وزاد في عمارته وعمارة الصمع، وتوفي في شهر شوال سنة 1338 ثمان وثلاثين وثلاثمائة وألف انتهى. ورأيت في بعض كتب التواريخ أنه ممن هاجر إلى صعدة في سنة 1305 فالتحق بالإمام الهادي شرف الدين، وتولى له أعمالاً كثيرة، منها قيامه بأعمال ناظرة الشام بالنيابة انتهى، وبداية عمارة حصن السنارة كان في سنة 1302 أيام الإمام شرف الدين عشيش، وقد أضاف إلى بنايته من جاء من ولاة صعدة بعد صاحب الترجمة، وهذه القلعة هي مشرفة على وادي العبدين جنوبي مدينة صعدة بنحو ميلين، وقد أخذ الخراب في أيامنا منها كل مأخذ.

(فائدة في خروج الترك من اليمن)

ففي كتاب التحفة العنبرية للسيد العلامة النسابة محمد بن عبد الله الملقب بأبي علامة المتوفى سنة 1044هـ جاء ما لفظه:

كان ابتداء دخول الأتراك أرض اليمن يوم الجمعة تاسع عشر شهر جمادى الأول سنة اثنتين وعشرين وتسعمائة، وخروجهم يوم الجمعة سابع عشر شهر شعبان سنة خمس وأربعين وألف، فتكون مدة بقائهم مائة وثلاثة وعشرين سنة وثلاثة أشهر إلا يوما، وخروجهم في أيام ولاية أمير المؤمنين محمد بن القاسم رضوان الله عليه انتهى. وعلق السيد العلامة أحمد بن يحيى العجري المتوفى سنة 1347 بعد نقله هذا الكلام بما لفظه: وهذه الدولة الظالمة لا تزال تردد في كل عصر إلى أرض اليمن، وظلم أهلها ومقاتلة الأئمة فيها، وهم البقية بل الطائفة التي لا تزال على الحق ظاهرين، وفيما سمعنا وعرفنا من بقية البلدان قد تملكها الظلمة ذوي الطغيان، نعم. وكان دخول الأتراك مدينة صنعاء يوم الخميس آخر خميس في شهر شهر صفر سنة 1289 في عصر مولانا الإمام الحجة المتوكل على الله المحسن بن أحمد، وخروجهم منها بمن الله وكرمه وفضائل أهل البيت في شهر صفر يوم السبت لعله 17 فيه سنة 1323 وذلك في مدة مولانا الإمام من أباد الله به أهل الطغيان أمير المؤمنين المتوكل على الله يحيى بن الإمام المنصور بالله محمد بن يحيى انتهى. وفي موضع آخر نقلت عن خطه ما لفظه:

ولما أذن الله بذهاب الدولة العثمانية وانتقالهم من أرض اليمن، وقد كانت منهم مفرزة بصعدة قوية أهل عدد وعُدد، وأصحاب قوة وجلد، ولهم المدافع العظيمة والمكاين الجسيمة والآليات الكثيرة، فوصل من جانب الإمام (يعني المتوكل على الله يحيى حميد الدين) الأمر بالتسليم، فسلموا جمع ما حواه المطرح،

وكانوا قد بنوا فيه المباني الكبيرة ما يفوت عن الحصر، فأخذ عمال الإمام جميع ذلك، وشدوه إلى حصن السنارة، وانتقل الترك ورئيسهم علي روحي، وأول من انتقل من المطرح ولده المسمى صلاح الدين، ولد في قدر أحد عشر سنة، وانتقاله من المطرح يوم السبت أول شهر جماد أول سنة 1337 فوصل هو ووالدته وجدته إلى باب المنصورة حق مدينة صعدة، فرماه الرامي وقتله، ولم يعلم له بقاتل. قال: وبعيد قتله اضطرب الترك وتلقى بهم وبأهل البلاد من ... ما لا مزيد عليه، وانتقل الترك إلى رحبان، وجلسوا فيه خمسة عشر يوما، ووضعت الرهائن من سحار ثلاثون رهينة، ومن ظهر أنه القاتل قتل به، وانتقل علي روحي ومن معه من الترك يوم السبت خامس عشر شهر جماد إلى صنعاء بأمر الإمام بإيصالهم، ولم يقع عليهم في الطريق تغيير انتهى.

قلت: وهذه الحادثة مشهورة، ويقال لها قتلة علي روحي، وقد أخبرني بها والدي أبقاه الله، مما يدل على ما حكيناه من تداولها وشهرتها.

19. القاضي أحمد بن عيضه المعاذي

القاضي العلامة أحمد بن عيضه السحاري المعاذي. ذكره السيد عبد الكريم بن عبد الله العنثري في عقد الجمان في جملة من أخذ على والده شيخ العترة المولى عبد الله بن أحمد العنثري فقال:

ومن تلامذته أهل المعرفة والأدب الفقيه الأديب الأريب أحمد بن عيضه السحاري المعاذي، هاجر إلى ضحيان، وسمع على والدنا وغيره ثم أقام بجبل مران ببلاد ولدبَجَه انتهى.

20- القاضي أحمد بن محمد الغالبي

ستأتي ترجمته بحرف الميم أثناء ترجمة والده القاضي محمد بن عبد الله الغالبي.

21- السيد أحمد بن محمد الشرفي

السيد العلامة التقي أحمد بن محمد الشرفي ثم الصعدي. ترجم له في بغية الأماني والأمل العلامة عبد الرحمن بن حسين سهيل فقال:

كان أحد علماء الزمان، وفضلاء الأوان، رحل من بلده شرف حجة إلى مدينة صعدة لطلب العلم، ثم استوطنها وتأهل بها، وكان حريصاً على كسب العلم، فأخذ أكثر مقروءاته على شيخ أهل عصره شرف الإسلام الحسن بن محمد سهيل الصعدي، وكان من التواضع والزهد بمكان، سليم القلب، رحيب الصدر، سبرته فوجدته فوق الوصف مع ضيق معيشته وقلة ذات يده، حتى توفاه الله سعيداً حميداً بصعدة المحروسة شهر شوال سنة 1348 ثمان وأربعين وثلاثمائة وألف رحمه الله تعالى.

22- المولى أحمد بن يحيى العجري

السيد العلامة الحافظ صفي الدين أحمد بن يحيى بن أحمد بن الحسين بن محمد ابن يحيى بن محمد بن يحيى بن محمد بن صلاح بن علي بن الحسين بن الإمام الهادي عز الدين بن الحسن الحسني اليحيوي المؤيدي الملقب العجري كسلفه الضحياني ثم الصعدي.

مولده تقريباً في سنة 1265 خمس وستين ومائتين وألف. ونشأ في حجر والده المتوفى بضحيان سنة 1313 وأخذ في العلوم عن شيخ العترة النبوية المولى عبد الله بن أحمد مشكاع العنثري، وعن السيد إمام العلوم الحسين بن محمد

الحوثي، وعن الإمام المهدي محمد بن القاسم الحسيني الحوثي وأجازه ثلاثتهم إجازة عامة، وأخذ عنه جملة وافرة من الأعيان، منهم جماعة إخوته: محمد وإبراهيم وعلي وعبد الله، ولهم منه إجازة عامة بتاريخ غرة شهر جمادى الأولى سنة 1316. وقد ترجمه السيد العلامة عبد الكريم بن عبد الله العنثري في عقد الجمان، والسيد محمد بن محمد زبارة في نزهة النظر في رجال القرن الرابع عشر، وغيرهما. وترجمه القاضي العلامة عبد الرحمن بن حسين سهيل في بغية الأماني والأمل فقال:

هو السيد العلامة البدر السامي المنير النحرير، المحقق المدقق، إمام الفروع والأصول، شيخ العترة النبوية، وإمام الأسرة العلوية. نشأ رحمه الله بوطنه هجرة ضحيان، فأخذ العلوم عن علمائها حتى صار فريد الأوان وبدر سماء قرناء القرآن، وكان رحمه الله عالماً ورعاً، عابداً ناسكاً، آمراً بالمعروف ناهياً عن المنكر، لا يغضي عن زلة في جنب الله، داعياً للناس إلى الطاعات وملازمة الجمع والجماعات، فلقد رأيته وسمعته يأمر في الأسواق باجتماع الناس إليه في مسجد الإمام الهادي لتعليمهم معالم الدين، وله ولايات من الأئمة على كثير من الأمور، وله سؤالات كثيرة إلى الإمام المهدي محمد بن القاسم الحوثي، ومؤلفات مختصرات وعظيات ومناصحات مرضيات، قد أطلعني رحمه الله على مجلد منها لطيف، وأخذ عنه إخوته إبراهيم بن يحيى، ومحمد وعلي وعبد الله وولده العلامة محمد بن أحمد بن يحيى وغيرهم كثير انتهى.

وقال غيره ممن ترجم له: كان صاحب الترجمة من العلماء المحققين المصنفين، أهل التأله والخشوع والعبادة، وله من المؤلفات (الجالية لقلوب أهل الإيمان والرادعة لذوي العصيان)، وله (السفينة المنجية من الغرق)، و(الأنوار الماحية

للغسق) جمع فيه سؤالات منه ومن غيره إلى الإمام المهدي محمد بن القاسم الحسيني الحوثي، ومن مؤلفاته أيضا (نفحة المسك المحبوب الموصلة إلى رضا علام الغيوب)، وله (شرح نظم الأحاديث المسلسلات)، وله في الأنساب والتراجم (الجوهرة المضيئة في أنساب العترة المؤيدية)، وكتاب (ذروة المجد الأثيل فيمن قام ودعا من أولاد المؤيد بن جبريل)، ومجموعة فوائد متفرقة. وقد قرظ كتابه ذروة المجد الأثيل السيد المؤرخ النسابة محمد بن حيدر النعمي، وهو ممن تتلمذ بالهجرة الضحيانية على جماعة من المشايخ الأعلام منهم صاحب الترجمة، فقال مقرظاً لكتاب شيخه وذلك في سنة 1334هـ:

الفخر بالدين لا قعبان من لبن ... والعز في السيف لا في الضعف والوهن
والجهل بالشيء من عدمان عالمه ... ما أقبح الجهل إن الجهل كالدجن
ما لذ لي مثل مجد عز صاحبه ... وصار في الذروة العليا بلا شطن
قافي على الحق لا غرّ ولا شرس ... ومنصف لا به عي ولا ركن
يدور حيث مدار الحق متبعاً ... قافي طريق الهدا والمنهج الحسني
كمثل بدر الدجى السامي لمرتبة ... من دونها طالع الجوزا مغتبن
وذاك شيخي إمام الوقت عالمنا ... أحمد حميد المساعي درة الزمن
بدر المجالس روح الروح من جسدي ... علامة قد رقا في ذروة القنن
من ذا يساويه في علم وفي شرف ... من أرض مكة إلى مصر إلى عدن

إلى آخر الأبيات. قال القاضي عبد الرحمن سهيل: وقد انتقل المترجم له آخر مدته إلى مدينة صعدة المحمية، مجاوراً لجامع جده إمام اليمن الميمون الهادي إلى الحق يحيى بن الحسين، فلازم في مسجده الصلاة والجلوس مع أن داره كان منتزح عن المسجد المذكور، وكان قد طعن في السن إلا أنه كان منور بنور الله، وله منه إعانة وعناية، ولم يزل مواظباً على التدريس والتذكير وإظهار الشريعة

ودعاء الخلق إلى ما يقرب إلى الله حتى توفاه الله حميداً سعيداً بمدينة صعدة في رجب سنة 1347 سبع وأربعين وثلاثمائة وألف، وبنى عليه ولده عز الإسلام محمد بن أحمد مشهداً وقبره فيه مشهور مزور انتهى.

قلت: ولصاحب الترجمة شعر يلحق بنظم العلماء، منها ترثية في صنوه السيد الجهبذ علي بن يحيى العجري، ورأيت بقلمه ولعلها له هذه الأبيات:

أيها المسئول عن نسبي	هاك فاخبر من تراه غبي
نسبي يا صاح سلسلة	صاغها الرحمن من ذهب
أنا من خير الورى حسباً	من له فضل على العرب
ثم من أولاد فاطمة	من حمى المختار وهو صبي
ثم من أولاد حيدر	وابنه المسموم وهو أبي
فاخبر الأقوام ما نسبي	ليس بهتان ولا كذب

بل صح أنها من نظم تلميذه السيد محمد بن حيدر النعمي والله أعلم، وأولاد صاحب الترجمة هم: محمد وجبريل وصلاح ويحيى ومجد الدين وعبد الرحيم درج وعبد الله والمؤيد وغلب عليه اسم إسماعيل.

(استطراد ترجمة العلامة محمد بن حيدر النعمي)

السيد العلامة البارع المحقق النحرير عز الإسلام محمد بن حيدر النعمي الحسني القبي التهامي. ونسبه كالتالي: محمد بن حيدر بن ناصر بن هادي بن عز الدين بن علي بن محمد بن الحسن بن الهادي بن محمد بن المساوى بن عقيل بن الحسن بن محمد بن جحيش بن عطية بن أحمد بن محمد بن سالم بن يحيى بن مهنى بن سرور بن نعمة الله الأصغر بن علي بن فليته (بن بركات) بن الحسين العابد بن يوسف الزاهد بن نعمة الله الأكبر. نقلت نسبه إلى هنا عن خطه وقلمه،

وباقي النسب: نعمة الله بن علي بن داود بن سليمان بن الإمام عبد الله بن موسى الجون بن كامل أهل البيت عبد الله بن الحسن بن الحسن بن علي بن أبي طالب الحسني النعمي القبي التهامي الصبياني. قال في المجلد الثاني من كتاب نشر الثناء الحسن ما لفظه:

ولد بقرية الملحا من أعمال وادي بيشه، وبها نشأ في حجر أبيه على أحسن الأحوال، قال بعد أن ذكر قراءته في بلاده: وفي خلال تلك المدة رحل إلى صعدة فوصل إلى ضحيان في عام خمسة عشر وثلاثمائة وألف، فلقي بها علماء جهابذة أرباب العلوم النافعة على اختلاف فنونها، فأخذ عنهم في كل فن، فممن أخذ عنه القاضي العلامة مصلح بن درمان الساكن بالغرابيين محل بالقرب من ضحيان، قرأ عليه في كنز الرشاد في علم الباطن للإمام عز الدين بن الحسن، وفي حقائق المعرفة للإمام المتوكل على الله أحمد بن سليمان وفي متن الأزهار وشرحه والفرائض وشرح الأساس، وكانت هذه القراءة في أول بلوغه سن التكليف، ثم في أثناء هذه المدة عاد إلى بلده لزيارة أبويه، وبعد مكثه لديهم مدة هاجر كرة أخرى إلى ضحيان، فلازم القراءة بجد واجتهاد على علماء أجلة، منهم السيد العلامة الولي المجتهد الحسين بن محمد أمير الدين الحوثي الحسني، تخرج به وانتفع به انتفاعا عظيما، وأقبل عليه إقبالا كليا، وأخذ عنه في دروس متعددة، وله منه إجازة، ولحظوته عنده كان إذا حضر مجلس درسه هو المتولي للقراءة، وقد ذكر في رسالته التي سماها (تحفة الناظر وبغية المناظر) الآتي ذكرها أن شيخه المذكور قد توفي في اليوم التاسع من شهر ربيع الأول سنة 1329 بعد أن أثنى عليه بكثرة العلم والولاية والصلاح، ومن مشايخه أيضا السيد العلامة البدر عماد الإسلام يحيى بن حسن بن الطيب الذروي الحسني، قرأ عليه شرح القطر لابن هشام وحاشية السيد على الكافية، وشرحي الكافل للسيد أحمد بن لقمان

وابن حابس وشرح الغاية وغيرها، ومنهم السيد العلامة جمال الدين علي بن يحيى العجري المؤيدي، قرأ عليه في الثلاثين المسألة للسحولي، ومؤلَّف القاضي العلامة حسن بن أحمد عاكش في الأصول المسمى جواهر القلائد، وقد امتدح شيخه المذكور بأنه بلغ رتبة الاجتهاد، وناظر العلماء بالفهم الدقيق، وأن له جملة مؤلفات، وأن له إقبالا تاما عليه، وكان يناديه بالحبر، ومنهم السيد العلامة الفهامة المحقق الأصولي الحسن بن يحيى القاسمي، قرأ عليه نحو النصف من القطر لابن هشام، وإبطال العناد لإسحاق العبدي، وفي الأصولين والمعاني والبيان والصرف، وأجاز له إجازة عامة، ومنهم السيد العلامة إمام أهل الاستقامة صفي الملة وبرهان الأدلة أحمد بن يحيى العجري المؤيدي، لازمه في قراءة الفقه والفرائض خاصة، من أول هجرته إلى ضحيان إلى أيام رجوعه إلى وطنه، وقد أجازه إجازة عامة، ومنهم بالإجازة صنوه السيد العلامة المفضال عبد الله بن يحيى العجري المؤيدي، ومنهم السيد العلامة الفهامة فخر الآل المولى الحجة الباهرة المتقشف المتشوق إلى الآخرة عبد الله بن عبد الله المؤيدي العنثري، وصنوه العلامة وجيه الدين عبد الكريم بن عبد الله المؤيدي العنثري، وقد طالت ملازمته للأول، وله مع الثاني ملازمة يسيرة، ولكنه أثنى عليه بأنه بلغ درجة الاجتهاد، وناظر العلماء النقاد، وأن له مؤلفات في سائر الفنون لا سيما علمي المعاني والبيان وعلم المنطق، مع أن سنه لم تتجاوز العشرين سنة، وله منهما إجازة عامة، ومنهم أخوهما السيد العلامة وجيه الإسلام عبد الرحمن بن عبد الله المؤيدي العنثري، أخذ عنه في المجموع الفقهي الحديثي وعدة الأكياس للشرفي، ومنهم القاضي العلامة الحافظ الحجة مرجع الأسانيد في هذا العصر علامة الشيعة وقمر الشريعة شيخ الإسلام محمد بن عبد الله بن علي الغالبي الصنعاني، قرأ عليه ولازمه ملازمة جد واجتهاد، فأقبل عليه إقبالا كليا،

وله منه فوائد اختصه بها دون سائر الطلبة، وأجازه إجازة عامة، وقد نعته بأن له اليد الطولى في كل فن، وأحاط منهما بما تقصر عنه أرباب الإدراكات القوية، وأنه أجاد بأكثرها حتى باللغات الفارسية، ومنهم صنوه القاضي العلامة المفتي سليمان الآل صارم الدين إبراهيم بن عبد الله الغالبي، أخذ عنه وأجازه إجازة عامة مطولة، وقد نعته صاحب الترجمة في رسالته السابق ذكرها بأنه نادرة زمانه، لأنه برز على أقرانه، وسمي عند أهل عصره بالمحب الطبري، وأنه أعلا درجة في العلم من أخيه السابق، ولصلاح نيته وصدق لهجته بذل مهجته لنصح الأمة من أهل البلدان الذين صار عندهم الإسلام غريبا، كبني مالك وفيفا، فهدى الله على يديه كثيرا منهم، وبنيت المساجد، وتلي فيها القرآن، وعبد الله جهرا بعد أن كان لا يقدر أحد أن يجهر بالأذان فيها، حتى كانت وفاته بها غريبا عن أهله رحمه الله ونفع به، ومنهم بالإجازة العامة السيد العلامة أمير المؤمنين المنصور بالله محمد بن عبد الله الوزير أجازه إجازة عامة في جميع العلوم، ومنهم القاضي العلامة شيخ الإسلام علي بن علي بن أحمد اليماني المدومي الصنعاني لقيه بمدينة صبيا عند توجهه إلى حج بيت الله، فأجازه إجازة عامة في سائر العلوم، ومنهم العلامة الحلاحل البحر الذي ليس له ساحل الولي عبد الله بن أحمد العنثري المؤيدي، قرأ عليه تفريج الكروب وأكثر الإعتصام وتتمته وأكثر شرح التجريد ونهج الرشاد للإمام علي بن الحسين الشامي اليحيوي، ومؤازرة الإخوان وسلوة العارفين للموفق بالله، وكتاب الذكر لمحمد بن منصور المرادي وغيرها وأجاز له انتهى. قال السيد إسماعيل بن محمد الوشلي المنقول عن كتابه نشر الثناء الحسن ما تقدم في ذكر مشايخ صاحب الترجمة ما لفظه:

وله مشايخ غيرهم وكانت مدة هجرته إلى ضحيان أحد عشر سنة تقريبا، وقد شرفني الله سبحانه وله الحمد بأن أجلت نظري الكليل وأمعنت الفكر

بذهن فاتر عليل، فيما نمقته أيدي مشايخه الأعلام، وحررته أقلام جهابذة كرام من إجازاتهم له الشاملة للثناء عليه، بما دل دلالة واضحة على أنه قد بلغ الغاية القصوى من العلوم، ووقف بذهنه الوقاد على حقيقة المنطوق منها والمفهوم. ولصاحب الترجمة رسائل جمة، فمنها رسالة سماها (تحفة الناظر وبغية المناظر) ذكر فيها غالب مشايخه وإجازاته التي جرت له منهم، وهي التي نقلت منها ما حررته في ترجمته هذه، ومما ذكره فيها أنه قد كان تعلق بكتب الأخبار وأنه قد ألف فيها رسائل متعددة، منها نسخة في تعداد مشايخه سماها (عقود الجمان)، وأخرى في تتميم التشاجير، وأنه قد عزم أن يترجم لأهل العلم وعاقه عن ذلك عوائق جمة فأحجم، ومن رسائله ما جمعه في سيرة شيخه السيد الإمام محمد بن علي الإدريسي وأحواله، ومن ذلك حاشية على متن الأزهار سماها بأسمين أحدهما (عيون الأنهار المتدفقة على حدائق الأزهار)، وثانيهما (مختصر الوشاح من تعليق ابن مفتاح وما انضم إليه من الحواشي الصحاح)، هذا ما بلغني من مؤلفاته، وأما الرسائل والمكاتبات التي جرت بينه وبين جهابذة العلماء من مشايخه وزملائه في الطلب من أهل صعدة وغيرهم المشتملة على العلوم واللطائف والأشعار، فذلك شيء لا يكاد يحصر، وقد أفاد أنه جمعها في كتاب مستقل. قال: وهو الآن موجود وعمره نحو الثلاثين سنة ملازم التدريس والإفادة والاستفادة في تلك الجهات الشامية، مع القيام بوظيفة القضاء من طرف السيد الإمام الإدريسي بسيرة حسنة مع النزاهة والعفة والورع عافاه الله ونفع به وكثر من أمثاله انتهى.

يقول جامع هذه التراجم: وصاحب الترجمة أحد أعلام العلماء في وقته، فهو السيد العلامة، المحقق النحرير، والمؤرخ النسابة، والشاعر الأديب البليغ، مصنف كتاب (الجواهر اللطاف في تاريخ وأنساب المخلاف)، وقد وقفت على

عدة نسخة من الكتاب، على عدة تحقيقه ونشره، ثم لاحت عوائق فأضربت، وهو كتاب مفيد في بابه، وكان مراده رحمه الله أن يضيف في آخره بابا لتراجم الأعلام الذين ذكرهم، كما نبه على ذلك في أصل الكتاب، وكان له رحمه الله سعي محمود في نشر مذهب أهل البيت في المخلاف صبيا وتلك الجهات، إذ كانوا على مذهب الزيدية، وإنما طغى عليهم مذهب الوهابية بقيام دولة آل سعود. قال السيد العلامة محمد زبارة وقد ترجم له في نزهة النظر ما لفظه:

وكان صاحب الترجمة قد ولي القضاء بصبيا من جهة السيد محمد بن علي الإدريسي، ولما تقهقرت إمارة الأدراسة بموت السيد الإدريسي وقيام ولده علي بن محمد، سولت لعلي بن محمد نفسه أن يقبض على أمراء والده ليستبد بالأمر، فكان ممن قبض عليه جماعة منهم صاحب الترجمة السيد محمد بن حيدر وأخرجوا من البلاد وساروا إلى عدن، ثم رجعوا إلى الحديدة، ثم أقام المترجم بصنعاء واستجاز من المولى الحسين بن علي العمري، فأجازه، وكان إثر ذلك متوليا القضاء على بلاد اللحية، ولما كانت الثورة من حسن بن علي بن محمد الإدريسي على أمراء الملك عبد العزيز بن سعود في جيزان وما جاورها، كان في خلالها قتل صاحب الترجمة في مدينة صبيا سنة 1351 لاتهامه بالتدخل في الثورة، قال: ومن شعره يمدح الإمام يحيى بن محمد حميد الدين سنة 1346 هذه القصيدة التي مستهلها:

عرف الديار فهاله ما هالها ... وسعى يطل بدمعه أطلالها
يتذكر العهد القديم معاتبا ... صرف الزمان علام غير حالها
ويلومني الجهال فيك وإنما ... قد قلت قافية كثير قالها
وتلومني في حب عزة نسوة ... جعل الإله خدودهن نعالها
وسمعت دعوة صارخ من للندى ... يا معشر النبلا فقلت أنا لها

قلت: ومن طريف ما نبه عليه أحد الأخوان في رسائله ما ذكره عن المولى مجدالدين بن محمد بن منصور المؤيدي، مُتكلّما المولى عن نفسه، راوياً لأحد المواقف التي حصلت له، قال: مَرَرْنا في تهامة ليلاً وكان برفقتي شريف من آل النعمي، فتذكرتُ هذه القصيدة، فَطفِقْتُ أترنّم بها، وهي:

عرف الديار فهاله ما هاها   وسعى يطل بدمعه أطلالها

أبيات القصيدة المتقدمة قال: فسألني الشريف لمن هذه الأبيات؟ فقلت: للسيد محمد بن حيدر النعمي، فأشار بيده وقال: هذاك بيته، ورأيت السراج فيه، وأنا لا أعلم أين نحن، وهذه موافقة عجيبة، وذلك عام 1362هـ انتهى. **قلت:** وحادثه مقتله واستشهاده كانت بداره في قرية الملحا في شهر شعبان سنة إحدى وخمسين وثلاثمائة وألف، عن نحو خمسين سنة من مولده، دخلوا إلى عقر داره، وأطلقوا عليه نيران بنادقهم ظلما وعدوانا، وقتلوا معه أحد إخوانه، وأخذوا جميع ما حواه داره من المال والخيل والكتب النفائس رحمه الله وإيانا والمؤمنين.

23ـ السيد أحمد بن يحيى القاسمي

السيد العلامة الناسك المحقق الصفي التقي أحمد بن يحيى بن علي بن أحمد بن علي بن القاسم بن الحسن بن محمد بن أحمد بن الحسن بن زيد بن محمد بن أبي القاسم بن الإمام علي بن المؤيد بن جبريل الحسني المؤيدي الملقب القاسمي كسلفه. وهو الأخ الأكبر للإمام الهادي الحسن بن يحيى القاسمي الآتية ترجمته قريبا، أخذ بضحيان عن شيخ العترة المولى عبد الله بن أحمد العنثري، وأخذ عن والده السيد يحيى بن علي القاسمي المتوفى بضحيان سنة 1305 وغيرهما، وترجم له تلميذه عبد الله بن الإمام في الجواهر المضيئة فقال:

قرأ على شيخ العترة عبد الله بن أحمد مشكاع، والعلامة الحبر محمد عشيش،

وأخيه الإمام الهادي الحسن بن يحيى، وله تلامذة منهم كاتب هذه الترجمة، قرأت عليه في شرح الأزهار ولم يكمل قراءة تحقيق، وأمالي أحمد بن عيسى، وكنز الرشاد للإمام عز الدين. وكان عالماً عاملاً ناسكاً، كثير الأذكار، رحب الصدر، طلق الوجه، خشن اللباس والمطعم، محبب عند الخاص والعام، محققاً في المذهب، مجوداً في قراءة القرآن، توفي رحمه الله في شهر جمادى الآخرة سنة 1337 سبع وثلاثين وثلاثمائة وألف بوادي ساقين انتهى بلفظه.

(وولده)

هو السيد العلامة يحيى بن أحمد بن يحيى القاسمي. كان عالماً فاضلاً متقناً، أخذ في الفروع والأصول عن والده، وعن عمه الإمام الهادي الحسن بن يحيى القاسمي، وولده المولى عبد الله بن الإمام وغيرهم، وتولى القضاء في بعض أيامه، وابتلي بالأمراض في السنوات الأخيرة قبل وفاته، فصبر واحتسب إلى أن أتاه الأجل المحتوم شعبان سنة 1385 خمس وثمانين وثلاثمائة وألف، ودفن بباقم ناحية جماعة رحمهما الله وإيانا والمؤمنين.

24ـ السيد إسحاق بن علي الدولة

السيد العلامة إسحاق بن علي بن عباس بن إسماعيل بن علي بن قاسم بن علي بن أحمد أبو طالب بن الإمام المنصور بالله القاسم بن محمد الحسني اليمني الصعدي.

ترجم له العلامة عبد الرحمن سهيل في بغية الأماني والأمل فقال:

كان أحد أعلام العصر عالماً كاملا، أخذ من العلوم النصيب الأوفر، وكان كثيرا ما يراجع حي الوالد العلامة صارم الإسلام إبراهيم بن يحيى سهيل في

بعض المسائل، لأنه كان حاكما بصعدة المحمية، وكان له رئاسة وجلالة في صعدة ونواحيها، لأن هذا البيت جميعا آل القاسم هم دول البلاد، ولهم فيها الإصدار والإيراد من مدة جدهم الإمام علي بن أحمد، فأما صاحب الترجمة فجمع مع تلك الرئاسة رئاسة العلم، التي ليس فوقها رئاسة، ولا يساويها نفيس بنفاسة، وله ولد قد أخذ من العلم بنصيب وهو متولي للقضاء الآن، وسيأتي ذكر أناس منهم، توفي صاحب الترجمة رحمه الله بصعدة شهر محرم سنة ثمان وثلاثين وثلاثمائة وألف، وقبره عند مشهدهم قريب من باب المنصورة شرقي قبر القاضي إسحاق بن أحمد بن عبد الباعث رحمه الله تعالى انتهى بلفظه.

قلت: والذي نقلته عن شاهد قبره بالموضع المذكور أن وفاته رحمه الله في شهر محرم سنة 1339 تسع وثلاثين وثلاثمائة وألف. والسادة آل القاسم رهط صاحب الترجمة ينسبون إلى السيد الرئيس القاسم بن علي بن أحمد أبو طالب المتوفى سنة 1147 سبع وأربعين ومائة وألف، وقد تقدمت له ترجمة في القسم الثاني من هذا الكتاب، والملقب بالدولة هو جد صاحب الترجمة السيد عباس بن إسماعيل إلى آخر النسب المتقدم.

25ـ العلامة إسماعيل بن أحمد المتميز

القاضي العلامة الفاضل إمام علوم القرآن وشيخ شيوخ الإتقان إسماعيل بن أحمد بن إسماعيل بن محمد بن عبد الله بن أحمد بن إسماعيل بن محمد إبراهيم بن يحيى بن إبراهيم بن أبي القاسم المتميز اليمني الصعدي، وقد تقدمت ترجمة والده المتوفى سنة 1308 ثمان وثلاثمائة وألف في القسم الرابع.

نشأ صاحب الترجمة بمدينة صعدة، وحفظ القرآن وأتقنه وأسمعه بالقراءات السبع على والده المتفرد في أيامه بهذا الشأن كما تقدم في ترجمته، فحقق عليه ودقق

وصار خليفة والده وعمدة أهل هذا الفن، وهاجر لطلب فنون العلم إلى ضحيان، فأخذ بها عن شيخ العترة المولى عبد الله بن أحمد العنثري، والقاضي محمد بن عبد الله الغالبي. ومن مقروءاته عليه في سنة 1304 كتاب شفاء الأوام، وعن صنوه القاضي إبراهيم بن عبد الله الغالبي، وعليه حقق أكثر العلوم واستجاز منه إجازة عامة، ورحل مع زميله القاضي إبراهيم بن يحيى سهيل السابقة ترجمته إلى مقام الإمام المنصور بالله محمد بن يحيى حميد الدين، فأخذا عنه كما تقدم وحكينا في ترجمة زميله الفقيه إبراهيم قصة حضورهما في حلقة الدرس، واستحضار أمهات الكتب من قبل الإمام المنصور في اليوم الذي تعقب وصولهما، ومن مشايخه أيضاً الإمام المهدي محمد بن القاسم الحوثي، وله تلامذة أخذوا عنه، وهم جملة من علماء صعدة، ذكر ما تقدم صاحب بغية الأماني والأمل وقال مترجما له:

هو الفقيه العلامة العامل، البحر الفهامة الفاضل، صاحب العلوم الزاخرة، وإمام شيعة العترة الطاهرة. كان من أعيان العلماء الكبار، وإنسان عين الكملاء الخيار، فاتح المقفلات، والمبين للمشكلات، كان حسن الأخلاق، كثير الخشية من الملك الخلاق، إمام السبع القراءات، والمتفرد بها على الجماعات. نشأ رحمه الله بمحله صعدة المحيمة، فقرأ القرآن وأتقنه كل الإتقان، وكان والده هو الذي انتهت إليه المعرفة والعرفان في ذلك الشأن، فحفظه ثم أسمعه بالقراءات السبع عليه وحقق ودقق، وصار خليفة أبيه بغير تدليس ولا تمويه، ثم طلب العلم الشريف وكان ذكياً فطناً ألمعياً، وهاجر إلى هجرة ضحيان، وأخذ عن سيدنا العلامة شيخ الإسلام محمد بن عبد الله الغالبي رحمه الله وعن أخيه القاضي العلامة المدرة الفهامة إبراهيم بن عبد الله الغالبي وهو أكبر مشايخه، وعليه حقق أكثر العلوم، ثم رحل إلى صنعاء فأخذ فيها عن الإمام المنصور بالله محمد بن

يحيى حميد الدين، فاستفاد كثيرا، وقد سبق في ترجمة الوالد العلامة إبراهيم بن يحيى سهيل تحقيق بعض أحواله، لأنهما كانا رضيعي لبان ثدي أم تحالفا، وابتلي سيدنا الضياء آخرا بالإقعاد، وتعكف يديه، فكان لا يمكنه التحول من مكانه بل إذا أراد الانتقال من موضع إلى آخر لم يمكن إلا بحمله، وكان يكتب بيديه مع ما أصابهما ما أراد بخط باهر عليه من أنوار العلم ما ذلك ظاهر، لم يختف بحرف ولم يختلط بحرف آخر، وكان له قبل ذلك خط كسلاسل الذهب، وقد حصل من الكتب بخطه كثيرا، ونحن عرفنا أيامه ولم نعرف ذاته لجلوسه في بيته، وأخذ عنه كثير، منهم أخوه العلامة عبد الله بن أحمد وغيره، وكان محققا مدققا مذاكرا فصيحا، شديد الأنفة عن الخصال الدنية إذا علمها من أحد من أقاربه أو أصحابه، وكان الإمام المهدي محمد بن القاسم يكاتبه كثيرا، ويأمره بأخذ بعض الحقوق والتعريف والتذكير بحق الإمام، وكان رحمه الله عند ظنه، وله إليه أسئلة كثيرة، وكانت مدة إقعاده ثمانية عشر سنة تقريبا، أخبرني بذلك ولده أحمد، إلى أن توفي إلى رحمة الله شهر جمادى الآخرة سنة 1330 ثلاثين وثلاثمائة وألف، وقبره بوسط القرضين قرب من مشهدهم إلى جهة الشرق انتهى بلفظه.

وترجمه السيد عبد الكريم العنثري في عقد الجمان من ضمن الآخذين عن والده المولى عبد الله بن أحمد العنثري فقال:

ومنهم الفقيه العلامة آية الزمان وأيوب الأوان الصابر الراكع الساجد الزاهد إسماعيل بن أحمد المتميز، هاجر إلى ضحيان لطلب العلم، وقرأ على والدنا المقروءات، وأسمع المسموعات، ثم رجع إلى مدينة صعدة، فأقام بها ثم ابتلي ببلاء عظيم مرض النقرس، وهو مع ذلك صابر شاكر ذاكر، لم يفتر عن العبادة وذكر الله وملازمة الأوراد والوظائف الحسنة انتهى.

وذكر بعض العلماء: أن صاحب الترجمة جمع مجموعاً نفيساً من جوابات الإمام المهدي محمد بن القاسم الحوثي، وقد ترجم له أيضاً السيد المؤرخ محمد بن محمد زبارة الحسني الصنعاني في نزهة النظر وفي كتاب أئمة اليمن في القرن الرابع عشر، بمثل ما أوردناه هنا عن بغية الأماني، وذكره أيضا في منظومة لامية النبلاء فقال:

وفي جمادى قضى في صعدة علم الـ	ـهداة ذو النسك إسماعيل أي ولي
الفاضل الورع الحفاظة المتميـ	ـز المميز للترجيح في العمل
سلالة العلما الأعلام مفخرة الـ	ـقضاة في صعدة بالأعصر الأول
وكان واعية علامة وإمـا	ـماً مقرياً مرجعاً يجلو دجى الجدل

26ـ الفقيه إسماعيل بن إسحاق المتميز

الفقيه العلامة الزاهد الورع الشيعي التقي إسماعيل بن إسحاق المتميز.

وهو من فقهاء صعدة الأفاضل وأحد العلماء الفقهاء الذين التزموا طاعة الإمام الهادي الحسن بن يحيى القاسمي الداعي سنة 1322 اثنتين وعشرين وثلاثمائة وألف، وله إليه رسائل ومكاتبات في إعانته ونصرته، ذكر ذلك المولى عبد الله بن الإمام وأثنى عليه بما صدرناه في أول الترجمة. قلت: والظاهر أنه المترجم سابقا، وإنما ذكره بلقبه فقد كان يعرف بإسحاق المتميز، والله أعلم.

27ـ الفقيه إسماعيل بن حسن سهيل

الفقيه العلامة إسماعيل بن حسن بن إسماعيل سهيل الصعدي، وستأتي ترجمة ولده العلامة الفلكي أحمد بن إسماعيل في القسم السادس من هذا المعجم. وصاحب الترجمة نشأ بصعدة، وأخذ عن الفقيه العلامة المحقق إبراهيم بن يحيى

سهيل وعن غيره وترجمه صاحب بغية الأماني والأمل فقال:

الفقيه العلامة التقي. كان من أهل المعرفة الكاملة، والطرائق الحسنة الفاضلة، عالماً عاملاً، عابداً زاهداً صابراً، كان من العبادة ومتانة الدين ومراقبة رب العالمين بمحل عظيم، راجح العقل، صابراً على الآلام المبتلى بها، أخذ عن سيدنا العلامة صارم الدين إبراهيم بن يحيى سهيل، فحقق ما أخذ، ولم يكن له همة ولا عمل إلا كسب العلم وما يقربه إلى مولاه، ولم يزل مجداً على الطاعات ملازماً للقرب المقربات إلى أن توفاه الله حميداً سعيداً في أول شهر رمضان سنة 1316 ست عشرة وثلاثمائة وألف، وقبره بمقبرة سلفه بصعدة رحمه الله تعالى وإيانا والمؤمنين.

28. السيد إسماعيل بن حسن حطبة

السيد العلامة التقي الورع إسماعيل بن حسن بن إسماعيل بن أحمد بن يحيى ابن علي بن أحمد بن الهادي بن عبد النبي بن داود بن محمد الملقب حطبة الحسني اليحيوي الصعدي. نشأ بصعدة وأخذ عن علمائها ولازم السيد عبد الله بن أحمد حوريه المؤيدي، وأخذ عنه في أنواع العلوم، وعن المولى الأكبر محمد بن منصور المؤيدي، واستجاز منه، فأجازه مع جماعة من العلماء إجازة حافلة.

وترجمه صاحب بغية الأماني والأمل فقال:

هو أحد أعيان الزمان وأهل العلم والعرفان، كان عالماً عاملاً، فاضلاً ورعاً كاملاً، نشأ وطلب العلم وجد واجتهد، فأخذ عن علماء الوقت ومنهم سيدي وشيخي العلامة عبد الله بن أحمد المؤيدي، فإنه لازمه كثيرا وقد تشاركنا لديه في بعض المقروءات، وأخذ عن سيدي العلامة شيخ الآل وبدر الكمال محمد بن منصور المؤيدي، وأجازنا جميعا إجازة حافلة وعن غيرهما، وأخذ عنه كثير من

الطلبة، وهو لا يترك الدرس والتدريس، ملازم لبيته ومسجده، متكسب من كد يده من نساخة وخياطة وغيرهما، لضعف حالته وقلة ذات يده، مع أنه في الورع والتقشف والتعفف بمكان، وقد اختبرته مراراً فوجدته قليل النظير، وله ولد من العباد البهاليل، طالب للعلم الشريف بالمدرسة العلمية اسمه محمد انتهى كلامه بلفظه. ولم يؤرخ لوفاته، وقد وقفت على قبره بمقبرة القرضين شرقي مشهد آل الهاشمي، وعليه لوح، ذكر فيه تاريخ وفاته رحمه الله تعالى وذلك ثامن شهر سنة وثلاثمائة وألف.

(وولده)

هو السيد العلامة محمد بن إسماعيل حطبة. أخذ عن والده المذكور وعن السيد عبد الله بن أحمد المؤيدي وعن غيرهما من مشايخ المدرسة العلمية بجامع الإمام الهادي، وترجمه السيد المؤرخ العلامة محمد بن محمد زبارة الحسني الصنعاني في نزهة النظر فقال:

ومنهم في عصرنا الولد العلامة محمد بن إسماعيل حطبة، أحد الطلبة في المدرسة العلمية بصعدة، وهو من العباد البهاليل وذوي التقوى والزهادة، توفي بصعدة في أول المحرم سنة 1361 إحدى وستين وثلاثمائة وألف عن نحو ثلاثين سنة رحمه الله انتهى. **قلت**: وقبره بجانب والده، وأرخ وفاته على شاهد فجر يوم الخميس 26 محرم سنة 1361 انتهى.

29ـ الفقيه إسماعيل بن حسين سهيل

الفقيه العلامة إسماعيل بن حسين بن إسماعيل بن إبراهيم بن إسماعيل سهيل الصعدي النزاري اليمني. وهو صنو العلامة عبد الرحمن بن حسين سهيل

مؤلف بغية الأماني والأمل وقد ترجم له هناك فقال:

كان رحمه الله حسنة الأيام، وأحد الفقهاء الأعلام، عالما عاملا برا تقيا كاملا، نشأ بمدينة صعدة، وربى في حجر والده، فقرأ القرآن وأتقنه غيبا على والدنا وغيره، ثم طلب العلم فقرأ في المختصرات، ثم أخذ عن المولى العلامة الإمام محمد بن إبراهيم حوريه بعد انتقاله إلى صعدة من هجرة ضحيان في الأزهار وشرحه والبيان وفي أصول الدين، فحقق ما أخذ، وكان في الغاية من التحقيق في الفروع بل وفي جميع مقروءاته، لأنه كان ذا صبر باهر، ونسخ بيده ما قرأه بخط كأنه سلاسل الذهب، يعين القاري على ما طلب، وأخذ عليه غير ذلك، وأخذ عن السيد العلامة شيخنا فخر الإسلام عبد الله بن أحمد حوريه في أصول الفقه وغيره، وعن الأخ العلامة عز الإسلام محمد بن إبراهيم سهيل رحمه الله، وعن أخي العلامة المحقق عماد الإسلام يحيى بن حسين بن إسماعيل سهيل، وكان أعني صاحب الترجمة يومئذ خالي البال، فحقق ودقق، وكان رحمه الله عاملاً عابدا، زاهدا حليما صبوراً، ذا عقل رصين، ودين متين شفيقاً وصولاً محباً للصلوات والصلات مواظباً على الصدق والصدقات طويل الصمت كثير الذكر في الخلوات، كهفاً وملاذاً للإخوان وأهل الحاجات، ولقد رأيته يستدين لقضاء حاجات بعض الإخوان، مع حسن أخلاق، وكرم طباع، ذا تشيع صحيح، قال شيخه وشيخنا السيد الإمام محمد بن إبراهيم حوريه حين توفي: كنت أعده حرزاً لسلامة صدره. وكانت وفاته ليلة الأحد لصباح الاثنين ثالث شهر القعدة سنة 1351 إحدى وخمسين وثلاثمائة وألف، وقبره بمقبرة سلفه بصعدة.

ورثاه بعض الإخوان بمراث لم تحضرني، وقد أخترت منها أن أثبت ما رثاه به سيدي المولى محمد بن إبراهيم حوريه المؤيدي، وهو إذ ذاك معتقل بقصر غمدان

مفارق للأهل والإخوان، والذي رثاه به ثلاث مراثي أحدها قوله:

آه لفرقــــة ذي هــــدى ورشــــاد ... آه لفرقــــة زينــــة العبــــاد
آه لفرقــــة إلفنــــا وجليسنــــا ... وبقيــــة الأمجــــاد والأجــــواد
حلــف الزهــادة والعبــادة والتقــى ... نــور المجــالس حليــة الزهــاد
ورضــيع أخــلاف المعــالي عــن يــد ... والــذكر والبشــرى وكــل ســداد
مــا إن يــرى إلا مقــيم فريضــة ... أو تاليــاً أو آمــراً برشــاد

ومنها:

والآل يعــرف حقهــم ويــبرهم ... حســب الــذي أمــر النبــي الهــادي
بشــراك إســماعيل خــير مجــاور ... للمصــطفى والعــترة الأمجــاد

30. السيد إسماعيل بن عبد الله الهاشمي

السيد العالم الفاضل الكامل القدوة الرضي الزكي ضياء الدين إسماعيل بن عبد الله بن علي بن أحمد بن إبراهيم بن أحمد بن إبراهيم بن علي بن أحمد بن الإمام الناصر الحسن بن علي بن داود الحسني المؤيدي الملقب الهاشمي.

مولده تقريباً في سنة 1288 ثمان وثمانين ومائتين وألف. ونشأ برحبان، وبدأ في أخذ علومه الأولية وحفظ المختصرات وبعض المتون، وانقطع إلى ذلك الظل الوريف، ثم رحل إلى مدينة ضحيان لطلب فنون العلوم على مشايخها، فأخذ عن السيد الإمام الحسين بن محمد الحوثي، وأكب في القراءة عليه قال مترجمه القاضي عبد الرحمن سهيل: وكان شيخه يرى له حقاً بليغاً ويتوسم فيه وفي صنوه السيد القاسم بن عبد الله أن يكونا من حجج الزمان، وأقطاب أهل العلم والإيمان، وصدق توسمه فيهما. ومن مشايخه أيضاً المولى شيخ العترة عبد الله بن أحمد العنثري، والقاضي شيخ الإسلام محمد بن عبد الله الغالبي وله منه إجازة، وأخذ

عن ابن عميه السيدين العالمين سيدي المولى صفي الدين أحمد بن إبراهيم الهاشمي، وصنوه الحسن بن إبراهيم الهاشمي. واستجاز المترجم له من السيد العلامة الكبير محمد بن إبراهيم حوريه المؤيدي وهو بقصر غمدان، فحرر له إجازة عامة حافلة، وضم إليه ولده السيد العلامة عبد الله بن إسماعيل الهاشمي، وذلك مستهل شعبان سنة 1354 أربع وخمسين وثلاثمائة وألف.

وكان صاحب الترجمة من السادة الأفاضل الأكابر، منقطع النظير في الزهد والدين والورع وحسن السمت، طويل القامة، تام الخلقة، أقنى الأنف ذا جمال بارع وهيئة تامة، كان يعرف ويطلق عليه الديباج لنضارة وجهه وصباحته، وقد أفرده بالترجمة القاضي محمد بن يحيى مرغم الآتية ترجمته، وذكر صفاته ووضائفه وعبادته بما يكفي ويشفي. وترجم له السيد المؤرخ محمد بن محمد زبارة في نزهة النظر، والقاضي عبد الرحمن بن حسين سهيل في بغية الأماني والأمل ترجمة مبسوطة جاء منها قوله:

إمام العابدين ونبراس الزاهدين، ونور العارفين، العلامة الخطير، والبدر الفهامة المنير. نشأ النشأة الصالحة، وأخذ العلوم، وحاز منطوقها والمفهوم، وصار إمامها على العموم، ورجع من مهاجرته وهو بطيناً من العلم ملياً من الوقار والحلم، قد بلغ من كل خير المنتهى، وفاز منها بالقدح المعلى، فعكف على كتب التقوى واليقين، وواظب عليها مدة من السنين، واعتزل الخلق وراض نفسه رياضة يعجز عنها من عرفها، دقق فيها وحقق ما راق وأشرق، فهو إمام أهل الشريعة، ونبراس أهل الطريقة، واعتزل الناس بالكلية، وإنما كان يلازمه ويجالسه صنوه القاسم بن عبد الله، وكان لا يسلكان في تلك المدة إلا ما لا يعتد به مع أن أكثر المهاجرين كانوا عالة عليهما بل تأتي إليهما الصدقات فيفرقونها في أسرع الأوقات، لا يأخذان لأنفسهما نقير ولا قطمير بل إن كان لهما شيء يخصهما

سمحا به على المسكين والفقير، من سمع بصفات زين العابدين توسمها فيهما بل هي صفتهما بيقين، لم تر عيني مثله في التواضع، وعدم الالتفات إلى المناصب، مع قلة ذات يده، وكثرة مكارمه، وكان لا يتصل بأحد من أرباب الوظائف إلا لحاجة مسلم أو لدفع مظلمة أو لإزالة منكر أو لحاجة للمسلمين والإسلام لا لخاصة نفسه، محافظاً على أوقاته لا يمضي عليه وقت من غير درس أو مذاكرة أو وعظ أو تلاوة أو ذكر، من رأى أحبه قد علاه نور العبادة فوجهه ساطع الأنوار، وعليه من سيماها آثار، يهم بالعزلة المرة تلو المرة، فتعترضه أمور له فتصده عنها. وعلى الجملة فحاله وخلاله تلحق بالسلف الصالح من قدماء أهل بيت النبوة، الجامعين للعلم والعمل والتأله، وكان حسن السمت والإنابة كثير الوعظ والتذكير لمن لاقاه، وقد جالسته كثيراً، وشافهني وخاطبني، وهو أحد من حثني على وضع هذه التراجم، والحاصل أن لساني عن ذكر خصاله وقلمي عن زبر خلاله، يناديان بالعجز والفهاهة ويعدمان عند حصر فضائله وشمائله الذكاء والنباهة الخ.

قلت: وكانت وفاة صاحب الترجمة بصعدة المحروسة في غرة صفر سنة 1361 إحدى وستين وثلاثمائة وألف، وقبره رحمه الله بمشهدهم بالقرضين.

قال القاضي العلامة محمد بن يحيى مرغم في الترجمة التي أفردها لصاحب الترجمة الموسومة (نفثة الحق في معرفة بعض من أحوال السادة الهاشميين ومن بهم ملحق) في شأن عزائه والمراثي التي قيلت فيه ما خلاصته:

فلما توفي السيد العالم العلامة الشهير والمدره الصمصامة الخطير، البحر المتلاطم ذي العقائد الراسخة، والمناقب الباذخة الشامخة، ديباج أهل البيت المطهرين، ضياء الملة والدين: عظم الخطب على الإسلام والمسلمين وعم مصابه كافة المؤمنين، بل اشترك في الحزن على فراقه البعيد والقريب والبغيض والحبيب، فصار الناس لموته حيارى فيالها من فاقرة ما أطمها، وقارعة في دروب

العالمين ما أعمها، كاد تذوب لها قلوب المؤمنين، وتفت أفئدة خلص المتقين. فأقيم الدرس إلى روحه في مساجد صعدة مدة أسبوع واجتمع كافة علماء صعدة ورحبان وسائر البلدان عند ولده العلامة فخر الدين عبد الله بن إسماعيل للعزاء مدة ذلك الأسبوع، وأقبلت القبائل من جميع مخاليف صعدة تصل في كل يوم منهم قبيلة أو قبيلتين، ولقد شاهدنا منهم من يبكي لفراق ذلك السيد بكاء شديداً وحصل من العلماء الوعظ للواردين من القبائل والتذكير لهم بما يجب عليهم وأنه لا بد من الموت لكل حقير وخطير وصغير وكبير، وأن الصبر محمود والجزع مذموم. ووصل لمسنون العزاء من هجرة ضحيان سيدي المولى جمال الإسلام علي بن محمد العجري، وسيدي العلامة علي بن الحسن الحمران، وكانت أيام الأسبوع كلها معمورة بمذاكرة العلم الشريف بين العلماء، فإنهم خاضوا في مسائل الأصول والفروع، وإعمال الأحاديث وترجيح مدلولاتها وطرق رواياتها وأحوال رجالها، مع بيان ما تقضيه من لغة وصرف، ووقع الخوض في التفسير. وعلى الجملة إن ذلك المأتم يعد من محاسن الدهر لما وقع فيه من الإرشاد والوعظ والزجر، وكل ذلك ببركة المتوفى إلى آخر كلامه.

***

وأما التراثي التي قيلت فيه فبالغة الكثرة، نذكر منها ما ذكره القاضي محمد بن يحيى مرغم المذكور، فإنه ناظم قصائد المراثي إلى البلدان وإلى سائر العلماء بقوافي وأوزان مختلفة، فأول ما قال قصيدته التي أولها:

| لقد دك طود الآل فانقصم الظهر | وتالله يا أهل الحجى أفل البدر |

فأجابه عنها المولى العلامة سيف الإسلام محمد بن الإمام الهادي شرف الدين الملقب أبو نيب من حصن المدان بهذه الأبيات:

| سلبت الهدى من بيننا أيها الدهر | وحزت العلا من بيننا أيها القبر |

حفرت لنا يا دهر بضعة أذرع	تردى بها بدر وغاض بها بحر
أتانا من الأنباء خطب تعثرت	بتسجيله الأقلام والتهب الحبر
وجادت قوافي الشعر حسرى كئيبة	تنادي الورى صبراً وقد قضي الأمر
كتاب قرأناه بأعظم حسرة	كأن معانيه بأحشائنا جمر
ترى المرء بعد الخطب يلصق كفه	على قلبه كي لا يطير به الذعر
ترى الدمع في غرب المحاجر قائماً	يفيض به البلوى ويمسكه الصبر
تولى ضياء الدين عنا فأظلمت	له الأرض واستسنى بأنواره القبر
وقد كان أحيا المجد واكتسب العلا	فولى وربع المجد من بعده قفر
فمن لليالي السود من ذا ينيرها	وقد خر من علياء مطلعها البدر
يجود فينفي الفقر عن كل معدم	كأن يديه في انهيال الندى قطر
سيبكي عليه الناس أجمع ما خلا	عدواه في دنياه إبليس والفقر
فلو كان غيثاً في السما مسخراً	لأورق من ثجاج نائله الصخر
كأن الليالي في تعجل سيرها	مطايا خفيفات يطاردها الحشر
فيا آله صبراً على الخطب إنه	عظيم ولكن حقه الحمد والشكر
إذا المرء لم يصبر لفقد أحبة	فقد فاته من بعد أحبابه الأجر

ويليها جواب عامل صنعاء السيد العلامة حسين بن عبد القادر فقال:

ذوى لمصاب اليوم في صعدة العصر	فيا لك من رزء له قصم الظهر
وحرك بين الفاضلين بلابلا	ترددها الأجفان والقلب والدهر
فيا للمنايا من أخذن فإنما	أخذن فتى في برده أودع الفخر
فما الموت إلا ناقد فبعقده	جواهر أرواح لها يخلق الدهر
فصبراً ذوي المفقود فهو فقيدنا	جميعاً وفيكم ما يسر به الصدر

إلى أن قال مشيراً إلى ما رواه الثقات من مشاهدة نور أخضر فوق نعشه:

فقد جاء عنكم أن للنور فوقه	تباشير لا تخفى لها رفع الستر

تبـدت وفي الـنعش الكـريم سـرائر ... كـذلك رب العلـم في نعشـه الســر

والقصيدة الثانية استهلها القاضي محمد بن يحيى مرغم بقوله:

ألا هل ترى عرش الهدى ثـل قالبـه ... ومـادت مـن الـدين الحنيـف معالمـه

لمـوت تقـي مــن ذؤابــة هاشــم ... تطـاول هامـات النجـوم كرائمـه

فأجابها المولى العلامة محمد بن إبراهيم حوريه المؤيدي وهو معتقـل بقصـر غمدان بجواب حسن جاء أوله:

شـجاني طـرس عنـد أن حـل قادمـه ... قبيـل افتتـاح الخـتم سـاءت مخاتمـه

لعلمـي بـما فيـه مـن الرفـع والنبـا ... فـما لـيس يخفـى قـد تأكـد كالمـه

والقصيدة الثالثة مستهلها:

أفـل الشـهاب وغـاب عـن أحبابـه ... والبـــدر واراه كثيـــف ترابـــه

عظم المصـاب وجـل خطـب نـازل ... الله أكـــبر جـــل وقـــع مصـــابه

قـــدم الموكـــل بالقضـــا بســنابك ... مـــن خيلـــه وأعـــد جـــل ركابـــه

وأثـــار في وســـط العجاجـــة عيثـــراً ... فقتامـــه عـــال عظـــيم ســـحابه

إلى أن قال: 5

لا ريـب إنـك كنـت مـن أخيارنـا ... إذ قـد عـلا شـرفاً عـلى أترابـه

بـل لا ينـاظر في العبـادة والزهـا ... دة والسـيادة أو صريـح خطابـه

يمـلي المـواعظ مـن فـم متحـرج ... عـن كـل لغـو خاشـياً لعقابـه

وتـرى علـوم الآل بـين يديـه لا ... ينفـك عنهـا مـن بـدو شـبابه

وإليـه يرجـع في القضـايا كـل مـن ... قـد حـار فيهـا واقفـاً في بابـه

فعـلام تعـدادي لمـا لا ينقضـي ... مـن وصـفه بشـرى لحسـن مآبـه

إذ ذاك مشـهور جـلي واضـح ... حقـاً فـلا يحتـاج كشـف نقابـه

جمعـت لـه كـل المكـارم حسـنها ... وتفرقـت في الغـر مـن أصـحابه

العـالم العلامــة السـجاد مــن   أفنــى جميــع العمــر في محرابــه
الزاهــد العبــادة الأواه والــــ   ـمعطي الجزيـل لمـن أنـاخ ببابـه
مــا جئتــه في كربــة إلا انجلــت   وأزال ذلــك بالــدعا ورضــابه

فأجابها السادة آل الحوثي القاطنين بضحيان بقصيدة أولها:

طـرس أتـى أعظـم بقـرع خطابـه   عـما يسـك السـمع وقـع مصـابه

ويليها جواب السيد ضياء الدين إسماعيل بن الحسن بن الإمام وأوله:

عظم المصـاب وجـل وقـع خطابـه   وتلعـثم النـاعي بحمـل كتابـه
فلقــد أتــى أمــر جليـل لــو دهــا   صـم الجبـال لزلزلـت لذهابـه
فقـد الحبيب السـيد السـند الـذي   حــاز التقـى مـن عنفـوان شـبابه
لا غرو إن ضاقت بنـا الأرضـون أو   صرنــا حيـارى واقفـين ببابـه
فلــه علينــا المنــة العظمــى بــما   أحيـاه مـن ديـن الهـدى وصـوابه
هــل نحــن إلا عالــة نمشــي عــلى   آثــاره أو نهتــدي بشــهابه

والقصيدة الرابعة مطلعها قوله: أرى هادم اللذات يفتح منهجا. فأجابها على نفس الوزن والقافية المولى صفي الدين أحمد بن الإمام الهادي، والقاضي الأديب المدره عبد الكريم مطهر كاتب الديوان الإمامي فقال:

هو الخطب ما فيه اصطبار لذي حجا   أعاد بياض الصبح أسود كالـدجا
إذا قلـت فيـه انـدك طـود فإنـه   أقـل الـذي فيـه أراع وأزعجـا
وإن قلت فيه البـدر مـن أفقـه هـوى   فذاك الذي خلناه قـد بعـث الشـجا
أدم فيـه يـا قلـب ارتياعـاً وحسـرة   ويـا صـدر زد منـه أسـى وتحرجـا
ويا طرس أرسل فائض الدمع أنهـراً   وماثـل خضـم الـيم فيـه تموجـا
ويــا كبــدي الحــراء فيــه تقطعــي   فـما لـك مـن كـرب دهـاك بـه وجـا
قضى القطب إسماعيل قطب هدايـة   وفضـل وإيمان ومـا شـاء ذو الرجـا

ومـات إمـام في الزهـادة والتقـى ... مـن الآل آل المصـطفى سـفن النجـا
وفـات الكـريم بـن الكـرام وإنـما ... به كان وجـه العصـر أبـيض أبلجـا
فيـا ضـيقة العليـا بصـعدة بعـده ... ويا ضيق رحبان وقد غـاب مـدرجا
ويـا خيبـة الخـيرات لم تلـق مثلـه ... همامـاً بهـا مغـرى كـريماً متوجـا
أقـام زمانـاً في المناقـب واحـداً ... وولى وقـد أبقـى ثنـاء مؤرجـا
وعطـر جيـب الـدهر فاضـل سـعيه ... وإخلاصـه فـيما بـه الخـير يرتجـى

إلى أن قال:

فلا برحـت رحمـى الإلـه تـزور مـن ... ثـوى في نعـيم بالرضـا متبلجـا
وجـادت ثـرى فيـه أقـام غمامـة ... مدى الدهر أو ما سـار سـار وأدلجـا

والقصيدة الخامسة مطلعها قوله:

أتنظـر طـود النـور ثلـت معاقلـه ... وهـدت إلى أصـل القـرار كواهلـه

فأجابها سيوف الإسلام الحسن وعبد الله والقاسم وإبراهيم وإسماعيل أبناء الإمام يحيى بن محمد حميد الدين بقصيدة جاء منها:

مصـاب أناخـت بالمعـالي كلاكلـه ... فحـق لـدمع العـين ينهـل هاملـه
فقد غاب عنها البدر فازور سوحها ... وعادت ظلاماً منـذ بانـت رواحلـه
سـري كـريم مـن سـلالة أحمـد ... علـت وزكـت أعراقـه وشـمائله
تردى بـبرد الفضـل وازدان بـالتقى ... فلاحـت عليـه بـالفلاح دلائلـه

والقصيدة السادسة والأخيرة استهلها القاضي محمد بن يحيى مرغم بتضمين 5 صدر قصيدة الإمام المهدي أحمد بن يحيى المعروفة فقال:

أمـن نكبـات الـدهر قلبـك آمـن ... وأنـت لبـادي صرفـه متهـاون

فأجابها السيد المؤرخ شرف الإسلام الحسين بن علي الويسي مؤلف كتاب اليمن الكبرى عنه وعن السيد العلامة محمد بن يحيى الذاري والعلامة حسن بن

أحمد تقي بقصيدة منها:

أفــق فالمنايــا مســرجات كــوامن	وحــث المطايــا فالجيــاد صــوافن
وسر في ضياء الفجر إن فاتك السرى	فجيش الردى في ساحة الحي قــاطن
وسـدد خطـى فالـدار ذات مزالـق	ثــوى في ثراهــا صــالح ومشــاحن
ومــا ســاعة إلا وفيهــا مصيبة	ولا ليلــة إلا وفيهــا تطــاحن
ولا وقفـة مـرت بنـا وهي حلـوة	ولا شــربة إلا بهـا المــاء آســن
فأعظم بخطب فـادح خطب سيد	أجـل أمـين هذبتـه الحواضـن
همــام شريــف منفـق ذو سـماحة	يجــود بــما تحــوي عليــه الأيــامن

إلى آخر أبياتها وهي طويلة. قلت: وقد حفلنا بإيراد ما أوردنا من المراثي ليعلم المتأخر اللاحق بأدبيات الصدر الأول وحسن الـذوق في المكاتبات والمراسلات والتعازي، فقد قل ذلك في أهل عصرنا والله المستعان.

31. السيد تاج الدين بن الإمام الحسن القاسمي

السيد العلامة تاج الدين بن الإمام الهادي الحسن بن يحيى بن علي بن أحمد بن علي بن القاسم بن الحسن بن محمد إلى آخر النسب المعروف الحسني اليحيوي المؤيدي الملقب القاسمي.

مولده شهر رجب سنة 1318 ثمان عشرة وثلاثمائة وألـف. ونشـأ بحجر والده الإمام الهادي الآتية ترجمته، وأسمع عليه سيرة ابن هشام وإرشاد العنسي، وقرأ عليه في علوم الآلة والأصولين، وأخذ عن صنوه الأكبر المولى عبد الله بن الإمام الهادي في أمالي أحمد بن عيسى وفي أواخر أصول الأحكـام وفي شـرح الأزهار، وقرأ على غيرهما، ونقلت ترجمته عن قلم بعض العلماء فقال:

السيد العلامة تاج الدين كاسمه. كان محققاً ناسكاً جواداً، بـرع عـلى أقرانه

وبرز في طلبه في العلوم على أترابه، وله تأليف في أصول الفقه، وبحث في الجهر بالبسملة في الصلاة السرية وإثبات كونها من القرآن، ولم يزل مدرساً مقرئاً للطلبة بهمة وترغيب منه في ذلك إلى أن أتاه أجله المحتوم بباقم في سنة 1366 ست وستين وثلاثمائة وألف، وقبره في المقبرة التي شرقي قرية الغرابة رحمه الله وإيانا والمؤمنين.

32_ السيد الحسن بن إبراهيم الهاشمي

السيد العلامة الحسن بن إبراهيم بن محمد بن إبراهيم بن أحمد بن إبراهيم بن علي بن أحمد بن الإمام الناصر الحسن بن علي بن داود الحسني المؤيدي اليمني الملقب الهاشمي كسلفه. نشأ بحجر والده المتوفى سنة 1308 وأخذ في الفقه والأصولين والنحو وغيره عن صنوه المولى أحمد بن إبراهيم الهاشمي، وغيره. وترجمه صاحب بغية الأماني والأمل فقال:

السيد العلامة. كان من أهل العلم والعرفان، ومن أعيان الأوان، أخذ عن أخيه المولى شمس الدين أحمد بن إبراهيم الهاشمي ولازمه حتى اتصف بمحاسن صفاته، وفاق في الفضل أهل زمانه، وتميز بمعارفه على أقرانه، وله أحوال دالة على رسوخ قدمه في الفضائل مع ما حواه من حسن الأخلاق ولطف الشمائل، وكان ذا وجاهة في الناس، مع تواضع كامل وكرم وتفضل شامل، وهو من البيت المشهور بعلو القدر في الرياسة والفضل والعلم وجميع الكمالات، وتوفي في شهر ربيع آخر سنة 1324 أربع وعشرين وثلاثمائة وألف، وقبره بالقرضين، وستأتي ترجمة ولده الحسن بن الحسن قريبا بحرف الحاء، وترجمة صنوه السيد العلامة عز الإسلام محمد بن إبراهيم الهاشمي المتوفى سنة 1356 بحرف الميم من هذا القسم.

33. الفقيه الحسن بن إبراهيم المتميز

الفقيه العلامة الحسن بن إبراهيم بن محمد بن عبد الله المتميز.

قرأ بصعدة على علمائها، وأخذ عنه ولده العلامة الولي الزاهد محمد بن الحسن المتميز المتوفى سنة 1398 الآتية ترجمته في أثناء القسم السادس، وكان صاحب الترجمة عالما كاملا، من أهل الديانة والاستقامة على ما يقرب إلى الله من الأعمال الصالحات، من أهل الزهد والورع، وكانت وفاته بصعدة سادس وعشرين شهر ربيع الثاني سنة 1344 أربع وأربعين وثلاثمائة وألف، وقبره بمشهدهم بالقرضين رحمه الله تعالى.

34. السيد الحسن بن إسماعيل ثورة

السيد العلامة الزاهد الحسن بن إسماعيل بن عبد الوهاب بن إسماعيل بن محمد بن أحمد بن حسن بن أحمد بن خضر بن علي بن يحيى بن محمد بن الحسن ابن داود بن علي بن يحيى بن محمد بن علي بن إبراهيم بن الإمام المنصور بالله الحسن بن بدر الدين محمد بن أحمد بن يحيى بن يحيى الحسني اليحيوي اليسنمي المعروف كسلفه ثورة.

أخذ على شيخ العترة المولى عبد الله بن أحمد العنثري وعلى غيره من أعلام المدينة الضحيانية، منهم السيد العلامة المحقق يحيى بن حسن طيب أخذ عنه في المناهل الصافية سنة 1313 ورحل إلى صعدة، وأخذ بها عن القاضي أحمد بن عبد الواسع الواسعي مدير المدرسة العلمية بجامع الإمام الهادي، وأملى عليه شطراً صالحاً من سيرة ابن هشام مع مراجعة الروض الأنف. وعيّن بالمدرسة العلمية مدرساً، وأخذ عنه جملة الطلبة. وقد ترجم له السيد العلامة عبد الكريم بن عبد الله العنثري في عقد الجمان، وأفاد أن بلده الجلة من بلاد يسنم، وترجم له

السيد محمد بن محمد زبارة في نزهة النظر والقاضي عبد الرحمن بن حسين سهيل في بغية الأماني والأمل قال فيها:

السيد العلامة العامل والبدر الزاهد الفاضل إمام أهل الطريقة، ونبراس أهل الحقيقة، أويس الزمان، وبصري الأوان. كان عالماً فاضلا، برا تقياً، ناسكا رضيا، بلغ من الإجتهاد في مرضاة خالقه ما لم يبلغه أحد من أهل وقته، حسن الأخلاق، كثير الوعظ والتذكير، حافظاً لسانه عن الهفوات والكبوات، وكان مستوطناً بهجرة ضحيان، ثم رحل إلى صعدة ومكث بها وجعلها موطنه، ولازم مشاهد آبائه وسلفه، وعكف على التدريس. والحاصل أنه من محاسن الدهر، ومفاخر العصر، قدوة للفضلاء الأخيار والعلماء الأبرار انتهى كلامه.

قلت: ووفاة صاحب الترجمة كما قرأته على شاهد ضريحه بمقبرة القرضين جوار مشهد بني المؤيد يوم الثلاثاء تاسع جمادى الأولى سنة 1358 ثمان وخمسين وثلاثمائة وألف رحمه الله، وإلى جنبه ولده السيد العلامة عز الإسلام محمد بن الحسن بن إسماعيل ثورة اليحيوي، وكان سيدا عالما ناسكاً، توفي شهر محرم سنة 1363 ثلاثة وستين وثلاثمائة وألف.

35. السيد الحسن بن الحسن الهاشمي

السيد العلامة الحسن بن الحسن بن إبراهيم بن محمد بن إبراهيم بن أحمد الملقب الهاشمي وبقية النسب تقدمت قريباً في ترجمة والده. نشأ برحبان وأخذ عن القاضي محمد بن يحيى مرغم، والعلامة شيخ المشايخ الحسن بن محمد سهيل وغيرهما، وترجمه في بغية الأماني والأمل فقال:

السيد العلامة الأجل الأكمل أحد أعيان الأذكياء البالغين إلى النهاية في سرعة الفهم والإدراك، استفاد بدرايته أكثر مما استفاد بروايته، وله همة علوية

وشهامة وسيادة هاشمية، وهو أجل من كثير قدراً وعلماً وعملاً وفضلاً ونبلا، كثير التفكر بساماً متواضعاً حسن الأخلاق، بشوشاً كريماً، ذا عفة ووقار، وديانة ورصانة، وشغف بمعالي الأمور، ولله ما أحسن مفاكهته وانضر مجالسته ومحادثته، فكم من مجلس جلسناه، ومقام أقمنا فيه نحن وإياه، يتحفنا بتحف الأخبار، ونوادر الأمصار في الأعصار، مع حافظية تبهر العقول، ورجاحة عقل وعذوبة فيما يقول. وهو الآن جوهرة العصر وحسنة هذا الدهر لم يزل شغفاً باكتساب الفضائل من درس العلوم، وملازمة أرباب الحلوم، مجداً مجتهداً لا يلويه عن ذلك لاو، ولا يصده عن ذلك مناوي انتهى.

قلت: وتولى المترجم له على وقف جامع الإمام الهادي المقدس، ووفاته حسبما ظهر لي في سنة 1363 ثلاث وستين وثلاثمائة وألف أو السنة التي تليها، وبوفاته انقطع نسله ونسل والده من الذكور، فسبحان الله الباقي الحي.

36ـ السيد الحسن بن الحسين عدلان المؤيدي

السيد العلامة المفضال الحسن بن الحسين بن قاسم بن حسين الملقب عدلان ابن يحيى بن محمد بن يحيى بن عز الدين بن الحسن بن صلاح بن علي بن الحسين ابن الإمام عز الدين بن الحسن بن الإمام علي بن المؤيد الحسني المؤيدي الصعدي الفللي.

مولده بمحل أسلافه بني المؤيد في هجرة فلله من بلاد ناحية جماعة ثم انتقل منها إلى ضحيان لطلب العلم، فأخذ بها عن شيخ العترة المولى عبد الله بن أحمد مشكاع العنثري، والقاضي شيخ الإسلام محمد بن عبد الله الغالبي، وأخذ عن الإمام الهادي الحسن بن يحيى القاسمي في الأصول كشرح غاية السؤل والمعيار ونهج البلاغة والكشاف من فاتحته إلى خاتمته، والثمرات للفقيه يوسف وغيره.

وأخذ عنه عدة من العلماء منهم السيد محمد بن إبراهيم حوريه المؤيدي، ومن أجل تلامذته الآخذين عنه في علوم العربية والأصول والتفسير والحديث السيد العلامة علي بن قاسم شرويد المؤيدي كما سيأتي في ترجمته بحرف العين. وقد ترجم لصاحب الترجمة السيد عبد الكريم العنثري في عقد الجمان في تراجم علماء ضحيان فقال:

نقطة بيكار العصر وتاج آل مؤيد المكلل فهو الذي تناهت إليه المكارم من الجود والشهامة والمجد والرئاسة والفخامة، وهو مع ذلك غير غافل عن علم آخرته، ولا ذاهل عما يكون إليه مصيره وعاقبته، هاجر من بلده هجرة فلله إلى ضحيان فقرأ على والدنا وغيره، ثم رجع إلى بلده، وأقام به للقراءة والتدريس إلى أيام هجرة إمام العصر إليهم، فقرأ عليه أكثر مقروءاته ومسموعاته، وأفاد واستفاد، ولاحظه طالع الإسعاد، وحصل له من التأليف بالفهم الثاقب، والرأي الصايب، وله من التلاميذ جملة، ثم اشتغل بالولاية في بلاد خولان عن أمر الإمام الهادي. وترجم له المولى عبد الله بن الإمام في الجواهر المضيئة مختصر الطبقات وفي غيرها فقال:

السيد العلامة الكبير النحرير الخطير، شيخ مشايخ عصره، ووحيد دهره، بحر العلم بالإتفاق، والمجتهد في كل فن على الإطلاق، رئيس العلماء الأعلام، وكبير أهل الحل والإبرام، إلى أن قال: وكان القائم بالدعوة الهادوية، مجاهداً حسن الأخلاق، لبيب المذاكرة والمراجعة، أسره نائب المتوكل بعد أن أمنه واعتقل في شهارة، وبقي هناك مدرساً إلى أن توفي انتهى. وترجم له القاضي العلامة عبد الرحمن سهيل في بغية الأماني والأمل فقال:

السيد العلامة الأكمل. كان رحمه الله عالماً مبرزاً، ورعاً زاهداً، حسن الخلق والشمائل، حاوياً لخصال الكمال من الجود والرئاسة والمجد والفخامة، وكان

أحد القائمين بدعوة الإمام الهادي المجدين المجتهدين، ومن عيون اتباعه المشمرين الراغبين، وتولى له في بلاد خولان شيئا من الأعمال الخ.

وترجمه السيد العلامة المؤرخ محمد بن محمد زبارة الحسني الصنعاني في نزهة النظر وغيره فقال:

السيد العلامة الوزير الحسني اليمني الفللي، كان له شهرة عظيمة في بلاده بجهات صعدة، ووازر الإمام الهادي الحسن بن يحيى القاسمي الضحياني الداعي في سنة اثنتين وعشرين وثلاثمائة وألف، وكان من أعاظم رجال دعوته وأعيان من قاموا ببيعته، وجرت الحروب العديدة بين أصحاب الإمام الهادي وبين أجناد الإمام المتوكل يحيى حميد الدين، واستمرت إلى أن تم للأجناد المتوكلية التي تحت قيادة سيف الإسلام محمد بن الإمام الهادي شرف الدين الاستيلاء على محلات المزار وفلله من جهات صعدة، وأسر صاحب الترجمة وغيره من أعيان أصحاب الإمام الهادي في رجب سنة 1328 وإيصالهم إلى إمام العصر وهو بقفلة عذر من حاشد، وأمر بنقلهم إلى مدينة شهارة ووقوفهم بها تحت الأسر. وقد ذكر صاحب الترجمة القاضي أحمد بن عبد الله الجنداري في كتابه الجامع الوجيز وأنه كان وزير الإمام الهادي إلى أن قال:

وكان السيد حسن عدلان حسن الأخلاق، مواظباً على الجماعات في أوقاتها، مشاركاً في العلوم، ومات محبوساً بشهارة في رجب سنة 1329 تسع وعشرين وثلاثمائة وألف انتهى.

قلت: وقبره بساحة الإمام القاسم بشهارة وستأتي ترجمة ولده السيد العلامة عز الدين بن الحسن عدلان في حرف العين، وترجمة حفيده سيدي سراج الدين في القسم السابع من هذا المعجم رحم الله الجميع.

37ـ الفقيه الحسن بن حسين المتميز

الفقيه العلامة الحسن بن حسين بن يحيى بن صلاح المتميز.

نشأ بصعدة، وبها قرأ علومه الأولية، وله بعد ذلك مشايخ فيها لم أقف على ذكرهم، بل وقفت أن من مشايخه السيد العلامة المحقق يحيى بن الحسن طيب التهامي ثم الضحياني، قرأ عليه في حاشية السيد في النحو سنة 1314هـ. وقد ترجم له العلامة عبد الرحمن بن الحسين سهيل في بغية الأماني والأمل قال فيها ما لفظه:

كان أحد أهل العلم والعرفان والاجتهاد في مرضاة الرحمن طلب العلم الشريف، وهاجر إلى ضحيان فقرأ على بعض علمائها حتى برع وفاق أقرانه، وصار من الأعيان في أوانه، كثير العبادة والخشوع، خائفاً من ربه وجلاً، ورعاً زاهداً، تقياً رضياً. وعلى الجملة فقد كان من العلماء الأخيار والكملة الأبرار أهل التقوى واليقين والعبادة لله رب العالمين، وبيض لوفاته انتهى. وأخبرني مشافهة الأخ العلامة عبد الله بن حسين المتميز أن وفاته كما على شاهد ضريحه بمقبرة القرضين سنة 1329 تسع وعشرين وثلاثمائة وألف رحمه الله تعالى وإيانا والمؤمنين.

38ـ السيد الحسن بن عبد الله الضحياني

السيد العلامة المحقق البارع شرف الدين الحسن بن عبد الله بن علي بن أحمد ابن محمد بن صلاح بن أحمد بن صلاح بن يحيى بن أحمد بن الهادي بن صلاح بن الحسن بن الإمام علي بن المؤيد بن جبريل الحسني اليحيوي المؤيدي الضحياني لقبا وبلدا.

مولده بهجرة ضحيان شهر رمضان سنة 1274 أربع وسبعين ومائتين

وألف. ونشأ في حجر والده وقرأ عليه القرآن، ثم هاجر في سنة 1295 خمس وتسعين إلى مدينة الشاهل ثم إلى القزعة بالقاف ثم الزاي المعجمتين والعين المهملة، وبقي بها نحو أربع سنين، ثم انتقل في سنة 1299 تسع وتسعين ومائتين وألف إلى مدينة ذمار، فأخذ بها عن القاضي عبد الله بن أحمد المجاهد وغيره من علماء ذمار، ثم هاجر إلى صنعاء فأخذ بها عن القاضي علي بن حسين المغربي أصول الأحكام للإمام أحمد بن سليمان، وأخذ عن القاضي محمد بن أحمد العراسي وغيره من أكابر العلماء الأعلام. ومما كتبه صاحب الترجمة في بداية طلبه للعلم إلى القاضي العلامة البليغ محمد بن عبد الملك الآنسي المتوفى بصنعاء في سنة 1316 قوله:

أيا علماء النحو حلوا وأوضحوا ... على العي لبساً مبهماً في جناب ما
فقد جاء عن طه صحيح بلفظه ... واسناده من غير شك ولا عما
وجملة لا يدري ما الله صانع ... به ما يكون الرأي في حكم لفظ ما
فإن قلتم الإفهام فالأمر غامض ... دقيق وأيضاً لا يكون ملائما
وإن غيره فالقصد تبين وجهه ... ولا زلتم في الحفظ والأمن دائما

فأجابه القاضي بقوله:

وقفت على نظم بديع لناظم ... ذكي يصوغ النثر والنظم أنجما
تضمن إشكالاً ولله دره ... لقد فاق في الذهن الشريف وقد سما
ووجهه نحوي وعندي أنه ... بمشكله أدرى ولست بأعلما
ولكنني أملي له بعض ما درى ... به ذهني الخطّا في كل ما رمى
سؤالك يا مولاي في (ما) جوابه ... بما قرر الأعلام فيه لتعلما
إذا ما أتت من بعد علم ومثله الـ ... ـدراية أو ظن ثلاثتها فما
تكون بمعنى أي شيء أو الذي ... على جهة التخيير فاحفظ لتفهما

وأملى الخبيصي بيت ما الله صانع	على العايد المفعول في الحذف فاعلما
وإشكالكم يختص في حملنا لما	على طلب الإفهام إذ صار مفهما
سؤالا عن المجهول يطلب كشفه	وتعيينه إذ كان في الفكر مبهما
وقولك لا يدري يدل ونحوه	على عكس معنى ما يؤديه لفظ ما
وذاك لأن القصد في ما جوابها	وما قبلها يبدي كلاماً متمما
فخذ حله عني وقس كل ما أتى	من الباب يتلو عاملاً قد تقدما
وذلك أن الفعل معموله هو الـ	ـمقدر شيئاً منه مستفهماً بما
وشيئاً مقولا فيه ما الله صانع	لذاك هو المعمول معنى وإنما
رأوا طالب الإفهام سد مسده	فقدّر معمولا محلا لتسلما
وما صرحوا بالأصل في كل موضع	لكثرته بل كاد في البعض يعدما
لذاك تراهم يعربون محل ما	وما بعدها لا الأصل فافهم لتعلما
وهذا جواب شامل كل موضع	تقدم فيه الفعل ذا الصدر واسلما

ورأيت في بعض المجاميع من أدبه وأشعاره أبيات هذه القصيدة الفائقة التي لم تتضح بقية أبياتها في الأصل المنقول عنه أولها قوله:

كيف السرور وشمل الكفر مجتمع	وشملنا معشر الإسلام مفترق
وبأسنا بيننا والحرب دائرة	وبعضنا لدماء البعض يسترق
أمر الإله لنا في قوله اعتصموا	كأن تأويلها ما شاء نفترق
ثلاثة عظم الرحمن حرمتها	قطعا ونحن عليها الكل نتفق
نفس محرمة والعرض يتبعها	والثالث المال آثار لها طرق
إلاهنا واحد والشرع مشترك	وكلنا برسول الله ملتصق

ومن آخر أبياتها:

شق العصا فتنة عظمى ومفسدة	وسنة سنها ذو النكث والمرق
للسابق الحق إن كملت شرائطه	لا يجهل الحق إلا من به حمق

وقد ترجمه السيد المؤرخ محمد بن محمد زبارة في نزهة النظر وفي غيرها من كتبه، وعنه ما تقدم من النقل السابق في هذه الترجمة، وترجم له القاضي أحمد بن عبد الله الجنداري فقال:

السيد المجتهد، والكوكب المتقد، والفاضل المنفرد، صاحب التصانيف العديدة، والرسائل المفيدة، والمباحث المبتكرة، والمسائل المحررة، حدائق علومه ضاحكة الأزهار، وأزهاره محلولة الأزرار، فهو واسطة عقد العلماء الأعلام، وخلاصة فضلاء العترة الكرام، واستوطن روحان في هذه الأيام من بني حبش الخ. ولصاحب الترجمة قصيدته المسماة (الأبيات الفريدة في تلخيص العقيدة)، وقد شرحها القاضي أحمد الجنداري بالأبحاث السديدة في شرح أبيات الفريدة في تلخيص العقيدة، وأول القصيدة المشار إليها:

وحـد الفـرد العليـم الصمـدا ∗∗∗ ثـم صفـه قـادراً طـول المـدى

***

قلت: وله قصيدة في ذكر الخلاف بعد وفاة جده المصطفى سماها (محض الإنصاف في ذكر طرف مما جرى بعد المصطفى من الإختلاف) ومطلعها:

يـا سـائلي عـن سـيرة الثلاثـة	الآخـذين المصـطفى تراثـه
الإتفـاق في خطـا المشـايخ	معتقـد مـن أهلنـا ومشـايخ
أجمعهـم فبعضـهم تـأولوا	مـا قـد جرى وبعضـهم لم يسـألوا
وبعضـهم حقـاً فقـد تجـردوا	بـما جـرى وطالمـا تجرمـوا
كانـت لنـا أم الرضا صديقة	قـد سـلباها حقهـا الحديقـة
همـا أبـو بكـر أبـو حفـص عمـر	تعاطيـا في فعـل مـا كـان صـدر
فأمنـا علـيهم غضبـانه	مـاتـت علـى عصـمتها لهفـانه
ثـم أبونـا بعـدها الأمـين	الأنـزع المطهـر البطـين

كـان الإمـام بعـد خـير البشـر ... بحجـة قابلـة للنصـر
اشـتغل الـوصي بتجهيـز النبـي ... والدمع مـن عينيـه فـوق الـترب
فيـنما قـد دفـن الرسـول ... إذ قائـل مـن بيـنهم يقـول
قومـوا بنـا فـدخلوا السـقيفة ... ونصـبوا بـرأيهم خليفـة
فغصـبوه حقـه الخلافـة ... يـا حسـرتاه مـن هـذه الخلافـة
صـبراً ففـي أفواهنـا مـراره ... مـن ذا وفي أجوافنـا حـراره
فالصـبر أنجـى وبـه الفـلاح ... والكظـم للغـيظ بـه الصـلاح
وربنـا بحـالهم بصـير ... إذ كلنـا في حكمـه نصـير
وهـذه مسـئلة خطـيرة ... يحتـاج في تحقيقهـا بصـيرة
وعنـدنا التقليـد فيهـا يحـرم ... وقبلنـا يـوم يـود المجـرم
خـذ مـا تـرى فهـذه عقيـدتي ... وانظر بعـين العـدل في أرجـوزتي
فـإن فيهـا طيبـاً كثـيرا ... كـما تـرى فاسـأل بـه خبـيرا

وينسب له كتاب (الجمع الفائق الرائق المشتمل على الفوائد والحقائق) في اللغة والأصول، ولعلها نسبة إليه مؤكدة، ومات بروحان في يوم الثلاثاء 12 ربيع الأول سنة 1352 اثنتين وخمسين وثلاثمائة وألف رحمه الله تعالى.

(وولد صاحب الترجمة)

هو السيد العلامة الفاضل هاشم بن الحسن بن عبد الله الضحياني الحسني المؤيدي. مولده تقريباً في سنة 1315 وأخذ عن أبيه في محل روحان من بلاد بني حبش في الطويلة من البلاد الكوكبانية، ثم رحل إلى صنعاء وأخذ عن القاضي الحافظ الحسين بن علي العمري، والسيد العلامة محمد بن زيد الحوثي، والسيد أحمد بن علي الكحلاني وغيرهم، وتوفي بصنعاء سنة 1359 تسع وخمسين وثلاثمائة وألف رحمهما الله وإيانا والمؤمنين آمين.

39. السيد الحسن بن علي الحمران

السيد العلامة الأوحد الحسن بن علي بن الحسن بن أحمد بن محمد الملقب الحمران بن يحيى بن حسن بن يحيى بن محمد بن يحيى بن حسن بن زيد بن محمد ابن أبي القاسم بن الإمام علي بن المؤيد الحسني المؤيدي اليمني الضحياني النشأة الخولاني الوفاة.

أخذ بضحيان عن شيخ العترة المولى عبد الله بن أحمد العنثري وعن غيره من علماء ضحيان في أيامه، وكان عالماً لبيباً أديباً، ذكره بهذه الأوصاف السيد عبد الكريم بن عبد الله العنثري في عقد الجمان، وذكره المولى مجد الدين بن محمد المؤيدي في التحف شرح الزلف، وأفاد أنه ممن انتقل من ضحيان إلى الجهة الخولانية واستقر هو وذريته هناك، وتوفي يوم الخميس ثاني وعشرين جمادى الأولى سنة 1335 خمس وثلاثين وثلاثمائة وألف، وقبره بمسجد وسحه.

(وولده)

هو السيد العلامة علي بن الحسن بن علي الحمران. كان عالماً ماجداً سخياً، أخذ عن والده وعن السيد عبد الله بن يحيى العجرى وغيرهما، وتولى القضاء بساقين مدة وجيزة ثم تخلى، وكان قد انتقل من وسحة موطن والده إلى ضحيان سنة 1359 تسع وخمسين، ومكث مدة أربع سنوات، ثم رجع إلى وطنه وتوفي هناك بعد عام 1365 وستأتي ترجمة ولده الحسن بن علي الحمران المتوفى بضحيان سنة 1404 في موضعها من أقسام الكتاب رحمهم الله تعالى جميعا.

(وسحة)

ووسحة بسكون السين وحاء مفتوحة بلدة من أعمال حيدان ناحية خولان صعدة، ذكرها الهمداني في صفة الجزيرة، وذكرها أيضاً في القرن الثالث الهجري

العلوي العباسي صاحب سيرة الإمام الهادي، وذكر وعورة مسالكها وصعوبة الوصول إليها، وتمنعها عن أمراء بني يعفر حتى فتحها الإمام الهادي سنة 285 للهجرة.

40ـ السيد الحسن بن قاسم حوريه

السيد العلامة الحسن بن قاسم بن حسين بن حسن بن يحيى بن علي بن أحمد ابن يحيى بن الإمام الناصر إبراهيم بن محمد الملقب حوريه الحسني المؤيدي الفللي، وبقية النسب تقدمت في مواضع عدة.

عده المولى عبد الله بن الإمام من جملة الآخذين عن الإمام الهادي الحسن بن يحيى القاسمي، وكان الإمام الهادي قبل دعوته هاجر إلى هجرة فلله في سنة 1307 وأقام بها وبهجرة المزار إلى وقت قيامه بأمر الدعوة، وفي تلك الأيام نشر العلوم وتصدر للتدريس، وأخذ عنه جملة وافرة من العلماء، منهم صاحب الترجمة. **قلت**: ورأيت إجازة لصاحب الترجمة من القاضي العلامة الكبير عبد الله بن علي الشاذلي قال فيها ما لفظه: فإنه سألني من لا يسعني مخالفته أن أجيز له أن يروي عني ما شاء الله من مسائل العلم الشريف، وهو سيدي العلامة الأورع الفهامة، نجل الأئمة الأطهار وسلالة السادة الأخيار حسن بن قاسم بن حسين درهم المؤيدي اليحيوي فتح الله عليه بالعلم النافع ورأيت ذلك صنيعة عند جده يوم القيامة ووسيلة إلى الله يوم الطامة إلى أن قال: قد أجزت له إجازة عامة فيما أرويه من علم الحديث عن سيدي وشيخي العلامة شيخ العلوم المنطوق منها والمفهوم الحسن بن عبد الوهاب بن حسين بن يحيى الديلمي عن شيخه وأبيه عالم آل الرسول الحسين بن يحيى الديلمي بالسند الصحيح المتصل إلى من لا ينطق عن الهوى وكذلك عن شيخه القدوة النحرير الحجة إسماعيل بن

أحمد الكبسي المغلس بالسند المتصل كذلك ما قرأه علي من فاتحته إلى خاتمته أو قرأت عليه وهو يسمع وهو كثير طيب منه هذا الكتاب المسمى بشفاء الأوام للتمييز بين الحلال والحرام وكذلك كتاب مختصر في تفسير الكتاب المجيد للإمام الولي الشهيد زيد بن علي عليه وعلى آبائه أفضل الصلاة والسلام وغير ذلك مما يطول ذكره وهو مذكور في ذلك الكتاب عند تمام قراءته. هذه طريقة الآل والشيعة سلام الله عليهم أجمعين، وأما طريقة المحدثين فأنا أروي بالسند إلى من تقدم ذكره من السادة الكرام بالإجازة العامة مع صح لي سماعه بأقوى الطرق وهو الكثير الطيب والإجازة في جميع كتب الحديث من الصحاح والمسانيد والسنن والمعاجم والجوامع قال: فقد أجزت للسيد المذكور جميع ذلك وهي الرواية عني وأشركت معه من علم الله أنه أهل للإجازة من السادة الأمجاد الفضلاء والشيعة الفخام النبلاء والله المسؤول أن يجعل أعمالنا خالصة لوجهه الكريم وأن يجعلنا هداة مهتدين إلخ.

قلت: وفي تاريخ وفاة المترجم له ذكر السيد الحسين بن محمد حوريه فيما نقله عن ضرائح القبور بهجرة فلله أن وفاته رحمه الله شهر صفر سنة 1330 ثلاثين وثلاثمائة وألف.

41. الحاج حسن بن محمد جعمان

الحاج الفاضل العارف حسن بن محمد بن مسفر الحاج بن حسين بن أحمد بن جمعان الطلحي السحاري. هكذا وقفت عليه بخطه وجاء اسمه أحسن بصيغة التفضيل. وكان المذكور يسكن بموطنه الطلح وهاجر إلى ضحيان للقراءة وطلب العلم فأخذ بها عن الإمام الهادي الحسن بن يحيى القاسمي قبل الدعوة، ومما قرأه عليه كتاب عدة الأكياس شرح الأساس في سنة 1301هـ. ولم أضبط

تاريخ وفاته. وبيت جمعان بالكسر ثم السكون من بيوت قبيلة الطلح في الشمال من مدينة صعدة.

42. الإمام الهادي الحسن بن يحيى القاسمي

الإمام الهادي لدين الله الحسن بن يحيى بن علي بن أحمد بن علي بن القاسم بن الحسن بن محمد بن أحمد بن الحسن بن زيد بن محمد بن أبي القاسم بن الإمام علي ابن المؤيد بن جبريل بن الأمير المؤيد بن أحمد الملقب المهدي بن الأمير شمس الدين يحيى بن أحمد بن يحيى بن يحيى بن الناصر بن الحسن بن عبد الله بن القاسم المختار بن الإمام الناصر أحمد بن الإمام الهادي إلى الحق الحسني الهاشمي الصعدي الضحياني الملقب القاسمي كسلفه.

مولده بهجرة ضحيان خامس ربيع الأول سنة 1280 ثمانين ومائتين وألف. ونشأ في حجر والده العلامة الرئيس يحيى بن علي القاسمي المتقدم ترجمته في القسم الرابع، وقرأ في حال الصغر على والدته الشريفة العالمة الزكية نور بنت علي، ثم بدأ في التلقي والحفظ للمختصرات والمتون، فنال خلاصة المنطوق والمفهوم، ثم بدأ الأخذ على المشايخ الأعلام في فنون العلوم، فأخذ عن المولى شيخ العترة عبد الله بن أحمد العنثري، والقاضي شيخ الإسلام محمد بن عبد الله الغالبي، والإمام المهدي محمد بن القاسم الحسيني الحوثي، وأخذ إجازة عن الفقيه العلامة أحمد بن رزق السياني، وله مستجازات عامة من مشايخه المتقدمين جميعهم، وقد جمع صاحب الترجمة غالب مروياته في مؤلفه الذي سماه (سبيل الرشاد في طرق الإسناد). ومن تلامذته وأنبل من أخذ عنه السيد الحسن بن الحسين عدلان، والسيد الجهبذ علي بن يحيى العجري، والسيد المحقق يحيى بن حسن طيب، والسيد صاحب عقد الجمان عبد الكريم بن عبد الله العنثري هؤلاء

الأربعة أعظم من استفاد عليه، ومنهم السيد حسن بن قاسم حوريه وولده أحمد بن حسن حوريه المؤيدي، والسيد يحيى بن الحسين عدلان، والسيد محمد بن حسن شايم، والسيد علي بن قاسم شرويد، والسيد عبد الرحمن بن عبد الله العنثري والسيد عبد الله بن يحيى العجري، والسيد محمد بن إبراهيم حوريه المؤيدي والسيد محمد بن يحيى الصعدي، والسيد الحسن بن إسماعيل ثورة، والقاضي محمد بن عبد الله الشاذلي، والقاضي ضيف الله بن حسن المراني، والقاضي عبد الله بن علي الحذيفي، والقاضي مصلح بن نايل الحذيفي، والقاضي هادي بن هادي الدرابة، ومنهم أولاده العلماء المبرزون: عبد الله وأحمد ومحمد وعبد العظيم وتاج الدين وغيرهم الكثير من العلماء والشيعة الكرام.

وقد ترجمه السيد المؤرخ محمد بن محمد زبارة الحسني الصنعاني في كتابه أئمة اليمن بالقرن الرابع عشر وفي نزهة النظر، والقاضي أحمد بن عبد الله الجنداري في الجامع الوجيز في وفيات العلماء ذوي التبريز، والمولى مجد الدين بن محمد المؤيدي في التحف الفاطمية شرح الزلف الإمامية، والمولى عبد الله بن الإمام في الجواهر المضيئة مختصر الطبقات والمولى عبد الكريم بن عبد الله العنثري في عقد الجمان بتراجم علماء ضحيان وما تفرع من علمائها إلى سائر الهجر والبلدان، وترجمه العلامة عبد الرحمن سهيل في بغية الأماني والأمل وغيرهم. ويقول ولده المولى عبد الله بن الإمام والسيد عبد الكريم العنثري في ترجمتهما له:

آية الزمان وغاية بني الأيام، السنام الأضخم، والكاهل الأعظم، الإمام الهادي، المعدود من مفاخر الزيدية، وسوابق العترة النبوية، قاموس التحقيق، والمتفرد بالنظر الدقيق، في أعلى طبقات الاجتهاد، وله المختارات من الأقوال التي عجز عن مثلها أولي التحقيق، معروف في أقواله ومختاراته بالانصاف وعدم التعصب والاعتساف، أبي عن التقليد من ابتداء أمره، ذو همة قعساء وعزم

وتصميم قوي، وصبر في الأمور، وثبات لا يفتر عن الطاعة والمناجاة وإطالة الفكر حتى أيام دعوته. ثم يقول ولده المولى عبد الله بن الإمام: وكان قبل الدعوة قد حصلت له مضايقات من قبل الحسد الحاصل بين العلماء الذي ورد فيه: حسد العلماء عدد نجوم السماء، فانتقل في سنة 1307 سبع وثلاثمائة وألف من ضحيان إلى هجرة فلله، فلم يزل بها ناشراً للعلوم آمراً بالمعروف ناهياً عن المنكر، صابراً على ما يلقاه من الأعادي والحساد، حتى آل أمره في أواخر أيام الإمام المنصور محمد بن يحيى حميد الدين أن سعي به إليه، وأوقعوا في ذهنه دعوة صاحب الترجمة لما أنكر على عماله في بلاد جماعة بعض المظالم، فكتب إليه الإمام المنصور كتاب في ذلك سنة تسع وثلاثمائة وألف، فأجابه بكتاب مماثل يشرح فيه واقع الحال، وعزم في شهر القعدة من تلك السنة إلى ساقين مركز لواء الشام هو والسيد الحسن بن الحسين عدلان، والسيد أحمد بن قاسم حوريه، والسيد محمد بن حسن شايم، والسيد منصور السراجي، وفي خلال بقاءه في ساقين وصلت إليه من الإمام المنصور هذه الأبيات ضمن كلام منثور:

ألا أيها المولوع بالذم والعتب	وهل جائز لوم البري عن الريب
وكيف يذم الزاد من هو آكل	وكيف يذم الزاد والمورد العذب
أقمنا قناة الدين بعد اعوجاجها	وصُلْنا بأمر الله في العجم والعرب
وقد كاد دين الله ينهد ركنه	وعم ارتكاب الظلم في الشرق والغرب
وقد كان أحياء القبائل كلهم	يدينون للطاغوت في السلم والحرب
وقد كان أعلاج الأعاجم أزمعوا	بأن يعملوا السادات بالخفض والنصب
فقابلهم منا بلاء وشدة	وصار قِراهم عامل الطعن والضرب
وأيدنا الرحمن بالنصر والرضا	بحسن الرجا وانقادت الشم بالرعب
وأصبح دين الله يزهو بعزة	وأمسى عدو الدين في مزجر الكلب
أحبتنا كنا نؤمل أنكم	على ما دها الإسلام عونا على الصعب

فهذا من الإفرنج في مأقط الوغا ... وهذا من الأتراك في عارض لجب
وأنتم بواد ناضب زرعه الخنا ... وتفريق أوصال الجحاجحة الغلب
فحسبكم هذا التفاوت بيننا ... ومذهبنا الزيدي ينهى عن النكب

فعاد جواب صاحب الترجمة بالتنصل عن ما حاكه الوشاة والمغرضين، وفي ذلك نظم هذه الأبيات:

ألا حبذا ذا النظم من صاحب الحب ... وهل تذهب الأوحار إلا من العتب
وليس عجيباً إن أتانا معاتباً ... على ما فشا في العالمين من الكذب
وظن أمير المؤمنين بأننا ... نريد شقاقاً للجحاجحة الغلب
وهذا معاذ الله ليس مرادنا ... فهل جائز لوم البري من الذنب

فرجع من ساقين إلى فلله وأقام إلى شهر شوال سنة 1320 عشرين وثلاثمائة وألف، ثم انتقل إلى هجرة المزار بوادي فلله بعد أن تم له بناء دار هناك. إلى أن قال ولده عبد الله بن الإمام: وبث دعوته رأس العشرين والثلاثمائة وألف وعلق دعوته بآخر جزء من بطلان إمامة الإمام المنصور، وظهوره يوم الأربعاء 17 ربيع الأول ثامن يوم وفاة الإمام المنصور في مسجد المزار أسفل فلله سنة 1322هـ، واجتمع أهل الحل والعقد من البلد على أن يجعلوا تعريفاً إلى علماء ضحيان، وعزمهم على الاجتماع يوم الاثنين بها، فوصل الإمام والعلماء من مختلف جهات صعدة إلى ضحيان في الموعد المحدد، واجتمعوا في بيت السادة آل العجري، وكان ممن حضر هذا المجلس: الإمام الهادي، والسيد الحسن بن الحسين عدلان، والسيد محمد بن حسن شايم، والسيد أحمد بن حسن بن قاسم، والسيد الحسين بن محمد الحوثي، والسيد أحمد بن يحيى العجري وصنوه عبد الله بن يحيى العجري، والسيد عبد الرحمن بن عبد الله العنثري وصنويه عبد الكريم وعبد الله، والسيد محمد بن يحيى الصعدي، والسيد حسن بن إسماعيل ثورة،

والسيد محمد بن إبراهيم حوريه المؤيدي، ومن الشيعة القاضي محمد بن عبد الله الشاذلي، والقاضي ضيف الله بن حسن المراني، والقاضي عبد الله بن علي الحذيفي وغيرهم من السادات الكرام والشيعة الأبرار، وجرت المحاورة بينهم على الاجتماع على كتاب الله وسنة رسوله وتحكيمهما، وعلى قيام أحد الحاضرين من السادة العلماء، وبذل النصرة من البقية والمبايعة وعرضت البيعة على المستحقين لها في ذلك المجلس واحد بعد واحد، فلما لم يجب إلى ذلك أحد كان الإجماع على أولوية صاحب الترجمة، فانفض المجلس على إظهار الدعوة إلى آخر كلامه في السيرة التي صنفها لوالده.

وفي بغية الأماني والأمل أثناء ترجمته له جاء ما لفظه:

كان علامة خضعت له أعناق التحقيق، وعبادة تلحظ إليه أعيان التوفيق، نبراس المدارس باليمن، محي الفرائض والسنن، له التصانيف الفاخرة الفايقة والآراء الصايبة الزاكية الخ. ويقول المولى مجد الدين بن محمد المؤيدي في أثناء ذكره في التحف شرح الزلف بعد أن نقل بيان طرق رواياته عن ولده المولى عبد الله بن الإمام إلى أن قال: وله (المسائل النافعة) في الفروع، و(التحفة العسجدية) في علم الكلام، و(الفوائد التامة) في الأصول، و(التهذيب)، و(منية الراغب) في النحو، و(الأنوار الصادعة في علم المعاملة)، و(الإدراك في المنطق)، و(محاسن الأنظار فيما قيل في الأخبار)، و(حاشية على التلخيص للقزويني)، و(حاشيتان على مقدمة ابن الحاجب)، وموضوعات عدة في الأوراد والأصول والحديث، و(الروض المستطاب) في الحكم، و(المنهل الصافي في علم العروض والقوافي) وغير ذلك انتهى. قلت: ونقلت عن خط القاضي العلامة محمد بن إسماعيل العنسي وهو أحد تلامذة الإمام صاحب الترجمة، وفد للقراءة إليه إلى هجرة المزار قبل الدعوة، وذلك عن ظهر كتاب (المسائل النافعة بالبراهين القوية

الصادعة) تأليف الإمام الهادي المذكور في الفروع، وهـي نسـخة خطـت بقلـم القاضي المذكور جاء فيها: اعلم أيها الواقف على هذا الكتاب والسفر النبيـل أن ما ذكره فيه مؤلفه أيده الله من أوله إلى آخره فهو مذهبه، وما لم يذكره فيه فمذهبه فيه كلام أهل المذهب في البحر، إلا في كتاب الحيض والجنائز والخمس والصيام والحج فما ذكره في هذا الكتاب فهو مذهبه، وما لم يذكره فليس لـه فيـه إلى الآن ترجيح، تم إملاء منه في غير وقت تسويد هذه النسخة، ثـم سـودتها فعرضـتها عليه فأمر بكتابتها هنا انتهى بلفظه.

ويقول في ترجمته تلميذه المولى محمد بن إبراهيم حوريـه المؤيـدي الصـعدي التي نقلها العلامة زبارة في نزهة النظر ما نصه:

شيخنا السيد العلامة الإمام والحبر الذي حاز جميع الفنون من خلف وأمام، إمام المعقول والمنقول، والفارس في ميدان الفروع والأصول، برع في جميع الفنون، وصنف في كل فن منها، واختار لنفسه في المسائل الفروعية، ورتبها على القواعد الأصولية، وكان يحرم التقليد فيها ويوجب البحث والنظر في خافيها وباديها، وله في ذلك المصنف (المختار فيما اشتمل عليه الأزهار)، وكان في المحل الأعلى من الزهادة والعبادة حتى استهواه الأتباع والأشياع، فحسنوا له القيام، فثارت بسبب المعارضة فتنة عمياء في جهات صعدة مدة ثمان سنوات، فني فيها الجم الغفير، ثم آل أمره إلى الانجماع على نفسه وأهله في هجرة باقم حتى توفاه الله انتهى.

***

وفي الجامع الوجيز وفي تاريخ العزب بعضاً من أخبار دعوة صاحب الترجمة، وقد خبطا فيها العشواء، وله سيرة خاصة كتبها ولده المولى عبد الله بن الإمام ولم يسمها، وقد استحسنت تسميتها (نشر العبير في سيرة الإمام الهـادي الأخـير)، وقد تجرم المولى مجد الدين بن محمد المؤيدي في كثير من نقولات القاضي أحمد بن

عبد الله الجنداري صاحب الجامع الوجيز، ومن ذلك قوله في منظومته اتحاف الأخوان بذكر الدعاة من قرناء القرآن حيث يقول:

ثم دعا من بعد ذاك القاسمي ... وكان فيها أولاً كالهائم

فاضطربت به بلاد القبلة ... وهي إلى الآن بتلك العلة

أشار قوم بوصول العلما ... ووصلوا وكاتبوا وكلما

أجاب قال اثنين في الإمامة ... يجوز هذا مذهبي تمامه

وهذا محض البطلان قال المولى مجد الدين بن محمد المؤيدي في بعض أبحاثه المنشورة المطبوعة: وقد كذبه وعلق على كلامه الإمام الهادي، وأفاد أن هذا زور وبهتان عليه، ولم يقل بجواز إمامين، ولو كان ذلك جائز فلم قامت الحرب بينهما وقتل فيها قتلى كثير، وأشار إلى تعارض دعوة الإمامين الهادي والمتوكل على الله يحيى بن محمد حميد الدين في التحف شرح الزلف فقال:

وهذا إمام العصر يحيى ظباته ... بها في قلال الظالمين مواقع

وعاصره الهادي ثم صفت له ... وما هو إلا في السعادات طالع

ونظير حالهما واستحقاقهما ما قاله المولى عبد الله بن علي الوزير في ذيله على البسامة المسمى الروض النضير:

كلاهما صالح للأمر محتمل ... ثكل المكارم براً بالأنام بري

ذا رب فضل وعرفان ومرحمة ... وذاك رئبال خيس ثابت الغدر

رحمهما الله تعالى جميعا.

(ملخص أخبار سيرته ودعوته)

وهذا ملخص أخبار سيرته ودعوته، نوجزها في هذا الموضع مما جاء لولده المولى عبد الله بن الإمام في السيرة التي كتبها لوالده، مع إضافة نقولات موثوقة

عن غير السيرة المذكورة فنقول:

أول ظهوره عليه السلام كان يوم الأربعاء 17 ربيع الأول سنة 1322 في مسجد المزار أسفل فلله، والاجتماع إلى علماء ضحيان كان يوم الإثنين 22 ربيع الأول بدار السادة آل العجري الخ الكلام المتقدم في أصل الترجمة، ووجه الدعاة والرسائل إلى النواحي والبلدان، فأجابه وبايعه أغلب علماء صعدة وقبائل بلاد سحار وخولان ورازح، وكتب رسالة الدعوة وضمن كتبه العامة التي أرسلها هذه الأبيات:

أيا معشر الإخوان هذا دعاؤنا لاحياء دين الله بالعدل والصبر
وإني على منهاج آل محمد على حذوهم أحذو وأمرهم أمري
هلموا عباد الله فالحق مشرق لاعزاز دين الله تحضون بالنصر

وفي ربيع الآخر أخذ الإمام الهادي حصن رازح، وفيه رتبة السيد عبد الله بن قاسم حميد الدين، فخرج منها ودخلت قبائل تلك الجهة في الطاعة، وكادت البلاد الصعدية جميعها يجمعون عليه، وفي خلال ذلك أو بعده بنحو شهر طلب سيف الإسلام محمد بن الإمام الهادي الملقب بأبي نيب جماعة العلماء إلى حصن السنارة لينظر في الأصلح، فوصل من مقام الإمام يحيى السيد لطف بن علي ساري، والقاضي أحمد بن عبد الله الجنداري، والسيد يحيى بن محمد بن إسحق، والسيد علي بن عبد الرحمن عشيش، والسيد محمد بن محمد الشرعي، والقاضي عبد الوهاب بن محمد المجاهد، والقاضي حسين بن علي العريض، فوصلوا إلى رحبان، وكاتبوا الإمام الهادي وطلبوا منه الوصول للنظر في أحواله، فأجابهم إن كانوا يريدوا البحث عن أحواله، فعليهم الوصول إليه كما هو مقتضى الأدب، فاعرضوا وراجعوا أدراجهم من حيت أتوا، واشتد الحصار من قبائل سحار على صعدة ودخلها الإمام الهادي في أحد شهور السنة المذكورة.

وفي سنة 1323 توافدت القبائل الخولانية ودخلت في الطاعة، ووصلت في ذي الحجة عساكر الإمام المتوكل إلى مدينة ساقين، ووقع حرب بينهم وبين أجناد الإمام الهادي ومناوشات عديدة. وفي سنة 1324 في أولها وصل جماعة من العلماء إلى الإمام الهادي بهجرة فلله، وتفاوضوا على عقد الصلح إلى أجل غير معلوم، وأدخل ضمن الصلح جميع قبائل خولان، ومن تعداه فعليه البذل للشريعة عند المولى أحمد بن إبراهيم الهاشمي، والقاضي محمد بن عبد الله الغالبي، وكتب الإمام الهادي إلى عامله على بلاد خولان بن عامر بصورة الصلح المحرر 11 ربيع الأول من تلك السنة بتواقيع عدة من العلماء.

وفي سنة 1325 كان الدعوة من قبل العلماء والأشياع إلى حصول المناظرة بين الإمامين، ووصل الإمام المتوكل إلى السنارة لهذا الغرض، ولم يتم الاتفاق لأمور جرت وأحداث عرضت. وفي سنة 1326 نشبت الفتنة بين أهل غمر وبين بني بحر. وفي شهر شوال منها استشار الإمام الهادي القاضي محمد بن عبد الله الغالبي في إصلاح حصن أم ليلى، فأشار عليه بذلك، وفيها كان ظهور السيد محمد بن علي الإدريسي وانقلاب رجال شعب بني حي إلى صف سيف الإسلام محمد بن الهادي. وفي إحدى الربيعين سنة 1327 سار الإمام الهادي إلى حصن أم ليلى لدعاء آل أبي الخطاب، وفيها انقلاب أهل اليمانيات من أهل رازح وقبائل شام بلاد جماعة، وميلهم إلى السيد محمد بن علي الإدريسي. وفيها وقعت حرب بين أجناد المتوكل وقبائل سحار الموالين للإمام الهادي، ووصل الإمام من أم ليلى إلى المزار، ثم عاد بعد أن بلغه ترك السادة أهل ضحيان الجمعة والخطبة له لمكان المتوقفين من العلماء بين أظهرهم.

وفي سنة 1328 كان انقلاب بني جماعة وإحراقهم بيوت الإمام الهادي، فوقعت حروب في تلك الجهة بين الطرفين، ووصل سيف الإسلام محمد بن

الإمام الهادي إلى هجرة فلله والمزار، وتم الاستيلاء عليهما، وأسر أعيان أصحاب الإمام الهادي، منهم السيد الحسن بن الحسين عدلان، والسيد محمد بن مهدي شايم، والقاضي محمد بن عبد الله الشاذلي، وأمر بهم إلى ساقين، ثم إلى هجرة عذر إلى مقام الإمام المتوكل ثم تم نقلهم إلى مدينة شهارة ووقوفهم تحت الأسر. ووصل إلى الإمام الهادي صاحب الترجمة في ثاني صفر سنة 1329 أعيان العلماء منهم السيد أحمد بن يحيى العجري، والسيد محمد بن يحيى الصعدي، والسيد محمد بن إبراهيم حوريه المؤيدي والسيد محمد بن حسن شايم والسيد أحمد بن حسن حوريه وغيرهم من السادة والمشايخ من سحار وجماعة يطلبون إلى الإمام الهادي التنحي عن دعوة الإمامة، فأجابهم بما حاصله: أن دعوتنا إلى كتاب الله وسنة نبيه، ولو وجدنا المخرج من ذلك عند الله لساعدنا، ولكن أين ابتلاء الأنبياء والأئمة السابقين، وجرت في تلك السنة حروب متفرقة في بلاد جماعة وفي هجرة فلله. وفي سنة 1330 جهز سيف الإسلام محمد بن الهادي العساكر للتقدم إلى جبل وحصن أم ليلى لحصار الإمام الهادي، فتقدم السيد أحمد بن عبد الكريم حجر في مائتين من أعيان بني جماعة وجملة من حاشد وبكيل، وكان تطويق الحصار فأراد الإمام النفوذ إلى الحرجة، فيقال أن السيد أحمد بن عبد الكريم حجر أغضى الطرف وأخلى الطريق أمامه كما أشرنا إلى ذلك في ترجمته، ووصل الإمام الهادي إلى الحرجة يوم السبت إحدى وعشرين ربيع الأول من تلك السنة، فبقي هناك بأولاده وأهله متوفراً على العلوم والتأليف فيها إلى التاريخ الآتي.

وفي شعبان سنة 1332 كان مسير صاحب الترجمة من الحرجة إلى بلاد جماعة لما ضاق صدره لقلة دين أهلها، وميلهم إلى الدعوة الوهابية، فتقدم إلى قطابر فأقام بها إلى شوال، ثم رحل إلى هجرة باقم، وكان قد مر بها في إيابه من الحرجة،

وتلقاه أهلها بالسرور والإكرام، وستأتي في أثناء القسم السادس مراجعة ابنه المولى أحمد بن الإمام الهادي للإمام المتوكل على الله يحيى حميد الدين في الأمان، وعدم المضايقة لوالده صاحب الترجمة من قبل عامله على بلاد جماعة أو غيره. ولم يزل الإمام الهادي بهجرة باقم محيياً للعلوم ومدرساً لها ومؤلفاً فيها، والرحال تشد إليه من كل جهة إلى شهر رمضان سنة ثمان وثلاثين 1338 فانتقل الإمام بأهله إلى قطابر لما علم أن صاحب الدعوة الوهابية اقتحم بلاد قحطان وعسير، وأن مقصدهم بلاد صعدة ونواحيها، فبقي في قطابر إلى شهر شوال وكاتب رؤساء بني جماعة، فاجتمعوا لديه، وعرفهم خطر الدعوة الوهابية ودعاهم إلى جهادهم، فوقعت لذلك الوحشة بين الإمام وعامل جماعة السيد محمد بن يحيى العزي، أدت إلى نقض الذمة التي كان سعى إليها ابنه صفي الدين مع الإمام المتوكل في سنة 1334 أربع وثلاثين. ووقع خلال ذلك مكاتبة من السيد الإدريسي، وأوعد الإمام الهادي الحسن بن يحيى القاسمي بالنصرة والقيام معه على مقتضى الكتاب والسنة، وطلب وصول ولدي الإمام أحمد وعبد الله إليه، فوصل إليه ولده صفي الدين أحمد بن الإمام، وعاد إلى والده بمكاتيب من السيد الإدريسي حث فيها بالمبادرة إليه قبل هجوم الوهابية على البلاد، فلم ينتظم الأمر للإمام الهادي ونفّر عامل جماعة عنه قبائل قطابر وآل أبي الخطاب، فعاد إلى وادي باقم، فوصل إلى قهر آل أبي الحارث في شهر ذي الحجة قبل عيد عرفة. قال في السيرة ما خلاصته: وبعد ذلك أمر الإمام الهادي ولديه عبد الله وأحمد بالمسير إلى السيد الإدريسي لتتميم ما وعد به، فتوجها إلى صبيا فوصلاها وبها السيد الإدريسي منتصف شهر الحجة، وبقيا عنده ثم تقدم إلى جازان وأمرهما باللحوق، فلحقاه لتمام ما نزلا لأجله، وبقيا بجازان أياماً ونقع الاتفاق بينهم حيناً فحيناً فوجداه كما قال الشاعر:

رأيـــت امـــرئ كنـــت لم أبلـــه أتـــاني فقـــال اتخـــذني خلـــيلا
فألفيتـــــه حـــــين جربتـــــه كـذوب الحـديث سـروقاً بخـيلا

ولما رأى ولدي الإمام أن وعد الإدريسي لوالديهما وعد خلب وبدا حـالهما معه كما قال الشاعر :

ومـا زلـت أقطـع عـرض الـبلاد مـــن المشـــرقين إلى المغـــربين
وادّرع الخـــوف تحـــت الـــدجى واستصحب النسر والفرقـديين
واطـوي وانشـر ثـوب الهمـوم إلى أن رجعـت بخفـي حنـين

فلما أيسا من إيفائه بالوعد عزما على الرجوع إلى والـدهما، والاطـلاع عـلى أحواله، وفي قلبيهما من الخوف عليه ما ألهب قلبيهما وغذا السير إلى أن بلغا جبال بني مالك، وبلغهما سلامة والدهما الإمام إلا أن آل أبي الخطـاب محـاصرون لـه بأمر عامل بلاد جماعة. فمنع ولده عبد الله من الوصول إليه الحمى التي أصابته مع نزول التهائم، فتوقف في بني مالك، وتقدم صنوه أحمد إلى والده وأشار عليه أن المصلحة انتقاله مع هذا الوضع، فانتقل الإمام صحبة رجال من بنـي مالـك إلى بلادهم في حبس وسكن خاطره، وبقي في حبس إلى أوائل شهر ربيع من سنة تسع وثلاثين، ثم انتقل بعدها إلى وادي باقم وعزم على المدافعة مـن دوره بمـن معه من أصحابه، والتخلي والاعتزال والانكباب عـلى إحيـاء العلـوم والتـزود للقاء الحي القيوم.

فسكنت الأمور ولم يجر مذكور من الأحداث مدة ثلاثة أعوام.

وفي سنة 1342 وصل مكتوب إلى الإمام الهادي يتضمن وصوله هو وناظرة خولان السيد محمد بن الحسن الوادعي لملاقاة الشيخ محمد بن دليم من قبل ابن سعود لتدارك الأمر بعد قضية الحجاج وقتلهم في سدوان، فوصل ناظرة خولان والشيخ محمد دليم إلى أعـلى بـاقم لزيـارة الإمـام، وحضـروا جمعتـه وجماعتـه

واستقروا هناك إلى غرة ربيع آخر ولما أراد ناظرة خولان الانصراف أهداه الإمام حصانه مكافاة لزيارته مع المواحشة التي كانت، وبقي الإمام على جميل أحواله السنية وعاداته أحواله الرضية المرضية حتى توفاه الله.

وكانت وفاته بمحروس باقم وقت العشاء الأخير من ليلة الاثنين خامس جمادى الأولى سنة 1343 ثلاث وأربعين وثلاثمائة وألف، عن ثلاث وستين سنة وشهرين، ورثاه ولده صفي الدين بقصيدة منها :

أبكي أمير المؤمنين أخي الندى ... من أم نهج المصطفى لم يكسل

فأجابها الإمام المتوكل على الله يحيى بن محمد حميد الدين بقوله:

خطب أثار تأسفي وتململي ... فالنوم منه عن الجفون بمعزل
واهٍ له من رزء دهر فاجع ... رزء الكرام بكربه المستثقل
وغراب بين مفزع لأولي النهى ... بالنعي للحسن بن يحيى الأفضل
الزاهد الحبر المحقق ذو العلى ... في عصره من آل حيدرة علي
فليبكه الباكون إن وفاته ... رزء ونقص في الكتاب المنزل
والله يعصم يا بنيه قلوبكم ... بالصبر في صدمات خطب معضل
ويثبكم بفراق بدر كمالكم ... ويضاعف الأجر العظيم لكم ولي

***

وقد خلف عدة من الأولاد أكبرهم عبد الله ثم أحمد ثم محمد ثم تاج الدين وقاسم وحورية، وأمهم الشريفة الطاهرة حليفة الأذكار عتيقة بنت علي بن إبراهيم من ذرية السيد صلاح بن علي بن الحسين بن الإمام عزالدين. وعبد العظيم بن الإمام وعلي وفاطمة أمهم الشريفة محصنة بنت عبد الله بن حسين بن قاسم من بني المؤيد، وحسن بن الإمام وصلاح ومريم وزينب وأمهم الشريفة محصنة بنت المهدي بن محمد شايم، وستأتي تراجم أولاده وأحفاده العلماء

المذكورين في مواضعها من هذا المعجم. قال في سيرته: وأما خزانة كتبه فهي تشتمل على نحو من خمسمائة مجلد.

43. القاضي الحسين بن إبراهيم الغالبي

القاضي العلامة حسين بن إبراهيم بن عبد الله بن علي الغالبي الصعدي الضحياني، نشأ في حجر والده المتقدمة ترجمته بحرف الألف، وأخذ بضحيان عن عدة من المشايخ، وترجمه السيد الحسين بن القاسم فقال:

القاضي العلامة كان عابداً زاهداً ورعاً صابراً، أقام بالنضير مدة للتدريس، ثم رجع إلى وطنه ضحيان، وأصابه جرح في إحدى رجليه فتألم منه ومكث مدة سنتين، وتوفي رحمه الله في عام 1365 خمس وستين وثلاثمائة وألف، ودفن في مقبرة ضحيان.

44. الفقيه الحسين بن إسماعيل سهيل

الفقيه العلامة الحسين بن إسماعيل بن إبراهيم بن إسماعيل بن حسن بن إسماعيل بن حسن بن محمد بن علي سهيل الشباطي النزاري الصعدي.

أخذ عن والده المتوفى سنة 1308هـ، وفيما أحسب أنه أخذ أيضا عن العلامة إبراهيم بن يحيى سهيل، وعنه تحقيقا أخذ أولاده العلماء الثلاثة: سيدنا العلامة إسماعيل بن حسين سهيل المتوفى سنة 1351 وقد تقدم له ترجمة بحرف الألف، وسيدنا علامة المتأخرين يحيى بن حسين سهيل المتوفى سنة 1407هـ وستأتي له ترجمة في أثناء القسم السادس، وصنوهما العلامة عبد الرحمن بن حسين سهيل المتوفى سنة 1359 مؤلف بغية الأماني والأمل الآتية ترجمته قريبا.

وكان المترجم له من علماء وقته، وفضلاء زمانه، من أهل الورع والزهد والتحري، وكان محققا في علم القرآن، ووفاته رحمه الله في عشر الأربعين

وثلاثمائة وألف تقريبا.

45ـ السيد الحسين بن علي الدولة

السيد الرئيس الفذ شرف الإسلام الحسين بن علي بن عباس بن إسماعيل بن علي بن قاسم بن علي بن أحمد أبو طالب بن الإمام القاسم بن محمد الحسني القاسمي اليمني الصعدي الملقب كسلفه الدولة.

مولده بصعدة في سنة 1272 اثنتين وسبعين ومائتين وألف. وقد طلبت من أحد أحفاده وهو السيد عبد الله بن حسين الدولة أن يترجم له فقال ما خلاصته: هو السيد العلامة الفاضل، الوجيه الكامل، كان يعد في الأفذاذ إذا عدت الرجال، وفي الأبطال إذا دعيت نزال، يمتاز عن أقرانه ببعد النظر، وسياسة يتحلى بها في الورد والصدر، وظهر ذلك من خلال اتصالاته بمشايخ البلاد الصعدية وأعيانها ووجهائها وعلمائها، فكانوا يتصلون به، ويرجعون إليه في مهم الأمور، ويستصبحون برأيه ومشورته حتى أصبح فيهم كقول القائل:

وفتيان صدقٍ لست مطلع سرهم على سر بعض غير أني جماعها

أفنى عمره في الإصلاح بين الناس وحل مشاكلهم ونزاعاتهم، كما هي عادة سلفه في هذه الجهات، اضافة إلى اضطلاعه بصيانة البلاد الصعدية وحمايتها من الأتراك الذين كانوا يتواجدون من جهة الجنوب في صنعاء، ومن جهة الشمال في منطقة عسير، ومن الغرب في تهامة وكان قد استشرى في البلاد اليمنية فسادهم وخصوصاً بعد وفاة الإمام المتوكل على الله المحسن بن أحمد في سنة 1295 ولمنصبه الوجاهي في بلاد صعدة، فقد قام بدعوة الإمام المنصور بالله محمد بن يحيى حميد الدين في سنة 1307 ومن بعده نجله الإمام المتوكل على الله يحيى في سنة 1322 وكان له بعض الفضل في توطيد الأمن في البلاد وترسيخه وأخذ البيعة من القبائل وما توجبه قواعد الطاعة، وأبلاء في ذلك بلاء حسناً، ولم يزل

على حاله الجميل حتى اغتيل غدراً، هو وأحد أحفاده الصغار على أيدي آثمة مجهولة بجوار ماجل المنجور بآل غبير شمالي صعدة سنة 1337 سبع وثلاثين وثلاثمائة وألف، وحمل ودفن جوار باب المنصورة شرقي مشهد إسحاق بن أحمد بن عبد الباعث رحمهم الله وإيانا والمؤمنين.

46. السيد الحسين بن قاسم الداعي

السيد العلامة الحسين بن قاسم الداعي اليحيوي.

قال في وصفه القاضي محمد بن يحيى مرغم: كان سيدا عالما حميد المساعي، أخذ وتتلمذ على السيد العلامة القاسم بن عبد الله الهاشمي المتوفى سنة 1335 رحمهما الله تعالى وإيانا والمؤمنين.

47. المولى الحسين بن محمد الحوثي

السيد الإمام العالم الرباني المحقق شرف الدين الحسين محمد بن الحسين بن أحمد بن زيد بن يحيى بن عبد الله بن العلامة الكبير أمير الدين بن عبد الله بن نهشل بن المطهر بن أحمد بن عبد الله بن محمد بن إبراهيم بن الإمام المتوكل على الله المظلل بالغمام المطهر بن يحيى بن المرتضى بن المطهر بن القاسم بن المطهر بن محمد بن المطهر بن محمد بن المطهر بن علي بن الإمام الناصر أحمد بن الهادي إلى الحق يحيى بن الحسين الحسني الهادوي الحوثي.

مولده بهجرة حوث في سنة 1260 ستين ومائتين وألف تقريباً وبها نشأ، وأخذ عن الإمام المهدي محمد بن القاسم الحسيني الحوثي أيام سيادته، ومن مقروءاته عليه شطرا من شرح الأزهار، وشطرا من الأساس وشرحه الصغير، وحقائق المعرفة للإمام أحمد بن سليمان، وفي أصول الفقه شرح ابن لقمان على الكافل، وفي العربية قرأ عليه شطرا صالحا من الشرح الصغير المسمى بعروس

الأفراح، وشطرا من المناهل الصافية للشيخ لطف الله الغياث قراءة بحث وتحقيق، وأجازه إجازة عامة حررها بمحروس مدينة حوث في شهر جمادى الآخره سنة 1299 تسع وتسعين ومائتين وألف. ومن مشايخه في أنواع العلوم المولى عبد الله بن أحمد مشكاع العنثري، والقاضي محمد بن عبد الله الغالبي، وصنوه صارم الدين إبراهيم بن عبد الله الغالبي، وغيرهم واستجاز منهم ومن القاضي لطف بن محمد شاكر، والقاضي أحمد بن محمد السياغي الصنعاني، والإمام المنصور بالله محمد بن يحيى حميد الدين. وأخذ عنه جملة وافرة، منهم ولده المولى الحافظ الحسن بن الحسين الحوثي، والسيد عبد الله بن يحيى العجري، والسيد عبد الله بن عبد الله العنثري وصنوه عبد الكريم بن عبد الله العنثري، وصنوهما عبد الرحمن بن عبد الله العنثري والسيد إسماعيل بن عبد الله الهاشمي، وصنوه قاسم بن عبد الله الهاشمي والسيد محمد بن إبراهيم حوريه المؤيدي وغيرهم من السادات الأعلام والشيعة الكرام ممن يكثر عده. وقد ترجمه غير واحد من أهل عصره، منهم المولى العلامة صفي الدين أحمد ابن يحيى العجري في ذروة المجد الاثيل فقال:

وصل إلى مدينة ضحيان في شهر شوال سنة 1295 خمس وتسعين ومائتين وألف بعد وفاة الإمام المحسن بن أحمد في مدينة حوث، فقرأ في العلوم حتى بلغ الغاية، واستفاد وأفاد، وقرأ عليه جماعة من الأخيار. وتزوج وعمر له بيتاً في جنوبي ضحيان، وكان راغباً في قراءة العلوم مجتهداً في تحصيل منطوقها والمفهوم مرغباً للطلبة قائماً بما يحتاجونه، وكان الطلبة الذين في المسجد ينيفون في بعض الأحوال على الستين وهو يقوم بجميع محتاجاتهم وبعض ذلك من واجبات الزكوات وهي قليلة جداً والبعض مما كان يصل إليه من نذور أو صدقة. ولقد سمعته يقسم بالله أنه يسر بقضاء حاجة المؤمن السرور الذي لا مزيد عليه وأنه

يقدم حاجة المحتاج من المؤمنين على أهله وأولاده ويؤثرهم على نفسه فأقام الله به معالم الدين وحصل بحميد سعيه المصالح للطالبين وفيه من الورع ما لا يوصف فإنه والله لو أعطي مثل جبل رضوى ذهباً على أن يظلم أحداً مثقال حبة من خردل لما فعل، وهو منزه نفسه عن الشبهات، وتارك لكل المشتهيات هذه الزكوات التي مدار الأكثار على أكلها، قد نزه أهله وأولاده عن أكلها على الاطلاق وتركها، حتى أقسم بالله أنها لو سقطت حبة أو حبتان من الزكاة بين حلال له لما طابت نفسه بأكل ذلك ولا بعضه لا هو ولا من يعوله، ونحن والله من ذلك على يقين، وقد أحبته القبائل جميعها واعتقدوا فيه العقيدة الحسنة وعظموه، وأقاموا له قواعد التهجير، وأعزه الكبير والصغير، وشدت إليه الرحال، ولحق بمقامه كملة الرجال. وله أولاد أبرار يرجى صلاحهم من العزيز الغفار وفيهم مخايل الخير والصلاح كيف لا وهم من غصون الدوحة المصطفوية ومن سلالة الأسرة المرتضوية انتهى.

وترجمه تلميذه السيد عبد الكريم العنثري في عقد الجمان فقال :

من المشايخ الكملاء والجهابذة النبلاء أخذ عن والدنا المولى عبد الله بن أحمد العنثري، وله مشايخ ومستجازات عديدة وهو معدود من مشايخنا محققاً لا سيما في علم الكلام فهو المقدم بلا كلام، ومن مشايخه الذين أخذ عنهم إجازة الإمام محمد بن عبد الله الوزير، والسيد عبد الكريم بن عبد الله أبو طالب صاحب الإجازات إلى أن قال: وله من التلاميذ جملة، ومن الأولاد حسن ومحمد وأمير الدين ويحيى انتهى.

وترجمه المولى عبد الله بن الإمام الهادي القاسمي في الجواهر المضيئة مختصر الطبقات، وذكره المولى مجد الدين المؤيدي في مواضع متفرقة فقال:

47- المولى الحسين بن محمد الحوثي

السيد الإمام الرباني الحفي الولي عالم آل محمد وعابدهم وزاهدهم عمدة الموحدين الحسين بن محمد الحوثي. كان من المهاجرين إلى مقام الإمام المهدي محمد بن القاسم الحوثي إلى جبل برط وقد كان ملازماً له في مقام الإمام السابق الأمجد المتوكل على الله المحسن بن أحمد بهجرة حوث انتهى. وقال السيد محمد بن محمد زبارة الحسني الصنعاني مترجما له في كتاب أئمة اليمن في القرن الرابع عشر ما لفظه:

وترجمه الصنو العلامة المعاصر محمد بن إبراهيم حورية المؤيد الحسنى الصعدي، فقال: شيخنا المتأله الرحيم العلامة الحقيق بالإجلال والتعظيم، السائر في البلاد فضله وفضائله، المضروب به المثل في مكارمه وشمائله، أويس الزمان وابن أدهم الأوان، المطلق الدنيا ثلاثاً، فلم يتخذ منها تراثاً. كان ينفق على نحو مئة من المهاجرين والأرامل والأيتام مما يصل إليه من النذور والصدقات عاماً بعد عام، وكان ملبسه فيما عرفته لا يساوي ملبس أحقر فقير، وكان غزير الدمعة، كثير التحنن على أهل المسكنة، وإذا دخل المحافل الكبار وعظ الناس، وإذا ذكر عظمة الله ونعمته خنقته العبرة حال وعظه، وكان لا يفتر عن ذكر الله إلا حال تدريسه أو التذكير. وكان كثير العلل والأسقام، ويميل إلى مذهب قدماء أهل البيت عليهم السلام. وتوفي في داره بهجرة ضحيان بعد أن أكثر من الدعاء والإلتجاء والتهليل وكنت لديه مسندا له فسمعته يقول:

مالي سوى قرعي لبابك حيلة   فلئن رددت فأي باب أقرع

فأقعدته ففاضت نفسه في شهر ربيع الأول سنة 1329 تسع وعشرين وثلاثمائة وألف، وكان دفنه في صبيحة اليوم الثاني من وفاته غربي ضحيان. وله الأولاد النجباء الفضلاء رحمه الله وإيانا والمؤمنين.

ومما قلته في لامية النبلاء فيه:

ومات بضحيان محققها الحسـ ـين سبط أمير الدين فرع علي
وكان حفاظة عبادة ورعاً حبرا شهيدا تقيا جل عن مثل
وزاهدا حلل التقوى ملابسه وهمه الذكر في صبح وفي أصل
وكان موطنه حوثا فهاجرا عنـ ـها راغبا راجيا للفوز بالنزل

***

قلت: وترجمة المولى محمد بن إبراهيم حوريه لشيخه صاحب الترجمة جاءت في إحدى إجازاته التي وقفت عليها بخطه مؤرخة بمحروس قصر غمدان شهر شعبان سنة 1354هـ قال فيها أثناء تعداد مشايخه ما لفظه:

ومن مشايخي حي الوالد العلامة الولي زين العابدين بعصره ورأس الزاهدين في أبناء دهره إمام المعقول والمنقول، العظيم في الإسلام نفعه، الذي كان ينفق من النذور عليه والصدقات على نحو من سبعين طالبا غير الأرامل والأيتام، وكان يستدين عليهم في الأزمة وعند الإعدام وكان لبسه أطمارا لا تقوم إلا بالتافه من الأثمان، حتى أن كثير من أبناء الزمان أهل الفقر لو عرضت عليه لما لبسها لضعفها وكان لبسه الضعيف من البياض حتى يرق ويتصدق به ولا يغطي قميصه كفيه ولا يدخر درهما يملكه، حتى لقد شاهدته وقد وصلنا إليه دراهم كثيرة مرارا عديدة، فأمرني وأمر غيري لا تبيت في ملكه، وأقسم بالله أنها والروث على سواء لولا قصد النفع للمحتاجين وهو الحسين بن محمد بن أمير الدين الحوثي رضي الله عنه، فإني لازمته فوق عشر سنين في أوقات شدة ورخاء، وقرأت عليه كتب أصول الدين لأنه رحمه الله كان وحيد عصره فيها وفريد دهره كثير الولوع بها، فقرأ عليه شرح الأساس للإمام أحمد بن محمد الشرفي رحمه الله، ومجموع السيد حميدان وحقائق المعرفة للإمام أحمد بن سليمان، وينابيع النصيحة للأمير الحسين،

وشــرح الأصول الخمسة للسيد مانكديم وكتب الإمام الهادي إلى الحق جميعا أولها كتاب المرشد والبالغ المدرك وشــرحه لأبي طالب عليه السلام، وأحكام الهادي عليه السلام، وقرأت عليه في التفسير الكشاف جميعه مما أملاني عليه وهو يسمع وبقية الطلبة، والثمرات اليانعة للفقيه يوسف بن عثمان، والخمس مائة للنجري والمصابيح أربع مجلدات للشرفي رحمه الله والإتقان للسيوطي مرارا متعددة، وقرأ عليه أيضا البحر الزخار جميعه مع بعض التخاريج والبرهان للديلمي محمد بـن الحسن، وقواعد آل محمد له أيضا، وشـرح العصيفري في الفرائض، وفي الفضائل والسير قرأ عليه رحمه الله أنوار اليقين للإمام الحسن بن بدر الـدين، والصوارم للقاضي إسماعيل جغمان، وشـرحها واللواحق الندية للشرفي رحمه الله، وسـيرة الإمام الهادي يحيى بن الحسين عليه السلام والحـدائق الورديـة لحميـد الشـهيد ومحاسن الأزهار له شــرح قصيدة الإمام المنصور بالله عبد الله بن حمزة، وكذلك سيرة ابن هشام. وفي الزهديات تصفية الديلمي وتصفية الإمام يحيى بـن حمزة وسيرة الإمام المهدي أحمد بن يحيى بن المرتضى والتحفة العنبرية في المجددين من أبناء خير البرية، وشطرا من شفاء الأمير الحسين وصحيفة الإمام علي بن موسى الرضا، وبعض شــرح المجموع للقاضي العلامة الحسـين السـياغي والفصـول للخوارزمي في فضائل أمير المؤمنين ومناقب الكنجي الشافعي أيضا، وفي علــم البــاطن الإرشــاد للعنسي- وشــرح التكملــة لابــن حــايس ومنهاج المتقين للصنهوجي، وسياسة المريدين للإمام المؤيد بالله عليه السلام، وكـذلك إرشـاد الإمام القاسم رحمه الله.

ومن مسموعاتي عليه في الفضائل نهاية التنويه في إزهاق التمويه للهادي بـن إبراهيم الوزير وتفريج الكروب لإسحاق بن يوسف بن المتوكـل عـلى الله مـع حضور بقية مشايخي المذكورين، ومما قرأت عليه إحكام أحكام ذوي العقول في

بيان معنى مغني السؤول للإمام علي بن الحسين الطبري[1] قال: فإنه جمع المنطق وأصول الفقه في ثلاثمائة كلمة ثم شرحها بشرح عجيب. ثم أسمعت عليه قراءة نافع مرارا، لأنه كان إماما في القرآن مع حضور التيسير للمقري في علم القرآن وأمالي أبي طالب وأمالي المؤيد بالله وأمالي المرشد بالله وأمالي أحمد بن عيسى بن زيد كلها بسماعي عليه.

وأسمعت عليه رحمه الله مصنف الإمام محمد بن عبد الله الوزير الذي رد فيه على المقبلي وعلى جده محمد بن إبراهيم الوزير وعلى الشوكاني، مجلد حافل صنفه حي الإمام محمد بن عبد الله، ومات قبل تهذيبه وترتيبه، وقد كان شيخي المذكور وصل إليه إلى السر واستجاز منه في عنفوان الطلب إيام قراءته بصنعاء على حي الإمام المنصور بالله محمد بن يحيى حميد الدين أيام الترك قبل دعوته وبعد عوده من حبس الحديدة، لأنه أي شيخي المذكور رحمه الله تربى في حجر الإمام المتوكل على الله المحسن بن أحمد الشهاري، ثم عزم بعد موته لطلب العلم وكان إذ ذاك حسبما أخبرنا يتيما مفردا عن الأخ والعم والأبوين، فبقي بصنعاء مدة ثم ارتحل إلى الإمام المهدي، وقرأ عليه شطرا صالحا، ثم انتقل إلى ضحيان وقرأ على شيخنا شيخ الإسلام محمد بن عبد الله الغالبي، وعلى حي السيد العلامة الضرير عبد الله بن أحمد مشكاع رحمه الله، وبرز في جميع العلوم، ومال إلى الخمول والتدريس، ورفض الدنيا حتى صار رحلة للطلاب، وآية في جميع خصال الكمال بلا ارتياب، تجله مشايخه وجميع العلماء ويعتقد فيه العوام للشفاء من جميع الأسقام، وكان من أعظم أعوان مولانا الإمام (يقصد الإمام يحيى حميد الدين) واعتزل في فتنة الوالد الحسن بن يحيى القاسمي وكانت إحدى كرائمه تحته وأولاده منها، قال: وكنت ملازما لمجلسه ليلا ونهارا ومختصا بأحواله وأوراده، وسمعت منه ورأيت من الكرامات

---

(1) هكذا، والصواب علي بن صلاح الطبري.

ما ليس هذا موضع ذكرها، وأسمعت عليه كثيرا في الفروع والأصول وغير ما ذكر لأنه كان لا يريد أن يخلو وقت من السماع عليه، مع ضعف لحقه في بصره آخر عمره، ومات بحمد الله في حجري ليس عنده غيري إلا أطفال في وقت لا يظن موته فيه، بعد دعاء وإلتجاء ومحادثة منه وحضور ذهن انتهى بلفظه.

قال في روائع البحوث: وقد رثاه السيد العلامة علي بن حسن ساري المتوفى سنة 1337هـ نثرا ونظما، فمن أبيات نظمه قوله:

كلم أصاب قلوب المؤمنين معا	وحادث قد أثار الوجد والجزعا
وفادح جلل قد هد موقعه	مشتت لقوى الصبر الذي جمعا
فيا لها صولة في الأرض مزعجة	لها النفوس غدت تستشعر الفزعا

إلى قوله:

ذاك الذي قد حوى في العلم أرفعه	والحلم والزهد والتحقيق والورعا
ذاك الذي كان كالأب الشفيق لمن	يأوي إليه ولم يمنن بما دفعا
له محاسن أخلاق عرفن به	لا يعرف النكر والفحشا والقذعا

قلت: وستأتي تراجم أولاده الأعلام الحسن ويحيى وأمير الدين في مواضعها من هذا المعجم.

48ـ السيد الحسين بن يحيى شريف

ستأتي ترجمته في حرف الميم من هذا القسم عند ترجمة صنوه السيد الرئيس محمد بن يحيى شريف المؤيدي الحسني الصعدي رحمهما الله تعالى.

49. القاضي سالم بن سالم القحطاني

القاضي العلامة النحرير الورع التقي سالم بن سالم بن عمر الزبيدي القحطاني نسباً الرغافي بلداً ووفاة، ترجم له المولى عبد الله بن الإمام الحسن بن يحيى القاسمي في الجواهر المضيئة مختصر الطبقات فقال:

لقي الشيوخ وأخذ عنهم وأجلهم الإمام الهادي قرأ عليه عدة الأكياس شرح الأساس والفصول اللؤلؤية وفي الكشاف إلى أول سورة النساء وفي شرح الغاية إلى باب الأمر، وفي أحكام البحر إلى إيتاء الزكاة، وفي الثمرات إلى قدر ربع البقرة، والتلخيص للقزويني والجزء الأول من جلاء الأبصار في الأصول، والتقريب شرح التهذيب وأمالي الإمام أحمد بن عيسى، ومن مؤلفاته التحفة العسجدية، ومختصر الأصول، ومحاسن الأنظار وأجازه إجازةً عامة، وعنه بعض طلبة العصر، وهو الآن ملازم للدرس والتدريس بهجرة ضحيان أحد عيون الزمان وعلمائه الأبرار، مع ورع صادق، ودين خالص، ومحبة للآل كاملة، وأنظار له ثاقبة، وقريحة وقادة، وذكاء حسن. ومن شيوخه السيد العلامة أحمد بن الإمام الحسن، ومما أخذ عنه شرح الكافل لابن لقمان والمنهل الصافي في العروض والقوافي، وشيوخه عدة عمره الله بالخيرات وكفاه جميع المكدرات وتوفي رحمه الله في أوائل سنة 1359 تسع وخمسين وثلاثمائة وألف، وقبر بهجرة رغافة انتهى.

وترجمه السيد الحسين بن القاسم الهادي فقال في أثناء ترجمته:

أخذ عن السيد العلامة عبد الله بن الإمام الهادي فاجتهد ودرس وحاز الحظ الوافر من العلم، ورجع إلى وطنه رغافة، ومنها عاد إلى مدينة ضحيان ودرس بجامعها وأرشد، وكان عالماً مبرزاً محققاً انتهى. قلت: ولصاحب الترجمة

مراجعات ومذكرات مع مشايخه، منها ما وقفت عليه فيما يلزم على المحصر وذلك أنه لما كانت سنة ست وأربعين 1346 والدولة في الحرمين لابن سعود ولم يقف حجاج بيت الله بعرفات إلا الثلاثاء، وقد كان شاع عند الحجاج أن من فاض ليلة الثلاثاء عاقبه السلطان، لا سيما وهو هو، ووقائعه هي هي، فأنشأ بعض الحجاج هذا السؤال: هل يجب على من منع من الإفاضة من عرفة ليلة جمع حال كونه معتقداً أنها ليلة العاشر ولم يقض إلا الليلة الثانية ليلة الحادي عشر دم إحصار أم دم تروك مناسك أم لا يلزمه شيء، وإذا لزمه دم هل يصح البدل عند ظن عدم تمكنه من الصرف أم لا؟ وإذا لم يصح فهل يجزيه النحر في محله ولو لم يتمكن من الصرف أم لا؟. فأجاب المترجم له بجواب نافع وجيز، وأجاب المولى عبد الله بن الإمام وأجاب صنوه المولى أحمد بن الإمام الهادي الحسن القاسمي، وقد جمع الأجوبة الثلاثة السيد العلامة عبد الله بن حسين القاسمي، وضمها في آخر منسك الإمام الهادي الحسن بن يحيى القاسمي وهي جوابات شافية وافية انتهى المراد نقله عن تلك الحادثة والمراجعة.

وقد رأيت في تاريخ وفاة المترجم ما لفظه: وفاته ببلده رغافة سعيداً حميداً سنة 1358 ثمان وخمسين وثلاثمائة وألف، وقبره بالمسجد الأعلى هناك غربي الحجرة رحمه الله.

50ـ القاضي سعيد بن سعيد اليازلي

القاضي العلامة الضياء سعيد بن سعيد بن صالح بن سعيد بن علي ابن عبد الله بن أحمد بن حمران اليازلي المطري الصنعاني ثم الصعدي. ونسبة اليازلي إلى يازل قرية من قرى بني مطر غربي صنعاء.

وصاحب الترجمة أول من نزل من أهل هذا البيت واستوطن مدينة صعدة، وقد ذكر في شاهد ضريحه بمقبرة القرضين ما يفيد أنه هاجر إليها للجهاد، وأنه

كان صاحب قدم ثابتة في التشيع لآل محمد صلوات الله عليه وعليهم، وكانت وفاته في شهر القعدة سنة 1336 ست وثلاثين وثلاثمائة وألف. وله من الأولاد: القاضي محمد بن سعيد اليازلي، من نبلاء وقته، أقام برحبان، وهو الذي جرت له الحادثة المشجية مع المولى العلامة عبد الله بن أحمد حوريه المؤيدي في مسجد بير الطحم، وكان بصنعاء في سنة 1360هـ. وصنوه القاضي علي بن سعيد اليازلي كان من أهل التطلع والمعرفة، وله أدب ونظم، من ذلك في مدح الإمام أحمد بن يحيى حميد الدين قصائد عديدة، ورأيت له هذه الأبيات يتشوق فيها إلى الأسفار والترحل وهي قوله:

نفسي تشوقني إلى الأسفار — والسير في الأنجاد والأغوار
وإلى المسير إلى مدينة طيبة — لأنال غب زيارة المختار
وأزور كوفان البعيدة إنني — للمرتضى في لوعة وإسار

وحفيد صاحب الترجمة القاضي الفاضل أحمد بن محمد بن سعيد اليازلي هو أحد مشايخي رحمه الله في القرآن الكريم، مولده في جمادى الآخرة سنة 1349 تسع وأربعين وثلاثمائة، ووفاته برحبان يوم الأحد حادي عشر شهر رجب الأصب سنة 1416هـ.

51. السيد سليمان بن أحمد قطران الحمزي

السيد العلامة سليمان بن أحمد قطران الحمزي من ذرية الإمام المنصور بالله عبد الله بن حمزة، هكذا ذكره السيد عبد الكريم بن عبد الله العنثري في عقد الجمان عند تعداد تلامذة والده المولى عبد الله بن أحمد العنثري فقال:

ومن تلامذته أهل العلم والنجدة حي السيد العلامة ذي الأخلاق العطرة والمزايا المنورة، بلده بجبل رازح بلاد منبه، وهاجر إلى ضحيان وطالت إقامته به

واكتسب الآداب وأفاد واستفاد قرأ على والدنا وغيره وتوفي برازح وقبره هنالك انتهى كلامه. قلت: ورأيت لصاحب الترجمة وصية صالحة، غاب عني نقلها أو شيء منها فالله المستعان.

52. السيد صالح بن محسن الصيلمي

السيد العلامة اللغوي الرحالة صالح بن محسن بن علي بن عبد الله بن الهادي ابن محمد بن الهادي بن محمد بن الناصر بن علي بن صالح بن أحمد بن الأمير محمد بن الحسين بن علي بن القاسم بن الهادي بن محمد بن شمس الدين أحمد بن الإمام المنصور بالله عبد الله بن حمزة بن سليمان بن حمزة بن علي بن حمزة بن النفس الزكية الحسن بن عبد الرحمن بن يحيى بن عبد الله بن الحسين بن القاسم بن إبراهيم بن إسماعيل ابن إبراهيم بن الحسن بن الحسن بن علي بن أبي طالب الحسني اليمني الحمزي الملقب الصيلمي كسلفه.

مولده بوادي دماج شهر جمادى الآخرة سنة 1301 إحدى وثلاثمائة وألف، ونشأ في بلدته ثم انتقل منها إلى شهارة، فأخذ بها عن القاضي عبد الله بن أحمد المجاهد الشماحي والقاضي عبد الوهاب بن محمد المجاهد، وأخذ عن القاضي أحمد بن عبد الله الجنداري والقاضي لطف بن محمد شاكر والسيد سيف الإسلام محمد بن الإمام الهادي والقاضي محسن بن محسن العلفي، والقاضي الحسين بن علي العمري وغيرهم وانتقل إلى ساقين مركز لواء الشام في نحو سنة 1318 ورافق السيد العلامة الرحالة البليغ صفي الدين أحمد بن صالح الوشلي، فارتحل معه في شوال تلك السنة لتأدية فريضة الحج، وبعد أن تم لهما ذلك سافرا من جدة إلى الديار المصرية فوصلا إلى عاصمتها القاهرة المعزية سلخ جماد الأول سنة 1319 فأقاما فيها مدة، وأخذ عن علمائها ثم فارق رفيقه السيد الوشلي

وعاد إلى اليمن وكان به أي باليمن في سنة 1323 ثلاث وعشرين، ثم جال بعد تلك السنة في البلاد اليمنية، وارتحل عن اليمن لأسباب أوجبت ارتحاله فتوقف مدة بتهامة لدى السيد محمد بن علي الإدريسي، ومدة ببلاد مصر، ومدة بالحجاز وعسير. وفي سنة ست وأربعين 1346 أملى صاحب الترجمة على السيد المؤرخ محمد بن محمد زبارة في مدينة أبها من البلاد العسيرية أرجوزته في علم النحو التي سماها (بيض الأنوق) أولها:

يقول صالح هو ابن محسن   الحمد لله العلي المحسن
ابتدأ النحو بذكر ربنا   خالقنا سبحانه وحسبنا
مصلياً مسلماً على النبي   وآله ذوي العلا والرتب
أقرب من ألفية ابن مالك   بمد ربي بارئي ومالكي
اثني عليه والثنا للسابق   وللذي علمني واللاحق
انشأتها للمنتهي والمبتدي   طالبة رضوان ربنا البدي
النحو علم يعرف الأعراب به   مع البناء في آخر المنطوق به
واضعه الهادي إمامنا علي   كذاك ظالم بن عمرو الدؤلي
في اسم وفعل ثم حرف انحصر   كقد أنيت أتقى دع من أصر

إلى آخر الأرجوزة المسماة.

وكان المترجم له متضلعاً في علوم العربية نحواً ولغة، مترفعاً عن لهجات العوام، لا يكاد ينطق إلا بالعربية الفصحى، سالكاً في ذلك منهج النحويين المتقعرين، أخبرني بعض السادة من أهل ساقين وهو السيد غالب بن هاشم الفيشي عن من عرفه أنه ربما اعترضه البواب الحنفاشي على باب حصن ساقين أيام إقامته هناك، فيزجره صاحب الترجمة ويخاطبه بما تعود عليه من الألفاظ الوحشية الغريبة فيقول: افرنقع عني والله لأضربنك بالمزرزه، أي ابتعد عني

والله لأضربنك بالحاد القاطع وهي الجنبية في جفلها أو عسيبها. وأيام توقفه بالحجاز حصل السباق في مكة بين جماعة من الفرسان بحضور الأمير فيصل بن عبد العزيز آل سعود، وكان ابن صاحب الترجمة أحد الفرسان وكان المجلي في حلبة السباق على غيره، فقال والده المترجم له رحمه الله على اللغة المنسوبة لحمير:

إن من يعرف أم شريعة يدري   فضل خيل أم سباق في مضماري
سابق المصطفى بيثرب قولاً   واحداً ما هناك ذو استنكاري
بين ما ضمرت وبين سواها   فرسخين وسدس ذا المقدار
للتي ضمرت وما لم تضمر   خمس أسباع كل هذا المشار
سنة اطفاء الملوك سناها   غير عبد العزيز نجل نزار

إلى أن قال:

جال في متنه المبارك نجلي   لم ير الحلم من بنين صغار

وقد ترجم له السيد المؤرخ محمد زبارة فقال:

السيد العلامة اللغوي. ثم سرد بعض ما نقلناه سابقاً إلا أنه قال: وأخذ بمصر والشام وبيروت، وجال في البلاد اليمنية وغيرها لأسباب أوجبت ارتحاله من اليمن، ثم رجع إلى اليمن أخيراً في سنة 1348 ثمان وأربعين، وتوفي في مدينة الحديدة في شهر رمضان سنة 1349 تسع وأربعين وثلاثمائة وألف رحمه الله تعالى. قلت: ومن شعر صاحب الترجمة هذه القصيدة التي هنأ بها الإمام المتوكل يحيى بن محمد حميد الدين بعد انهزام جيوش الأتراك عن شهارة بقيادة أحمد فيض باشا، وكانت معركة هائلة وذلك في حوادث سنة 1323 وقد خلدها أدباء ذلك العصر بأعذب القصائد، منها قصيدة القاضي العلامة البليغ الحسين بن أحمد العرشي صاحب بلوغ المرام فيمن ملك اليمن من ملك وإمام، ومنها

قصيدة السيد العلامة الأديب محمد بن أحمد بن إبراهيم الشامي صاحب المسقاه، ومنها أيضا هذه القصيدة للسيد صالح الصيلمي والتي أولها:

أحمـــد الله ذا الجـــلال دوامـــا ولـــه الشـــكر إذ أزاح اغتمامـــا
دوخ الـترك حـين جـاءوا جيوشـاً خاف من روعها الأسود الصداما
قصـــدوا صـــقع عـــترة لنبـــي مجدهم عنـد ربنـا لـن يضـاما
قصـــدوا هـــذه شـــهارة فخـــراً وهـي لا غـرو كعبـة لـن تراما
رفـــع الله ســـمكها وحباهـــا بهـــداة مـــن الكـــرام كرامـــا
قـــادة في الـــوغى أئمـــة حـــق مـــن يبيتـــون ســـجداً وقيامـــا
فرقـــوا رزوة فســـرواً فلقـــهان فبـاتوا مـن مـا رقـوه حطامـا[1]
طمـــروا فـــوقهم بشـــدة بـــأس صـيروهم لـدى اللقـاء رمامـا
جرعـوهم كـؤوس حـرب عقـيم نفضوهم كـنفض شـخص وذاما
أطعمـــوهم مـــن الأســـنة طعنـــاً لم يـذوقوه منـذ شـالوا الزمامـا
أوردوهـــم إلى شـــعوب ألوفـــاً وسـقوهم مـن النجيـع مـداما[2]
ذوقـوهم مـن الرصـاص نكـالاً تـرك الطفـل شـائباً مستضـاما
ذبحـوهم وسـلبوا مـا اسـتعدوا زودهـم مـن العـذاب غرامـا
كـم تـردى مـن الشـواهق مـنهم خـوف طعـن يصـب صـباً زؤامـا
يـــتردون مـــن علـــوّ عـــراة رجـع كـل مـن الهـوي يرامـى
وثنـــوهم بغيضـــهم لم ينـــالوا عجـــل الله للعـــدو انتقامـــا
فتتـــوا مـــنهم جباهـــاً وهامـــاً تركـوا الغانيـات ثـمَّ أيـامى
ثبـــت الله حزبـــه بانتصـــار وبلقـــهان ألقمـــوه القتامـــا

---

(1) رزوة ولقهان والسرو : مواضع من شهارة .

(2) شعوب : جمع مشعب وهو المضيق بين جبلين وشعوب أيضاً المنية وهنا التورية .

ومـن السـرو نصـر ربي أتانـا حـين دانـوه ذوقهـم حمامـا
فسـرى همنـا مـن السـرو لمـا كتـب الله للعـدو انهزامـا
والرازيـا مـن الرزيـوة كبـت قاذفـات علـى العلـوج عقامـا

***

خـذل الله أحمـد العلـج لمـا جاءهـا معجـب يريـد استلاما
يتباهـا مـع الخميـس افتخـاراً عامـداً أخـذ مـا حوتـه تمامـا
مـلأ القـاع عـدة ورجـالاً مسرعاً مـا تظـن منـه اعتصاما
وعـدوا فـوقهم كـماة وشـالوا مـدفعاً هولـه يريـك انهزامـا
هـاون اللـز قلالـه كقـلال حـاولوا للهـدى بهـن انهـداما
وأبـى الله أن يضـيم عبـاداً أخلصـوا نيـة وودوا الإمامـا
وأخـا المـوت لـيس منـه مفـر يسبق الطـرف لائحـاً يترامـى
ولقـد جـاف صـدره إذ تـولى صـفر كـف ولم يبلـغ مرامـا
لمـت الطـير فـوقهم خاضـمات جائعـات مجيئهـا مـن تهامـا
ونسـور تسـابقت لا نتهـاش منجـدات تقسـمتهم طعامـا
ليت قومي تطلعوا وهـي تسـعى تأكـل اللحـم كلـه والعظامـا

***

نصـر الله عبـده يـوم سـبت برجـال مـا إن يـدانوا احتشـاما
شـيد الله دينـه ذلـك اليـو م ولـولا أغاثنـا مـا أقامـا
أرضـوا الله وهـو عـنهم رضي أشبعوا الوحش منهم والحساما
لهـم الله مـن أسـود شـداد قـادة جاهـدوا فنـالوا اغتنامـا
وأعـدوا مـن السـلاح مروتـاً قوتهـا ملـك يفـت العظامـا
وأعـدوا مـن المـدافع جمـاً أضحت الـروم في الثغـور نيامـا
سـحبتهم إلى المنيـة همـدان فخـولان مجـدهم لا يسـامى

فبنـو حـارث فـآل حشـيش ... كتـب الله أجـرهم مسـتداما
فالعصـيات حاشـد وبكيـل ... روعـوا الأرض مغربـاً وشـآما
وكليبـاً ومالـك ابنـي سـحار ... خـص منهم مشـائخاً وغلامـا
كـل مـن كـان سـالكاً نهج زيـد ... موقد الحرب لـن يطيع الطغاما
بكرامـات سـيد مـن منـاف ... أدعـم الحـق سـيفه فاسـتقاما
أورد المـرت في رقـاب بغـاة ... رفضوا الحق واسـتحلوا الحراما
وتعـامى عـن الصـواب ضـلالا ... ولواطـا قـد جـوزوا وآثامـا
صـاحب الفخـر والمعـارك حقـا ... والعلـوم التـي تـزيح الأوامـا
نجـل مـولى لـه السـوابق فينـا ... مـن غـدا للـورى جميعـا إمامـا
فليحيـى عـلى الجميـع إمتنـان ... أرق العجـم لم يـذوقوا المنامـا
أجـزه رب عـن عبـادك خـيرا ... وصـلاة تخصـه وسـلاما

ومما وقفت عليه في ديوان السيد الأديب يحيى بن محمد الهادي الحبوري المدائري المتوفى سنة 1372 ما لفظه: وفي سنة 1324 كتب السيد صالح بن محسن الصيلمي من وادي دماج إلى السيد الصفي أحمد بن صالح الوشلي إلى محروس شهارة معاهدة هذه الأبيات اللامية وكان السيد أحمد قد وصل من مصر:

سلام على الشـهم الـذي في شـهارة ... سـليل كـرام جـده خـير مرسـل
أتى نحونا مـن مصـر خـير مدينـة ... حوى من بنيها جم علم مسلسـل
عنيت بـه نجـل النبي ابـن صـالح ... صفي الهدى والـدين خير مهلـل
سـما في المعـالي يافعـا ورقـى بهـا ... سما المجـد حتـى قيـل خـير مجلـل
بقلبـي لـه حـب يفتـت مهجتـي ... ولم يشـفه غـير الوصـال المعلـل
وبي توقـان ضرم القلـب ضـيره ... عسـى ربنـا يـدني لنـا مـا نؤمـل
له الله مـن شـبل بـه ازدان عصـرنا ... عليـه سـلام الله غـير محـول

وإن شئت قلنا أيها الطم أحمداً … عسى ربنا يدينه بالمتزمل

وفي موضع من الديوان المذكور ما لفظه:

وكتبت في تلك الأيام السالفة أيام الصبا إلى السيد العلامة صالح بن محسن الصيلمي بعد رجوعه من السياحة ويهنيه بإقامته بعدها للقراءة بجامع الإمام القاسم بن محمد عليه السلام بشهارة ويذكر جولانه إلى المواضع المذكورة، وسبب رحلته تنافر جرى بينه وبين شيخه القاضي العلامة عبد الوهاب بن محمد المجاهد الشماحي الذماري بشهارة ولم تصل شهارة إلا وقد ارتحل إلى وطنه وادي دماج من أعمال صعدة وأرسلت إلى هنالك وهي هذه:

يا راقيا أوجه العلا والسؤدد … وابن الهمام العابد المتهجد
هنئت فضلا حزته وحويته … بجوار قبر القاسم بن محمد
هنئت وصلا بعد طول تباعد … في الرحلة الحسناء لأفضل مقصد
فلقد حويت من العلوم جواهرا … ومفاخرا عظمى بدون تردد
وافيت يثرب بعد مكة قاصدا … أجر المهيمن رب كل موحد
وهبطت مصرا والعراق وجلت في … جل المدائن سائحا يا سيدي
وطلبت فيها العلم من أربابه … فحويت علما مثل بحر مزبد
كم مسجد فيه أنخت لجمعة … حتى اضمحل فراش ذلك المسجد
وقضيت أنك لا تفوه بكلمة … ملحونة لغة الأعارب عن يد
ثم انثيت إلى الأحبة راجعا … لتفوز بالأجر المضاعف في غد
وسكنت في بلد شريف زاهر … في جامع المنصور نجل محمد
أكرم به من جامع أكرم به … من مشهد أكرم به من مسجد
خذها إليك خريدة منظومة … تمشي إليكم مشية المتأود
ومن الكريم مع الصلاة سلامه … أهديها نحو النبي محمد

وعلى الكرام أولو النهى من آله … ما دام يكثر في الصلاة لأحمد

ولما وصلت الأبيات أجابها السيد صالح بن محسن الصيلمي بهذا الجواب:

أهلا بنظم الكلكل المتفقد … نجل الوصي من ساد كل مسود
الجهبذ الطود الذي حاز العلى … وحوى المفاخر والمحامد عن يد
الأحوذي الأريحي المنتشي … الصادق المقوال لا بتلبد
يحيى الذي حاز الفخار بأسره … نعم الفتى من هاشمي أمجد
وحوى علوما ما حواها سيد … أبد الزمان فيا له من سيد
وجرى بميدان البلاغة سابقاً … وقف الفحول وراءه بتردد
شظفا بوشاحها وجليدها … وزمامها قد نيط منه باليد
وأبوه عز الدين من ساد الورى … ذو الهمة العليا عتيق المحتد
قمر الكمال ثمال كل مؤمل … كنز المرجى كهف كل مشرد
يا راكبا متن الشمرذل في غد … عرج على نسل النبي محمد
أعني أمير المؤمنين ومن له … رتب تطول على السها والفرقد
من أيد الإسلام رغما بالقنا … وأباد أعداء له بمهند
ثم انعطف نحو المداير راكضا … وألثم بنانا للريَحْل الأصيد
أعني عماد الدين مولانا الذي … حاز الكمال بهمة كالجلمد
يا فائقا سحبان في منظومه … فلقد غدوت عن النظير بمفرد
جشمتني نظم القريض ولم أكن … من ناظميه ولم أكن بمسدد
ما كنت أحسب أن أقول كليمة … قد صار قلبي كالصفيح المصمد
ذكرتني عهدا تقادم بيننا … جددته إذ أنت خير مجدد
طال النوى يا سيدي وإلى متى … إن الزمان على الكرام المعتدي
يا ليتني أحظى بوصل فينة … منكم بيوم فيه غابت حسدي
أشكو إليك من الفراق إنه … أحمى وطيس لهيبه في الأكبد

جـرح الفـؤاد بأسـهم مسـمومة … لفراقـك المشـكوّ يـا ابـن محمـد
وفـراق أعـلام هـداة صـوم … مـن نسـل طـه في شـهارة سـجد
وفراق شيخكمو الذي فاق الـورى … علـماً وزهـدا وعصـمة المسترشـد
نجل المجاهد ذي الفضـائل والتقـى … طـوبى لـه مـن عـالم متزهـد
وافى قريضـكم إلي مهنئـا … بـتردد في كـل سـوح مفـرد
أقصـر وهنئنـي بعـودي سـالماً … في الـدين مـن فحشـائها يـا سـيدي
إن الـبلاد الداخليـة أصـبحت … تـأتي الفـواحش مثـل نكـح الأمـرد
وتشـييد البنيـان مـن أجـل الزنـا … والخمـر والمـولى لـذلك بمرصـد
فرجعـت عنهـا هاربـا سـفرا إلى … وطنـي وإخـواني وموضـع مولـدي
حيـث الأمانـة والإمامـة والتقـى … والـدين والإيـمان بـنص محمـد
وإذا سـألت عـن المـراد فإنـه … طلب العلوم لـدى الإمـام الأوحـد
في هجرة الأهنـوم محـروس الـذرى … في العنسـق المشـهور حضـرة أحمـد
وعليـك منـي يـا عـماد تحيـة … بعـد الصـلاة عـلى النبـي محمـد
والآل مـا غنـت مطوقـة عـلى … غصـن ومـا رسـمت فضـائل أحمـد

(دماج)

ودماج موطن صاحب الترجمة هي بلدة في الجنوب من مدينة صعدة بنحو 8 كيلو مترات، وهي تابعة لقضاء ومديرية الصفراء وادعة همدان، وإليها أشار الأديب البليغ التهامي القاسم بن علي هتيمل المتوفى في القرن السابع في قصائد عدة منها قوله يمدح الإمام المهدي أحمد بن الحسين صاحب ذي بين ويذكر الكرامة المشهورة التي حصلت له مع المقعد التنين من أهل صعدة:

زمِـنٌ يـدب بـأربع فأعدتـه … مثـل القنـاة وكـان كـالعرجون
فعجبـت مـن نـون يقـوّم خطـه … ألـف ومـن ألـف أعـيض بنـون

ومن الكرامة أن غدا من فوره يمشي إلى دماج من نسرين

53. السيد صلاح بن أحمد ستين

السيد العلامة صلاح بن أحمد بن صلاح بن يحيى بن علي بن محمد بن علي بن محمد بن يحيى بن حسن بن زيد بن محمد بن أبي القاسم بن الإمام علي بن المؤيد الحسني المؤيدي الملقب ستين كسلفه وأول من تلقب بذلك هو علي بن محمد الجد السابع المتقدم في نسبه.

ترجم لصاحب الترجمة السيد عبد الكريم العنثري في عقد الجمان ضمن تلامذة المولى شيخ العترة عبد الله بن أحمد العنثري فقال:

ومن تلامذته أهل العلم والعبادة السيد العبادة ضياء الدين صلاح بن أحمد ستين المؤيدي من أولاد زيد بن محمد بن أبي القاسم المؤيدي، قرأ على والدنا ببلده ضحيان وغيره واكتسب الفضائل والآداب واجتهد في الإخلاص لرب العباد، وله نهاجة وبسالة، ومكارم أخلاق، ذو حرفة في التجارة، وهم مقيم لسندرة المسجد، وتولي أوقافه بضحيان، وله من الأولاد يحيى وأحمد انتهى. **قلت**: ورأيت في بعض المجاميع أن له إجازة من الإمام الهادي الحسن بن يحيى القاسمي، ولم أضبط تاريخ وفاته. ووالد صاحب الترجمة هو السيد أحمد بن صلاح ستين، ذكره في تراجم علماء بني المؤيد فقال: السيد العابد الناسك المطعم للطير في أيام خلو البلاد من الثمر، وكانت وفاته شهر صفر سنة 1281 واحد وثمانين ومائتين وألف رحمهما الله وإيانا والمؤمنين.

54. السيد صلاح بن الإمام الحسن القاسمي

السيد العلامة الجواد البهلول الشهيد الشاب صلاح بن الإمام الهادي الحسن ابن يحيى بن علي القاسمي المؤيدي. مولده سنة 1320 تقريباً، ونشأ في حجر والده، وقرأ عليه قراءة بسيطة لصغره وأخذ عن أخويه عبد الله وأحمد، وانتقل إلى ضحيان

وصعدة، ومكث مدة حصل فيها شطراً صالحاً من العلوم، وفي سنة 1362 اثنتين وستين وثلاثمائة وألف لما حان موعد الحج عزم لأداء الفريضة المكتوبة، فبلغه الله وأدى المناسك وأتمها، وكان في صحبة عدة من العلماء منهم المولى مجد الدين بن محمد المؤيدي، وفي آخر أيام منى اشتد به الألم فانتقل به أخواه الحسن وعبد العظيم إلى مكة بشعب جياد، وهناك فاضت روحه، ودفن بمقبرة الحجون رحمه الله تعالى وسيأتي تراجم أولاده محمد وأحمد في آخر أقسام هذا الكتاب.

55. القاضي ضيف الله بن حسن المراني

القاضي العلامة العابد الزاهد التقي ضيف الله بن حسن المراني بالميم المفتوحة ثم الراء المهملة المثقلة وبعد الألف فوقية موحدة فياء النسبة إلى مران بلدة من أعمال خولان بن عامر في أقصى الغرب من مدينة صعدة بمسافة 90 كم تقريباً، وقد أشار إلى تفضيلها على سائر البلاد الخولانية بعض الأدباء فقال:

ربوات سفح الصقع من مران … تجلو نضارتها على خولان
ما (فوط) ما (ساقين) ما (عرو) لها … ما (وسحة) و(ذويب) أو (حيدان)
بلد منزهة وقوم منهم … أهل الثبات ومكرم الضيفان

وصاحب الترجمة أخذ بضحيان عن شيخ العترة المولى عبد الله بن أحمد العنثري، والقاضي محمد بن عبد الله الغالبي، والإمام الهادي الحسن بن يحيى القاسمي الضحياني وغيرهم وحقق في الفقه، وعنه أخذ ولده القاضي أحمد بن ضيف الله، والسيد المؤرخ محمد بن حيدر النعمي وغيرهما، وترجم له في عقد الجمان السيد عبد الكريم بن عبد الله العنثري فقال:

كان عالماً جليلاً عابداً هاجر من بلده ولد بجه من نواحي مران إلى مدينة ضحيان بأهله، واستوطن بها واحرز العلوم، وكدح في مرضاة الحي القيوم، وأسمع على والدنا وغيره، وله في آل الرسول أعلى المحبة انتهى.

ويقول السيد المولى أحمد بن يحيى العجري في كتاب ذروة المجد الأثيل عند تعداد من سكن الهجرة الضحيانية في أوائل القرن الرابع عشر الهجري من الوافدين إليها من البلدان ما لفظه: وفي هذه الهجرة من أعيان الشيعة وفضلائهم الفقيه العلامة الضيا ضيف الله بن حسن المراني اليحيي[1]، انتقل بأهله وبنى له بيتا وسكن بها، وله أولاد أهل فقه وعفة انتهى بلفظه.

قلت: وصاحب الترجمة هو الجامع لآل المراني بضحيان وبني معاذ وغيرهما وأول من انتقل من وطنه إلى مدينة ضحيان في أواخر القرن الثالث عشر فلقب بالمراني، وله أولاد وأحفاد نبلاء علماء ويعود له الفضل في لحاقهم بحلقات العلم والتعلم. ولعل وفاة صاحب الترجمة في عشر الأربعين وثلاثمائة وألف، وقبره بضحيان رحمه الله تعالى.

(وولد صاحب الترجمة)

هو القاضي العلامة أحمد بن ضيف الله بن حسن المراني الأصل الضحياني النشأة والدار والوفاة. نشأ صاحب الترجمة بضحيان وأخذ في الفقه والفرائض عن والده، وأخذ عن السيد العلامة الولي عبد الله بن عبد الله العنثري، ومن مقروءاته عليه كتاب أصول الأحكام، وكان زميله في ذلك السماع السيد أحمد بن محمد ستين. وقد ترجمه السيد الحسين بن القاسم في تراجمه التي جمعها فقال ما معناه: قرأ على مشايخ عدة منهم والده، فحقق لا سيما شرح الأزهار والبيان والفرائض، وكان يدرس فيهما مع القيام بالارشاد في جبل مران وغيرها من تلك النواحي، وتوفي بضحيان في نحو سنة 1370 سبعين وثلاثمائة وألف.

(1) نسبة إلى ولد يحيى من أفخاذ أهل مران.

56. العلامة عبد الرحمن بن حسين سهيل

القاضي الفاضل العلامة المؤرخ وجيه الإسلام عبد الرحمن بن حسين بن إسماعيل بن إبراهيم بن إسماعيل بن أحسن بن إسماعيل بن أحسن بن محمد بن علي سهيل الشباطي النزاري العرناني اليمني.

مولده في مدينة صعدة 23 جمادى الآخرة سنة 1322 اثنتين وعشرين وثلاثمائة وألف. ونشأ النشأة المرضية في حجر والده وتغيب القرآن وبعض المختصرات، وبدأ التلقي على المشايخ فأخذ بصعدة عن المولى الكبير محمد بن إبراهيم حوريه، والمولى عبد الله بن أحمد حوريه، والعلامة المحقق الحسن بن محمد سهيل قرأ عليه في الكشاف والبحر وفي شرح الغاية في أصول الفقه والمقصد الحسن لابن حابس وبعض مجموع الإمام زيد الفقهي، وأخذ على صنوه عماد الدين يحيى بن الحسين سهيل في كتب النحو وفي سائر الفنون وأجازه مشايخه المتقدمين، وممن أجازه المولى محمد بن منصور المؤيدي، والمولى صفي الدين أحمد بن الإمام الهادي القاسمي، وهما إجازتان عامتان فيما صح من مقروءاتها وسماعها ومستجازاتها. وعنه أخذ جملة من طلبة العلم بالمدرسة العلمية بجامع الإمام الهادي.

***

قلت: وهو مؤلف (بغية الأماني والأمل في تراجم أولي العلم والعمل في التراجم)، وقد كثر النقل عنه في هذا الكتاب ولو تراخت الأيام بمؤلفه رحمه الله لكان الغاية القصوى في هذا الباب وبالأخص فيما انفرد به من ذكر علماء المدينة الصعدية بعد الألف، وفي ذلك قلت شعرا:

قد كان مد إلى غاياتها قلمه ... وهز عامل جد منه وألتزمه

وعدة الأمر في كفيه وافرة	وعنده من شذا التاريخ ما علمه
وقد وعى حفظه عن غر مشيخة	في عصره من فريد الدر وانتظمه
وناظراه قد استرعت على شغف	فوائدا في حوامي الكتب مرتسمه
ومن مقابرها قد زاد معرفة	بكل أبلج يجلي نوره العتمه
فليت ذا الموت أخلاه لغايته	وما تعجل موت العلم أو كتمه

وقد ترجم له المؤرخ محمد بن محمد زبارة في نزهة النظر، وترجم له صنوه العلامة المحقق عماد الدين يحيى بن الحسين سهيل ترجمة جاء منها قوله:

القاضي العلامة، وجيه الملة، وشمس بدورها والأهلة، تربى في حجر أبويه فربياه أحسن تربية وأرضاها، ولما أن ترعرع وبلغ السادسة من عمره شرع في قراءة القرآن حتى نقله غيباً، ثم اشتغل بطلب العلم وجد وأتعب نفسه في التحصيل، حتى أتى على جميع الفنون من النحو والصرف والمعاني والبيان والفروع والأصولين والسير والتواريخ، وله مشايخ أعلام وإجازات علمية من سادات فخام، ونقل كتب الهداية بخطه المعروف الذي لم يحط به غيره في وقته، ولم ينسج أحد على منواله، وله تصانيف عديدة منها (سلاسل الذهب في معرفة كلاب العرب) مختصر نفيس، و(بغية الرائد شرح نكت الفرائد) في أصول الدين، وله في أصول الدين (التكيمل) في مجلدين وله في التاريخ كتابه المسمى (بغية الأماني والأمل تراجم أولي العلم والعمل) قبل الألف بلغ فيه إلى حرف الحاء المهملة، وكان له فصاحة وبلاغة وإجادة للنظم، وابتلي بالآلام من بعد البلوغ إلى وفاته، فكان الصابر الشاكر. وتوفي بصعدة المحروسة ليلة الأربعاء ثالث (والصواب خامس) صفر سنة 1359 تسع وخمسين وثلاثمائة وألف، قلت: عن سبع وثلاثين سنة من مولده، وقبره بمشهد أهله بالقرضين رحمه الله تعالى وإيانا والمؤمنين.

(حادثة الزلازل بصعدة ونواحيها عام 1359هـ)

قلت: وفي هذا العام وهو تسع وخمسين وثلاثمائة وألف كان من حوادثها حصول هزات أرضية وزلازل في صنعاء وصعدة وغيرهما من البلدان اليمنية، وهي المعروفة عن العامة بسنة الرجيف بكسر الراء والجيم وسكون الياء المثناة التحتية، وعن تلك الحادثة نقلت عن قلم القاضي العلامة محمد بن يحيى مرغم المتوفى سنة 1381هـ ما موجزه:

ولما كان اليوم الثالث عشر من ذي الحجة ختم سنة تسع وخمسين وثلاثمائة وألف وقعت الزلزلة العظيمة في ضحى ذلك اليوم التي كادت تندك لها شم الجبال الشوامخ، وتميد وتنهد لها الأطواد، فقد شخصت عند حدوثها الأبصار، وانحلت لهولها أفئدة الكافة من الأشرار والأخيار وهلك بسببها كثير من العمران في كثير من الأوطان، ومات فيها جم غفير من الناس إلا في صعدة ورحبان فإن الله وله الحمد حاطهم وحفظهم فلم يفت من سكانها نفس واحد، وقد أقيمت صلاة الخوف في وادي رحبان وخرجت النساء يحملن معهن أصاغر الولدان، ولم يدخل أحد من ذلك اليوم مسكنه من شدة الجزع ولم يهيئ زاد في المساكن لعظم الفزع، ولما تمت الصلاة أقبل الناس على السيد العلامة الجليل إسماعيل بن عبد الله الهاشمي وانثالوا عليه فأمنهم وعرفهم سعة رحمة الله.

قال: وقد أقام الناس في المساجد والخدور التي عملوها نحوا من شهر ونصف ليلا ونهارا، قال: وأما الزلازل فإنها لم تقف بالكلية إلى شهر صفر سنة 1361 انتهى المراد نقله من خبر هذا الحادثة.

وقد حكى ذلك أيضا هذه الحادثة الجريدة الرسمية الصادرة في تلك الأيام المسماه (جريدة الإيمان) في إصدارها شهر الحجة سنة 1359 العدد 174 فقال ما نصه:

في الساعة الخامسة والنصف تقريبا من نهار يوم السبت الموافق ثالث عشر-

من الشهر الجاري شهر ذي الحجة شعر الناس في العاصمة بزلزلة قوية، تعاقبت هزاتها في بضع ثوان، فأفزعت كل من شعر بها، وهب الكثير منهم ممن كانوا في المنازل مبادرين إلى الخروج من منازلهم، وفي اعتقاد كل منهم أن منزله تداعى للخراب، وفيما ورد في الجريدة في عددها الصادر من حكاية ما وقع من الزلزال في بقية المناطق اليمنية يقول: وأما أنباء صعدة وجهاتها فالذي قد ورد من أخبار الزلزال ينبي بأن تلك الجهات كان الزلزال بها أشد مما سواها، والذي علم حتى الآن من حوادثه أنه كان الشعور بهزات خفيفة من عقيب شروق يوم السبت المذكور، وأشتد هولها في الساعة الخامسة والنصف من النهار، ثم عادة ليلة الأحد وتكرر الشعور بها بعد ذلك أياما، وحصل عن ما كان في يوم السبت كثير الأضرار في النفوس والأموال، أما في نفس صعدة فيكاد أن يكون الخلل في البيوت عاما، ولكن لا ضر في النفوس، وأما فيما حولها فأشد القرى تأثرا بهذا الحادث قرية الطلح، فقد بلغ عدد النفوس التي تلفت تحت الهدم خمسا وعشرين امرأة ورجلا، وثمة هناك أحمى الطلح بيتان انهدما على ما فيهما من السكان ذكورا وإناثا فهلكوا جميعا، وفي هجرة فلله هلك تحت الهدم سبع نسوة، وتشققت أكثر المساكن، وانهدم الجامع الأسفل فيها وهو جامع الإمام الحسن بن عز الدين عليه السلام، وفي الأخبار عن كثير من الجهات الشامية أن أثر الزلزال فيها كان شديدا، ولكنا لم نقف على أكثر مما أدرجناه في هذا العدد انتهى المراد نقله من تلك الجريدة.

57. السيد عبد الرحمن بن عبد الله العنثري

السيد العلامة شيبة الحمد عبد الرحمن بن عبد الله بن أحمد بن محمد بن حسن ابن يحيى مشكاع بن محمد بن حسن بن علي بن حسن بن علي بن أحمد بن حسن ابن علي بن صلاح بن الحسن بن الإمام الهادي علي بن المؤيد المؤيدي الضحياني

الملقب كسلفه بالعنشري.

مولده بضحيان سنة 1284 أربع وثمانين ومائتين وألف تقريباً. ونشأ في حجر والده المولى الكبير عبد الله بن أحمد العنشري، وقرأ عليه في أغلب المسموعات والمقروءات، وأخذ عن السيد العلامة يحيى بن حسن طيب من ذلك في المناهل الصافية، وعن السيد العلامة المحقق الحسين بن محمد الحوثي من ذلك سماع الأمالي الخميسية عليه في سنة 1312. ومن مشايخه أيضا القاضي شيخ الإسلام محمد بن عبد الله الغالبي والإمام الهادي الحسن بن يحيى القاسمي وغيرهم، واستجاز من الإمام المهدي محمد بن القاسم الحوثي فأجازه إجازة عامة في سنة 1318. وأخذ عنه جملة من العلماء منهم السيد عز الدين بن الحسن عدلان وصنوه عبد الكريم بن عبد الله العنشري وترجمه صنوه المذكور في عقد الجمان في تراجم علماء ضحيان فقال:

نقطة بيكار العصر، ومن يشار إليه بالبنان في كل فخر، وجيه الدين والغاية في الفضل والفخامة والكرم والشهامة، أحرز العلوم بفهم ثاقب، وذكاء صائب، وله من المؤلفات كتاب (زبدة الأقوال) وشرحه في علم الأصول، وله مؤلف في الفقه لم يتمه، وتولى القضاء ببلاد رازح عن أمر الإمام الهادي القاسمي، وله من أحكام التدبير ورصانة العقل والشكيمة في ذات الله ما لا ينكره عارف، وله اليد الطولى فيما يتعلق بأمر آخرته في علم الطريقة وصلاح النية وخلوص النية، وهو معدود من مشايخي انتهى.

وترجم له السيد الحسين بن القاسم في تراجم علماء بني المؤيد فقال:

كان عالماً محققاً مبرزاً مجتهداً له فهم قوي وحافظية وألمعية تولى القضاء والنظارة بجبل رازح عن أمر الإمام الهادي ثم تولى القضاء للإمام المتوكل يحيى بن محمد حميد الدين، وتخلى قبل وفاته بقدر سنة، ورجع بأهله إلى ضحيان

وعكف على العبادة والذكر والتدريس حتى أتاه أجله المحتوم شهر صفر سنة 1360 ستين وثلاثمائة وألف رحمه الله انتهى.

قلت: ورثاه المولى مجد الدين بن محمد المؤيدي بالأبيات الموجودة في ديوان الإيمان والحكمة وأولها:

أترجو أن يطيب بها سكون	وما برحت تخرمنا المنون
لقد ضلت عقول ليس تدري	لماذا ركبت بئسَ الجنون
بلى علمت وما عملت فبعداً	لمن فتنته غادرة خؤون
أما نظرت رهيبات المنايا	أما اعتبرت وقد خلت القرون
أفق فالأمر جد غير هزل	أفق إن الخطوب لها شؤون
كفى لك زاجرا منها مصاب	تدك لعظم موقعه الحصون
حقيق أن تفيض دما ودمعا	غزيرا تستهل به العيون
لمثل وفاة شيخ بني علي	إمام العلم ليس له قرين
فيا لك فادحا أوهى وأورى	زنادا قبل مصرعه دفين
فصبرا إن سوح الصبر أحرى	وأولى إنه الحصن الحصين
وأمر الله ليس له مرد	هو الديان والحق المبين
وجيه الدين نبراس القضايا	وفيصلها اذا اشتبه اليقين
إمام من إمام من إمام	نجوم للورى وهم السفين
دعاه ذو الجلال إلى نعيم	إلى الفردوس فهو بها قمين
بخير الرسل أسوتنا إذا ما	دجت ظلم وضاق بها الحزين
صلاة الله يتبعها سلام	عليهم ما تعاقبت السنون

5   رحمه الله تعالى وإيانا والمؤمنين. وستأتي ترجمة لولديه أحمد ومحمد في موضعها. أما (ولده علي بن عبد الرحمن العنثري). فكانت نشأته بضحيان في

حجر والده، وقرأ عليه وعلى عمه السيد العلامة المحقق عبد الله بن عبد الله العنثري ورأيت له قراءة في شرح الأزهار على السيد يحيى بن صلاح ستين سنة 1337 وذكر من ترجم له أنه تصدر للتدريس بضحيان ثم انتقل منها إلى آل حميدان ثم إلى جبل مران، وبه توفي في تاريخ غير معلوم.

58ـ الفقيه عبد الرحمن بن محمد مرغم

الفقيه العلامة عبد الرحمن بن محمد بن إسماعيل بن أحمد بن عوض بن أحمد ابن عوض بن علي بن محمد بن أحمد بن سليمان بن إبراهيم بن سليمان بن يحيى مرغم الصعدي. هكذا وقفت على نسبه على شاهد قبره، وهو من فضلاء وقته وأحد مشايخ القرآن الكريم في أيامه، ومن أجل تلامذته سيدي الحسن بن علي المصطكا، أخذ عنه في قراءة القرآن الكريم وتجويده.

وكان صاحب الترجمة محققاً في هذا الفن، وعلى منواله كان تلميذه المذكور الآتية ترجمته في آخر أقسام هذا الكتاب. ورأيت بخط بعض العلماء أن المترجم له كان عالماً متقناً، فقد بصره، ولكنه كان ذا بصيرة، ومع فقدان بصره كان له معرفة في علم الأوقات. قلت: وكانت وفاته رحمه الله عشية الجمعة صباح السبت تاسع شهر رمضان سنة 1361 إحدى وستين وثلاثمائة وألف، رحمه الله وإيانا والمؤمنين، وكتب على ضريح قبره هذه الأبيات وهي:

قف بالضريح وزر رميم عظامه ... واتل الكتاب معظما لمقامه
فهو المقام لكل حي والذي ... تعنو لما يقضيه من إبرامه
فلقد ثوى في اللحد سيدنا الـ ... ـوحيد المتقي لله في أعوامه

وقبره بالمقبرة شامي باب نجران.

59. القاضي عبد العزيز بن أحمد الغالبي

ستأتي ترجمته بحرف الميم أثناء ترجمة جده القاضي محمد بن عبد الله الغالبي ووالده أيضا قريبا.

60. الفقيه عبد الرحمن عاطف

الفقيه العلامة عبد الرحمن بن أحمد بن حسين عاطف.

وهو من أهل حوث، هاجر إلى مدينة ضحيان فأخذ بها عن مشايخها الأعلام، كالمولى عبد الله بن أحمد العنثري، قرأ عليه في شرح الأساس الصغير وفي المناهل وغيرها، وقد ذكره السيد المعاصر القاسم بن الحسن السراجي في كتابه عن علماء حوث، وأفاد أن هجرته إلى ضحيان كانت سنة 1295 خمس وتسعين ومائتين وألف، وأن من مشايخه بها القاضي شيخ الإسلام محمد بن عبد الله الغالبي، وصنوه إبراهيم الغالبي، والسيد أحمد بن يحيى العجري وصنوه علي بن يحيى العجري والإمام الهادي الحسن بن يحيى القاسمي والسيد محمد بن إبراهيم حوريه المؤيدي وغيرهم. وكان ذا همة ونشاط في التحصيل ورغبة في الإطلاع ونسخ بيده عدة كتب. وفي عقد الجمان أثناء تعداد تلامذة المولى عبد الله بن أحمد العنثري ما لفظه: ومن تلامذته أهل العلم حي الفقيه العلامة عبد الرحمن بن عاطف من بيت عاطف من حوث هاجر بضحيان وقرأ على والدنا وغيره وتوفي برازح ولا عقب له ووقف كتبه في حوث بنظر علي بن عبد الرحمن الشراري انتهى. قلت: ولعل وفاته في عشر العشرين وثلاثمائة وألف رحمه الله تعالى وإيانا والمؤمنين.

61. السيد عبد الكريم بن عبد الله العنثري

السيد العلامة المحقق الوجيه عبد الكريم بن عبد الله بن أحمد العنثري المؤيدي اليمني الصعدي الضحياني.

مولده بمدينة ضحيان سنة 1288 ثمان وثمانين ومائتين وألف، ونشأ في حجر والده المولى الكبير عبد الله بن أحمد العنثري، وقرأ عليه المقروءات والمسموعات العديدة، منها مجموع الإمام زيد الفقهي وأصول الأحكام إلى باب الحج، وشرح الفصول اللؤلؤية للسيد صلاح بن أحمد بن المهدي، وشفاء الأوام الجزء الثاني منه، وشرح التجريد وكتاب الاعتبار وسلوة العارفين للإمام الموفق بالله، وكتاب الذكر للمرادي وأمالي أبي طالب وتفريج الكروب للسيد إسحق بن يوسف وفي غيرها، وقرأ في المناهل الصافية قراءة بحث وتدقيق على السيد العلامة يحيى بن حسن الطيب، وعلى صنوه عبد الرحمن بن عبد الله العنثري وصنوه الثاني عبد الله بن عبد الله العنثري الثلاثة قرأ عليهم في المناهل، وسمع على المولى الحسين بن محمد الحوثي من ذلك الجزء الأول من شفاء الأوام وفي أكثر منهاج الوصول وغيرهما. ومن مشايخه أيضاً الإمام الحسن بن يحيى القاسمي، واستجاز منه ومن الإمام المهدي محمد بن القاسم الحسيني الحوثي إجازة عامة، وقد استوعب ذكر مشايخه ومستجازاته في كتابه الموسوم بـ(سلم الروايات في بيان المسموعات لي والمستجازات).

قلت: وهو مؤلف كتاب (عقد الجمان في تعداد علماء ضحيان وما تفرع منها إلى سائر البلدان) وقد استفدت منه في كتابي هذا كثيرا. ومن تصانيفه التي وقفت عليها بقلمه كتاب (المحصول في علم الأصول) مختصر غير مشروح. وله (مختصر العقد النفيس في كشف الإجتهاد عن التلبيس) و(النبذة المفردة) في الرد على الإشكالات الموردة وموالاة الآل والمودة، وله في الفروع كتاب اختياراته ولم يتمه، وله مختصر في النحو، وله من الرسائل (الجواب الفائق والسلسبيل الرائق)، و(التحفة المسداة والنصيحة المهداة) في الحث على طلب العلم، وله (الرسالة الهادية لذوي العقول من العوام)، و(الرسالة المنقذة من الضلالة) ومختصر في شيء من الطب النبوي وغيرها من الجوابات المفيدة

والأبحاث السديدة. وكان المترجم من العلماء المحققين وله تحري وإنصاف وعدم مبالاة بالجهال وأصحاب القلوب السقيمة، هكذا عرفه بعض العلماء، وقد ترجمه المولى عبد الله ابن الإمام الهادي في الجواهر المضيئة مختصر الطبقات فقال: سمع كتاب الله بقراءة قالون عن والده غيباً، وله عليه سماع وأجل مشايخه الإمام الهادي الحسن بن يحيى وغيره، وعنه بعض طلبة العصر. وكان عالماً محققاً مدققاً مجتهداً، بلغ الذروة وتناول الجوزاء، ورقى في الفصاحة والبلاغة، ورسخ في جميع أنواع العلوم، وله مؤلفات حسنة في الأصول والفروع، ورسائل وفوائد كثيرة اشتملت على مجلد، وكان من أعضاد الإمام الهادي وأنصاره، وكان بيني وبينه مواصلة ومذاكرة، وتوفي رحمه الله في محرم سنة 1329 تسع وعشرين وثلاثمائة وألف، ولم يبلغ الأربعين، وقبر بمشهد أبيه بضحيان انتهى.

قلت: ولصاحب الترجمة أدبيات وقصائد، وشعره مقبول، من ذلك جواب على قصيدة للإمام المتوكل على الله يحيى بن محمد حميد الدين، وقصيدة بعث بها إلى الإمام المنصور بالله محمد بن يحيى حميد الدين، وقصيدة في ذم الدنيا نحو 48 بيتاً، وجرت بينه وبين السيد العلامة المؤرخ محمد بن حيدر النعمي مراسلة شعرية، ولعلها تنقل إن شاء الله حين الإطلاع عليها في هذا الموضع.

62. الفقيه عبد الله بن إبراهيم سهيل

الفقيه العلامة فخر الإسلام عبد الله بن إبراهيم بن يحيى سهيل.

نشأ بصعدة وأخذ عن والده العلامة الكبير إبراهيم بن يحيى المتوفى سنة 1329 المتقدم ترجمته بحرف الهمزة وعن غيره، ومن تلامذته ابن أخيه العلامة إبراهيم بن محمد بن إبراهيم سهيل السابق ترجمته، وتوفي المترجم له رحمه الله بصعدة ورأيت قبره بمشهد أهله بالقرضين قال فيه ما لفظه:

هذا ضريح العالم العلامة فخر الدين والإسلام الشهيد عبد الله بن إبراهيم

ابن يحيى بن علي بن سهيل قتل رحمه الله تعالى رحمة الأبرار عشية الجمعة، وانطمس الكلام سنة 1365 انتهى بلفظه. قلت: ومقتله كان على جهة الخطأ في أحد الأعراس، وقد وقفت على وثيقة شرعية بخط المولى مجد الدين المؤيدي مؤرخة في ذات السنة التي توفي فيها، مضمونها الحكم بالتغريم على المطلقين النار وهو أربعة أشخاص ودفع الدية الشرعية.

63. الفقيه عبد الله بن أحمد المتميز

الفقيه العلامة عبد الله بن أحمد بن إسماعيل بن محمد المتميز الصعدي.

نشأ بصعدة وأخذ في الفقه والنحو والقراءات على صنوه شيخ أهل الإتقان إسماعيل بن أحمد المتميز المتوفى سنة 1330 ثلاثين وثلاثمائة وألف كما تقدم بترجمته في حرف الألف.

64. السيد عبد الله بن أحمد حوريه المؤيدي

السيد العلامة فخر الإسلام عبد الله بن أحمد بن علي بن الحسين بن الحسن بن يحيى بن علي بن أحمد بن يحيى بن الإمام إبراهيم بن محمد الملقب حوريه الحسني اليحيوي المؤيدي الفللي ثم الصعدي.

مولده بهجرة فلله شهر رمضان سنة 1309 تسع وثلاثمائة وألف، ونشأ بها في حجر والده المتقدم في حرف الألف، وقرأ عليه وعلى المولى محمد بن إبراهيم حوريه وعلى غيرهما من علماء هجرة فلله، وانتقل عنها في سنة 1330 إلى مدينة صعدة مع شيخه المولى محمد بن إبراهيم حوريه، وقرأ عليه في مسجد شيبان من مساجد صعدة وغيره، واستوطن قرية بير الطحم من قرى رحبان، وابتنى فيها داره المعروف إلى اليوم، وله إجازات من مشايخه، واستجاز من السيد العلامة عز الدين

ابن الحسن بن الحسين عدلان المؤيدي، فأجازه في مسموعاته وإجازاته الآتية في ترجمته وكان تحرير ذلك في سنة اثنتين وخمسين وثلاثمائة وألف. وأخذ عنه جملة من الأعلام، منهم صنوه إبراهيم بن أحمد حوريه، والسيد حسن بن إسماعيل حطبة، والقاضي عبد الرحمن بن حسين سهيل، وصنوه إسماعيل بن حسين سهيل، والحسين بن علي حابس، وسيدنا العلامة محمد بن الحسن المتميز وغيرهم الكثير.

وكان صاحب الترجمة من العلماء الأفاضل والسادة الأماثل المنقطعين إلى العبادة والذكر وحسن الطريقة، وتصدر للتدريس في الجامع المقدس جامع الإمام الهادي بصعدة مدة من السنوات. وصنف وجمع بعض المؤلفات والمختصرات، منها كتاب (نفائس اللآلي من بحور فوائد العقائد) جمعه من لآلي الفرائد للإمام المنصور بالله محمد بن عبد الله الوزير. وكتاب (الظفر بالمطلوب في أصول الفقه) فرغ من تأليفه سنة 1356هـ، وله كتاب في اختياراته في الفروع وصل فيه إلى باب الإعتكاف، وغيرها من الرسائل والجوابات.

وقد ترجم له القاضي العلامة محمد بن يحيى مرغم فقال:

السيد العلامة كامل أهل البيت علماً وورعاً وزهادة، ورأس درة تاجهم فضلاً وخمولاً وعبادة، كان معتكفاً من عنفوان شبابه على أخذ علوم آبائه، وملازماً لها في كل وقت بالدرس والتدريس، وهاجر لذلك المطلب إلى مدينة صعدة، وقرأ على شيخ المشايخ عين عيون علماء العترة المبرزين السيد محمد بن إبراهيم حوريه، وكان زميله في القراءة القاضي الحسن بن محمد سهيل، فبلغا أخذا عن شيخهما الغاية، وحازا من علومه أقصى النهاية، وصارا أعمدة المسلمين في الدراية والرواية، وكان هذا السيد بسيطاً في ملبوسه لا يلبس من الثياب إلا الخشن، ولا يأكل من الطعام إلا الجشب، وله مؤلف في أصول الفقه، ومؤلف في

الفروع مستوفى الأدلة منقح الإستخراج فيما اختاره، ونقل كتباً كثيره بخطه، ومات وهو يردد قبل موته: فإما إن كان من المقربين فروح وريحان وجنة نعيم، وشوهد النور على ضريحه ثاني ليلة دفنه، وكان آخر قوله من الدنيا: عليكم بالعلم العلم العلم ثلاث مرات يوصي بذلك ولده وإخوانه انتهى.

قلت: وله من الولد محمد وعلي والحسن وأحمد ومحمد الصغير، والعقب من ولديه الحسن وأحمد فقط. وكانت وفاته رحمه الله يوم الاثنين 15 صفر سنة 1361 إحدى وستين وثلاثمائة وألف، وقبره بالقرضين في مشهد أهله.

65. القاضي عبد الله بن أحمد مشحم

القاضي العلامة الفخري عبد الله بن أحمد بن علي بن يحيى بن علي بن صلاح ابن إبراهيم بن محمد بن قاسم بن يحيى بن صلاح بن محمد بن علي بن محمد بن يحيى مرغم الملقب مشحم اليمني الصعدي.

كان عالما جليفا للقرآن وعينا للأعيان ووليا لآل محمد، ولعله أخذ على والده المتقدم ترجمته في أثناء القسم الرابع من هذا المعجم، وقد روى عنه القاضي العلامة عبد الرحمن بن حسين سهيل بعض أحوال والده. ووفاة المترجم له في شهر رمضان 1343 ثلاث وأربعين وثلاثمائة وألف، وقبره بمشهدهم شامي باب نجران رحمه الله، وقفت عليه ونقلت عنه نسبه المتقدم صدر الترجمة وتاريخ وفاته. ولصاحب الترجمة ولد عالم هو أحمد بن عبد الله بن أحمد مشحم، وكان نساخاً للكتب بعضها فرغ من نساختها في بلاد الحرجة سنة 1331هـ أو السنة التي تليها فكأنه ارتحل مع الإمام الحسن بن يحيى القاسمي إذ الكتاب من مؤلفاته وهو التحفة العسجدية، وفرغ من نسخ كتاب التقريب لعبد الله بن الإمام سنة 1339هـ فلعله أخذ عنهما، والله أعلم.

66. الفقيه عبد الله بن أحمد سهيل

الفقيه العلامة عبد الله بن أحمد بن محسن سهيل الصعدي.

نشأ في حجر أبيه المتوفى بصعدة 1317 المتقدم ترجمته في القسم الرابع من هذا المعجم وقرأ عليه وعلى غيره من مشايخ صعدة ورحل إلى ضحيان لطلب العلم فأخذ هناك على القاضي شيخ الإسلام محمد بن عبد الله الغالبي، ومن مسموعاته عليه كتاب الذكر لمحمد بن منصور المرادي في سنة 1315هـ. ولم أضبط تاريخ وفاته إلا أن بعض الإخوان ذكر أن فراغه من نساخة شفاء الأوام للأمير الحسين بخطه الجيد كان شهر ربيع الأول سنة 1321 ثم إني رأيت ذكر صاحب الترجمة في سيرة الإمام الهادي القاسمي التي كتبها ولده المولى عبد الله ابن الإمام، إذ ذكره في جماعة العلماء الذين تابعوا والده الإمام الحسن بن يحيى القاسمي، فتكون وفاته بعد 1325 مما يقطع به رحمه الله.

67. الحاج عبد الله بن بختان الحباجري

الحاج الفاضل عبد الله بن بختان بن كزمان الحباجري بالحاء المهملة المكسورة ثم الموحدة التحتية وبعد الألف جيم مكسورة ثم راء ياء النسبة إلى آل حباجر من فروع قبيلة ولد مسعود من سحار. كان عارفاً فاضلاً محباً لأهل البيت ملازماً لأكابرهم وله ملازمة وقراءة على المولى عبد الله بن أحمد حوريه المؤيدي، قرأ عليه بجامع بئر الطحم في عدة من الكتب، منها عدة الأكياس شرح الأساس للشرفي، وقرأ عليه أيضاً في إلهام الأكياس إلى إلجام الرأس في التصوف وعلم المعاملة لمؤلفه القاضي المجاهد الفاضل يوسف بن علي الحماطي، وهو كتاب نافع في بابه، اطلعت للسيد المولى محمد بن إبراهيم حوريه المتوفى سنة 1381 على أبيات يمدح الكتاب المذكور جاء منها:

مــن رام علــما وتبيانــا وإفهامــا   كــذا نجــاة وإفراجــا وإنعامــا
في جنــة الخلــد لا تفنــى بهــا نعــماً   ولا تــرى حرجــاً فيهــا وأســقاما
فليرســل الطــرف في الإلهــام مغتنــما   مســائلا ضــمها نقــلا وإلهامــا

ورأيت بخط بعض السادة بني المؤيد أن صاحب الترجمة ممن سكن بلاد صحوة بالجنوب من مدينة صعدة على مقربة من جبل براش، ووفاته رحمه الله بعد سنة 1344 أربع وأربعين وثلاثمائة وألف.

68. السيد عبد الله بن الحسين الشهاري

السيد العلامة فخر الإسلام عبد الله بن الحسين بن عبد الله بن يحيى بن أحمد الشهاري الحسني اليوسفي، وبقية النسب تقدمت في ترجمة والده في القسم الرابع من هذا المعجم.

مولده تقريبا في سنة 1285 خمس وثمانين ومائتين وألف، وأخذ في العلوم عن والده المولى العلامة الحسين بن عبد الله الشهاري، وعن القاضي العلامة خاتمة المحققين إبراهيم بن عبد الله الغالبي وعن غيرهما، وقد عده المولى مجد الدين المؤيدي من جملة العلماء الأعلام الذين ارتحلوا في عشر المائة الثلاثة مهاجرين إلى جبل برط إلى مقام الإمام المهدي لدين الله محمد بن القاسم الحوثي الحسيني للأخذ عنه، قال في التحف الفاطمية: ولقد سمعت الوالد العلامة الولي عبد الله بن الحسين الشهاري يقول: إن الإمام المهدي محمد بن القاسم عليه السلام كان لا يوجد له شبيه، وأنه يشبه بالملائكة، ولقد شاهده مراراً يكتب بالمرة الواحدة طول السطر وهو يحدث الناس، وأنه كان لا يستطيع أحد من الناس أن يكلمه حتى يفتتح الكلام هيبة من الله تعالى، وقد سمعت ذلك من غيره من الأعلام رضي الله عنهم انتهى.

قلت: وكان صاحب الترجمة من أفاضل العلماء العاملين وكان يسكن مدينة صعدة بحارة التوت، ومن أكابر الآخذين عنه ولده السيد العلامة علي بن عبد الله الشهاري، والقاضي العلامة شرف الأعلام الحسن بن محمد سهيل وأجازه إجازة عامة، ولولا تهاون الخلف لكانت ترجمته حافلة، فكم تطلبت ذلك بدون فائدة فالله المستعان، ووفاته بصعدة عام 1362 اثنتين وستين وثلاثمائة وألف، وقبره بالقرضين رحمه الله وإيانا والمؤمنين.

69. السيد عبد الله بن درهم

السيد العلامة عبد الله بن درهم. قال العلامة محمد بن يحيى مرغم في تعداد من أخذ عن المولى نجم آل الرسول القاسم بن عبد الله الهاشمي ما لفظه:

وكان من فحول طلبته ومنتقدي رجال حلقته سيدي العلامة حاكم المسلمين فيصل شريعة سيد المرسلين فخر الدين عبد الله بن درهم انتهى. ووجدت في بعض المجاميع على ما لفظه: توفي سيدنا العلامة بقية أهل الفضل والإستقامة عماد الإسلام يحيى بن إبراهيم المتميز ضحوة يوم الثلاثاء تاسع عشر شهر شوال سنة إحدى وخمسين وثلاثمائة وألف، وتوفي في ثالث شهر رمضان من تلك السنة السيد فخر الدين عبد الله بن درهم بن شمس الدين انتهى بلفظه.

70. الفقيه عبد الله بن سالم البجوة

الفقيه العلامة عبد الله بن سالم البجوة بفتح الموحدة التحتية والجيم ساكنة اليمني الصعدي الأصل والوفاة.

أحد علماء وقته بمدينة صعدة وهو من مشايخ السيد العلامة عز الدين بن الحسن بن الحسين عدلان المؤيدي المتوفى سنة 1361 إحدى وستين وثلاثمائة

وألف كما سيأتي في ترجمته، قرأ عليه في متن الفائض ونبذة من شرحه، وقال في وصفه: الفقيه العلامة المحقق في علم الفرائض انتهى.

71. السيد عبد الله بن عبد الله العنثري

السيد العلامة فخر الإعلام الزاهد الولي التقي عبد الله بن عبد الله بن أحمد مشكاع الضحياني المؤيدي الملقب العنثري وبقية النسب تقدمت قريباً. مولده بضحيان نحو سنة 1285 خمس وثمانين ومائتين وألف تقريبا.

ونشأ في حجر والده وقرأ عليه في عدة من المقروءات والمسموعات، من ذلك القراءة عليه في المناهل الصافية، وسماع شفاء الأوام والأمالي الخميسية للمرشد بالله وغيرهما، وأخذ عن القاضي محمد بن عبد الله الغالبي، والإمام الحسن بن يحيى القاسمي، وله من مشايخه الثلاثة إجازات عامة، واستجاز من الإمام المهدي محمد بن القاسم الحسيني الحوثي، فأجازه مع جماعة العلماء المجازين إجازة عامة في سنة 1318.

وأخذ عنه الجم الغفير من أهل وقته، منهم السيد علي بن محمد العجري، وابن أخيه السيد المؤيد بن عبد الكريم العنثري والسيد عبد العظيم بن الإمام الحسن بن يحيى القاسمي، والسيد يحيى بن صلاح ستين وغيرهم الكثير. وقد مر بك ما وصفه به تلميذه السيد محمد بن حيدر النعمي وقوله هناك في تعداد مشايخه بضحيان: ومنهم السيد العلامة الفهامة فخر الآل المولى الحجة الباهرة المتقشف المتشوق إلى الآخرة.

وقد ترجمه صنوه المولى عبد الكريم العنثري في عقد الجمان فقال:

فريد العصر آية الزمان السالك منوال والده في الزهد والفضل والعبادة، اكتسب الآداب الحسنة، وأحرز العلوم، وقمر سهمه فيها على كل السهوم، في

علم الآلة والفقه والأصول وعلم الكلام والحديث، بل وغرائب العلوم من الطب وما يتعلق به من الحساب، وهو معدود من مشايخي. وفي غير عقد الجمان: إنه كان بحراً في العلم والفهم والدراية، وفي القراءات السبع وفي كل فن من العلوم، وله عكوف على العبادة والتدريس والمطالعة حسن التذكير عفيفاً سخياً محبوباً عند الخاص والعام، وله رسائل وأجوبة منطوية على كل مشكل، ووفاته بضحيان يوم الأحد 15 شهر محرم سنة 1354 أربع وخمسين وثلاثمائة وألف، وقبره بالمقبرة الغربية. قلت: وفي التحف الفاطمية للمولى مجد الدين المؤيدي أن وفاته سنة 1356 ست وخمسين وثلاثمائة وألف رحمه الله تعالى.

72. السيد عبد الله بن عبد الله عوض الصعدي

السيد العلامة فخر الإسلام عبد الله بن عبد الله بن يحيى بن عبد الله الملقب عوض بن يحيى بن صلاح الملقب الصعدي بن أحمد بن صلاح بن يحيى بن أحمد ابن الهادي بن صلاح بن الحسن بن الإمام علي بن المؤيد بن جبريل الحسني المؤيدي الضحياني. قال من ترجم له رحمه الله:

كان صاحب الترجمة عالماً وقوراً صدوقاً، أخذ عن علماء وقته، وتولى القضاء في بلاد خولان مدة، ثم عاملاً على بلاد جماعة فحمدت سيرته، وكان محبوباً عند الخاص والعام، كهفاً للضعفاء والمساكين ناصحاً مع كل المسلمين، وكل ضعيف لا يستطيع الوصول إلى إظهار مظلمته إلى أهل الولايات، مساعداً لهم في ذلك، نافراً عن الترفه والتوسع في الدعة، توفي شهر القعدة سنة 1365 خمس وستين وثلاثمائة وألف، ودفن بمدينة ضحيان رحمه الله تعالى، وستأتي في القسم السادس من هذا المعجم ترجمة ولده السيد العلامة الفذ وزير الأوقاف يحيى بن عبد الله بن عبد الله الملقب شريم الضحياني المتوفى شهر رجب سنة 1400 عن ست وستين سنة.

(ووالد صاحب الترجمة) هو أحد علماء ضحيان، ولعل وفاته في عشر العشرين وثلاثمائة وألف، وقد ذكره في عقد الجمان من جملة الآخذين في العلوم على المولى عالم العترة عبد الله بن أحمد العنثري وعلى غيره قال: توفي بضحيان، وله من الأولاد: عبد الله ومحمد وعز الدين.

73ـ السيد عبد الله بن علي الحجازي

السيد العلامة عبد الله بن علي بن إسماعيل بن صالح بن إسماعيل الحجازي وبقية النسب ستأتي قريبا في حرف العين أثناء ترجمة السيد العلامة علي بن الحسن الحجازي الحسني الصعدي.

ترجم لصاحب الترجمة السيد الحسين بن القاسم فقال ما لفظه:

كان عالماً محققا مبرزا عفيفاً زاهداً ورعاً، له قراءة على المشايخ بصعدة ورحبان، وكانت وفاته فيه رحمه الله، ودفن في مشهد آل الهاشمي انتهى بلفظه. **قلت**: وقد وقفت على قبره بمقبرة القرضين بالغرب من المشهد المذكور، وعليه لوح كتب عليه: هذا ضريح السيد العلامة الشاب التقي عبد الله بن علي بن أحسن الحجازي توفاه الله 13 القعدة سنة 1358 ثمان وخمسين وثلاثمائة وألف انتهى بلفظه.

74ـ القاضي عبد الله بن علي الحذيفي

القاضي العلامة عبد الله بن علي الحذيفي نسبة إلى بني حذيفة بلدة من نواحي بلاد جماعة على مقربة من ضحيان هاجر منها صاحب الترجمة في أول شبابه إلى مدينة صعدة، وقرأ على علمائها ثم انتقل إلى هجرة ضحيان، فقرأ بها على المولى عبد الله بن أحمد العنثري، وعلى الإمام الهادي الحسن بن يحيى القاسمي رحل إليه إلى هجرة المزار أيام بقائه بها قبل الدعوة وكان من أعوانه عند القيام.

وقد ذكره صاحب عقد الجمان وأثنى عليه، وفي ترجمته يقول السيد الحسين بن

القاسم: كان فقيهاً عالماً ألمعياً في كل فن إلا النحو والصرف، فقيل أنه لم يتوغل فيهما، وكان شجاعاً داهية تولى القضاء مدة طائلة وعجز وعكف بصره، فسكن في منزلة بمسجد ضحيان، وفي آخر عمره رجع إلى بلده الجعملة بكسر الجيم المعجمة وسكون العين المهملة إلا أنه كان في شهر رمضان يفضل البقاء والرجوع إلى منزلته بضحيان لمدارسة القرآن غيباً، وكان قد جمع كتباً نافعة، ولما عرف من أولاده عدم الالتفات إلى العلم والقراءة أوقفها بنظر المولى الحسن بن الحسين الحوثي، ووفاته بالجعملة ودفن بضحيان انتهى. ولم يؤرخ وفاته وهي تقريباً في عشر الثلاثين أو الأربعين وثلاثمائة وألف رحمه الله تعالى.

75. الشيخ عبد الله بن علي مناع

الشيخ المقام الفخري عبد الله بن علي مناع الطلحي السحاري.

وهو أحد كبار رجال قبيلة سحار الخولانية الصعدية، وأحد مشايخها النابهين، وكان من أهل المعرفة والحنكة والدهاء والسياسة، وله أخبار متداولة وشهرة في أيامه، واستعان به الإمام المتوكل على الله يحيى بن محمد حميد الدين في أثناء مفاوضته مع الجانب السعودي، فكان من أعضاء الوفد اليماني المرسل إلى مكة في سنة 1346 ست وأربعين وثلاثمائة وألف، وقوام هذا الوفد مكون من: السيد العلامة قاسم بن حسين بن الإمام والسيد المؤرخ محمد بن محمد زبارة، ومن صاحب الترجمة، ومثل الحكومة المتوكلية أيضا فيما جرى من مباحثات بين الطرفين السعودي واليماني في شهر جمادى الآخرة سنة 1350هـ والتي آلت هذه المباحثات وغيرها بعد حروب وقعت بين الطرفين إلى عقد اتفاقية الطائف المشهورة بينهما في اليوم السادس من شهر صفر سنة 1353هـ، والتي تنص إحدى موادها على ترسيم الحدود الشمالية أطراف صعدة بين الجانبين، ففي المادة

الرابعة من الاتفاقية جاء ما نصه:

المادة 4 خط الحدود الذي يفصل بين بلاد كل من الفريقين الساميين المتعاقدين موضح بالتفصيل الكافي فيما يلي، ويعتبر هذا الخط فاصلا قطعيا بين البلاد التي تخضع لكل منهما: يبدأ خط الحدود بين المملكتين اعتبارا من النقطة الفاصلة بين ميدي والموسم على ساحل البحر الأحمر إلى جبال تهامة في الجهة الشرقية، ثم يرجع شمالا إلى أن ينتهي إلى الحدود الغربية الشمالية التي بين بني جماعة ومن يقابلهم من جهة الغرب والشمال، ثم ينحرف إلى جهة الشرق إلى أن ينتهي إلى ما بين حدود نقعة ووعار التابعتين لقبيلة وائلة وبين حدود يام، ثم ينحرف إلى أن يبلغ مضيق مروان وعقبة رفادة، ثم ينحرف إلى جهة الشرق حتى ينتهي من جهة الشرق إلى أطراف الحدود بين من عدا يام من همدان بن زيد وائلي وغيره وبين يام، فكل ما بعد عن يمين الخط المذكور الصاعد من النقطة المذكورة على ساحل البحر إلى منتهى الحدود في جميع جهات الجبال المذكورة فهو من المملكة اليمانية، وكل ما هو عن يسار الخط المذكور فهو من المملكة العربية السعودية. فما هو من جهة اليمن المذكور فهو ميدي وحرض وبعض قبيلة الحارث والميد وجبال الظاهر وشدا والضيعة وبعض العبادل وجميع بلاد وجبال رازح ومنبه مع عرو آل مشيخ وجميع البلاد وجبال بني جماعة وسحار الشام بباد وما يليها ومحل مريصعة من سحار الشام وعموم سحار ونقعة ووعار وعموم وائلة وكذا الفرع مع عقبة نهوقة إلى آخر ما جاء في تلك الاتفاقية، وهي منشورة برمتها في كتاب العلامة الواسعي وفي غيره من الكتب.

***

قلت: والظاهر أن المترجم له تأخرت وفاته إلى أيام الإمام أحمد بن يحيى حميد الدين، فقد ذكر لي أحد المطلعين أنه كان موجودا بصعدة في أثناء حركة وانقلاب

الثلايا في تعز عام 1374 أربع وسبعين وثلاثمائة وألف، وأنه له في تلك الأحداث يد خفية والله أعلم.

76. الفقيه عبد الله بن محمد ديمان

الفقيه العلامة الفاضل عبد الله بن محمد ديمان.

وهو من الفقهاء آل عقبة أهل ساقين وقد سبق التعريف بأهل هذا البيت في ترجمة سابقة في القسم الأول من هذا الكتاب. وصاحب الترجمة كان من أفاضل وقته ونبلاء أيامه، وأهل بيته أهل ورع وزهد ولم أقف من أخباره على ما يشفي إلا أنه هاجر إلى الإمام الحسن بن يحيى القاسمي أيام بقائه بهجرة المزار، وقرأ عليه في النحو وأصول الفقه، ورجع إلى بلده شهر رمضان سنة 1321 وحصلت له حادثة مع متولي ساقين في تلك الأيام، وتوقف في السجن أياماً ثم أطلق. وهو من مشايخ السيد العلامة علي بن قاسم شرويد في شرح الفرائض للعصيفري، ولم أضبط تاريخ وفاته رحمه الله.

77. السيد عبد الله بن يحيى العجري

السيد العلامة الولي فخر الإسلام عبد الله بن يحيى بن أحمد بن الحسين بن محمد العجري الحسني المؤيدي الضحياني ثم الخولاني، وبقية النسب تقدمت في ترجمة صنوه بحرف الهمزة.

نشأ بحجر والده السيد العلامة يحيى بن أحمد العجري المتوفى بضحيان سنة 1313 وطلب العلوم بمدينة ضحيان، فنال السهم الأوفى والنصيب الأوفر من العلم والفهم والتحقيق. ومشايخه بها والده أخذ عنه في شرح الأزهار وفي غيره، وأخذ عن شيخ العترة المولى عبد الله بن أحمد العنثري في كتب عديدة، منها

تفريج الكروب وأكثر الاعتصام وتتمته، وأكثر شرح التجريد، ونهج الرشاد للإمام علي بن الحسين الشامي، وموازرة الإخوان والاعتبار وسلوة العارفين وغيرها، وأخذ عن صنوه السيد العلامة أحمد بن يحيى العجري مجموع الإمام زيد بن علي، وشطرا من شرح الأزهار من أول كتاب الشفعة إلى آخره وشطرا من جوهرة الفرائض، وشطرا من شرح الخمسمائة للنجري وشطرا من حديقة الحكمة، وسبيل الرشاد في أصول الدين لمحمد بن الحسن بن القاسم وشرح الثلاثين المسألة، وبلغة المقتات في علم النجوم ومتن الأزهار أو أكثره وأجازه إجازه عامة بتاريخ جماد أول سنة 1316هـ، وأخذ عن صنوه السيد العلامة الجهبذ فخر أهل العصر علي بن يحيى العجري في أكثر أصول الأحكام وفي النحو والتفسير والفقه، وحرر له إجازة عامة سلخ ربيع الآخر 1316 وأخذ عن السيد الإمام الحسين بن محمد أمير الدين الحوثي مجموع السيد حميدان وحقائق المعرفة وشرح الأساس الصغير وكنز الرشاد والأربعين السيلقية والمنهاج شرح المعيار، ومن أول الأزهار إلى كتاب البيع، وفي كتب الحديث أمالي أبي طالب وأمالي أحمد بن عيسى وأمالي المرشد بالله وأنوار اليقين والحدائق الوردية وتنبيه الغافلين للجشمي وبعض أحكام الهادي وشفاء الأوام إلى أثناء البيع، وشطرا من الخبيصي وشطرا من ينابيع النصيحة وغيرها، وطالت مجالسته له كثيرا، وحرر له إجازة عامة في جميع العلوم بتاريخ محرم سنة 1320هـ. وأخذ عن الإمام الهادي الحسن بن يحيى القاسمي في المناهل الصافية شرح الشافية في الصرف، والشرح الصغير على التلخيص في المعاني والبيان، وفي كتاب الأساس وإرشاد الإمام القاسم بن محمد في أن الحق واحد، وأجازه بتاريخ جماد أول سنة 1316 إجازة عامة، وأخذ عن السيد العلامة المحقق يحيى بن الحسن طيب في النحو شرح القطر والفاكهي وحاشية السيد وقواعد الإعراب وغيرها

وشـرحي الكافل لابن لقمان وابن حابس وشـرح غاية السؤل في أصول الفقـه والمطلع شـرح ايساغوجي في المنطق، وأجازه ربيـع آخـر سـنة 1316 إجـازة عامة، وأخذ عن القاضي شيخ الإسلام محمـد بـن عبـد الله الغـالبي في شـــرح الأزهار وجلاء الأبصار للحاكم الجشمي وشيئا من البحر الزخـار وشـيئا مـن شمس الأخبار ومحاسن الأزهار للفقيـه حميـد المحـلي وإرشـاد العنسي- وبلغـة المقتات في معرفة الأوقات وفي السير وغيرها من سائر العلوم، وحرر له إجـازة عامة بتاريخ ربيع آخر سنة 1316هـ، وأخذ عن صنوه القاضي العلامة المحـب إبراهيم بن عبد الله الغالبي في الفرائض، وعلى يده حصل الفائدة فيها وفي كتب النحو وأجازه أيضا شهر القعدة سنة 1326 إجازة عامة.

وسأل المترجم له وآخرون معه من الإمام المهـدي محمـد بـن القاسـم الحـوثي الإجازه لهم في جميع مسموعاته ومقروءاته ومستجازاته، فأجازه هو والسيد عبد الله ابن عبد الله العنثري، وصنوه السيد عبد الرحمن بـن عبـد الله العنثـري، وصـنوهما السيد عبد الكريم بن عبد الله العنثري، والسيد محمد بن إبـراهيم حوريـه المؤيـدي أجاز الخمسة المذكورين إجازة عامة فيما ذكر وذلك بتاريخ 12 شـهر ربيـع الآخـر سنة 1318هـ. وأخذ عنه عدة من أهل وقته منهم ابن أخيه المولى علامـة العصــر الأخير علي بن محمد بن يحيى العجري، واستجاز منه عدة من الأعلام منهم السـيد محسن بن إسحاق، والسيد محمد بن حيدر النعمي سنة 1328هـ، والسيد حمود بـن محمد وغيرهم. وفي إحدى إجازاته التي وقفت عليه بخطه قال ما لفظه:

فقد أجزت إخواني العلماء العاملين أن يرووا عني جميع مسموعاتي ومجازاتي عن مشايخي حسب ما معي من الإجـازات، فـأجزت لهـم في الروايـة بجميـع طرقها وهي إجازة عامة لكل عالم عامل، بشـــرط تقـوى الله، وتـوخي النسـخ الصحيحة بتاريخ شهر محرم 1330هـ.

وبالجملة فصاحب الترجمة من العلماء الصدور، وممن لا تفي الكلمات في التعريف بحاله وخصاله، وقد تكرر ذكره في لوامع الأنوار في أسانيد الكتب ونعت مؤلفها المولى مجد الدين المؤيدي له بالسيد العلامة فخر آل الرسول الكرام، وعلم العترة الأعلام، الأفضل الولي، وأفاد أنه يروي عنه بالطريق المتصلة جميع مروياته وطرقه، وكلما تصح روايته عنه، قال: وهو يروي عن مشائخه السبعة النجوم الأعلام جميع طرقاتهم ومروياتهم وكلما تصح روايته عنهم بالسماع منه عليهم والإجازات منهم له، وهم: السيد الإمام العالم الرباني الحسين بن محمد الحوثي، والإمام الهادي لدين الله الحسن بن يحيى بن علي المؤيدي القاسمي، والعلامة شيخ العترة الولي أحمد بن يحيى بن أحمد المؤيدي العجري، وأخوه العلامة المجتهد الفهامة المنتقد جمال آل محمد علي بن يحيى بن أحمد العجري، والسيد العلامة الجهبذ الولي عماد آل محمد يحيى بن حسن طيب الحسني، والقاضي العلامة عالم الشيعة وحافظ الشريعة محب آل النبي محمد بن عبد الله بن علي الغالبي، وأخوه العلامة المحقق البحر المتدفق صارم الدين إبراهيم بن عبد الله بن علي الغالبي رضي الله عنهم وأكرم لديه نزلهم. قال المولى مجد الدين رضوان الله عليه: وهؤلاء النجوم الأعلام وهو أيضاً معهم يروون عن والدنا الإمام المجدد للدين أمير المؤمنين المهدي لدين الله رب العالمين محمد بن القاسم الحسيني جميع مروياته وطرقاته ومؤلفاته وكلما تصح روايته عنه انتهى بلفظه.

وذكره أيضا في التحف شرح الزلف فقال:

وانتقل من ضحيان إلى مشهد الإمام أحمد بن سليمان عليه السلام السيد الإمام فخر آل الرسول الكرام وبدر هالة العترة الأعلام العلامة الولي عبد الله بن يحيى المؤيدي العجري المتوفى يوم الاثنين خامس عشر صفر سنة 1340 أربعين

وثلاثمائة وألف رضي الله عنه، واستقر هو وذريته الكرام في المشهد المقدس انتهى.

قلت: وللسيد العماد يحيى بن علي الذري على لسان الإمام المتوكل على الله يحيى بن محمد حميد الدين ترثية في صاحب الترجمة، ومما جاء من أبياتها قوله:

وفيما قد دهى وأسى وأضنى ملم ليس يحمله شمام
وفاة أخي التقى فخر المعالي ومن هو للهدى البدر التمام
سليل الأطيبين بني علي هداة الخلق إن قعدوا وقاموا
ألا بل الإله ثرىً حواه مدى الأيام ما همل الغمام

(ومن أولاد المترجم له)

وهم سبعة أبناء منهم السيد العلامة شريف بن عبد الله بن يحيى العجري المؤيدي أخذ عن والده المذكور، وعن السيد العلامة علي بن محمد العجري قرأ عليه في شرح الأساس، وأول تسميته إدريس وغلب عليه اسم شريف ووفاته كما أفاد السيد الحسين بن القاسم بضحيان في سنة 1359 تسع وخمسين وثلاثمائة وألف رحمه الله، وباقي إخوته هم كالتالي: محمد وإسماعيل ويحيى وعبد الرحمن وعبد الرحيم وصلاح.

78. الفقيه عبد الله بن يحيى سهيل

الفقيه العلامة عبد الله بن يحيى سهيل الصعدي اليمني.

أخذ بصعدة عن أخيه القاضي العلامة الكبير إبراهيم بن يحيى سهيل، وأخذ عن غيره، ومن مقروءاته عليه أمالي أبي طالب الهاروني سمعه عليه سنة 1315هـ، وتوفي رحمه الله ثالث وعشرين شهر محرم سنة نيف وعشرين وثلاثمائة وألف وقبره بمشهد أهله بالقرضين.

79. السيد عز الدين بن الحسن عدلان

السيد العلامة المحقق عز الدين بن الحسن بن الحسين عدلان المؤيدي الحسني الفللي وبقية النسب تقدمت في ترجمة والده في حرف الحاء المهملة.

مولده ليلة الخميس 29 جمادى الآخرة سنة 1309 تسع وثلاثمائة وألف، ونشأ بهجرة فلله في حجر والده، وقرأ عليه في النحو الخبيصي وحاشية السيد وقواعد الإعراب وأكثر المغني، والشرح الصغير في علم المعاني والبيان، وفي أصول الفقه قرأ عليه شرحي الكافل لابن لقمان وابن حابس، وأكثر مقدمة الغاية، والمنح المكية لابن حجر ونبذة من الكشاف، وأخذ عن الإمام الهادي الحسن بن يحيى القاسمي، وقرأ عليه مصنفه المسمى المسائل النافعة والأختيارات المتأخرة في أصول الفقه، وفي أوائل البحر الزخار، وبعض أمالي أحمد بن عيسى، وله منه إجازة عامة، وأخذ عن السيد العلامة المحقق عبد الله ابن عبد الله العنثري في أكثر شرح الأساس، وبعضه على صنوه عبد الرحمن بن عبد الله العنثري، وقرأ على السيد العلامة علي بن قاسم شرويد تفسير الكشاف ما خلا شيئا يسيرا في أواخر سورة البقرة وآل عمران، وكتاب الثمرات، وشفاء الأوام، وبعض شرح الغاية وبعض الخبيصي وبعض أمالي أحمد بن عيسى وإرشاد العنسي، وشرح التكملة لابن حابس، ومجموع الإمام زيد بن علي وبلغة المقتات وغيرها. ومن مشايخه أيضا السيد العلامة عبد الله بن يحيى العجري، والسيد محمد بن إبراهيم حوريه المؤيدي، قرأ عليهما في مغني اللبيب، والقاضي شيخ الإسلام محمد بن عبد الله الغالبي، وعمه السيد يحيى بن حسين عدلان قرأ عليه في الأزهار وأكثر البيان لابن مظفر، والسيد علي بن محسن أبو علامة، والفقيه عبد الله بن سالم البجوة قرأ عليه في الفرائض وغيرهم. وعنه عدة من طلبة العلم، منهم ولداه حسن بن عز الدين ومحمد بن عز الدين وغيرهما. وقد

ترجمه ولده سيدي العلامة سراج الدين بن عز الدين عدلان فقال بعد أن ذكر مسموعاته المتقدم ذكرها آنفاً:

كان من العلماء الكبار والعباد الأخيار، وهو بحر عجاج متلاطم الأمواج، وله حدة خارقة وقريحة وقادة، ومهارة في الجدل والحجاج، ومقدرة على التأليف وحسن صياغة في التصنيف، درس على يد عدة من العلماء المبرزين في وقته، حتى برز في كل أنواع العلوم، وحقق المنطوق منها والمفهوم، منهم الإمام الهادي الحسن بن يحيى القاسمي وله منه إجازة عامة، ومنهم والده العلامة المجاهد الكبير الحسن بن الحسين عدلان، والوالد العلامة علي بن قاسم شرويد وغيرهم، وله مؤلفات عديدة ومسائل ورسائل مفيدة، وأبحاث وتحقيقات سديدة. ومن مؤلفاته: شرح على الغاية في أصول الفقه بلغ فيه إلى أثنائه، وأكمل منه مجلدا ضخما، وله مؤلف حافل في علم الفروع تتبع فيه هفوات المقبلي والشوكاني والأمير، وكشف فيه زلقاتهم قال: وله مؤلف وجيز في أصول الفقه يشتمل على مسائل أصول الفقه مختارة لديه والمرجحة عنده، ومن جملة ما رجحه فيها عدم العمل بالقراءة الشاذة، ولم يعتبرها قرآنا ولا نزلها منزلة أخبار الآحاد في وجوب العمل بها، وله مؤلف في التاريخ، ويد طولى في الأنساب، وقد ألحق بمشجر أبي علامة من وجد من الهاشميين بعد موت المؤلف إلى عصره، وله تعليقات على سؤالات الإمام عز الدين قال: وله اعترضات قيمة على الشوكاني في كتابه الدرر البهية. وبالجملة فقد شهد له علماء وقته ببلوغ رتبه الاجتهاد، وعلو المنزلة والورع التام والزهد العظيم، وتولى القضاء الشرعي بقلعة غمار من بلاد رازح للإمام المتوكل على الله يحيى بن محمد حميد الدين نحو عامين، ثم استقال عنه، وتوجه إلى صنعاء للمراجعة في إقامة مدرسة علمية بهجرة فلله بعد أن أنفق جملة أمواله إلى مقابل ما رزق على القضاء، لأنه ندم جدا على دخوله في القضاء، ولما وصل صنعاء

أمره الإمام المتوكل بتدريس أولاده سيوف الإسلام.

وكان من جملة من تخرج على يديه منهم سيف الإسلام الحسين بن الإمام المتوكل، وقد لبث بصنعاء نحو عام وهو يدرس جملة من الطلبة، ويفيض عليهم من بحر علومه الزاخرة، ولم يسمح له بالعودة إلى وطنه حتى توفاه الله سبحانه غريبا عن وطنه شهيدا بعلة إسهال البطن ثامن شهر محرم سنة 1361 إحدى وستين وثلاثمائة وألف انتهى كلامه.

80. السيد علي بن أحمد اللبلوب

السيد العلامة جمال الإسلام علي بن أحمد بن حسين بن محمد بن أحمد بن محمد ابن أحمد بن عبد الله بن أحمد بن زيد بن محمد بن أبي القاسم بن الإمام علي بن المؤيد الحسني المؤيدي الملقب اللبلوب بضم اللامين وسكون الباء الموحدة من أسفل لقب لجده الخامس المتقدم في نسبه.

ترجمه المولى عبد الله بن الإمام في الجواهر المضيئة فقال:

قرأ على مشائخ عظام أجلهم الإمام الهادي الحسن بن يحيى القاسمي، والسيد العلامة حسين بن محمد أمير الدين الحوثي، والقاضي العلامة محمد بن عبد الله الغالبي. وعنه كاتب الترجمة أخذ عنه تيسر المطالب من فاتحته إلى خاتمته، والمجموع الفقهي للإمام زيد بن علي، وصحيفة علي بن موسى الرضا، وفي أصول الأحكام إلى آخر النكاح، وحصة في شرح الأزهار وأجازني إجازةً عامة، وكان سيداً عالماً نبيلاً من بله الجنة، ذا أخلاق حسنة، وكدح في طلب المعالي، وكان من أتباع الإمام الهادي وأنصاره، ولما تغلب عامل المتوكل على بلاد خولان صعدة أمره بالقضاء والإستتابة على الأوقاف، فكان كذلك إلى شهر رمضان سنة إحدى وأربعين وثلاثمائة وألف، وتوفي بوادي ساقين رحمه الله، وقد

كان جمع خزانة نافعة في جميع الفنون، ولا عقب له انتهى. **قلت**: وإلى صاحب الترجمة أشار المولى أحمد بن الإمام الهادي القاسمي في قصيدته التي نظمها بعد نفوذ والده الإمام الحسن إلى الحرجة بعد حصار حصن أم ليلى وكان المترجم له قد بعث إلى الإمام يخبره بأنه المقصود وعليه الحذر والبيت المشار إليه قوله:

ولولاك لم ينج الإمام وأهله وقد اسلمته صحبة وقبيل

ووقفت بخط سيدي العلامة محمد بن محمد بن إسماعيل الملقب المنصور وقد ذكر وفاة المترجم له فقال: توفي سيدي العلامة حاكم ساقين علي بن أحمد اللبلوب من آل يحيى بن يحيى 25 رمضان سنة 42 انتهى. قلت: فيحقق صحة أي التاريخين.

81. العلامة علي بن جبران مزروع

العلامة الفاضل علي بن جبران بن مزورع السحاري الطلحي. رأيت ترجمته بقلم بعض العلماء، ووصفه بأنه شيعي آل محمد، وأن له قراءة بضحيان، ومن تلامذته قادر بن أحمد بن قادر عريج الطلحي، قرأ عليه الجزء الأول من شفاء الأوام في سنة 1305 خمس وثلاثمائة وألف رحمهم الله تعالى وإيانا والمؤمنين.

82. السيد علي بن الحسن بن علي الحمران

قد تقدمت ترجمة بحرف الحاء المهملة في هذا القسم عند ذكر ولده السيد العلامة الحسن بن علي الحمران.

83. السيد علي بن الحسن الحجازي

السيد العلامة الفاضل علي بن الحسن بن علي بن إسماعيل بن صالح بن إسماعيل بن أحمد بن موسى بن أحمد بن حسن بن جابر بن داود بن صالح بن

أحمد بن يوسف بن يحيى بن عبد اللطيف بن سليمان بن حسن بن يوسف بن يحيى بن القاسم بن يحيى بن علي بن حسن بن عبد الله بن إسماعيل بن عبد الله بن عيسى المكنى بالعباس بن عبد الله بن محمد بن القاسم الرسي. هكذا نقلت نسبه الحسني اليمني الصعدي الملقب الحجازي كسلفه.

هو السيد العلامة الفاضل علي بن حسن الحجازي، كان عالماً جليلاً، لم أجد له ترجمة مفصلة إلا أنه استطرده في بغية الأماني والأمل في أثناء ترجمة ولده الحسن فقال: ووالده السيد العلامة الفاضل، هو أحد العلماء الأجلاء، وهو الآن عين الوجود، وقد كان من المعتمدين في القضاء، ومع كبر سنه الآن قد ترك ذلك، وجده من قبل أمه المولى أحمد بن إبراهيم الهاشمي فقد حاز الشرف من جميع الجوانب الخ. قلت: وينسب إليه كتابة سيرة الإمام المنصور بالله محمد بن يحيى حميد الدين، والذي رأيت في نيل الوطر في أثناء ترجمة الإمام أحمد بن هاشم ما لفظه: وقد جمع سيرته السيد علي الحجازي الصعدي والفقيه العلامة محمد بن إسماعيل الخباني، ثم هذبها القاضي العلامة البليغ محمد بن علي وحيش الصنعاني انتهى. وذكر صاحب طرائف المشتاقين السيد القاسم بن أحمد المهدي أن صاحب الترجمة ممن جهز له ضريحاً قبل وفاته وهو في حال الصحة وأنه كتب عليه هذه الأبيات:

إذا صرت يـا ربي بقبري فـأولنـي	من العفو والغفران مـا أنـت أهلـه
وكـن بي حفيـاً يـا إلهي تفضـلاً	وإن كنـت خطـاء فـإني محلـه
ومثـواي أكرمـه مـن النـار نجـه	ففي يـدك الإحسـان والخيـر كلـه

قلت: ووفاته بصعدة المحروسة سنة 1363 ثلاث وستين وثلاثمائة وألف، وقبره بالقرضين غربي مشهد آل الهاشمي رحمه الله.

وله أخ أديب فاضل هو الحسين بن الحسن بن علي بن إسماعيل الحجازي،

كانت وفاته ليلة الإثنين خامس شهر الحجة الحرام سنة 1342 اثنتين وأربعين وثلاثمائة وألف، وكان من أعوان سيف الإسلام محمد بن الهادي الملقب أبو نيب، ورأيت له قصيدة كان إرسالها إلى الإمام الهادي الحسن بن يحيى القاسمي أيام دعوته ومطلعها:

أقبلت تسحب الذيول بهاء وابتساماً وبهجة وضياء

ويرجع نسب السادة آل الحجازي إلى السيد العالم الحافظ محمد بن الإمام القاسم صاحب جبل الرس بن إبراهيم بن إسماعيل بن إبراهيم بن الحسن بن الحسن بن علي بن أبي طالب كرم الله وجهه، ومنهم الآن من يسكن بلاد خولان، وهناك أصل هجرتهم.

84. السيد علي بن حسين فايع

السيد العلامة علي بن حسين بن أحمد بن علي بن أحمد بن محمد بن صلاح بن أحمد بن صلاح بن يحيى بن أحمد بن الهادي بن صلاح بن الحسن بن الإمام علي ابن المؤيد بن جبريل الحسني المؤيدي الضحياني. وقد تقدمت لوالده السيد العلامة الحسين بن أحمد الملقب فايع المتوفى سنة 1304 ترجمة في القسم الرابع من هذا المعجم. أما صاحب الترجمة فقد ذكره السيد عبد الكريم بن عبد الله العنثري في عقد الجمان من ضمن الآخذين عن والده شيخ العترة النبوية المولى عبد الله بن أحمد العنثري المؤيدي ولفظه:

ومن تلامذته وعشيرته من أهل العلم السيد المقام الحبر الصمصام جمال الدين علي بن حسين فايع المؤيدي، وهو في الذروة العليا من ذروات الشهامة، والمجد والفخامة، والسؤدد، رئيس في المعالي ذو الفخر المتلآلي، ذو نهاجة وبسالة، أسد في الشرى، ومقدم يوم الوغى، مقوم في الرياسة، ومقدم في الكياسة والسياسة،

قرأ على والدنا المقروءات وأسمع المسموعات، ورافقه في الحج إلى بيت الله، وله من الأولاد: أحمد وحسين وزيد وأمهم الشريفة عائشة بنت محمد القاسمي من عشيرة الإمام الهادي، وحسن وأمه نورا بنت درهم من آل يحيى بن يحيى، وله مستوطن في ضحيان وفي الساحة ببوصان انتهى بلفظه.

قلت: وقد أرخ وفاته جامع ديوان الحكمة والإيمان في تاريخ محرم سنة 1359 تسع وخمسين وثلاثمائة وألف والله أعلم، وأورد قصيدة للمولى مجد الدين المؤيدي جوابا على ترثية في صاحب الترجمة، قال فيها:

يا للحمام قتامه لا ينجلي ... أفنى البرية جحفلا عن جحفل

ما انفك يقحم خيله وخميسه ... ويكر بين مكبل ومجدل

كم فل من جمع وفرق معشراً ... وأغار في ملأ وعاد بمثكل

سل عنه آثار القرون من الأولى ... كانوا بعيش ناعم وتبجل

لتجيبك الأعلام والأطلال إذ ... عاينتها قفرا كأن لم تؤهل

وإذا نظرت بعين قلب ثاقب ... لم تنخدع بالعارض المتحول

في الموت معتبر لكل مفكر ... يلهي عن الحسناء ودارة جلجل

هذا وإن الخطب وافى مفصحاً ... أفهل ترى عذرا لمن لا يعمل

من ذلك الرزء الجليل لمصرع الـ ... ـفرد النبيل بقية السلف، الولي

أجمال آل المصطفى وكمال آل ... المرتضى وذؤابة الشرف العلي

غودرت تحت جنادل وصفائح ... من بعد ما قد كنت بدر المحفل

أصبحت لا تدعى لأي ملمة ... وكذاك أمر الله لست بأول

قد أعذر الرحمن جل جلاله ... وجلى عن المستور بالخطب الجلي

فالله نسأله الرضى لك زلفة ... وتحية تترى بأكرم منزل

ولنا بخير الخلق أعظم أسوة ... وبآله القربى لأفضل مرسل

صلى الإله عليه كل عشية وعليهم فهم غنى المتوسل

85. السيد علي بن الحسين جبالة الحوثي

السيد العلامة الفاضل جمال الإسلام علي بن الحسين بن أحمد بن يحيى بن محمد بن علي بن أحمد بن مجد الدين بن أحمد بن الحسن بن محمد بن الحسين بن علي بن عبد الله بن محمد بن الإمام يحيى بن حمزة بن علي بن إبراهيم بن يوسف ابن علي بن إبراهيم بن محمد بن أحمد بن إدريس بن جعفر الزكي بن علي بن محمد بن الإمام علي الرضى بن موسى الكاظم بن جعفر الصادق بن محمد الباقر ابن علي زين العابدين بن الحسين السبط بن الإمام علي بن أبي طالب الحسيني الحوثي بلدا ولقبا الصعدي الرازحي موطنا ووفاة.

مولده بهجرة حوث في نحو سنة 1263 ثلاث وستين ومائتين وألف، ونشأ يتيم الأب فأخذ علومه الأولية وفي بعض المتون في حوث على علمائها، وقد نقلت ترجمته عن قلم السيد العلامة علي بن عبد الله ساري فيما جاء له في كتابه التحف السنيات فقال ما لفظه: نشأ وقرأ بحوث على علمائها، ثم على القاضي العلامة أحمد بن حسن المجاهد بجبلة، وعلى الإمام المحسن بن أحمد بحوث، وعلى الإمام المهدي محمد بن القاسم الحوثي ببرط، وتولى من جهته القضاء على رازح، وقرأ على السيد العلامة عبد الله بن أحمد العنثري بضحيان، ثم انتقل إلى رازح وتوفي بها في سنة 1343 ثلاث وأربعين وثلاثمائة وألف انتهى بلفظه وحروفه. وله ترجمة بقلم حفيده السيد الحسين بن علي بن الحسين الحوثي المتوفى في أيامنا سنة 1428 فات عني نقلها فالله المستعان.

(وولده)

هو السيد العلامة الأوحد جمال الإسلام علي بن علي بن الحسين الحوثي

الحسيني الرازحي المولد والدار والوفاة. ترجم له ولده حسين بن علي بن علي الحوثي المتوفى سنة 1427 تقريبا ترجمة وافية جاء فيها ما موجزه:

ولد بالنضير من جبل رازح سنة 1330 وقيل سنة اثنتين وثلاثين وثلاثمائة وألف، ونشأ في حجر والده وقرأ عليه علومه الأولية ثم هاجر إلى مدينة ضحيان فقرأ على علمائها الأعلام، منهم خاله السيد العلامة الولي عبد الله بن عبد الله العنثري، والسيد العلامة عبد العظيم بن الإمام الحسن القاسمي، والمولى الحسن ابن الحسين الحوثي، والمولى علي بن محمد العجري وغيرهم، ثم ارتحل إلى مدينة صعدة، فأخذ عن شيخ المشايخ بها العلامة الحسن بن محمد سهيل، والعلامة محمد بن الحسن المتميز وكانت قراءته على مشايخه المذكورين في شتى المقروءات والمسموعات لأهل زمانه، ثم عاد إلى بلده النضير محييا للعلم مدرسا لجماعة الطلبة هناك، وكان له ممارسة للطب بالعقاقير والرقية، وله محاسن أوصاف في الورع والزهد، وفعل الخير للآخرين وصلة الأرحام، وأمه هي الشريفة الفاضلة قارئة القرآن سكينة بنت المولى عبد الله بن أحمد العنثري، تزوجها والده بعد زوجها الأول السيد العلامة يحيى بن الحسن طيب المتوفى سنة 1319هـ، وأعانت ولدها صاحب الترجمة بعد وفاة والده على التفرغ لطلب العلم بضحيان وصعدة، وكانت من حرائر النساء في أيامها، وتوفيت نحو سنة 1375 خمس وسبعين وثلاثمائة وألف، ودفنت بالنظير.

أما صاحب الترجمة فكانت وفاته قبيل عصر يوم الخميس 18 شوال سنة 1405 خمس وأربعمائة وألف، ودفن جهة الغرب بجنب مسجده الذي بناه في ملكه في النضير وقبر والده في مشهد معمور شرقي مسجد قلة زرقان جنوبي النضير رحمهما الله تعالى وإيانا والمؤمنين.

86. السيد علي بن عباس المصطكا

السيد العلامة علي بن عباس بن قاسم بن يحيى بن أحمد الملقب المصطكا لشدة بياض وجهه بن محمد بن أحمد بن الحسين بن الحسن بن الإمام القاسم بن محمد الحسني الصنعاني ثم الصعدي.

وصاحب الترجمة هو أول من انتقل من أهل هذا البيت، وقفت على ترجمته بخط سيدي العلامة محمد بن محمد المنصور ولفظه: توفي سيدي علي بن عباس المصطكا من أولاد سيدي الحسين بن الحسن بن الإمام القاسم بصعدة عند طلوع شمس يوم الجمعة سلخ جماد آخر سنة 1367 خرج من صنعاء إلى الإمام المنصور بالله محمد بن يحيى رضي الله عنه أول دعوة المنصور بالله، وأرسل وكيلا في بلاد صعدة في حصن السنارة، وله ولد نجيب فقيه حسن بن علي وأولاده الصغار انتهى بلفظه.

قلت: وستأتي في أخر أقسام هذا الكتاب ترجمة ولده سيدي العلامة الولي الحسن بن علي بن عباس المصطكا المتوفى برحبان ثامن شهر رجب سنة 1415هـ، وصنويه عبد الله ومحمد، ويقال لهم في أيامنا المستكا بالسين، رحم الله الجميع وإيانا والمؤمنين.

87. السيد علي بن عبد الرحمن العنثري

قد تقدمت ترجمته عند ذكر والده عبد الرحمن بن عبد الله قريبا بحرف العين في هذا القسم.

88. الفقيه علي بن عبد الله الخباط

الفقيه العلامة علي بن عبد الله بن أحمد بن محمد بن قاسم الخباط الحميري

الصعدي، وقد تقدمت لجده العلامة محمد بن قاسم الخباط ترجمة في أثناء القسم الثاني من هذا المعجم.

والمترجم أحد علماء وقته الأفاضل، ونبلاء أوانه الأخيار الأماثل، وقد أثنى عليه بالعلم والحفظ شيخه القاضي العلامة الكبير عبد الله بن علي الشاذلي في إجازة له اطلعت عليها بخط العلامة الشاذلي، وهي إجازة عامة فيما يرويه عن مشايخه. وللمترجم أيضا قراءة على الفقيه العلامة أحمد بن محسن سهيل كما جاء في بعض الإفادات في حوامي الكتب، فات عني نقلها فالله المستعان.

ورأيت في ترجمته أن له مؤلفات، ثم رأيت بخطه رحمه الله إحدى مؤلفاته وهو كتاب ألفه في مناقب أهل البيت عليهم السلام، سماه (نور الأنوار ودرر الأخبار) انتزع أغلبه من مناقب الخوارزمي كما أفصح في خطبة مؤلفه المذكور، ووقفت أيضا بخطه على رسالة له، سماها (الأدلة القوية على إمامة خير البرية)، والمترجم خاتمة أهل هذا البيت، ولم أضبط تاريخ وفاته رحمه الله.

89ـ السيد علي بن عبد الله شمس الدين

السيد العلامة علي بن عبد الله بن شمس الدين رحمه الله.

أحد العلماء الذين لم أقف على خطوط تعرفني بأحواله، وإنما رأيت بخطه في إحدى نسخ تكملة الأحكام لابن حابس ما لفظه: تم لنا بحمد الله قراءة هذا الكتاب على سيدي العلامة جمال الدين علي بن قاسم شرويد، وذلك ثامن شهر محرم سنة 1339 وبخطه أيضا في ذات النسخة: وشرعنا في قراءة هذا السفر العظيم سنة 1338 عند الوالد العلامة نجم آل الرسول محمد بن إبراهيم حوريه انتهى بلفظه.

90ـ القاضي علي بن عبد الله مشحم

القاضي العلامة جمال الدين علي بن عبد الله بن يحيى بن علي بن صلاح مشحم اليمني الصعدي. كان عالما فاضلا زاهدا، جامعا بين العلم والعمل، وعينا في العلماء، هكذا ذكره من ترجم له، وهو من البيت المشتهر بالعلم بصعدة، وبها توفي شهر شعبان سنة 1336 ست وثلاثين وثلاثمائة وألف، وقبره بمشهدهم شامي باب نجران رحمه الله تعالى وإيانا والمؤمنين.

91ـ السيد علي بن قاسم شرويد

السيد العلامة الفاضل الكبير جمال الدين علي بن قاسم بن أحمد بن يحيى بن صلاح بن محمد بن صلاح بن أحمد بن محمد بن أحمد بن الحسن بن علي بن أحمد الملقب طالب الخير المترجم له في القسم الأول ابن الحسن بن علي بن صلاح بن الحسن بن الإمام علي بن المؤيد الحسني الهادوي اليحيوي المؤيدي الملقب شرويد بضم الشين المعجمة وسكون الراء بعدها واء وياء ثم دال مهملة لقب لجده قاسم بن أحمد.

مولده سنة 1288 ثمان وثمانين ومائتين وألف. ونشأ بصعدة وطلب العلم على أعلام من المشايخ، من أجلهم الإمام الهادي الحسن بن يحيى القاسمي أخذ عنه في الفقه في البحر الزخار وفي بيان ابن مظفر، وفي أصول الفقه قرأ عليه كتابه المسمى بالفوائد وفي شرح غاية السؤل ونهاية الأسنوي، والمنهاج شرح المعيار وشرح الفصول اللؤلؤية للسيد صلاح بن أحمد المهدي، وحاشية سيلان وشرح جمع الجوامع للسيوطي، وقرأ عليه في علم العربية في النحو حاشية السيد المفتي ومتن الكافية وإعمال الكافي وفي الصرف متن الشافية وفي المعاني والبيان متن التلخيص مع إملاء حاشية الدسوقي ومفتاح السكاكي، وفي المنطق قرأ عليه شرح

ايساغوجي مع إملاء تهذيب الشيرازي، وفي الحديث والفضائل سمع عليه عدة من الكتب كتاب أنوار اليقين وجلاء الأبصار للحاكم الجشمي، ونهج البلاغة وأمالي أحمد بن عيسى وأمالي المؤيد بالله، ومجموع الإمام زيد الحديثي والفقهي مع شرحه المنهاج الجلي، وشمس الأخبار للقرشي، وغيرها من الكتب التي يرويها بطريق السماع عن شيخه المذكور. ومن مشايخه أيضا السيد العلامة الحسن بن الحسين عدلان، ويروي بطريق السماع في أصول الدين شرح الأساس للشرفي، والثلاثين المسألة، وحقائق المعرفة، والبساط، وتثبيت الإمامة وفي التفسير الثمرات وشطرا صالحا من الكشاف، والإتقان في علوم القرآن، وفي العربية الخبيصي على الكافية وشطرا من الرضي ومغني اللبيب لابن هشام والقواعد الكبرى للأزهري والمناهل الصافية للشيخ الغياث، وفي الحديث شفاء الأوام، وكتاب الأحكام، وتيسير الحديث وشرح الأربعين السيلقية، وفي علم الباطن شرح تكملة الأحكام لابن حابس، وفي أصول الفقه شرح كافل ابن لقمان، وفي المنطق كتاب الهداية للسيد الكبير أحمد بن محمد الكبسي.

نقلت جميع ما تقدم من إحدى إجازاته رضوان الله عليه.

ومن مشايخه أيضا السيد الولي صفي الدين أحمد بن يحيى العجري، وصنوه السيد الجهبذ جمال الدين علي بن يحيى العجري، والسيد العلامة عبد الله بن عبد الله العنثري المؤيدي، والسيد صلاح بن أحمد ستين، والسيد العلامة محمد بن الحسن شايم، والقاضي العلامة محمد بن عبد الله الشاذلي، والعلامة هادي بن هادي الدرابة البرطي، قرأ عليه في أوائل الطلب في شرح الأزهار والبحرق وقطر ابن هشام وشرحه. وكان صاحب الترجمة من السادة الأفاضل الأماثل، محققا في العلوم متقنا، وله إملاءات واسعة حال القراءة على شيخه الإمام الهادي الحسن بن يحيى القاسمي، والسيد الحسن بن الحسين عدلان. وقد أثنى عليه

المولى مجد الدين المؤيدي في التحف، ووصف بجمال العترة الأعلام.

وعنه أخذ عدة من العلماء، منهم المولى علي بن محمد العجري رحمه الله، ومنهم السيد جمال الدين علي بن أحمد بن قاسم حميد الدين وأجازه إجازة عامة كما أجاز صنوه السيد العلامة محمد بن أحمد بن قاسم حميد الدين، وأجاز السيد المؤرخ محمد بن محمد زبارة وذلك في سنة 1353هـ، وأسانيده متصلة بالعقد المنظوم في أسانيد العلوم وبإتحاف الأكابر وغيرها من كتب الأسانيد. ووفاة المترجم له بهجرة فلله في شهر صفر سنة 1358 ثمان وخمسين وثلاثمائة وألف وبها دفن رحمه الله وإيانا والمؤمنين.

92ـ الشيخ علي بن مانع عريج الطلحي

الشيخ الجليل الفاضل العارف علي بن مانع بن حيدر عريج السحاري الطلحي نسبة إلى الطلح من بلاد سحار وقد تقدمت في القسم الثالث ترجمة للشيخ العلامة عمير بن عيظه عريج، وهم من بيوت مشايخ الطلح.

وصاحب الترجمة كان متفقها له ألمعية، وكان يتولى الخصومات بين كثير من القُبُل الوافدة إليه على الطريقة الشرعية، ولقبائله أهل الطلح ميل إليه واستماع لمشورته وتدبيره، بل عامة قبائل سحار وخولان بن عامر في أيامه، هكذا ترجم له السيد الحسين بن القاسم قال: وكان له طرفة مشهورة، وتوفي بوطنه ودفن فيه في تاريخ غير معروف انتهى. **قلت**: ورأيت توقيعه هو والقاضي العلامة محمد ابن عبد الله الغالبي في إحدى المراقيم الشرعية وذلك شهر شوال سنة 1315هـ مما يدل على تقدم مولده، وكان موجودا على قيد الحياة في شهر شعبان عام 1343هـ رحمه الله برحمته وإيانا والمؤمنين.

93. القاضي علي بن محمد الغالبي

ستأتي ترجمته بحرف الميم أثناء ترجمة والده رحمهما الله جميعا.

94. القاضي علي بن مصلح الحذيفي

القاضي العلامة علي بن مصلح بن نايل درمان الحذيفي نسبة إلى بني حذيفة إحدى قبائل ونواحي جماعة، ستأتي ترجمته بحرف الميم أثناء ترجمة والده.

95. السيد علي الديلمي

السيد جمال الدين علي الديلمي الرازحي.

ذكره السيد عبد الكريم بن عبد الله العنثري في عقد الجمان من ضمن الآخذين على والده المولى شيخ العترة النبوية عبد الله بن أحمد العنثري المتوفى 1315 وذكر أنه من الساكنين بجبل رازح، ولم يزد على ذلك.

96. الفقيه علي بن يوسف المتميز

الفقيه العلامة جمال الدين علي بن يوسف بن أحسن بن بن محمد بن إسماعيل ابن الحسن بن إسماعيل بن الحسن بن يحيى بن إبراهيم بن يحيى بن محمد بن إبراهيم بن أبي القاسم المتميز الصعدي الرحباني. وقد تقدمت لجده العلامة الحسن بن يحيى بن إبراهيم المتوفى سنة 1103 ترجمة في أثناء القسم الثاني من هذا المعجم. قال العلامة محمد بن يحيى مرغم مترجما له:

هو سيدنا العلامة الذكي صاحب المكارم الرضية والشمائل المرضية علي بن يوسف المتميز انتهى.

وأخبرني بعض أحفاده أن وفاته تقريبا سنة 1366 ست وستين وثلاثمائة

وألف رحمه الله وإيانا والمؤمنين. ومما أخبرني به هذا الحفيد وهو الأخ الفاضل حسن بن قاسم المتميز أن جدهم الفقيه العلامة إبراهيم بن يحيى بن محمد بن إبراهيم بن أبي القاسم المتميز المتوفى سنة 1037هـ المترجم له في القسم الأول هو الجد الجامع لكل المتلقبين بالمتميز، ومثل ذلك الكلام قرأته في بيان وصايا أهل هذا البيت بأرشيف الوقف بمدينة صعدة، وأضاف الأخ المذكور أن آل المتميز برحبان هم من ولده يحيى بن إبراهيم، وآل المتميز بصعدة من ولده محمد ابن إبراهيم المتميز انتهى.

97. السيد القاسم بن أحمد ياسين

السيد العلامة القاسم بن أحمد ياسين من ذرية الأمير الحسين بن بدر الدين صاحب شفاء الأوام المتوفى سنة 663 برغافة.

ترجم لصاحب الترجمة السيد الحسين بن قاسم فقال: كان فاضلا عابدا متفقهاً ماجدا كريما سخيا وكانت له كتب نافعة في كل فن تدل على تطلعه ومعرفته مع ما يعرف من حاله وقتل رحمه الله في الملح من قطاع الطريق من الزيادين وغيرهم وقيل أنهم اعتذروا أن قتله غلط لم يريدوه ودفن بباقم وطنه في مقبرة الخضراء انتهى بلفظه. ورأيت بخط كاتب الترجمة السيد الحسين بن القاسم أن وفاة المترجم له سنة 1349 تسع وأربعين وثلاثمائة وألف.

98. السيد القاسم بن الإمام الحسن القاسمي

السيد العلامة القاسم بن الإمام الهادي الحسن بن يحيى بن يحيى الحسني اليحيوي القاسمي المؤيدي.

نشأ في حجر والده الإمام وقرأ عليه وعلى إخوته عبد الله وأحمد ومحمد في

أنواع العلوم، وأخذ عنه جملة من طلبة العلم، منهم ولداه محمد وحسين، ومنهم السيد عبد الله بن أحمد بن محمد القاسمي، والسيد عبد اللطيف بن محمد بن الإمام الهادي، والقاضي عبد الله بن علي بن محمد الغالبي وغيرهم. وهو والد السيد شرف الإسلام الحسين بن القاسم صاحب كتاب تراجم علماء بني المؤيد الذي ننقل عنه في هذا الكتاب بعض التراجم وقد ترجمناه في موضعه، وقد ترجم لوالده في الكتاب المذكور فقال: كان سيدا عالما محققا، ورعا زاهدا صابرا، وكان من أمره على بصيرة ناصرا للحق لا يخاف من دون الله أحد ولا تأخذه في الله لومة لائم، ومع الأمراض التي حلت به لم يتغير من أعماله شيئا، مع أنه كان قائما بإصلاح المساجد بباقم ورغافة والمدثاة المسماة الآن المثة، وكان أكثر أيامه هنالك للإصلاح والتفقد لها، وكان مستوطنا لضحيان إلى أن توفاه الله به وذلك في ليلة رابع عشر من شهر محرم غرة سنة 1365 خمس وستين وثلاثمائة وألف، ودفن بمقبرة ضحيان.

99. الفقيه قاسم بن حسين المتميز

الفقيه العلامة قاسم بن حسين بن يحيى بن صلاح بن إسماعيل بن صلاح بن حسين بن محمد بن حسين بن يحيى بن إبراهيم بن يحيى بن محمد بن إبراهيم بن أبي القاسم المتميز الصعدي الرحباني اليمني.

قرأ برحبان على السيد القاسم بن عبد الله الهاشمي قرأ عليه في كتب النحو من ذلك حاشية المفتي سنة 1332هـ، وقرأ في الفقه وغيره على ابن عمه سيدنا العلامة يحيى بن إبراهيم المتميز، وقرأ شرح الكافل لابن حابس على السيد إسماعيل بن عبد الله الهاشمي هو وجماعة من الإخوان سنة 1341هـ، وقد رأيت القاضي محمد بن يحيى بن مرغم ذكره في تعداد تلامذة شيخهما السيد

القاسم بن عبد الله الهاشمي، ووصفه بأنه قرين العلوم، وصافي الفكر، وممن يحب الخمول وعدم الظهور انتهى. قلت: وكان له اشتغال بنساخة الكتب، وله خط حسن، نسخ به كتاب البيان لابن مظفر في الفقه وعليه تحشية وبألوان متنوعة، فرغ من نساخته شعبان سنة 1350 ومن تلامذته السيد صلاح بن الحسن نور الدين قرأ عليه برحبان في مسجد بير الشريفة، وتوفي يوم الخميس شهر جمادى الآخرة سنة 1365 خمس وستين وثلاثمائة وألف، وقبره بمشهد أهله بالقرضين، وعنه نقلت نسبه وتاريخ الوفاة رحمه الله.

100. السيد القاسم بن عبد الله الهاشمي

السيد العلامة الأوحد المتبتل الزاهد القنوع نجم آل الرسول الولي القاسم بن عبد الله بن علي بن أحمد بن إبراهيم بن أحمد الملقب الهاشمي، وبقية النسب تقدمت في ترجمة صنوه المولى ضياء الإسلام إسماعيل بن عبد الله الهاشمي المؤيدي الحسني الرحباني مولدا ونشأة ووفاة.

مولده كما وقفت عليه ليلة السبت سلخ جمادى الأولى سنة 1290 تسعين ومائتين وألف، ونشأ على العفة والصلاح وطلب العلم ورحل هو وصنوه المذكور إلى هجرة ضحيان فأخذا بها عن المولى الكبير الحسين بن محمد الحوثي والسيد العلامة عبد الله بن عبد الله العنثري، والقاضي شيخ الإسلام محمد بن عبد الله الغالبي وغيرهم، ورأيت له قراءة في الموشح على السيد محمد بن يحيى شريف المؤيدي، وكان محققا في العربية وغيره، وأخذ عنه جملة من أهل وقته، عدهم القاضي محمد بن يحيى مرغم في الترجمة التي أفردها له ولأخيه السيد إسماعيل الهاشمي إذ يقول في تلك الترجمة يصف صاحب الترجمة ما لفظه:

أخذ هو وصنوه مولانا ضياء الدين من العلم بنصيب وافر، وبلغا فيه رتبة

المبرزين الأكابر، ورجعا من دار هجرتهما بضحيان إلى دار وطنهما برحبان، فأقاما في بير الشريفة معتزلين عن الناس، متخلين لعبادة الملك الحق، وقنعا بمناجاته عوضا عن كل رئيس ومرؤوس، حتى طار ذكرهما في الآفاق، وانتدب صاحب الترجمة للتدريس والعزم على نشر العلوم في مسجد بير الشريفة، ولازم واجتمع إليه طلبة العلم الشريف كما تجتمع قزع الخريف، وكان من فحول طلبته السيد العلامة عبد الله بن درهم المؤيدي، والسيد الحسين بن القاسم الداعي، والعلامة الحسن بن محمد سهيل وغيرهم من الطلبة الذين أخذوا عنه حظا وافرا من العلوم، وأحرزوا عنه شطرا صالحا من الحكم النافعة، ثم أخذ في ذكر ورعه وزهده والكرامات الحاصلة له في أيامه وإجابة الدعاء فإنه كان مجاب الدعوة، وإرشاده لعموم القبائل والقيام بالوعظ والتذكير والزجر والتحذير على منبر جامع الإمام الهادي إلى الحق إلخ كلامه.

وترجمه صاحب بغية الأماني والأمل أثناء ترجمته لصنوه.

وعلى الجملة فهو ممن فاق الأقران والأتراب في كل المكارم والمناقب والخصال الشريفة، قلت: وكان حصورا لم يتزوج رحمه الله، ووفاته كما وقفت عليه بقلم بعض أهله شهر جماد أول سنة 1315 خمس وثلاثين وثلاثمائة وألف، ودفن في مشهدهم بمقبرة القرضين.

101. السيد محسن بن إسحاق الدولة

السيد العلامة محسن بن إسحاق بن محمد بن حسن بن إسماعيل بن علي بن القاسم بن المولى علي بن أحمد بن الإمام المنصور بالله القاسم بن محمد الحسني القاسمي الصعدي المعروف كسلفه بالدولة.

رأيت في ترجمته أنه كان عالما تقيا، وأنه أخذ في قراءته على السيد عبد الله بن

يحيى بن أحمد العجري، من ذلك سماع أمالي أحمد بن عيسى وشطر من أنوار اليقين وشرح الكافل لابن حابس، واستجاز منه في شوال سنة 1330هـ فأجازه إجازة عامة. وذكر بعض أقاربه ممن يسكن الكرسعة بساقين أنه هو الذي صاهر بيت الإمام، فتزوج سيف الإسلام المطهر بن الإمام يحيى حميد الدين بإحدى بناته وهي الشريفة أمة الرحيم، وهي أم ولده الأكبر يحيى بن المطهر انتهى. وفي تاريخ وفاته رأيت بخط سيدي العلامة محمد بن محمد بن إسماعيل المنصور على ما لفظه: توفي سيدي محسن بن إسحاق من أولاد علي بن أحمد أبو طالب بساقين شهر رمضان سنة 1362هـ انتهى كلامه.

102. السيد محسن بن حسين العوامي

السيد العلامة الأديب حسام الدين محسن بن حسن بن عبد الله العوامي نسبة إلى ناحية بني العوام من بلاد حجة وإليها ينسب السادة العوامي.

وبيت العوامي هم من ذرية الإمام يوسف الداعي بن المنصور يحيى بن الناصر أحمد بن الإمام الهادي إلى الحق يحيى بن الحسين. ترجم لصاحب الترجمة في نزهة النظر في رجال القرن الرابع عشر فقال: نشأ بصنعاء وأخذ بها عن الأعلام وهو من أتراب الإمام يحيى ولما هاجر الإمام المنصور بالله محمد بن يحيى حميد الدين إلى صعدة في سنة 1307 خرج صاحب الترجمة إليه وولاه الإمام يحيى على بلاد عفار وبلاد السودة وأخيرا ولاه على بلاد رازح، ولم يزل بها حتى توفي في محرم سنة 1349 وكان كريم الأخلاق لطيف الطباع كريما جوادا يحب المداعبة، وترجم له القاضي الصفي أحمد بن عبد الله الجنداري وقال:

أنه الأديب الألمعي الأريب حفظ النحو والأدب وشارك في الفقه وغيره قال: وهو أحد شعراء العصر المجيدين انتهى ملخصا، وله أولاد قاموا ببعض الأعمال

مع الإمام يحيى ووصلوا صنعاء انتهى بلفظه.

قلت: وأخبرني أحد السادة الساكنين بجبل رازح، والعهدة عليه، أن وفاة السيد صاحب الترجمة وهو في حال جماع زوجته وكان قد تزوج بإحدى شرايف رازح المشهورات بالجمال، فجاء أمر الله وهو على تلك الحالة ويقال في البلاد الرازحية موتة العوامي ويقصد بها ما ذكرناه. وفي تاريخ وفاة صاحب الترجمة رأيت بخط سيدي العلامة محمد بن محمد المنصور ما لفظه: مات ناظرة رازح سيدي العلامة محسن بن حسن بن عبد الله العوامي رحمه الله 17 ذي الحجة سنة 1348 برازح انتهى بلفظه. **قلت**: وقبره بجانب مسجد عمار. وقد أشار السيد المؤرخ محمد بن محمد زبارة الحسني الصنعاني أن وفاته عن خمسين سنة من مولده فقال:

برازح في الشهر المحرم كان مو ... ت عامله من كان ذا خلق سامي
حسام المعالي محسن أي محسن ... بلطف عظيم مع ثبات وإقدام
وعن نحو خمسين من العمر موته ... حباه إله العالمين بإكرام

(ومن أولاد المترجم له)

السيد الأديب أحمد بن محسن العوامي. وكان أديبا بليغا رأيت من نظمه في إحدى مجاميع السيد العلامة محمد بن محمد المنصور هذه القصيدة قال: أنشدها أمام سيف الإسلام أحمد بن الإمام يحيى حميد الدين بتعز مطلعها:

هذي سيوف غادرت أم عيون ... أم أسهم قاتلة أم جفون
أم هل رماح من قدود أرى ... أم قضب مائلة من غصون
أم هي هاتيك الظبا أقبلت ... أم غادة جاءت بريب المنون
كأنما العشاق منها يسا ... قون إلى الموت وهم ينظرون
قالوا لها الوعد فقالت لهم: ... هيهات هيهات لما توعدون

قالوا اتقين الله فينا فقد ... قال تعالى يا عباد اتقون
يا ليلة أفلحت فيها بها ... وإنه قد أفلح المؤمنون
قد كتب الله على خدها ... لمثل ذا فليعمل العاملون
وألف الوصل هنا عاكف ... وهاهنا نون وما يسطرون
ولامني اللوام في حبها ... فزرتها من حيث لا يعلمون
أم علموا الغيب إذاً أم غدى ... عندهم الغيب فهم يكتبون
أم سئلوا من مغرم في الهوى ... أجرا فهم من مغرم مثقلون
أم جادلوني فلقد جادلت ... أهل القرى إذ جاءها المرسلون
أم كذبوا الرسل فقالوا لهم ... إنا بما أرسلتم به كافرون
أم أنذروني في الهوى إنهم ... أولاء عما أنذروا معرضون
يهوونها مثلي وينهونني ... إنا على آثارهم مقتدون
فقلت لما أنكروا وصلها ... هذا الذي كنتم به تدعون
أم كذبوني في غرامي بها ... يا رب فانصرني بما كذبون
وانصر ولي العهد هذا وكن ... عونا له لو كره الكافرون

وقد سمعت وقرأت من ينسب القصيدة لغير هذا السيد الأديب، وهي نسبة غير صحيحة فهي له، وقفت على ذلك ضمن مجموع أدبي فيه مدائح للإمام الناصر لدين الله أحمد بن يحيى حميد الدين.

103. السيد محمد بن إبراهيم المطهر

السيد العلامة عز الإسلام محمد بن إبراهيم بن حسين بن يحيى بن المطهر بن إسماعيل بن يحيى بن المولى سلطان العلوم الحسين بن الإمام القاسم بن محمد الحسني القاسمي الصنعاني الأصل والمولد والنشأة.

وهو جد والدي أبقاه الله، وهو سبب انتقال أولاده وهم أجدادي الثلاثة

يحيى ومحمد وعبد الله إلى مدينة صعدة، فإن الجد المذكور تولى للإمام المتوكل على الله يحيى بن محمد حميد الدين على عمالة بلاد سفيان جنوبي صعدة، وكانت إقامته في قرية حرف سفيان في مبنى الحكومة هناك، ورأيت بخطه الحسن قواعد ومحررات بتاريخ سنة 1346هـ جعلها بين بطون قبائل سفيان لصلاح شأنهم ومحاولة منه في نبذ عادة الثأر المنتشرة في تلك الناحية، وكان كثيرا التشكي منهم، ومن جلافة طباعهم، ولما وصل الإمام أحمد بن يحيى حميد الدين في أيام سيادته وأثناء مسيره إلى صعدة لتدبير حرب نجران، كان الجد صاحب الترجمة ممن لقيه بحرف سفيان سنة 1351هـ، ونقلت عن خطه هذه الأبيات المؤرخة لبناء حصن حرف سفيان دار الحكومة فيه فقال:

هذا إلينا لمولانا ومولينا ... فضائلا ومن الخيرات ما شينا
وهو الذي نصر الحق الذي شهدت ... له المعارك سل عنها المعادينا
ومن أقام الهدى في كل ناحية ... وأمن الناس من شر المؤاذينا
وكم له في بناء المجد من أثر ... سل التهائم وسل أرض اليمانيا
نجل الإمام صفي الدين ناصره ... ومالك عهده مولى الموالينا
بناه في حرف سفيان لضابطة الـ ... ـبلاد حصنا منيعا من أعادينا
مكللا يا له التاريخ في كلم ... عهدت بالنصر وإحيا بالمحقينا

ومكث الجد على عمالته بعد ذلك التاريخ نحو عامين، وتوفي رحمه الله في محل عمالته في التاريخ الآتي ذكره، ودفن في قرية عيان، في المقبرة التي شامي مشهد الإمام القاسم بن علي العياني، وانتقل أولاده الأجداد الثلاثة المذكورين آنفا إلى مدينة صعدة في كفالة جدهم من قبل الأم السيد العلامة أحمد بن عبد الكريم حجر المتقدمة ترجمته بحرف الألف بهذا القسم وكان حينها ناظرة حصن السنارة، واستوطنوا صعدة من حينها، وتاركوا صنعاء موطن آبائهم وما لهم فيها من التعلقات والبيوت والأموال والوصايا، وذلك لأن والدهم صاحب الترجمة

من مواليد بير الشمس من أعمال بير العزب غربي صنعاء، وذلك في سنة 1299 تسع وتسعين ومائتين وألف، بخلاف ما جاء في نزهة النظر لأن والده السيد إبراهيم بن حسين بن يحيى بن المطهر توفي في أحد شهور سنة ثلاثمائة وألف، كما تحققته من أوراق الأجداد وبصائرهم، وكان قد اختل في آخر أيامه لصعوبة الأوضاع التي عايشها أثناء حملة الأتراك الثانية على اليمن وسقوط مدينة صنعاء في أيديهم سنة 1289هـ، فتوفي رحمه الله في التاريخ المتقدم وولده صاحب الترجمة دون العام، وبعد مدة قصيرة توفيت والدته، فينشأ الجد محمد بن إبراهيم يتيم الأب والأم، فتقوم برعايته أخته الكبرى الشريفة أمهاني بنت إبراهيم، حتى تزوجت في حوث فانتقل معها إلى هناك، وقرأ العلم على عدة من علمائها، قال السيد العلامة محمد بن محمد زبارة وقد ترجم له في كتابه نزهة النظر في تراجم رجال القرن الرابع عشر ما لفظه:

السيد العلامة التقي، هاجر من صنعاء بعد سنة سبع وثلاثمائة وألف إلى بلاد حاشد، وأخذ بهجرة حوث عن الفقيه العلامة عبد الله بن يحيى البدري في شرح الأزهار وشرح الخمسمائة آية للنجري، وعن السيد العلامة علي بن حسين بن حسن ساري وغيرهما، وفي ذي بين أخذ عن القاضي العلامة علي بن عبد الله الإرياني في شرح الأزهار وغيره، وكان صاحب الترجمة عالما عاملا ورعا تقيا، وولاه الإمام يحيى القضاء في محل الحرف من بلاد سفيان، فسار سيرة حسنة مع زهادة وعفة، وتوفي في سفيان ليلة الثلاثاء ثالث وعشرين جمادى الآخرة سنة 1353 ثلاث وخمسين وثلاثمائة وألف، قال: وكتب ابنه يحيى في تعزيته إلى السيد العلامة عبد الرحمن بن حسين الشامي المتوفى شعبان سنة 1381هـ:

الحمد لله على ما قضى	من حلو ما كان ومن مره
حمد مطيع شاكر ذاكر	مسلما لله في أمره

فأجاب السيد عبد الرحمن الشامي بقوله:

صبرا عماد الدين فيما قضى الـ ... ـله به فالخير في أمره
بموت عز الدين بدر الهدى ... الناسك الأواه في عمره
قطب الهدى والذاكر المنتقى ... خير بني الأيام في عصره
دامت على تربته في عيا ... ن رحمة تترى إلى حشره
ودمت في خير وفي نعمة ... ورفعة تقفوه في إثره

انتهى كلام مؤلف نزهة النظر، وولده الجد يحيى بن محمد المرسل أبيات التعزية وليست من نظمه هو أكبر أولاد أبيه، ومولده بصنعاء سنة 1330هـ، وولده الثاني جدي أبو والدي محمد بن محمد مولده أيضا بصنعاء سنة 1340هـ، وولده الثالث الجد عبد الله بن محمد مولده بحرف سفيان سنة 1343هـ، وستأتي لهم تراجم في آخر أقسام هذا المعجم. وللجد المذكور رحمه الله نظم في مناسبات عديدة، وقفت منه على جملة، منها أبيات هذه القصيدة التي أرسلها إلى مقام الإمام يحيى بن محمد حميد الدين يشكي عليه مقامه بسفيان وتفلت أولاده عن طلب العلم، ويطلبه إقالته عن عمله، وأولها:

من لمن بالحَرف مبلى بالحِراف ... بين أقوام طواغيت ضعاف
فلكم أبقى غريبا فيهم ... وطريدا من خليل لي واف
وبلادي خيرة الأرض التي ... هي صنعا وبها دار اصطيافي
وببير الشمس سقيت مربعا ... في بناء مفرج الجد المناف
مسقط الرأس وميلادى وما ... خلف الجد لنا واف وكافي
العماد العالم الفذ الذي ... نهج البيضا ونادى للتصافي
وأرى الآن بسفيان وفي ... بلدة غبراء وماء غير صاف
بين أشياخ طواغيت إذا ... زمر الباطل نادوا كل جافي

عدلوا عن منهج الحق وفي	ساحة الغي تنادوا بالخلاف

إلى أن يقول:

فلي الله نصير ليس لي	غيره ربا فحسبي خير كاف
ولي المولى الذي شاد الهدى	من عليه حالنا ليس بخاف
يرحم المستغرب الفرد الذي	ضاق بالحرف لدى القوم السخاف
ضاعت الأيام من عمري وها	قد دنا الموت وشيبي غير خاف
فلقد طال بقائي ولقد	شب أولادي كأعراب جلاف
يا إماما شيد الدين لقد	خصك الله بخيرات رداف
هل لنا في ودكم من قسم	أم مع الحرف هلاكي وحرافي
فبحق الرحم عطفا سيدي	واسمعوا الشكوى ولبوا لي هتاف
ولك الله معينا ناصرا	حافظا من كل سوء ومخاف
وعليك الله صلى دائما	ما دعا الله مكب بالطواف

ورأيت له عدة من الكتب نسخها بخط يده أثناء الطلب والقراءة على مشايخه، وله كراس أوراق فيها بعض الماجريات التي حصلت في أيامه غير مرتبة، وكان قد آلت إليه وإلى صنوه الأكبر حسين بن إبراهيم خزانة كتب جده العلامة الحافظ الكبير يحيى بن المطهر المتوفى بصنعاء سنة 1268هـ، وهي كتب كثيرة منها وقفية كتب حي جده الأكبر المولى عماد الدين يحيى بن الحسين بن الإمام القاسم المتوفى بصنعاء سنة 1099هـ والتي قصده بالبيت السادس من قصيدته، منها عامة مؤلفاته التي تنيف على المائة مؤلف في شتى الفنون، وأكثر بخط يده، منها كتاب أنباء أبناء الزمن، وذيله بهجة الزمن في حوادث اليمن، ومنها شرح مجموع الإمام زيد وغيرها، وكذلك مؤلفات حفيده السيد العلامة المطهر بن إسماعيل المتوفى بصنعاء سنة 1207هـ، وهي ديوان شعره، وكتاب في التاريخ سماه (اليسير المعجل والعقد المكلل)، وكتاب (المناقب العلية في مناقب

أمير المؤمنين وعترته الزكية)، وكذلك كتب ومؤلفات ابنه السيد العلامة الحافظ يحيى بن المطهر وهي تنيف على الأربعين مؤلفا كلها بخط يده، منها (العطايا والمنن) ذيل على كتاب جده بهجة الزمن، وغيرها، وعلى الجملة فهي من خزائن الكتب العامرة، وبسبب اختلال والد صاحب الترجمة ونشأة المترجم وأخيه يتيمين فقد ضاعت كتب تلك الخزانة وتفلتت عنهم هي ومسودات الوصايا التابعة لأجدادهم، وما بقي منها إلا النزر القليل، أما الكتب فحفظها بعض الصلحاء حتى أمر الإمام يحيى بن محمد حميد الدين بإنشاء مكتبة الجامع الكبير الشرقية والغربية فحفظت جميعها بأمره في تلك المكتبة، فهي هناك إلى اليوم، مذكورة بأسمائها في الفهارس التي عملت للمكتبة المذكور للقاضي محمد بن أحمد الحجري وغيره. قلت: ولقب الأجداد هو بيت مطهر وإنما طرأ لقب حجر على أولاد صاحب الترجمة الأجداد الثلاثة يحيى ومحمد وعبد الله وأولادهم من بعدهم الساكنين بوادي رحبان، بسبب مخالطة الأجداد لأخوالهم بيت حجر، قال السيد العلامة محمد بن محمد زبارة في كتابه نيل الحسنيين ما لفظه:

السادة بيت مطهر بصنعاء وحوث ونحوها ينسبون إلى السيد العلامة الكبير المطهر بن إسماعيل بن يحيى بن الحسين بن الإمام القاسم بن محمد الحسني الصنعاني المتوفى سنة 1207 وولده هو الحافظ الكبير يحيى بن المطهر وفاته في شوال سنة 1268 ومن أنبل أهل هذا البيت عامل بلاد سفيان الأخ العلامة محمد بن إبراهيم بن حسين بن يحيى بن المطهر المتوفي بسفيان في جمادى الآخرة سنة 1353:

محمد بن إبراهيم سبط مطهر	حليف التقى والعلم والنسك والذكر
ومن كان في سفيان ينعش للورى	شريعة باري الخلق حينا من الدهر
ثوى ثاني الخمسين من عمره مها	جرا في عيان راجيا أجزل الأجر

انتهى كلامه إلا قوله ثاني الخمسين فالصواب ثالث الخمسين وبه يستقيم الوزن، وقوله في صنعاء وحوث، يقصد ما كان من مهاجرة الجد المذكور إلى حوث، ولا يوجد في أيامنا هذه بحوث أحدا من بيت مطهر، فليعلم ذلك.

104. السيد محمد بن إبراهيم الهاشمي

السيد العلامة شيخ بني الحسن عز الإسلام محمد بن إبراهيم بن محمد بن إبراهيم بن أحمد بن إبراهيم بن علي بن أحمد بن الإمام الناصر الحسن بن علي بن داود الحسني المؤيدي الملقب كسلفه بالهاشمي.

أخذ عن صنوه المولى الكبير صفي الدين أحمد بن إبراهيم الهاشمي المتوفى سنة 1342 اثنتين وأربعين وثلاثمائة وألف المتقدم ترجمته في حرف الهمزة وعن السيد العلامة المحقق قاسم بن عبد الله الهاشمي وعن غيرهما. وعنه أخذ القاضي محمد بن يحيى مرغم الآتية ترجمته، والفقيه عبد الله بن إسماعيل الحشحوش، وولده يحيى بن محمد الهاشمي وغيرهم.

وكان صاحب الترجمة من العلم والفضل بمكانة انعقد الثناء من أهل عصره على فضله ونبله وكماله وأجري عليه لقب شيخ بني الحسن لمزية التنويه والتعريف، ولا غرو في ذلك فإنه من البيت المشهور بالمحامد والمناقب، وكان أخوه في النسب وشريكه في العلم والأدب صفي الدين أحمد بن إبراهيم مرجع المسلمين بصعدة، والمترجم له قائما بأموال الأوقاف عنه، إلى أن توفي صنوه فصارت ولاية جميع الأوقاف إليه نحو سبعة عشر عاما إلى أن توفي رحمه الله، بيد أنها تقلصت يده عن ما كان سلفه عليه من تولي سائر عموم الأوقاف الصعدية، وذلك من سنة ثلاث وخمسين وثلاثمائة وألف فقد عين على أوقاف جامع الإمام الهادي المقدس وعلى الوصايا التي ولايتها إليهم دون سائر الأوقاف حسبما

سيأتي ذكر ذلك مفصلا، ففي التاريخ المذكور أتى الأمر من قبل الإمام أحمد بن يحيى حميد الدين بتحرير مسودة جامعة لأوقاف مساجد صعدة، وتوزيع المهام والأعمال الوقفية، وذلك أثناء دخوله صعدة وقيامه بأمر الحرب بنجران، وكان لا زال في تلك الأيام سيفا للإسلام، وقد توجهه ذلك الأمر منه إلى القاضي العلامة محمد بن قاسم الأكوع، فقام بذلك الأمر أحسن قيام وبعد ذرعة الأموال والتأصيل لهذه المسودة تم تحرير مسودة الأوقاف الحالية. وقد صادف الفراغ من ذلك شهر رمضان سنة 1353 للهجرة، وعلى هذه المسودة تمت مصادقة العلماء وتواقيعهم، وهذا توقيع الآمر بذلك، نقلته عن خطه قدس الله روحه، يقول فيه ما لفظه:

الحمد لله رب العالمين والصلاة والسلام على سيد المرسلين وآله الطاهرين، هذه المسودة الحافلة هي ما كان الآمر بجمعه من مختلف أموال الأوقاف على جامع الهادي عليه السلام وسائر المساجد والمناهل وعموم الوصايا لبلاد سحار وهمدان وجماعة بنظر وعمل القاضي العلامة محمد بن قاسم الأكوع والفقيه الأفضل عبد الله بن محمد الشويلي عافاهما الله، وهي موافقة للأصل المنقول عليها بحسبما قد أوضحاه، وقرره العلماء الأعلام عافاهم الله، فيعتمد ذلك، والله نسأل أن يجعل الأعمال خالصة لوجهه الكريم بحوله وطوله بتاريخه ليلة عاشر شهر رمضان سنة 1353 بمحروس صعدة، وحرره أحمد بن أمير المؤمنين المتوكل على الله رب العالمين يحيى بن محمد غفر الله له آمين.

***

ووفاة صاحب الترجمة رحمه الله بوادي رحبان أول شهر شعبان سنة 1357 سبع وخمسين وثلاثمائة وألف، وقبره بالقرضين في مشهد أهله، وقد خلف خمسة من الأولاد إبراهيم ويحيى وأحمد وقاسم وصلاح، وأول لحوقا به من أولاده هو

ولده السيد العلامة يحيى بن محمد الهاشمي، توفي شهر ذي الحجة سنة 1359هـ وكان سيداً جليلاً، اكتسب كثير من الأموال، وتولى بعد والده على نيابة وقف جامع الإمام الهادي، فإنه اقتصر عمل أهل هذا البيت من تاريخ عمل المسودة على هذا الوقف دون غيره من الأوقاف كما تقدم بيانه.

(استطراد تاريخي عن إقامة سيف الإسلام بصعدة)

استوجبه أن ذكرنا أثناء هذه الترجمة وصول سيف الإسلام في ذلك الحين أحمد بن أمير المؤمنين المتوكل على الله يحيى بن محمد حميد الدين إلى محروس مدينة صعدة، وهذه الإقامة هي من الحوادث التي تناقلها أخبارها أهالي صعدة عن آبائهم وأجدادهم، وقد استقامت إقامته بها مدة سنة وسبعة أشهر، وذلك من أواخر صفر سنة 1352 اثنتين وخمسين وثلاثمائة وألف، إلى أواخر شهر رمضان من العام الذي يليه. وفي تلك المدة كان اندلاع ما يسمى بحرب بلاد نجران وفتح الحرب مع الدولة السعودية، والتي لم يوقف أوارها بين الدولتين اليمنية والسعودية إلا انعقاد الصلح الذي تم بموجب اتفاقية الطائف الموقعة من الطرفين بتاريخ صفر سنة 1353هـ، وتفاصيل كل ذلك مذكور في كتب البسائط من التواريخ، وما يعنينا هنا هو ما خلده سيف الإسلام أحمد بن يحيى حميد الدين اثناء إقامته المذكورة من المحاسن والمصالح الأحمدية، وقد ذكر جملتها السيد العلامة الأديب محمد بن عبد الرحمن بن أحمد بن محمد شرف الدين في كتابه المسمى (البرق المتألق في رحلة مولانا سيف الإسلام إلى المشرق) فحبذنا إيرادها نقلا عن ذلك الكتاب في هذا الموضع لمناسبة جرت في الترجمة المذكورة، ومحبة في التوثيق والتدوين لمثل هذا الحدث الهام الذي يخص المدينة وأهلها وأحداث تاريخها، وسوف نلخص بداية ما جاء في كتاب البرق المتألق عن مراسيم وصول سيف الإسلام إلى مدينة صعدة أول وصوله وما قوبل به من

حفاوة الاستقبال والترحاب:

قال مؤلف الرحلة المذكورة ما موجزه:

ورد الأمر من مولانا الإمام يحيى إلى ولده مولانا صاحب الرحلة بحركة سموه العالي إلى صعدة، ليكون قريبا من محطات الجهاد لأجل ترتيب أعمال المجاهدين وتدبير حركاتهم فأمر في اليوم العاشر من صفر بتقديم الأثقال من الأسلحه والجبخانات ونحوها من الآلات على ظهور الجمال من مخيمه بمدقه سفيان إلى حصن السنارة، وأمر أمراء النظام وغيرهم من عساكر الإمام بالأهبة للسفر، ولما كانت الساعة التاسعة من اليوم السابع عشر من شهر صفر تحرك مولانا من محروس مدقة قاصدا مدينة صعدة، تحفه خمسة طوابير، من النظام الملكية ومن البرانية الجم الغفير من رجال حجور والشرفين وجبل عيال يزيد والأشمور وعيال سريح وعمران وجميع مشايخ العصيمات وسفيان وجملة المدفعية وعسكر الرشاشات النارية وجميع الهجانة والسوارية أرباب الصافنات وفرسان أشراف الجوف الحمزات، وبالجملة فإنه بلغ الجيش العازم صحبة سموه العالي إلى نحو خمسين مائة رامي، فتوجه بذلك الجيش الجرار حتى بلغ في اليوم الثاني الساعة العاشرة إلى محل يقال كداد (من أعمال بلاد آل عمار) وهناك استقبله السادة الأمجاد منهم ناظرة السنارة السيد صفي الدين أحمد بن عبد الكريم حجر والقاضي جمال الدين علي بن أحمد الشامي وغيرهما من السادات والأعيان الكبار ومشايخ بلاد آل عمار وساروا معه إلى أن بلغ قرب محل يقال له الدرب، فاستقبله هناك أهل مدينة صعدة من الأفراد والأعيان والسادات والأعلام وغيرهم من رجال بلاد الشام وأعيان ومشايخ بلاد سحار وأفرادهم الصغار والكبار. قال: ولما بلغ بتلك الجيوش والعدة قرب مدينة صعدة أمر بتوقيف الجيش والأثقال خارج المدينة وألزمهم بالتنظيم ليعرضوا عليه على

أحسن تنظيم، ثم دخل المدينة من الباب المسمى باب سويدان وقد أمر بتسميته (باب اليمن) للمناسبة والاستحسان، فتقدم نحو جامع الإمام الهادي إلى الحق عليه السلام، فدخله وصلى ركعتي التحية، ثم خرج منه إلى زيارة المشهد اليحيوي، وصلى بالناس صلاة الظهر ثم أذن باستعراض جيشه المنصور من جهة الشرق لذلك الجامع المشهور، ودام الاستعراض قدر ساعتين على أسلوب تقر به كل عين. قال: ولما كان يوم الجمعة الموافق اليوم الثاني والعشرين من شهر صفر وصلت القبائل من جميع الجهات الصعدية زمرا تتبعها زمرا، لأداء صلاة يوم الجمعة، فكان جمعا لم ير مثله في مدينة صعدة، فخرج مولانا لأداء صلاة الجمعة نحو الجامع المذكور جامع الإمام الهادي في أبهة وخطب بالناس على منبره ثم صلى بهم صلاة الجمعة وبعدها صلى بهم صلاة العصر، ثم دخل دار والده الإمام وأذن لسادات مدينة صعدة الأعلام بالدخول على حضرته لأداء السلام، فمنهم السيد العلامة محمد بن إبراهيم الهاشمي، والسيد العلامة علي ابن حسن الحجازي والسيد العلامة إسماعيل بن عبد الله الهاشمي وغيرهم من الفقهاء والأمراء والأعيان، ولاطفهم بخلقه العظيم وأتحفهم بما يليق من التكريم، ودارت المذاكرة بينه وبينهم إلى آخر ذلك اليوم.

قال: وفي أثناء العشر الأخيرة من صفر وصل إلى مقام صاحب الرحلة ناظرة الشام السيد العلامة محمد بن حسن الوادعي وناظرة جماعة السيد عز الدين محمد بن يحيى العزي، ورؤساء قبائل جماعة وعقالهم، فقابلهم مولانا بما يليق بأمثالهم، وفيها أيضا أمر بجمع عشرين مائة رام من رجال خولان الشام، فوصلوا إلى حضرته بعد ثلاثة أيام، فأمر في الحال بإفتقاد أسلحتهم وتسليم مؤنتهم ومعاشاتهم وأعطى من لا سلاح له سلاحا، وفي اليوم الاثنين الموافق اليوم الثالث من شهر ربيع الأول خرج مولانا صاحب الرحلة لتجهيز الجيش

المذكور، وزلاجهم إلى فوق بركة نسرين وهناك استقام وخطب فيهم خطبة بليغة، ذكر فيها ما يناسب ذلك المقام، من فصيح الكلام ودعا لهم بالنصر والظفر وجعل عليهم أميرا، ولأمرهم مديرا السيد الهمام عبد الله بن إسماعيل الهاشمي وصدر بالجميع إلى أخيه سيف الإسلام الحسن بن أمير المؤمنين إلى نجران، وبقي مولانا صاحب الرحلة في صعدة يتابع التحشيد وعمل التدابير اللازمة للجيوش الإمامية في تلك الحرب، قلت: كما هو مذكور في كتاب البرق المتألق بتفاصيل أخبارها، وفي كتب أخرى، فليرجع إليها من أراد الاستقصاء.

ونأتي على ذكر المصالح الأحمدية أثناء إقامته بصعدة وانشغاله بتدبير وتسير أعمال الجهاد في نجران فنقول:

(المصلحة الأولى)

ترتيب أمور الأوقاف في عموم بلاد صعدة وتقرير أمورها، وهذه المصلحة هي من المحاسن الباقية إلى أيامنا، وثوابها وأجرها سار إلى فاعلها وموجدها، وهو سيف الإسلام الإمام الناصر بعد ذلك أحمد بن أمير المؤمنين يحيى بن محمد حميد الدين، ولهذه المصلحة وجوه عدة، عمت بها الفائدة، واستقام العمل بها إلى يوم الناس هذا، ونرتب تلك الوجوه فنقول: **الوجه الأول**: أمره رضوان الله عليه بحصر جميع الأموال الموقوفة والوصايا العامة والخاصة، وذرعتها وتحديدها بحدودها الأربعة وتكريسها وتجديد الأجاير في جميع البلدان من مزارع جماعة وسحار وآل عمار ووادعة وهمدان، وأوكل هذا العمل إلى أهل الخبرة والمعرفة أمثال الفقيه محمد بن أحمد الخياري، والفقيه العلامة محمد بن قاسم الأكوع، والفقيه عبد الله بن محمد شويل، والسيد محمد بن علي الهادي مولى شهارة، وسيدنا محسن العريض، والسيد هادي الصيلمي وغيرهم وذلك

بحضور العدول العارفين والشركاء لتلك الأموال والقباضين لنواب الأوقاف، وكان بداية الأمر بذلك في شهر ربيع الأول سنة 1352هـ. **الوجه الثاني**: من وجوه المصلحة المذكور أنه بعد الفراغ من العمل السابق توجه الأمر بتحرير مسودة جامعة بكل ما تم حصره وذرعه وتحديده من أموال الوقف، وذلك على ترتيب وأسلوب عجيب، وهو تقديم ذكر أوقاف الجامع المقدس جامع الإمام الهادي ثم أوقاف مساجد مدينة صعدة ورحبان، ثم المساجد الخارجية التي بنظر متولي الوقف، ثم الوصايا التي بنظر متولي الوقف وغيرها على تنوعها، فمنها ما هو للمصالح عموما، أو للفقراء والمساكين، أو للعلماء والمتعلمين، أو في صب ماء أو في قراءة قرآن، ثم يستأنف بذكر المساجد الخارجية التي بنظر أهلها، ثم ذكر الوصايا التي بنظر أهلها، مع تعيين أموال كل مسجد على حياله وانفراده، وفي أي بلدة أو قرية أو منطقة، وتعيين أموال كل وصية واسم الموصي وما مصرف وصيته، وبدأ في ذلك بذكر أوقاف وادي علاف على انفراد على الترييب السابق، ثم بلاد الأزقول، ثم فروة وسوادها، ثم مزارع حريس، ووادي الصحن وبير غازي ثم وادي غراز ثم وادي العبدين، ثم مزارع رحبان ثم مزارع البقلات والمسلحقات ونسرين ومزارع الزور، وهكذا ترتيبها في المسودة حسب طريق السيول ومسايل الأودية التي تسلك بعدها المناطق الشمالية لصعدة والتي تسمى قديما المخلاف، ثم المناطق التي تعرف بقاع الصعيد، ثم يرجع جنوبا أعلى الحقل على أموال الوقف بأوطان بلاد المهاذر، ثم مزارع وادعة، ثم مزارع آل عمار، ثم مزارع جبل بني عوير، ثم الموقوفات والمستغلات والسماسر والحيط بمدينة صعدة لمساجدها داخل السور، ثم أوقاف بلاد جماعة، وفي آخر المطاف يختم المسودة بذكر أوقاف الجامع المقدس في عموم بلاد خولان وبلاد رازح، وقد فرغ الانتهاء من ذلك لسبع خلت من شهر ربيع الآخر سنة 1353هـ،

فمدة الاعتبار لتلك الأعمال على التمام والكمال سنة كاملة وشهر، ذرعةً وتحديدا وتأصيلا ومقابلة وبحثا.

الوجه الثالث: تقسيم أعمال الأوقاف وتعيين النواب عليها، قال في البرق المتألق: وفي خلال هذا العمل رتب أمور الأوقاف في جميع الشام وعين السيد محمد بن عبد الله الحملي عاملا على أوقاف ناحية رازح، والسيد العلامة محمد بن إبراهيم الهاشمي على أوقاف الجامع المقدس جامع الإمام الهادي عليه السلام، والفقيه محمد بن قاسم الأكوع على أوقاف مساجد صعدة والمساجد الخارجية في عموم سحار ووادعة، والسيد صلاح بن أحمد ستين على أوقاف جماعة وخولان انتهى.

الوجه الرابع: عمل مخازن لمستغلات الأوقاف لحفظها وتخصيص عوائد كل مصرف لما هو له، قال في البرق المتألق: وصدر أمره الشريف بتشكيل مخزن في مدينة صعدة خاص بحاصلات الأوقاف عموما وجعله بنظر مأمور (يسمى مأمور الأنبار) ضابط للمخروج والمدخول وانتظمت بعد ذلك أمور الأوقاف في تلك البلاد وبلغ كل موقوف عليه من غلاتها أقصى المراد.

(المصلحة الثانية)

صدور الأمر بإنشاء مدرسة علمية في جامع الإمام الهادي عليه السلام، قال مؤلف البرق المتألق: وذلك أن مولانا بحث عن درس العلوم وتحقيقها منطوقها والمفهوم في جامع الإمام الهادي، فلاح له قلة الدرس والتدريس، فأمر بتعيين مدرسين من العلماء العارفين، وإلزام تلاميذ من أولاد السادات وأهل البيوتات من بلاد صعدة، بملازمة القراءة في الجامع المذكور، وإحيائه بكل عمل مبرور، ثم إنه أيده الله رتب أمور المعارف ونظمها على أحسن تنظيم، وأمر لدرس العلم كل ذي فكر سليم، واختار لتدريسهم مدرسين من العلماء المهذبين، وعين لكل أستاذ وتلميذ من أموال الأوقاف راتبا من النقد والحبوب، وقرر أمور إدارة هذه

المدرسة وصندوقها، وحث على التحري في المحافظة على جميع حقوقها، وما أحسن قول القاضي العلامة **يحيى بن محمد الإرياني** من جملة قصيدة:

أو ما تراه مذ أقام سموه ... في صعدة تاهت على المعمور
قد كان نور العلم قبل نزوله ... فيها أصيب بوصمة التكوير
نسجت عليه العنكبوت خيوطها ... فغدا يرى كالمربع المهجور
وخبت مصابيح المعارف كلها ... في سوحها وخلت عن التنوير
فأعاد جدته وشاد صروحه ... وأبان عن وضّاحه المستور
وغدا يرى للعلم في عرصاتها ... نورا نصيعا يا له من نور
وتنورت أفكار أهليها لما ... أحيا لهم من مجدها المقبور

وهي قصيدة طويلة، وتم هذا المقصد الحسن في أثناء شهر ربيع الأول وما بعده وزهت به بعد ذلك مدينة صعدة، انتهى كلامه. قلت: وقد أسندت إدارة هذه المدرسة إلى القاضي العلامة **أحمد بن عبد الواسع بن يحيى الواسعي**، واستمر عليها المدة الطائلة، مع القيام بأوقاف المعارف الراجعة مصارفها للعلم والمتعلمين، وقد انتظمت هذه المدرسة في نظامها ومنهجها على غرار مدارس أخرى أنشأت في دولة الإمام **يحيى بن محمد حميد الدين**، منها المدرسة العلمية بصنعاء المسمى بدار العلوم، وقد تخرج من هذه المدارس العلماء الأفذاذ، وأمدت اليمن في تلك الأيام بالقضاة الأكفاء والعمال أهل الكفاءة على فصل القضايا بين الرعية، وأراحت الرعية من طول النزاع والشجار بصلح مرضى أو حكم شرعي، وهذه من محاسن الدولة المتوكلية اليمنية.

(المصلحة الثالثة)

الأمر بإنشاء مكتبة علمية بجامع الإمام الهادي عليه السلام، قال مؤلف الرحلة البرق المتألق: وكان في مدينة صعدة كتب موقوفة على العلماء والمتعلمين

في المدينة المذكورة، وكانت متفرقة غير محصورة، وبعضها قد مزقت أوراقه، وظهر محاقه، فأمر بها فجمعت وعلى حضرته الأحمدية عرضت، فأمر في الحال بترميمها وحباكتها، وعمارة مكتبة في صرح غربي جامع الإمام الهادي لحفظها عن تفرقها وتهالكها، وأمر بنصب حافظ يحفظها، وخصص له أجرة مقابل ذلك، قال: وكانت عمارة هذه المكتبة الشريفة والمحسنة اللطيفة من العمل المشكور من أهل الدين انتهى بتصرف.

(المصلحة الرابعة)

بناء حمام بخاري لأهل المدينة ومن وافى إليها وهو الحمام المعروف الآن بحمام الطاي، قال السيد محمد بن عبد الرحمن شرف الدين في البرق المتألق: ولما رأى مولانا أن مدينة صعدة من أمهات القرى بعد صنعاء فأراد أن يحسن بها صنعا، وكان بها في قديم الزمان عدة من الحمامات لكنها قد أخربتها صروف الليالي، فأمر بحفر مواضع عدني جامع الإمام الهادي، فوجدت فيه آثار حمام، فأمر بتحصيل اللازم من الحجارة وطلب من عملة صنعاء أهل المهارة من يقوم بالعمارة، وأمر إلى صنعاء بتحصيل أحجار الحبش وفي العشر الأخيرة من ربيع الأول سنة 1352 والعمل فيه جار على أسلوب جديد وطراز ما على مثله مزيد، وفي شهر الصيام أو ما قبله من الأيام، كان تمام عمارة حمام صعدة المذكور، فتم به للمدينة الحسن والرونق.

(المصلحة الخامسة)

بناية أفران لأفراد الجيش قرب مسجد صبيح قال في البرق المتألق: وهذه المصلحة مما زادت المدينة المذكورة كمالا، ورفعت عن أهلها نصبا واشتغالا، وذلك أن مولانا لما عرف بعناءهم وتعبهم في صناعة الزاد للعساكر على ما هم

عليه من الكثرة والتكاثر، أراد على أهل المدينة التخفيف، كما شأن خلقه الشريف، في الرفق بالرعية فأمر بإنشاء أفران، ولم يأت زمن قصير إلا وقد كمل فيها البنيان واشتعلت فيه النيران، وخبزت فيها الحبوب على اختلاف أنواعها، وأخذ كل مجاهد خبزه من المأمور المعين لتعوزيها، وسلم أهل صعدة التعب، وذهب عنهم النصب، وأمر بإصلاح بير كانت هاملة، منذ زمن، بالقرب منه لمصالح تلك الأفران، وسبيلا عاما لكل إنسان.

(المصلحة السادسة)

صدور الأوامر الشريفة ببعض التنظيمات العسكرية فقد أصدر أول دخوله المدينة شهرصفر سنة 1352 أوامر بترتيب أبواب المدينة بنظام من العسكر ووضع سلاح كل داخل إليها لديهم واستثنى من ذلك من بيده صك بالدخول بسلاحه، وأمر بإتخاذ التدابير في حطاط ذلك الجيش الهائل، الذي وصل به إلى صعدة، ورتب أمور محتاجاتهم وإجراء صرفهم من بيت المال، وصيانة الناس من المعرات وأمر بنصب الخيام حول دار والده مع تفريغ البيوت المجاورة للمقام، ليجعل فيها جيشه النظامي لمنع الاختلاط بأهل المدينة، قال في البرق المتألق: ومن المصالح التي تنادي بكمال معرفته بالأحوال لما رأى مدينة صعدة وقد كثر الجمع فيها من كل قبيلة أمر بمنع الرماية داخل المدينة، لئلا يبقى لقاصد الشر حيلة، وهذا رأي منير ونتيجة فكرة ليس لها نظير.

(المصلحة السابعة)

إصلاحات داخل المدينة، فقد ذكر صاحب البرق المتألق أن سيف الإسلام أمر أول دخوله صعدة بإصلاح ما في دائر صعدة (سور صعدة) من الخلل وحث بسرعة إجراء ذلك العمل، وفي موضع آخر قال: ومما ينبغي إضافة ذكره إلى

المصالح الأحمدية في المدينة أمربه بإصلاح البير التي شمالي جامع الإمام الهادي عليه السلام وإيصال جدول من مائها إلى مطاهير الجامع المذكور، وآخر إلى قبة الاغتراف وحوض المواشي وأمر أيضا بإصلاح كل خارب وغير صالح في عموم مساجد صعدة، وأقام جميع أمورها كما ينبغي، وكما يحب كل مؤمن تقي، قال: ومن محاسن أوامره الشريفة إصدار أمره الكريم بإصلاح مساجد صعدة وتجديد أجاير الأراضي الموقوفة عليها ومسحها وتكريسها وتبيان قدر حاصلاتها وما يبقى بيد المتولين لكل مسجد من الفضلة بعد صرف محتاجاتها، وأمر بعرض بيانات ذلك عليه ليبحث عن الأعمال السابقة من المتولين، ويأمر بما فيه فائدة الوقف وصيانته من الخائنين. قال: ومن مصالحه أيضا لما رأى أيده الله أن أسواق صعدة ضيقة، ويزيدها ضيقا ما يصل إليها من الجموع أمر بعمارة سوق كامل قرب باب النصر من تلك المدينة، فعمر هناك ما ينيف على أربعين دكانا، فزاد الناس بذلك إحسانا وأمانا.

(المصلحة الثامنة)

عمارة داير القلعة والحصن المسمى الآن بالقشلة وسط مدينة صعدة، قال في البرق المتألق عن تلك المصلحة ما موجزه:

ولما بلغه أن رجالا من سحار منعوا الإمام شرف الدين بن محمد عشيش أيام دعوته في أول القرن الرابع عشر عمارة دائر قصبة الحيد وأنهم لما شرع رحمه الله في عمارته بادروا إلى إخرابه فلما تحقق لديه الخبر سارع إلى الإلزام بعمارة ذلك الدائر المدعثر، وتمت العمارة في أقرب مدة، على أحسن الأحوال واستقام دائر القصبة المذكورة على نوبتين إحدهما جنوبية مع ميل إلى الجهة الغربية والأخرى شرقية مع ميل إلى الجبة الشمالية ومن هناك إلى بير المسجد الذي تحت الحصن دبب لا يستغني عن مثله رجال الرتب وأمر بعمارة أماكن ومخازن وسماسر داخل تلك الدائر انتهى.

(المصلحة التاسعة)

تهجير مدينة صعدة من قبائل بلاد سحار وخولان، قال في البرق المتألق: ومن المصالح التي ملكت بها صعدة كمال الحرية، والأمن الظاهر صدور أوامره الشريفة بتهجيرها من جميع قبائل سحار وخولان بن عامر، وتحررت بذلك القواعد والأوامر، وبلغت صعدة ما كانت تتمناه من الزمن الغابر، وذلك ببركة مولانا وجده المستفادة من والده وجده انتهى.

(المصلحة العاشرة)

إصلاح عارضة سيول الأمطار في جهة الشط ووادي ربيع قال في البرق المتألق: وفي أثناء هذه المدة خرج ذات يوم من صعدة راكبا على متن السيارة يريد النزهة إلى جهة الشط وادي ربيع شمالي صعدة بمسافة ساعة ونصف لغير السيارة، ولما وصل إلى هنالك وجد السائلة العظمى قد أخربتها أيدي السيول التي نزلت في العام الماضي، وأضرت بذلك المحل، وأخذت بعض بيوته ومسجده ودفنت آباره، فأمر أيده الله بإصلاح العارضة المنكسرة من أموال بيت المال، لما علمه من الرعية من ضعف الحال وشكروه على هذا العمل الجليل ودعوا له بالتوفيق إلى سواء السبيل.

(المصلحة الحادي عشر)

تحرير قواعد الصلح بين عموم قبائل صعدة قال في البرق المتألق بخصوص ذلك ما لفظه: وما زال أيده الله أيام بقائه في صعدة في اهتمام تام بقطع الحجج بين القبائل الآتي ذكرها من ثارات سابقة وقتلى فيما بينهم، والتي بسببها لا زالت نيران الحقد في قلوبهم تضطرم، وكل قبيلة تريد من أختها أن تنتقم فأطفأ بماء إصلاحه تلك النيران، التي لا يؤمن تأججها واشتعالها في مستقبل الزمان،

وحرر قواعد الصلح فيما بنيهم وصيرهم إخوانا، وعلى داعي الجهاد في سبيل الله أعوانا، وهاك بيان الحجج التي قطعت، الحجة الأولى بين مهدي ونمري، والثانية بين آل مهدي وآل باسان، الثالثة بين الرزامات وآل مهدي، والرابعة بين آل الغبراء وآل الدناسة، والخامسة: بين الرزامات ووادعة، والسادسة بين أهل صحوة ومن إليهم، والسابعة بين عماري وعويري، والثامنة بين عماري ووادعي، والتاسعة بين مهدي وعويري، والعاشرة وادعة فيما بينهم، الحادي عشر بين آل شاعب وآل ربيع، والثانية عشر آل الدمينة وآل خميس، والثالثة عشر بين وادعة وآل باسان، والرابعة عشر بين أهل المقاش وآل البدوي، وهذي كلها حجج يزيد مبلغ القتلى فيها على ألف قتيل ولولا تولي أمرها بنفسه الشريفة وهمته العالية المنيفة ما قدر على فصلا احد من الأنام، لكن هيبته في صدورهم وجلالته في خواطرهم وحسن معرفته لخطابهم ومحاوراتهم كل ذلك هو الذي قربهم إلى الصلاح وسيرهم في سبيل النجاح والعلاج انتهى.

105ـ الفقيه محمد بن إبراهيم سهيل

الفقيه العلامة الفاضل محمد بن إبراهيم بن يحيى بن علي بن أحمد سهيل النزاري الصعدي اليمني. أخذ عن والده العلامة الكبير إبراهيم بن يحيى سهيل المتوفى سنة 1329 المتقدم ترجمته بحرف الهمزة. ولم أقف على كثير من أحواله ومشايخه إلا أني وقفت على ترجمته بقلم القاضي عبد الرحمن بن حسين سهيل على شاهد قبره ولفظها: هو سيدنا وبركتنا العلامة الأعلم والطود الشامخ الأشم ذو العلوم الزاخرة والمناقب الظاهرة، توفي بعد صلاة ظهر يوم السبت الرابع وعشرين من شهر القعدة سنة 1355 خمس وخمسين وثلاثمائة وألف، وقبره بمشهد أهله بالقرضين.

106ـ السيد محمد بن أحمد القاسمي

السيد العلامة محمد بن أحمد بن قاسم بن أحمد بن علي بن القاسم بن الحسن ابن محمد بن أحمد بن حسن بن زيد بن محمد بن أبي القاسم بن الإمـام عـلي بـن المؤيد بن جبريل الحسني المؤيدي القاسمي. ترجم له السيد الحسين بن القاسم في تراجم علماء بني المؤيد فقال:

كان سيدا متفقهاً فاضلا عابدا ناسكاً ورعـاً، تـوفي بضـحيان ودفـن فيـه في رجب سنة 1319 وانتقل أولاده الثلاثة إلى خولان وتوفوا هنالـك رحمهـم الله تعالى انتهى بلفظه.

(تراجم أولاده)

قلت: وأولاده الثلاثة هم حسين ويحيى وأحمد، ومن الفائدة إثبات تـراجمهم في هذا الموضع حسب الإطلاع. أما (حسين بن محمد بن أحمد القاسمي) فكـان عالما، وكان يقوم من ذات نفسه بإصلاح السبل والمساجد، وتوفي بوادي الحبال من أعمال خولان وبه دفن رحمه الله في تاريخ غير معروف.

وأما (صنوه يحيى بن محمد القاسمي)، فنشأ في خولان ثم هاجر إلى ضحيان وقرأ فيه على علماء وقته، وكان سليم الصدر مرشدا محبوبا، ثم رجع إلى وطنـه جبل السعدي من خولان وتوفي ودفن هناك في تاريخ غير معروف رحمه الله.

أما صنوهم الثالث وهو (السيد العلامة الفاضل أحمد بن محمد بـن أحمـد بـن قاسم القاسمي) فقد ترجم له المولى عبد الله بن الإمام في الجواهر المضيئة فقال: نشأ في طلب العلوم والأخلاق المرضية، وسمع من الإمام الهـادي الحسـن بـن يحيى القاسمي أمالي أحمد بـن عيسى والفصـول اللؤلؤيـة وجـلاء الأبصـار في أصول الفقه وبعض من شرح الغاية والإدراك في المنطق والجزرية والتلخيص

والشافية وغير ذلك، وأخذ عن السابح في بحور الذنوب المستلب لمجالس الصدور المتأهل لما ليس له أهل شرح التهذيب ومطلب الساغب شرح منية الراغب والشفاء وأمالي أبي طالب وأمالي المؤيد بالله والمنهل الصافي في العروض وأكثر المناهل الصافية والشرح الصغير ولم قد يتم وبعض الرضى على الكافية، وهو الآن في حال قراءته وغير ذلك وهو كادح الآن في طلب العلوم، ماداً باعه إلى معالي الأمور، والله يبلغه كل مأمول انتهى بلفظه وستأتي له ترجمة مستوفاة في القسم السادس من هذا المعجم لأن وفاته ببلاد خولان قريبا من فوط شهر ربيع الأول سنة 1397 عن سن عالية.

107. السيد محمد بن أحمد شمس الدين

السيد العلامة محمد بن أحمد بن علي بن محسن بن أحمد بن محمد بن يحيى بن حسن بن شمس الدين بن محمد بن شمس الدين بن الإمام مجد الدين بن الحسن ابن الإمام عز الدين بن الحسن بن الإمام علي بن المؤيد الحسني المؤيدي. عده السيد عبد الكريم بن عبد الله العنثري في جملة تلامذة والده المولى شيخ العترة عبد الله بن أحمد العنثري فقال في ترجمته بعقد الجمان ما لفظه:

ومن تلامذته أهل العلم والديانة والفضل والفطانة السيد العلامة محمد بن أحمد شمس الدين الحرجي المؤيدي من أولاد الإمام مجد الدين بلده المجازين جبل مران هاجر إلى ضحيان وطالت إقامته به واستفاد الآداب وأخذ كسب العلوم وقرأ على والدنا وغيره وهو مقيم بأهله في ضحيان وفي المجازين، وله من الأولاد أحمد وإبراهيم انتهى بلفظه.

قلت: ولم أضبط تاريخ وفاته وستأتي ترجمة ولده السيد العلامة الفاضل أحمد ابن محمد شمس الدين المتوفى بضحيان ربيع الثاني سنة 1410 في أخر أقسام هذا المعجم.

108. العلامة محمد بن أحمد الطاهري

الفقيه العلامة الأستاذ محمد بن أحمد الطاهري رحمه الله.

وهو شيخ القرَّاء في وقته بمدرسة صعدة، تخرج على يديه العلامة الفاضل المتأله محمد بن الحسن المتميز المتوفى سنة 1398هـ، وحفظ القرآن حفظاً متقناً غيباً على القراءات السبع المشهورة وجوده حتى صار شيخاً للقرآن على يد شيخه المذكور وعلى يده والده الحسن بن إبراهيم المتميز، ولم أضبط تاريخ وفاة المترجم، رحمهم الله جميعا.

109. السيد محمد بن إسماعيل حطبة

تقدمت ترجمته بحرف الألف أثناء ترجمة والده.

110. السيد محمد بن حسن شايم

السيد العلامة محمد بن الحسن بن محمد بن إسماعيل بن محمد بن علي الملقب شايم بن محمد بن علي بن السيد العلامة الكبير داود بن الهادي بن أحمد بن المهدي بن الإمام عز الدين بن الحسن بن الإمام علي بن المؤيدي الحسني المؤيدي الفللي.

ترجم له سيدي عبد الرحمن بن حسين شايم أبقاه الله فقال:

الوالد العلامة المتفنن محمد بن الحسن بن محمد شايم، حقق العلوم قراءة على شيخه الإمام الهادي إلى الحق الحسن بن يحيى القاسمي ففاز منها بالقدح المعلى، وكان أوحد أهل زمانه في تحقيق الفقه والمرجوع إليه فيه وفي غيره من الفنون، قضى عمره في نشر العلم، وفي إحياء الشريعة المطهرة بالحكم، وقد تولى قضاء غمر من أعمال رازح وانتقل إلى ساقين حاكماً، وله تلامذة، كالعلامة علي بن

قاسم شرويد وغيره، توفي رحمه الله حوالي سنة 1345هـ.

111. السيد محمد بن حسن شخضم

السيد الفاضل محمد بن حسن شخضم من ذرية الإمام المرتضى بن الإمام الهادي إلى الحق يحيى بن الحسين بن القاسم الرسي الحسني. وهو أحد الآخذين عن المولى عبد الله بن أحمد العنثري، ذكره ذلك عقد الجمان، وتعرض لذكره المولى صفي الدين أحمد بن يحيى العجري في ذروة المجد الأثيل فقال:

وممن هاجر إلى مدينة ضحيان وسكنها وعمر في يمانيها له بيتاً سيدي المقام الأكرم العزي محمد بن الحسن الملقب شخضم، وتزوج من أهلها، وتوفي رضوان الله عليه في أسفل جبل مران، وكان من أهل الديانة، وحملة كتاب الله، وتوفي وله ولدان صغيران درج أحدهما صغيرا والآخر محمد بن محمد، عمر أولا في بلاد بني معاذ ثم باعه وباع بيت ضحيان وعمر في قرية الطلح، وهو بها إلى الآن ساكن انتهى بلفظه. قلت: ولم أقف على من ضبط تاريخ وفاته، وهي قبل سنة 1334 تقريبا. والسادة بيت شخضم ينسبون إلى السيد محمد الملقب شخضم بن أحمد بن جعفر بن أحمد بن جعفر بن علي الملقب الأعمش بن أحمد ابن أبي السعود الحسن بن محمد بن بن الحسين بن عبد الله بن المهدي بن عبد الله بن الإمام المرتضي محمد بن الإمام الهادي إلى الحق يحيى بن الحسين إلى آخر النسب المعروف.

112. السيد محمد بن الإمام الحسن القاسمي

السيد العلامة محمد بن الإمام الهادي الحسن بن يحيى بن علي القاسمي الضحياني المؤيدي وبقية النسب تقدمت، قال صنوه المولى عبد الله بن الإمام في

الجواهر المضيئة مختصر الطبقات مترجما له ما لفظه:

مولده ثالث وعشرين شهر رمضان سنة 1313 ثلاث عشرة وثلاثمائة وألف، ونشأ على ما نشأ عليه سلفه، وكان غالب مقروءآته في الفقه والحديث والأصولين والنحو والصرف والمعاني والبيان على والده الإمام الهادي، مع قريحة وقادة، وذكاء حسن، وقد رأيت له مسائل في الفقه اختارها تدل على تبحره ومعرفته، مع نقده للرواية وإعمال الحديث على موافقة الأصول، هذا مع ورع كامل ودين، وإكباب على مطاعة الدفاتر كما قال بعض العلماء: استفادة العالم بالمطالعة أعظم من مقروءآته، وهو الآن مدرساً لبعض الطلبة مع اهتمامه بالأمر بالمعروف والنهي عن المنكر والتشدد على الظلمة والخفض لأهل الخير ولم يزل ذلك دأبه في آخر مدته واشتغل بالقضاء والتعليم لمعالم الدين في بلاد بني بحر مع الملاحظة والمراقبة لما دل عليه الكتاب العزيز والسنة الشريفة والتنزه والترفع عما يتلبس بعض من انتصب لذلك بالتهور في التدين والتسلف لأموال المسلمين. وتوفي رحمه الله بهجرة ضحيان وقبر في تربة شيخ العترة عبد الله بن عبد الله العنثري، وكانت وفاته قدس الله روحه وبرد مضجعه 25 ربيع الآخر سنة 1359 تسع وخمسين وثلاثمائة وألف انتهى كلامه.

قلت: ورثاه المولى مجد الدين بن محمد المؤيدي بهذه الأبيات:

ما زال داعي الموت دأبا مسمعا ... ولكل شمل في الأنام مصدعا
أمر الإله الحتم جل جلاله ... يقتادهم حتى يوفوا المجمعا
فيه تشاركت الخلائق عن يد ... وتنازعت للورد كأسا مترعا
وهو الذي عم البرايا حكمه ... وغدت رعيتهم لديه كمن رعا
لم تغن عنه السابغات ولم يدع ... أمناً لولا حرما يكون ممنعا
لكنهم فيما سواه تفاوتوا ... شتان بين من استراث ومن سعى

هــذا لــه الزلفــى وهــذا ضــدها لا دعــدعاً يلقــى هنــاك ولا لعــا
ولجــل خطــب كــارث ولمثلــه حقــاً تفــيض العــين سـفحا أربعــا
أودت يــد الحــدثان بالبــدر الــذي قــد كــان لــلأولى والأخــرى معــا
أمحمــد نجــل الإمــام وهكــذا غــير الزمــان ثويــت قــبرا بلقعــا
أفلت سماء المجـد عنـك وأظلمـت أفـق العـلى مـن بعـد أن لـن تطلعـا
فــالله نســأله الرضــا مــن فضــله لــك زلفــة فهــو المجيــب لمــن دعــا
بمقــام أمــن لاحــق الســلف الأولى ســلكوا إلى دار الســلامة مهيعــا
مــع أحمــد ووصــيه وبنــيهم صــلى الإلــه علــيهم مــا أرفعــا

(ومن أولاده الذين توفوا بعده قريبا)

ولده السيد التقي العلامة عبد اللطيف بن محمد بن الحسن بن الإمام الحسن ابن يحيى رحمه الله. نشأ في هجرة المزار وضحيان، وقرأ على والده وانتقل إلى باقم وأخذ بها على أعمامه المولى عبد الله بن الإمام وحسن وعلي وتاج الـدين، وبعـد وفاة والده انتقل إلى مدينة ضحيان وسكنها، وأخذ بها على عمه السيد العلامـة عبد العظيم بن الإمام، وعمه القاسم بن الإمام وغيرهما، قال السيد الحسين بـن القاسم في تراجم بني المؤيد مترجما له: كان سيدا عالما، ذا همة ونشاط، وحسـن خلق، ولو عاش لكان رأسا في العلماء وله عبادة وذكر، وتوفي بضـحيان ودفـن بجانب والده.

113. الفقيه محمد بن حسين قشاقش

الفقيه العلامة محمد بن حسين قشاقش بالقاف ثم شين معجمة وبعد الألف قاف وشين معجمة، وهو المجزي بلدا الجماعي نسبا.

قرأ على المولى الكبير عبد الله بن أحمد العنثري بهجرة ضحيان بعد مهاجرتـه إليه من بلده، وقرأ على غيره من علماء الهجرة المذكورة، وقد ذكـره السـيد عبـد

الكريم بن عبد الله العنتري في عقد الجمان فقال: هو الفقيه العلامة الناسك الزاهد المتبتل محب آل الرسول هاجر إلى ضحيان وأقام به وأحرز كسب العلوم والآداب، وأفاد واستفاد ثم رجع إلى بلده وأفاد بها وله تلاميذ وبعد ذلك هاجر إلى الشط بالقرب من وادي ربيع من أعمال سحار لإحياء معالم الدين وأثر هناك تأثيرا عظيما وتوفي هناك انتهى.

114. السيد محمد بن عبد الله الضحياني

السيد العلامة محمد بن عبد الله بن علي بن أحمد بن محمد بن صلاح بن أحمد ابن صلاح بن يحيى بن أحمد بن الهادي بن صلاح بن الحسن بن الإمام علي بن المؤيد، وقد تقدمت لصنوه السيد العلامة البارع الحسن بن عبد الله الضحياني ترجمة في حرف الحاء، وهما توامان ولدا معا.

وقد ترجم لصاحب الترجمة في نزهة النظر فقال: مولده في شهر رمضان سنة 1274 بمدينة ضحيان وقرأ على والده بضحيان ثم انتقل إلى مدينة ذمار سنة 1296 وأخذ عن القاضي عبد الله بن أحمد المجاهد الشماحي وغيره من علماء ذمار في الفقه والفرائض والعربية وأصول الفقه والحديث والمنطق وعلم المعاني والبيان ثم هاجر إلى الإمام الهادي شرف الدين في سنة ثلاثمائة ولازمه إلى أن توفي سنة 1307 وانتقل مع الإمام المنصور بالله محمد بن يحيى إلى جبل الأهنوم وتزوج فيه، وأخذ عن العلامة لطف بن محمد شاكر في شرح الغاية والكشاف والمناهل والخبيصي، واستقر بقرية علمان. وكان في غاية من الزهد والورع ولم يسعد الإمام يحيى في تولي الوظائف، واستمر على العبادة وتلاوة القرآن حتى وافاه الحمام في جمادى الأولى سنة 1335 خمس وثلاثين وثلاثمائة وألف عن إحدى وستين سنة رحمه الله تعالى.

115. القاضي الكبير محمد بن عبد الله الغالبي

القاضي العلامة الحافظ شيخ الإسلام محمد بن عبد الله بن علي بن علي بن قاسم لطف الله الغالبي الصنعاني ثم الضحياني. ولد كما كاتبني أحد القضاة آل الغالبي في سنة 1258 ثمان وخمسين ومائتين وألف، قال: وهذا نقلا عن مسودة قديمة لعلها بخط جدي عبد الله بن علي رحمه الله.

ونشأ رحمه الله في حجر والده وانتقل معه إلى صعدة وهجرة ضحيان، واستقرا بها كما قدمنا في ترجمة والده، وله مشايخ أعلام أخذ عنهم في فنون العلوم قال في إحدى إجازته ما لفظه: فأول مشايخي وأول من أخذت عنه والدي وشيخي العلامة فخر الشيعة الأكرمين ومرجع علماء زمانه ومجدد ما اندرس من العلوم في أوانه المهاجر إلى الله فخر الإسلام عبد الله بن علي الغالبي قرأت عليه شطرا من العلوم نافعا من كتب الآل وغيرهم قرأت عليه شرح الأزهار لابن مفتاح بأكثر حواشيه وكذلك أسمعت عليه مجموع الإمام زيد بن علي الحديثي والفقهي وأمالي المرشد بالله الخميسية وأمالي أبي طالب وأمالي أحمد ابن عيسى والثلاثين المسألة وشرحها للسحولي وشرح القلائد للنجري وشرح الكافل لابن لقمان ولم يكمل والمصابيح لأبي العباس الحسني وشرح تكملة الأحكام لابن حابس وفي علوم الآلة البحرق والفاكهي وبعض مغني اللبيب وشرح الموشح في النحو للسيوطي وشطرا للمناهل الصافية، وقد أجاز لي رحمه الله إجازة عامة في جميع العلوم وفيما صح له روايته، وقد وضع في ذلك كتاباً حافلا جامعاً لمشايخه ومقروءاته ومجازاته، وقد صار مرجعاً للأسانيد وطرق الروايات، وسماه بعض العلماء (الإحازة في طرق الإجازة)، وبعضهم سماه (العسجد المنظوم في إجازات العلوم). ومن مشايخي سيدي ومولاي مفخر الآل عبد الله بن أحمد المؤيدي الملقب العنتري الضحياني فإني لازمته قدر خمس وعشرين سنة لم تنقطع القراءة إلا في حال اشتغال أو في بعض الأوقات، ثم

عدد مقروءاته عليه وهي كثيرة إلى أن قال: ولي إجازة فيما صح لي سماعه وروايته بأي أنواع الإجازة. قال: ومن مشايخي سيدي العلامة نجم الآل وبدر الكمال صفي الإسلام أحمد بن محمد الكبسي رحمه الله، قرأت عليه أيام وفوده إلى ضحيان إلى الوالد في شرح الأزهار وفي البحرق، ثم قرأت عليه أيام وصوله صعدة وهجرتنا إليه في الشفاء وغاية ابن الإمام والخبيصي والشيرازي والشرح الصغير ولم يكمل وأجاز لي إجازة حافلة قال: وممن أجاز لي مولانا أمير المؤمنين الإمام المهدي لدين الله محمد بن القاسم رحمه الله. قال: فهؤلاء مشايخي الذين أخذت عنهم العلوم بالسماع أو الإجازة أو نحوهما.

قلت: وقد أخذ عنه الأعلام في بلاد صعدة وهم جم غفير منهم الإمام الهادي الحسن بن يحيى القاسمي، والسيد الحسين بن محمد الحوثي، والسيد أحمد بن إبراهيم الهاشمي، والسيد إسماعيل بن عبد الله الهاشمي، وصنوه قاسم، والسيد الحسن بن يحيى طيب، والسيد علي بن يحيى العجري، وصنوه عبد الله بن يحيى العجري، والسيد محمد بن منصور المؤيدي، والسيد محمد بن إبراهيم حوريه المؤيدي، وصنوه القاضي إبراهيم بن عبد الله الغالبي، والسيد يحيى بن صلاح ستين، والسيد محمد بن الإمام الهادي شرف الدين وغيرهم الكثير من السادة والشيعة. واستجاز منه الإمام المتوكل على الله يحيى بن محمد بن محمد حميد الدين فأجازه في سنة 1325 والسيد المؤرخ محمد بن حيدر النعمي صاحب الجواهر اللطاف له منه إجازة وغيرهما الكثير.

وكان صاحب الترجمة علامة كبيرا، ومجتهدا شهيرا، وقد ترجم له المولى عبد الله بن الإمام الهادي في الجواهر المضيئة والسيد المؤرخ محمد بن محمد زبارة في نزهة النظر وغيرهما، ومما كتبه شيخه رئيس العلماء السيد صفي الدين أحمد بن محمد الكبسي في صدر إجازته لصاحب الترجمة ما لفظه:

فإن العلامة الشامة في غرة الدهر والعلامة، أوحد زمانه وأويس أقرانه

المتحلي بكرم الأخلاق والمتوج منها بما عذب وطاب وراق بهجة المحافل وبغية الأماثل غاية السؤل وكافل الأصول الحاوي للحاصل والمحصول، صاحب الذهن الثاقب، والفهم الصائب، قرأ على الحقير في أيام قديمة شطرا من شرح الأزهار وفي الشفاء للأمير الحسين وفي غاية ابن الإمام وفي الشيرازي والخبيصي وعاقه عن تمامها عوائق الأيام فالتمس الآن الإجازة التي هي سنة ثابتة بين أهل هذا الشأن، وطريقة يتناسخها أهل الأيمان ... إلخ، وختم شيخه تلك الإجازة المذكورة بقوله:

إذا شئت منهاجاً إلى الحق طالباً — لسالكه عند اختلاف المآخذ
فلا تعد عن نهجي كتاب وسنة — وعض على ما فيهما بالنواجذ
ولا تعد عن منهاج آل محمد — سفينة نوح ملتجا كل عائذ
هم سيف مظلوم هم حتف ظالم — هم غيث محتاج هم غوث لائذ

حرر ثامن عشر شهر شعبان المعظم سنة 1315 خمس عشر وثلاثمائة وألف. وقد وهِمَ السيد المؤرخ محمد بن محمد زبارة في نزهة النظر وأيضا في كتابه أئمة اليمن في القرن الرابع عشر وجعل مؤرخ الإجازة المذكورة ثامن شهر المحرم سنة 1326 وهو غلط واضح لأن وفاة السيد المجيز كانت شهر القعدة سنة 1316هـ.

وفي الجواهر المضيئة أثناء ترجمته ما لفظه:

كان مفخر الشيعة الكرام وسلطان العلماء الأعلام، وواسطة عقد النظام، وذروة المحققين من الأنام، ذو الفطنة الوقادة، والقريحة النقادة، مَدَّ باعه في كل فن واستنفع بعلومه الخلق لا سيما في الفقه والطب، وكان التعويل عليه، وكان ممن بايع الإمام الهادي وعمل له في بلاد سحار ولا زال حاكماً أولاً عن الأئمة الخمسة ثم عن المنصور ثم عن الهادي إلى آخر كلامه. وترجمه تلميذه السيد عبد

الكريم بن عبد الله العنشري في عقد الجمان فقال:

شيخنا القاضي العلامة بحر العلوم الطامي، وطود الفضائل السامي، بقية أهل التحقيق والإتقان، وأكبر المشايخ قدرا وأعظمهم، مرجع كل معضلة وإشكال، وإليه ينتهي إسناد جل المتأخرين، كان حافظا بليغاً، أحرز جميع العلوم، ونشأ في غاية الذكاء والفطنة والفصاحة والبلاغة، وهو لاحق بالصدر الأول في أموره، وله يد في الطب فهو الطبيب الماهر. **قلت**: وله في هذا الفن فن الطب كتاب موسوم بـ(تحفة المسافر في الدواء الحاضر) وكان مرجوعاً إليه في التداوي، ويذكر أن له وصفات دوائية ناجعة وقد اتفق أن عالج أحد الأتراك من مرض لازمه مدة من الزمن، فبرئ فحمل له هذا الضابط التركي هذا الإحسان، ولما توفي المترجم له أرسل بلوح رخام يوضع على قبره على عادة أهل البلاد اليمنية قال في آخره: كتبه الفقير ملازم أول نظمي دمشق، ومن مؤلفاته أيضا (كتاب الأدعية والأذكار) وقفت عليه، وله غير ذلك.

قلت: وكانت وفاته بضحيان نهار الجمعة سابع عشر ذي القعدة سنة 1334 أربع وثلاثين وثلاثمائة وألف ورثاه علماء ضحيان بمراث منها:

مصاب عم أحزاناً وغما ... ورزءا فادحاً فينا ألما
وخطب ماج منه كل رأس ... وساوى كربه الجبل الأشما
مصاب هد أبنية المعالي ... وعم أولى النهى هما وغما
وذلك لموت من قد كان نورا ... وبدرا مستنيرا مستتما
وكان لعلم أهل البيت طودا ... ونبراسا إذا الأمر ادلهما
وشيخ العلم والإسلام حقاً ... ومرجعنا إذا خطب ألما

ومنها:

ومن حاز الفخار بلا امتراء ... وجل مفاخرا عملا وعلما

طبيب ماهر لشفاء جهل ويشفي علة لزمت وسقما

ولصاحب الترجمة أخ هو محمد الأصغر ذكره في عقد الجمان ضمن الآخذين عن المولى شيخ العترة عبد الله بن أحمد العنثري وقال في نعته: صنو القاضي الكبير وكان رحمه الله ذا بسالة ونهاجة، وسلامة صدر، وتوفي رحمه الله ولا عقب له، وقبره غربي مقبرة ضحيان، وذكره في المشكاة النورانية المولى أحمد بن يحيى العجري فقال: العلامة بقية أهل الفضل والاستقامة، عزالدين والإسلام محمد بن عبد الله الملقب الأصغر ووفاته سنة 1307 انتهى.

(تراجم أولاده)

أكبرهم ولده لقاضي العلامة أحمد بن محمد بن عبد الله بن علي الغالبي اليمني الضحياني. نشأ بضحيان وأخذ في علم الفقه وغيره وفي منهاج الوصول في علم الأصول عن والده القاضي شيخ الإسلام محمد بن عبد الله الغالبي، وشارك صنوه عبد الله الآتية ترجمته في السماع على شيخ العترة المولى عبد الله بن أحمد العنثري وعلى عمهما القاضي إبراهيم بن عبد الله الغالبي. وقد ترجمه صاحب بغية الأماني والأمل وصاحب عقد الجمان فقالا:

كان عالماً فاضلاً ناسكاً عابداً ذا نهاجة وبسالة ومحبة لآل البيت، ولم يشتهر علمه كشهرة علم أخيه عبد الله، ولعله لتفاوت القرائح، وله الأوراد الصالحة والوظائف الراجحة انتهى ولم أضبط تاريخ وفاته.

وولده هو **القاضي العلامة عبد العزيز بن أحمد بن محمد الغالبي**. نشأ بضحيان وأخذ عن والده وعن المولى العلامة الحسن بن الحسين الحوثي، والسيد العلامة المحقق يحيى بن صلاح ستين، ومن مقروءاته عليه أمالي أحمد بن عيسى ومجموع الإمام زيد بن علي، وشرع في القراءة عليه شهر محرم غرة سنة 1355 خمس

وخمسين في شـرح التجريد، ولما بلغ إلى مسألة والقارن في الحج وصل أمر سيف الإسلام إلى شيخه بدخوله إلى صعدة للتدريس بالمدرسة العلمية، فانتقل لإكمال القراءة في الكتاب المذكور لدى سيدي علي بن محمد العجري. وكـان صـاحب الترجمة فاضلاً عالماً مدرساً، لا سيما في تحفيظ القرآن بالقراءات السبع، وأخـذ عنه في بداية الطلب المولى بدر الدين بن أمير الدين الحوثي فهو أحد مشايخه، وله عليه حق التنشئة والتعويد، وكان يشتغل بالنساخة وتوفي في ليلة عيد الفطر سنة 1361 إحدى وستين وثلاثمائة وألف رحمه الله تعالى.

(وولده الثاني)

هو القاضي العلامة علي بن محمد بن عبد الله الغالبي، نشأ بحجر والده وأخذ عليه وعلى عمه القاضي إبراهيم الغالبي، ومن مقروءاته على والده كتاب الشافي وأمالي أحمد بن عيسى، وأخذ عن السيد عبد الله بـن عبـد الله العنشري والسـيد يحيى بن صلاح ستين وغيرهم، ومن أكابر الآخذين عليه السيد العلامة علي بن محمد بن يحيى العجري، قال السيد الحسين بن قاسم في ترجمته: كان عالما ورعـا سخيا شفيقا، وكان له في الطب غاية المهارة لا يعالج مريضا إلا شفي بإذن الله، وتوفاه الله بضحيان ودفن فيه انتهى.

(وولده الثالث)

هو الشاب الناشئ العلامة عبد الله بن محمد الغالبي نشأ في حجر والده وقرأ عليه وعلى عمه القاضي إبراهيم الغالبي، ومـن مسـموعاته عـلى والـده أصـول الأحكام في سنة 1297 وأسمع على المولى عبد الله بن أحمـد العنشري في بعـض المقروءات هو وصنوه أحمد بن محمد، ومن مشايخه أيضا السيد العلامة عبـد الله ابن عبد الله العنشري، قرأ عليه كتاب الشافي عام 1301 وكان المـترجم في غايـة

الذكاء والفطنة، واخترمته المنية وهو في عهد الشباب وتوفي في حياة والده سنة 1303 رحمه الله تعالى.

(وولده الرابع)

هو العلامة عبد الرحمن بن محمد الغالبي، نشأ بضحيان وقرأ على أبيه وعلى عمه، وعلى أخويه أحمد وعلي، ولازم المولى العلامة الحسن بن الحسين الحوثي، ومن مقروءاته عليه أمالي أحمد بن عيسى، ومجموع الإمام زيد بن علي، وكتاب الثمرات وغيرها، وكان المترجم ألمعيا نحريرا، له مهارة في الطب، وذكر السيد الحسين بن القاسم المنقول عنه ما تقدم أن وفاته ببلاد غمر لما وصل إليها ولم يؤرخ سنة الوفاة رحم الله الجميع بواسع الرحمة.

116. القاضي محمد بن عبد الله الشاذلي

القاضي العلامة بدر الدين محمد بن عبد الله بن علي بن أحمد الشاذلي الأنصاري الخزرجي. قرأ على والده القاضي عبد الله بن علي الشاذلي المتقدم ترجمته في القسم الرابع، وقال رحمه الله:

قرأت على حي الوالد القرآن بكماله مرة بعد مرة، وقرأ عليه في شرح الأزهار وفي الناظري وفي البدر الساري وفي الإيثار وفي أصول الأحكام وفي الشفاء وفي القطر والأجرومية، ثم قرأ على الإمام الهادي الحسن بن يحيى القاسمي قبل الدعوة، قرأ عليه عدة مقروءات وجدتها بخطه قال فيها ما لفظه: منها الكشاف للزمخشري، ومنها الثمرات للفقيه يوسف، ومنها الغاية وشرحها للحسين بن القاسم، وكذلك المنهاج للإمام المهدي في أصول الفقه، وكذلك مختصر له في الفقه، وكذلك قرأت عليه في البحر، وقرأت عليه في القطر، وقرأت عليه السفينة المنجية للإمام أحمد بن هاشم، وكذلك أمالي المؤيد بالله وصحيفة علي بن

موسى الرضا، وكذلك صور الشفعة للحيمي ثم إني طلبت منه الإجازة فقال: فإني أجزت الأخ العلامة التقي محمد بن عبد الله الشاذلي الخزرجي أن يروي عني جميع مسموعاتي ومقروءاتي وإجازاتي حسبما تضمنته الإجازات المرقومة لحي القاضي العلامة شيعي الآل عبد الله بن علي الغالبي أرويها عن الوالد العلامة الولي عبد الله بن أحمد المؤيدي عن المؤلف ثم ذكر طرقه إلى إجازات الحافظ أحمد بن سعد الدين المسوري، وإتحاف الأكابر للشوكاني ثم قال: فأجزت بإجازتي له جميع الطلبة في هجرة فللة، والشرط على الجميع تحري النسخ الصحيحة مأمونة التحريف والغلط، وأن لا يرووا عني ما يخالف مذهب آل محمد أو يؤول إلى الجبر والتشبيه إذ لا نعتقد هذا ولا ندين به، ومشروطا عليهم العمل بالعلم وبذله لأهله كما ذلك هو الشرط المعتبر عند علماء الآل وشيعتهم، حرر بتاريخ صبيحة يوم الخميس لعله رابع وعشرين في شهر شعبان سنة 1309 هـ انتهى. ونقلت عن خط المترجم له رحمه الله تعالى ما لفظه: روي لي سيدي العلامة شرف الدين تاج الأئمة الماجدين حسن بن يحيى القاسمي المؤيدي أن أحاديث المجموع المعروف بمجموع الإمام زيد بن علي عليه السلام من أصح كتب الزيدية، وسنده أقوى الإسنادات من كتب الزيدية المعروفة، رواية عدل عن عدل، سماعا إيضا إلى الإمام زيد بن علي عليه السلام، روى لي ذلك مشافهة وتحقيقا فليعلم ذلك.

قلت: والمترجم من علماء زمانه، وفضلاء وقته وأوانه، وهو ممن ناصر شيخه الإمام الهادي الحسن بن يحيى القاسمي أيام الدعوة، وكان حاكمه، وقبض عليه مع جماعة من أهل هجرة فلله من بينهم السيد الحسن بن الحسين عدلان من قبل عامل الإمام المتوكل يحيى بن محمد حميد الدين، وأودعوا سجن شهارة وبقي المترجم هناك حتى كانت وفاة شيخه السيد الحسن عدلان بشهارة، فأفرج عنه وعن الجماعة المقبوض عليهم، وفي ترجمة كتبها الأخ الفاضل عبد العزيز بن

محمد الشاذلي قال فيها: وكان أحد أعيان الإمام الهادي القاسمي والقائمين بدعوته، وأحد الأربعة الذين خدعوا حتى وقعوا في قبضة عسكر المتوكل على الله يحيى حميد الدين رحمه الله، وذهب بهم إلى شهارة، فتوقفوا هناك حوالي عامين، ثم أخرج الوالد محمد بن عبد الله قال: ثم رجع إلى بلده هجرة فلله وعين قاضيا في ناحية غمر، وتوفاه الله في إحدى شهور سنة 1351 إحدى وخمسين وثلاثمائة وألف، (قلت: وهو صاحب القبر المرفوع في المقبرة خارج قبة الإمام عز الدين، وعلى قبره لوح قدر ذراع). قال: وخلف من الأولاد: يحيى وإبراهيم رحمة الله عليهم جميعا، وللمترجم (رسالة في جواز الجمع بين الصلاتين) ألفها وهو بشهارة أيام كان محبوسا، فرغ من زبرها يوم الثلاثاء لعله 27 شهر رجب سنة 1331هـ أوقفني عليها حفيده المذكور.

(وصنو المترجم له)

هو القاضي العلامة عبد الله بن عبد الله الشاذلي، وهو ممن ارتحل مع صنوه صاحب الترجمة إلى الإمام الهادي الحسن بن يحيى القاسمي وتضمنته إجازته، وتوفي بهجرة فلله، أفاد ذلك السيد الحسين بن القاسم في مجموع تراجمه، ولم يؤرخ لتاريخ وفاته.

قلت: ومن أجل الآخذين عنه المولى علي بن محمد العجري، وكان موجودا عام 1358هـ. وللمذكور ولد عالم فاضل اسمه الحسين بن عبد الله بن عبد الله الشاذلي له قراءة على العلامة المحقق محمد بن هادي الفضلي، وتوفي بهجرة فلله شهر الحجة سنة 1392 وستأتي له ترجمة مستوفاة في القسم السادس.

117. السيد محمد بن قاسم حوريه المؤيدي

السيد العلامة محمد بن قاسم بن عبد الله بن حسين بن عبد الله بن قاسم بن

حسين بن علي بن أحمد بن يحيى بن الإمام إبراهيم بن محمد الملقب حوريه الحسني المؤيدي اليحيوي.

كان سيدا عالما تقيا عابدا زكيا، جامعا بين العلم والعبادة والورع والزهادة، هكذا ترجم له بعض الأفاضل، ووفاته بصعدة ليلة الخميس 28 شوال سنة 1362 اثنتين وستين وثلاثمائة وألف، وقبره بمشهدهم في مقبرة القرضين رحمه الله وإيانا والمؤمنين.

118. السيد محمد بن مهدي شايم

السيد العلامة محمد بن مهدي بن محمد بن إسماعيل بن يحيى بن محمد بن علي الملقب شايم بن محمد بن علي بن السيد العلامة الكبير داود بن الهادي بن أحمد ابن المهدي الإمام عزالدين بن الحسن اليحيوي المؤيدي الفللي. ترجمه سيدي عبد الرحمن بن حسين شايم فقال:

الوالد العلامة المجاهد نصير الدين وقامع المعتدين محمد بن مهدي شايم، كان له الذهن الوقاد والسيادة الكاملة، والشجاعة في مواطن الإقدام، قام بنصر الأئمة فجاهد مع إمامه الهادي الحسن بن يحيى القاسمي حتى وقع تشتت في صفوف الهادي وانتصرت الجيوش المتوكلية ودخلوا هجرة فللة، فكان من مقدم جيوش المتوكل أن طلب أعياناً من الهجرة المقدسة لمقابلة نائب الإمام بساقين، فلمّا وصلوا إليه بعد الأمان لهم غدر بهم وأرسلهم مصحوبين إلى شهارة، فزجوا في الحبوس وبقي المترجم له سنتين فكان خروجه، ثم صلحت الحال بينه وبين مسئولي الدولة المتوكلية، فقام بالجهاد لفتح منبه وقبائل غافرة من جهات خولان عامر، وتولى القيادة في حرب نجران بين الدولة السعودية والمملكة المتوكلية، فلما وضعت الحرب أوزارها عكف في بلده على مراجعة

العلوم والعبادة للحي القيوم حتى وافاه أجله في شهر جمادى الأولى سنة 1362 اثنتين وستين وثلاثمائة وألف رحمه الله.

(وولده هو)

السيد العلامة مهدي بن محمد بن مهدي شايم، ترجم له سيدي عبد الرحمن بن حسين شايم أبقاه الله فقال:

الوالد العلامة مهدي بن محمد بن مهدي بن محمد بن إسماعيل شايم، نشأ على طريق سلفه الأخيار، وطلب العلم بجدٍ واهتمام فعكف لأخذ العلم على شيخه وشيخ صنوه الحسين، سيدي عبد الله بن أحمد بن علي المؤيدي، فارتوى من معينه الصافي حتى صار يقتدى به، وكان له من الزهد، والعبادة ما لا يقدر الواصف أن يصفه، توفي رحمه الله ببيت ابن الجرشي بالحجاز حال رجوعه من الحج سنة 1361 إحدى وستين وثلاثمائة وألف.

119ـ السيد محمد بن منصور المؤيدي

المولى العلامة الكبير المسند الزاهد الرباني عز الإسلام محمد بن منصور بن أحمد بن عبد الله بن يحيى بن الحسن بن يحيى بن عبد الله بن علي بن صلاح بن علي بن الحسين بن الإمام الهادي إلى الحق عز الدين بن الحسن الحسني اليحيوي المؤيدي الضحياني ثم الصعدي.

مولد صاحب الترجمة كما نبه عليه ولده السيد الإمام مفتي اليمن الأكبر مجد الدين بن محمد بن منصور المؤيدي في جمادى سنة 1285 خمس وثمانين ومائتين وألف بمدينة صعدة في هجرة ضحيان، وبها نشأ في حجر والده الفاضل الزاهد المبرز منصور بن أحمد، وجد واجتهد في طلب العلم الشريف، فأخذ على شيخ

العترة الكرام المولى عبد الله بن أحمد العنثري في أمالي المرشد بالله وفي أنوار اليقين وفي الاعتصام وشرح الغاية في أصول الفقه، وفي الثمرات وغيرها وأجازه إجازة عامة، وأخذ على شيخ الإسلام القاضي محمد بن عبد الله الغالبي وأجازه إجازة عامة في سنة 1308 شهر القعدة الحرام، ثم ارتحل في عشر المائة الثالثة إلى مقام الإمام المهدي محمد بن القاسم الحسيني الحوثي بجبل برط، ولازمه قدر عشرين عاما، وتزوج ابنته الشريفة الطاهرة أمة الله وهي أم ولده المولى مجد الدين، ومن مسموعاته على الإمام المهدي: كتاب البحر الزخار وتخريجه لابن بهران، وشرح غاية ابن الإمام، والكشاف للزمخشري وغير ذلك كثير، وله منه إجازة عامة. ومن مشايخه أيضا المجيزين السيد الإمام حافظ اليمن أحمد بن محمد بن محمد الكبسي.

وكان صاحب الترجمة آية من آيات الدهر ونادرة في أهل العصر أطلق عليه بعض العلماء الأفاضل لقب عالم آل محمد، وهو كذلك فقد كان بالغاً أقصى رتب الكمال والفضل، والورع والزهد، والعبادة والديانة، محققا للعلوم ثبتا راسخاً، مجتهدا مسندا يروي عنه ولده المولى مفتي اليمن الأكبر مجد الدين بن محمد بن منصور ما بين سماع وإجازة مؤلفات كتب أهل البيت الكرام وغيرهم من علماء الإسلام في علمي المعقول والمنقول، وهو آخر تلامذة عالم العترة المولى عبد الله ابن أحمد العنثري وفاةً، وله أنظار ثاقبة واجتهادات في بعض مسائل الفروع، منها أن الفرجين ليسا من أعضاء الوضوء، وجواز أكل طعام أهل الكتاب وذبائحهم وغيرهم من كفار أهل القبلة للإشتراك في العلة إلا نصارى بني تغلب، وأن صلاة الجمعة في غير وقت إمام تصح رخصة إلى غيرها من المسائل. ومن الآخذين عليه ولده المولى مجد الدين بن محمد المؤيدي، والسيد علي بن عبد الله الشهاري، والقاضي الحسن بن محمد سهيل، والقاضي عبد الرحمن بن حسين

سهيل وغيرهم ممن ضمنه إجازته لهم التي سميت (معارج الكرام ومناهج الأعلام) بتاريخ شهر جمادى الأولى سنة 1354هـ.

***

قلت: وقد أفرده بالترجمة ولده المولى مجد الدين في مجموع لطيف سماه (النسيم العلوي والروح المحمدي في خبر السيد أبي محمد محمد بن منصور المؤيدي) يحتوي على فصول كثيرة في تواضعه وحلمه وعلمه وكلامه ووصاياه، ولم أقف عليه فانقل منه شذرات في ترجمته فالله المستعان.

ومن أوصاف المترجم له التحري والتورع في مجمل أحواله وأفعاله وأقواله، وما يصدر عنه، حياطة لدينه واعتزال عن الناس ما لم يساعدوا على مرضاة الخالق المعبود، قال المولى ولده سيدي مجد الدين قدس الله روحه في لوامع الأنوار في سياق كلام: وكان رضوان الله عليه على ذلك المنهج من العلم والعمل والزهد والورع وبلوغ الغاية في الاجتهاد والتحري والانتقاد، وشدة المراقبة لله سبحانه والغضب له، وتقديم معاملته في كل إصدار وإيراد، وآثر في آخر أيامه رضي الله عنه العزلة والبعد عن الناس لما شاهد من فساد أهل الزمن، وتغير الأعلام والسنن حتى صار كثير من الناس لعدم الخلط لا يتحقق معرفته، وتفرد للخلوة بنفسه والعبادة لربه وإحياء الليل والنهار بالتلاوة والأوراد والأذكار إلا ما توجهنا إليه في تفريغه من الأوقات للقراءة، وأكرمه الله تعالى بكرامات نيرات، وبشارات بينات، شاهدناها معاينة، ورأيناها مكاشفة، مما يفيضه الله تعالى لأوليائه وخاصة أصفيائه. وقال ولده سيدي مجد الدين أيضا وهو مما نقلته عن قلمه بعد ذكره لرحلة والده إلى مقام جده الإمام المهدي عليه السلام بجبل برط فقال ما لفظه: نعم واستقر المترجم له رضوان الله عليه بجبل برط، وعمر هنالك مسجدا معروفاً باسمه في هجرة الرضمة، ولم يزل محيياً للعلوم آمرا

بالمعروف ناهيا عن المنكر، لا تأخذه في الله لومة لائم، ثم انتقل إلى مدينة صعدة في سنة 1345 ولم يزل على تلك السجايا النبوية حتى توفاه الله حميدا سعيدا يوم الخميس عاشر جمادى الأولى سنة 1360 ستين وثلاثمائة وألف، وقبر حيث أوصى أن يقبر شامي مدينة صعدة انتهى كلامه.

وقد رثاه كثير من الأعلام منهم إمام عصره الإمام المتوكل على الله يحيى بن محمد حميد الدين ومنهم ولده سيدي المولى مجد الدين بن محمد بن منصور رثاه بمرثية فاخرة طالعها:

مصاب رمت بالمعضلات نواجمه ... وخطب همت بالمعظمات سواجمه

وهي مثبتة بكاملها في ديوان الإيمان والحكمة، ومما ورد في مرثية الإمام يحيى بن محمد حميد الدين وهي كالجواب على ما تقدم قوله:

محمد المفضال من جل عمره ... تقضى لنيل الأجر فالله راحمه
من الآل أهل الفضل والعلم سيد ... عظيم لدينا قدره وعزائمه
فما رزؤه إلا على الكل إنه ... عظيم وحيد لا تعد مكارمه
له في علوم الآل آل محمد ... مكان علي لم نجد من يزاحمه
سقى تربه وبل من الله صيبٌ ... فإن فقيد اليوم في الوقت عالمه

(وولده محمد بن محمد بن منصور المؤيدي)

ترجمه صنوه الوحيد المولى مجد الدين بن محمد بن منصور المؤيدي في مواضع متفرقة وقفت عليها فقال ما لفظه:

الأخ العلامة البدر المضيء والعلم المرضي والفرع الزكي.

نشأ النشأة النبوية الطاهرة، وأخذ عن والدنا رضوان الله عليه، وتوفي بجبل برط وقد نال من العلوم غاية المنال، وارتقى في الخصال الفايقة ذروة الكمال،

توفي شهر شوال سنة 1328 ثمان وعشرين وثلاثمائة وألف، وخطب فيه لعيد الفطر فكانت خطبة وداع وله عشرون عاما انتهى وستأتي ترجمة صنوه سيدي المولى مفتي اليمن الأكبر مجد الدين بن محمد المؤيدي في القسم السادس من هذا الكتاب.

120. السيد محمد بن يحيى العجري

السيد العلامة محمد بن يحيى بن أحمد بن الحسين بن محمد بن يحيى الملقب العجري المؤيدي الضحياني.

وهو والد المولى علامة العصر الأخير علي بن محمد العجري المتوفى سنة 1407 وقد تقدمت في هذا المعجم تراجم إخوته الأربعة، وهم: المولى صفي الإسلام أحمد بن يحيى العجري، والمولى جمال الدين علي بن يحيى العجري، والمولى فخر الإسلام عبد الله بن يحيى العجري، وصنوهم السيد صارم الدين إبراهيم بن يحيى العجري. وصنوهم صاحب الترجمة كانت نشأته بضحيان، وأخذ عن أخويه صفي الدين وجمال الدين وغيرهما، وكان سيدا فاضلا، تولى أوقاف بلاد صاره، وسكن هناك بجوار مشهد ومسجد الأمير الشهير المؤيد بن أحمد، ثم رجع وتوفي بمدينة ضحيان ليلة الجمعة خامس شهر رمضان سنة 1328 ثمان وعشرين وثلاثمائة وألف، وقبره جنب صنوه علي بالمقبرة غربي ضحيان متصلا بقبره شاما رحمهما الله جميعا وإيانا والمؤمنين.

121. السيد محمد بن يحيى شريف

السيد العلامة المدره عز الإسلام محمد بن يحيى بن أحمد الملقب شريف بن عبد الله بن أحمد بن إبراهيم بن محمد بن الإمام إبراهيم بن محمد حوريه الحسني اليحيوي المؤيدي الصعدي.

مولده في نحو سنة 1295 خمس وتسعين ومائتين وألف تقريبا، وأخذ عن خاله المولى الكبير أحمد بن إبراهيم الهاشمي، وصنوه العلامة محمد بن إبراهيم الهاشمي، وكان ملازما لهما مستوطنا عند أخواله آل الهاشمي برحبان، وله إجازة من المولى صفي الدين أحمد بن قاسم حميد الدين وغيره. وقد ترجم له القاضي العلامة محمد بن يحيى مرغم في مجموعه فقال:

السيد العلامة المدرة الصمصامة، فيصل الشريعة النبوية، ورأس فخر العترة الزكية، كان معدودا في كمال أخواله، غزير العلم، مدققا في المسائل العويصة وعلوم الآله وغيرها، وله شرح على مقدمة الإمام المنصور بالله عبد الله بن حمزة التي قدمها في أول الشافي إيرادا على فقيه الخارقة، وكان يقري طلبته في جميع الفنون، ثم يعود للحكومة معاونا لسيدي العلامة الصفي أحمد بن إبراهيم الهاشمي، وكان سيدي العلامة الصفي المذكور وسيدي محمد بن يحيى شريف مرسلين ذؤابتي عمامتيهما إتباعا لسنة سيد المرسلين، واقتداء بالأنزع البطين، وكان يدخلان إلى الجامع المقدس يوم الجمعة وأخو سيدي العلامة الصفي، ويدخلون من باب واحد على هيئة عجيبة، فإذا دخلوا طمحت إليهم أعين الناظرين، ولا سيما في يوم العيدين فإنهم يدخلون بالأجواخ والكساء الباهرة، فيكون عليهم من الجمال والهيئة الحسنة ما لا مزيد عليه، وهم راكبون الخيل والبغال والدفوف تضرب قبلهما قاصدين بذلك إظهار شعائر الله وتعظيم ما عظم الله، وألسنتهم ترجف بذكر الله متواضعين لعظمته وجلالته انتهى كلامه.

وفي سيرة الإمام المتوكل على الله يحيى بن محمد حميد الدين التي كتبها القاضي العلامة المؤرخ عبد الكريم بن أحمد مطهر المسماة (كتيبة الحكمة) أثناء ذكر أحداث العام أربعين 1340 ما لفظه:

وفيها توفي السيد الفاضل محمد بن يحيى شريف من علماء صعدة وأعيان

سادتها، وأدركته المنية وهو في سن الكهولة، وكان من العلم بمكان، وإليه يشار بالبنان، ويقصد لفصل الخصام وإصدار الأحكام، ولم يبلغ إلي من أحواله ما يكون كافلا بالتعريف به وإيضاح ترجمته كما ينبغي حال التحرير انتهى.

قلت: ووفاته في شهر رمضان من العام المذكور ودفن في مشهد أخواله آل الهاشمي بمقبرة القرضين غربي صعدة.

(وصنو المترجم له)

هو السيد العلامة الحسين بن يحيى بن أحمد شريف الحسني المؤيدي.

قال من ترجم له: كان سيدا ناسكاً عابدا جوادا، متفقهاً، يألف الصالحات، ويواظب على الطاعات، دأب على المشي إلى بيت الله، فكان كثير الحج، وهو والد السيد العلامة محمد بن حسين شريف الآتية ترجمته. وفي سنة 1341 توجه على عادته إلى بيت الله الحرام مع الحاج اليماني، ولما وصل هو وبقية الحجاج في سدوان من تنومة تلقتهم الآيدي الآثمة بالقتل والسلب، فقتل نحو ثلاثة ألف وخمسمائة وكان المترجم له من جملتهم، وذلك في شهر القعدة من السنة المذكورة.

122. السيد محمد بن يحيى الصعدي

السيد العلامة بدر الإسلام محمد بن يحيى بن أحمد بن علي بن أحمد بن محمد ابن صلاح الملقب الصعدي بن أحمد بن صلاح بن يحيى بن أحمد بن الهادي بن صلاح بن الحسن بن الإمام علي بن المؤيد الحسني اليحيوي المؤيدي الضحياني الملقب الصعدي.

نشأ بضحيان في حجر والده، وأخذ عن عمه السيد العلامة الحسين بن أحمد الملقب فايع الصعدي، وعن المولى عالم العترة عبد الله بن أحمد العنثري، وعن

السيد الإمام الحسين بن محمد الحوثي، وعن القاضي العلامة شيخ الإسلام محمد ابن عبد الله الغالبي وعن صنوه القاضي العلامة خاتمة المحققين إبراهيم بن عبد الله الغالبي. وأخذ أيضا عن الإمام الهادي الحسن بن يحيى القاسمي وله منه إجازة عامة، وقد وقفت على بعض مسموعاته على شيخه السيد العلامة الحسين ابن محمد الحوثي بخطه، فقد أسمع عليه في أمالي أحمد بن عيسى، وفي أمالي المرشد بالله الخميسية، وفي سلسلة الإبريز وتنبيه الغافلين للجشمي، وفي أصول الأحكام، وقرأ عليه الشافي بأجزائه الأربعة، والغاية في أصول الفقه وشرحها من المقصد الأول إلى آخرها، والأساس وشرحه، وحقائق المعرفة، ومجموع السيد حميدان وشرح الخمسمائة والثمرات إلا اليسير وغيرها وأجازه إجازة عامة حررها له في شهر شعبان سنة 1310هـ. ومن تلامذته السيد العلامة محمد ابن إبراهيم بن علي عطيف النعمي، قرأ عليه في الفرائض، وهو من أهل وادي بيش، قرأ على المترجم وعلى السيد الحسين بن محمد الحوثي أيضاً وذلك أثناء مهاجرته إلى ضحيان. وقد ترجم له السيد عبد الكريم بن عبد الله العنثري في عقد الجمان، وأثنى عليه بعبارات تدل على ما وراءها.

وهو أحد علماء المدينة الضحيانية، وبها توفي سنة 1351 ألف وثلاثمائة وإحدى وخمسين رحمه الله تعالى، وله من الأولاد: عبد الله ويحيى، وستأتي ترجمة ولده عماد الدين يحيى بن محمد الصعدي المتوفى سنة 1410 في القسم السادس من هذا المعجم إن شاء الله.

123. السيد محمد بن يحيى عامر

السيد العلامة عز الإسلام محمد بن يحيى بن قاسم بن إبراهيم بن يحيى بن إسماعيل بن محمد بن إبراهيم بن أحمد بن السيد عامر الشهيد بن علي بن محمد بن

علي بن الرشيد بن أحمد بن الأمير الحسين الأملحي إلى آخر النسب المعروف، الحسني الأهنومي الأصل ثم الصعدي الرحباني المسكن والوفاة.

وهو جد السادة آل عامر برحبان. مولده في جمادى الآخرة سنة 1280 ثمانين ومائتين وألف، ونشأ بحجر والده السيد الكبير الشهير يحيى بن قاسم عامر المتوفى بقرية الرأس من جبل الأهنوم سنة 1315 للهجرة، وأخذ بالأهنوم هناك عن العلامة لطف بن محمد شاكر، والقاضي أحمد بن عبد الله الجنداري، والقاضي عبد الله بن أحمد المجاهد وغيرهم.

واستجاز من العلامة الكبير الحسين بن علي العمري فأجازه إجازة عامة.

وكان ممن تولى للإمام المنصور بالله محمد بن يحيى حميد الدين على بلاد خولان الشام من سنة 1314 وكان يسكن ساقين إلى أن توفي الإمام المنصور بالله، فسكن رحبان صعدة، وتولى الخصومات، وفي داره برحبان بقرية الصنجا كان قد تم الإتفاق على عقد المناظرة بين الإمام المتوكل على الله يحيى بن محمد حميد الدين، والإمام الهادي الحسن بن يحيى القاسمي إلا أن بعض الأحداث حالت دون إتمام ذلك، ووفاة المترجم له في شهر رجب سنة 1349 تسع وأربعين وثلاثمائة وألف رحمه الله، وله أولاد وعقب صالح.

124. القاضي مصلح بن معوض المجزي

القاضي العلامة مصلح بن معوض بن علي بن أحمد بن صالح بن معوض المجزي، وهو جد القضاة آل مصلح ببلدة مجز شمال ضحيان.

ذكره في عقد الجمان عند تعداد تلامذة المولى شيخ العترة عبد الله بن أحمد العنثري المتوفى 1315 خمس عشرة وثلاثمائة وألف فقال: ومن تلامذته أهل العلم والمعرفة الفقيه القاضي العلامة مصلح بن معوض المجزي هاجر إلى

صنعاء ثم رجع إلى بلده مجز وقرأ على المولى عبد الله بن أحمد العنثري وغيره، وله من الأولاد: عبد الله وعلي وحسين ومحمد، وإقامته بمجز انتهى. **قلت**: وله اشتغال بنساخة الكتب فقد رأيت بخطه عدة من الكتب نسخها بعناية القاضي محمد بن عبد الله الغالبي وصنوه القاضي إبراهيم الغالبي، من ذلك كتاب طبقات الزيدية وفراغه من نساخة المجلد الأول سنة 1313هـ، ومن ذلك المجلد الثالث من كتاب اللآلي المضيئة للعلامة الشرفي قال في آخرها: تم رقم هذه السيرة بعد شروق الشمس يوم الأربعاء لعله ثاني وعشرين شهر جمادى الآخرة سنة 1307 بمحروس مجز بعناية الأخ العلامة شيعي الآل، وبدر الكمال عز الإسلام محمد بن عبد الله الغالبي الكبير، وصنوه العلامة صارم الإسلام إبراهيم بن عبد الله الغالبي حفظهما الله تعالى بقلم الفقير إلى الله الغني عمن سواه مصلح بن معوض المجزي عفى الله عنه انتهى بلفظه.

قلت: ولم أضبط تاريخ وفاته وهي بعد سنة 1320هـ والله أعلم.

(وولده) هو القاضي العلامة عبد الله بن مصلح بن معوض المجزي، قال السيد الحسين بن القاسم في ترجمته: قرأ بضحيان ومجز وصعدة على مشايخها، وكان فقيها عالما زاهدا سخيا، تولى القضاء بساقين ثم في جبل رازح ومات هناك ودفن غربي القلعة انتهى.

125. القاضي مصلح نايل الحذيفي

القاضي العلامة مصلح بن نايل بن درمان الحذيفي نسبة إلى قبيلة بني حذيفة من قبائل بلاد جماعة. وهو أحد الآخذين عن الإمام الهادي الحسن بن يحيى القاسمي كما تقدم بترجمته بحرف الحاء.

ومن تلامذته السيد العلامة المؤرخ محمد بن حيدر النعمي، قرأ عليه في كنز

الرشاد وفي حقائق المعرفة وفي متن الأزهار وشرحه والفرائض وشرح الأساس، ورأيت له ترجمة في عقد الجمان قال فيها السيد عبد الكريم بن عبد الله العنثري عند تعداد تلامذة والده المولى شيخ العترة النبوية عبد الله بن أحمد البصير العنثري ما لفظه: ومن تلامذته أهل العلم والمعرفة حي الفقيه العلامة محب آل الرسول مصلح بن نايل بن درمان رحمه الله، هاجر إلى ضحيان وأقام به وأفاد واستفاد، وقرأ على والدنا وغيره، وسكن بالغرابين قريبا من ضحيان، وبنى له بيتاً وتأهل، ثم توفي ولا عقب له انتهى بلفظه.

قلت: وقوله لا عقب له يشير إلى وفاة ولده علي بن مصلح قبله بنحو شهر ونصف، وقد ذكر ذلك المولى أحمد بن يحيى العجري في المشكاة النورانية في بيان بعض ما حوته غربي المقبرة الضحيانية ولفظه: ويليه قبر الولد الشاب التقي الأكرم الناشئ في طاعة مولاه علي بن مصلح نايل الحذيفي توفي شهر شوال سنة 1320 ويليه من جهة اليمن قبر والده العلامة الأكرم شيعي الآل مصلح نايل توفي شهر القعدة سنة 1320 انتهى بلفظه.

وقد ترجم لهذا الولد، السيد الحسين بن قاسم بن الهادي فقال:

قرأ بضحيان واستفاد، وكان مستوطنا لمجز على بير عفقان غربي بركة دماج يماني قرية مجز، وكان متفقهاً عابدا زاهدا، قوي الإيمان والمحبة لذي القربى، مقتبسا من نورهم، ومغترفا من بحورهم وتوفي ودفن هو ووالده بضحيان رحمهما الله عام 1320 عشرين وثلاثمائة وألف.

126. السيد مهدي بن محمد شايم

تقدمت ترجمته قريبا عند ذكر والده السيد محمد بن مهدي شايم بحرف الميم من هذا القسم.

127. السيد منصور بن أحمد السراجي

السيد الهمام منصور بن أحمد بن محمد بن يحيى بن أحمد بن حسين بن صلاح ابن شمس الدين بن صلاح بن صلاح بن محمد الملقب السراجي لقب بذلك لأنه ولد بعد دعوة الإمام محمد بن علي السراجي فسماه والده به، فلزمه اللقب، ووالده هو صلاح بن الحسن بن الإمام علي بن المؤيد بن جبريل إلى آخر النسب المعروف اليحيوي المؤيدي الفللي.

وكان صاحب الترجمة أحد كبار السادة بني المؤيد أهل الهجرة في أيام الإمام الحسن بن يحيى القاسمي، وقد تقدم له ذكر في سيرته وأثناء ترجمته، ولم أضبط تاريخ وفاته رحمه الله.

128. السيد هاشم حمران

السيد العلامة العابد هاشم حمران المؤيدي الحسني. ذكره السيد العلامة عبد الكريم العنثري في عقد الجمان ضمن تلامذته والده فقال:

قرأ على المولى الجهبذ عبد الله بن أحمد العنثري المؤيدي، وكان له من العبادة وحسن النية ما لا مزيد عليه، وتوفي رحمه الله برغافة، وقبره هنالك. ولم يذكر تاريخ وفاته وهي نحو سنة 1320 عشرين وثلاثمائة وألف تقريبا.

129. القاضي هادي بن هادي الدرابة

القاضي العلامة هادي بن هادي بن محمد الفضلي الملقب الدرابة بتثقيل الدال المهملة، ترجمه المولى عبد الله بن الإمام في الجواهر المضيئة فقال:

أخذ على شيوخ الزيدية، وأجلهم الإمام الهادي الحسن بن يحيى القاسمي أخذ عليه الهداية شرح الغاية والكشاف ونهج البلاغة وغير ذلك من سائر

العلوم، ولا زال ملازماً له إلى أن دعا الإمام، وكان يسيّره في بعض أعماله، وكان عالماً زاهداً ورعاً من بله الجنة، مخلص الولاء لآل رسول الله صلى الله عليه وآله وسلم باذلاً وسعه في قضاء حاجاتهم كثير الشفقة والإحاطة لهم لم أجد مثله، توفي رحمه الله سنة أربع أو ثلاث وعشرين وثلاثمائة وألف انتهى بلفظه. قلت: وستأتي ترجمة ولده العلامة النحرير المحقق محمد بن هادي الدرابة المتوفى سنة 1399 في القسم السادس من هذا الكتاب.

130. الفقيه يحيى بن إبراهيم المتميز

الفقيه العلامة الفاضل عماد الدين يحيى بن إبراهيم بن محمد بن صلاح بن إسماعيل بن صلاح بن حسين بن محمد بن حسين بن يحيى بن إبراهيم بن يحيى ابن محمد بن إبراهيم بن أبي القاسم المتميز الصعدي اليمني.

قرأ وطلب العلم بصعدة ورحبان على مشايخها، من أجلهم العلامة المتقن الضياء إسماعيل بن أحمد المتميز السابقة ترجمته بحرف الألف، فقد رأيت ذلك في إحدى المجاميع، وكان صاحب الترجمة فقيها مدرسا لا سيما في الفقه والفرائض، محققا فيهما، وعليه أخذ جملة من الطلبة، أمثال الفقيه أحمد بن إسماعيل الضوء، والقاضي محمد بن يحيى العنسي، وقرأ عليه السيد يحيى بن علي ابن شمس الدين في شرح الأساس في سنة 1334 في جماعة من الطلبة، وبالجملة فكان من عمدة المدرسين في أيامه ومن أعلام أهل هذا البيت الماضي التعريف به في القسم الأول، وقد ترجم له بعض الأفاضل قال فيها: كان ملازما للعلم والعبادة، متصفا بالتقشف والزهادة، مرجعا لكل نائبة وملاذا لكل فادحة، فهو العلامة العلم البحر، وقبره بمشهد أهله بالقرضين، ونقلت عن شاهد الضريح نسبه وتاريخ الوفاة وهو يوم الثلاثاء ثامن عشر شهر شوال سنة 1351 إحدى وخمسين وثلاثمائة وألف، رحمه الله وإيانا والمؤمنين.

131. السيد يحيى بن الحسين عدلان

السيد العلامة يحيى بن الحسين بن الحسن بن قاسم بن حسين عدلان الحسني المؤيدي الفللي، وبقية النسب تقدمت في ترجمة صنوه السيد الحسن بن الحسين عدلان وزير الإمام الهادي الحسن القاسمي في حرف الحاء.

نشأ صاحب الترجمة بهجرة فلله وهاجر مع صنوه سابق الذكر إلى ضحيان، فأخذ بها عن المولى الكبير عبد الله بن أحمد العنثري، وعن القاضي محمد بن عبد الله الغالبي، ورجع إلى فلله أيام هجرة الإمام الهادي الحسن بن يحيى القاسمي إليها فقرأ عليه بهجرة المزار أسفل فلله. وفي كتاب ديوان الحكمة والإيمان الذي جمعه السيد العلامة القاسم بن أحمد المشتمل مما ورد وصدر إلى ومن المولى مجد الدين بن محمد المؤيدي جاء ما لفظه: وله رضوان الله عليه مرثيا للسيد العلامة يحيى بن حسين عدلان رحمه الله وإيانا والمؤمنين والمؤمنات المتوفى في شهر شوال سنة 1359 وكان قد بعث ذوو الفقيد بقصيدة أكثرها لإمام الأئمة الإمام الهادي عز الدين بن الحسن يرثي بها والده الحسن بن الإمام علي بن المؤيد رضوان الله عليهم جميعا مع تغيير يسير، وقد نبه عليه مولانا أيده الله:

هو الموت إن الموت أضحى مناديا ... إلى الله يحدوا الخلق ما زال حاديا
إذا كانت الأنفاس تحصى فهل ترى ... سبيلا إلى نيل السلامة واقيا
وما هي إلا زمرة بعد زمرة ... وأولى وأخرى ما أَجَدّ التلاقيا
فمن سابق وافى إليه كتابه ... ومن لاحق يقفوه بالرغم تاليا
لقد كان في هذا لنا أي عبرة ... لمن لم يخادع نفسه والأمانيا
وإن شئت فانظر حادثا جللا به ... غدت سفحات بالدموع جواريا
وثلماً أهاض العلم والحلم والتقى ... وغادر بدر الآل في الترب ثاويا
عماد بني الزهراء ذؤابة هاشم ... بهم يقتدي من كان يرقى المعاليا

وإن حقيقا فيه قول إمامنا … أبي الحسن القوام من كان هاديا
يرثي أبانا شيخ آل محمد … فأكرم بهم وفدا إلى الخلد ماضيا
مصابك هد الشامخات الرواسيا … وصير طرف الفخر والمجد باكيا
وسعر نارا للكروب شديدة … تذيب القلوب المصمتات القواسيا
وما زلت لله المهيمن عابدا … ترى لبهيمات الليالي معانيا
تصلي على ضعف صلاة طويلة … فلا فاترا فيها ولا متوانيا
فصبرا فإن الصبر أوسع ساحة … وخير الأسى والحزن ما كان خافيا
وحمدا على مر القضاء وصروفه … وإن كانت الأجفان منا هواميا
وإن لنا في المصطفى خير أسوة … وآل النبي الأرفعين مراقيا

132. الفقيه يحيى بن عبد اللّه مرغم

الفقيه العلامة يحيى بن عبد الله بن حسن بن إسماعيل مرغم الصعدي الرحباني اليمني. وهو والد العلامة الخلاصة محمد بن يحيى مرغم المتوفى سنة 1381 الآتية ترجمته في القسم السادس.

كان صاحب الترجمة من أهل النساخة للكتب، وله قراءة في العلم على علماء وقته بصعدة، ولم أقف له على ترجمة، أو ضبط تاريخ وفاته وهي بعد سنة 1330 ثلاثين وثلاثمائة وألف.

133. الفقيه يحيى بن صلاح المتميز

الفقيه العلامة يحيى بن صلاح المتميز الصعدي الرحباني.

ذكره القاضي العلامة محمد بن يحيى مرغم في الترجمة المفردة التي خص بها السادة آل الهاشمي من تلامذة السيد العلامة المتأله القاسم بن عبد الله الهاشمي المتوفى سنة 1335هـ فقال: ومنهم سيدنا العلامة عبادة دهره، ووحيد عصره،

عماد الإسلام والدين يحيى بن صلاح المتميز، بلغ الغاية، وحاز في العلوم النهاية انتهى. قلت: ولم أضبط تاريخ وفاته رحمه الله وإيانا والمؤمنين.

وبهذا نفرغ من جمع هذا القسم الخامس من أقسام كتاب (عقد الجواهر بتراجم فضلاء وأعيان صعده بعد القرن العاشر) من مجاميع الفقير إلى ربه الراجي عفوه ومغفرته عبد الرقيب بن مطهر بن محمد بن محمد بن إبراهيم بن الحسين بن يحيى بن المطهر بن إسماعيل بن يحيى بن المولى سلطان العلوم الحسين بن الإمام القاسم بن محمد الحسني الصعدي، ويليه القسم السادس من سنة 1367 إلى سنة 1400 أربعمائة وألف، وكان الفراغ من جمعه وتهذيبه ونقله عن أمه أوائل شهر القعدة سنة 1434هـ وصلى الله على سيدنا محمد وآله وسلم تسليما كثيرا

عقد الجواهر

بتراجم فضلاء وأعيان صعدة بعد القرن العاشر

المسمّى أيضا

نبلاء صعدة بعد الألف

القسم السادس

من سنة 1367 ـ 1400هـ

1. السيد إبراهيم بن يحيى القاسمي

السيد العلامة إبراهيم بن يحيى بن محمد بن أحمد القاسمي المؤيدي، ترجم له السيد الحسين بن القاسم بن الإمام في تراجمه عن السادة من علماء بني المؤيد وغيرهم فقال: قرأ بضحيان وباقم ثم هاجر إلى صنعاء، ثم منها إلى ذمار، ثم منها إلى حبور، ثم انقطعت مواصلته، وكان قد استفاد في كل فن، مع سلوك وعبادة وزهد وفهم صائب، ودين صليب لا يتغير انتهى كلامه.

قلت: والظاهر أن نسبه كما جاء في الدرة المضيئة: إبراهيم بن يحيى بن محمد ابن أحمد بن قاسم بن أحمد بن علي بن قاسم بن حسن بن محمد بن أحمد بن حسن ابن زيد بن محمد بن أبي القاسم بن الإمام علي بن المؤيد بن جبريل الحسني المؤيدي.

2. الفقيه احمد بن إسماعيل سهيل

الفقيه العلامة الفلكي أحمد بن إسماعيل بن أحسن سهيل اليمني الصعدي.

نشأ صاحب الترجمة بصعدة، وأخذ بها عن ابن عمه العلامة المحقق شرف الإسلام الحسن بن محمد سهيل، ومن في طبقته، وترجم له صاحب بغية الأماني والأمل في تراجم أولي العلم والعمل بعد الألف فقال:

الفقيه العلامة فلكي الزمان، وأحد أعلام العصر. نشأ النشأة المرضية، وأخذ في طلب العلم عن شيخنا وسيدنا العلامة الحسن بن محمد سهيل، فاستفاد منه الكثير، أما علم الفرائض فهو الخريت الماهر والعلم الزاهر، ولا أظن أن أحد بعد شيخه المذكور يماثله، وهو من الورع والتقشف والزهد بمحل عظيم. ووالده كان آية في زمانه علما وعملا، ولعلها تأتي ترجمته، وهو أعني

المترجم حال رقم هذه في الوجود مواظبا على الطاعات واكتساب الصالحات انتهى. قلت: وتاريخ وفاته حسبما تقدم بعد سنة 1359 رحمه الله تعالى.

3- الفقيه أحمد بن إسماعيل الضوء

الفقيه العلامة أحمد بن إسماعيل مشحم الملقب كسلفه الضوء بالألف واللام ثم ضاء مشددة مفتوحة بعدها واو الصعدي اليمني.

أخذ في الفقه والفرائض على الفقيه العلامة يحيى بن إبراهيم المتميز من ذلك جوهرة الفرائض في سنة 1346 ست وأربعين وزامله في تلك القراءة العلامة أحمد بن عبد الله الحشحوش وتوفي ذلك الزميل وهم في باب ذوي الأرحام وانقطعت القراءة، فأكمل المترجم على العلامة عبد الله بن محمد شويل وقرأه مرة أخرى على الفقيه أحمد بن إسماعيل شويل وذلك سنة 1349هـ شهر شعبان منها، وقفت على ما تقدم في حوامي بعض الكتب، ووقفت أيضا له على نظم مقبول منه يمدح به مجموع مؤلفات الإمام الهادي إلى الحق عليه السلام (المجموعة الفاخرة) بقوله:

إذا كنت تبغي الهدى من سائغ عذب   وتقتفي آل طه غير مضطرب
فإن هذا بحمد الله صفوته   وأعدل القول لا يخفى لذي أرب

وقد ترجم له في بغية الأماني والأمل فقال:

هو أحد علماء الزمان، وأجلاء الأخوان الكرام، نشأ على طلب العلم، وأخذ عن علماء وقته، منهم العلامة يحيى بن إبراهيم المتميز، والسيد العلامة علي بن أحمد الهاشمي، والسيد العلامة الحسن بن الحسين الحوثي، وسيدنا العلامة شرف الإسلام الحسن بن محمد سهيل، وشاركني في قراءة بعض الكتب على شيخنا المذكور، وكان يذاكر مذاكرة حسنة، وهو إلى الآن على ذلك المنهاج وقد

أخذ عنه عدة من الطلبة انتهى كلامه. **قلت**: ولم أضبط تاريخ وفاته وكان على قيد الحياة إلى سنة 1367هـ. وبيت الضوء يرجع نسبهم إلى الفقهاء بيت مشحم إحدى بيوتات صعدة الشهيرة، ووقفت في إحدى ضرائح قبورهم بمشهدهم خارج باب نجران أن الملقب الضوء هو إسماعيل بن يحيى بن أحمد بن محمد بن قاسم بن يحيى بن صلاح بن محمد مرغم الملقب مشحم، هكذا وقفت عليه ومن نبلاء أهل هذا البيت في القرن الرابع عشر الفقيه عطية بن عبد الله بن أحمد الضوء ووفاته شهر جماد أول سنة 1369هـ وولده عبد الله بن عطية الضوء هو مؤذن جامع بير الشريفة في أيامنا من قرى رحبان مولده سنة 1361هـ، ومنهم الفقيه قاسم بن محمد الضوء توفي شوال سنة 1412هـ وكان وكيل نذور الهادي لمدة من الأعوام.

4. السيد أحمد بن الحسن أبو طالب

السيد العلامة الأديب أحمد بن الحسن بن محمد بن قاسم بن المطهر بن محمد ابن الحسين بن علي بن أحمد أبو طالب بن الإمام القاسم بن محمد الحسني اليمني الصعدي الرازحي النشأة والوفاة.

مولده في سنة 1298 تقريباً، وقرأ في مختصرات العلوم وفي بعض كتب النحو واللغة على السيد العلامة علي بن الحسين بن مجد الدين الحوثي الماضي ترجمته وعلى غيره، وقد ترجمه بعض العلماء الأفاضل فقال:

أحد السادة الأدباء المتطلعين، كان له معرفة باللغة والأدب والتاريخ، وهو مؤلف كتاب (اكمال كتاب المدد الوهبي بشرح منظومة الهبي) التي كان الشيخ عبد الله بن علي العمودي من علماء المخلاف السليماني قد شرح النصف الأول منه، نشأ بالنضير وقرأ على علماء هناك، والتحق بالسيد الإدريسي محمد بن علي حاكم عسير والمخلاف السليماني في أيامه، فقلده قيادة جيوشه على المناطق

التابعة لحكم الإمام يحيى بن محمد حميد الدين، فوصلت بعض قواته على مشارف صعدة، وبعد وفاة الإدريسي عاد إلى بلده النضير فولاه الإمام يحيى قضاءها مدة يسيرة، ثم تعين حاكماً على الصفراء من بلاد همدان، ثم نقل إلى مجز من بلاد جماعة فأغرى به بعض المتولين إلى الإمام أحمد بن يحيى حميد الدين بالحق وبالباطل فعزله، فتخلى المترجم له وعاد إلى وطنه ولازم المطالعة في الكتب والأسفار، وكانت وفاة المترجم له ببلده النضير في الرابع من شهر الحجة سنة 1380 ثمانين وثلاثمائة وألف.

قلت: وقد تقدمت لجده السيد العلامة محمد بن قاسم بن مطهر أبو طالب ترجمة في القسم الرابع من هذا الكتاب.

(قصيدة الأديب الهبي)

والقصيدة التي شرح صاحب الترجمة النصف الثاني منها هي من ذوائع القصائد المتداولة، وقد نسبت في أغلب النسخ المخطوطة المطلع عليها إلى الفقيه الأديب محمد بن عبد الله الهبي الصعدي، ولم أقف له على ترجمة في مطالعاتي المتكررة، فالموجود في ذلك العصر هو الأديب محمد بن علي الهبي كان من معاصري الإمام الحسن بن عز الدين وله قصائد في مدائحه، بينما يذهب بعض الباحثين أن القصيدة المذكورة هي من نظم الفقيه الأديب البليغ المشهور موسى ابن يحيى بهران الصعدي المتوفى سنة 933 فهي أقرب لجزالة شعره، ورقة وملاحة معانيه، وسلاسة وحلاوة مبانيه، وفي مقابلة حوادث التاريخ ومعرفة أحوال ذلك العصر ما يقوي ذلك الطرح والله أعلم.

قال السيد العلامة النسابة محمد بن حيدر النعمي التهامي المتوفى سنة 1351هـ في كتابه (الجواهر اللطاف في أنساب أشراف صبيا والمخلاف) عند

ذكر الأمير أمير جازان الأمير محمد المهدي بن دريب بن خالد بن قطب الدين المتوفى سنة 924 أربع وعشرين وتسعمائة ما لفظه:

وهو الذي مدحه الفقيه جمال الدين محمد بن عبد الله الهبي الصعدي رحمه الله بقصيدته البليغة السائرة، قال: وقد أفادنا سيدنا القاضي العلامة شيخ الإسلام محمد بن سعد الشرقي رواية عن العلامة المحقق البليغ حسين بن إسماعيل جعمان أن السبب في إنشاء هذه القصيدة أن الأديب محمد الهبي كان طالبا للعلم بصعدة، وكان لأحد مياسيرها من أهل الغنى والثروة بنت رائعة الجمال، كاملة الأوصاف، عديمة الشكل والمثال، فأراد أبوها أن يزوجها بمن يكون في بيته لئلا تنتقل عنه لشغف الأب بها، فاختار لتلك الجوهرة المصونة والدرة المكنونة الأديب الهبي، فمنحه إياها والمواهب من ربي، فدخل عليها وتمتع برياها واحتسى كأس حمياها، ولم يخرج عنها من البيت نحو السنة على الحالة الحسنة، مع وال كفاها كل أمر عناها، وهي تظن بزوجها في غنى وأن ما تلبسه من الرياش والمجوهرات من ذلك الشخص الذي لاحظه السعد ونال المنى، فكان منها في بعض الأيام السبق إلى المغتسل ففاجأها وهي مخلوعة الثياب فاعتراها الخجل، فأرسلت ذوائبها التي هي أسود من غداف الغراب وكالثعابين فغطت جميع بدنها، فذهل ذلك الأديب وغالط في العد وضاع الحساب، لما شاهد من العجب العجاب، فقال: ما كنت أحق بك لجمالك الرائع، ولضعف حالي عن المكافأة لمن هي أجمل من البدر، فأنفت تلك الدمية، وحلت منها تلك المطارحة في المفصل بأعظم من الرمية، ففارقها مفارقة الفرزدق نوار، وندم ندامة الكسعي حين بان له النهار، ولم يزل يشبب بها فخرج هائما محتارا، ولم يزل يعمل السير مجدا إلى أبي عريش وقد انقطع منه الخوافي والريش، فلاذ بحمى المهدي القطبي ومدحه بالقصيدة التي مستهلها: يا مربع الحي. فلما سمع الأمير

القطبي ما وصفها به الهبي قال: هل هذا الوصف يوجد لغيداء في هذا الزمـان، فقال: أي وحياة رأسك يا تاج آل عدنان. ثم أفهمه القصة وبما ناله من الغصـة، فظن أنها قد فاتت الفرصة، فقال القطبي: إن كانت تلك الدمية كما وصفت، فعلي المساعدة بما أردت، فقال: هي فوق الوصف ولساني لا يفي بالثناء عليها، وقد عاملني الدهر بالعسف. فلم يسع المهدي إلا مشاهدتها بنفسه فتوجه من أبي عريش، والهبي من الفرح قد كاد يذهب حسه ويطيش، فلما وافى والدها أفهمـه أنه يريد زواج ابنته، فصار منه التمليك فدخلت إليه كالظبي النافر فشاهد مـن جمالها الباهر، فطلقها لحينها قبل الـدخول، وكلـم والـدها في نكاحهـا بـالهبي، فاحتار كيف يقول، فبذل لتلك النافرة من النقود والرياش ما سكن فيها الجأش وتكفل بجميع ما يلزم من مطلوبها، وضاعف لها الرغائب حتى رضيت لحينها، فتم الوصل واجتمع الشمل بالشمل.

وهذه من القضايا العجيبة والفتوة الغربية، وما أعظمها مـن منقبـة وأبقاهـا للذكر الحسن، وليس كل الشعر أرقـه أكذبـه، بـل مـا زاد في المبالغـة ينـال بـه المطالب، وأول قصيدة الأديب الهبي قوله:

يـا مربـع الحـي بـذات الرنـد ... بـالله خـبر كيـف كنـت بعـدي
هـل وقفـة فيـك الغـداة تجـدي ... واحـر أكبـادي وطـول وجـدي
نوحي ودمعي فيك أقصى جهدي
كنـت لريـا ولعليـا ملعبـا ... وكـل رعنـا ذات ثغـر أشـنبا
أصبحت مـأوى للنعـام والظبـا ... وفيـك طـير البـوم لـيلا نعبـا
جـادك هطـال صـدوق الرعـد
أصبحت بعـد الظـاعنين مقفـرا ... مُغـبراً منكـرا مـدعثرا
فيـك النعـام والظبـا والفـرا ... فـدمع عينـيَّ لمـا نلـت جـرا
سـقاك مـن مجلجـل مُسـود

ينبت فيك الشيح والينوفر ويضحك الآس ضحى والعبهر
إذا غدا يرقص فيك السنبر والزهر فيك أبيض وأحمر
وعانق البان غصون الرند

فليت شعري هل يعود ما مضى ويرجع العيش الذي قد انقضى
سقياً ورعياً لأثيلات الغضا هيهات قد عاد سوادي أبيضا
وأبيضي قد عاد كالمسود

فرب هيفاء كالقضيب قامه ظاهرة النعمة والوسامة
مليحة في ثغرها المدامة عانقت في نجد وفي تهامة
مُحبباً غير مضاع الود

يا عاذلي دع عنك عذلي واعذر في حب غيدا كالغزال الأعفر
تريك كعباً مثل حق المرمر ابنة عشر وثلاث معصر
طوع العناق غير ذات نهد

جبينها مثل الهلال يزهر وشعرها إن أرسلته يستر
وثغرها ممسك معنبر معطر مكوثر مسكر
فيه مدام عائق بشهد

أن بسمت تريك برقاً رفرفا أو لثمت أعطتك خمراً قرقفا
أو لحظت أرتك حسنا شنفا أو خطرت أرتك غصناً أهيفا
أخفي هواها تارة وأبدي

حوت من الحسن عجيباً في عجيب أناها رب السماء أوفى نصيب
ليلاً وشمساً وقضيباً في كثيب بي ألم ليس له اليوم طبيب
إلا التي ملمسه كالزبد

من الخراعيب الرعابيب رداح أن صمت الحجل لقرطيها صياح
أو أشبعت دملجها جاع الوشاح تغار منها الحاجريات الملاح
تفاخر البان بلين القد

تريـك مـن مبسمهـا زمــردا	ولؤلـؤاً، وفي الخـدود عسجدا
دعجاء نعساء مـا تريد الإثمدا	كـن لهـا البيـض الهراكيـل فـدا
أيضاً أنـا مـن كـل سـوء أفـدي	
الثغـر منهـا أشـنب مفلـج	والطرف ساج أدعج ما أدعج
والجيـد سـام والجبين أبلـج	كأنهـا بيـن النسـاء عـوهج
أتلـع أدمـا مـن ظبـا نجـد	
نعشـا لعسـا لـم تمخـض بولـد	وكعبهـا غضـة لـيم مـا نهـد
كـأنما أنيابهـا مـاء جمــد	أو جـوهر أو طلـع نخـل أو بـرد
أو لؤلـؤ رطـب مليـح السـرد	
كأنهــا حمامــة في غصــنها	يضـرب منها الخد هدب جفنها
تائهــة عـلى النسـاء بحسـنها	رشـيقة يـا بعـد قـرط أذنهـا
حـين تميـس مـن محـل العقـد	
تعطيك مـا تهـوى لصغـر سـنها	يذهل عقلي عند رشـف مزنها
قد صار فني في الهـوى من فنها	وموج بحري قـد غـدا بسفنها
ومصطلاها مـن شــرار زنـدي	
مشيتها في الأرض مشـية القطا	ليست من العير طويلات الخطا
يعجبني التخميش منهـا و الخطا	إن المحـب لا يـلام إن ســطا
حبيبــة إذ لم تجـد بوعـد	
في ثغرها السلسـال منها يرشـف	كسـلى عـن المضجع لا تنحرف
حتـى إذا كـاد النهـار ينصـف	قامت كمـن قد دب فيـه القرقف
إلى ســواك الـراك لا للكـد	
وشادن أشــرف لي مـن كللـه	ذو حمـرة في خـده مـن خجلـه
قبلتـه فصدني عـن قبلـه	لمـا وضـعت سكري في عسـله
أغاضنـي أنسـاً بـذاك الصـد	

(قصيدة الأديب الهبي)

لم أنـــس أيـــام أبي عـــريش حيـث ريـاشي قـد نـما وريشـي
حيث انتهت خلاعتـى وطيشـى مـا لـذ لي نـومى وطـاب عيشـى
إلا بإنعـــام الأمـــير المهـــدي

القطبـي الخالـــدي الغـــانمي الحيـــدري الأزهـــري الفـــاطمي
القـــرشي النبـــوي الهاشـــمي حـديث كـل النـاس في المواسـم
ونقطـــة البيكـــار مـــن معـــد

غضــنفر الهيجــا طعــان الثغــر فــارس عــدنان إذا النقــع انتشــر
القمــر الــتمّ لنــا وابــن القمــر الواهب الخيـل صـبيحات الغـرر
المقربـــات الصـــافنات الجـــرد

محمـــد المهـــدي ومـــا محمـــد إلا همـــام وخضـــم مزبـــد
وعـــارض بغنيـــك حـــين يرعـــد يفـــيض منـــه ورق وعســـجد
فـــرد بهـــذا العصـــر أي فـــرد

ســنانه يهــوى النحــور والكــلا وسيفه يهـوى الـرؤوس والطّـلا
من آل قطب الدين أربـاب العـلا دع غـــيرهم فـــإنهم هـــم المـــلا
أهـــل المعـــالي ورجـــال المجـــد

نـــال مـــن المجـــد منـــالاً لا ينـــال هو الزلال العذب والحلو الحـلال
حـــاز البهـــاء والجـــمال والكـــمال وإن غـــدا في درعـــه يـــوم النـــزال
فدونـــه العبـــاس وابـــن معـــدي

فاق ملـوك الـدهر بـالجود فطـال تشخص أبصار النسـاء والرجـال
لوجهـــه كنـــاظر إلى هـــلال كـــأنما النـــاس لـــه طـــراً عيـــال
يلـــبس مـــذ شـــبّ بـــرود المجـــد

تلتفـــت الغيـــد إذا مـــا التفتـــا وترهـــب الأســـد إذا مـــا صـــمتا
هـــو لي مصـــيف وربيـــع وشـــتا هـو النقـى هـو التقـى هـو الفتـى
لعقـــد حـــل ولحـــل عقـــد

محمد لا زلت في عيد جديد ... في كل وقت لك مجد لا يبيد

إذا بدوت في الخيول والعبيد ... نوديت ذا المأمون أو هذا الرشيد

وما الرشيد أنت رب الرشد

لا زال خفاقاً عليك العلم ... سيفك ماضٍ في الورى والقلم

فأنت في الناس جميعاً حكم ... يا حاكم المجد ويا غشمشم

لواؤه فوق جباه الأسد

ما هذه الخيل وما هذي العدد ... ما هذه البيض وما هذي الزرد

لو رمت بغداد أتى من غير كد ... إني لأقرا: قل هو الله أحد

عليك، أبقاك المعيد المبدي

أختم أو أبدي ما الطيف سرى ... وما شدا القمري وما ذاد الكرى

إن لنا منك وثيقات العُرى ... لا زال شعري أبداً مُحبرا

فيك فأنت غايتي وقصدي

5. المولى أحمد بن الإمام الحسن القاسمي

السيد العلامة المجتهد المحقق المدقق أحمد بن الإمام الهادي الحسن بن يحيى ابن علي بن أحمد بن علي الملقب كسلفه القاسمي المؤيدي اليمني الضحياني. مولده في هجرة ضحيان في ربيع الأول سنة 1310 عشرة وثلاثمائة وألف.

وبها نشأ في حجر والده وقرأ القرآن وأتقنه ثم أخذ في فنون العلم على مشايخه، فسمع عن والده وشارك صنوه في الفروع والأصولين والنحو والصرف والمعاني والبيان والتفسير والحديث وغير ذلك، فبرع في العلوم وفاق الأقران. وعنه جملة من أعيان العلماء، واستجاز منه القاضي العلامة عبد الرحمن ابن حسين سهيل صاحب بغية الأماني والأمل فأجازه فيما تضمنه مؤلف والده سبيل الرشاد وما أجازه به صنوه المولى عبد الله بن الإمام والقاضي أحمد بن عبد

الله الجنداري، وأجازه أيضاً في مؤلفاته الآتية جميعها وذلك في محرم سنة 1354 أربع وخمسين وثلاثمائة وألف.

وهذه هي تعداد مصنفاته: أولها كتاب (العلم الواصم في الرد على هفوات الروض الباسم) رد فيه على كتاب الروض الباسم للسيد الحافظ إبراهيم بن محمد الوزير، وذكر جملة من أحاديث الفضائل الواردة في آل البيت ونقيضها في أعدائهم، وله (المعراج على هفوات المنهاج) رداً على ما أورده ابن تيمية في كتابه منهاج السنة مشترطاً فيه أن لا يذكر إلا الأحاديث الصحيحة، وله في أصول الفقه (تحفة الأعلام على تذكرة الأفهام) فرغ منه شهر الحجة سنة 1342. وله (بلوغ المراد في تحقيق مسألة أمهات الأولاد)، وله (مشارق الأنوار المنتزعة من البحر الزخار) وهو فيما أختار في مسائل الفروع وانتقد فيه الأدلة وهو في جزءين، وله (الروضة الندية في معرفة بعض محدثي الزيدية) جمع فيه بين ما ذكره السيد صارم الدين الوزير في الفلك الدوار وبين ما ذكره والده أمير المؤمنين في مجموعه، وأضاف من أطلع عليه ممن لم يذكراه. وله بحث في فائدة الضمان وصحب القبائل، وبحث في قراءة الفاتحة خلف الإمام، وكان قد دارت بينه وبين العلماء الأعلام في أيامه مراجعة في ذلك، ووقفت في أيام ماضية على أبيات دالية من نظمه وشرح عليها في أصول الدين وهي قوله:

ألا يا ربى نجد متى حلت عن عهدي	وما زلت أرعى الود في حالة البعد
ومن يدثر ثوب التخلف أخلقت	مواعيده والخلف أشنع ما تبدي
ومن يطرح ثوب المحامد يرتدي	من اللوم أثواباً من القبح ممتدي
كما طرح الأقوام هدي محمد	وعترته بعد الوصاية والعهد
هموا تركوا الثقلين عمداً وقطعوا	حبال النجا الممتد والعلم المهدي
هم القوم يشرون الضلالة بالهدى	فما ربحت تلك التجارة والشيد

بلى صار ذاك الجمع سبعين فرقة فشامخ دين الجمع قد صار منهد
فلما رأيت الجمع فرق شملهم جدال وأراء تناءت عن القصد
تحريت قول الله ثم رسوله وعترته أهل الرجاحة والنقد
فقلت صفات جل جلاله هي الذات شأن الواحد الأحد الفرد
وهذا مقال الآل والذكر فانظرا تعريف موسى للإله لدى الرد

إلى أن قال:

وقلت أراد الله ما هو كائن من اليسر والغفران للهزل والجد
ويكره ربي السيئات جميعها ويرضى لنا الإسلام ديناً لمن يهدي
ومن رد هدي الله ولاه غيره على علمه والنهج ليس بمنسد
وما قلت علم الله ساقك للردى ولا خارج عن علمه كيفما يسدي

باب الأفعال:

وقد قيل هذا الفعل خلق لربنا ولكن هذا القول مشتبه عندي
فإن يكن التأثير لله وحده فتأثير فعل العبد من بعد كالطرد
وإن يستقل العبد بالفعل دونه فما الخلق قل لي إن هديت وما يجدي
ومقدور بين القادرين تمانعا فأقواهما المسئول لا العاجز اللدّ
وعندي أن الخوض في الخلق بدعة لأفعالنا والذكر متسق السرد
ولست بمرجي .... عمومات وعد عدّها الله للوفد

باب الوعد والوعيد:

فإن قلت آيات الوعيد عمومها تناول من يعصي الإله على عمد
فقل خصها الرحمن بالتائب الذي يتوب من الآثام والعمل المردي
فصار مجاز بعد ذاك عمومها فجاز لك التخصيص بالظن للرد
وقد جاء تخصيص لما عم وعده عليك بتقوى الله والصبر والجد

باب الشفاعة:

ولا تنكرن وعد الإله لأحمد	ولا تجتري أو تلق قلبك كالصلد
وكن مؤمناً بالاستواء ولا تقل	كما قال أهل الحشو والفتية اللد
ولا تنكر الميزان والجسر يا فتى	وتخليد أرباب الضلالة والجحد
وقل لا ترى الأبصار ربي وإن أتت	بذاكم أحاديث ضعاف لدى النقد
ولا مثبت للكيف والأين إنني	أهاب من الإقحام والخطأ المردي
وما بي غلو في علي وحبه	ولكنه الهادي كما قيل والمهدي
ولا يستوي نفس الرسول وغيره	ولا الأخ والأصحاب في القرب والبعد
ولا خوخة قالوا كباب لحيدر	ولا مثل هارون بن عمران في الود
ولا صحبة في الغار مثل الذي فدى	نفسي فدا الفادي ونفسي فدى المفدي

ولعل للأبيات بقية لكن هذا الذي وقفت عليه في إحدى مجاميع صنوه السيد العلامة عبد العظيم بن الإمام الآتية ترجمته بحرف العين، ولعلها هي المقصود بقول صنوه المولى عبد الله بن الإمام أثناء ترجمته له في الجواهر المضيئة مختصر الطبقات: وله موضوع في علم الكلام وشرحه والله أعلم. وقال أيضا هناك: وله شرح على التحفة لمحمد بن إسماعيل الأمير، وله تأليف فيما اختار من مسائل الفروع سماه (مشارق الأنوار) انتقد فيه الأدلة، وله الجوابات المفيدة، وديوان في الشعر وغير ذلك.

وقد ترجم لصاحب الترجمة السيد المفتي أحمد بن محمد زبارة في ملحق نزهة النظر وترجمه أيضاً صنوه المولى عبد الله بن الإمام في موضع من السيرة التي كتبها لوالده، وأثنى عليه بعبارات فائقة وإشارات رائقة، وهو بكل ذلك حقيق وجدير، فهو العالم المحقق المصنف الأثير، والباسل الفذ ذو الهمة السامية، شارك والده أيام الدعوة وسار معه إلى بلاد الحرجة، ولما ضاق بهم المقام هناك

لقلة دين أهلها ومباينتهم لآل الرسول وميلهم إلى الدعوة الوهابية كان منه الرجوع مع والده شهر شعبان سنة 1332 إلى بلاد جماعة، وأخذ معه في التنقل في البلاد الجماعية والقراءة عليه والسماع حتى إذا استقر المقام بوالده في استيطان هجرة باقم، وحصلت بعض المضايقات من قبل أجناد الإمام المتوكل فكان من صاحب الترجمة ايقاع المكاتبة بينه وبين السيد محمد بن الإمام الهادي الملقب بأبي نيب، فآلت تلك المكاتبة إلى وصوله إلى قلعة السنارة واتفق أمرهما على توجه صاحب الترجمة إلى الإمام المتوكل على الله يحيى بن محمد حميد الدين إلى السودة، فتوجه صاحب الترجمة إلى السودة على غير علم والده، وبقي هناك إلى آخر الحجة، بعد أن أكرم نزله وحف بواجب الضيافة، فكان الاتفاق على أخذ أمان من الإمام المتوكل لوالده الإمام الهادي وأولاده في عدم المضارة والمشاغلة والأذن لهم بالبقاء في باقم مع عدم التغيير في شي من ولايته. وبعدها عاد صاحب الترجمة إلى والده في أثناء شهر محرم سنة 1334 واستصحب عمه شيخ آل الرسول أحمد بن يحيى القاسمي المتقدم ترجمته يتشفع به عند والده في الرضا عليه والقبول بما جاء به، فرضي عنه وقبل ذلك.

***

وأرسل المترجم له بعد ذلك إلى الإمام أمير المؤمنين المتوكل على الله يحيى بن محمد حميد الدين في سنة 1339 تسع وثلاثين وثلاثمائة وألف قصيدة لم يتم الوقوف عليها لزبرها في هذا الموضع، فأجاب عنها الإمام بقصيدة تصل إلى تسعة وأربعين بيتاً أولها:

رويدك أيها الفطن الهمام ... ومهلا أيها البدر التمام
نظمت الدر في سمط القوافي ... كما شاء البديع لها انسجام

ومنها:

فقل لبني أبينا أين أنتم ... فهذا الحق يعرفه الأنام
فلو أنصفتموا والحق باد ... وصنع الله ليس له انكتام
لاقبلتم وبادرتم سراعاً ... إلى خير يليق به الهيام
فأنتم في أكابر آل طه ... فخام لا يماثلهم فخام
إذا ما أمعنوا نظراً لأمر ... تجافى عن مداركهم سقام
وإن نهضوا لصالحة تأتى ... لهم سعي يسر به الكرام
وهم أولى الأنام بأن يميلوا ... لحق لا يجوز به انقسام
وهاهم ينظرون علاه لاحت ... وقر بعدلها يمن وشام
بني العم افتحوا الأسماع إني ... نصحتكم وفي النصح اهتمام
أمن بعد انخلاع الكفر يبقى ... شقاق وارتباك أو صرام
مضى عهد القبول لعذر قوم ... وجاء الحق وانقطع الخصام
ولولا وعد خالقنا لقلنا ... وموج الشجو يعروه النظام
(أرى خلل الرماد وميض نار ... ويوشك أن يكون لها اضطرام) (1)
(فإن لم يطفها عقلاء قوم ... يكون وقيدها جثث وهام)
وما حلنا لكم عما عهدتم ... ولكن جاءنا ما لا يرام
فإن عدتم فأمر العفو أدنى ... إليكم والختام هو السلام

وقد أخذ عنه قراءة وإجازة عدة من العلماء، منهم صنوه السيد الحسن بن الإمام، والقاضي محمد بن يحيى مرغم، والقاضي سالم بن سالم الجماعي، والقاضي عبد الرحمن بن حسين سهيل وغيرهما من سائر أولاد إخوته.

وكانت وفاة صاحب الترجمة رحمه الله بمحروس هجرة ضحيان بعد توليه

---

(1) البيت والذي يليه اقتباس من الإمام.

القضاء من قبل الإمام الناصر لدين الله أحمد بن يحيى حميد الدين وذلك في سابع وعشرين شهر رمضان الكريم سنة 1375 خمس وسبعين وثلاثمائة وألف، عن خمس وستين سنة، وله أولاد نجباء علماء ستأتي بعض تراجمهم.

6ـ السيد أحمد بن الحسين الحاكم

السيد العلامة أحمد بن الحسين بن محمد بن علي بن أحمد بن محمد بن أحمد بن حسن بن صلاح بن علي بن صلاح بن أحمد بن الهادي بن صلاح بن الحسن بن الإمام علي بن المؤيد الحسني المؤيدي الضحياني الملقب الحاكم كسلفه.

ترجم له السيد الحسين بن القاسم في تراجم بني المؤيد فقال:

كان سيدا صدوقا شجاعا سخيا نقيا، نشأ بضحيان، وقرأ فيه على السيد العلامة أحمد بن الحسن الحوثي وقرأ أيضا على المولى مجد الدين بن محمد المؤيدي في مدة بقائه بظهران الجنوب ثم رجع إلى وطنه وتوفي به في جمادى الآخرة سنة 1390 تسعين وثلاثمائة وألف رحمه الله.

7ـ السيد أحمد بن صلاح ستين

السيد العلامة أحمد بن صلاح بن أحمد بن صلاح بن يحيى بن علي بن محمد ابن علي الملقب ستين بن محمد بن يحيى بن حسن بن زيد بن محمد بن أبي القاسم ابن الإمام علي بن المؤيد الحسني المؤيدي الضحياني.

نشأ صاحب الترجمة بضحيان في حجر والده، وقرأ على صنوه المذكور وعلى غيره من علماء المدينة الضحيانية في مقروءات زمانه، وكان ذا تفقه وعبادة وورع وزهد، وله مشارفة في العلم جيدة، وتوفي بضحيان سنة 1379 تسع وسبعين وثلاثمائة وألف. وستأتي ترجمة صنوه وشيخه السيد العلامة المحقق يحيى بن

صلاح ستين بحرف الياء من هذا القسم.

8. القاضي أحمد بن ضيف الله المراني

تقدمت ترجمته في القسم الخامس أثناء ترجمة والده القاضي ضيف الله المراني.

9. السيد أحمد بن عبد الرحمن العنثري

السيد العلامة صفي الإسلام أحمد بن عبد الرحمن بن عبد الله بن أحمد بن محمد بن حسن ابن يحيى مشكاع العنثري المؤيدي الضحياني، وبقية النسب تقدمت في ترجمة والده بالقسم الخامس.

نشأ بضحيان في حجر والده وقرأ القرآن وأتقنه وبدأ في الأخذ والتلقي عن المشايخ فقرأ على والده في عدة من الكتب، وقرأ على عمه السيد العلامة عبد الله ابن عبد الله العنثري في شرح الأزهار في سنة 1343 ثم انتقل في القراءة على الفقيه العلامة المحقق سالم بن سالم القحطاني، وسمع كتاب الشفاء على القاضي العلامة قاسم بن إبراهيم الغالبي، وسمع أمالي أحمد بن عيسى على السيد العلامة أحمد بن محمد القاسمي وغيره.

ومن مشايخه أيضا السيد العلامة أمير الدين بن الحسين الحوثي، والسيد أحمد ابن عبد الله حوريه قرأ عليهما في غاية السؤل في علم الأصول، وأخذ عنه عدة من أهل وقته منهم أولاده وغيرهم. وكان صاحب الترجمة من العلماء الأفاضل ذا همة متطلعة، وتحقيق شاف، كثير الإطلاع وافر العقل، ترجمه صاحب تراجم علماء بني المؤيد فقال:

كان سيداً عالماً تولى القضاء في بلاد رازح ودخل صنعاء وتعز وذمار، واستقر بذمار مدة ودرس فيها، ثم في المحابشة، ولما كف بصره عاد إلى وطنه ضحيان، فعكف على التدريس والعبادة وكان يدرس رغم كفوف بصره في جامع

ضحيان إلى أن توفاه الله في شهر رمضان سنة 1379 تسع وسبعين وثلاثمائة وألف انتهى كلامه.

قلت: ورأيت في بعض كتب التواريخ أن وفاته سنة 1380 رحمه الله.

10. الفقيه أحمد بن علي جران

الفقيه العلامة أحمد بن علي جران بالجيم المعجمة والراء المهملة المشددة والألف والنون الضحياني مولدا ونشأة ووفاة. ذكره السيد الحسين بن القاسم في مجموع تراجمه فقال ما خلاصته:

نشأ بضحيان في حجر والده وقرأ القرآن وأتقنه ثم شمر في طلب العلم فأحسنه فكان الأخذ في ضحيان على مشايخه ثم هاجر إلى باقم وقرأ على الإمام الحسن بن يحيى القاسمي وعلى ولده عبد الله بن الإمام وسائر أولاد الإمام هناك واستفاد غاية الفائدة ثم رجع بلده وقام بمزاولة التجارة مع القيام بالتدريس والعبادة وفي آخر أيامه تخلى عن التجارة وانقطع للتدريس والطاعة عن كل جليس وأخذ عنه عدة من التلاميذ وكانت وفاته شهر محرم سنة 1383 ثلاث وثمانين وثلاثمائة وألف، وانقطع وليس له عقب انتهى. قلت: وآل جران من بيوت مدينة صعدة، ومنهم من يسكن ضحيان والطلح وسودان بني معاذ، وهم يرجعون في الأغلب إلى بيت مشحم، وقد ذكرني لقبهم ببيتي المولى محمد بن إسحاق بن الإمام المهدي المتوفى سنة 1117هـ وقد كتب على لسان بعض الأعلام وقد اعتذر عن الوصول للقراءة على والده في بعض الأيام:

| مولاي عذرا إن تأخرت عن | مجلس أنس ماله ثاني |
| فحسن ظني بك بالعفو قد | أطمعني والقات جرّاني |

والقات الجراني نوع معروف من قات بلاد وصاب.

11ـ السيد أحمد بن علي الطالبي

السيد العلامة الزاهد المعمر صفي الدين أحمد بن علي بن أحمد بن حسن بن محمد بن الحسين بن الحسن بن المولى علي بن أحمد بن الإمام المنصور بالله القاسم ابن محمد الحسني القاسمي الصعدي الرحباني.

المعروف بالطالبي نسبة إلى جده الحسن بن محمد وقيل بل جده السادس في نسبه وقد تقدم له ذكر في القسم الثاني من هذا المعجم. كان صاحب الترجمة من أهل الفضل والمعرفة، والزهد والورع معترفا له بذلك، جليلا في أهل وقته لا سيما عند العبدين القساة إذ كان يسكن برحبان قرية بير يعقوب وكان يرجع إليه في بعض الخصومات والمنازعات، هكذا ذكره من ترجم له، ووفاته وقد ناهز المئة من الأعوام شهر صفر سنة 1396 ست وتسعين وثلاثمائة وألف، وقبره بمقبرة رحبان المسماه بالسوادة، ولسيدي الحسن بن محمد الفيشي هذه الأبيات في رثائه اطلعت عليها في ديوانه مطلعها:

رب الحجا عن رشده محروم — فالغي منه مع الدوام يدوم
يا ويحه ما عاقه عن هديه — إلا ارتطام في العتو وخيم
يا غافلا عما يراد به ألا — تخشى الحساب فإنه معلوم
تلهو وتعرض آمنا فكأنما — شأن المعاد وهوله موهوم
ويك انتبه ثم اتعظ ثم اتخذ — لك جنة إن الجزاء جحيم
مضت القرون واعقبت ذكرى لنا — منها خصوص في الورى وعموم
هذه الثرى أحشاؤهم ذراتها — فهمو رفات حشوها ورميم
الله أكبر كم له من حجة — فينا فلا ظلم ولا تظليم
وخط المشيب بنا ونحن مع الهوى — نهوى وإن حام الهوى فنحوم
رحماك يا رب العباد فإننا — أسرى بأيدي المغريات نهيم

حاشــا لعـدلك أن تقنـط عاصيـا	أو أنــت تعاجلــه فأنــت حلــيم
ولقـد أتتنــا والحــوادث جمــة	عــبر ســموم حمــاتهن ألــيم
في كـل أونــة يشــيع راحــل	منــا عزيــز في النفــوس حمــيم
كعميــد رحبــان الأجــل مكانــة	فمصـابه الجلـل الخطــير عظــيم
زارت ثـراه مــن الكـريم فواضـل	وطرائــف وبشــائر ونعــيم

12ـ السيد أحمد بن محمد القاسمي

السيد العلامة المعمر المسند صفي الدين أحمد بن محمد بن أحمد بن قاسم بن أحمد ابن علي بن القاسم بن الحسن بن علي بن محمد بن أحمد بن الحسن بن زيد بن محمد ابن أبي القاسم بن الإمام علي بن المؤيد الحسني المؤيدي الملقب القاسمي.

أخذ عن الإمام الهادي الحسن بن يحيى القاسمي في الفصول اللؤلؤية وجلاء الأبصار في أصول الفقه، وبعض من شرح الغاية للحسين بن القاسم والإدراك في المنطق والجزرية والتلخيص، وسمع عليه في أمالي أحمد بن عيسى وفي الشافي وغيره وأخذ عن ولده المولى عبد الله بن الإمام الهادي في التقريب شرح التهذيب، وفي مطلع الساغب شرح منية الراغب والشفاء، وأمالي أبي طالب وأمالي المؤيد بالله والمنهل الصافي في العروض وأكثر المناهل الصافية والشرح الصغير وبعض الرضي على الكافية وأخذ عن غيرهما. وترجمه شيخه في الجواهر المضيئة فقال بعد أن ذكر مقروءاته السابقة الذكر:

نشأ على طلب العلوم والأخلاق المرضية، وهو إلى الآن كادح في طلب العلوم ماداً باعه إلى معالي الأمور انتهى. قلت: وصاحب الترجمة من السادة الأفاضل والعلماء الأخيار انتقل إلى قرن ثور قريب من فوط ومكث على المطالعة والتدريس والنساخة، وأخبرني بعض السادة المطلعين على أحواله أنه نسخ بيده

أكثر من مائة مجلداً واستجاز منه المولى بدر الدين بن أمير الدين الحوثي فأجازه فيما له عن طريق شيخه الإمام الهادي القاسمي وموته شهر ربيع الأول سنة 1397 عن نيف وتسعين سنة وقيل بل وفاته وقد جاوز المئة رحمه الله وإيانا والمؤمنين. ورأيت لسيدي وشيخي الحسن بن محمد الفيشي ـ قصيدة في ديوانه يرثيه فيها مطلعها:

أيغفل عن ذكراه للموت غافل ... ويشغل عن علم الحقيقة عاقل
وها هو في أوساطنا كل لمحة ... مراصده في كل فج خواتل
وما من فتى إلا مصاب مفجع ... ولا مدمع إلا من الدمع سائل
جدير بنا أن نستعد لردنا ... فعما قريب تعترينا العوامل

إلى أن يقول:

وفيها أتانا والحوادث جمة ... نذير به كشف الحقيقة ماثل
وفاة صفي الدين من كان قانتاً ... وأيامه بالصالحات حوافل
حباه إله الخلق خير مثوبة ... وغاداه من يم المكارم نائل
وأنزله من مقعد الصدق منزلا ... ثوى فيه طه والهداة الأماثل

وولده هو السيد العلامة الوجيه عبد الرحمن بن أحمد بن محمد القاسمي. أخذ بضحيان عن والده وعن السيد العلامة عبد العظيم بن الإمام الهادي وهاجر لطلب العلم إلى باقم فقرأ هنالك على السيد الحسن بن الإمام وعلى صنوه السيد علي بن الإمام وكان شاباً تقياً عالماً توفي بضحيان سنة 1373 ثلاث وسبعين وثلاثمائة وألف رحمه الله تعالى.

وولده الثاني هو السيد العلامة عبد الله بن أحمد بن محمد القاسمي. نشأ في حجر والده وأخذ عنه وعن مشايخ صنوه المتقدمين وكان عالماً فاضلاً مطلعاً وله قراءة على المولى درة التقصار الحسن بن الحسين الحوثي وكانت وفاته

بصنعاء وقد أدخل للعلاج سنة 1399 تسع وتسعين وثلاثمائة وألف.

13. السيد أحمد بن محمد ستين

السيد العلامة أحمد بن محمد ستين المؤيدي اليحيوي الضحياني.

أخذ عن السيد العلامة المحقق عبد الله بن عبد الله العنثري المؤيدي، ومما أسمع عليه أصول الأحكام وكان تمام القراءة سادس عشر جماد أول سنة 1337 سبع وثلاثين، وأخذ عن غيره ممن في طبقته من علماء ضحيان. وكان صاحب الترجمة من أفاضل أهل بيته، ترجم له صاحب تراجم علماء بني المؤيد فقال: كان متفقهاً محققاً لا سيما في الفروع والفرائض عابداً ناسكاً زاهداً ورعاً وتوفي بضحيان انتهى. ولم أضبط تاريخ وفاته رحمه الله، ونسب السادة آل ستين كما وقفت عليه بقلم المولى أحمد بن يحيى العجري في الدرة المضيئة إلى السيد علي الملقب أبو ستين بن محمد بن يحيى بن حسن بن زيد بن محمد بن أبي القاسم بن الإمام علي بن المؤيد وسيأتي نسبهم أيضا في حرف الياء ترجمة السيد العلامة المحقق يحيى بن صلاح ستين المتوفى سنة 1385 بضحيان وهو شيخ الكثير من علماء القرن الرابع عشر.

14. الفقيه أحمد بن محمد مرق

الفقيه العلامة أحمد بن محمد مرق اليمني الصعدي. ترجمه زميله العلامة عبد الرحمن بن حسين سهيل صاحب بغية الأماني والأمل فقال:

هو أحد فقهاء الوقت المجدين في طلب العلم الشريف وقد حصل منه الكثير الطيب وهو حال تحرير هذه الأحرف ناهج ذلك المنهج ومن مشايخه السيد العلامة علي بن قاسم شرويد وهو الآن أحد طلبة المدرسة العلمية

بجامع الإمام الهادي وشيخه فيها سيدنا العلامة الشامة في العلماء والعلامة قطب رحا العلوم وإمام منطوقها والمفهوم الحسن بن محمد سهيل وقد تشاركنا أنا وإياه في القراءة على شيخه المذكور ببعض الكتب زاده الله من أنواره انتهى.

قلت: ومن مشايخه أيضا المولى مجد الدين بن محمد المؤيدي والعلامة محمد بن الحسن المتميز ووفاة صاحب الترجمة كما في التحف شرح الزلف في سنة 1377 سبع وسبعين وثلاثمائة وألف رحمه الله.

15. القاضي إسماعيل بن إبراهيم الغالبي

القاضي العلامة إسماعيل بن إبراهيم بن عبد الله بن علي بن علي الغالبي الضحياني اليمني. مولده في الجهة المغربية من جهات مالك في القرية المسماه بالجحفة أول شهر القعدة سنة 1309 هـ هكذا وقفت عليه بخط والده وكان في تلك الأيام مهاجرا هناك، فنشأ في حجره، وأخذ عنه وعن عمه القاضي شيخ الإسلام محمد بن عبد الله الغالبي بضحيان في النحو والفقه والحديث والأصولين، ورأيت له سماع على عمه المذكور في أمالي أحمد بن عيسى في سنة 1316 وأخذ عن غيرهما، وأخذ عنه جماعة من الطلبة.

وقد ترجمه صاحب بغية الأماني والأمل فقال:

هو أحد فقهاء الزمان وأهل العلم والعرفان صاحب ذكاء وفطنة، أخذ عن والده وعمه كثيرا فحقق ماشاء، وتولى القضاء بساقين مدة، وكان يتنقل منه إلى بلاد بني مالك وفيفا، وأظنه الآن حاكما بمجز، وله أخوة من أهل العلم منهم عبد الرحمن وحسين وصلاح وغيرهم، وليس ببعيد فآباؤهم الذين أظهروا علم الآل في هذه البلدان، فجدير بالأبناء أن يحذوا حذو الآباء انتهى كلامه بلفظه وترجمه السيد الحسين بن القاسم في مجموع تراجمه فقال: كان ذا حافظية خارقة

وذهن صافي، كان يملي أكثر المباحث في شـرح الأزهار غيباً، لقيامه أيام الطلب بتغيب الأزهار وغيره من المتون، وتولى القضاء بمجز ثـم تخلى وعكف على العبادة والمطالعة وملازمة بيته وابتلي في آخر أيامه بأمراض أقعدته حتى توفاه الله بضحيان انتهى. قلت: ولم أضبط تاريخ وفاته وهي بعد وفاة صاحب بغية الأماني والأمل القاضي عبد الرحمن سهيل في سنة 1359 تسع وخمسين وثلاثمائة وألف رحمهم الله جميعاً.

16. الفقيه إسماعيل بن أحمد مشحم

الفقيه الشاب إسماعيل بن أحمد بن إسماعيل بن عبد الله بن يحيى مشحم. أخذ في الفقه وغيره عن العلامة يحيى بن الحسين سهيل، وهاجر إلى هجرة باقم لطلب العلم. وكان شاباً تقياً فاضلاً، قد بلغ في العلم مرتبة، وله خط باهر وسلوك حسن، واخترمه الأجل وهو شاب بعد أن ابتلي بأمراض مستعصية وكان يسيل الدم والقيح من جسمه كما أخبرني أحد من عرفه وذلك بفعل العين والله أعلم. وكانت وفاته شهر القعدة سنة 1371هـ وقبره بالمقبرة خارج باب نجران رحمه الله تعالى.

17. السيد أمير الدين بن الحسين الحوثي

السيد العلامة المحقق الورع التقي الزكي أمير الدين بن الحسين بن محمد الحسني الحوثي الضحياني. وهو والد سيدي المولى حليف القرآن وقرينه السيد المحدث العلامة بدر الدين بن أمير الدين رحمهما الله تعالى جميعا الآتية ترجمته في آخر أقسام هذا المعجم.

ومولد صاحب الترجمة تقريباً في سنة 1312 اثني عشرة وثلاثمائة وألف، ونشأ بضحيان في حجر والده، وأخذ عنه في أصول الفقه وغيره، ومن ذلك

كتاب شرح غاية السؤل، وأخذ عن صنوه المولى الحسن بن الحسين الحوثي والسيد الإمام عبد الله بن عبد الله العنثري وغيرهم من أعلام ضحيان، وله مستجازات من مشايخه عامة وانتهى إليه التدريس بمدينة ضحيان وعكف الكثير من الطلبة للأخذ عنه، منهم ولده المولى الحافظ بدر الدين بن أمير الدين الحوثي، والقاضي يحيى بن محمد جعفر، وأولاد أخوته يحيى والحسن وغيرهم الكثير. وقد ترجمه معاصره العلامة عبد الرحمن سهيل في بغية الأماني والأمل فقال: هو أحد علماء الزمان، وكملاء الأوان، علماً عملاً وورعاً وزهداً، مجداً في اكتساب ما يقربه إلى الله، مذاكراً محققاً فصيحاً، صادعاً بالحق، منور الرأي، سديد الفعل، قد أخذ عنه كثير من طلبة الوقت بهجرة ضحيان انتهى. قلت: ومن شعره أيضا ما كتبه مقرظاً لكتاب المولى مفتي اليمن الأكبر سيدي مجد الدين بن محمد بن منصور المؤيدي الآتية ترجمته في هذا المعجم المسمى بـ(لوامع الأنوار في جوامع العلوم والآثار)، ومما جاء في منثور تقريظه المذكور ما لفظه:

الحمد لله المفيض نعمه، العدل في قسمه، المعز من يشاء، المختص برحمته من يشاء، والله ذو الفضل العظيم: سيدي العلامة بقية أهل الإستقامة، بيكار نقطة بني الحسن، وترجمان علوم الآل في الزمن، ذي المجد الاثيل، والشرف الأصيل، ذي الأنظار الثاقبة، والمعارف الصائبة، مطهر علوم الآل عن دنس أولي الغي والضلال:

الفاطمي العلوي الأحمدي	**مجد الهدى والدين نجل محمد**
نهدي إليك تحية محفوفة	**بالخير والبركات أزكى ما بدي**

سلام الله يغشاكم ورحمة الله وبركاته: صدورها عن أحوال جسيمة بحمد الله صالحة ومنن جسيمة ونعمة مستديمة، نرجو الله لكم ذلك، وفوق ما هنالك إلى أن قال: وقد فعلت تقريظاً بحسب ضعف القريحة للوامع، وكان المقام خليقاً

بالبسط والإعظام، ولكن برد الشتاء يطفي نار الفطنة، والكبر أقحل ناعم القريحة، فاعذروا ولا زلتم في حماية الله ورعايته وحفظه وكلايته، مؤيدين مخلدين. وهذه الأبيات:

هذا الكتاب مسود لمسود ... ومجدد في فنه لمجدد
هذا الكتاب لوامع أنواره ... وضياؤه كالشمس للمسترشد
فيه أسانيد العلوم تصححت ... وفوائد غراء قصد المهتدي
كم حاز من نكت جليل قدرها ... لمؤلف شهم كريم المحتد
في همة قعساء تعلو المنتهى ... شاد العلوم علوم آل محمد
ببلاغة وبراعة وفطانة ... لم لا وذاك سراج عترة أحمد
حامي علوم الآل قام بنصرها ... فأماط عنها دس غاو معتد
وكذاك لا ينفك نجم طالع ... منهم لدين الله أي مشيد
فحباك مجد الدين ربك فضله ... فز بالسلامة والكرامة عن يد
فلقد أفدت وقد أجدت بما حوى ... هذا من الدر النفيس وعسجد
قولا لمن يبغي الهدى وسبيله ... فعليك بالأنوار فابحث ترشد
تجد السبيل موضحاً وملخصاً ... عن كل شائبة ورأي مفند
محض الطريق طريق آل محمد ... هذا المرام وبغية المسترشد
ما الحق إلا نهجهم وسبيلهم ... ومخالفوهم في الضلال الأبعد
هم باب حطة والسبيل على انجا ... وهم الصراط المستقيم له أقصد
من مال عن منهاجهم فلقد هوى ... من رام غير هداهم لم يهتد
قد جاء في الأخبار قول صادق ... عن جدهم فيهم بما يشفي الصدي
إن كنت لم تعلم بصحة قولنا ... فالتبحث الأنوار بحث المجتدي
ثم الصلاة على النبي وآله ... القائمين بنصر دين محمد
نصحوا لدين الله أي نصيحة ... بتصلب وتصبر وتجلد

أقلامهم وسيوفهم ورماحهم   منصوبة للكائدين بمرصد
يتهالكون لنصر دين أبيهم   لا ينثنون عن الجهام الأسود
ما زال أولهم إماماً هادياً   ما انفك آخرهم بذاكم يقتدي

قلت: وممن قرظ الكتاب المذكور فأجاد، شيخنا المولى العلامة الحسن بن محمد الفيشي اليوسفي الهادوي بهذه الأبيات:

طلعت يتيمة عصرها في طرسها   سفن النجاة ببحرها الزخار
بهرت شموس أصولها وفروعها   وكلامها وحديثها المختار
لله مظهرها الذي منحت به   لقباً فقيل لوامع الأنوار
جمعت نفايس ما يلذ لناظر   ولسامع ويقر عين القاري
وبها قواعد علم آل محمد   رسمت بأعظم قوة وقرار
ببلاغة ووجازة وبراعة   وطلاوة وجلالة المقدار
وجوامع وبدائع وروائع   وغرائب ودقائق أبكار
خلصت من الإيغال والإملال والـ   إخلال فهي خلاصة الأفكار

وقد ترجم لصاحب الترجمة أيضا قلم بعض المعاصرين فقال:

المولى العلامة الرئيس نبراس المحققين، ورأس أهل التقوى واليقين، البقية من الآل، والعمدة من أهل الفضل والكمال، خيرة الخيرة والطاهر السريرة، من نجوم العترة المنيرة، كان عالي الرتبة بارع التحقيق في العلوم صليباً في دين الله لا تلين قناته في جانب العقائد والتمسك بها، تنقل بعد قيام الجمهورية سنة 1382هـ كبقية أهله فارتحل إلى أطراف بلاد جماعة، ثم إلى ظهران الجنوب مع صنوه المولى درة التقصار الحسن بن الحسين الحوثي، ولما هدأت الأوضاع رجع إلى ضحيان عاكفاً على العبادة والتدريس إلى أن توفي بضحيان في سنة 1394 أربع وتسعين وثلاثمائة وألف رحمه الله انتهى. قلت: وكان لصاحب الترجمة في

الأدب مشاركة حسنة، ومن شعره ما أنشدني سيدي المولى بدر الدين بن أمير الدين الحوثي وقد وصلت إليه أبقاه الله إلى منطقة آل الصيفي أحد شهور سنة 1425 قال وهي قصيدة طويلة وأنشدني أولها:

عزمـــت مــن فـــوط إلى المشــهد :: أبغــي الجنــى والـرّوح في مقصدي
فقامــت البلــوى عــلى ساقهـا :: فنغصــت عيشــي بحـالي الــردي

قال المولى بد الدين: أنه انشأها في تنغيص الدنيا وتقلب أحوالها في أعين الناظر إليها بعين البصيرة، والداعي الحقيقي لنظمها أنه كان نوى في خاطره الطلوع إلى المشهد بحيدان للتنزه أيام الخريف، فاتفق في خلال ذلك مرض أخته بالسل حتى ماتت ثم بدأ المرض بزوجته وبقيت عليلة مدة طائلة، فقال أبيات القصيدة المذكورة ترويحاً وتسلية كما هو شأن الأديب.

قلت: وله أيضا من الأولاد غير المولى بدر الدين: عبد الكريم وحميد الدين، ذكرهما السيد حسين بن القاسم الهادي في مجموع تراجمه، أما عبد الكريم فقال: نشأ بضحيان وقرأ على والده وعمه، وهاجر إلى صعدة وأخذ عن علمائها، وتوفي شهيدا في أيام الثورة في موضع يسمى قرن القوهب في عشر الثمانين وثلاثمائة وألف، وصنوه حميد الدين توفي في حوادث أيام الثورة أيضا في المطرح للملكية من ألم بطنه، وكان سيدا عالما شهما انتهى المنقول في ذكر ولديه.

18. السيد الحسن بن الإمام الهادي القاسمي

السيد العلامة الحسن بن الإمام الهادي الحسن بن يحيى القاسمي المؤيدي وبقية النسب معروفة وقد تقدمت.

مولده تقريبا في نيف وعشرين وثلاثمائة وألف، ونشأ بحجر والده الإمام الهادي وأمه أم شقيقه صلاح الشريفة محصنة بنت مهدي شايم. وأخذ في الفقه

والحديث وغيرهما عن صنوه المولى عبد الله بن الإمام، وصنوه الثاني أحمد بن الإمام، فكان في طلبه المستفيد المذاكر المراجع حتى استوعب كل ما أحرز وبرع وحقق المطلوب وبلغ درجة العلماء، وأخذ عنه عدة من أقاربه وغيرهم، منهم السيد الحسن بن عبد الله بن الإمام الهادي، والسيد الحسن بن علي بن الإمام، والسيد عبد الله بن أحمد القاسمي وصنوه عبد الرحمن بن أحمد، والحسين بن أحمد هاشم وصنوه يحيى بن أحمد وغيرهم.

وقد ترجمه صاحب تراجم علماء بني المؤيد وأثنى على فضائله وأحواله، وكان حجه إلى بيت الله الحرام برفقة المولى مجد الدين المؤيدي في سنة 1362 ولم يزل عاكفاً على الدرس والتدريس مدة حياته ملازماً على الطاعات وفعل الخيرات وفصل الخصومات على جهة الصلاحية والتراضي إلى أن أتاه أجله المحتوم في موطنه بباقم في سنة 1380، ودفن إلى جنب إخوته رحمهم الله جميعا.

19. المولى الحسن بن الحسين الحوثي

المولى العلامة الحافظ الضابط الحجة الورع الزاهد الرباني شرف أعلام العترة الحسن بن الحسين بن محمد بن الحسين بن أحمد بن زيد بن يحيى بن عبد الله بن أمير الدين الحسني الحوثي، وباقي النسب تقدم في ترجمة والده.

مولده في سنة 1307 سبع وثلاثمائة وألف، وأمه هي الشريفة الطاهرة العارفة فاطمة بنت السيد يحيى بن علي القاسمي أخت الإمام الهادي الحسن القاسمي ولها قراءة على أقاربها ومعرفة، فنشأ المترجم في أحضان هذه الأسرة الطاهرة بمدينة ضحيان، وأخذ العلوم عن والده السيد العلامة إمام المحققين في أيامه الحسين بن محمد وتخرج به في الفقه والحديث وغيرهما، وأخذ عن غيره من أعلام المدينة الضحيانية واستجاز منهم، وأخذ عنه جملة وافرة منهم صنوه السيد

أمير الدين بن الحسين الحوثي وصنوه يحيى بن الحسين الحوثي والمولى مجد الدين ابن محمد المؤيدي والقاضي الحسن بن محمد سهيل وغيرهم الكثير.

وهو من العلماء المحققين الأثبات، عمدة في المتأخرين، لاحقٌ بالأوائل المتقدمين علما وعملا وفضلا وعفة وقناعة، وقد أكثر من ذكره تلميذه سيدي المولى مجد الدين بن محمد المؤيدي في لوامع الأنوار وغيرها وهو حقيق بذلك وأكثر، ومما جاء له في ذكره في كتاب التحف شرح الزلف ما لفظه:

المولى العلامة الأوحد، نجم سماء الأسرة العلوية، وبدر أعلام العترة المحمدية، الولي بن الولي إلى أن قال: وللمولى للحسن الأنظار الثاقبة منها حواشيه على شرح نهج البلاغة، وعلى منهاج القرشي، وعلى العلم الشامخ، وعلى تتمة الروض النضير، ويسر الله على يديه تخريجه الذي وشح به الشافي للإمام المنصور بالله عبد الله بن حمزة، ولقد جمع فأوعى، وعم فأغنى، فضاعف الله على حمايته ونصرته لسوح العترة المطهرة الجزاء الأوفر، وأنا أرويها عنه بالإجازة الخاصة له مع السماع عليه فيه وفي غيره والإجازة العامة فإنه أجازني في جميع مروياته بجميع طرقه التي منها عن والده عن والدنا الإمام المجدد أمير المؤمنين المهدي لدين رب العالمين القاسم بن محمد الحوثي انتهى كلامه. وترجمه السيد المؤرخ الكبير محمد بن محمد زبارة الحسني في نزهة النظر والقاضي عبد الرحمن بن حسين سهيل صاحب بغية الأماني والأمل فقال:

السيد النحرير البارع في العلوم الحائز على منطوقها والمفهوم العلامة الذي لا ينازع والفهامة الذي لا يدافع له اليد الطولى في فنون المعارف وتصدر للإقراء والإفادة بالهجرة الضحيانية فقصده الطلبة من كل مكان فأحياها بالعلم وكثر لديه المهاجرون وهو القائم بهم وبأكثر تلك الهجرة لأنها ترد إليه الصدقات من كثير

الجهات ويقصد لطلب الدعاء والتبرك به فهو المشار إليه بالبنان مع حسن الأخلاق وسلاسة الطباع للرفاق يصدع بالحق بين يدي ذي سلطان قوي على مشافهة الأمراء بما كان لا يبالي في ذلك بجاهل ولا عالم كثير المناصحة بالتخشين للأمير والمأمور وقد عرفنا ذلك منه مراراً عديدة وإذا قام للصلاة ومناجاة مولاه رأيت ما لم يكن تراه كأنه قد خرج من هذا العالم وصار في عالم الملائكة فهو حسنة من حسنات أهل البيت وإمام من أئمة العلم المحققين محدث حافظ آية في هذا الدهر ومفخرة لأهل العصر وله مؤلفات عديدة وأبحاث سديدة، له (حاشية على الشافي) أتى فيها بما يبهر العقول ويشهد له بالسبق على كل الفحول وله غير ذلك انتهى.

قلت: وحاشيته على الشافي هي المسماه بـ(التعليق الوافي في تخريج أحاديث الشافي)، وقد أطلع فيها آية التحقيق وأبان عن إطلاعه وملكة التدقيق، وقد قرظ الكتاب المذكور صنوه السيد أمير الدين بن الحسين الحوثي فقال:

طب القلوب الذي من دائها شافي　　ذاك الكتاب الذي سموه بالشافي
وزاد من حسنه تعليق قدوتنا　　جواهراً غاص عنها ذهنه الصافي
يا ابن الحسين لقد قلدته درراً　　جزيت خيراً جزاء وافراً وافي
جمعت في فضل أهل البيت مفترقاً　　فما جمعت لنا في فضلهم كافي

وفي ذلك يقول المولى مجد الدين بن محمد المؤيدي:

شافي الإمام السابق المتقدم　　يتلوه وافي البر بدر الأنجم
شاف وواف كاملان كلاهما　　هذا السوار لمثل هذا المعصم
جلى الإمام به وصلى بعده　　نجل الحسين العالم المتوسم
نسخا دجى ظلم الضلال واطلعا　　قمري هدى في أفق حق أقوم

قلت: وكان المولى صاحب الترجمة أحد العلماء الذين هاجروا إلى ظهران الجنوب ظهران وادعة أيام الفتنة في اليمن بعد قيام الثورة هو وصنويه أمير

الدين ويحيى والمولى مجد الدين بن محمد المؤيدي، وسيدي الحسن بن محمد الفيشي، والسيد يحيى بن عبد الله راوية، والقاضي صلاح بن أحمد فليته، وغيرهم الكثير من العلماء الأفاضل، وقد جرت بينهم نخب المذاكرات ولطائف المراجعات، الأمر الذي لو اعتني بجمع ما وقع بين العلماء المجتمعين بظهران الجنوب والطائف في تلك الأيام لجاء في مجلد حافل، فمثل ذلك لا يفوت عن التدوين فالله المستعان:

ولله قوم كلما كان مشهد   رأيت شخوصاً كلها ملئت فهما
إذا اجتمعوا جاءوا بكل غريبة   ويزداد بعض القوم من بعضهم فهما

وكانت وفاة صاحب الترجمة حال الهجرة بظهران الجنوب ثاني شهر القعدة سنة 1388 ثمان وثمانين وثلاثمائة وألف، وقد رثاه عدة من العلماء منهم المولى مجد الدين بن محمد المؤيدي بهذه الأبيات التي ذكر فيها طرفاً من أحواله وصدرها:

الله أكبر أيها الثقلان   هذا هو النبأ العظيم الشان
خطب تصدعت القلوب لهوله   رزء أثار كوامن الأحزان
فاضت عيون المؤمنين له كما   غاضت عيون العلم والعرفان
لمصاب حجة عصرنا الحسن الرضى   نجل الحسين العالم الرباني
من كان نوراً يستضاء بهديه   يجلو دجى الظلمات بالتبيان
من ذا لتوحيد الإله وعدله   يحميهما بقواطع البرهان
وعلوم أهل البيت يعلي صرحها   بالحق يبني شامخ البنيان
شافي الإمام وشرح نهج بلاغة   والروض قد صارت شهود عيان
وكذاك منهاج الأصول وغيرها   كللتها بالدر والعقيان
من ذا يؤثر في القلوب بوعظه   ما لا يؤثره بوقع سنان

مـن ذا لترديـد الـتلاوة غضـة تشـفي الصـدور بمنـزل الفرقـان
من كان في المحـراب بـدراً صـادعاً يشـجي بوقـع تـلاوة القـرآن
مـن للمحافـل إذ تضـيق برحبهـا يـأتون أفواجـاً إلى ضـحيان
فـيرون أنـوار النبـوة حيـة بشـمائل وبحكمـة وبيـان
مـن للأرامـل واليتـامى راعيـاً للطـالبين برأفـة وحنـان
آه أبـا عبـد المجيـد لفقـدكم أقـوت ربـوع الفضـل والإحسـان
نشـكو إلى الـرحمن جـل جلالـه مـن حـادث أوهـى عـرى الإيـمان
وأتى على مـا نحـن فيـه مـن الأذى بفعـال أهـل البغـي والعـدوان
في القعـدة الغـراء ثـاني شـهرنا حـال اغـتراب في ربـا ظهـران
صـبراً فأسـوتنا بـأعظم أسـوة بالمصـطفى المختـار مـن عـدنان
وبـآل أحمـد إذ لقـوا مـن بعـده قـتلاً وتشـريداً عـن الأوطـان
هـذا جـزاء محمـد في أهلـه مـن مـدعي الإسـلام بالبهتـان
ويهـوِّن الوجـد العظـيم بأنـه أضـحى بـدار كرامـة وأمـان

إلى أن قال:

لـو كـان هـذا المـوت يقبـل فديـة لفـديت بـالأرواح والأبـدان
لكنـه أمـر الإلـه وحكمـه سـمعاً لحكـم العـادل الـديان
ولقـد نجلـت بخـير أنجـال غـدوا مثـل النجـوم تنـير للأعيـان
خلفـت أبـراراً كرامـاً سـبعة وبنـي بنيـك السـادة الفتيـان
صـلى عليـك الله بعـد محمـد والآل صـفوة ربنـا المنـان
وجـزاك رب العـرش خـير جزائـه عنـا مـع التسـليم والرضـوان
وسـقى تـرى هيـاج مـزن إنـه في أرضـه بالسـفح مـن عـزان

وعزان جبل مشرف على هياج بوادي ظهران قبر صاحب الترجمة على مقربة منه، وأولاده الذين أشار إليهم في الأبيات هم: أحمد وعبد الله والحسين وعبد

العظيم هؤلاء على أم وهي الشريفة مريم بنت الإمام الهادي الحسن بن يحيى القاسمي وعبد المجيد وعبد الرحيم وعبد الرحمن على أم أخرى وستأتي تراجمهم جميعاً في أخر أقسام هذا المعجم إن شاء الله.

20ـ السيد الحسن بن الحسين مجلي الرغافي

السيد العلامة الحسن بن الحسين مجلي الرغافي الأصل الرازحي الوفاة.

وهو أحد الآخذين عن الإمام الهادي الحسن بن يحيى القاسمي، هاجر إليه إلى محروس باقم، وأخذ أيضاً عن ولده المولى عبد الله بن الإمام الهادي وصنوه أحمد بن الإمام وغيرهما. وكان المترجم له ممن شايع الإمام الهادي أيام دعوته ورجع إلى رغافة موطن أهله وعكف بها على العبادة والتدريس والإرشاد ثم ترجح له زيارة بعض الأرحام في جبل رازح فوصل ومرض وتوفاه الله هناك سنة 1369 تسع وستين وثلاثمائة وألف ودفن بالنضير أفاد ما نقلناه في ترجمته السيد الحسين بن القاسم رحمه الله، والسادة آل مجلي برغافة يرجعون إلى السيد مجلي بن يحيى بن نهشل بن صلاح بن محمد بن داود بن أحمد بن الحسن بن المختار ابن محمد بن أحمد بن يحيى بن يحيى بن الناصر بن الحسن بن عبد الله بن القاسم المختار بن الإمام الناصر أحمد بن الإمام الهادي إلى الحق.

21ـ السيد الحسن بن الحسين نور الدين

السيد العلامة العابد شرف الدين الحسن بن الحسين نور الدين الأملحي، وقفت على نسبه بخط المولى العلامة الكبير أحمد بن يحيى العجري فقال: السيد حسن بن حسين بن أحسن بن حسين بن أحمد بن صالح بن أحمد بن علي بن نورالدين بن صلاح بن عبد الله بن عيسى بن محمد بن الحسن بن محمد بن

الحسن بن يحيى بن يحيى بن الناصر بن الحسن بن عبد الله بن المنتصر محمد بن المختار القاسم بن الإمام الناصر أحمد بن الإمام الهادي إلى الحق.

قلت: وأخبر أحد أحفاد أهل هذا البيت المعاصرين أن موطن أجداده آل نور الدين هو قرية واسطة أملح من بلاد العمالسة، وإنما هاجر جده صاحب الترجمة الحسن بن الحسين منها فاراً بدينه وهو في حدود الخمسين أو الستين من عمره، وسكن بأهله وأولاده في الولاج من وادعة صعدة قدر خمس سنوات، ثم ارتحل وإياهم إلى قرية الطلول من ولد عمير من وادعة، ثم انتقلوا في سنة 1354 إلى هجرة دار معين من بلاد المهاذر واستوطنوها، وبها كانت وفاة صاحب الترجمة عشية الخميس 6 شهر جمادى الأولى سنة 1377 سبع وسبعين وثلاثمائة وألف، وقيلت في رثائه عدة قصائد مجموعة في كراس اطلعت عليها، وكان موصوفا رحمه الله بالفضل والتقوى والعبادة، وخلف أربعة من الأولاد: محمد وصلاح وعلي وأحمد، رحمهم الله جميعا، وستأتي ترجمة أنجب أولاده وهو السيد العلامة صلاح بن الحسن نور الدين المتوفى سنة 1404 في آخر أقسام هذا الكتاب مع استطراد بقية تراجم إخوته إن شاء الله.

22ـ القاضي حسن بن حسين النهمي

القاضي العارف المجاهد الشهيد حسن ويقال أحسن بصيغة التفضيل بن حسين النهمي لقبا ونسبا الصعدي مسكنا ووفاة.

كان من خلصان الشيعة، قرأ العلم على المشايخ بمدينة صعدة فاستفاد وتهذب بما تلقى على أيديهم، وكان عمله فيما يعتد أكثر من علمه، وله شجاعة ورباطة جأش عرف ذلك منه في حروب بيت الإمام مع الجمهوريين وكان من مقادمة بيت آل حميد الدين واستشهد في تلك الحروب، وقد ذكر لي بعض أقاربه

أن له مذكرات في ماجريات ما حدث في تلك الأيام، كان يكتبها مع مشاركته، ولم أقف على تاريخ استشهاده وهي بعد سنة 1383 ثلاث وثمانين وثلاثمائة، لأن المخبر لي عن أحواله قال أن ذلك في أوائل أيام الثورة.

(ووالده هو)

القاضي حسين بن حسين بن مصلح بن مقبل بن علي بن مثنى بن صالح السباعي الملقب النهمي. كان فاضلا عابدا زاهدا، انتقل طفلاً كما ذكر على شاهد قبره من قرية جروف السلاطين من وادي ثومة من بلاد نهم مشارق صنعاء وذلك في سنة رباعي فطلب العلم الشريف، وتنقل في البوادي للإرشاد واستقر بالغربي من جبل بني عوير غربي مدينة صعدة وهناك كانت وفاته 26 شهر صفر سنة 1369 تسع وستين وثلاثمائة وألف، وقبره بمقبرة ورور تحت قرية الروس من آل سلمه رحمهما الله تعالى وإيانا والمؤمنين.

23. الفقيه الحسن بن صلاح دباش

الفقيه العلامة الحسن بن صلاح بن أحمد دباش اليمني الصعدي. ترجمه معاصره صاحب بغية الأماني والأمل فقال:

أحد أعيان الزمان، ونبلاء الأوان، عالم عامل، فاضل كامل، حسن الأخلاق، ذو تقوى وصلاح وورع وعفاف، أخذ في كثير من الفنون على شيخنا إمام الشيوخ وأستاذ أهل الرسوخ العلامة الحسن بن محمد بن علي سهيل، ولازمه طويلاً وانتفع به، وبرع وصار من حسنات الأيام وكملة الأعلام، وشاركني في قراءات عدة لدى شيخنا المذكور. وهو الآن عين الوجود جادا مجداً في رضاء الرب المعبود، ملازماً على طاعاته مقبلا على ما يقربه إلى مرضاته لا يترك النظر في العلم والمعارف، ولا تشغله العاجلة بالزخارف انتهى.

قلت: وفي سنة 1353 عين حافظا لمكتبة جامع الإمام الهادي عليه السلام التي أمر بإنشائها سيف الإسلام أحمد بن يحيى حميد الدين، واستمر على ذلك حتى وفاته بعد سنة 1381هـ رحمه الله.

24ـ السيد الحسن بن علي الحجازي

السيد العلامة الحسن بن علي بن الحسن بن علي بن إسماعيل بن صالح بن إسماعيل بن أحمد بن موسى بن أحمد بن حسن بن جابر بن داود بن صالح بن أحمد بن يوسف بن يحيى بن عبد اللطيف بن سليمان بن حسن بن يوسف بن يحيى بن القاسم بن يحيى بن علي بن حسن بن عبد الله بن إسماعيل بن عبد الله بن عيسى المكنى بالعباس بن عبد الله بن محمد بن الإمام القاسم الرسي.

هكذا نقلت نسبه الحسني اليمني الصعدي الملقب الحجازي كسلفه.

وهو أحد أعيان علماء وقته بالمدينة الصعدية، قال السيد المؤرخ محمد بن محمد زبارة رحمه الله مترجما له ما لفظه: مولده بصعدة في 2 ذي الحجة سنة 1324 أربع وعشرين وثلاثمائة وألف، وأخذ بصعدة عن علمائها وهاجر إلى العنسق ببلاد الأهنوم ثم تولى القضاء بساقين نحو سنتين ثم وصل إلى صنعاء ونصبه الإمام للقضاء بصعدة انتهى. وترجم له القاضي العلامة وجيه الإسلام عبد الرحمن بن حسين سهيل في بغية الأماني والأمل فقال:

هو أحد أعلام الزمان ونبلاء الأوان حسن الإدراك جيد التصور سريع الفهم أخذ في المدرسة العلمية بجامع الإمام الهادي بصعدة على شيخنا العلامة النحرير الحسن بن محمد سهيل وأخذ عن غيره في غيرها، ووالده السيد العلامة الفاضل علي بن حسن الحجازي أحد العلماء الأجلاء وحسن ولده هذا أحد المنتصبين للقضاء حال الرقم بصعدة المحمية ووالده هو الآن عين الوجود وقد

كان من المعتمدين في القضاء ومع كبر سنه الآن قد ترك ذلك، وجده من قبل أمه هو المولى العلامة شمس الدين أحمد بن إبراهيم بن محمد الهاشمي الماضي ذكره فقد حاز الشرف من جميع الجوانب، وهو الآن زينة الأعلام، ومن حسنات الأيام، مشتغل بكسب الفضائل، حسن الأخلاق، لطيف الشمائل أبقى الله غرته وحرس مهجته انتهى بلفظه وحروفه.

قلت: وقد استمر في رتبة القضاء بمدينة صعدة مدة طائلة، وله خط حسن كان يكتب به بعض المحررات الشرعية، وعنه نقلت نسبه من فوق شاهد ضريح والده بمقبرة القرضين، وكان رحمه الله مزواجاً، أخبرني أحد أقاربه أنه تزوج بنحو خمسة عشر امرأة، ومع ذلك لم يحصل له من الأولاد إلا ولدان هما قاسم وعلي، ووفاته رحمه الله ليلة الخميس الرابع عشر من شهر ربيع الثاني سنة 1406 هـ ست وأربعمائة وألف، وقبره بالقرضين عند أهله.

25. السيد الحسن بن علي فايع

السيد العلامة الحسن بن علي بن الحسين بن أحمد بن علي بن أحمد بن محمد الملقب فايع، وبقية النسب تقدمت في ترجمة صنوه أحمد بن علي بحرف الألف.

ترجمه السيد الحسين بن القاسم في تراجم علماء بني المؤيد فقال:

قرأ بضحيان وغيره فاستفاد، وله معرفة وتحقيق، لا سيما في الفروع والتوحيد وكان سيدا مجيداً زاهداً ورعاً عابداً وقوراً، وكانت وفاته بهجرة رغافة في عام 1381 إحدى وثمانين وثلاثمائة وألف انتهى.

قلت: واطلعت في كتاب تعزية مرسلة إلى أهله من السادة آل نور الدين أن وفاته سنة 1389 هـ فليحقق وجه الصواب بين التاريخين.

26ـ العلامة حسن بن قاسم الشامي

العلامة حسن بن قاسم بن جبران بن محمد بن جبران بن صالح الفاضلي العياشي الخولاني. والفاضلي نسبة إلى جمعة ابن فاضل قرية من قرى جبل مران وإلى الشيخ محمد بن أحمد الشامي بن فاضل، ولعل نسبة القرية إليه، وذكر في النبذة المشيرة في القرن الحادي عشر الشيخ إبراهيم بن فاضل قال: شيخ جبل الرعا، وهو ممن عاصر أيام الإمام القاسم بن محمد المتوفى سنة 1029هـ. والعياشي نسبة إلى قبيلة ولد عياش إحدى قبائل الجهوز من البطون الخولانية. وصاحب الترجمة كان من أهل العلم، انتقل من قريته إلى مدينة صعدة لطلب العلم، فقرأ على مشايخ المدرسة العلمية بجامع الإمام الهادي عليه السلام، واستفاد وبلغ المراد، ثم رجع إلى وطنه بقرية السبيع بآلت فاضل، وعكف على المطالعة والنساخة، ورأيت بخطه نسخة من كتاب مآثر الأبرار قال في آخرها: بخط مالكه أفقر عباد الله وأحوجهم إليه الراجي عفوه ومغفرته الفقيه حسن بن قاسم بن جبران بن محمد بن جبران بن فاضل الملقب الجريب ساكن قرية السبيع من أوطان جمعة بن فاضل ولد عياش الزيدي مذهبا العياشي ثم الفاضلي بلدا القحطاني نسبا، وكان الفراغ من زبره وقت العصر ثامن وعشرين جمادى الآخرة سنة 1376 انتهى بلفظه.

وكان المترجم له موجودا آخر شعبان سنة 1394هـ وأخبرني من يعرفه أنه ابتلي بإحدى النوائب في أخريات أيامه، ولم يبلغني تحقيق تلك الحادثة يسر الله ما يكمل به هذه الترجمة.

(بلاد خولان)

بلاد خولان إحدى نواحي مدينة صعدة، تقع في جهة الغرب منها، وهي صقع كبير، قال القاضي العلامة محمد بن أحمد الحجري المتوفى في أيام الإمام

أحمد بن يحيى حميد الدين سنة 1380هـ في كتابه مجموع بلدان اليمن وقبائلها في حرف الخاء ما لفظه: خولان من أشهر قبائل اليمن، وهم ولد خولان بن عمرو ابن الحاف بن قضاعة بن مالك بن عمرو بن مرة بن زيد بن مالك بن حمير بن سبأ، وسمي بهذا الاسم جملة بلدان، منها مخلاف خولان في بلاد صعدة، وهو أكبرها، ويقول في حرف الصاد يذكر حدود ناحية خولان صعدة ما لفظه: وناحية خولان تتصل بها من شماليها ببلاد رازح وغمر وبني الحارث، ومن شرقيها ببلاد سحار ومن جنوبيها بالعمشية وبني مروان من تهامة ووادي مير، ومن غربيها ببني مروان أيضا وبني الحارث، وقبائل ناحية هم حلفي وجهوزي، شيخ الحلف منصور بن روكان، وشيخ الجهوز حمود بن محمد بن بشر-، ومن قبائل الحلف: شعب حي وبنو ذؤيب وزُبيد وبنو بحر، ومن قبائل الجهوز ولد عياش وجهوز الشعف وبنو مران. قال: ومن بلدان هذه الناحية حيدان بالقرب منها قبر الإمام المتوكل على الله أحمد بن سليمان المتوفى سنة 566هـ، ويعرف المحل الذي فيه القبر بالمشهد، وهو يبعد عن حيدان مسافة ساعة، ومن بلدان هذه الناحية وقبائلها: ساقين، وفوط بفتح الفاء وسكون الواو ثم طاء مهملة، وأهل اليمن والكرب، والخوالد، وطلان، والنوعة، والشرف، وعريمة، والأفخاذ، والضوامر، وألت الوقيش، وولد بَجَة، وولد عمرو، وألت الزبير، وألت العليف، والدرم، وجهي، ويوسفي، وولد نوار، وولد جعشن، وسعدي وقاسمي، وبلاد أحمدي وقاضي انتهى كلامه. قلت: وفي وصف بلاد خولان عموما يقول شيخي وسيدي شرف الأعلام الحسن بن محمد بن أحمد الفيشي من قصيدة موجودة في ديوانه مطلعها:

| جمالك يا خولان أمر مقرر | فجوك خلاب وماؤك كوثر |
| جمعت ملاك الحسن من كل وجهة | ففي قالب الإبداع رسمك يزهر |

تحملت إذ حملت سرا زكى به ... ثراك لنا أن الثرى بك عنبر
جبالك جنات سهولك أنهر ... فأنت رياض مثلما أنت أبحر
وفضلك فياض يفيض على الملا ... وشرك ممنوع النفوذ مقصر
كستك يد الرحمن أثواب سندس ... برؤيتها عاتي الجفاف مقهقر
فأنت مصيف الأغنياء ومربع ... لمن عضه الدهر العضوض المدمر
نزيلك مغبوط أمير مسلط ... يحكم فيما شاء ينهى ويأمر
تعال معي إن كنت للأمر منكرا ... لتنظر وجه الأرض كيف يصور
فلا عيب في خولان إلا مثوها ... على قمة العلياء لا تتأخر

27ـ العلامة الحسن بن محمد سهيل

الفقيه العالم المحقق المتقن شرف الدين والإسلام الحسن بن محمد بن علي ابن مهدي بن إسماعيل بن أحمد سهيل النزاري الصعدي اليمني.

مولده في سنة 1305 وقيل سنة عشر وثلاثمائة وألف.

وأخذه للعلم عن أعلام المشايخ بصعدة وضحيان، وبلغ في قراءته عليهم الرتبة القصوى في التحقيق في فنون العلم قال رحمه الله في إحدى إجازاته ما لفظه: قرأت بحمد الله على مشايخ عدة منهم عابد الزمان والخيرة من ولد سيد عدنان قاسم بن عبد الله الهاشمي ثم عدد مقروءاته عليه، ومنهم سيدي العلامة الولي شرف الإسلام حسن بن الحسين بن محمد الحوثي وأجاز لي إجازة عامة ثم عدد المقروءات عليه، ومنهم العلامة فخر الدين والإسلام والخيرة من العترة الكرام عبد الله بن أحمد حوريه وأجازني، ومنهم سيدي العلامة فخر الدين عبد الله بن عبد الله العنثري وعدد ما قرأ عليه إلى أن قال: ولي إجازة عامة من سيدي العلامة الهمام محمد بن حسن الوادعي، ومنهم شيخ الإسلام القاضي العلامة

محمد بن عبد الله الغالبي رضي الله عنهم، وله إجازة عامة من الإمام المهدي صاحب برط وقد أجازني في جميع ذلك، وقد أجاز لي سيدي العلامة عباس بن أحمد حال خروجه إلى هذه الجهة يعني صعدة وهو صاحب تتمة الروض النضير، ثم قال: وقد قرأت على سيدي العلامة فخر الإسلام عبد الله بن حسين الشهاري أسفارا عديدة وأجازني إجازة عامة شفاها، وأفادني أنه قرأ على والده وعلى الإمام المهدي وعلى شيخ الإسلام إبراهيم بن عبد الله الغالبي انتهى منقولا من إجازة صاحب الترجمة للقاضي صلاح بن أحمد فليته بتاريخ شهر جمادى الأولى سنة 1381 إحدى وثمانين وثلاثمائة وألف. ومن مشايخه أيضا المولى العلامة عز الإسلام محمد بن إبراهيم حوريه والمولى العلامة محمد بن منصور المؤيدي وله منه إجازة عامة.

وقد ترجم له بعض الأفاضل من أهل صعدة فقال:

هو الفقيه العلامة الفروعي الفرائضي- المحقق المدقق المتقن عمدة أهل التدريس بصعدة في أيامه، انتهت إليه رئاسة علم الفقه والفرائض وتحقيقها بمدينة صعدة، وعكف الكثير من الطلبة للأخذ عنه وهم الجم الغفير، ومن أجلهم سيدنا يحيى بن الحسين سهيل، وصنوه العلامة عبد الرحمن بن حسين سهيل مؤلف غاية الأماني والأمل، وسيدنا محمد بن الحسن المتميز وغيرهم مما يكثر عده، وقد جرى بعض العلماء الأفاضل في إطلاق لقب شيخ المشايخ عليه لكثرة من أخذ عنه حسبما ذكرناه آنفا، وله مؤلفات منها كتاب (المنسك الكامل في الحج)، و(حواشي على كتب الفقه) وعلى غيرها، وشرح أسئلة مقدمة الشافي، وموضوع في الرد على الرجا وغير ذلك. وكان متحلياً بحلية الفضل والنسك والزهد والعفة والورع، فيصلا لحل المشكلات، وموئلا لذوي الحاجات، متصديا للفتوى، وكانت حلقة تدريسه بمسجد التوت ثم بجامع

الإمام الهادي عند افتتاح المدرسة العلمية به، وكان منقطعاً للتدريس ولم يدخل في أعمال الدولة أو تولي القضاء إلى أن توفي بمدينة صعدة حميدا سعيدا خامس وعشرين شهر جمادى الآخرة سنة 1387 سبع وثمانين وثلاثمائة وألف ودفن بمقبرة أهله بالقرضين.

وإلى جنبه قبر صنوه العلامة الولي التقي حليف كتاب الله قاسم بن محمد بن علي سهيل، وكان نساخا للكتب العلمية، ووفاته بصعدة ليلة السابع من شهر القعدة سنة 1389 تسع وثمانين وثلاثمائة وألف رحمهما الله تعالى وإيانا والمؤمنين.

28ـ السيد الحسن بن محمد العجري

السيد العلامة الحسن بن محمد بن يحيى بن أحمد بن يحيى بن محمد بن صلاح ابن علي بن الحسين بن الإمام عز الدين بن الحسن المؤيدي الضحياني الملقب كسلفه بالعجري.

مولد صاحب الترجمة تقريبا سنة 1325 ونشأ في ضحيان، وقرأ على أخيه المولى العلامة علي بن محمد العجري، وعلى غيره، قال السيد الحسين بن القاسم مترجما له: كان سيدا فاضلا، عكف على العبادة ومزاولة النساخة والمطالعة والتدريس في بعض الأحيان حتى توفاه الله بضحيان سنة 1388 ثمان وثمانين وثلاثمائة وألف، رحمه الله وإيانا والمؤمنين.

قلت: وهو والد سيدي العلامة الفاضل المحدث محمد بن الحسن العجري صاحب (الصحيح المختار من علوم العترة الأطهار)، و(إعلام الأعلام بأدلة الأحكام) وغيرها من المؤلفات النافعة، وستأتي له ترجمة في آخر أقسام هذا الكتاب.

29ـ السيد الحسن بن يحيى غالب

السيد العلامة الحسن بن يحيى بن محمد بن أحمد بن يحيى بن علي بن أحمد بن محمد لقبه غالب بن علي بن أحمد بن محمد بن أحمد بن محمد بن علي بن الحسين ابن الإمام الهادي إلى الحق عز الدين بن الحسن المؤيدي اليحيوي.

أخذ في العلوم بصعدة عن السيد علي بن عبد الله الشهاري، والسيد يحيى بن صلاح ستين والقاضي الحسن بن محمد سهيل الصعدي، وغيرهم وأخذ أيضا عن المولى مجد الدين بن محمد المؤيدي، وقد ترجمه العلامة عبد الرحمن سهيل في بغية الأماني والأمل فقال: هو أحد أعلام الوقت وأجلاء الزمن طلب العلم الشريف بصعدة ومحله سودان بني معاذ فحاز مجال ذلك الميدان مع صبر لاقتناص الشوارد واكتساب الفوائد كثير الصمت لا يسأل عما لا يعنيه ملازماً لجميع الطاعات، وعلى الجملة فهو قرين الدفاتر والمحابر انتهى. ولم يؤرخ سنة وفاته وهي تقريباً في سنة 1375 خمس وسبعين وثلاثمائة وألف رحمه الله تعالى.

30ـ القاضي الحسين بن عبد الله الشاذلي

القاضي العلامة الشاب التقي الحسين بن عبد الله بن عبد الله بن علي الشاذلي الأنصاري الفللي اليمني، وقد تقدم التعريف بأهل هذا البيت وأصل نسبهم في تراجم سابقة في هذا المعجم.

مولده رحمه الله في أحد شهور سنة 1351 إحدى وخمسين وثلاثمائة وألف، ونشأ على الطهر والعلم والزهد والورع، وقرأ على أبيه في أوائل الكتب المختصرة والمتون وتوفي أبوه ولم يبلغ سن الحلم فكفله ابن عمه يحيى بن محمد بن عبد الله الشاذلي، ثم ارتحل بعد ذلك مهاجرا إلى مدينة صعدة، وقرأ في المدرسة العلمية بجامع الإمام الهادي على مشايخها الأعلام في المنهج المقرر في

شتى العلوم حتى أكمل شعبها، وقد ذكر ذلك في بعض قصائده التي تبلغ إلى نحو مائة بيت ذكر فيها عقيدته ومذهبه ومشايخه وبعض الكتب التي قرأها عليهم، أفادني ذكر ما تقدم في ترجمته الأخ العلامة عبد العزيز بن محمد الشاذلي ثم قال مترجما له: وكان شاعرا فصيحا زاهدا ورعا، عرضت عليه بعض الوظائف والأعمال فرفض الاستجابة لذلك العرض إذ كان عازفا عن الدنيا كل العزوف حتى الزواج كان قد عزف عنه لولا أن الوالد محمد بن إبراهيم الشاذلي ألح عليه حتى وافق، وإلى ذلك أشار في بعض قصائده فقال:

من ذا الذي يستمع قولي ويشهد لي — فيما أقول لمن أمسى يحدثنا
هلا عمدت إلى الغيد الحسان وهل — حصنت نفسك فالتحصين مذهبنا
فقلت: لا جهد لي فيما أقول لكم — ولست ممن يرى هذا يحق لنا
لا الغيد شأني ولا اللذات من أربي — ولا الكسوبات إن الله أقنعنا
لا أبتغي غير ستر الحال في وطني — ما دمت حيا وحسبي أن يقال أنا

قال: وكل من عرفه أثنى عليه، لما هو عليه من الخلق الحسن والتواضع الشديد خصوصا لأهل البيت عليهم السلام، وله قصيدة خمسها تلميذه سيدي العلامة عبد الرحمن بن حسين شايم وبعد التخميس شرحها وسماها (عقود الجمان وصلة الإخوان)، وذكر فيها زملائه، وكان بينهم من المراسلات والمفاكهات وما إلى ذلك ما هو موجود بمكتبة حي سيدي إسماعيل بن عبد الكريم شرف الدين، وكذلك من مؤلفاته (إرشاد الغريب إلى شواهد مغني اللبيب) في نفس المكتبة، وله (أربعون حديثا) مع بعض التعليق عليها وشرح ما يلزم، أخبرني سيدي وشيخي العلامة عبد الرحمن بن حسين شايم والقاضي العلامة عبد الوهاب شاكر أنهم كانوا يسمونها بالأربعين الشاذلية. وله رسالة في الصرف أخبرني بها سيدي أمير الدين بن سراج الدين عدلان، وقد ذكر في

رسالته المذكورة أنه لم يحتج إلى شيخ في علم الصرف منها قوله:

وقد قرأت على الشيخين من عرفــا	بالفضل والعلم تحقيقاً لقاريهــا
علم الأصول وفن الصرف فائدة	عن غير شيخ بحمد الله أمليهــا

ومن مشايخه السيد العلامة صلاح بن الحسن نور الدين، وسيدي العلامة الحسن بن القاسم جبالة الحوثي، وسيدي العلامة علي بن عبد الله الشهاري، وولده سيدي العلامة إبراهيم بن علي الشهاري وسيدنا عبد الله الحشحوش، وسيدنا العلامة يحيى بن حسين سهيل وغيرهم من المشايخ، ومن أشهر تلامذته سيدي عبد الرحمن بن حسين شايم وسيدي إسماعيل بن عبد الكريم شرف الدين، والسيد عبد الوهاب بن علي المؤيد وغيرهم، وفي سنة 1391 علق به المرض وأظنه السل فتوفاه الله حميدا سعيدا، وقد قيلت فيه المراثي رحمه الله وبوفاته انقطع نسله انتهى كلامه.

قلت: وفي ترجمة كنت نقلتها في دفاتري أن وفاته في عنفوان شبابه في شهر الحجة سنة 1392 اثنتين وتسعين وثلاثمائة وألف، وهو الصحيح حسبما نقل عن صخرة فوق قبره بهجرة فلله والله أعلم، وقد وقفت في ديوان أشعار سيدي عبد الرحمن بن حسين شايم على ذكره بهذه الأبيات يتأسف على فراقه ورحيله المبكر:

آه ذاك الزمــان أبكــي عليــه	وعلى الـراحلين مــن أنـدادي
وعلى شيخنا الحسين إمام الشـ	ـشعر نجل الهـداة والأمجـاد
ذلك الشـاذلي خير شبـاب الـ	ـعلم بـل كـان صفوة الزهاد
رحمــة الله والسـلام عليــه	كلـما قـام في المهامة حادي
فلقـد كـان ذكرتي وجليسـي	وحبيبي وناظري في سـوادي

31ـ السيد حسين بن عبد الله الحرجي

السيد العلامة الحسين بن عبد الله بن حسين بن محمد الحرجي لقبا والضحياني بلدا ومسكنا الرازحي وفاة.

مولده كما أفاد أحد أحفاده سنة 1322 اثنتين وعشرين وثلاثمائة وألف، وقد ذكره السيد الحسين بن القاسم في مجموع تراجمه فقال: نشأ في حجر والده بضحيان، وقرأ وتفقه على عدة من علمائها، منهم السيد العلامة يحيى بن صلاح ستين، والمولى علي بن محمد العجري، والمولى الحسن بن الحسين الحوثي، والسيد عبد الله بن عبد الله العنثري، وكان سيدا عالما محققا، رحل إلى النضير بجبل رازح ودرس هناك حتى توفاه الله تعالى، وبها دفن انتهى. قلت: ووفاة المترجم له سنة 1399 تسع وتسعين وثلاثمائة وألف.

32ـ القاضي حسين بن علي حابس

القاضي العلامة الفاضل حسين بن علي بن أحمد حابس الصعدي اليمني

ولد ونشأ بصعدة، وفي أول الطلب دخل المدرسة المتوكلية فأخذ بها هو وزميله علي بن إسماعيل المتعيش في العلوم الأولية على سيدنا عبد الله بن أحمد فارع وغيره، وأكملا قراءتهما في المدرسة المذكورة سنة 1349 حسبما اطلعت على شهادة إدارة المدرسة لهما، ثم لما فتحت المدرسة العلمية بجامع الإمام الهادي سنة 1352 اثنتين وخمسين وثلاثمائة وألف التحق المترجم بها، وأخذ عن مشايخها في كتب العلوم، فمن مشايخه السيد علي بن عبد الله الشهاري، والسيد عبد الله بن أحمد حوريه المؤيدي، والقاضي شرف الأعلام الحسن بن محمد سهيل وغيرهم.

وهو ممن استجاز من السيد العلامة الكبير محمد بن منصور المؤيدي فأجازه وأشركه ضمن الإجازة التي حرره لولده المولى مجد الدين ولأعيان العصر المؤرخة بتاريخ شهر جمادى الأول سنة 1354 أربع وخمسين وثلاثمائة وألف. قال من ترجم له بهذه الألفاظ:

هو القاضي العلامة الولي الزاهد، كان من أفاضل أهل بيته، عالماً متقناً أخذ بصعدة عن المشايخ فحقق وبلغ رتبة العلماء، ومن مشايخه في المدرسة العلمية بجامع الإمام الهادي المولى مجد الدين بن محمد المؤيدي، ومن مقروءاته عليه شرح غاية السؤل قراءة تحقيق وبحث، وتتلمذ عليه عدة من الطلبة في تلك المدرسة، منهم سيدي صلاح بن الحسن نور الدين وغيره، وكان من المحبين لأهل البيت صادق التشيع. ومن شعره في ذلك ما جاء في قصيدة:

لله آل محمد ... أهل العلوم ذوو البصائر
كم خلدت فيهم منا ... قبهم وآيات المآثر
لو أنني أسهبت في ... مدحي وأفعمت الدفاتر
ما كنت إلا زاهداً ... لا شك والإنسان قاصر
فالزم مودة أحمد ... والآل واهد بهم وكاثر
تلك المناقب يافتى ... فاعرف وخاصم من يفاخر
صلى عليهم ربنا ... ما لاح برق للنواظر

وهو كما أسلفنا في عداد تلامذة المولى مفتي اليمن الأكبر مجد الدين بن محمد بن منصور المؤيدي، ومن شعره ما كتبه مقرظاً لكتاب شيخه التحف شرح الزلف سنة 1358:

نور به شمس النهار تغيرت ... واهتز من طرب له الآفاق
والبدر أضحى كاسفاً لوجوده ... والخلق كلهم له مشتاق

مولاي قد أوجزت غير مقصر	وبدر نظمك رصعت أوراق
مولاي مجد الدين يا بن محمد	لا غرو حقاً أنتم السباق
فلقد نثرت لئالئاً وزبرجداً	حفت بنور للنظام نطاق
يا راجياً حصر الأئمة هاك ما	أملت يحلو نشره ومذاق
أعني اليواقيت الثمينة سمطها	عقد به تتقلد الأعناق
عربية صدرت بغير تكلف	فالحق أن المسك صار يراق

والمترجم خاتمة أهل بيته في طلب العلوم وتحقيقها فقد قل في الخلف منهم العلماء حتى لم يعد يذكر بعد وفاته أحداً بالعلم والله المستعان.

ووفاة المترجم كان سنة 1369 تسع وستين وثلاثمائة وألف وقبره بمشهدهم بالقرضين رحمه الله تعالى وإيانا والمؤمنين.

33. السيد الحسين بن علي الهادي

السيد الفاضل حسين بن علي بن محمد بن حسن بن أحمد بن إبراهيم بن محمد ابن الإمام الهادي إلى الله الحسن بن القاسم بن الإمام المؤيد بالله محمد بن الإمام القاسم بن محمد الحسني القاسمي الأهنومي ثم الصعدي.

وهو أحد النبلاء الذين تولوا بعض الأعمال الحكومية في أيام الإمام أحمد بن يحيى حميد الدين بصعدة، ووالده هو أول من انتقل من بلادهم الأهنوم إلى صعدة، وله من الأولاد حسين صاحب الترجمة وأحمد، ومحمد، توفي محمد هذا شابا بعد أن قرأ وحصل في العلم بغية شافية، وذلك منتصف شهر جمادى الأولى سنة 1356 وقبره بمقبرة صعدة شامي باب نجران، وإلى جنبه قبر صنوه صاحب الترجمة وأرخ وفاته هناك 23 شهر رمضان سنة 1397 سبع وتسعين وثلاثمائة وألف، وله أولاد ثلاثة هم: يحيى وشرف وأحمد، لا زالوا وأولادهم يسكنون صعدة، ويلقبون ببيت الهادي نسبة إلى جدهم الإمام الهادي إلى الله

الحسن بن القاسم بن المؤيد بالله محمد المتوفى بشهارة سنة 1157 وقيل 1159هـ.

34. السيد الحسين بن محمد شايم

السيد العلامة المحقق الحسين بن محمد بن مهدي بن محمد بن إسماعيل بن يحيى بن محمد بن علي بن محمد بن علي بن السيد الكبير الشهير داود بن الهادي ابن أحمد بن المهدي بن الإمام عز الدين بن الحسن الحسني المؤيدي الفللي.

مولده كما وقفت عليه سابع عشر جمادى الأولى سنة 1325 خمس وعشرين وثلاثمائة وألف، وهو أحد أعيان العلماء في أيامه. ترجمه ولده سيدي العلامة النحرير عبد الرحمن بن حسين شايم أبقاه الله فقال:

الوالد العلامة الفروعي الأصولي الفرضي المفسر المحقق شرف الدين شحاك المفسدين الحسين بن محمد بن مهدي بن محمد بن إسماعيل شايم رضي الله عنه ولادته حوالي 1323هـ نشأ على العفاف والديانة في حجر والده، فنشأ على منهاج سلفه مقتدياً بأخلاقهم متشبثاً بأهدابهم، فلما أشرف أوان الطلب جدَّ في طلب العلم وساعده المقدور فيما يحاوله من هذا المطلب الأسنى، وشمر عن ساق فعكف على شيخه العلامة فخر الإسلام الزاهد العابد المولى عبد الله ابن أحمد بن علي المؤيدي فلازمه وتخرج عليه هو وصنوه المهدي بن محمد، فقرأ عليه في العربية وفي الأصولين وفي الفروع وغيرها من العلوم، ولما انتقل شيخهما إلى صعدة كان منهما السفر إلى المدينة المذكورة فلازم المترجم له سيدي العلامة يحيى بن صلاح ستين وسيدنا العلامة المحقق المتقن الحسن بن محمد سهيل، فلم يزل دائباً في كسب العلوم حتى صار قدوة يقتدى به وعلماً من أعلام العترة، وتولى القضاء لإمام زمانه الإمام يحيى بن محمد حميد الدين رحمه الله ثم في مدة

ولده الإمام أحمد، فلم يزل مستقيماً على العدل والحكم بالحق والانتصار للمظلوم وقمع الظالم حتى وافاه أجله المحتوم يوم 17 جمادى الأولى سنة 1382 انتهى بلفظه.

قلت: وفي بعض الكتب أن وفاته في شعبان سنة 1381 وما في أصل الترجمة أرجح والله أعلم. **والملقب بشايم** من أجداد صاحب الترجمة هو السيد علي بن محمد بن علي بن داود بن الهادي إلى آخر النسب المتوفى 1134 أربع وثلاثين ومائة وألف كما على شاهد قبره بهجرة فلله، وقد تقدمت ترجمة جدهم الأعلى السيد جمال العلماء علي بن داود المتوفى سنة 1069 في القسم الأول من هذا المعجم، وترجمة والده أيضا المولى العلامة الكبير داود بن الهادي المتوفى سنة 1035 بأقر من نواحي شهارة وتقدمت تراجم علماء هذا البيت في القرن الرابع عشر منها ترجمة السيد الرئيس محمد بن الحسن بن محمد شايم المتوفى تقريباً سنة 1345 وترجمة والد صاحب الترجمة السيد محمد بن مهدي شايم المتوفى 1362 وولده مهدي الجميع في حرف الميم في القسم الخامس من هذا الكتاب.

35ـ القاضي حسين بن محمد الغبيري

القاضي العلامة حسين بن محمد الغبيري ولقبه هو بضم الغين المعجمة وفتح الموحدة التحتية وسكون الياء المثناة، وراء مهملة مكسورة ثم ياء النسبة لعلها إلى قرية آل غبير من أوطان قبيلة ولد مسعود وقبائل سحار، تقع في شمال صعدة، والظاهر أنها المعروفة في سيرة الإمام أحمد بن سليمان عليه السلام بقرية درهم والله أعلم.

وصاحب الترجمة أحد حكام صعدة في أيام الإمام يحيى بن محمد حميد الدين وولده الناصر أحمد رضوان الله عليهما، وكان موجودا على قيد الحياة سنة سبعين

وثلاثمائة وألف، ولم أتحقق شيئا من أحواله، ولا تاريخ وفاته رحمه الله تعالى.

36. السيد داعي بن زابن الداعي

السيد العلامة داعي بن زابن الداعي الساكن بوادي مصل بالميم والصاد المهملة من بني عباد ببلاد جماعة.

ذكره السيد الحسين بن القاسم بن الهادي فقال:

هاجر من وطنه القماء إلى باقم لطلب العلم فقرأ على الإمام الهادي الحسن بن يحيى القاسمي وعلى ولده عبد الله بن الإمام ثم هاجر ثانياً إلى هجرة ضحيان وأخذ بها عن العلماء ثم رجع إلى وطنه وأقام على العبادة والمطالعة والإرشاد والمصالحة بين الناس بعفة وزهد وورع وحسن خلق وله أولاد المأمول أن يحذو حذو والدهم انتهى ولم يؤرخ مولده ولا وفاته.

وآل الداعي هم من ذرية الإمام الداعي يحيى بن المحسن بن محفوظ بن محمد ابن يحيى بن يحيى المدفون بساقين من مغارب صعدة سنة 636 هجرية ووقفت في مشجر الأغصان على نسب صاحب الترجمة مرفوعا إليه وهو داعي بن زابن ابن حسين بن يحيى بن أحمد بن صلاح الصغير بن محمد بن صلاح بن محمد بن صلاح بن حسن بن جبريل بن يحيى بن محمد بن سليمان بن أحمد بن الإمام الداعي يحيى بن المحسن، وأولاده هم: يحيى وعلي ومنصور.

37. السيد درهم بن عبد الله حوريه المؤيدي

السيد العلامة درهم بن عبد الله بن يحيى بن علي بن الحسن الملقب درهم بن يحيى بن علي بن أحمد بن يحيى بن الإمام إبراهيم بن محمد الملقب حوريه الحسني

اليحيوي المؤيدي الفللي.

مولده بالعشة من أعمال صعدة ضحوة يوم الخميس 22 شهر جمادى الأولى سنة 1344 أربع وأربعين وثلاثمائة وألف، ونشأ في حجر أبيه وكان من وجوه بني المؤيد في أيامه، ولما حان وقت الطلب كان والده قد انتقل به إلى هجرة فلله موطن آبائهم، فأخذ في مبادئ الفقه والنحو وغيرهما على أخيه السيد العلامة علي بن عبد الله وعلى خاله السيد قاسم بن محمد بن إبراهيم حوريه، ثم هاجر إلى ضحيان وأخذ عن المولى علي بن محمد العجري والسيد أمير الدين بن الحسين الحوثي، والسيد أحمد بن الحسن بن الحسين الحوثي وغيرهم، ثم هاجر إلى مدينة صعدة ورحبان فأخذ بهما عن سيدنا العلامة يحيى بن الحسين سهيل وغيره، ثم ارتحل إلى جده والد أمه المولى محمد بن إبراهيم حوريه إلى صنعاء محل إقامته الجبرية فأخذ عنه. أخبر بمعنى ما تقدم ولده سيدي العلامة أحمد بن درهم حوريه، في ترجمة كتبها لوالده المذكور، وعد فيها جملة الآخذين عنه، منهم السيدان العالمان عبد الله وعبد الرحمن ابنا حسين بن محمد شايم، والسيد حسين ابن محمد حوريه وولده كاتب هذه السطور. قال ولده أبقاه الله: وفي سنة 1381 انتقل إلى قرية مداك من بلاد المعاريف وأعمال بني جماعة واستوطنها، فأقبل عليه أهل تلك الجهة وغيرها من جهة بني عباد وولد عمر وألت الربيع والقطينات وبني حذيفة، للفتيا والقضاء والتداوي، فكان يقوم فيهم مع ذلك بالوعظ والإرشاد والتعليم إلى أن قامت الثورة بصنعاء سنة 1382هـ فشارك في الجهاد أثناء فتح مجز واعتقال من كان قد دخلها من الجمهورين في تلك السنة، إلا أنها اعتورته الآلام بعد ذلك، قال: ولما ضايقه المرض عاد من مداك بعائلته إلى هجرة فلله عام 1398هـ وفي هذا العام المذكور كان افتتاح المعهد العلمي العالي، فعمل فيه مدرسا أياما عندما كان لا يزال للمعهد فرع بهجر فلله وهو من مؤسسيه إلا أن مرضه وهو مرض الكبد لم يتركه بل اشتد به فانتقل للعلاج في

المستشفى الجمهوري بمدينة صعدة، وسكن في دار جده المولى محمد بن إبراهيم حوريه الكائن بحارة شيبان، ولم يلبث إلا قرابة عشرة أيام من وصوله وفاضت روحه إلى باريه ليلة الثلاثاء تاسع وعشرين ربيع الآخر سنة 1399 تسع وتسعين وثلاثمائة وألف، ودفن بمشهدهم في مقبرة القرضين.

قلت: هكذا نقلت تاريخ الوفاة عن شاهد ضريحه، أما ولده سيدي أحمد أبقاه الله فذكر في ترجمته لوالده أن ذلك ليلة الثلاثاء لعله خمسة عشر من الشهر المذكور ربيع الآخر، قلت: فيحقق فكلا التاريخين 15 و29 من الشهر المذكور يوفقان يوم الثلاثاء. ولسيدي العلامة الحسن بن محمد الفيشي- في رثائه قصيدة موجودة في ديوانه مطلعها:

شغلنا وما في الأمر شك بدنيانا ... شغفنا بها زمت إليها مطايانا
إليها وفيها سعينا واغتباطنا ... وعنها وفيها سؤلنا وفتاوانا
تنافسنا فيها يزيد على المدى ... مطاف أمانينا حماها ومسعانا
خدعنا وأيم الله إذ كان همنا ... إليها وفيها لو عقلنا بلايانا
ولو لم يكن شيء سوى الموت غاية ... لكان لزاما أن نعدل ممشانا
فيا رب لطفا منك أنت ملاذنا ... تؤم بنا نهج السعادة إحسانا
لنعلم حق العلم أنا إلى فنى ... وإنا لأخرانا ولسنا لدنيانا
فليس لنا عن هوة الشر صارف ... سواك فحقق بالتكرم رجوانا
تعاليت أنت العدل ما زلت منذرا ... لنا لنرى في الحق أبلج برهانا
وفيها أتانا والحوادث جمة ... من الهجرة الغراء ما بث أحزانا
رثاء يباكي الطرس في درهم الزكا ... مثال التقى أولاه مولاه رضوانا
ألا أيها الناعي فضيلة درهم ... لك الله قد أسمعت لقيت سلوانا
تلق القضاء الحتم بالصبر جنة ... فنعم ملاذ الصبر للأجر عنوانا

وسلواك في ذكر المصاب بأحمد سيذهب أحزانا ويطفىء نيرانا
وإن قصارى كل حي إلى فنى سواسية من نال عزا ومن هانا

38ـ القاضي سالم بن جبران القطابري

القاضي العلامة سالم بن جبران قعبان القطابري.

وآل قعبان التي ينسب إليها صاحب الترجمة هي قرية في شرقي قطابر وهي تطل على وادي شرع بكسر الشين المعجمة وسكون الراء المهملة، انتقل منها المترجم في أيام الإمام يحيى حميد الدين إلى مدينة ضحيان مهاجرا لطلب العلم، ثم إلى مدينة صعدة واستقر بها للقراءة على مشائخها الأعلام، منهم السيد العلامة الحسن بن إسماعيل غالب المؤيدي، وغيره، وخاتمة شيوخه المولى مفتي اليمن الأكبر مجد الدين المؤيدي. ومن جملة الآخذين سيدي الحسن بن محمد الفيشي، قرأ عليه بمسجد الذويد بمدينة صعدة.

وللمترجم له تلامذة قرأوا عليه في المدرسة العلمية بجامع الإمام الهادي، وكان عالما له تحقيق واتقان، ولما قامت الجمهورية عاد إلى وطنه فعكف على التعليم والإرشاد بتلك النواحي، وأخبرني أحد معارفه أن وفاته بقريته آل قعبان في نحو عشر التسعين وثلاثمائة وألف والله أعلم.

قلت: وهنا فائدة حبذنا نقلها في هذا الموضع، وهي في تصدر المولى مجد الدين في مسجد الذويد وفي المدرسة العلمية بجامع الإمام الهادي، قال سيدي العلامة إسماعيل بن أحمد المختفي الآتي ترجمته في آخر أقسام هذا الكتاب ما لفظه:

لم أجد منذ عرفت من أبناء دهري صاحب ذوق سليم كسيدي العلامة مجد الدين فهو تصدر وصار صدراً في إبان شبابه بذوقه وفهمه الوقاد ونظره الثاقب. نعم وكنا بمدرسة صعدة المحمية شعبة سبعة عشر شخصاً، فلما رأينا سيدي مجد

الدين كان يطلع الجامع المقدس بصعدة جامع الإمام الهادي عليه السلام، اجتمع رأي شعبتنا لما رأينا خلق مجد الدين وأنظاره وجواباته وتفهماته وتفكيكه لعويص المشكلات، اجتمعنا وتعاهدنا أنه لا بد من جمع دروسنا عند هذا الشاب البارع المتفنن الذكي، وتعاقدنا على ذلك وحررنا شكية لمدير المدرسة القاضي العلامة أحمد بن عبد الواسع الواسعي بإجماعنا أن هذا شيخنا، فرتب دروسنا من سنة 1363هـ، وإليك الكتب التي درسناها وهي المهمات العظيمة: شرح الغاية من فاتحته إلى خاتمته، البحر الزخار من فاتحته إلى خاتمته، مغني اللبيب من فاتحته إلى خاتمته، في الكشاف في الشرح الصغير، في البيان في دروس كثيرة منها في شرح التجريد للإمام المؤيد بالله عليه السلام، وأمالي المرشد بالله عليه السلام، والجامع الكافي، وشرح نهج البلاغة، وغيرها. وقال يذكر زملائه: والذي أذكر من زملائي: الأخ العلامة إسحاق بن علي إسحاق بن القاسم، والقاضي عبد الله بن محمد بن أحمد العنسي البرطي، والأخ عبد الطيف شرويد المؤيدي، والأخ أحمد بن أحمد الخميسي الهاروني، والقاضي العلامة علي بن قاسم النجم، والفقيه فيصل بن عطية الفهد، هؤلاء شعبة المدرسة، ثم انضوى إلينا من الاختياريين وهم أصغر منا، ثم بزوا الأقران: الأخ العلامة حسن بن محمد بن أحمد الفيشي، الأخ عبد الكريم العجري، الأخ حسن بن علي الحمران، الفقيه صلاح بن أحمد فليتة، الفقيه الشيخ علي بن يحيى شيبان، الشيخ سالم قعبان القطابري، ثم لما تمكن المولى حجة الدين بجامع الذويد انهال عليه طلبة العلم من كل قطر من هذه الجهات سيما من خولان وجُماعة، والفيشي وفليتة هما أحق أن يسمَّيا صاحبيه كما يذكر أبو حنيفة وصاحباه، فلهما من الفهم الوقاد والذكاء العجيب ما يبهر العقول، كما عينا في سنة 1369هـ للوظائف، لاشتغالنا بالعوائل لم نرجع سنة 1373هـ إلا وهذان العالمان قد اغترفا مع من معهما من

البحر الخضم أنواع العلوم وحققا منطوقها والمفهوم انتهى كلامه.

39ـ الفقيه سنين بن علي الشعبي

الفقيه العلامة سنين بكسر السين وتشديد النون المكسورة ثم ياء ونون الشعبي الخولاني ونسبة الشعبي إلى شعب حي من بلاد خولان صعدة. قرأ بمدينة صعدة على علمائها من أجلهم المولى مجد الدين بن محمد المؤيدي، وسيدنا العلامة عماد الدين يحيى بن الحسين سهيل.

وكان المترجم من أهل الفضل والزهد، وكانت له يد في تدريس كتاب الأزهار في الفقه، وممن أخذ عنه سيدي الحسن بن محمد الفيشي فهو أحد مشايخه، وانتقل بعد قيام الجمهورية إلى بلاد المهاذر، وأقام هناك مدة وعاد إلى بلده، وقد أخبرني عن أحواله والدي أبقاه الله مما فاتني تقيده، فإنه ممن قرأ عليه أيام بقائه ببلاد المهاذر، وما حصل بعد ذلك في ترجمته أضفته إن شاء الله، فقد تحقق بقاؤه على قيد الحياة إلى سنة 1382 فذكرته في تراجم هذا القسم والله الموفق.

40ـ القاضي صلاح بن إبراهيم الغالبي

القاضي العلامة صلاح بن إبراهيم بن عبد الله الغالبي الضحياني.

ولد ونشأ بمدينة ضحيان، وقرأ على أخويه إسماعيل وعبد الرحمن، وعلى المولى العلامة الحسن بن الحسين الحوثي وعلى صنوه السيد العلامة أمير الدين ابن الحسين الحوثي وعلى غيرهما فاستفاد وحقق، وهو من العلماء الأفاضل، ولم أضبط تاريخ وفاته، أو أقف على كثير من أحواله رحمه الله، فاكتفيت بما تقدم.

41ـ السيد صلاح بن يحيى عامر

السيد العلامة الزاهد الورع شيبة الحمد صلاح بن يحيى بن إبراهيم بن صلاح ابن الحسن بن صلاح بن أحمد بن صلاح عامر الحسني الهادوي الصعدي. مولده

منتصف شعبان سنة 1318 ثماني عشر وثلاثمائة وألف. ونشأ في حجر والده المتوفى في جبل بني عوير بالحصن سنة 1326 وطلب العلم بصعدة ورحبان، وأخذ عن مشايخهما، منهم سيدنا العلامة أحمد بن إسماعيل مشحم، والعلامة المتأله محمد بن الحسن المتميز وله منه إجازة عامة.

وأخذ أيضا عن المولى مجد الدين بن محمد المؤيدي، وعين مدرسا في جامع الإمام الهادي ومشرفا إلى أن قامت الجمهورية سنة 1382 فانتقل إلى نجران وعكف هناك على المطالعة والتدريس ولم يرجع إلى موطنه إلا وقد انحنى على العكاز وأقعد مدة في بيته، إلى أن توفاه الله. وقد ذكره صاحب طرائف المشتاقين السيد القاسم بن أحمد المهدي فقال: السيد العلامة العابد الزاهد صلاح بن يحيى عامر. كان مثالا للزهادة والعبادة لم ينم ليلة واحدة متهيأ للنوم، ولم ينم على سرير ولم يهيأ له وطاء ولا غطاء لا يهم بشيء في حياته إلا ملازمة الذكر والعبادة، وكان كثيرا ما ينشد:

وما المال والأهلون إلا ودائع ... ولا بد يوما أن ترد الودائع

وكانت وفاته رحمه الله يوم الجمعة 29 شهر رجب سنة 1405 خمس وأربعمائة وألف، ودفن بمقبرة القرضين. ويكفي في ترجمته ما رثاه به المولى مجدالدين المؤيدي بأبيات القصيدة الموجودة في ديوان الحكمة والتي منها قوله:

أصلاح الهدى ابن يحيى خدين الـ ... ـعلم والحلم غيبتك القبور
عامر عامر الفضائل حقا ... عالم عامل منيب صبور
عابد زاهد وفي حفي ... طيب طاهر حليم وقور
مثّل السابقين أسلافه الغر ... الميامين فضلهم مستنير
نحو تسعين حجة عاشها في ... طاعة الله حظه الموفور
رضي الله عن صلاح وأرضاه ... ولا زال في ثراه العبير

وله أولاد نجباء علماء أكبرهم السيد يحيى بن صلاح وصنوه السيد أحسن بن صلاح وغيرهم رحم الله الجميع.

42. القاضي عبد الرحمن بن إبراهيم الغالبي

القاضي العلامة العابد الولي عماد الإسلام القاضي العلامة عبد الرحمن بن إبراهيم بن عبد الله بن علي بن علي الغالبي الضحياني.

نشأ بضحيان في حجر والده المتوفى سنة 1327هـ، وقرأ بها على جلة مشايخ منهم صنوه إسماعيل بن إبراهيم الغالبي وقرأ على عمه القاضي شيخ الإسلام محمد بن عبد الله الغالبي وعلى المولى الحسن بن الحسين الحوثي ولازمه وقرأ على غيرهم، فاستفاد وحقق وبرز، أفاد ما تقدم السيد الحسين بن القاسم في مجموع تراجمه ثم قال: وكان فقيها عالما ألمعيا حافظا نحريرا ذا فهم واستنباط، وفي آخر أيامه ابتلي بأمراض فأدخل إلى تعز للمعالجة ففاضت روحه هناك، ودفن بها رحمه الله انتهى. قلت: ولم أقف له على ترجمته فحاله أنه أحد العلماء أهل التحقيق ورأيت بخط بعض أهله في حامية لبعض كتبهم أن وفاة المترجم في مستشفى تعز سنة 1374 أربع وسبعين وثلاثمائة وألف والله أعلم.

43. السيد عبد العظيم بن الإمام الحسن القاسمي

السيد العلامة المحقق الفاضل الزاهد الورع عبد العظيم بن الإمام الحسن بن يحيى بن علي القاسمي المؤيدي الحسني الضحياني وبقية النسب تقدمت.

مولده تقريباً في سنة 1312 ونشأ بحجر والده الإمام الهادي الحسن بن يحيى القاسمي، وقرأ عليه في الفقه والحديث والتفسير وعلم الطريقة والأصولين وفي علم الآلة وأخذ عن أخيه المولى عبد الله بن الإمام في شتى الفنون والمعارف، قال

أخوه وشيخه المذكور في الجواهر المضيئة ما لفظه: قرأ على أفقر العباد وأحوجهم إلى الله المرتبك في بحار الخطايا والذنوب الخبيصي والهداية شرح الغاية ومطلب الساغب والهدايات إلى حل إشكال شيء من الآيات والبراهين الصادعة في فضل بعض أئمة العترة ونجوم الأنظار وتخريجها مواهب الغفار والعلوم وأمالي أبي طالب وأنوار اليقين والشفاء وأظنه لم يكمل، وغير ذلك فإنه لازمني كثيراً، وقد صار له الآن يد ومعرفة في فنون العلم، مع ورع وخضوع، وكف عن الفضول، وحرص على طلب العلوم، المفهوم منها والمنطوق. وفي أواخر القعدة من هذه السنة سنة 1343 ألف وثلاثمائة وثلاثة وأربعين له عندي قراءة المناهل والشرح الصغير على التلخيص، وهو الآن ممليا في الكشاف، وقد بلغ أول سورة النساء اسأل الله أن يديم توفيقه انتهى. قلت: وأخذ عنه جماعة من أهل عصره منهم السيد يحيى بن عبد الرحمن العنثري والسيد حسن بن عز الدين عدلان وأولاد أخيه السيد محمد بن القاسم بن الإمام الهادي القاسمي وصنوه حسين بن القاسم، وترجم له تلميذه المذكور في تراجم علماء بني المؤيد فقال:

كان عالماً مبرزاً، محققاً حافظاً، عابداً صابراً محتسباً زاهداً ورعاً، محبوباً عند الخاص والعام، مجاب الدعوة، وله معرفة في كل فن وأخبرني أنه تغيب ستين متناً في شتى الفنون، وكان إذا مر على البيت من شواهد المغني أو غيره يكمل القصيدة غيباً وكان له انكباب على التدريس، وله تلامذة أخذوا عنه وتخرجوا على يديه باذلاً نفسه في الدعاء لطلب العلم، وبذل الكتب لكل من يحتاجها من طلبة العلم للقراءة أو المطالعة وكان يقول طالعوا ولا ترغبوا عنها ما دام أبو الحسنين يعني نفسه قبل أن تمنعوا ولا تروها، فوجدنا ما قاله حقاً، وله كرامات منها ما ظهر بعد موته بيومين أو نحوها وهي ليلة النصف من شعبان رائحة ليست رائحة طيب مسك أو عود وتتبعت ذلك الشم فإذا هو من قبره، ووفاته

رحمه الله بضحيان شهر شعبان سنة 1371 إحدى وسبعين وثلاثمائة وألف، وستأتي تراجم أولاده في مواضعها من هذا المعجم.

44ـ الفقيه عبد الله بن أحمد فارع

الفقيه العلامة عبد الله بن أحمد فارع. هو سيدنا العلامة الأديب الخبير المربي الصالح، كان يدرس المبتدئين في القرآن والتجويد والحساب والعلوم الدينية في المدرسة المتوكلية بمدينة صعدة، وقد تخرج على يديه الكثير من التلامذة، وكان في تلك الوظيفة موجودا أواخر سنة 1349هـ، ولعل الأيام امتدت به إلى عشر ـ الثمانين وثلاثمائة وألف رحمه الله تعالى، ومن أجل من قرأ عليه العلامة علي بن إسماعيل المتعيش والقاضي الحسين بن علي حابس وغيرهما.

45ـ السيد عبد الله بن إسماعيل الهاشمي

السيد العلامة الفاضل فخر الدين عبد الله بن إسماعيل بن عبد الله بن علي بن أحمد بن إبراهيم بن أحمد بن إبراهيم بن علي بن أحمد بن الإمام الحسن بن علي بن داود الحسني المؤيدي الملقب بالهاشمي.

نشأ برحبان في حجر والده المتقدم ترجمته في القسم الخامس من هذا الكتاب، وقرأ عليه وعلى سيدنا العلامة محمد بن يحيى مرغم، وعلى سيدنا الحسن بن محمد سهيل وعلى غيرهم، قال من ترجم له:

كان صاحب الترجمة عالما فاضلا، زكيا ماجدا سخيا، له سيماء أهله، وكان من أعوان الإمام أحمد بن يحيى حميد الدين في أيام حرب نجران سنة 1351 التي أقام لأجلها بمدينة صعدة نحو العامين، وقد ذكره السيد الأديب محمد بن عبد الرحمن شرف الدين في السيرة التي كتبها عن تلك الحرب المسماة النور المشرق في رحلة المولى سيف الإسلام أحمد إلى بلاد المشرق وما به ألحق، وكان الإمام

أحمد حينها في أيام سيادته، وتولى المترجم لـه في أيـام دولتـه الدولـة الناصـرية القضاء بناحية سحار إلى أن توفي الإمام وقامت الجمهورية، فانتقل سيدي عبد الله بن إسماعيل إلى وادي نجران وسكنه مدة، وبه توفي شهر جمادى الآخرة سنة 1397 سبع وتسعين وثلاثمائة وألف، ونقل جثمانه إلى صعدة فدفن بها في مشهد أهله بالقرضين، وقد رأيت لسيدي الحسن بن محمـد الفيشي- قصيدة في رثائـه موجودة في ديوانه، وله ثلاثة من الأولاد: أحمد وقاسم وإسماعيل، ولهـم أولاد وأحفاد في أيامنا.

46. الفقيه عبد الله بن إسماعيل الحشحوش

الفقيه العلامة المتقن عبد الله بن إسماعيل بن علي بن أحمد بن علي بـن قاسـم مشحم الصعدي الرحباني الملقب الحشحوش.

ولد ونشأ برحبان، وتغيب حال الصغر بعض المختصـرات، وأتقـن القـرآن وتغيبه، وبدأ في طلب العلم على المشايخ بصعدة ورحبان.

فأخذ عن المولى محمد بن إبراهيم الهاشـمي، وعـن العلامـة شرف الأعـلام الحسن بن محمد سهيل، وعن سيدنا العلامة المحقق يحيى بن حسين سهيل، وعن المولى مجد الدين بن محمد المؤيدي وعن غيرهم الكثير، وله مستجازات عامة من مشايخه، منهم المولى مجد الدين والمولى محمد بن إبراهيم حوريـه وهـما إجازتـان عامتان في شتى الفنون. وأخذ عن المترجم له جماعة وافرة من الطلبـة في أيامـه، منهم السيد صلاح بن الحسن نور الدين، والسيد صلاح بـن محمـد الهاشـمي، وصنوه عبد الرحمن الحشحوش وغيرهم.

وكان صاحب الترجمة من أفاضل العلماء ذا ورع وتقوى ودين قويم، ومحبـة للعترة النبوية، وكانت بينه وبين القاضي محمد بن يحيى مرغم الآتي ترجمته قريبـا

اتفاق وزمالة أيام الطلب، وتصدر للتدريس بجامع الإمام الهادي لما تأسست المدرسة العلمية وأخذ عنه الطلبة، وكان مبتلى بأمراض منها كثرة السعال، ولعله مرض الربو الصدري حتى أنه كان يمنعه من التلاوة والتدريس في بعض الأحيان، وكنت رأيت له ترجمة بقلم بعض العلماء لم تحضرني حال الرقم، فزبرت ما حصل وتاريخ وفاته بقرية بير الشريفة من قرى رحبان صباح يوم الخميس شهر جماد أول سنة 1391 إحدى وتسعين وثلاثمائة وألف، ودفن بمقبرة صعدة شامي باب نجران، وعلى مقربة منه قبر صنوه العلامة الولي التقي شيخ القرآن عبد الرحمن بن محمد الحشحوش، توفي شهر محرم غرة سنة 1413 ثلاثة عشر وأربعمائة وألف رحمه الله وإيانا والمؤمنين.

47ـ المولى عبد الله بن الإمام الحسن القاسمي

المولى العلامة الحافظ فخر أقطاب الإسلام عبد الله بن الإمام الهادي الحسن ابن يحيى القاسمي المؤيدي الحسني اليحيوي الضحياني، وبقية النسب تقدمت في ترجمة والده، مولده رحمه الله سنة 1307 سبع وثلاثمائة وألف.

ونشأ في حجر والده بمدينة ضحيان وهو أكبر أولاده، وقرأ القرآن وأتقنه على القاضي عبد الله بن علي الحذيفي ثم بدأ في التلقي على المشايخ، فأخذ عن والده ولازمه، وأسمع عليه ما ينف على الأربعين كتابا في شتى الفنون، قال رضوان الله عليه في تعداد مسموعاته عليه ما لفظه:

فإني بحمد الله تربيت عليه واقتبست من نوره منذ ميزت إلى أن أجاب الله فمما قرأت عليه في النحو الأجرومية والتهذيب والقطر وشرحه لابن هشام إلا يسيراً من آخره والحاجبية وشرحها للمفتي وشرحها للخبيصي والقواعد لابن هشام وشرحها للأزهري والمغني بحضور حاشيتي الدسوقي والأمير هذا ما

حضـرني والشافية وشـرحها للشيخ لطف الله وحصة من شــرح نجم الـدين وتلخيص القزويني ثم شـرحه الصغير للسعد مع حضور اليعقـوبي والسبكي وشـرح المصنف عليه وحاشية الدسوقي عـلى الشــرح الصـغير وربـما أحضر المطول وكذا حاشية البناني والموضوع للإمام في الحقيقة والمجاز وإيساغوجي والهداية للكبسي والرسالة الشمسية فيما أظـن والكافـل وشــرحه لابـن لقـمان والفصول اللؤلؤية والغاية وشـرحها والأسـاس والثلاثـين المسـألة وشــرحها لابن حابس والبـالغ المـدرك والعقـد الثمـين لسـعد الـدين وحقـائق المعرفـة والبراهين للمتوكل على الله وعدة الأكياس للشـرفي، والتحفة العسجدية للإمام والبدر الساري للمفتي مع حضور حاشية أبي علامة وحصة وافرة مـن شــرح الأزهار لابن مفتاح والبيان لابن مظفر من فاتحته إلى خاتمته إلا كتـاب الشـفعة والهبة وشـرح الفرائض للناظري وحصة وافرة من الكشاف والإرشاد للإمـام القاسم ومحاسن الأنظار للإمام، والرسالة المنقذة لسعد الدين المسوري وعلـوم الحديث لإبراهيم بن محمد الوزير والجواب في السؤال عن العامي هل يصح لـه العمل بما في المجموع ونحوه للإمام وجوابه على علماء صعدة في بعـض مسـائل الأصول و الشفاء من فاتحته إلى خاتمته، والمجموعين للإمام زيد بن علي وأمـالي المؤيد بالله وأمالي أبي طالـب وأكثـر أحاديـث أمـالي المرشـد بـالله التـي جمعهـا الوليدي، وفي الأحكام إلى آخر الطلاق، وفي أصول الأحكام مـن أول الطـلاق إلى آخرها والأنوار الصادعة للإمام والسفينة للإمام أحمد بـن هاشـم والمنـاهي للمرتضى والعلوم إلا يسيرا من آخرها والصحيفة لعلي بن موسى وقرأت عليـه في البحر الزخار مع حضور ما يحتاج إليه من الفن ولم تُكمل؛ وسمعت عليه من حاشية السيد هاشم الشامي ولم يكمل ونهج البلاغة وحصة من شـرح ابـن أبي الحديد وأنوار اليقين إلا مـن حـديث المباهلـة إلى حـديث المنزلـة فإنـه فـاتني،

والشافي من فاتحته إلى خاتمته، وحصة من سنن أبي داود ومن حياة الحيوان وغير ذلك مما لم يحضرني، وقد أجازني رضوان الله عليه فيما له من مسموعات ومرويات وإجازات ومؤلفات ورسائل وجوابات وفوائد، وجميع ما يصح الرواية عنه انتهى. وأخذ عن عمه السيد العلامة أحمد بن يحيى القاسمي والسيد العلامة علي بن أحمد اللبلوب والقاضي العلامة محمد بن إسماعيل العنسي- وغيرهم وله مستجازات عديدة.

وأخذ عنه عدة من العلماء، منهم السيد يحيى بن أحمد القاسمي، والقاضي سالم بن سالم الرغافي، والقاضي محمد بن هادي درابة الفضلي، والسيد الحسن بن الحسين مجلي، وأكثر تلامذة والده هم من الآخذين عنه، وجماعة إخوته السادة عبد العظيم وتاج الدين والحسن وقاسم وعلي وصلاح ابناء الإمام وغيرهم الكثير مما يكثر عده.

***

قلت: وهو صاحب (الجواهر المضيئة في تراجم رجال الحديث عند الزيدية)، و(الجداول الصغرى مختصر الطبقات الكبرى)، وهما كتابان متداولان في فنهما، وله مصنفات في أنواع العلوم، منها في أصول الفقه (جلاء الأبصار بشرح تذكرة العقول) في علم الأصول، وله في الفروع (مواهب الغفار بتخريج أحاديث نجوم الأنظار) للسيد الحافظ الكبير هاشم بن يحيى الشامي، وفيه ما يروق أولي النظر. وله (نجوم الأنظار المنتزع من البحر الزخار) في مجلدين، وله (مطلب الساغب شرح منية الراغب) في النحو، وكذلك (التقريب شرح التهذيب)، وله في أصول الدين (الجواب الأسد في شفاعة قارئ الصمد)، وله (الهدايات إلى جمل شتى من الآيات)، وله (كرامات الأولياء في مناقب خير الأوصياء) وله مراجعة (سك السمع في حسن التوقيت وجواز الجمع) وله في الحكم والآداب (كتاب المستطاب) وله كتاب في سيرة والده في مجلد، وله من

المباحث بحث في تعيين الفرقة الناجية وبحث في خساسة التتن والتنباك والدخان إلى غيره من الفوائد والجوابات. قال المولى بدر الدين بن أمير الدين الحوثي، وقد نقل حديثا من كتاب المترجم له المسمى (كرامات الأولياء في مناقب خير الأوصياء) ما لفظه:

وقد روى السيد عبد الله روايات غير ما ذكرت، فمن أرادها فليطالع حاشية كرامة الأولياء فإنها عظيمة الفائدة، لأن مؤلفها كان بحرا في علم الحديث والجرح والتعديل، وغير ذلك، لا يتقيد بالتقليد كما يفعل كثير من علماء الحديث، ومع ذلك كان السيد رحمه الله مظنة التوفيق والتسديد، لما له من الفضل والورع والعبادة، مع كونه من ذرية رسول الله صلى الله عليه وآله وسلم، فكتابه عظيم الفائدة على صغر حجمه، وهكذا تكون كتب علماء الحق ولا ينبئك مثل خبير. وللسيد عبد الله بن الهادي الحسن بن يحيى القاسمي المؤيدي الهادوي الحسني مؤلفات كثيرة غير حاشية كرامة الأولياء، منها: نجوم الأنظار وتخريجها مواهب الغفار في الفقه وأدلته، ومنها: الجداول الصغرى مختصر ـ الطبقات الكبرى في علم الرجال، ومنها: الجواهر المضية في تراجم رجال الزيدية، ومنها: الهدايات إلى حل إشكال شيء من الآيات، ومنها: سك السمع في حسن التوقيت وجواز الجمع،: ومنها جلاء الأبصار لذوي العقول شرح تبصرة العقول في أصول الفقه، ومنها التقريب شرح التهذيب في النحو، ومطلب الساغب شرح منية الراغب في الحروف العربية في النحو أيضا. والجواب الأسد في شفاعة قارئ سورة الصمد، جمع فيه أربع مائة حديث في الوعيد على المعاصي وغير ذلك، وقد كتبت إليه سؤالا في مسألة الصف بين السواري، وأجابني بجواز ذلك، ورد على من يمنع ذلك وتكلم في الرواية، وأخذت منه إجازة فأجازني بواسطة ابنه الثقة إبراهيم بن عبد الله، وقد أجاز لي ابنه العلامة الولي الحسن بن عبد الله بن الهادي أن أروي عنه مؤلفات والده، هذه التي ذكرتها، وكرامة الأولياء وحاشيتها، وجميع مؤلفات والده، وهو يرويها عن والده

بالسماع وبالإجازة، انتهى.

ونقلت في ترجمته عن قلم بعض الأفاضل:

المولى العلامة فخر أقطاب الإسلام وغرة علماء العترة الكرام، كان من عيون آل محمد فضلاً وورعاً، متكلماً في الفروع، محققاً في الأصول يقل نظيره في عصره أخذ عن والده وتخرج به واغترف من بحره، ولم يفارقه منذ الصغر حتى الوفاة واستقر معه بباقم لما سكنت الأحوال والأمور، وله مؤلفات ورسائل أبان فيها عن علم باهر وإطلاع واختيارات ثاقبة، وشارك والده الإمام الهادي أيام دعوته، وتولى بعض المهمات وكان نظير الإمام أحمد بن يحيى حميد الدين في تقريب والديهما الداعيين للمناظرة التي تقدم ذكرها في مواضع من هذا الكتاب، وارتحل مع والده إلى الحرجة ولما عادا سكنا هجرة قطابر ثم هجرة باقم بآل يعيش. وكان صاحب الترجمة رحمه الله لا يزال آمراً بالمعروف ناهياً عن المنكر لا يدع حضور الجماعة في المسجد في أوقاتها معرضاً عن دخول الأسواق البتة ولم يتولى بعد وفاة أبيه ولازم بيته لا يخرج منه إلا للتدريس والصلاة واستمر على وظائفه وعاداته الصالحات إلى أن توفاه الله حميداً سعيداً ببلاد باقم ناحية جماعة في شهر رجب سنة 1375 خمس وسبعين وثلاثمائة وألف ليس بينه وبين وفاة صنوه المولى أحمد بن الإمام غير شهرين، وقبر صاحب الترجمة شرقي قرية الغربة بباقم.

(وولده)

هو السيد العلامة محمد بن عبد الله بن الإمام الهادي الحسن بن يحيى القاسمي. ترجم له بعض أهله فقال ما لفظه:

أحد عيون العترة الأماثل، والمرجع عند تسابق العلماء في المضمار والمحافل، مولده عام 1330 ثلاثين وثلاثمائة وألف، ونشأ على ما نشأ عليه سلفه الكرام، وشهد له بالتحقيق كل من عرفه من علماء ذلك الزمان، تلقى العلوم عن والده

عبد الله بن الإمام، وعمه أحمد بن الإمام وغيرهما من العلماء، واستكمل علوم الاجتهاد في سن مبكرة، له مؤلفات في المعاني والبيان وشرح على متن الإدراك في المنطق، ورسائل مزبورة في اللحن في الصلاة، والمظالم الملتبسة ومصارفها وغير ذلك، وقد أجازه والده عبد الله بن الإمام إجازة عامة ووصفه بقوله: هو السيد العلامة التقي النقي، الكارع الناهل في علوم الناصرية والقاسمية، والمستظهر على علوم العدلية والأشعرية، والسابح في علوم الفروع والحديث، والغائص في علوم الآلة بأنواعها والأصول، من زوى نفسه عن شبه الدنيا ولذاتها وأفنى عمره في طاعة الله محمد بن عبد الله.. إلخ. وكانت وفاته عام 1371 وقبره في باقم مشهور مزور رحمه الله ورضي عنه وأرضاه.

48. الأميرعبد الله بن الحسن بن الإمام

الأمير الشهير فخر الإسلام عبد الله بن الحسن بن الإمام المتوكل على الله يحيى بن محمد بن يحيى بن محمد بن يحيى الملقب حميد الدين بن محمد بن إسماعيل ابن محمد بن المولى سلطان العلوم الحسين بن الإمام القاسم بن محمد الحسني القاسمي الصنعاني المولد والنشأة، ترجم له في نزهة النظر فقال:

مولده سنة 1345هـ تقريبا، ونشأ في حجر والده سيف الإسلام الحسن، ودرس بمدرسة دار العلوم بصنعاء، وكان صاحب نباهة وألمعية، وسافر مع والده أيام عمله في خارج اليمن، ولما قامت الجمهورية سنة 1382 وكان في دار الشكر بصنعاء خرج منها إلى بلاد خولان، وأشعل من هنالك حربا ضروسا، ثم انتقل إلى بلاد صعدة، وخلفه في القيام بخولان الأمير محمد بن الحسين، وكادت الأمور في بلاد صعدة أن تهدأ بعد استمرار الحرب، فغدر به بعض قبائل سحار، وقتل صائما وهو في طريقة إلى صلاة الجمعة انتهى كلامه.

قلت: وكان مقتله واستشهاده في منتصف الطريق ما بين رحبان ومدينة

صعدة في مكان يسمى بير الكمينة وهو بسيارته يريد جامع جده الإمام الهادي عليه السلام لأداء صلاة الجمعة، فغدر به الآثمون الذين لاقوا عاقبة فعلهم خزيا في الدنيا قبل الآخرة في تاريخ يوم الجمعة، لعله 11 جمادى الأولى سنة 1389هـ/ يوافق 25 يوليو 1969م، وكانت هذه الحادثة النكراء بمؤامرة الفريق حسن العمري ولا زالت هذه الحادثة ملأ المسامع وحديث الناس حتى يوم الناس هذا، وبالأخص عند أهالي مدينة صعدة لمحبة كانت لهم للأمير عبد الله بن الحسن صاحب الترجمة، إذ كان أمير مدينتهم التي أرسى فيها العدل والأمن والأمان، وولى العمال والقضاة في نواحي اللواء، وقد تركت جثته بعد مقتله في العراء لساعات ولم يستطع أحدا الاقتراب منها، فأتى الشيخ حامس العوجري رحمه الله فحملها ودفنه جوار بيته بوادي نشور شرقي صعدة، فقبره هناك مشهور مزور، فرحمه الله من أمير ضحّى بدمه في سبيل دينه وعزة أمته.

وقرأت له قصيدة منسوبة إليه على وزن الدوامغ، وهي في الدعوة إلى الجهاد أرسلها وهو بوادي قروى من خولان العالية غرة جمادى الآخرة سنة 1387 مطلعها:

بني وطني قفوا مستبسلينا	لنفتك بالغزاة الغاصبينا
وهبوا في ظلال الحق تحيوا	تراثكم ومجد الأولينا
وكيلوا الصاع بالصاعين منكم	جزاء للعصاة المجرمينا
قفوا يا قوم في الميدان صفا	لتحموا بالقنا شرفا مصونا
ولا تغريكم خضر الأماني	فما حقت لمن يخشى المنونا
إذا أنتم تثاقلتم ندمتم	وصرتم بالأماني مغرمينا
بني وطني كفانا ما شهدنا	وآفات بمحنتها بلينا
كفى اليمن السعيد يا بنيها	مآسي زعزعت خلقا ودينا

وأرملت الغواني في صباها — وأيتمت العذارى والبنينا
بني وطني إذا كنتم نسيتم — عويل الأرملات أو الحنينا
وجرحا شاخب ودموع طفل — يتيم يستغيث الأقربينا
فإنا لها مع الأيام شأن — سيبقى عارها دينا علينا
وتلك مساجد لله كانت — لها قدسية في العالمينا
رعاها قبلنا الآباء حتى — زهت بالراكعينا الساجدينا
تجرأت الطغاة ودمرتها — على هام الخيار الصالحينا
وكانت للجميع منار علم — تبناها الهداة الراشدونا
وأحياها البنون فأنجبتهم — نوابغ عالمين مثقفينا
دهتها المنكرات ولوثتها — طغاة تابعت فيها لنينا
مفاخركم بني وطني عدتها — عوائد لم تصن منها مصونا
وسلطت الشقي على بريء — فكم خبر يقص المخبرونا
كفى اليمن السعيدة ما دهاها — كفانا ما غدى عارا مهينا
بني وطني وفي صنعاء رجال — وإخوان لكم مستضعفونا
بهم ملأوا السجون بدون ذنب — سوى دين به يتمسكونا
يقاسون العذاب وكل ظلم — وفحشا مزريا يندي الجبينا
لقد عبثت بهم أنصار شر — ولم تحفظ لهم حقا مصونا
فكانوا طعمة لسياط وغد — عراة بالحديد مصفدينا
وكم صفع الطغاة لهم خدودا — وكم قلعوا الأظافر والعيونا
وكم كووا جلودهم بنار — وكم صلبوا وكم نفخوا بطونا
وكم مدت هناك لهم أكف — وكم ذلت رقاب الأكرمينا
فلم يلقوا من الأشرار عطفا — ولا سمعوا لمدنفهم أنينا
بني اليمن السعيد ما عرفنا — غزاة يعبثون مسودينا

فهبـوا كالضـواري يـا بنيهـا	إذا اسـتبقت علـى غـازي العرينـا
وقد صدق المهيمن جل شأنا	فـأغرى أظلمـاً بالظالمينـا
أجـل لم يبـق مـا تخشـون كـلا	فـما اكتسـب البخيـل لـه ثمينـا
فقومـوا يـا بكيـل ثبـوا خفافـا	لقـد فـزتم وكنتـم سـابقينا
فكونـوا الأسـبقين ولا سـواكم	وكونـوا في العواقـب فاتحينـا
ولا ترضـوا بأضـعفها نصيبـا	لكـم يـا حاشـد شـرفا ودينـا
فقد كنتـم حمـاة الحـق قبـلا	وجنـدا للهـداة الراشـدينا
فيـا نعـم البنـون إذا تباهـت	بسـؤددها ومجـد الأولينـا
ضياغـم حاشـد هبـوا سـراعا	تعـود بالمفاخـر غانمينـا
وفيكم يـا بنـي الزهـراء بعـض	أراهـم بالأواسـط قانعينـا
ولم يـرض سـوى المـثلى علـي	فكـان بهـا أمـير المؤمنينـا
فكونـوا حيث مـا يـرضى أبـوكم	لكي تحيـوا لـه ذكـرى حنينـا
شباب العصر مـا لكـم رضيتم	من الأمجـاد حـط التابعينـا
تـرون جهـادكم نفـلا علـيكم	وترجـون الحيـاة مسـودينا
فلن تلقـوا من العليـاء نصيبا	إذا كنتـم بهـا متربعينـا
فهبـوا واقصـدوا الأهوال رغمـا	بعـزم يعـربي أو تـدينا

(استطراد: الشيخ حامس العوجري)

وقد ذكرنا في أصل الترجمة الشيخ حامس بن عبد الله بن مبطي العوجري الوائلي البكيلي الهمداني.

وهو أحد رجالات قبيلة وائلة ومن عيون مشايخ قبيلته أهل وادي نشور في الشرق من صعدة، وكانت له شجاعة مشهودة أثناء وصول الغزو المصري إلى صعدة لدعم نفوذ الجمهوريين فيها، ولا زالت له أخبار في ذلك تروى على

الألسن، وكان قصير القامة، طويل المكارم بمواقفه الشجاعة، وكان القادة المصريون يتعجبون كثيرا من إقدامه وشجاعته، وله مواقف محمودة في الوقوف مع بيت آل الإمام في تلك الأيام، وكنت أظن أنه الذي حمل الأمير الشهيد ودفنه بوادي نشور، إلا أن والدي أبقاه الله أخبرني أن الناقل والدافن له هو ولده الشيخ عبد الله بن حامس العوجري، أما والده فإن وفاته مقتولا بيد أحد المجانين قبل مقتل الأمير سنة 1387 وذلك بعد قيام الجمهورية بنحو ثلاث سنين والله أعلم.

49- السيد عبد الله بن الحسين شايم

السيد العلامة عبد الله بن الحسين بن محمد بن مهدي بن محمد بن إسماعيل بن محمد بن علي الملقب شايم الحسني المؤيدي الفللي، وبقية النسب تقدمت في ترجمة والده. ترجمه صنوه سيدي العلامة عبد الرحمن بن حسين شايم فقال:

الأخ العلامة الشاب التقي المرضي محمود الخلال وجامع خصال المجد والكمال عبد الله بن حسين شايم رحمه الله مولده سنة 1355 قرأ القرآن وأتقنه، وأخذ المبادئ على والده، وارتقت حاله في الطلب فانتقل إلى صعدة بالجامع المقدس، فأخذ على مشايخ المدرسة العلمية منهم سيدي العلامة الحسن بن قاسم الحوثي إمام الجامع الكبير، وسيدي العلامة صلاح نور الدين وسيدنا العلامة محمد بن يحيى مرغم وانتقل إلى جامع التوت، فأخذ عن سيدنا العلامة محمد بن حسن المتميز وسيدنا العلامة الحسن بن محمد سهيل وغيرهم حتى نبغ في العلوم فصار قبلة مرموقاً، حصَّل الفوائد، وضبط الشوارد مع تقشف وورع وزهد وعبادة وإقبال على الله وله الخط الحسن نسخ من الكتب العلمية كثيراً، عاش حميداً ومات شهيداً في 16 الحجة سنة 1381 إحدى وثمانين وثلاثمائة وألف انتهى.

50. السيد عبد الله بن سليمان العزي

السيد العلامة الزاهد الولي عبد الله بن سليمان بن أحمد بن محمد بن أحمد بن محمد الملقب العزي بن علي بن أحمد أبو طالب بن الإمام القاسم بن محمد الحسني اليمني القاسمي الصعدي المجزي.

مولده تقريباً سنة 1298 ونشأ بمجز من ناحية جماعة وبها قرأ القرآن وعلومه الأولية، ثم هاجر إلى مدينة ضحيان، وأخذ بها عن المولى العلامة الحسين بن محمد الحوثي، والقاضي شيخ الإسلام محمد بن عبد الله الغالبي، والسيد العلامة الولي عبد الله بن عبد الله العنثري وغيرهم.

وكان صاحب الترجمة عالماً محققاً مبرزاً غاية في الفهم وجودة الإدراك وله رسائل ومراجعات مع العلماء في أيامه منها ما جرى بينه وبين المولى عبد الله بن الإمام الحسن بن يحيى القاسمي وولده محمد بن عبد الله بن الإمام ومع المولى الحسن بن الحسين الحوثي ومع المولى صفي الدين أحمد بن الإمام الهادي وقد جمعها بعض العلماء في مجموع مستقل صوناً لها من الضياع وكان المترجم له قائماً بالقضاء في ناحية بلاد جماعة ومركزها مجز مرجعاً لما استشكل من الأحكام وبها توفي في سنة 1369 تسع وستين وثلاثمائة وألف رحمه الله، وستأتي ترجمة ولديه سيدي محمد وعبد الرحمن في موضعها من هذا الكتاب.

قلت: وقد غلط المولى مجد الدين المؤيدي في التحف في ذكر عمود نسبه، وما تقدم منقول عن خط صاحب الترجمة وبقلمه، فليعلم ذلك.

51. السيد عبد الله بن عبد الله العنثري

السيد العلامة التقي عبد الله بن عبد الله بن عبد الله بن أحمد مشكاع العنثري المؤيدي الحسني الضحياني ثم الطلحي.

نشأ بضحيان في حجر والده المتوفى سنة 1356 وقيل 1354هـ، وقرأ عليه وعلى المولى الحسن بن الحسين الحوثي في الفقه والأصول وغيرهما، ومن مشايخه أيضا السيد العلامة يحيى بن صلاح ستين، ووجدت بخط صاحب الترجمة في حامية كتاب الشافي للإمام المنصور بالله عبد الله بن حمزة على ما لفظه: كان ابتداء القراءة في الشافي عند سيدي الحسن بن الحسين الحوثي نحن وبعض الإخوان سنة 1380 وقد أجازني فيه وفي غيره والدي العلامة شيخ الشيوخ وعلامة المعقول والمنقول الولي بن الولي، حسب إجازة والده المجدد المشهور، وأنا أجزت ما أجازني والدي جميعه لجميع أولادي حسب إجازته لي بالشروط المذكورة انتهى بلفظه. ورأيت السيد الحسين بن القاسم قد ذكره في تراجمه فقال: وكان مبتلى بالشك في الوضوء والصلاة حتى كان يرددها مرارا، وانتقل في أيام الثورة إلى الطلح وسكن في حضيرة آل القرحي ثم مرض وأدخل إلى صنعاء للمعالجة ففاضت روحه هناك انتهى.

52. الفقيه عبد الله بن محمد شويل

الفقيه العلامة فخر الدين عبد الله بن محمد شويل الصعدي.

وهو أحد علماء وقته الفضلاء، وله قراءة في العلم متقنة على علماء مدينة صعدة التي نشأ بها، فمن مشايخه المولى عبد الله بن أحمد حوريه المؤيدي، وسيدنا يحيى بن الحسين سهيل وغيرهما، وله أيضا تلامذة أخذوا عليه، وقد غاب عني ما أذكره حول ذلك فالله المستعان، وهو ممن أعان القاضي العلامة محمد بن قاسم الأكوع الآتي ترجمته قريبا في حصر أموال الأوقاف الصعدية وذرعة مساحتها وتسويدها، وقد وقفت على خطه وقلمه في كثير من بصائر الوقف ومشارك التأخير، إذ كان فيما يظهر أحد عمّال الوقف رحمه الله، ولم أقف على ضبط تاريخ وفاته، إلا أنني وجدت في بعض دفاتري أنه كان موجودا سنة 1393 والله أعلم.

53ـ القاضي عبد الله بن مصلح المجزي

تقدمت ترجمته أثناء ترجمة والده القاضي مصلح المجزي بالقسم الخامس من هذا المعجم.

54ـ السيد عبد المجيد بن الحسن الحوثي

السيد العلامة عبد المجيد بن الحسن بن الحسين بن محمد الحوثي الحسني الضحياني الصعدي اليمني.

مولده تقريبا سنة 1337 سبع وثلاثين وثلاثمائة وألف. ونشأ بضحيان في حجر والده المولى الحسن الحوثي، وقرأ عليه ولازمه، وقرأ على عمه السيد العلامة أمير الدين بن الحسين الحوثي، وعلى السيد العلامة محمد بن عبد الرحمن العنتري، وله قراءة على المولى مجد الدين بن محمد المؤيدي واستجاز منه إجازة عامة، وكان صاحب الترجمة عالما فاضلا، على طراز أهله، ومنهاج سلفه، أطلق عليه شيخه المولى المؤيدي لقب: زين العابدين، ووصفه بأوصاف سوف تأتي في قصيدة رثائه له، وله تلامذة أخذوا عليه، من أجلهم سيدي الحسن بن محمد الفيشي فهو أحد مشايخه، وقد انتقل المترجم له بعد قيام الجمهورية سنة 1382 إلى ظهران الجنوب مع والده ثم إلى وادي نجران وابتلي ببعض الأمراض فتوفي هناك شهر محرم غرة سنة 1391 إحدى وتسعين وثلاثمائة وألف، وقبر بمقبرة الأشراف القديمة بعويرة، ولما بلغ شيخه المولى مجدالدين المؤيدي خبر وفاته وهو بجوار الحرم الشريف أنشأ هذه الأبيات في رثائه، وأولها:

هكذا لا يزال صوت المنادي ... مؤذنا بالخطوب في كل ناد
فحقيق ما جاء في النظم قدماً ... غير مجد في ملتي واعتقادي
صاح هذي قبورنا تملأ الر ... حب فأين القبور من عهد عاد

سـر إن استطعت في السماء رويـدا لا اختيـالا عـلى رفـات العبـاد
بـان أمـر الإلـه واختلـف النـا س فـداع إلى الضـلال وهـاد
وانظـر اليـوم أي خطـب دهانـا دهمتنـا صروفـه والغـوادي
أي خطب أوهى عرى الـدين والإ يـمان والعلـم والهـدى والسـداد
أي خطب صك المسامع أبكـى الـ ـعين حقـا أنكـى صـميم الفـؤاد
أي نجـم هـوى وكـان مضـيئا علـما يهتـدى بـه للرشـاد
عالمـا عـاملا تقيـا نقيـا وكـريم الآبـاء والأجـداد
طيبـا طـاهرا صبورا وقـورا ومثـالا للسـادة الأمجـاد
طاب أصلا وطـاب فرعـا وكهـلا وشـبابا وطـاب في المـيلاد
ذاك عين الوجـود عبـد المجيـد الـ ـفرد نجـل العصـابة الأوتـاد
آه مـن فقـده لـك الله رزءا فادحـا قادحـاً لحـر الزنـاد
آه لـو كـان يفتـدى لفـدينا بنفـيس وأنفـس وعتـاد
عـاش خمسين حجـة بعـد عامـيـ ـن تقضـت في طاعـة واجتهـاد
وابـتلاه الإلـه عشـرة أعـوا م وعـامين لم يـزل في ازديـاد
قـد رضـينا حكـم المهـيمن فينـا مـن لـه الحكـم في جميـع العبـاد
والرجا فيـه جـل أن يجمـع الشمـ ـل بـدار النعـيم يـوم المعـاد
مـع أبينـا محمـد وعـلي وبنـيهم والصـفوة الأشـهاد
صـلوات الإلـه تـترى علـيهم كل حين ما نـاح في الإيـك شـادي

55. السيد عبد الولي الحسني

السيد المجاهد الشهيد عبد الولي الحسني.

وهو ممن أفادني ذكره سيدي شـرف الإسـلام الحسـن بـن محمـد الفيشـي، وأوقفني أيضا على قبره بمقبرة القرضين، وروى لي ولغيري كرامة حصلت لهذا

السيد، يرويها شيخنا المذكور عن القاضي العلامة أبي الفضل صلاح بن أحمد فليته مفادها: أن المترجم نقل إلى قبره بعد مضي خمسا وعشرين عاما من دفنه، فوجد على حاله لم يتغير، وكان استشهد في الحروب التي ثارت بعد قيام الثورة في اليمن، بقصف الطائرات، وكان هذا السيد مجاهدا إلى جانب بيت الإمام، وسبب نقله أن أخته وكانت ممن تسكن صنعاء تنبهت في المنام المرة بعد الأخرى إلى من يحثها ويستنجزها فعل ذلك، فتجهزت للسفر إلى صعدة وأخذت في السؤال عن قبره لمن عاصر تلك الأحداث حتى عثرت عليه في موضع ذكره شيخنا، وغاب عني اسمه، وتم نقله إلى مقبرة القرضين، وأظنه ذكر شيخنا أن القاضي صلاح فليته أحد الحاضرين لنقل جثمانه والله أعلم.

وسمعت أحد السادة آل رقية وكان على معرفة بصاحب الترجمة في محضر سيدي الحسن بن محمد الفيشي، وقد سأله شيخنا عن السيد عبد الولي بناء على معرفة المذكور لصاحب الترجمة فأجابه: أنه كان سيدا لا يؤب له، متسخ الثياب لعوزه وفقره أيام الجهاد، لكنه كان محافظا على صلاته وطهوره أتم محافظة، هذا معنى ما أجاب في صفته رحمه الله. قلت: فيكون تاريخ استشهاده في عشر الثمانين وثلاثمائة وألف رحمه الله وإيانا والمؤمنين.

56. السيد علي بن أحمد الهاشمي

السيد العلامة الجواد البهلول الزكي التقي جمال الدين علي بن أحمد بن إبراهيم بن محمد بن إبراهيم بن أحمد بن إبراهيم بن علي بن أحمد بن الإمام الحسن بن علي بن داود الحسني المؤيدي الرحباني.

وهو نجل المولى العلامة الكبير أحمد بن إبراهيم الهاشمي المتقدمة ترجمته في القسم الخامس، وصاحب الترجمة هو ولده الوحيد وفي حجر والده المذكور نشأ

برحبان وقرأ عليه وعلى عمه السيد العلامة محمد بن إبراهيم الهاشمي وعلى غيرهما. وكان صاحب الترجمة من السادة الأجواد وأحد الأولياء الأبدال وكان يلي في بعض الأحيان الخطابة في جامع الإمام الهادي إلى الحق بصعدة وكانت هذه الوظيفة إلى أهله من قبله، ورأيت له إجازة من المولى محمد بن إبراهيم حوريه مؤرخة في شهر جمادى الأولى سنة 1370 قال فيها: وقد أجزت مولانا العلامة جمال الدين والإسلام علي بن أحمد الهاشمي أن يروي عني جميع ذلك بالسند المذكور إلى المشايخ الأعلام بالإجازة الشرعية، ولم أشرط إلا ما شرطه مثلي على مثله بما هو أهله، من الملازمة ثم كتب في تلك الإجازة هذه الأبيات:

إليك جمال الدين ما خطه قلمي ... مع شواغل تذهل كل محتلم
وحالتي ليس يخفى عنكم فإذا ... وجدتم غلطا فاصفح ولا تلم
وقد أجزت وشرطي ما ذكرت ... كما جرت عادة الأخيار في القدم

وتوفي رحمه الله ثالث شهر محرم سنة 1377 سبع وسبعين وثلاثمائة وألف ودفن بمشهدهم بالقرضين.

57. القاضي علي بن أحمد الشامي

القاضي العلامة جمال الإسلام علي بن أحمد بن علي بن أحمد بن محسن بن أحمد بن يحيى بن أحمد الشامي لقبا الشهاري بلدا الصعدي وفاة.

مولده سنة 1304 أربع وثلاثمائة وألف بجبل شهارة بالأهنوم، وهناك قرأ على علمائها، وانتقل إلى صعدة وتولى الحكومة والقضاء بناحية سحار نحو ثلث قرن من الزمن، وذلك في أيام الإمام الشهيد وولده الإمام الناصر لدين الله أحمد ابن يحيى حميد الدين وتوفي المترجم في السنارة يوم الأحد 16 شهر ربيع الثاني

سنة 1371 إحدى وسبعين وثلاثمائة وألف ودفن بالقرضين مقبرة صعدة. وهو جد القضاة آل الشامي الساكنين بدرب المام، وله أولاد صالحون، منهم القاضي العلامة يحيى بن علي الشامي تولى القضاء مدة طائلة وتوفي منتصف ذي الحجة سنة 1414 وقبره بجنب والده وإخوته. قلت: وأهل هذا البيت أهل علم وفقه بمدينة شهارة، وجدهم الكبير هو القاضي حسام الدين محسن بن أحمد بن يحيى الشامي المترجم له في كتاب نفحات العنبر في تراجم أعيان وفضلاء اليمن في القرن الثاني عشر وفي غيرها من كتب التراجم، ومولده بشهارة نحو سنة 1154 وبها طلب العلم على عدة من المشايخ، منهم والده العلامة أحمد بن يحيى الشامي قال السيد العلامة إبراهيم بن عبد الله الحوثي في أثناء ترجمته: حقق النحو والفقه والفرائض والحساب ونظم الشعر الحسن وتحلى بالفضائل، وله قدم راسخ في التقوى والعبادة والصلاح والزهادة وحسن الخلق والسمت الحسن والهدى المستحسن، وله يد طولى في المعارف وحفظ الأخبار والنوادر وصناعة الخطاب، وهو من أهل بيت لهم شغلة بالدرس والتدريس في الفقه وميل إلى التقوى، ثم أفاد أنه قلد فقلد أمر القضاء بكوكبان وتصدى لحلّ المشكلات واستمر هنالك مدة ثم اشتاق إلى وطنه وزيارة أهله، فسار إلى شهارة ولم يزل بها مشتغلاً بالتدريس ونفع المسلمين حتى توفاه الله تعالى في شهر الحجة الحرام سنة أربع عشرة ومائتين وألف، قال: ومن آخر ما قاله من الشعر ولم يلبث بعده إلا نحو الشهرين وتوفاه الله تعالى وهو قوله:

أأطمع أن يعاودني شبابي ... وقد وفيتها ستين عاما
وترجع لي قواي اللآئي كانت ... لديّ لكل مطلوب زماما
فدع عنك المحال وعد إلى ما ... علمت بأنه أقصى مراما
سؤال العفو من رب كريم ... فسله وكن به أقوى اعتصاما

فيــا رب العبــاد أقــل عثــاري وزلاّتِي وإن كانــت عظامــا

58. السيد علي بن الإمام الحسن القاسمي

السيد العلامة جمال الإسلام علي بن الإمام الهادي الحسن بن يحيى القاسمي المؤيدي الحسني. مولده في نحو سنة 1318 تقريبا، وترجم له السيد الحسين بن قاسم في تراجم علماء بني المؤيد فقال: نشأ في حجر والده وقرأ عليه وعلى إخوته عبد الله وأحمد ومحمد ابناء الإمام واستفاد وحقق ودقق وألف، وعكف على العبادة والتدريس والمطالعة، وله تلامذة منهم السيد عبد الله بن حسين القاسمي والسيد عبد الكريم بن يحيى عدلان، وولده حسن بن علي بن الإمام، وأحسب أن له مؤلف مختصر في الفقه، وفوائد ومسائل. كان عالما عابدا زاهدا ورعا محققا مبرزا تقيا، وكانت وفاته بوطنه باقم ودفن في المقبرة بشرقي قرية الغرابة مع إخوته ونحوهم رحمهم الله في ذي الحجة من عام 1368 ثمان وستين وثلاثمائة وألف انتهى.

59. السيد علي بن الحسين المؤيد

السيد الهمام الشجاع الضرغام علي بن الحسين بن يحيى بن بن حسن بن إسماعيل بن حسن بن علي بن محمد بن الحسين بن الإمام المؤيد بالله محمد بن الإمام المنصور بالله القاسم بن محمد بن علي الحسني اليمني الأهنومي المولد والنشأة، الصعدي المسكن والوفاة.

مولده تقريبا في سنة 1315 خمس عشرة وثلاثمائة وألف، ونشأ في بلدته بالأهنوم، وقرأ في مباديء العلوم وغيرها ولما بلغ الخامسة والعشرين من الأعوام انتقل إلى ساقين مقدميا على بعض العساكر، فأرسلهم ناظرة لواء الشام إلى رازح للإعانة في حرب العبادل جبال بني ودعان، فحسن أثره وظهرت

شجاعته، تم ترقى به الحال فعين عرفيا وكاتبا لتحرير الشكاوي لدى السيد الناظرة محمد بن الحسن الوادعي، فعرف كفاءته ونجابته فعين متوليا على همدان في الصفراء فبقي لمدة سنة ونصف، إلى أن وصله أمر الناظرة بالإنضمام مع سيف الإسلام أحمد بن يحيى حميد الدين والتوجه تحت قيادته للمشاركة في حرب نجران وذلك سنة 1351هـ فكان أحد المجاهدين الأبطال في ميادين الجهاد تلك الأيام، وقد وصلتني ترجمة مستوفاة بقلم ولده السيد محمد، إلا أنها فاتتني قبل استكمال نقلها، فقد ذهبت مع ما ذهب علي من مكتبتي في تدمير منزلي بغارات العدوان السعودي الإمريكي، ولم أكن قد نقلت في ترجمته إلا ما تقدم، وما أتذكره مما جاء في الترجمة المذكورة أنه تولى بعد ذلك في عدة جهات في رازح ومنبه، وأنه كان مزواجا، أينما استقر في أي جهة تزوج رحمه الله، وله أولاد عدة، ولهم أحفاد في أيامنا صالح في رازح بحياف البيت وفي صعدة وفي منبه.

وأصل بلدهم في الأهنوم هي قرية المنقر بمدان الأهنوم ويقال لبيتهم آل حسن بن إسماعيل، ولم أضبط تاريخ وفاته بعد ضياع ترجمته رحمه الله وإيانا والمؤمنين.

60ـ السيد علي بن عبد الرحمن العنثري

السيد العلامة علي بن عبد الرحمن بن عبد الله بن أحمد مشكاع العنثري المؤيدي الضحياني بلدا ونشأة والمراني وفاة.

نشأ صاحب الترجمة بمدينة ضحيان في كنف والده المتقدم ترجمته وقرأ عليه وعلى عمه السيد المحقق عبد الله بن عبد الله العنثري فحقق واستفاد، ومن مشايخه أيضا السيد العلامة يحيى بن صلاح ستين رأيت له قراءة عليه في شرح الأزهار في سنة 1337هـ قال من ترجم له: وتصدر للتدريس بضحيان وآل حميدان، ثم

انتقل إلى جبل مران وبه توفي في تاريخ غير معروف انتهى.

قلت: وقد تقدمت ترجمه صنوه أحمد بحرف الألف وستأتي أيضا ترجمة صنوه محمد بن عبد الرحمن بحرف الميم، وترجمة صنوه يحيى بن عبد الرحمن العنشري بحرف الياء.

61. السيد علي بن عبد الله الشهاري

السيد العلامة نجم العترة علي بن عبد الله بن الحسين بن عبد الله بن يحيى بن أحمد بن الحسن بن أحمد بن علي بن يحيى بن عبد الله بن أحمد بن يحيى بن علي بن الهادي بن علي بن سليمان بن أحمد بن سليمان بن أحمد بن الحسن بن علي بن عبد الله بن أحمد بن يحيى بن القاسم بن الإمام يوسف الداعي بن الإمام المنصور بالله يحيى بن الإمام الناصر أحمد بن الإمام الهادي إلى الحق يحيى بن الحسين الحسني اليوسفي الملقب الشهاري.

مولده في نيف وثلاثمائة وألف تقريبا، وأخذ على والده العلامة الولي عبد الله ابن الحسين الشهاري وعلى المولى العلامة الكبير محمد بن منصور بن أحمد المؤيدي، وله منه إجازة عامة، وعنه جملة وافرة من طلبة العلم بصعدة فإن المترجم كان أحد المتصدرين للتدريس والإفادة بالمدرسة العلمية بجامع الإمام الهادي، ومن أجل تلامذته ولده السيد إبراهيم بن علي الشهاري، والسيد إسماعيل بن أحمد المختفي والقاضي صلاح بن أحمد فليته، والعلامة محمد بن الحسن المتميز وغيرهم الكثير، وكان يسكن بحارة التوت من حارات مدينة صعدة، وله بها دار، وهو أحد المفيدين في مسجدها، ومع علو مقام صاحب الترجمة وعلمه وفضله ونسكه، فقد تطلبت ترجمته المدة الطويلة فلم أحصل فيها على المراد، ووفاته رحمه الله تعالى في إحدى شهور سنة 1376 ست وسبعين

وثلاثمائة وألف.

ومن الفوائد المستحسن نقلها في ترجمته أنه وصل هو والمولى العلامة مجدالدين بن محمد المؤيدي والقاضي العلامة الحسن بن محمد سهيل رضي الله عنهم إلى صنعاء سنة 1364 أربع وستين وثلاثمائة وألف قال المولى مجدالدين رحمه الله في أحد أجوبته التي اطلعت عليها ذاكرا ذلك الوصول إلى صنعاء في ذلك العام ما لفظه: لقد عاصرت الإمام المتوكل على الله يحيى بن محمد رضي الله عنهم أيام شرخ الشباب وعاشرته أيام وصولي أنا ومعي المولى العلامة جمال الدين علي بن عبد الله الشهاري والقاضي العلامة الحسن بن محمد سهيل رضي الله عنهم سنة أربع وستين وثلاثمائة وألف هجرية 1364 وليس لنا غرض إلا زيارة الإمام ومشاهدة أحواله وسيرته ليطمئن القلب كما قال الله تعالى حكاية عن خليله إبراهيم {ولكن ليطمئن قلبي} ولقوله صلى الله عليه وآله وسلم: ليس الخبر كالمعاين. وكانت قد ظهرت الاشاعات والقوادح من الحزب الإشتراكي المسمى حزب الأحرار وبعد أن وصلنا شاهدنا من شمائله النبوية وسماته العلوية وخلائقه المرضية ما تقصر عنه العبارات ولا تتسع لشرحه الأوقات فقرت الأعين وصار الحال كما قال:

لما ألتقينا فلا والله ما سمعت أذني بأعظم مما رأى بصري

ولقد شاهدته بعد طلوع الشمس في شدة البرد القارص على ما هو فيه من كبر السن وألم النقرس فينبسط للناس يستمع شكاواهم ومراجعاتهم ويصل إليه الصغير والكبير والضعيف والقوي والأرامل واليتامى ويبقى إلى وقت الظهيرة ولقد كنا نتعجب من احتماله للأذى من المناداة والرهج، يتكلم عنده المتكلم بما يريد بلا تحفظ ولا تخوف ثم يواجه في المكان من بعد صلاة العصر إلى غروب الشمس إلى أن يقول: ولقد كان اليمن في أيامه في أمنٍ وإيمان وسلامٍ وإسلام

واستقرار واطمئنان وإقامة للشرائع والأحكام، هذا ولسنا ننكر أنه كان يصدر من المأمورين أشياء غير مرضيّة بل ومن بعض أولاد الإمام وأسرته ولكن الذي نعلم أنه ما بلغه منها بطريق صحيحة يُغيِّرُه بقدر المستطاع إلخ هذا الجواب، السائل فيه حي الأمير معاذ بن الأمير علي بن الإمام يحيى حميد الدين رحمه الله وأحسن جزاه.

62. السيد علي بن علي الحوثي الرازحي

تقدمت ترجمته في أثناء ذكر والده بالقسم الخامس.

63. السيد علي بن محسن أبو علامة

السيد العلامة جمال الدين علي بن محسن بن مهدي بن محمد بن عبد الله محمد ابن علي بن صلاح بن عبد الله بن محمد الملقب بأبي علامة بن الإمام المتوكل عبد الله بن علي بن الحسين بن الإمام عز الدين بن الحسن المؤيدي الحسني.

أخذ بضحيان عن السيد الإمام الحسين بن محمد الحوثي في سنة 1305 في شرح الأساس وغيره، وله مشايخ فات عني تعدادهم، وقد ذكره المولى مجد الدين بن محمد المؤيدي في كتابه التحف شرح الزلف ووصفه بالاجتهاد، ومن شهد له خزيمة فهو حسبه، وأفاد أن وفاته بالشط من نواحي صعدة سنة 1369 تسع وستين وثلاثمائة وألف رحمه الله.

64. المولى علي بن محمد العجري

السيد المولى العلامة نبراس المحققين وإمام العلماء الراسخين العالم المحقق والفاضل المدقق المتفق على جلالته جمال الدين علي بن محمد بن يحيى بن أحمد ابن الحسين بن محمد الملقب العجري بن يحيى بن أحمد بن يحيى بن محمد بن

64ـ المولى علي بن محمد العجري

صلاح بن علي بن الحسين بن أمير المؤمنين عز الدين بن الحسن بن الإمام الهادي علي بن المؤيد بن جبريل الحسني اليحيوي المؤيدي الضحياني.

مولده بهجرة فلله سنة 1320 عشرين وثلاثمائة وألف، ونشأ نشأة سلفه الصالح، وتوفي والده رحمه الله وهو في الثامنة من الأعوام، فكفله عمه السيد العلامة عبد الله بن يحيى العجري، واعتنى به إذ نقله معه إلى مشهد الإمام أحمد بن سليمان عليه السلام بخولان، فقرأ عليه في بداية الطلب. ثم لما حان وقت طلب العلوم انتقل إلى هجرة ضحيان، ومكث بها فترة ثم رجع إلى صارة مسكن والده، ثم عاد إلى هجرة فلله طالباً خلال تنقلاته بين الهجر المذكورة للعلوم، عاكفاً عليها بعزيمة صادقة، وهمّة عالية، لا يلوي على غيرها.

فقرأ على المشايخ الأعلام بمدينة ضحيان وغيرها منهم السيد العلامة علي بن قاسم شرويد، والسيد العلامة أحمد بن عبد الله بن قاسم حوريه، والسيد العلامة عز الدين بن الحسن عدلان، والقاضي العلامة عبد الله بن عبد الله الشاذلي، والقاضي العلامة محمد بن هادي الفضلي، هؤلاء مشايخه في هجرة فلله، وفي ضحيان قرأ على عمه المولى أحمد بن يحيى العجري والسيد العلامة عبد الله بن عبد الله العنثري، وصنوه السيد العلامة عبد الرحمن عبد الله العنثري، والسيد العلامة الحسن بن الحسين الحوثي، والسيد العلامة محمد بن إبراهيم حوريه، والسيد العلامة يحيى بن صلاح ستين، والقاضي العلامة علي بن محمد الغالبي، والقاضي العلامة سالم بن سالم عمر رحمهم الله جميعاً، فحقق ودقق، وجمع علوماً غزيرة، واستجاز في سائر العلوم من مشايخه، وله إجازة من المولى عبد الله بن الإمام الحسن القاسمي، والعلامة الحسن بن محمد سهيل فيما احتوى عليه كتاب القاضي عبد الواسع بن يحيى الواسعي في الأسانيد. وقد أفرده بالترجمة ولده السيد العلامة يحيى بن محمد العجري وسماها (بهجة الصدر في ترجمة علامة العصر)

يرجع إليها من أراد الاستيفاء.

ويقول جامع هذه التراجم مترجما له على عادة الأوائل:

السيد المولى الإمام المحقق جمال الآل الأكرمين، درة السلسلة الذهبية، وعمدة العترة النبوية، الجامع المفيد، والمعني ببيت القصيد، صاحب المنهل الصافي، ورائد الوراد على الجامع الكافي، ذو المقاصد الحسنة والأنظار السديدة، واسطة القلادة ومفتاح السعادة، الجهبذ الذي تعلق أهل العصر بفتاويه، وأستامن من ظواهره خوافيه، بلغ من علو الشأن وبعد الصيت ما ذكر ذلك على ألسن أهل العصر ناديا فواحا، فقد كان إماما في العلوم، أصوليا محققا، وفروعيا مدققا، ذا سنة ظاهرة، جمع بين علمي المعقول والمنقول، فهو بحر لا تكدره الدلاء، ومعدن كمال لا تستمد إلا منه الفضلاء، وله اليد الطولى في فك النزاعات المحتدمة، وحل الإشكالات العويصة، وكان للحكام في المحاكم الرسمية رجوع إليه في عويص المسائل وغامضها، والتوقف أحرى بي وأجمل، فهو ممن لا تفي العبارات في وصفه علمه وكماله وحسن سمته وورعه وفضائله ومناقبه، وبعد صيته في حياته وبعد وفاته. وقد أخذ عنه بمدينة ضحيان التي سكنها واستقر بها جملة وافرة من العلماء الأعلام، من أجلهم السيد العلامة محمد بن حسين شريف، والسيد العلامة أحمد بن الحسن الحوثي، والسيد العلامة أحمد بن محمد شمس الدين وأخوه إبراهيم بن محمد شمس الدين، والسيد العلامة محمد حسن العجري، والسيد العلامة درهم بن عبد الله حوريه، والسيد العلامة عبد الله بن عبد الله بن عبد الله العنثري، والسيد العلامة عبد الكريم محمد العجري، والسيد العلامة حسن بن عز الدين عدلان، والسيد العلامة إسماعيل عبد الكريم شرف الدين، وأولاده الأعلام يحيى ومحمد، وإبراهيم وحسين وعبد الرحمن، وغيرهم الكثير. فقد قصده طلبة العلم في

أيامه، فكان شيخ العلوم بالمدينة الضحيانية، متصدرا للفتوى مصلحا بين المتخاصمين، وله مع علماء عصره مباحثات ومذاكرات عديدة، وصنف المؤلفات الباهرة: التي منها (السلسلة الذهبية في الآداب الدينية)، ومنها (الأنظار السديدة في الفوائد المفيدة)، ومنها (بلوغ الأمل فيما ينجي من الخطأ والزلل)، ومنها (الجامع المفيد المنتزع من شرح القاضي زيد)، ومنها (المنهل الصافي المنتزع من الجامع الكافي)، و(المقاصد الصالحة في الفتاوى الصالحة)، وهو كتاب فتاويه طبع وتداولته الأيدي في البلدان، ولسيدي شرف الأعلام الحسن بن محمد الفيشي في تقريظه هذه الأبيات:

أحسنت في تحليل مشكلة الصدي ... لغرائب العلم الحديث المولد
وكسوت معجزة الزمان غلالة ... من سندس بخمائل من عسجد
ونقشت تاج جمالها بلآليء ... محفوفة باللازورد الجيد
وجلوتها فترقرت وحليتها ... فتبخترت بتكسر وتأود
كادت لرقتها تسيل لطافة ... لولا تصلب حبرها المتشدد
أمقاصد المولى الإمام ومنتهى ... سبل السلام وبغية المسترشد
أسلستِ من بعد الإباء وصرت في ... طرف الثمام لمغور ولمنجد
فبخ بخ لمؤلف ومنسق ... ولناشر ولمشتر ومورد
ولقد أتى تاريخها (في غاية) ... وأنار ضيع لبانها المتأبد

وقوله في غاية، أرخ فيها طبع الكتاب وهي سنة 1411هـ، ومن أشهر مؤلفاته تفسيره لكتاب الله المسمى (مفتاح السعادة الجامع للمهم من مسائل الاعتقاد والمعاملات والعبادة) وهو من أجل كتبه قال ولده: وهو في ثلاث مجلدات ضخمة، أتى فيها بما تحتار منه الأفكار، ويقصر عنه الجهابذة النظار، ومن اطلع عليه عرف تمكنه وبسطته في العلوم، وقد استكمل المجلد الأول في تفسير الفاتحة متوسعا في مباحث الأصول ومسائل الاعتقاد والمعاملات،

وحاجج الأشاعرة في الكسب وضايق الرازي، وإلى ذلك أشار سيدي العلامة عبد الرحمن بن حسين شايم بقوله:

تفسيره المفتاح أكرم به ... ما مثله كاف وشاف وهاد
قل حل ما شيده فخرهم ... من شبهة كانت سواد السواد
وكم به من مبحث صاغه ... بحجج كالمرهفات الحداد
به ردود قاصمات لمن ... قد جانب الحق وولى وحاد

وفي ترجمته أيضا يقول السيد العلامة محمد بن محمد بن إسماعيل بن عبد الرحمن بن مطهر الملقب المنصور ما لفظه:

رئيس علماء اليمن، وشيخ العلماء المجتهدين في اليمن، الوالد علي بن محمد العجري رضوان الله وسلامه يغشاه ورحمته وبركاته، كان آية من آيات الله في سعة علمه وحفظه وفطنته، وذكراه تذكر بقول بعض السلف من أصحاب النبي صلى الله عليه وآله وسلم: انتهى العلم إلى ثلاثة، واحد بالشام، وواحد بالعراق، وواحد بالمدينة، فالذي في الشام يسأل الذي في العراق والذي في العراق يسأل الذي في المدينة، والذي في المدينة لا يسأل أحداً، والمراد بهذا الإمام علي كرم الله وجهه، وهكذا كان الوالد علي العجري إذا حضر مجلسه العلماء فكل ينتظر كلامه ورأيه وإفادته، وهو لا ينتظر من أحد رأياً ولا استفادة، وقد ألف رسائل ومؤلفات قيمة، وأقلام العلماء الهادية تعادل قطرات دماء الشهداء. وترجم له السيد الحسين بن القاسم في تراجم العلماء من بني المؤيد وغيرهم فقال:

السيد العلامة شيخ آل الرسول ومرجع العلماء في الفروع والأصول، قرأ على المشايخ الأعلام، فحقق وبرز، واعتلى مرتبة الإجتهاد وأحرز، فعلمه وتمكنه في العلوم أشهر من نار على علم، وأوضح من ضوء النهار إلخ. وقد اعتورته في السنوات الخمسة الأخيرة من عمره الآلام واقعدته مضطجعا لا يستطيع أن

يتحول من موضع اضطجاعه إلا بمعونة غيره، ودام على ذلك صابرا محتسبا لا يفتر عن وظائف عبادته وأذكاره يؤدي فريضة الصلاة بالوضوء الشرعي في جماعة مع أحد أولاده وأحفاده، الذين كانوا يتناوبون الحضور للصلاة معه عند حلول وقتها في كل يوم، إلى أن توفي رحمه الله في ليلة الخميس التاسع عشر من شهر رجب عام 1407 سبع وأربعمائة وألف، وحضر التشييع علماء مدينة صنعاء أمثال سيدي العلامة محمد بن محمد المنصور وسيدي حمود بن عباس المؤيد وغيرهما وكان دفنه رحمة الله تعالى عليه بمقبرة ضحيان المعروفة، فقبره بها مشهور مزور، وقد رثاه عدة من العلماء والأدباء، منهم سيدي العلامة الحسن ابن محمد الفيشي بأبيات هذه القصيدة المشجية، والتي مطلعها:

أتبكي معي فيما دها الدين والدنا ... وهدَّ قوى القاصين منا ومن دنا
وألبس ثوب الوجد شرعة أحمد ... وهدى ذويه الغرّ أقطاب ديننا
وزلزل عرش العلم بل هدَّ صرحه ... وقد كان في مجرى السماك تمكنا
وغير وجه الحق بعد انبلاجه ... وضيًّا على رغم الطواغيت بيِّنا
وقوض من نادى الفتاوى مُعَرَّساً ... تبناه من ننعى علاه ودونا
وغيّب عنا شمس حجة دهرنا ... علينا فيا بؤسى لشقوة حظنا
ومن كان سيفاً قاطعاً لعلائق ... سوالب للأرواح تنثال بيننا
ومن كان للإسلام شيخاً ورائداً ... يواكبه عدواً ومشياً ومنثنا
ومن هو روح الروح منا وصفونا ... وترياقنا من نفث سحار عصرنا
يجلّي غياهيب الظلام ويمتطى ... ذرى العاصفات الهوج عبر انشعابنا
يشنف بالمعروف سمعاً بمنطق ... يحف به لطف الفكاهة والجنا
ويصرخ بالإنكار إن ولعت به ... نفوس تَخَذْن الشر خلقاً وديدنا
فيخضع عاتي الغُلْب في جبروته ... ويقنع رأساً صاغراً متمسكنا

وكم ولكم شالت قضاة أشاوس — على هامها طيبا به وتيمنا
أعود قبيل الحصر في شأو قدسه — عسير وقد تلقى حديثي مبرهنا
سأبكيه ما دامت دراريه غضة — بقلبي تدر الدمع حيناً ملوّنا
ألا فابْك واستبك الدفاتر ما حوت — ليحيى الإمام الحق مصدر يمننا
على مثله لا قبح عندي في البكا — دواماً بتذكار المحامد والثنا
وكيف ألام اليوم في ذاك والعلا — يشاطرني وأسمع صداه مؤبنا
لجبريل أهل الأرض قطب زمانه — ومصلت سيف الحق إبان وهننا
(علي) إمام العلم نجل (محمد) — نماه بنو (العجري) سادات ربعنا
سأتبع هذا إن تمكنت غيره — ولو لم يكن إلا نفاثه مثخنا
وأزكى صلاة الله تغشى محمداً — وعترته في المنتهى غاية المنى

65. القاضي علي بن يحيى شيبان

القاضي العلامة جمال الدين علي بن يحيى شيبان.

وهو أحد تلامذة المولى مجد الدين بن محمد المؤيدي، أخذ عليه بمسجد الذويد، وبالمدرسة العلمية بجامع الإمام الهادي عليه السلام، وله قراءة على غيره، كان يكتب مؤلفات شيخه المولى مجد الدين في تلك المدة، منها لوامع الأنوار انتهى من نساخته سنة 1377هـ وغيرها من رسائله ومباحثه المودعة في كتاب مجمع الفوائد، هي بخط صاحب الترجمة، ولم أقف على تاريخ وفاته رحمه الله.

66. الشيخ فيصل بن عطية الفهد الصعدي

الشيخ العارف فيصل بن عطية الفهد الصعدي الأصل والوفاة.

وهو أحد طلبة شعبة المدرسة العلمية بجامع الإمام الهادي أول افتتاحها في سنة 1353هـ وقرأ في منهجها على مشايخها العلماء منهم المولى مجد الدين بن

محمد المؤيدي، وهو بعد ذلك أحد تجار مدينة صعدة ووجهائها، وكانت وفاته في نحو سنة 1398 ثمان وتسعين وثلاثمائة وألف، وآل الفهد من بيوت صعدة، وقد تقدم في القسم الأول ترجمة حاكم المسلمين القاضي عبد الله بن يحيى الفهد، وكان أهل هذا البيت ينقرض في أيامنا فلم يبق إلا أولاد صاحب الترجمة فهم الباقون في أيامنا.

67. القاضي قاسم بن إبراهيم الغالبي

القاضي العلامة قاسم بن إبراهيم بن عبد الله بن علي الغالبي الضحياني اليمني، وقد تقدمت تراجم لإخوته إسماعيل وحسين وعبد الرحمن في هذا الكتاب كل حسب اسمه من حروف المعجم.

وصاحب الترجمة نشأ بضحيان وقرأ بها على عدة مشايخ ثم انتقل إلى الفندق بأعلى يسنم، واستوطنه للإرشاد والتدريس مدة من الزمان، ومن تلامذته هناك السيد محمد بن عيسى بن إبراهيم المؤيدي، والقاضي معوض بن معوض المجمعي، ثم رجع إلى ضحيان، وكف بصره.

وكان عالما فقيهاً عابدا، وكانت وفاته في شهر رمضان سنة 1377 سبع وسبعين وثلاثمائة وألف، ودفن بضحيان، وغالب الظن أن نقلي لهذه الترجمة من مجموع تراجم السيد الحسين بن القاسم والله أعلم.

68. الفقيه قاسم بن علي القارح

الفقيه العلامة الولي قاسم بن أحمد القارح الصعدي اليمني.

نشأ بصعدة، وبها طلب العلوم، فأخذ في مقرءوات أهل زمانه على شيخ المشايخ سيدنا العلامة الحسن بن محمد سهيل، وعلى المولى مجد الدين بن محمد

المؤيدي، وله منهما إجازة عامة، وكان تحرير سيدنا الحسن سهيل للإجازة له بالاشتراك مع غيره في شهر جمادى الآخرة سنة 1379هـ، ولما قامت الثورة سنة اثنتين وثمانين وحصلت المضايقات لعموم أهالي صعدة، كان المترجم من العلماء الذين تركوا المدينة، فانتقل منها إلى سودان بني معاذ غربي صعدة فسكن هناك إلى أن توفي. وكان المترجم له رحمه الله مشهورا بالزهد والورع، موصوفا بولي آل محمد، وذلك لما كان عليه واشتهر به من المحبة لهم، والتولي لمذهبهم، ولم أضبط تاريخ وفاته وهي نحو سنة 1402 تقريبا، وقد تطلبت له ترجمة، فلم يحصل المراد، فالله المستعان. وقد رأيت سيدي الحسن بن محمد الفيشي رثاه بقصيدة موجودة في ديوانه جاء من أبياتها قوله:

يا ناعي الحبر المعظم قاسم ... أفجعت في العلم الظيم الأرفع
آه على شيخ الطريقة والتقى ... بدر الدجى الزاكي السري الأورع
آه على نبراس شيعة أحمد ... ووصيه وبنيه خير مودع
آهـه على من كان سابق جيله ... وخيار من جلا بأنصع مهيع
في ذمة الرحمن يا من لم يزل ... في مسرح الأملاك باهي المطلع
خلفت في التقصار جوا فارغا ... متوسطا ونزلت أشرف موضع
من ذا يسد مسد مجدك أو يرى ... في برج كوكبك الخصيب الممرع

إلى أبيات أخرى تركناها اختصارا رحمه الله تعالى.

69. السيد قاسم بن محمد العزي

السيد العلامة علم الدين قاسم بن محمد بن حسن بن عبد الرحمن بن حسين ابن محمد بن أحمد بن محمد الملقب العزي بن علي بن أحمد أبو طالب بن الإمام القاسم بن محمد الحسني الصعدي اليمني.

كان سيدا فاضلا عالماً وكانت وظيفته كتابة المراقيم والمحررات في قلعة

السنارة وله خط غاية في الحسن والاتقان توفي بصعدة 21 جمادى الأول سنة 1376 ست وسبعين وثلاثمائة وألف وصنوه عبد الرحمن بن محمد العزي كان سيداً فاضلا توفي ثامن عشر شعبان سنة 1397 سبع وتسعين وثلاثمائة وألف، وقبره إلى جنب صنوه صاحب الترجمة بأعلى مقبرة القرضين، وإلى جانبهما قبر والدهما ووفاته سادس شهر القعدة سنة 1338 رحمهم الله تعالى.

70. السيد القاسم بن محمد جبالة الحوثي

السيد العلامة الولي القاسم بن محمد بن محمد بن أحمد بن يحيى بن محمد بن علي بن أحمد بن مجد الدين بن أحمد بن الحسن بن محمد بن الحسين بن علي بن عبد الله بن محمد بن الإمام المؤيد بالله يحيى بن حمزة الحسيني الملقب جبالة الحوثي، وبقية النسب تقدمت.

وهو إمام محراب جامع الإمام الهادي بصعدة في أيامه.

وكان عالما فاضلا وهو أول من سكن مدينة صعدة من أهل هذا البيت وأصلهم من حوث ويقال لهم آل جبالة الحوثي، ولم أقف على كثير من أحواله إلا أنه توفي بصعدة في شهر رجب الأصب من شهور سنة 1381 ألف وثلاثمائة وواحد وثمانين سنة، وقبره على مقربة من مشهد آل حوريه بمقبرة القرضين رحمه الله وإيانا والمؤمنين.

وولده السيد العلامة الحسن بن قاسم جبالة الحوثي توفي يوم الأثنين 17 في شهر شعبان سنة 1400 أربعمائة وألف في حادث سيارة بالقرب من خميس مشيط وذلك بعد عودته من العمرة والزيارة ومعه ولده عز الدين، وكان سيدي الحسن بن قاسم المذكور عالما فاضلا، مولده بضحيان ونشأ في حجر والده وقرأ القرآن غيبا وأتقنه، وطلب العلوم على جده لأمه السيد العلامة عبد الله بن عبد

الله العنثري والمولى علي بن محمد العجري وغيرهما، ثم قرأ بصعدة على المولى مجد الدين المؤيدي والعلامة محمد بن الحسن المتميز، وكان قد تولى بعد والده إمامة محراب الجامع المقدس بصعدة، وقد اطلعت في ديوان سيدي الحسن بن محمد الفيشي على قصيدة عامرة يرثيه فيها، وأول هذه القصيدة ومطلعها:

أتعلم ما قد حل في شهرنا الأغر   من الجلل الدامي من الحادث الأمر
من الفادح الطامي من الكارث الذي   بكته دراري البيت والحجر والحجر
ومسجد طه والمزارات كلها   مآثر تندي بالدموع وبالغرر
فأظلم أفق المجد والدين والعلى   لداجية المأساة بالشمس والقمر
بفذين زهراوين من نسل أحمد   وقطبين سباقين من خيرة الخِيَر
بعالمنا الأزكى وشبل ذوي الهدى   بشيخ بني الزهراء وبالنابغ الأغر
رضيعي لبان العلم والشرف الذي   به عرفت في السابقين بنو مضر
هما الحسن الزاكي بنبعة قاسم   ونجل له في قمة المجد في الصغر

5 إلى أن يقول:

فقدناهما فقد السماء نجومها   وفقدان جدب الأرض هامية المطر
فقد خلفا فينا فراغا موسعا   جهينة تنبي بالحقيقة والخبر
فمن ذا يؤمل الناس في معبد الهدى   ومختط يحيى في الأصائل والبكر
ومن ينهل الطلاب للعلم صفوه   بصعدة تريقا نقيا من الكدر
ومن يوسع العافين برا نواله   ويحلي رقاب البائسين من الدرر
على مثله يبكى ويستفحل الأسى   ويشمل في أرجائنا سائر الأسر
لذا هرعت صنعاء أكرم بها يدا   بقطبي هداها حال فاجعة الخبر
تشارك أم الفضل صعدة شجوها   ونجران قد جلا بحجتنا الأغر
وواراهما وسط الخميس عصابة   على رأسها علامة الآل ذو الظفر

يشير في الأبيات الأخيرة إلى وصول السيد العلامة زين العابدين حمود بن

عباس المؤيد والعلامة محمد بن علي الفران الحمزي إلى صعدة للمشاركة في واجب العزاء، وفي البيت الأخير أشار إلى مسارعة المولى شيخ الإسلام العلامة مجد الدين بن محمد بن منصور المؤيدي إلى خميس مشيط عند أن بلغه الحادث وتوليه مراسيم الدفن.

71. المولى محمد بن إبراهيم حوريه المؤيدي

السيد العلامة عز الإسلام وشيخ العترة الكرام محمد بن إبراهيم بن علي بن الحسين بن الحسن بن يحيى بن علي بن أحمد بن يحيى بن الإمام إبراهيم بن محمد ابن أحمد بن عز الدين بن علي بن الحسين بن الإمام الهادي إلى الحق عز الدين بن الحسن بن الإمام علي بن المؤيد الحسني المؤيدي الفللي اليمني الصعدي.

مولده بهجرة فلله مسكن آبائه وأهله في سنة 1294 أربع وتسعين ومائتين وألف ونشأ في حجر والده وأتقن القرآن الكريم وبدأ مرحلة الطلب في الصغر وقبل التكليف فأخذ في قراءة الأزهار غيبا وتحصيل معانيه على السيد الفقيه هادي بن محمد الدرابة والسيد أحمد بن علي حوريه المؤيدي والسيد الحسن بن الحسين عدلان ثم أخذ في شرحه شرح الأزهار وشطرا من بيان ابن مظفر ومجموع الإمام زيد الفقهي وأصول الأحكام وشرح التكملة لابن حابس وبعض شفاء الأوام وأمالي أبي طالب وشرح الثلاثين المسئلة لابن حابس على مشايخه الثلاثة المذكورين آنفاً. هذه مقروءاته في الابتداء بهجرة فلله ثم رحل إبان البلوغ وذلك في سنة 1311 إحدى عشر وثلاثمائة وألف إلى هجرة ضحيان قال رحمه الله: فقرأت كتب النحو والصرف وغيرها على المشايخ الأعلام والنحارير الكرام، منهم شيخنا العلامة النبيل علي بن يحيى العجري المؤيدي فإني قرأت عليه شطرا من قطر ابن هشام والحاجبية تحصيلا والحاشية لمحمد بن عز الدين المفتي والخبيصي وحاشية مفيدة أيضا لشيخنا المذكور مع حضور

شرح ركن الدين والرضي وغيرهما كالجاربردي وشرح السيد عبد الله وكذلك شطرا في الجامع مع حاشية عصام وغيرها من الحواشي وشرح الفاكهي على ملحة الإعراب مع حواشيه أيضا وبعض شرح الفاكهي على القطر ومن مقروءاتي عليه أيضا نهج البلاغة مع شرح الأعلام ومختصرات أصول الفقه كالكافل لابن بهران ومرقاة الوصول في علم الأصول وبعض شروحه منها شرح ابن حابس وشرح ابن لقمان ومختصر لشيخنا المذكور سماه الكافي منتقى من الفصول اللؤلؤية مقربا مع تحصيل منا لديه لقواعد النحو وأصول الفقه في مجالس متعددة. ومنهم حي شيخي العلامة المتأله المتعبد يحيى بن الحسن طيب.

قلت: وقد تقدم سرد مقروءاته عليه بترجمته في القسم الرابع.

قال: ومن مشايخي حي الوالد العلامة رأس الزاهدين في أبناء دهره الحسين ابن محمد أمير الدين الحوثي فإني لازمته فوق عشر سنين في أوقات شدة ورخا وقرأت عليه كتب أصول الدين لأنه رحمه الله كان وحيد عصره فيها وفريد دهره كثير الولوع بها فقرأت عليه شرح الأساس ومجموع السيد حميدان وحقائق المعرفة وينابيع النصيحة وشرح الأصول الخمسة للسيد مانكديم وكتب الإمام الهادي إلى الحق جميعا أولها كتاب المرشد والبالغ المدرك وشرحه لأبي طالب وأحكام الهادي وقرأت عليه في التفسير الكشاف جميعه بإملائي عليه وهو يسمع وبقية الطلبة والثمرات اليانعة للفقيه يوسف والخمسمائة للنجري والمصابيح أربعة مجلدات للشرفي والإتقان للسيوطي مرارا متعددة، وقرأت عليه البحر الزخار جميعه مع بعض التخاريج والبرهان للديلمي وقواعد عقائد آل محمد ثم عدد مقروءات على شيخه المذكور وهي تنيف على الأربعين كتابا في السير والتواريخ والفضائل والزهديات. قال: ومنهم شيخي العلامة الحسن بن يحيى القاسمي فمن مقروءاتي عليه شطرا من الأمهات الست وشطرا من مسائل البحر مع بحث وتفتيش في بعض المسائل وسماع بعض الثمرات اليانعة وبعض

مصنفات له في النحو والصرف والفروع وأجازني إجازة عامة وكنت أحضر بعض حلقاته في عنفوان الطلب في هجرة فلله مع أوان البلوغ في كتب متعددة لأنه طلع من ضحيان لنشر العلم بفلله وبقي هنالك نحوا من عشر سنين واستفاد عليه جم غفير ثم عاد إلى ضحيان وأنا مهاجر به فاختصصت به مدة في داره لسماع الحديث وكان تعرض عوارض عن إتمام ما نريد، ومن مشايخي أيضا شيخنا شيخ الإسلام محمد بن عبد الله الغالبي وصنوه إبراهيم بن عبد الله الغالبي رحمهم الله تعالى فإني قرأت على شيخ الإسلام نزهة الطرف في أحكام الجار والمجرور والظرف للأخفش ونهج الرشاد لعلي بن الحسين الشامي كاملين وبعض الأمهات في داره وأجازني إجازة عامة وناولني بعض الكتب مناولة في علم الحرف وفي علم الفلك كالزيح المثنى للسرحي مع قراءة بلغة المقتات عليه ومختصر آخر لبعض العلماء ولازمته في المذاكرة لبعض قواعد النحو والأدبيات وأفراد مسائل في الفروع كان يختارها وقرأت على أخيه المذكور شرح الخبيصي وشرح الفرائض للعصيفري وكان يكثران في الفوائد والعوايد والبحث في مسائل الفروع لأني لازمت المشايخ المذكورين بهجرة ضحيان عشرين سنة للقراءة والتنقل في كل فن، وسماع الآماليات على شيخي العلامة الحسين بن محمد أمير الدين وعليهما وشطرا من الأمهات مع ما كان من البحث في الأحاديث التي منها في تخريج ابن بهران وتخريج الظفاري وغيرهما حال قراءة البحر عليه وعلى حي شيخي الإمام الهادي الحسن بن يحيى القاسمي لأن أكثرها كان حاضرا. قال: وبيدي من كل مشايخي المذكورين إجازة عامة.

قال: ولي إجازة باسمي من حي الإمام المهدي محمد بن القاسم الحوثي فإني طلبت منه الإجازة ولم أعرف ذاته فأجازني إجازة عامة في جميع الفنون لجميع ما تضمنته كتب الإجازات وهو أرفع إسناد في عصره، وممن أجازني بقلمه إجازة عامة القاضي العلامة ضياء الدين سعد بن محمد الشرقي وسنده رفيع وذلك

لجميع ما تضمنته مسانيد الإجازة المسماه إتحاف الأكابر والدر النضيد والإجازة الكبرى لأحمد بن سعد الدين المسوري، وممن أجازني حسب هذه الإجازة حي القاضي العلامة محمد بن أحمد حميد رضي الله عنه، فإني أجازني بمقام مولانا أمير المؤمنين إمام العصر المتوكل على الله ومقام حي والده أمير المؤمنين المنصور بالله رضي الله عنه وذلك بمحروس قفلة عذر.

انتهى ما أفادنا حول مشايخه ومقروءاته ومستجازاته رحمه الله.

وكان صاحب الترجمة من علماء العترة الكرام له هيبة وسيماء السادة بني المؤيد، وكانت يسكن بمدينة صعدة بحارة شيبان وينتقل إلى محروس العشة شمال صعدة أيام الخريف وله بها دار عظيمة، ومن أجل الآخذين عنه بمدينة صعدة السيد العلامة عبد الله بن أحمد حوريه المؤيدي والسيد العلامة علي بن محمد العجري والعلامة المحقق يحيى بن الحسين سهيل وصنوه العلامة المؤرخ عبد الرحمن بن حسين سهيل والقاضي البليغ محمد بن يحيى مرغم وغيرهم الكثير ممن لا يحصى عده، واستجاز منه المولى مجد الدين بن محمد المؤيدي فقال في إجازته له هذه الأبيات:

وبعد إن الولد العلامة ... الفذ والنبراس ذا الشهامة
وواحد العصر فريد عقده ... لما حوى من نبله ومجده
فهو بلا ريب طباق إسمه ... فلم يكن مخالفا لرسمه
مجد الهدى والدين والإسلام ... ونجل رأس العلماء الأعلام
محمد بن السيد المنصور ... ذي الفضل والزهادة المبرور
دامت لهم من ربنا السعادة ... والفوز بالحسنى مع الزيادة
عوّل في التاريخ أن أجيزه ... في كل مسموع وما استجيزه
عن من روى لي مسندا مسلسلا ... في كل فن أو رواه مرسلا

وما قرأت من علوم الأدب   مع الأصولين وأعلا الكتب
في مسندات الآل والتفسير   وفي فروع الفقه بالتنقير
لأن لي والحمد للجبار   مشائخا كانوا ولاة الباري

وقد امتحن صاحب الترجمة رضوان الله عليه بوشاية المغرضين فكان طلبه من قبل الإمام يحيى بن محمد حميد الدين في سنة 1349 محفوظا إلى صنعاء وأبقاه بها في قصر غمدان وطالت إقامته هناك وكان يصل إليه إلى داره بالقصر المذكور من أراد الاتصال به ويتردد إليه أولاده وبعض زوجاته ومن وصل من الجهات الصعدية إلى صنعاء وكان يقوم بفصل بعض الشجار بين المتخاصمين قبل حبسه في بلاد صعدة وفي حاله حبسه بصنعاء ومن شعره يتبرم إلى الإمام يحيى من طول حبسه:

أيرضى أمير المؤمنين بغربتي   عن الأهل والأولاد من غير زلة
ويقبل مين الحاسدين وأفكهم   وعرض حصون عن حدوث خيانة

وله في هذا المعنى أشعارا كثيرة، وله من قصر غمدان إلى المولى مجد الدين بن محمد المؤيدي قصائد عديدة منها قصيدة طالعها: متي تحية مشتاق ومعتاق، قال في ديوان الحكمة: ولم تحضر حال الرقم، فأجابه المولى مجد الدين بقوله:

أهذه درر تطوى بأوراق   أم هذه سور يرقى بها الراقي

إلى أن قال في مدح أئمة أهل البيت:

خاضوا المنيات في مرضاة خالقهم   وحكموا السيف في هام وأعناق
فكم أطارت سيوف الآل من قلل   وكم دم في سبيل الله مهراق
فقلّ من مات حتف الأنف ذا دعة   بل فوق متن جواد تحت خفاق
حتى استقامت لدين الله أعمدة   وأصبح الحق في نور وإشراق

وللمترجم له تخميس على قصيدة الصاحب بن عباد اللامية، وله تخميس على

بعض قصائد الأديب ابن بهران، وشعره يلحق بنظم العلماء وكان في حوزته مكتبة عامرة تقارب أربعمائة مجلد، أغلبها من الكتب المضبوطة والمقروءة على المشايخ وبعد وفاته رحمه الله تناثر سمطها، ولم يزل على حاله الجميل صابرا محتسبا حتى كانت وفاته رحمه الله بمدينة صعدة بعد أيام من إطلاقه من قصر غمدان 24 شهر صفر سنة 1381 إحدى وثمانين وثلاثمائة وألف، عن ست وثمانين سنة، ودفن بمقبرة القرضين في مشهد أهله معروف مزور. وأولاده خمسة: علي ويحيى وأحمد وإبراهيم وحسن وهم سادة نجباء ممن أدركوا والدهم صاحب الترجمة وأخذوا عنه، ولهم أولاد وأحفاد في أيامنا يبلغون نحو المائة أصلحهم الله وزاد من أمثالهم.

72. الحاج محمد بن أحمد عطيف

الحاج الفاضل العابد محمد بن أحمد بن شايع عطيف المهذري السحاري.

وهو جد والدي من قبل الأم، وهو أحد الفضلاء من أهل البوادي، له معرفة وتعلم على يد العلماء، وكانت خصال أهل الفضل والنسك في شخصه متمثلة، وفي سلوكه ومداركه معروفة مستكملة، وكم بلغني من محامده ومناقبه ومحبته لفعل الخيرات والمداومة على الصالحات وإكرام الضيف والحفاوة به، ومحبة أهل البيت النبوي والاقتداء بهم. ومن جميل ما ذكر عنه أنه زوج ابنته بالسيد العلامة الكبير علي بن عبد الله الشهاري محبة أن تقوم بخدمته مع كبر سنه، وكان ينزل من وطنه آلت حسين كل عام في شهر رمضان إلى مدينة صعدة للاعتكاف في مسجد التوت، للقرب من العلماء هناك ومخالطتهم في هذا الشهر الكريم، وله مناقب في الخير تروى، ومحاسن في الإحسان تحكى، منها أنه كان لا يأكل في الغالب منفردا، ويتلمس نزول الضيف عليه، كون بيته كان على الطريق، وحج عدة مواسم إلى بيت الله مشيا على الأقدام، وفي آخر حجة له وصل وقد ورمت

قدماه رحمه الله لشدة التعب والإعياء ولم يمكث إلا أياما وتوفي رحمه الله إحدى شهور سنة إحدى وثمانين وثلاثمائة وألف، وقيل أوائل سنة 1382هـ ودفن قرب بيته غربي وطن آلت حسين من بلاد المهاذر، رحمه الله وإيانا والمؤمنين.

73. السيد محمد بن أحمد الأمير

السيد العلامة الأوحد عز الإسلام محمد بن أحمد بن إبراهيم لقبه الأمير وينتهي نسبه إلى الأمير الحسين بن بدر الدين صاحب شفاء الأوام. ترجم له السيد الحسين بن القاسم في تراجمه فقال:

نشأ بهجرة رغافة وبها تلقى علومه الأولية ثم هاجر إلى صنعاء وقرأ على مشايخها ثم رجع إلى وطنه واستوطن قرية الدهاملة بوسط وادي آل جابر وكان سيدا عالما وحيدا في أقرانه محققا مجتهدا وقورا سخيا شجاعا تقيا مرشدا وتولى القضاء والمصالحة في الخصومات ووفاته بقرية الدهاملة سنة 1400 أربعمائة وألف، ودفن بجانب جده الأمير الحسين ناحية الشمال من قبره أقرب إلى الجدار انتهى. وفي كتاب السيد العلامة المعاصر عبد السلام بن عباس الوجيه المسمى أعلام المؤلفين الزيدية رأيت ترجمة له وهذا لفظها: محمد بن أحمد بن إبراهيم الأمير: عالم فقيه مولده سنة 1327 وتوفي والده سنة 1334 وهو ابن سبع سنوات، ثم هاجر إلى ذمار سنة 1347 ودرس فيها وفي صنعاء وصعدة التي تخرج من مدرستها العلمية ومن مشايخه العلامة ثابت بهران، والعلامة أحمد بن علي الكحلاني وانتقل إلى رحمة الله في 27 ذي القعدة سنة 1400 هـ. ومن مؤلفاته (إرشاد المستفتي) ويسمى أيضا الإرشاد إلى سبيل الرشاد، أجوبة على مسائل لكبار العلماء، وكتاب (رجال أمالي أبي طالب) أوضح فيه أن بعض علماء الجرح والتعديل قد يجرحون بما هو في الواقع تعديل والعكس، و(سيرة النبي صلى الله عليه وآله وسلم)، و(مذاكرة الحنفية السمحة) و(مشجر في الأنساب)،

و(فوائد عن الهجر اليحيوية) انتهى. **قلت:** ومن مشايخه السيد العلامة أحمد بن الإمام الحسن القاسمي، ومما وقفت عليه لصاحب الترجمة مراجعة سؤالات أرسلها إليه شيخه المذكور يعوده ويمرنه فيها على حسب القواعد والأصول، وقد فاتت عني نقلها لبعد المدة، أذكر منها سؤال لا زال عالق بذهني وهو فيما اعتاده أهل العصر من ذكر الأئمة وتعيينهم بأسمائهم في خطب الجمعة أذلك سنة أم بدعة فإن كانت بدعة أحسنة أم سيئة.

74. السيد محمد بن أحمد الفيشي

السيد العلامة عز الدين محمد بن أحمد بن عبد الله بن علي بن أحمد بن يحيى بن محمد بن حسن بن يحيى بن علي بن محمد بن يوسف بن أحمد بن حسن بن علي بن يحيى بن حسن بن أحمد بن سليمان بن عبد الله بن أحمد بن سليمان بن الحسين بن أحمد بن يحيى بن سليمان بن أحمد بن إسحاق بن الإمام يوسف الداعي بن الإمام المنصور بالله يحيى بن الإمام الناصر أحمد بن الإمام الهادي إلى الحق يحيى بن الحسين بن القاسم بن إبراهيم بن إسماعيل بن إبراهيم بن الحسن بن الحسن بن علي بن أبي طالب كرم الله وجهه. فهو الحسني الهادوي اليوسفي الملقب الفيشي نسبة إلى الفيش من بلاد الأزقول ومخاليف صعدة.

نقلت عمود نسبه عن خط ولده سيدي وشيخي العلامة شرف الإسلام الحسن بن محمد الفيشي، وكنت أيام القراءة عليه أبقاه الله طالبته بأن يحرر ترجمة لوالده لإثباتها في كتابي هذا، فكتب في ذلك ما لفظه:

مولد والدي رحمه الله بساقين سنة ست عشرة وثلاثمائة وألف. وقرأ القرآن وتلقاه في السنارة مركز لواء صعدة في حجر السيد العلامة سيف الإسلام محمد ابن الإمام الهادي شرف الدين ثم هاجر إلى صعدة فأخذ على مشايخها الأعلام بجامع الإمام الهادي عليه وغيره من المساجد. فقرأ الأزهار على أحد الفقهاء

وعلى السيد العلامة عبد الله بن حسين الشهاري، وفي شرح الأزهار على العلامة محمد بن إبراهيم سهيل وكنز الرشاد على العلامة يحيى مرغم المعروف بحنة، وعلى المولى المجتهد محمد بن إبراهيم حوريه في الأجرومية وشرح بحرق وشرح الفاكهي وقواعد الإعراب وشرح الثلاثين المسألة وشرح الأساس وشرح إيساغوجي وشرح الخبيصي وعلى السيد العلامة التقي قاسم بن عبد الله الهاشمي في شرح القطر وقواعد الأعراب وفي حاشية السيد المفتي وأخذ على العلامة الزكي محمد بن أحمد يايه في شرح الأزهار وبيان ابن مظفر وشرح الفرائض وجدول الأوقات، كما أخذ على السيد العلامة الكبير محمد بن حسن الوادعي في سنن الترمذي والروض النضير ونيل الأوطار وسبل السلام، وفي ضوء النهار والمنحة عليه وفي السيل الجرار وفي كتب التفسير ورياض الصالحين وأخذ في العمدة لابن دقيق العيد على العلامة الجليل الحسين بن علي العمري في بير العزب بصنعاء واستجاز منه.

قلت: هذه جملة مقروءاته ومشايخه الذين ذكرهم لي ولده سيدي الحسن بن محمد الفيشي أبقاه الله وقال بعد ذلك وقد طلبته استكمال صفته ومزاياه، فاكتفى بالقول: كان الوالد رحمه الله متوليا للقضاء قاطعا للخصومات بحنكة ومهارة ونزاهة وعدالة لا تأخذه في الله لومة لائم، وتولى القضاء في خولان ومنبه وكتاف ورازح، وتوفي بوطنه ساقين سنة 1388 ثمان وثمانين وثلاثمائة وألف رحمه الله وإيانا والمؤمنين.

75. العلامة محمد بن الحسن المتميز

الفقيه العلامة الفاضل الولي محمد بن الحسن بن إبراهيم بن محمد بن عبد الله ابن أحمد بن إسماعيل بن محمد بن إبراهيم بن يحيى بن محمد بن إبراهيم بن أبي القاسم المتميز الصعدي بلداً والهدوي مذهباً ومعتقداً.

ترجم له أحد أولاده ترجمة بسيطة وهو العلامة عبد الوهاب بن محمد قال فيها ما لفظه: مولده رحمه الله في قرية بير الطحم برحبان صعدة في سنة 1317 سبع عشرة وثلاثمائة وألف للهجرة، ونشأ بحارة التوت بمدينة صعدة، فقرأ القرآن على حي شيخه القاضي شيخ القرَّاء الأستاذ محمد بن أحمد الطاهري رحمه الله، وتخرج على يديه، وحفظ القرآن حفظاً متقناً غيباً بالقراءات السبع المشهورة وجوده حتى صار شيخاً للقرآن، وعلى حي والده الحافظ الزاهد العابد الحسن بن إبراهيم المتميز المتوفي سنة 1344 رحمه الله، ثم كرس جهوده وفرغ أوقاته في طلب العلم الشريف وأقبل بكليته وشغف به وعكف عليه، ولم يمارس أي عمل من الأعمال الدنيوية حتى نال الغاية في كل العلوم.

فكانت قراءته على مشائخه العلماء الأعلام، وهم سيدي العلامة محمد بن إبراهيم المؤيدي الملقب ابن حورية وله منه إجازه عامة، وقرأ أيضاً على المولى العلامة إمام المحققين الحسن بن حسين الحوثي الضحياني رحمه الله وأجازه إجازة عامة، كما قرأ أيضاً جل مقروءاته على شيخه الوالد العلامة الشهير ومربي الكبير والصغير عالم علماء صعدة في عصره وأوانه، شرف الإسلام الحسن بن محمد سهيل الصعدي وأجازه إجازة عامة، وقرأ أيضاً على شيخه الولي بن الولي العابد الزكي مولانا العلامة فخر الدين والإسلام عبد الله بن حسين الشهاري رحمه الله وأجازه إجازة عامة، كما أجازه أيضاً سيدي العلامة عبد الله بن أحمد المؤيدي الملقب بابن حورية إجازة عامة في كل مسموعاته ومستجازاته، وأجازه العلامة المؤرخ الشهير عبد الواسع بن يحيى الواسعي إجازة عامة بما اشتمل عليه كتابه (الدر الفريد ومتفرقات الأسانيد).

وفي عام 1353 ثلاث وخمسين تأسست المدرسة العلمية بجامع الإمام الهادي إلى الحق، وكان أول من تأسس من مشائخها، حيث عكف على التدريس

بجامع الإمام الهادي وجامع التوت على التلاميذ بحسن أخلاق، وترغيب للطلبة والنزول عند رغباتهم وموافقتهم في الأوقات التي يرغبونها، فمن أجل من قرأ ودرس عليه واستجاز منه السيد العلامة صلاح بن يحيى عامر، وسيدي العلامة حسن بن علي الحجازي، والسيد العلامة حسن بن قاسم الحوثي، وأخيه أحمد وأجازهما إجازة عامة، وسيدي العلامة مفتي لواء الشام إسماعيل بن أحمد المختفي، وسيدي العلامة شرف الإسلام الحسن بن علي عباس المستكا قرأ عليه جلة مقروءاته وأجازه إجازة عامة في كل مقروءاته ومسموعاته، والسيد العلامة يحيى بن عبد الله راوية الذماري، والسيد العلامة إبراهيم بن علي الشهاري، والقاضي العلامة علي بن إسماعيل الحشحوش، والقاضي العلامة الحسن بن يحيى سهيل، والسيد العلامة الأديب عبد الرحمن بن حسين شايم، والأخ العلامة إسماعيل بن قاسم المتميز الملقب إسحاق، والأخ العلامة عبد الله ابن أحمد الذويد، والقاضي أحمد بن محمد مرق، والقاضي علي الشعباني، والأخ عبد الله بن أحسن جران، والأخ محمد بن يحيى شاكر، والأخ قاسم بن إبراهيم دباش، وحي أخيه العلامة محمد بن إبراهيم دباش، والقاضي العلامة حسين بن علي حابس رحمه الله، والسيد أحسن بن عبد الله عدلان، والسيد محمد بن عز الدين عدلان، وأخوه حسن، وأخوه سراج الدين، والسيد العلامة عبد الله بن إسماعيل الضحياني، والسيد عباس بن حسين الدولة، وأخوه علي، والسيد قاسم ابن صلاح عامر، والسيد صلاح بن الحسن نور الدين، والقاضي العلامة محمد العنسي، والقاضيان العالمان عبد الله بن علي العنسي وأخوه علي، والسيد محمد بن حسن الحمران، وأخوه قاسم، وولده أحمد بن قاسم، والسيد إبراهيم بن عبد الله العجري، والسيد حسن بن علي الحمران، والأخ أحمد بن قاسم المتميز، ومحمد بن أحسن سهيل، ونجلي المترجم له عبد الوهاب وعبد الرحمن بني محمد

ابن أحسن، وكذلك ولده عبد الرحيم تعلم على يديه القرآن الكريم وبعضاً من متن الأزهار والعقد الثمين ومتن الأجرومية.

قال ولده عبد الوهاب المذكور: وكان مشغوفاً بحب آل محمد، وكافح وناضل على حبهم والتمسك بهم وبالمذهب الزيدي بكل جد واجتهاد، ولا زال يحث أولاده وغيرهم على التمسك بالعترة النبوية، والاهتداء بهديهم والمحافظة على العقيدة الإسلامية الصحيحة حتى آخر لحظة من حياته وفي حال مرضه الذي توفي فيه، ولا زال ملازماً لزيارة الإمام الهادي إلى الحق يحيى بن الحسين ومن في مشهده من الأئمة الأطهار والعلماء الأفاضل من أهل البيت وغيرهم كل يوم، وإذا اشتغل عن الزيارة بالنهار يقوم بها في الليل والناس نيام وتفتح له الأبواب بدون سبب كما أخبرني هو بها شفاهاً، وكان لا يفتر لسانه عن ذكر الله ودرس القرآن عن ظهر قلب في كل لحظة، قاعداً، وماشياً، في الخلا أو في الملا، وكان باراً بوالديه في حياتهما وبعد وفاتهما بالزيارة لهم كل أسبوع، وإلحاقهما بكل أنواع البر من الدعاء والصدقات وتلاوة القرآن ويشركهما في كل تلاواته وإخراج الصدقات وفي كل قربة والحج والعمرة وغيرها من أنواع البر، وفي آخر مدته لازم على الحج والعمرة وزيارة الرسول وأهل بيته الأئمة الأطهار. حج في عمره ما يزيد على خمس عشرة حجة له ولوالديه خاصة، لم يحج أجيراً قط، وكان يبذل له المال الكثير على أن يحج أجيراً فلم يقبل ذلك، وكان يأمر بالمعروف وينهى عن المنكر، ويقول كلمة الحق رغم كل معاند لا يخاف في الله لومة لائم، وإذا علم أو سمع بمنكر أو معاصي يقصد أهلها إلى محلاتهم فينهاهم عن ذلك كائناً من كان، وكان كهفاً لليتامى والأرامل وملاذاً للضعفاء والمساكين، وكفل عدة أيتام يكسوهم ويقوم بأودهم حتى بلغوا رشدهم ويخدم الأرامل ويقضي حوائجهم ويتحملها على ظهره إلى مساكنهم، مدى السنين

والأعوام، ويقدم حاجاتهم على نفسه ولا سيما أرامل أهل البيت النبوي، يقبل عليهم بأخلاق حسنة وسكينة ووقار.

وبالجملة فقد أفنى عمره واستغرق أوقاته في الدرس والتدريس والعبادة لخالقه والتعظيم والتقديس وسائر الطاعات، وقسَّم أوقاته: النهار للتدريس والليل للعبادة ودرس القرآن، وكان رحمه الله يقضي عطل الخميس والجمعة في الإرشاد والتعليم في الأرياف، ولازم على ذلك طوال عمره رغم شيخوخته وكبر سنه، مشياً على قدميه، متنقلاً من قرية إلى قرية، ويعلِّم الصغير والكبير والذكر والأنثى، ويسمع لهم الصلاة، ويأمرهم بالواجبات، وينهاهم عن المنكرات، وعن اجتماع الرجال بالنساء في المجتمعات، كما كانت عادات بعض أهل البوادي، حتى أنهم إذا علموا بوصوله إلى قرية تدافعوا إليه صغيراً وكبيراً، ذكراً وأنثى فيتعلمون منه، ويسترشدون في أمور دينهم ودنياهم، وصلح على يديه الكثير والكثير من السادة الحمزات والقبايل، وله أوراد وأدعية معلومة في أوقات معلومة، ودام عليها لم يتوان عنها ولم يشغله عنها شاغل إلى أن توفاه الله، وكان ترد عليه أسئلة كثيرة ويجيب عليها في الحال.

قال: وله رحمه الله جوابات مفيدة على الأسئلة التي أوردها الإمام البحر الخضم المنصور بالله عبد الله بن حمزة صلوات الله عليه في كتابه المسمى بـ(الشافي) على فقيه الخارقة المتشبث بالشبه والأباطيل أجاب عليها رحمه الله بجوابات شافية، وكنت أسمع عنه من بعض الأخوان أن له كرامات وفضائل فأستحي أن أسأله عن شيء منها، وفي يوم من الأيام سألته عما كنت أسمع عنه فأخبرني ببعض منها واستكتمني حين ألححت عليه، فمما أخبرني به: أنه ذات ليلة بات في رحبان، وفي أثناء الليل خرج إلى المسجد كعادته إلى أن ظهر الفجر فأذن وركع وانتظر هنيهة لمن يصلي معه جماعة فلم يجد أحداً فدعا الله أن يسهل من يصلي معه، فإذا

هو يحس بحركة من جانبه الأيمن، فقال في نفسه: هذا من الصالحين فأقام الصلاة وتوجَّه وكبر، فإذا بأصوات يكبرون معه ويتابعون ويركعون ويسجدون معه، لهم رجة ملأت الجامع، فتخيل له أن الجامع مليء بالمصلين، فلما أن تم صلاته التفت خلفه فلم يجد أحداً، كما أخبرني من أثق به أنه شاهد ليلة وفاته رحمه الله نوراً ساطعاً من على منزله شاقاً عنانه فصار يفكر في ذلك النور وإذا برائحة طيبة أريجها لم يجد لها مثيلاً في روائح الدنيا، فقال في نفسه: إن لهذه النور وهذه الرائحة شأناً عظيماً، وما إن خرج إلى المسجد لصلاة الفجر فإذا بمخبر يقول: توفي سيدنا محمد، فسأل عن وقت وفاته فإذا هي ساعة ما شاهد ذلك النور الساطع، وله كرامات جمة تركتها خوف الإطناب. وكانت وفاته رحمه الله بسبب سقطة وقعت به داخل منزله أثناء الليل وهو قائم للعبادة كعادته واستمر تأثره أسبوعاً فقط لم يتغير له حس ولم يختل له شعور، ولم ينفك في ذكر الله حتى اختاره الله إلى جواره وذلك في الساعة التاسعة من يوم السبت الموافق 9 شعبان سنة 1398 هـ، توفي رحمه الله عن ثلاثة ذكور، وهم: عبد الوهاب، وعبد الرحمن، وعبد الرحيم، وأربع بنات انتهى ما أردنا نقله من ترجمة ولده المذكور بتصرف.

قلت: وما جاء في هذه الترجمة شيء من فضائله، وبعض من محاسنه ومناقبه، فهو من أوتاد أهل الصلاح والفلاح، ومن حسنات زمانه وبركات أيامه، وقد رثاه عدة من العلماء منهم هذه القصيدة الموجودة في ديوان سيدي وشيخي الحسن بن محمد الفيشي، وقفت منها على هذه الأبيات، ومطلعها:

يا للإله لغفلة المتعامي ... وسفاهة الإقدام والإحجام
ونفوسنا اللائي خرجن عن النهى ... ورفضن هدي شريعة الإسلام
نرعى وبيلا تحت خدع أمانها ... في مسرح الإخلاد للأحلام
يا نفس حسبك ما جنيت فقصري ... وتنكري لسلوك الهدام

يا نفس مالك والهوى فتخلصي ... من أفكه أحبولة الإجرام

يا نفس هلا وقفة في ملتقى ... سفح اليقين الأبلج الأعلام

فهناك ما يوحي ويرسم صورة ... للحق من رمم بقت وعظام

رحماك يا رباه أنت المرتجى ... في دفع داعي الغي والآثام

واجعل رضاك لنا مدار حراكنا ... وسكوننا في الحل والإبرام

وأثر كوامن ما ركزت تفضلا ... فينا لنعرف ضربة الإلزام

فنحول عن روغائنا وجمودنا ... ونعد عدتنا ليوم زحام

الله أكبر كم مثير واعظ ... بين الصفوف مسلسل الأرقام

قدر يدار على البرية كأسه ... عللا على نهل بدون فطام

وأجله أثرا وأرفعه صدى ... ما كان في علم من الأعلام

كمثال من فجعت به في وقتنا ... أهل النهى والمجد والإسلام

العالم الأتقى الزكي محمد ... شيخ الطريقة مرجع الأحكام

من كان فينا كينعي زماننا ... متميزا بمواهب الإعظام

76. السيد محمد بن الحسين الدولة

السيد العلامة عز الإسلام محمد بن الحسين بن علي بن عباس بن إسماعيل بن علي بن القاسم بن المولى علي بن أحمد أبو طالب بن الإمام المنصور بالله القاسم ابن محمد الحسني القاسمي الصعدي.

وهو المعروف في أيامه بحاكم رحبان. مولده سنة 1306 ست وثلاثمائة وألف، وكان من علماء وقته الأفاضل، وتولى القضاء مدة من الأعوام، وقد تقدمت ترجمة والده في القسم الخامس المقتول غدرا سنة 1337 وفي حجر والده المذكور نشأ وفي كنفه وتحت رعايته ترعرع وربى صاحب الترجمة، وله قراءة في العلوم نافعة، فأخذ بصعدة على المولى العلامة محمد بن إبراهيم حوريه، ومن

مقروءاته عليه بمسجد شيبان سنة 1330 كتاب بلغة المقتات في معرفة الأوقات، ومن مشايخه القاضي العلامة محمد بن عبد الله الغالبي وله منه إجازة قال فيها: طلب مني سيدي الولد العلامة النبيه الألمعي اللوذعي الفهامة الأحوذي عز الإسلام وزينة الآل الكرام محمد بن حسين بن علي بن الإمام الإجازة فيما صح لي سماعه وإجازته وقد كان قرأ علي شطرا صالحا في بعض العلوم انتهى، وتاريخ تحرير هذه الإجازة في شعبان سنة 1332هـ.

قلت: وله قراءة أيضا على القاضي العلامة أحمد بن عبد الله الجنداري وطلبه إجازته في المسموعات والمستجازات فأجازه ذلك وقفت عليها بخط صاحب الترجمة، ولم أقف في ترجمته على غير ما تقدم رحمه الله.

وكان المترجم له يسكن رحبان وبه توفي ودفن جنب والده بمشهدهم بمقبرة القرضين، وقد جاء ضبط تاريخ وفاته على شاهد ضريحه بما لفظه: كانت وفاته يوم إحدى عشر ربيع الأول سنة 1390 عن 84 عاما انتهى.

77. السيد محمد بن حمود المنصور

السيد الفاضل عز الإسلام محمد بن حمود الملقب كسلفه بالمنصور، وهو من ذرية المنصور بالله القاسم بن الإمام المؤيد بالله محمد بن الإمام القاسم بن محمد الحسني القاسمي الشهاري الأصل ثم الصعدي المسكن والوفاة.

كان سيدا فاضلا، من أهل الزهد والورع والتحري، انتقل هو أو والده لا أعلم على جهة التحقيق إلى مدينة صعدة، فصارت مسكنا لهما، وكان المترجم له ممن يسكن بقرية بير الطحم من قرى وادي رحبان، وله أخبار حسنة وأحوال مستحسنة، فات عني تقييدها، وقد سمعتها ممن عاصره وأطل على أحواله رحمه الله، وكانت وفاته برحبان في شهر جمادى الآخرة سنة 1400 أربعمائة

وألف للهجرة. وله من الأولاد عبد الله وعبد الرحمن، وقد رثاه سيدي الحسن ابن محمد الفيشي بقصيدة موجودة في ديوانه مطلعها:

حسبنا الله من صروف الليالي ... وممضات دهرنا الختال
كل أوساطه خطوب تعادي ... مثقلات بكل داء عضال
من ترى لم يصب ولم يحن رأسا ... تحت إرغام قدرة المتعال
أين من سوعدوا بحظ وملك ... ونفوذ وعزة وكمال
أين من دوخوا البلاد وهدوا ... من قلوب العتاة كل تعالي
أين من طالوا الجبال فطالوا ... واستباحوا كرائم الأموال

إلى أن يقول:

يا نعاة الرشيد صبرا جميلا ... كي تنالوا بذاك خير نوال
دونكم مرهم الشفاء فعبوا ... من مصفى ترياقه السلسال
باركت رحمه الإله ضريحا ... للفقيد الجليل روح الكمال
وصلاة الإله تهدى لطه ... وعلى آله ليوث النزال

78. السيد محمد بن صلاح ستين

السيد العلامة محمد بن صلاح بن أحمد بن صلاح بن يحيى بن علي ستين المؤيدي الحسني الضحياني، وبقية النسب في ترجمة صنوه سيدي يحيى بن صلاح بحرف الياء قريبا إن شاء الله.

كان صاحب الترجمة سيدا عالما زاهدا ورعا، قرأ على أخيه المذكور، وله سماع على المولى شيخ العترة الحسن بن الحسين الحوثي وغيره من علماء ضحيان، وتولى الأوقاف ببلاد خولان ثم على أوقاف جماعة، وتوفي بضحيان سنة 1386 ست وثمانين وثلاثمائة وألف رحمه الله.

79. الحاج محمد طارش السحاري

الحاج الفاضل محمد بن طارش بن بهلان السحاري. أفادني ترجمته سيدي وشيخي الحسن بن محمد الفيشي، وذلك أني وجدت قصيدة في ديوانه من جملة المراثي التي حفل بها، وهي غير منسوبة، فسألته على من قيلت فيه، فقال: في الحاج الفاضل محمد بن طارش بهلان السحاري، وذكر من صفته أنه كان ملازما للعلماء، وبالأخص للسيد العلامة عبد الله بن إسماعيل الهاشمي، وانقطع في أخريات أيامه للعبادة والزهد، واستمر على ذلك إلى أن توفي بتاريخ شعبان سنة 1398 ثمان وتسعين وثلاثمائة وألف رحمه الله وإيانا والمؤمنين. والقصيدة التي رثاه بها شيخنا أطال الله بقاه مطلعها:

لماذا ينكر الدين المدين   ويجحد أمره وهو اليقين
وذرات الوجود له شهود   وواقعنا بواقعه يدين
قضاء مبرم حتم لزام   قضاء الحاكم العدل المتين
تنبه ويك يا مغرور واقطع   به من قبل ينقطع الوتين
إلى كم نحن في سفه وطيش   كأن وعيد بارينا مجون
فحتام التجاهل والتعامي   وعقبى كل خافقة سكون
إلى كم لا نعير الحق أذناً   وحكم العقل أنكر ما نكون
فيا رباه عاودنا بلطف   ويا رحمن جارك لا يهون
ومن للعبد غيرك من ينادي   سواك ومن يعيد ومن يعين
فبصرنا الحقائق مثلما هي   حقائق ما بها زيف ومين
وعرفنا وجوه السر منها   وما يعنيه باطنها الكمين
فكم آي أبنت وما اتعظنا   وكم حجج بها رشد مكين

إلى أن يقول:

وآيــة شــهرنا شــعبان منهــا　　بنجــران لهــا قصــف مبــين
بسـفح أبي السـعود ثـوى سـعيدا　　رشــيدا حبــذا ذاك الأمــين
ليهنــك يــا أبــا حســن مقيــل　　بــه زلــف وولــدان وعــين
وزارت رمســك الأزكــى غــوادٍ　　مــن الــرحمن عارضــها هتــون

80ـ السيد محمد بن عبد الرحمن العنثري

السيد العلامة محمد بن عبد الرحمن بن عبد الله بـن أحمـد مشـكاع العنثـري الضحياني وبقية النسب تقدمت في عدة تراجم في هذا الكتاب.

مولده سنة 1315 تقريبا ونشأ بضحيان في حجر والده وقرأ عليه وعلى عمه السيد العلامة عبد الله بـن عبـد الله العنثـري وعـلى غـيرهما مـن علـماء المدينـة الضحيانية، ومن مقرءواته على عمه كتاب شفاء الأوام سمعه عليه، كما وقفـت على ذلك بخطه سنة 1346هـ. قال السيد الحسـين بـن القاسـم في تـراجم بنـي المؤيد مترجما له: كان عالما محققا ممدوحا مضيافا، انتقل بعـد قراءتـه في العلـوم بضحيان إلى قلعة غمار من بلاد رازح فتولى القضاء بها ووالده حينها ناظرة البلاد بولاية من الإمام الهادي الحسن بن يحيى القاسمي، ثم استمر توليه لـذلك مـن قبل الإمام يحيى حميد الدين لما صفت له الـبلاد، ثـم انتقـل إلى الثهـرات شـمال غرب القلعة وعمر دارا وامتلك مزرعة، وبقي هناك إلى تاريخ وفاته لعلها سـنة 1397 سبع وتسعين وثلاثمائة وألف، ودفن غربي بيته رحمه الله وإيانا والمؤمنين.

81ـ السيد محمد بن عبد الله بن الإمام

تقدمت ترجمته بحرف العين عند ذكر والده.

82. القاضي محمد بن قاسم الأكوع

القاضي العلامة الفاضل عز الإسلام محمد بن قاسم بن عبد الله بن أحمد بن عبد الله الأكوع الذماري المولد والنشأة الصعدي المسكن والوفاة. حرر ترجمته ولده عبد الرحمن بن محمد الأكوع بعد طلبي منه ذلك فقال أبقاه الله:

مولد والدي بمدينة ذمار ثم انتقل مع والده إلى الأهنوم، ثم انتقل للقراءة بمدينة شهارة وبقي فيها يدرس عشرة أعوام، فأخذ عن السيد العلامة يحيى بن محمد المتوكل رحمه الله وعلى يد القاضي العلامة عبد الوهاب المجاهد الملقب الشماحي، ثم طلب منه عامل القفلة لتدريس أولاد الإمام المتوكل على الله يحيى ابن محمد حميد الدين رضي الله عنه، فأقام في تدريسهم فترة وبعدما نقلوا صنعاء وجهه عامل القفلة بالإنتقال إلى صعدة إلى عند ابن الإمام الهادي محمد أبو نيب رحمه الله وعند وصوله إليه كان يكلفه ببعض الأعمال، ثم أنه ووجهه لاستكمال القراءة فدله على حي سيدي العلامة محمد بن إبراهيم حوريه فقرأ لديه مدة في مسجد شيبان وبعد دخول الإمام أحمد إلى صعدة كلفه بالقيام بحصر ومسح جميع الأموال والمرافق من أملاك الوقف في لواء صعدة، وقام بذلك وبقي مدة يحصرها ويذرعها ومعه أناس من أهل الخبرة من أهل البلاد وغيرهم، وعندما انتهى من ذلك العمل عمل مسودة بذلك من نسختين بقلمه بتوجيه الإمام أحمد نسخة بقيت في صعدة، ونسخة أخذها الإمام أحمد صنعاء، ثم عينه عامل للوقف واستمر على ذلك ثمانية عشر عاما، ثم نقل حاكما في رازح ثم نقل حاكم بصعدة، وبعد قيام الجمهورية تخلى للتدريس في المسجد، وكان في خلال أعماله وتنقلاته في صعدة ورزاح يدرس العلم.

وله تلامذة أخذوا عليه منهم سيدي العلامة يحيى بن أحمد بن عبد الكريم حجر، والقاضي العلامة عبد الرحمن بن أحمد السياغي، والقاضي العلامة محمد

ابن علي الشامي وصنوه القاضي عبد الرحمن الشامي، وسيدنا العلامة حسن المعاذي، وسيدنا العلامة عبد الله بن يحيى الطل وسيدنا العلامة ثابت الشجري وأولاد عشيش برازح لا أعرف أسمائهم، ونسخ بخطه الباهر عدة من الكتب فكانت أوقاته في جميع أيامه طاعة وتدريس ومطالعة ونساخة، انتهى كلام ولده في ترجمته باختصار وتصرف.

قلت: وصاحب الترجمة مما يثنى عليه فله مناقب ومحامد، وأعمال مشكورة ومساعي صالحة، منها ما ذكره ولده من تسويد أموال الوقف وحصرها، وذلك كله مذكور في مسودة الأوقاف، وكان له مشارفة قوية في العلوم، وقلم سيال، ملما بالتواريخ والأنساب، وطلب إليه تلميذه سيدي يحيى بن أحمد حجر عمل مشجر خاص بذرية المولى سلطان العلوم الحسين بن الإمام القاسم بن محمد المتوفى بذمار سنة 1050 خمسين وألف، فحرر ذلك في تشجير وجيز، ووقفت عليه، ورأيت أيضا بخطه مشجر جامع للقضاة آل الأكوع، وعليه تحرير تراجم العلماء الأعلام منهم، وهو مفيد في بابه، ولم يزل صاحب الترجمة على حاله الجميل مواظبا على الطاعات محافظا على الأوراد الصالحات في آخر عمره وبعد قيام الجمهورية كما أخبرني الثقة، ولم يتولى شيئا من الأعمال إلى أن كانت وفاته قبيل عصر يوم الجمعة 28 شهر جمادى الأولى سنة 1390 تسعين وثلاثمائة وألف، وقبره بالسوادة مقبرة رحبان رحمه الله وإيانا والمؤمنين.

83ـ القاضي محمد بن هادي الدرابة

القاضي العلامة النحرير محمد بن هادي بن هادي بن محمد الفضلي الملقب بالدرابة. مولده بهجرة فلله سنة 1309 تسع وثلاثمائة وألف، ونشأ بها في حجر والده، وبدأ في طلب العلوم، فأخذ عن السيد العلامة علي بن قاسم شرويد، والسيد العلامة علي بن محسن أبو علامة، والسيد العلامة الحسن بن الحسين

عدلان، وعلى السيد العلامة أحمد بن علي بن حسين حوريه المؤيدي، وله قراءة على الإمام الحسن بن يحيى القاسمي، واستجاز منه إجازة عامة.

قال من ترجم له: كان عالما متقنا فاضلا كاملا، أخذ عنه عدة من أهل وقته، وله نظم على طريقة العلماء وتولى القضاء سنة 1352 في قضاء جماعة، وانتقل عند قيام الثورة إلى جبل فيفا ومكث هناك مدة ثم رجع إلى ضحيان وتولى القضاء ما يقرب من ثلاثين سنة، وله مؤلف مختصر في أصول الدين وفي أصول الفقه أيضا مؤلف وهو الموسوم بالفائق، وكانت وفاته بضحيان عن تسعين سنة يوم الأربعاء عاشر شهر شوال سنة 1399 تسع وتسعين وثلاثمائة وألف.

84. القاضي محمد بن يحيى مرغم

القاضي العلامة الخلاصة عين الشيعة في وقته بدر الدين محمد بن يحيى بن عبد الله مرغم الصعدي الرحباني اليمني.

مولده بمدينة صعدة سنة 1323 ثلاث وعشرين وثلاثمائة وألف، ونشأ في حجر والده وطلب العلم على شيخه المولى العلامة محمد بن إبراهيم حوريه المؤيدي فقرأ عليه في النحو والصرف والأصولين والفروع وعلم الحديث والتفسير ولما اعتقل شيخه المذكور في قصر غمدان أكمل قراءته على شيخ المشايخ الحسن بن محمد سهيل وله سماع في شفاء الأوام على السيد العلامة محمد ابن إبراهيم الهاشمي. ومن مشايخه المجيزين السيد العلامة الأكبر محمد بن منصور المؤيدي، والسيد العلامة علي بن محمد العجري، والسيد العلامة محمد ابن الحسن الوادعي، والقاضي العلامة أحمد بن محمد الشمط، وله إجازة من شيخه المولى محمد بن إبراهيم حوريه المؤيدي وهي إجازة عامة في جميع مقروءاته ومسموعاته وأشرك معه زميله العلامة عبد الله بن إسماعيل الحشحوش. وكان صاحب الترجمة عالماً متفنناً له مزايا وخصال أعيان الشيعة

المتقدمين في القول والعمل، أديبا كاتبا، وشعره متفاوت بين الحسن والجودة حسب المقصد والغرض، ومن ذلك تخميسه لإحدى قصائد القاضي البليغ المدرة أمير شعراء اليمن الحسن بن علي بن جابر الهبل وأول القصيدة مع التخميس:

أشجى فؤادك أيها المشتاق   لحظ الظبا تسطو به الآماق
إذ قلت بدءا والنظام يساق   لو كان يعلم أنها الأحداق
يوم النقا ما خاطر المشتاق

وهو تخميس متداول في أيامنا. وقد أفرده بالترجمة ولده العلامة الأديب يحيى ابن محمد مرغم وذكر من أحواله ووظائفه ومواقف تمسكه بحب أهل البيت ما يشفي ويكفي. وذكر له من المصنفات (مشكاة الوضوح في تمييز العدل من المجروح) فرغ منه سنة 1371 وكتاب (الحسنة الباقية في بيان أحوال بعض النواصب من أتباع معاوية)، وهي قصيدة وشرحها، و(منتهى الأماني في تحريم التشبه باليهود والنصارى وتحريم المغاني) فرغ منه سنة 1374 وله (الجوابات الشافية على من أراد الأدلة الكافية) وله (ديوان بينه وبين شيخه المولى محمد بن إبراهيم حوريه المؤيدي) فيما جرى بينهما من المكاتبات والملاطفات، وله كتاب (الحصن الحصين المنتزع من كلام الأنزع البطين) وهو في علم الباطن شرح فيه بعضا من خطب أمير المؤمنين في نهج البلاغة وشرح معانيها لغة وعضد كلامه بأدلة من الكتاب والسنة فرغ منه سابع جمادى الأول سنة 1364.

وكان المترجم له إلى جانب علمه وأدبه وتدريسه في مقروءات أهل عصره ملاطفاً مجتمعاً بالسادة الأكابر وله مذاكرات علمية ومكاتبات بالشعر مع المولى صفي الإسلام أحمد بن الإمام الهادي الحسن بن يحيى القاسمي والسيد العلامة يحيى بن صلاح ستين واختص بمجالسة السيد العلامة محمد بن إبراهيم

الهاشمي والسيد العلامة الولي إسماعيل بن عبد الله الهاشمي الساكنين برحبان وعولوا عليه أن يسكن رحبان لتدريس أولادهم وأعطوه عرصة أرض ليتمكن من عمارة منزل فأخذ عنه الطلبة في رحبان ووفد عليه من النواحي البعيدة للقراءة فتخرج به الكثير. وكانت له طريقة صالحة في الوعظ والإرشاد ويتعمد في أغلب الأحيان الخروج إلى البوادي لهذا المقصد، وأما الخطابة فكان خطيبا مصقعاً يضرب به المثل في البلاد الصعدية حتى لقد ذكره أهل الزراعة والفلاحة في الزوامل والأهازيج وكان له محبة خالصة وود كامل لأهل البيت بخفض الجناح ويقدمهم في سائر أقواله وأفعاله يقول ولده في الترجمة المشار إليها: ولقد أقسم بالله أنه أصبح عنده أولاد رسول الله أحب من ولده وولد ولده، ولقد صرح في تخميسه لقصيدة الهبل بالحب الشديد لهم فقال:

الله يعلـــــم أن حبـــــي والــــدي   دون المحبــــة للحبيـــب الزاهـــد
فاشهد علي بما ترى يا شاهدي   بـأبي وبي وبطـــارفي وبتالــدي
من يمموه ومـــن إليــه تســاق

وهو تخميس فاخر، ومن عجائب الاتفاق ما أخبرني به سيدي العلامة عبد الرحمن بن حسين شايم وقد عرضت عليه تخميساً أخراً على إحدى قصائد أمير شعراء اليمن الحسن بن علي بن جابر الهبل وهو من نظمي إبان الحداثة، على القصيدة التي مطلعها (قد آن أن تلوي العنان وتقصرا) وأخبرته أنه هو أول من اطلع على التخميس، فأفاد متعجباً، وقال كذلك شيخنا العلامة محمد بن يحيى مرغم -يقصد صاحب الترجمة- وهو أحد مشايخه: لما نظم تخميسه على قصيدة الهبل كان هو أول المطلعين عليه رحمه الله.

✸✸✸

ومن مستجاد أبيات تخميسه على قصيدة الشاعر الهبل أيضاً قوله:

يا حادي العيس العناق ألا قف ... وأصغ سماعاً للمقام الألطف

ممن صبابته كحد المشرف ... هل منة في حمل جسم حل في

أرض الغري فؤاده الخفاق

هذي الصبابة يا خليلي قد بدت ... جسمي ألمت بالفؤاد فحيرت

لبي وعيني بالمدامع أمطرت ... أسمعتهم ذكر الغري وقد سرت

بعقولهم خمر السرى فأفاقوا

لو يعلم الجلمود من حبي لمن ... لتصدعت صخراته الصما وأن

ولطار لو عقل الحبيب وما سكن ... حبي لمن يسقي الأنام عزاً ومن

تشفى بترب نعاله الأحداق

ذاك الذي أورى بثاقب لبه ... قبس الهدى أني أنا من حزبه

حبي لمن يريضى الإله بحبه ... لمن استقامت ملة الباري به

وعلت وقامت للهدى أسواق

وكان له خط باهر وله اشتغال بنسخ الكتب العلمية كما كان والده من قبله ومما خط بيده المجلد الأول والثاني من كتاب الشافي في أصول الدين للإمام البحر المنصور بالله عبد الله بن حمزة قال من اطلع عليهما: وهما بخط نسخي ممتاز فريد في بابه، فرغ من ذلك سنة 1378. قلت: ورأيت له رحمه الله أعني المترجم له تقريظ على هذا الكتاب وهو كتاب الشافي يقول فيه:

إن حل في قلب ذي لب وإنصاف ... داء الجهالة فالشافي هو الشافي

أو كان باع الفتى في العلم ذا قصر ... عن الدقائق فالشافي بها وافي

علماً بأصل وأخبار مع سير ... خذها عن البحر من تياره الصافي

بدر الهداية عبد الله حجتنا ... سليل حمزة معروف بأوصاف

إمام أهل الهدى والدين قاطبة ... وحجة الله في البادي وفي الخافي

وعــالم الآل إجماعــا بــه نطقــت أفـواه أخيــار أعقـاب وأســلاف

وقد جرى بينه وبين المولى محمد بن إبراهيم حوريه أدبيـات ومراسـلات، جمعت في ديوان، وله أيضا قصائد عدة يمدح بها المـولى مجـد الـدين بن محمد المؤيدي منها أبيات هذه القصيدة مهنئا له بعد العود من الحج سنة 1372هـ:

أمجدك مـن نـور النبــوة يســفر أم العلم عن جديك في الأرض ينشر

وستأتي بكمالها في ترجمة المولى الممدوح إن شاء الله قريبا فهي فائقـة، وكانـت وفاة صاحب الترجمة بصعدة في شهر شعبان سنة 1380 ألف وثلاثمائة وثمانين، رحمه الله وإيانا والمؤمنين.

85. السيد محمد بن يحيى العزي

السيد العلامة عز الدين محمد بن يحيى بن درهم بن قاسم بن محمد بن أحمـد ابن محمد الملقب العزي بن المولى علي بن أحمد أبو طالب بن الإمام المنصور بالله القاسم بن محمد الحسني القاسمي المجزي.

وهو ناظرة بلاد جماعة في أيام الإمام يحيى بن محمد حميد الـدين، ولـه أخبار في الجهاد مع ولده الإمام أحمد أيام حرب نجران سنة 1352 وبعدها مذكورة في كتاب البرق المتألق في رحلة المـولى سيف الإسلام إلى بـلاد المشـرق، والمـذكورون في الكتاب المذكور من سادات البلاد الصعدية المشاركين في الجهاد في تلك الأيام، هم: صاحب الترجمة، والسيد الكامل محمد بن مهدي شايم والسيد الجسور عـماد الدين يحيى بن محمد الصعدي، والسيد الهمام عبد الله بن إسماعيل الهاشمي، والسيد عبد الكريم بن إسماعيل عامل رازح، والسيد علي بن محسن الدولة، والسيد عبد الله بن يحيى حوريه. قلت: ولم أضبط تاريخ وفاة المترجم رحمه الله وإيانـا والمـؤمنين، وأولاده وأحفاده هم السادة آل العزي الساكنين في مجز من بلاد جماعة.

86ـ المولى مجد الدين بن محمد المؤيدي

السيد الإمام المجتهد المطلق الحافظ الحجة الثبت أبو الحسين مجد الدين بن محمد بن منصور بن أحمد بن عبد الله بن يحيى بن الحسن بن يحيى بن عبد الله بن علي بن صلاح بن علي بن الحسين بن الإمام الهادي إلى الحق عز الدين بن الحسن الحسني الهادوي اليحيوي المؤيدي الصعدي اليمني.

مولده بالرضمة من جبل برط يوم السبت 26 شعبان سنة 1332 اثنتين وثلاثين وثلاثمائة وألف، وأمه الشريفة أمة الله بنت الإمام المهدي محمد بن القاسم الحوثي الحسيني، ونشأ في حجر والده السيد المولى محمد بن منصور المؤيدي وقرأ عليه جل العلوم في النحو والصرف والمعاني والبيان واللغة والمنطق والأصولين والتفسير والحديث والفقه والفرائض وغير ذلك، فإنه لازمه نحو خمس وعشرين سنة، وعنه يروي علوم العترة وكتب الأشياع بأسانيد منقطعة النظير في فنها، ضمها كتاب لوامع الأنوار والجامعة المهمة، قال قدس الله روحه في تعداد مسموعاته على والده: فقد ثبت لي السماع عنه بمنّ الله تعالى في فنون العلوم؛ منها في هذه الكتب التي ذكرت سماعه لها على الإمام يعني المهدي محمد بن القاسم، وفي مجموع الإمام الأعظم زيد بن علي صلوات الله عليهما بقراءته علينا، وفي أمالي حفيده الإمام أحمد بن عيسى عليه السلام كذلك، وصحيفة الإمام علي بن موسى الرضا، بقراءتي لها عليه رضي الله عنه بتمامها، وأحكام الإمام الهادي إلى الحق عليه السلام كذلك إلى كتاب الحدود وصحّ لي سماع بقيته بحمد الله تعالى، وفي البساط للإمام الناصر للحق الحسن بن علي الأطروش عليه السلام، وفي شرح التجريد للإمام المؤيد بالله عليه السلام، وفي تحرير الإمام أبي طالب عليه السلام بقراءته رضي الله عنه، وفي أماليهما عليهما السلام، وفي أمالي الإمام المرشد بالله عليه السلام الخميسية، وفي تفاسير آل محمد

عليهم السلام، ومجموعاتهم، وأصول الأحكام للإمام أحمد بن سليمان عليه السلام بقراءتي لها عليه رضي الله عنه من فاتحتها إلى خاتمتها، وفي شافي الإمام الحجة المنصور بالله عليه السلام، وحديقة الحكمة، شرح الأربعين له عليه السلام، وفي مجموع السيد الإمام، حميدان بن يحيى القاسمي، وشفاء الأوام للأمير الناصر للحق الحسين بن بدر الدين في السّنّة، وينابيع النصيحة له، وأنوار اليقين لأخيه الإمام الحسن بن بدر الدين عليه السلام بقراءتي لها عليه رضي الله عنه، وفي البحر الزخار، للإمام المهدي لدين الله أحمد بن يحيى عليه السلام في النسخة التي لدي الآن، بخط والدنا الإمام الهادي إلى الحق عز الدين بن الحسن عليه السلام، وإنما ذكرتها لتعيين هذه النسخة، وإلا فقد تقدمت في مسموعاته؛ وفي شرح أزهاره، وفي فصول السيد الإمام صارم الدين في أصول الفقه، وفي الفلك الدوار له، وفي شرح أساس الإمام المنصور بالله القاسم بن محمد عليه السلام في أصول الدين، وفي مرقاته في أصول الفقه، واعتصامه في السنة، والبدور المضيئة جواب الأسئلة الضحيانية، وفرائد اللآلي في الرد على المقبلي للإمام المنصور بالله محمد بن عبد الله الوزير عليه السلام، وفي العيون للحاكم المُحَسّن بن كرامة رضي الله عنه، وفي نكت العبادات للقاضي شمس الدين جعفر بن أحمد رضوان الله عليه، والأسانيد اليحيوية التي جمعها القاضي العلامة تقي الدين، عبد الله بن محمد بن أبي النجم، وفي شرح ابن أبي الحديد على نهج البلاغة من كلام أمير المؤمنين صلوات الله عليه، وفي مقاتل الطالبيين للأصفهاني، وفي الحدائق الوردية للفقيه الشهيد حميد بن أحمد المحلي رضي الله عنه في سير الأئمة، وفي قواعد عقائد آل محمد لمحمد بن الحسن الديلمي رضي الله عنه، وفي شرح الثلاثين المسألة للقاضي العلامة أحمد بن يحيى حابس رضي الله عنه في أصول الدين، وفي المقصد الحسن له وغير ذلك من كتب الأصول، والفروع. قال: وقد صحّ لي والحمد لله تعالى السماع عليه رضي الله عنه، وعلى

غيره في مؤلفات واسعة، منها المعراج شرح منهاج القرشي لوالدنا إمام المحققين الهادي إلى الحق، عز الدين بن الحسن بن أمير المؤمنين عليه السلام في أصول الدين، وفي قسطاس ولده الإمام الحسن عليه السلام، وشرح الغاية كما سبق، وفي الكوافل في أصول الفقه، وفي الجامع الكافي، والمنهاج الجلي شرح مجموع الإمام زيد بن علي للإمام محمد بن المطهر عليه السلام، والروض النضير شرح المجموع أيضاً لحافظ العصر الأخير الحسين بن أحمد السياغي في الحديث، وبيان ابن مظفر في الفقه والفرائض، وفي مباحث وأوائل كتب كثيرة من كتب أئمتنا، وأتباعهم، وكتب المحدثين، كالأمهات الست، وفي النحو، والصرف، والمعاني والبيان والبديع، والمنطق، في الكتب المعهود درسها. هذا، وأجازنا والدنا رضي الله عنه كما سبق في جميع طرقه، وما صحّ له ــ رضي الله عنه وأرضاه وبل الله بوابل الرحمة ثراه انتهى.

ومن مشايخه أيضا المولى الجهبذ الحسن بن الحسين الحوثي، وأجازه إجازة عامة، والسيد المحقق يحيى بن صلاح ستين المؤيدي، والسيد المولى عبد الله بن الإمام الهادي القاسمي الضحياني، وأجازه إجازة عامة منها مؤلفاته التي منها الجداول مختصر طبقات الزيدية وغيرها، والسيد عبد الله بن يحيى العجري، وأجازه إجازة عامة، والعلامة الحسن بن محمد سهيل، ومن أجل من أخذ عنهم قراءة وإجازة أيضا المولى الجهبذ الولي محمد بن إبراهيم حوريه المؤيدي وأجازه إجازة عامة نثرا ونظما، وقد سبق إيراد منظومة الإجازة له في أثناء ترجمة شيخه قريبا بحرف الميم، وقد ترجم له السيد المؤرخ محمد بن محمد زبارة في نزهة النظر في تراجم رجال القرن الرابع عشر، وأفرده بالترجمة تلميذه الأخص وملازمه المختص سيدي العلامة الحسن بن محمد الفيشي، وكذلك ترجمه على انفراد سيدي المفتي إسماعيل بن أحمد المختفي وغيرهما، وهو حقيق بهذا وأكثر. قال

سيدي الحسن بن محمد الفيشي في أثناء هذه الترجمة المفردة:

هو السيد العلامة المجتهد الجهبذ الفطاحل، عالم العالم الوحيد، والناقد الثبت المسدد الرشيد، رباني العترة وحافظها، ونحريرها وحجتها، الإمام المجدد لتراث آل الرسول، والقاموس المحيط بعلمي المعقول والمنقول، درج بين أحضان البيئة العربية، والتربية الهاشمية العلوية، يتلقى المواهب الفطرية السنية، وفتوحات الطموح إلى المعالي والعبقرية، فصفت سريرته، وخلصت عن كل شائبة سجيته، وانطبعت نفسه بمبادئ الخلاصة المصطفاه، ومقومات السعادة والصراحة في ذات الله، وطهرت طفولته الغضة عن أوضار لداته، وحاز المثل العليا في عنفوان حياته، ورب صغير قوم كبير قوم آخرين، فنبغ منه مثقف مؤيد، ومقوم مسدد، مؤهل للمكرمات، مرشح للكمالات، وقد استزاد من ظروفه المحيطة، ولمحاته الصادقة الحديدة، علماً إلى فهم، وتصميماً في الجد والعزم، كي يلحق بركبه، فدخل مرحلته الثانية في حياته وهي الدراسة، أقبل بكليته إلى العلم وشغف به وعكف عليه، وألب به، وقد ساعده اتقاد ذهنه، فدرس على والده جل العلوم، المنطوق منها والمفهوم، في النحو، والصرف، والمعاني والبيان والبديع، والمنطق، واللغة، والأصولين، والتفسير، والحديث، والفقه، والفرائض، ومعرفة رجال الرواية، والتاريخ، والسير، وغير ذلك، وأخذ عن المولى السيد العلامة نبراس آل محمد وحافظهم الأوحد الحسن بن الحسين بن محمد الحوثي أدام الله علاه في مختلف العلوم، وأجازه فوق ذلك بالإجازة العامة في جميع مسموعاته، ومستجازاته، ومؤلفه العظيم التخريج على الشافي، الذي فوضه في ترتيبه وتنقيحه إلى أن يقول: وبعد أن استولى على علمي الدراية والرواية، وسلمته أزمتها أرباب التحقيق والهداية، طار اسمه وشاع ذكره، وعظم خطره، فصار قبلة الأصابع، وممثل الفضيلة الجامع، ورائد المتطلعين إلى

ذروة الفوز والفلاح، وطليعة السابقين من دعاة الحكمة والعدالـة والإصـلاح، تلهج الألسن بمحامده، وينشر الأثير آيات مجده وشواهده، ولذلك خفت إليـه جموع الطلبة، أهل الهمم الساميات، وأحـدقت بـه الآمـال مـن كـل المنـاحي والجهات، فبسط لهم من خلقه رحباً، ومنحهم إقبالاً وقرباً، وملأ قلوبهم شغفاً بالعلم وحباً، وشحذ عزائمهم، ورتق ما فتق من تصميمهم ونشـاطهم، فكـان لَهم أخاً شغوفاً، ووالداً براً عطوفاً، قال: ومهما أنس مـن شيء لا أنـس أسـلوبه الحسن، وطرائقه الفذة في التدريس، والتلقين بالتوضيح، والتفهيم، والصبر على طبع المعاني في قرارة نفوس الطلبة وتصويرها الممتاز، والتنازل إلى حد أن تهـال عليه المناقشة والاعتراضات، فيرسـل عليهـا أشـعة أنـواره، وصـحاح علومـه وآرائه، فتنسخ غياهبها، وتقطع شـجونها، فيتحـول المعـترض مقتنعـاً، راضـياً مستسلماً، لكنه آمن من مغبة الخطل والخطر، مستلزماً لنتائج مقدماتـه في الـورد والصدر، على هذا أنـه دائـم البحـث في الـدفاتر، منكتـاً عـن ذخـائر النفـائس والجواهر، ومشرفاً على همسات الأفكار والخواطر، وفلتات الأصاغر والأكابر، مميزاً الصحيح من الردي، كاشفاً عن وجهي الشناعة والوضي، إن رد أفحم، أو استدل أجاد وأفعم، أو جوري سبق، أو استـمطر تـدفق، هـو البحـر مـن أي الجهات أتيته بغزارة في المـادة، وقـوة في العارضـة، وبعـد في النظـر وإجـازة في وجازة، وسهولة في جزالة، وطلاوة في بلاغة، وإبـداع في الاخـتراع، وسـعة في الإطلاع، ووقوف عند الحد، وتصميم في دعـم كيـان الحـق، واقتحـام في غـمار الفحول، وانقضاض للأخذ بتلابيب الجهول، إلى حضيرة المعقول والمنقول، كم نعش حكماً دفيناً من بين أطباق الحضيض، وعدل في مهارة للتثقيف أود القـول المهيض، مع نظم فائق، ونثر مسجع متعانق، وحل لمشكل، وبرء لمعضل، وتبيين لمجمل، وتوضيح لمبهم، وجمع لمفترق، وقيد لآبدة، وسيطرة على شاردة، وإيراد

في إقناع، ودعٌّ للخصم في أجم الانقطاع. قال: وهـذه مؤلفاتـه سـافرة، وآثـاره الباهرة ظاهرة، ضمنها من غرائب العلم ونوابغ الحكم والفتاوي والمراسلات، والمطارحات الأدبية والمراجعات، والمذاكرات الغضة الندية، وكلها خالية مـن الألغاز، حالية بمحاسن الحقيقة والمجاز، بالطرائق المألوفة، واللهجـة الممتـازة المطبوعة، تشنف المسامع، وتطرب القارئ والسامع، وعليه منها لـه شـواهد، أعيذها بالله من كل حاسد معاند. قال: وإليك هـذه القصـيدة كإشـادة بسـيطة ببعض صفاته أعزه الله:

كشـط البـؤوس وجـوده وحنانـه ... ووشـي الطـروس يراعـه وبيانـه
يغضـي لهيبتـه وعظـم جلالـه ... ويبـدد البصـر الحديـد عيانـه
تتضاءل العزمات مـن أهـل الشقا ... أذراعهـن سـنانه ولسـانه
هـذا وذاك تسـرعا لمناصـبٍ ... لبنـي البتـول يروقـه عسـلانه
يومـاه يـوم قـرى ويـوم قـراءة ... وغـذاه مـا يلتـذه عرفانـه
وإليـه سـلمت القيـاد فطاحـل ... لما استوى فـوق السـها إيوانـه
مـا إن رأيـت ولا سـمعت بمثلـه ... أقـوى وأمضـى حجـة برهانـه
وله الفواضـل والفضـائل والنـدى ... والمكرمـات ملاكهـا جثمانـه
أوقاتـه وحراكـه وسـكونه ... وكلامـه فـيما يشـاء ديانـه
بحـر يمـد عـلى الـورى تيـاره ... علـما وجـودا غـامرا فيضـانه
تـالله مـا عثـرت عـلى شـبه لـه ... عينـي وطـالع في الزمانـه زمانـه
هـو عـالم هـو ناقـد هـو حـافظ ... ملـك الكـلام بليغـه سـحبانه
راجـع بمبتكراتـه لتجـد بهـا ... مـا لم يكـن فـيما تـرى حسـبانه
لله أنـت أبـا الحسـين مجـددا ... ومؤلفـا بهـر النهـى إمعانـه
مـا أنـت إلا آيـة عظمـى لهـا ... أعـلام سر كـوثر هتانـه
إربـع علينـا يـا عـلي لعلنـا ... نهـدى فقـد شـمل المـلا طغيانـه

أو لست مجد الدين نجل محمد	منا ونحن على المدى إخوانه
إن جاءك الخصم العنود تديره	فيحول لما خانه روغانه
تلقي عليه أشعة الأضواء من	لدني علم لألأ لمعانه
لا غرو إن جزت المدى ولك العدا	محضوا الولا صفوا خلا شنانه
فلأنت هادينا ومهدينا الذي	ملك القلوب بأسره سلطانه
يا بدر آل المصطفى يا فخر آل	المرتضى يا من سما بك آنه
لا زالت للعلم الشريف وللعلا	والدين تحيي ما ذرت قضبانه
وعليك صلى بعد جدك ربنا	والآل يتبعها لكم رضوانه
ما قيل في بر كمثلك محسن	كشك البؤوس وجوده وحنانه

ولصاحب الترجمة مؤلفات عديدة من أجلها (لوامع الأنوار في جوامع العلوم والآثار) في ثلاث مجلدات، صنفه في عام   واستوعب فيها أسانيد كتب الآل بسنده إلى مؤلفيها، وترجم للرجال وأودعه من المباحث والفوائد والاستدراكات الكثير الطيب، وكان في نيته الاستكمال لبقية طبقات الزيدية كما نبه عليه أول المجلد الثالث، لولا عوائق الأيام، ومن مؤلفاته (الجامعة المهمة في أسانيد الأئمة) وهي صيغة الإجازة التي أجاز بها طلابه، وهي مختصرة من اللوامع، ومن مؤلفاته (التحف الفاطمية شرح قصيدته الزلف الإمامية) في تاريخ الأئمة، وعدد أبياتها ثمان وثمانون بيتا، ومستهلها:

ألا أيها الوسنان ما أنت صانع	إذا حل خطب لا محالة واقع
هنالك لا مال عنيت بجمعه	ولا وزر إلا التقى لك نافع
وفي هادم اللذات أعظم زاجر	مصارع تتلو بعدهن مصارع
تخلوا عن الدنيا وباد نعيمهم	وضمتهم بعد القصور المضاجع
تخبرك الأجداث أنك راحل	وتلك الديار الخاليات البلاقع
وعما قليل أنت فيهن ساكن	وقد أقفرت عنك القرى والمجامع

أمالك عقل تستضيء بنوره   كأنك في الأنعام ياصاح راتع
وآيات رب العالمين منيرة   على خلقه والبينات القواطع
أتى كل قرن للبرية منذر   وداع إلى الرحمن للشرك قامع
إلى أن تناهى سرها عند أحمد   فنادى أمين الله من هو سامع
وشق بفرقان الرسالة غيهباً   فأشرق برهان من الحق ساطع
ولما أبان الله أمر نبيه   وقد مهدت للمسلمين الشرائع
أقام أخاه المرتضى ووصيه   وأوضحه التنزيل إذ هو راكع
وبلغ ما أوحى إليه إلهه   بأن ذوي القربى أمان فتابعوا
ولايتهم فرض من الله واجب   نجوم سماء في الأنام طوالع

ثم أخذ في تعداد أئمة أهل البيت بعد الحسنين عليهما السلام إلى قيام الإمام المتوكل على الله يحيى بن محمد حميد الدين، والذي كان نظم أبيات قصيدة الزلف الإمامية في أيامه عليه السلام، وإليه أشار بقوله:

وهذا إمام العصر يحيى ظباته   لها في قلال الظالمين مواقع
وعاصره الهادي ثم صفت له   وما هو إلا في السعادات طالع

ومن مؤلفاته أيضا كتاب (عيون الفنون) في الجواب على الأسئلة التي أوردها الإمام المنصور بالله عبد الله بن حمزة في كتابه الشافي على فقيه الخارقة، وله كتاب (منهاج السلامة إلى أخبار وآثار المحيط بالإمامة) انتزعه من كتاب المحيط للسيد علي بن الحسين الديلمي، وله (عيون المختار من فنون الأشعار والآثار) جمعه مما اطلع عليه من المخطوطات المودعة في المتحف البريطاني المسمى بريتش موزيم، وذلك لما ارتحل إلى لندن لقصد المعالجة شهر ربيع الأول سنة 1389هـ، وله (كتاب الحج والعمرة) طبع، وله (اختيارات من كتاب الوسيط) في التفسير للسيد الإمام علي بن محمد الرسي، وله (البلاغ الناهي عن الغناء وآلات الملاهي)، وله كتاب (مجمع الفوائد المشتمل على بغية الرائد وضالة الناشد) وهو

يحتوي على عدة رسائل وجوابات، منها (فصل الخطاب في تفسير خبر العرض على الكتاب)، ومنها (الفلق المنير بالبرهان في الرد على ما أورده ابن الأمير في حقيقة الإيمان)، و(الجوابات المهمة من مسائل الأئمة)، و(الرسالة الصادعة بالدليل في الرد على ما أورده صاحب التضليل)، و(إيضاح الدلالة في تحقيق العدالة)، و(الحجج المنيرة على الأصول الخطيرة)، و(الثواقب الصائبة لكواذب النواصب)، و(الجواب التام في تحقيق مسألة الإمام)، و(المنهج الأقوم في التأمين والضم)، و(البلاغ الناهي عن الغناء وآلات الملاهي)، ومن مؤلفاته أيضا (النسيم العلوي والروح المحمدي) في ترجمة والده، وله منظومة في تعداد خلفاء بني أمية وبني العباس سماها (عقود المرجان) ومطلعها:

عجبا لهذا الدهر من دهر ... ولأمة مهتوكة الستر
آل النبي ومن يتابعهم ... يتجرعون مرارة الضر
يا أمة علمت وما عملت ... لنبيها في أهله تزري
أضحى كتاب الله مطرحا ... وتركتم المقرون في الذكر
ضاقت فسيحات الديار بهم ... وتوسعت لأئمة الكفر
تجفون آل محمد أكذا ... عهد الإله بآية الأجر
شر الخلافة في قرابته ... خالفتموه يا ذوي الغدر
فرق تضللنا على التقوى ... وهي التي ضلت وما تدري
ولنا مقام سوف ندركه ... حيث القضا عن أمره يجري
وإليك مما قد مضى قصصا ... عبرا لذي لب ولذي نكر

وعدد أبياتها بما سبق سبعون بيتا، وقد تصدى لشرحها عدة من العلماء، وقد جرت بين المولى صاحب الترجمة وبين أعلام العصر من العلماء والأدباء والبلغاء رسائل ومجارات ومذاكرات ومكاتبات أدبية، وقصائد إخوانية قد اشتمل على بعضها ما في (ديوان الحكمة والإيمان) جمعه حي السيد العلامة قاسم بن أحمد

المهدي، منها أبيات هذه القصيدة الفائقة للقاضي الخلاصة محمد بن يحيى مرغم مهنئا له بعد العود من الحج محرم سنة 1372هـ:

أمجدك من نور النبوة يسفر ... أم العلم عن جديك في الأرض ينشر
فخرت بركن البيت حين لمسته ... أم الركن إذ قبلته بك يفخر
تطوف ببيت الله جل جلاله ... وتدعوه في كل الطواف وتذكر
وقفت منيباً حيث جدك واقف ... على حذوة تحذوا وبالنور تبصر
وتسعى كما يسعى الرسول موفقاً ... وترجم شيطان الهوى فهو مدحر
وتعتمر البيت العتيق مسدداً ... كما اعتمر المختار شرع مقرر
تلازمك الأملاك ترفع مغنماً ... إلى الملك القدوس والله أكبر
هنيئاً لك الأجر الذي أنت حزته ... أهنيكه فضلاً وفضلك أشهر
وقد زرت خير الرسل والدك الذي ... هو الشمس لا بل نور جدك أبهر
وقفت إزآء القبر والنور ساطع ... منير على الآفاق يبدو ويسفر
تفكر في آياته ومقامه الـ ... عظيم الذي عنه العبارة تعسر
وكم آية جآءت لجدك أحمدٍ ... طوالعها نور من الله أنور
بها يهتدي العميان في كل حَيْرَةٍ ... ويستبصر الجهال طرا فيبصروا
كفى بك مجداً باذخا وجلالة ... وعزا منيعاً شامخاً ليس ينكر
بأن صار طه المصطفى لك والداً ... فهل بعد هذا في البسيطة مفخر
ورثت أباك الطهر علماً وحكمة ... وفهماً وفقهاً عنه يا نعم مفخر
فأنت الذي تدعى ببحر علومه ... وعنك لنا فاضت من العلم أبحر
هنيئاً هنيئاً يا بن طه وحيدر ... كملت فأنت الكامل المتصدر
كذا زرت أم العترة الغر فاطماً ... مع الحسن المسموم وهو المطهر
نعم زرتهم طراً فأفلحت والذي ... له الملك والتقدير فيما يقدر
وكم ذا أُعدد من كراماتك التي ... هي الشمس لا يخبو سناها فينكر

فحسبك أن قد حزت كل فضيلة ... على جهة الإجمال إذ ليس يحصر
بنفسي ـ يا مجد الهدى هل ذكرتني ... لدى المصطفى بالغيب أم لست تذكر
وهل زرت لي الزهرا البتول وأمها ... فلي عُلقة فيهم لها القلب يسهر
وإني أود المصطفى خير مرسل ... وعترته هم عدتي حين أحشر
وخذها على رغم الحسود فإنها ... نتيجة فكر بالبلايا مكدر
وعذراً وإن لم أقض حقك سيدي ... وواجبك العالي فمثلك يعذر
وحيَّ هلاً يا سيدي بك قادماً ... عليك سلام الله ما سار مُبكرِ
سلام عطير عرفه متأرج ... وأما شذاه فهو مسك وعنبر
وأزكى صلاة الله ثم سلامه ... على المصطفى والآل ما النو ممطر

ومن شعر صاحب الترجمة ما كتبه لما سئل عن الخضاب وما يجوز منه وما لا يجوز في سنة 1397 وهو ممن كان يخضب ثم تركه آخر الأمر في سنة 1408 لزوال أكثر المقتضيات لفعله:

أيا سائلي عن صحيح الخبر ... وما جاء في خضب هذا الشعر
إليك الجواب خضاب المشيب ... أتت فيه أقوال خير البشر
ففي أول الأمر حث الرسول ... عليه لإرهاب من قد كفر
وفي آخر الأمر كل وما ... يراه بهذا علي أمر
ومما رووه اصبغوا هكذا ... خلافا لأهل الكتاب استقر
فأما الرسول عليه الصلاة ... وأزكى السلام وخير العتر
فقد قيل ما شأنه ذوو الجلال ... بشيب يشين كما في الأثر
وقيل بلى لاح في العارضين ... وأن الخضاب عليه ظهر
ولم يخضب المرتضى شيبه ... وقال المقال الذي قد أثر
فإن كنت مقتديا بالوصي ... فلي سوة ببنيه الغرر
فسبطا الرسول له غيرا ... ونجم الهدى قوله مشتهر

وحاشاهم أن يكونوا على ... خلاف الذي عن أبيهم صدر
ولكن لأمر رآه الوصي ... وقد أوضح العذر لما اعتذر
وقال أصبنا بموت النبي ... وفي فادح الأمر شغل أمر
وفي سيف حيدرة ما كفى ... لإرهاب اعدائه إن شهر
وقد خضب الصحب والتابعون ... وتابعهم زمرا في زمر
وأما السواد ففيه الخلاف ... وقد صح عمن به يعتبر
وما جاء ما يقتضي تركه ... ويحمل إن كان فيه غرر
ومما رووا خير ما غيروا ... بحنا وبالكَتم المعتصر
وعندي التوسط خير الأمور ... وأعدلها عند أهل النظر
فلا حمزة تزدريها العيون ... ولا قتم في السواد انتشر
وما بالخضاب يعاد الشباب ... ولا تسترد القوى والقدر
وقد بين الصبح للناظرين ... وجاء النذير وحان السفر
وتبشير قلب صديق ودود ... وتسكين روع أليف نفر
وإيغار صدر عدو حقود ... ليكبته ما يرى إن نظر
ويختلف القصد في فعله ... كما في سواه فكن ذا حذر
وصلى الإله على أحمد ... وعترته الطاهرين الخير

قلت: ولم نتعرض لذكر تلامذته، لأنهم أكثر من أن يحصوا بالعد، وقد أخذ عنه واستجاز منه الجم الغفير في البلاد اليمنية والحجاز ونجران وغيرها، ومنهم كاتب هذه الأحرف تحصّل له بحمد الله ومنه على إجازة عامة، وذلك في أحد شهور سنة 1422 كتبت بخط أحد أولاده على هامش نسختي من كتاب (الجامعة المهمة لأسانيد الأئمة) بعد أذنه بذلك والله الموفق.

***

قلت: وستأتي له ترجمة مستوفاة بقلمي أيضا في أثناء القسم السابع والأخير من كتابنا هذا، مضافة إلى ما تقدم في هذه الترجمة، لأنها تأخرت وفاته إلى سنة 1428 ثمان وعشرين وأربعمائة وألف، وفي عدم ذكره هنا إخلال لأنه من أهل هذه الطبقة قدس الله روحه في عليين.

87. السيد المؤيد بن عبد الكريم العنثري

السيد العلامة المؤيد بن عبد الكريم بن عبد الله بن أحمد العنثري المؤيدي الضحياني، وبقية النسب تقدمت في ترجمة والده وأعمامه. ترجم له السيد الحسين ابن القاسم في مجموع تراجمه عن بني المؤيد وغيرهم فقال ما لفظه:

كان سيدا عالما فاضلا ورعا، حسن الأخلاق محمود الصمت، نشأ بضحيان وتغيب فيه القرآن، وقرأ على عمه السيد العلامة عبد الله بن عبد الله العنثري ولازمه، وقرأ على المولى شيخ العترة الحسن بن الحسين الحوثي وعلى غيرهما وانتقل عند قيام الجمهورية سنة 1382 إلى بلاد المعاريف في بلاد جماعة، فمكث بها مدة يسيرة، وتوفي هناك انتهى كلامه ولم يؤرخ لوفاته رحمه الله وإيانا والمؤمنين.

88. السيد هاشم بن علي شرويد

السيد الفاضل العلامة هاشم بن علي بن حسين بن هاشم بن محمد بن صلاح الملقب شرويد الحسني اليحيوي المؤيدي وبقية النسب تقدمت في القسم الخامس من هذا الكتاب.

وصاحب الترجمة نقلت ترجمته عن خط سيدي وشيخي العلامة الحسن بن محمد الفيشي وهذا لفظه:

هو السيد الفاضل العلامة هاشم بن علي بن حسين شـرويد المؤيدي رحمه الله كان عالما عاملا نشأ وتربى على يد خاله السيد العلامة حـاكم قضـاء سـاقين في حينه علي بن أحمد اللبلوب رحمه الله تعـالى، وكانـت قرأتـه في الفـروع والنحـو وأصول الدين وأصول الفقه وغير ذلك وكانـت مقرواءتـه لـدن شـيخه خالـه المذكور ولدن القاضي العلامة محمد بن عبد الله الغالبي ولدن القاضي محمد يايه، ولدن مشايخ آخرين في مدينة صعدة، وكان مولده بمدينة ساقين عام 1320هـ ووفاته رحمه الله في شهر رجب سنة 1404 أربع وأربعمائة وألف عن عمر نـاهز 84 عاما، وفي أواخر عمره اعتكف على تلاوة كتاب الله العزيـز انتهى بلفظـه.

قلت: ورأيت في ديوان شيخنا سيدي الحسن بن محمد الفيشـي مـا لفظـه: ولـه جواب مرثاة في السيد العلامة هاشم بن عـلي شـرويد المتـوفى 7 رجـب سـنة 1400هـ:

بكى المجد واستبكى وأقـوت معالمه — بسـفحي ربـا سـاقين قامـت مآتمـه
وهد العلى والفضل والعلـم والتقـى — ومنهج أهل الـدين ريعـت مراسـمه
بسـاقين إبـلاس بـه الجـو قـاتم — بـه الحـزن طـام تسـتجيش سـمائمه
بخطـب لـه في آل أحمـد رجـة — وفي آل بـدر الـدين دوت عظائمـه
هوى من بني شـرويد شيخ تبلجـت — بشـيبته آثـاره ومياسـمه
مضـى هاشـم لا يبعـد الله هاشـما — وقـوض عنـا سـره ومكارمـه
بسادسـة مـن شـهرنا الفـذ حرمـة — قضـى نحبـه والله بـالمنّ راحمـه
أبـا أحمـد أوحشـتنا وتركتنـا — حيـارى إذا مـا الأمـر فكـت تمائمـه
لتبكيـك للـذكرى عيـون تفتحـت — بهـديك في سـاقين مـا حـام حائمـه
وفي ذمـة الـرحمن بوئـت مقعـدا — من الخلـد تسـترعيك دومـا نواعمـه

فيحقق أي التاريخين أصح في تاريخ وفاته.

89- السيد يحيى بن أحمد حجر

السيد الجليل عماد الدين يحيى بن أحمد بن عبد الكريم حجر الحسني القاسمي الصنعاني المولد الصعدي الوفاة، وبقية النسب تقدمت في ترجمة والده ناظرة حصن السنارة بحرف الألف من القسم الخامس.

مولده في سنة 1330 ثلاثين وثلاثمائة وألف. ونشأ نشأته الأولى بصنعاء والروضة، ثم انتقل إلى صعدة ولازم والده بحصن السنارة المدة الطائلة، فأخذ من معارفه، وتأدب بآدابه وأخلاقه وشابهه في كثير من خصاله ومناقبه في البر والاحسان والتعطف على الأرحام والأقارب. وكاتبني ولده الأكبر سيدي عبد الله بن يحيى حجر أبقاه الله في ذكر مشايخ والده فقال: أخذ عن والده ناظرة السنارة، وعن السيد العلامة علي بن عباس المستكا، وعن السيد العلامة محمد بن أحسن الوادعي ناظرة الشام حينها، وعن القاضي علي بن أحمد الشامي حاكم الشام، وعن القاضي محمد الحمدي وعن الفقيه محمد دباش، وآخر مشايخه القاضي العلامة الخلاصة محمد بن قاسم الأكوع انتهت إفادة والده. وكان صاحب الترجمة من أهل السيادة والفضل والعلم بمكان جليل، ولما توفي والده ناظرة سحار بحصن السنارة شوال سنة 1362 كان إسناد هذه الولاية لصاحب الترجمة خلفا لوالده، فاستمر بها إلى سنة 1369، ثم نقل إلى مركز ساقين ناظرة على البلاد الخولانية، فازدانت بولايته مغارب صعدة وتلك الجهات الخولانية، لما هو عليه من العفة وحسن السيرة وطيب السريرة، وقد رأيت خطابًا مرفوعا لمقام الإمام أحمد بخط أمين بيت المال بساقين في أيامه وهو الفقيه العلامة الفاضل محمد ابن لطف الثلائي يثني عليه بذلك، ويشير إلى عناية صاحب الترجمة بالفقراء والمساكين من أهل ولايته.

وهذا مشهور عن المترجم له غير منكور، وقد تناقل أخبار ولايته ومحاسنه فيها

الأبناء من أهل خولان عن آبائهم، فهي إلى أيامنا على ألسنتهم رغم تباعد المدة، وهذا دليل الصلاح، وتوخي مسالك الفلاح.

وفي سنة 1371 إحدى وسبعين وثلاثمائة وألف عزم المترجم هو وصنوه محمد لأداء مناسك الحج وزيارة المصطفى الأعظم، فتم لهما ذلك المرام على أحسن حال، وعاد إلى محل ولايته، سالكا ما وصف به سابقا، إلى أن حصلت معه وحشة سبّبها بعض المعاملات التي يلحق الرعية منها بحسب ما رآه من الظلم عليهم، ففارق ساقين مركز ولايته إلى مقام الإمام أحمد بن يحيى حميد الدين، وكان الإمام إذ ذاك في الحديدة، شهر كانون سنة 1375 هكذا قرأته في تاريخ البرقية التي أرسلها إلى الإمام إشعارا بوصوله الحديدة، فعاتبه الإمام أحمد بعض عتاب، ولما طابت نفس الإمام وعرف الحقيقة، وجّه رحمه الله بسرعة عودته إلى عمله بساقين حيث كان يقيم في قلعتها المشهورة هناك، وما هي إلا سنوات عديدة حتى يختار الله قربه إليه وهو دون الخمسين من الأعوام، وذلك في محرم مفتاح سنة 1379 تسع وسبعين وثلاثمائة وألف، ودفن بساقين في صرح جامع الإمام عز الدين بن الحسن، فقبره هناك مشهور مزور.

(وصنوه)

المتقدم ذكره في أصل الترجمة: هو السيد العلامة محمد بن أحمد بن عبد الكريم ابن حسن الملقب حجر إلخ النسب المتقدم.

مولده سنة 1350 خمسين وثلاثمائة، ونشأ بصعدة في حجر والده ناظرة السنارة نشأة طاهرة، وتوجه في بواكير شبابه لطلب العلم بصعدة، ثم أخذ بصنعاء على عدة من المشايخ، منهم السيد العلامة أحمد بن علي الكحلاني، وسيدنا علي بن محمد فضة، والعلامة الجمالي علي بن هلال الدبب، وغيرهم من مشايخ الجامع الكبير، وقرأ أيضا على السيد العلامة محمد بن إبراهيم حوريه

المؤيدي أيام بقائه بقصر غمدان، فحقق واتقن في طلب العلوم بـذكاء وألمعيـة، وتعلم الفروسية والرماية. أخبرني بجملة ما تقدم صنوه وشقيقه سيدي الضـياء إسماعيل بن أحمد، وأطلعني صنوه المذكور على مكتوب بخط نائب الإمام السيد حمود بن عبدالله الوشلي رحمـه الله يصـف صـاحب الترجمـة بالسـيد العلامـة، والمترجَم في تاريخ تحرير ذلك المكتوب إليه لا يتجاوز العشرين، وهذا يدل على نبوغه كما هو مشهور عنه، قال بعض أهله: ولو امتد به العمر لصـار لـه شـأن، لكن اخترمته يد المنية وهو في عمر الورد، فتوفي بساقين من بلاد خولان صعدة أثناء زيارته لصنوه الأكبر ناظرة ساقين يحيى بن أحمد، وذلك يـوم الخمـيس 26 ذي الحجة سنة 1375 خمس وسبعين وثلاثمائة وألف، ودفن هناك بساقين، وقد روي أنه انتقل إلى الرفيق الأعلى وهو يتلو سورة ياسين، رحمه الله رحمة الأبرار.

90ـ السيد يحيى بن أحمد القاسمي

تقدمت ترجمته في ذكر والده السيد العلامة أحمد بن يحيى القاسمي في القسم الخامس من كتابنا هذا.

91ـ العلامة يحيى بن الحسين سهيل

سيدنا العلامة الولي الفقيه المحقق الورع الزاهد عماد الدين وخلاصة الشيعة الأكرمين عماد الدين يحيى بن الحسين بن إسماعيل بن إبراهيم بن إسـماعيل بـن حسن بن إسماعيل بن حسن بن محمد بن علي سهيل النـزاري الصـعدي المولـد والنشأة والوفاة.

مولده رحمه الله في شهر ربيع الثاني سنة 1316 ست عشرة وثلاثمائة وألـف، ونشأ وترعرع في حجر والده حسين بن إسماعيل سهيل، وبدأ الطلب منذ نعومة أظفاره فأتقن التجويد والقراءات وحفظ القرآن عن ظهر قلب بقراءاته السبع، ثم انتقل إلى حفظ المختصرات والمتون، فحفظ الأزهار والكافية والشافية والفرائض

وملحة الإعراب وغيرها قبل بلوغ الحلم، وكان بعض ذلك على سيدنا العلامة الكبير إبراهيم بن يحيى سهيل المتوفى سنة 1329 ثم انضم إلى الحلقات العلمية بمساجد صعدة ولازمها، وأخذ في القراءة في مقدمات العلوم في الفقه والأصولين واللغة والتصريف والمنطق وكتب الحديث والآماليات وغيرها، ومن أجل مشايخه السيد المولى العلامة محمد بن إبراهيم حوريه المؤيدي، فإنه أخذ عنه الكثير وله منه إجازة، والسيد العلامة عبد الله بن أحمد حوريه المؤيدي وله منه أيضا إجازة وسيدنا شرف الأعلام الحسن بن محمد سهيل والعلامة إبراهيم بن علي مشحم هؤلاء مشايخه الذين وقفت عليهم وقرأ عليهم بمدينة صعدة وهو يروي بالإجازة أيضا عن السيد العلامة الولي عبد الله بن عبد الله العنثري، وعن المولى العلامة أحمد بن يحيى العجري، وعن الإمام الهادي الحسن بن يحيى القاسمي، وعن ابنه المولى أحمد بن الإمام الهادي القاسمي. وقد أخذ عنه صنوه مؤلف بغية الأماني والأمل عبد الرحمن بن حسين سهيل وجماعة وافرة من علماء عصرنا لا يسع المقام تعدادهم فإنه تصدر للتدريس والإفادة بمسجد شيبان ثم عين من جملة العلماء المدرسين في المدرسة العلمية التي أنشأها سيف الإسلام أحمد ابن يحيى حميد الدين سنة 1353 وتخرج من هذه المدرسة العلماء الأفذاذ وأعتلى بها منار الدين وإحياء علوم آل البيت الأكرمين.

وقد ترجم له بعض العلماء الأفاضل فقال:

شيخنا خاتمة المحققين، وبقية العلماء العاملين المتقنين، المجدد لربوع العلم في القرن الرابع عشر بمدينة صعدة، والحائر قصبات السبق في الفضل والزهد والتحري والورع، حقق وبرع في شتى المعارف والفنون على مشايخه، وتتلمذ عليه العلماء الأعلام وتخرج به جماعة وافرة وكان حسن التعبير فصيح اللسان جهوري الصوت، مع ذكاء متوقد وحفظ بالغ وإملاء حسن، وخط باهر، وله أنظار ثاقبة وأراء باهرة، وفتاوي شهيرة لا يخرج في أغلبها من قول الهادوية،

وذكر غيره ما جرى بينه وبين المولى مجد الدين المؤيدي في مسألة الإحرام.

وللمترجم رسائل وفوائد محررة، ومباحث مزبورة، من ذلك كتاب (غاية الأدب في شرح معاني سلاسل الذهب) وله (الأجوبة البهية المؤيدة بالأدلة الشرعية)، وله مجموع فتاويه) وغير ذلك. وكان شديد المحبة لأهل البيت، صادق المودة، مرجوعا إليه في الأقوال والأحوال، وله نظم على طريقة العلماء، وقد أفرده ولده العلامة الحسن بن يحيى سهيل بترجمة مستقلة وافية بالمراد، ذكر فيها أن والده توفي مبطونا بعد اعتراه الإسهال لمدة ثلاثة أسابيع، وفاضت روحه ليلة الاثنين المسفرة عن يوم ذكرى غدير خم الثامن عشر من ذي الحجة سنة 1408 ثمان وأربعمائة وألف، وهذه من محاسن الاتفاقات وعجائب المصادفات فإن المترجم ممن أحيار شعار هذا اليوم في أيامه وأحياه بالخروج مع أهالي مدينة صعدة إلى خارج المدينة، بعد أن قد ترك ذلك عدة من السنوات بعد قيام الثورة، فكان بسعي صاحب الترجمة وحثه ومكانته العلمية أن أعيد الاحتفاء بذلك، وكان تشييع جنازته في صبيحة اليوم الثامن عشر من ذي الحجة، تشييعا مهيبا، حضره ما يقارب الخمسة آلاف، وكنت أحد الحاضرين لذلك اليوم، وبعد دفنه اكمل المشيعين الاحتفال بيوم الغدير على سائر العادة. وقد رثاه العلماء والأدباء وجمعت تلك القصائد في كراس مفرد، ولم يحضرني شيء منها حال التحرير.

92ـ السيد يحيى بن الحسين الحوثي

السيد العلامة العابد الزاهد الولي التقي عماد الدين يحيى بن الحسين بن محمد الحوثي وبقية نسبه تقدمت بحرف الحاء أثناء ترجمة والده.

مولده سنة 1323هـ، وهو ممن أخذ في العلم عن صنوه المولى درة التقصار الحسن بن الحسين الحوثي وعن غيره، ومن مسموعاته عليه مجموع الإمام زيد

ابن علي. وكان صاحب الترجمة سيدا عالما عابدا تقيا نبراسا، هكذا جاء في وصفه رحمه الله، ولم أقف في ترجمته على ما يشفي، فإن تيسر ذلك فهو ذكر نعمان. وممن أخذ عنه أولاده الغر الكرام سادة أهل وقتهم سيدي عبد الله بن يحيى، وصنوه سيدي الحسن بن يحيى وصنوهما سيدي محمد بن يحيى، وستأتي إن شاء الله تراجمهم الثلاثة في آخر أقسام هذا الكتاب. وللمولى مجد الدين بن محمد بن منصور المؤيدي في رثاء والدهم صاحب الترجمة أبيات هذه القصيدة المنقولة من كتاب ديوان الحكمة والإيمان المؤرخة سنة 1378هـ، ومطلعها:

ألا إن طور النور دكت معاقله ... وطود الهدى والفضل هدت كواهله
هو الموت إن الموت ما انفك نازله ... يفرق شمل العالمين تواصله
يُكرُ مُغِيراً بالخميس ويا له ... خميساً أغارت خيله ورواحله
ويستلب الأرواح حتماً مراغماً ... ويختلس الأنفاس تلك فعآئله
يثير خلال المشرفية عثيراً ... تطبِّق أجفان العيون قساطله
سل الأمم الماضين عن وقعاته ... يجبك بفصل القول من أنت سآئله
وذا نبا قد حار والله ناقله ... به ليته ما قاله وهو قآئله
خوى نجم أسباط الرسالة دعدعا ... له ولعاً ما ضام ذا الحزن حامله
وذلك يحيى بن الحسين سليل من ... يسمَّى بهذا الإسم من ذا يماثله
هو العابد السجاد والقآئم الذي ... يقطع جُنح الليل إن نام غافله
فقد أصبحت تبكيه ملة جده ... وتبكيه من آي الكتاب فواصله
حقيق له أن يُفرغ الدمع والدما ... وقد غاب نجم لا تغيب فواضله
فيالك من خطب عظيم وحادث ... جسيم على الإسلام أرست كلاكله
له القلب أضحى فارغاً متفزعا ... وواكف سجل العين ينهل هاطله
لك الله رزءاً أي شجو أثرته ... وأي أسا قد أذهل اللب عامله
أيحيى سليل المصطفى وذوابة الـ ... أئمة سادات الأنام أوائله

لأنت الكريم ابن الكريم مسلسلا　　إلى سوح خير المرسلين سلاسله
ووالدك الأدنى إمام الهدى الذي　　أضأت لنا أنواره وفضائله
أيحيى إمام العابدين وسيد الـ　　ـمنيبين في الهادين عز مماثله
أيحيى حليف الذكر والعلم والهدى　　وبدر بني الزهراء من ذا يعادله
أيحيى عماد الدين والفضل والتقى　　لقد جل رزء فيك عمت عوامله
فلو كان هذا الموت يقبل فدية　　فديناك بالأرواح إذ صال صائله
ولكنه أمر الإله وحكمه　　رضينا بحكم والمهيمن فاعله
رضينا بحكم المالك العدل ربنا　　فإن الرضا والصبر جم فضائله
وصلى عليك الله بعد محمد　　وعترته ما النجم ينقض آفله
وأنزلك الرحمن أكرم منزل　　جوار أبيك الطهر يكرم نازله

ورأيت بخط أحد أولاده في حامية إحدى الكتب العلمية أن مولد صاحب الترجمة رحمه الله في شهر رمضان سنة 1323 ثلاث وعشرين وثلاثمائة وألف، ووفاته قبيل ظهر يوم الأحد شهر جمادى الأول لعله تاسع عشر منه سنة 1378 ثمانية وسبعين وثلاثمائة وألف. ومن المراثي التي قيلت فيه قصيدة للعلامة القاضي الخلاصة محمد بن يحيى مرغم ومطلعها:

أصاعقة كبرى أم الصم تنهد　　أم انشقت العلياء فاقترب الوعد
أم الأرض بالزلزال مادت بأهلها　　أم الموت صالت منه جيش هي الأسد
فثلت عروش الدين والفضل والتقى　　وزعزع صرح الحق وانتكس المجد

93ـ السيد يحيى بن صلاح ستين

السيد العلامة العابد الولي عماد الإسلام يحيى بن صلاح بن أحمد بن صلاح ابن يحيى بن علي بن محمد بن علي بن محمد بن يحيى بن حسن بن زيد بن محمد بن أبي القاسم بن الإمام علي بن المؤيد الحسني المؤيدي الملقب ستين كسلفه وأول

من تلقب بذلك هو علي بن محمد الجد السابع المتقدم في نسبه. مولده في سنة 1311 إحدى عشر وثلاثمائة وألف.

ونشأ في مدينة ضحيان وقرأ على أعلام المشايخ فيها، منهم المولى الحسين بن محمد الحوثي، والسيد العلامة عبد الله بن عبد الله العنثري والإمام الهادي الحسن بن يحيى القاسمي والقاضي العلامة محمد بن عبد الله الغالبي والسيد العلامة الحسن بن إسماعيل ثورة وعلى غيرهم في شتى الفنون وأسمع في الكتب العلمية على السيد العلامة الكبير محمد بن الحسن الوادعي ناظرة بلاد الشام وتصدر للتدريس في جامع ضحيان وصار المرجع والمشار إليه عند المعضلات وأخذ عنه جملة من العلماء منهم المولى مفتي اليمن الأكبر مجد الدين بن محمد بن منصور المؤيدي كما سيأتي بيانه. ولما أسست المدرسة العلمية سنة 1352 بجامع الإمام الهادي المقدس بمدينة صعدة عيّن صاحب الترجمة للتدريس فيها، ومن أجل الآخذين عنه أيضا السيد الحسين بن محمد شايم، والسيد علي بن عبد الرحمن العنثري، والمولى علي بن محمد العجري، والسيد محمد بن حسين شريف والسيد حسن بن يحيى غالب المؤيدي والسيد عبد الله بن إسماعيل الضحياني وغيرهم الكثير، وقد ترجم له أحد أقاربه فقال:

كان سيدا عالما مجتهدا حليما عابدا طلب العلم منذ نعومة أظفاره لا شغل له ولا هم إلا طلب العلم حتى برز على الأقران علما وعملا وزهدا وعبادة وتصدر للتدريس في جامع ضحيان وكان في عبادته يضرب المثل لا يعلم أنه أخر صلاته أو رواتبه المعتادة عن وقتها ليلا ولا نهارا حتى ليالي الحرب بين الدولة المتوكلية والسعودية وكان قائدا فيها حتى قال أحد الجنود الذين قادهم في حصبة الملح نحن لا نحتاج إلى حراسة في الليل إذا كان السيد في الموقع لأنه يمسي راكعا ساجدا داعيا إلى أن يوقضنا لصلاة الفجر ولا نخاف ونحن معه لشجاعته وحسن

تدبيره، ولما تولى أوقاف جماعة نعشها وأحياها ورمم المساجد وعمرها بالمياة والسدنة وتابع حاصل الأوقاف بنفسه إلخ. وترجم له السيد الحسين بن القاسم ضمن تراجم علماء بني المؤيد فقال ما لفظه: إنه كان خطيب الجمعة في جامع ضحيان عالما محققا ناسكا فاضلا شجاعا قوي الإيمان ثابت الجنان وأنه لما عجز وضعف بصره عكف بوطنه ضحيان وفي أول الثورة ابتلي بأمراض مزمنة واعتقل لسانه عن أي نطق إلا أذكار الصلاة وقبل وفاته انطلق لسانه بذكر الله وانتقل إلى الرفيق الأعلى بعد ذلك النطق انتهى.

***

قلت: وأرخ وفاته عام 1384 أربع وثمانين وثلاثمائة والف، وأرخ غيره وفاته في سنة سبع وثمانين وثلاثمائة وألف، فيحقق أكثر. فالذي وقفت عليه في التحف شرح الزلف لتلميذه المولى مجد الدين أن وفاته كانت سنة 1385 خمس وثمانين وثلاثمائة وألف، قال رضوان الله عليه:

وهو ابن خال والدنا رضي الله عنهم، وهو من مشائخنا الأعلام، أخذت عنه قراءة في شرح التجريد، والروض النضير، والبيان، وغيرها، وإجازة عامة، وهو يروي عن مشائخه، منهم: شيخ الإسلام محمد بن عبد الله الغالبي رضي الله عنهم، وأروي عنه الخبر المسلسل بعد الصلوات الخمس عدهن في يدي، وقال: عدهن في يده شيخه المذكور، بسنده المتصل إلى الإمام الأعظم زيد بن علي عن آبائه صلوات الله عليهم كما في المجموع الشريف، وقد جرت له كرامة كبرى، وذلك أنه أصابه الفالج، فبقي لا يستطيع النطق بحرف واحد إلا إذا حان وقت الصلاة فيقرأ الفاتحة وسورة الإخلاص، وبعد الصلاة لا يتمكن من لفظة، ولا حتى الإشارة إلى شيء، على هذه الحال مدة سنتين حتى توفي رضي الله تعالى عنه انتهى كلامه.

94. السيد يحيى بن عبد الرحمن العنثري

السيد العلامة عماد الدين يحيى بن عبد الرحمن بن عبد الله بن أحمد مشكاع العنثري الضحياني المؤيدي.

مولده في نحو سنة 1325 ونشأ في حجر والده بضحيان، وقرأ عليه وعلى عمه السيد العلامة عبد الله بن عبد الله العنثري، وعلى السيد العلامة عبد العظيم ابن الإمام الحسن القاسمي، قرأ على مشايخه في الفقه والحديث والأصولين والنحو والصرف وأخذ عنه بضحيان عدة من طلبة العلم في تلك الأيام، من أجلهم السيد العلامة بدر الدين بن أمير الدين الحوثي. وقد ترجم له تلميذه السيد الحسين بن القاسم في تراجمه فقال: كان سيدا عالما محققا بارعا، له مؤلفات لمختارات في الفقه والأصول ورسائل وأجوبة، وتولى القضاء والمصالحة في ضحيان وما حوله من جهات جماعة وبلاد سحار، ولا زال مواظبا على المطالعة والتدريس رغم تقدمه في العمر انتهى باختصار.

95. السيد يحيى بن عبد الله الضحياني الصعدي

السيد العلامة الفذ النحرير وزير الأوقاف عماد الدين يحيى بن عبد الله بن عبد الله بن يحيى بن عبد الله الملقب عوض بن يحيى بن صلاح الملقب الصعدي بن أحمد بن صلاح بن يحيى بن أحمد بن الهادي بن صلاح بن الحسن بن الإمام الهادي علي بن المؤيد الحسني المؤيدي الضحياني.

مولده بضحيان سنة 1334 أربع وثلاثين وثلاثمائة وألف، ونشأ في حجر والده المتقدم ترجمته في القسم الخامس من هذا المعجم، وقرأ عليه وعلى السيد العلامة عبد الله بن سليمان العزي وعلى المولى شيخ العترة الحسن بن الحسين الحوثي وعلى غيرهما من علماء المدينة الضحيانية. وكان صاحب الترجمة سيدا

مقدما في الرئاسة والوجاهة، متمكنا في العلوم محققا لا سيما في علوم الآله، وله إطلاع على الأدب والتاريخ وتولى على عمالة بلاد جماعة بعد وفاة والده سنة 1365 ثم نقل إلى الصفراء من قضاء همدان، ثم في سنة 1379 عين عاملا على ساقين والبلاد الخولانية. ولما قامت الجمهورية بعد هذا التاريخ بثلاثة أعوام سنة 1382هـ خرج منها ثم عاد إليها في نفس العام لفتحها مع جنود الملكية، ولما تضعضت الأحوال بآل الإمام واستولى الجمهوريون على البلاد ارتحل إلى ظهران الجنوب بأهله، وكان من المطلوبين أنذاءك، فمكث هناك مدة، ثم رجع إلى مدينة ضحيان بعد المصالحة وهدوء الأوضاع، وأمن على نفسه ودخل صنعاء وأسند إليه منصب وزير الأوقاف وذلك سنة 1390هـ، فسكن صنعاء لذلك المقصد، وامتلك فيها بيتا متواضعا بالقرب من حارة الأبهر، ثم عهد إليه بعد ذلك الأشراف على لجنة تقصي ـ الحدود السياسية بين اليمن والسعودية، وأخبرني أحد أحفاده المعاصرين أنه شارك بعد ذلك في لجنة قضائية أوكل إليها تقنين قوانيين الشريعة. وبالجملة فكان مثال العلم والأخلاق والإستقامة، ذا رئاسة صالحة ووجاهة نافعة. وقد ترجم له سيدي محمد بن محمد المنصور ترجمة بسيطة، فات عني نقلها يذكر فيها أحواله أيام إقامته بصنعاء واختلاطه به رحم الله الجميع. وكانت وفاة صاحب الترجمة بصنعاء في إحدى عشر شهر رجب الأصب سنة 1400 أربعمائة بعد الألف، ونقل إلى ضحيان لدفنه بجوار والده بمقبرة ضحيان رحمهم الله تعالى جميعا. ورأيت في رثائه قصيدة فائقة في ديوان سيدي المولى العلامة الحسن بن محمد الفيشي مطلعها:

يـــا للإلـــــه لغفلـــــة وأمــــــاني   مــن مكــر بارينــا عظيــم الشــأن

وتنــــافس وتغالـــب وتكالــــب   وتنـــاحر لحســـاب حلـــم فـــان

مال الهوى بذوي النهى في عصرنا   فتنكـــروا لحقـــائق العرفـــان

يـــا ويحنـــا مـــاذا عـــدا ممـــا بـــدا   وإمامنـــا القـــرآن ذو التبيـــان

وصراط أحمد نهجنا وسلوكه أهدافنا في السر والإعلان
ويحاً لنا والحال هذا أن نرى بيد الهوى وميوله الفتان
يمضي بنا فيما يريد من الخنا والغي والعصيان والطغيان
ويجيلنا ويديرنا ويهيلنا في الموبقات حبائل الشيطان
رحماك يا رباه أنت المرتجى لإغاثة المغلوب واللهفان
أزل الغشاوة عن صفا أبصارنا وعن البصائر نكبة الخسران
حتى نعود ونستعيد تأثرا بالآي منك بقصفها الزنان
فالأمر أجلى والحقيقة غضة كالشمس ظاهرة لكل عيان
أين الذين تطانت شم الذرى لصيالهم بالسيف والمران
أين الأكاسر والقياصر هل ترى أبقت عليهم صولة الحدثان
هذا سليمان بن داود هده من هد ذا القرنين في اليونان
سيان من سلس القياد لهلكه أو ملكه فالكل خيل رهان
ولقد أتانا والحوادث جمة منها مثير من ذرى ضحيان
موت الهمام الشم والبطل الذي بث البطولة في ربى خولان
يحيى بن عبد الله أنجد سيد في آله العلماء والشجعان
يا أسرة المرحوم إن مصابكم جلل عظيم الشأن في عدنان
فالله نسأل للفقيد مراحما ولآله أجرا مع السلوان
وصلاة ربي والسلام لأحمد والآل أهدى الخلق للعرفان

96. القاضي يحيى بن محمد الشاذلي

القاضي العلامة يحيى بن محمد بن عبد الله بن علي الشاذلي الأنصاري الخزرجي، كتب لي أحد أقاربه في ترجمته وقد طلبته ذلك ما لفظه:

مولده تقريبا سنة 1335 خمس وثلاثين وثلاثمائة وألف، ونشأ في حجر والده

العلامة محمد بن عبد الله الشاذلي وقرأ عليه متن الكافية ومتن الثلاثين المسألة غيبا، وقرأ عليه شرح الغاية للحسين بن الإمام القاسم والشافي للإمام المنصور بالله وقرأ بيان ابن مظفر على السيد العلامة إبراهيم بن أحمد المؤيدي وقرأ كافل ابن لقمان مرات عديدة على عمه القاضي العلامة عبد الله بن عبد الله الشاذلي وكذلك شرح الثلاثين المسألة وقرأ عليه أيضا متن الأزهار وشرحه ومتن الغاية ومجموع الإمام زيد بن علي وحاشية السيد المفتي على متن الحاجبية ومغني اللبيب وقطر الندى والبحرق وعلم الإعراب وشرحها للحريري وقواعد الإعراب وشرحها للأزهري.

ومن مشايخه أيضا المولى العلامة محمد بن إبراهيم حوريه والقاضي العلامة محمد بن هادي الدرابة والسيد المحقق حسين بن علي الخطيب في بلغة المقتات في معرفة الأوقات هذا ما وقفت عليه من مقرءواته على مشايخه، قال: وكان عالما زاهدا محبا لآل محمد متوليا لهم تولى القضاء في بلاد غمر مدة من الزمن ثم نقل إلى منبه، وكان أهل تلك البلاد يحبونه ويتبركون به لمحبته لفعل الخير، وكان منهمكا على المطالعة والقراءة ونساخة بعض الكتب بيده وكان من عاداته إذا خرج الصباح ينتظر لخروجه أطفال تلك البلاد فيملأ جيوبهم من المعسل أو النعناع أو ما يسر به خواطرهم، ومرض آخر عمره بالفالج حوالي مدة سنتين، وتوفاه الله حميدا سعيدا أحد شهور سنة 1399 تسع وتسعين وثلاثمائة وألف، ولم يخلف درهما ولا دينارا إلا بعض الكتب والجنبية، رحمه الله تعالى وإيانا والمؤمنين.

97. السيد يحيى بن محمد الصعدي

السيد المحنك المجاهد عماد الدين يحيى بن محمد بن يحيى بن أحمد بن علي بن أحمد بن محمد ابن صلاح الملقب الصعدي بن أحمد بن صلاح بن يحيى بن أحمد ابن الهادي بن صلاح بن الحسن بن الإمام علي بن المؤيد الحسني اليحيوي

المؤيدي الضحياني الملقب الصعدي.

مولده في نحو سنة 1329 تقريبا، ونشأ في حجر والده العلامة محمد بن يحيى الصعدي المتوفى سنة 1351 المتقدمة ترجمته في القسم الخامس، وكان صاحب الترجمة سيدا سريا شجاعا مقداما، ثابت الجنان، له فروسية ورماية بالبندقية لا يخطأ الهدف، قد اشتهر عنه ما وصفناه به في أهل زمانه، وله مشاركة مع الإمام أحمد بن يحيى حميد الدين في أثناء حربه أيام نجران سنة 1352هـ، والظن أنه لم يتولى أي منصب في أيامه، بل كانت وجاهته ومقامه معقودة بالخصال الهاشمية التي انطوت عليها مهجته، ولا زالت على ألسن الناس إلى يومنا حكايا وعجائب عن كياسته وحنكته وشجاعته، هي حديث السامر في البلاد الصعدية، وقد عرفته أيام الصغر، كنا نذهب للسلام عليه في أيام العيدين بمنزله في مدينة ضحيان رحمه الله تعالى، ويكفيه من الفخر والسؤدد ما لقيه من قرة عين في ولده السيد الرئيس العلامة عبد الله بن يحيى الصعدي الآتية ترجمته في آخر أقسام هذا المعجم. وكانت وفاة المترجم بضحيان في شهر ربيع الثاني سنة 1410 عشرة وأربعمائة وألف.

وبهذا نفرغ من جمع هذا القسم السادس من أقسام كتاب
(عقد الجواهر في تراجم فضلاء وأعيان صعده بعد القرن العاشر)
من مجاميع الفقير إلى ربه الراجي عفوه ومغفرته عبد الرقيب بن مطهر بن محمد بن
محمد بن إبراهيم بن الحسين بن يحيى بن المطهر بن إسماعيل بن يحيى بن
المولى سلطان العلوم الحسين بن الإمام القاسم بن محمد الحسني
الصعدي، ويليه القسم السابع والأخير وهم المعاصرون
لأيام المؤلف، وكان الفراغ من جمعه وتهذيبه

ونقله عن أمه أواخر شهر القعدة سنة 1434هـ وصلى الله على سيدنا محمد وآله وسلم تسليما كثيرا